SCHILLERNDES DUNKEL

Geschichte, Entwicklung und Themen der Gothic-Szene

Alexander Nym (Hg.)

1 Entstehung und Grundlagen

2 Genres und Subgenres schwarzer Musik und Kultur

3 Entwicklungen seit 1990

4 Mode, Ästhetik und Lebenskultur

5 Themen und Diskurse

Vorwort

Das Buch, welches Sie in Händen halten, ist gleichermaßen das spontan entstandene Resultat aus glücklichen Umständen wie auch das Substrat aus 23 Jahren Szeneaktivität und Feldforschung. In diesem Zeitraum habe ich viele Trends, Bands und Musikrichtungen kommen und gehen sehen, und es ist unmöglich, sie alle in einem einzigen Band ausführlich darzustellen. Mithin wird man diesem Buch den Vorwurf der Kanonisierung machen, und es wird die unvermeidlichen Beschwerden geben nach dem Motto »Warum ist meine Lieblingsband nicht erwähnt worden« etc. Vieles musste aus Platzgründen weggelassen werden, anderes konnten wir nicht berücksichtigen, weil schlicht keine Beiträge vorhanden waren, sei es, dass die betreffenden Autoren nicht fertig geworden sind (oder gar nicht erst angefangen hatten), oder weil manche der Angefragten einfach keine Zeit hatten, weil sie mit den Aufnahmen zu neuen Alben oder Konzerttourneen beschäftigt waren. Ebenso wäre es wünschenswert gewesen, Betrachtungen junger Szenegänger stärker zu berücksichtigen, aber leider kam aus dem Alterssegment der 15- bis 25-jährigen so gut wie gar nichts (außer ein paar nicht gehaltenen Zusagen) – von einer Interpretation dieses Sachverhalts möchte ich jedoch Abstand nehmen.

Tatsache ist, dass die hier versammelten Autoren und Künstler aufgefordert wurden, über das zu schreiben, was sie am besten kennen, bzw. relevant finden. Aus diesen sehr unterschiedlichen Beiträgen ergibt sich ein Sammelsurium, aus dem sich jede/r ein eigenes Bild über den wohl facettenreichsten Bereich der Popkultur zimmern kann, das zwar eigene Erfahrungen in (bzw. mit) der Szene nicht ersetzen, aber ergänzen kann. Dass gewisse Diskurse häufiger angesprochen werden, reflektiert die Themenschwerpunkte, mit denen sich viele Szenegänger über die Jahre hinweg konfrontiert sahen und sehen, wie etwa den leidigen Themen Okkultismus, Satanismus und Rechtsextremismus. Selbstverständlich gilt, dass die intensivere Auseinandersetzung mit diesen in der Szene vorhandenen Aspekten sich auf eine vergleichsweise Minderheit von Enthusiasten beschränkt und die überwältigende Mehrheit der »Gruftis« besseres zu tun hat, als nachts Gräber zu schänden, Beschwörungen abzuhalten oder sich in die überdrehte Esoterik eines Wiligut zu vertiefen. Dennoch sind dies Themen, die für manche Musiker (und damit deren interessierte Fans) als Rohmaterial für die künstlerische Arbeit dienen. Da ich als DJ in den frühen 90ern meinen Teil dazu beigetragen habe, dass Gruppen wie Death In June und Co. von Süddeutschland aus in der Szene beachtliche Popularität erringen konnten, bin ich der Mittäterschaft schuldig. Aus eigener Erfahrung kann ich sagen, dass die Auseinandersetzung mit umstrittenen Künstlern wie Laibach, Boyd Rice oder den bereits erwähnten Death In June aus mir keinen Nazi gemacht, wohl aber mein Interesse an der Geschichte des Dritten Reichs, dessen Propagandastrategien und der Manipulierbarkeit der Menschen durch Ideologie, Religion und Massenmedien gesteigert, wenn nicht geweckt haben. Heute kläre ich am Dokumentationszentrum Reichsparteitagsgelände in Nürnberg Schulklassen über diese psychischen Mechanismen auf und halte sie dazu an, eigenständig und kritisch über diese Themen zu reflektieren in der Annahme, dass einem unabhängig denkenden Menschen nicht erklärt werden muss, dass Intoleranz, Diskriminierung, Gewalt und Rassismus dem friedvollen Miteinander nicht gerade förderlich sind. Dass Künstler als Überbringer unangenehmer Botschaften nicht mit diesen gleichzusetzen sind, sollte auch klar sein. Im Gegenteil ist es Aufgabe der Kunst, gerade solche neuralgischen und nur zu gerne verdrängten Themen zu inszenieren. Dass es trotzdem einige braune Schafe in der Schwarzen Szene gibt, darf angesichts ihrer heutigen Größe und der Gaußschen Normalverteilung nicht überraschen. Inwieweit politische Positionen, religiöse Ansichten oder kulturelle Differenzen in Relation zur Gesamtbevölkerung wirk-

Portrait of the editor as a young man, 1992

lich signifikant vorhanden sind, kann jedoch nur eine längst überfällige empirische Studie klären, was natürlich extrem kosten- und zeitaufwendig ist, erst recht in Bezug auf eine derart ausdifferenzierte Gruppe wie die der »Schwarzen«.

Mein persönliches Resümee aus den vergangenen Jahren ist, dass es sich bei den Leuten, die ich durch die Szene kennen lernen konnte, durchwegs um gedankenvolle, bedachte und auf ihre Weise idealistische Menschen handelt, deren Unzufriedenheit mit den allgemeinen Gegebenheiten sie in Interessenbereiche geführt hat, die vom Standpunkt der »Durchschnittsbevölkerung« aus absonderlich, bizarr oder gar pervers anmuten mögen. Dazu sei gesagt, dass eine sogenannte Zivilisation, deren Werte auf systematischer Ausbeutung, Ressourcenverschwendung, Umweltzerstörung und ungehemmtem Materialismus bzw. Konsumismus basieren, und dabei behauptet, zu allgemeinem Glück, Wohlstand und Freiheit zu führen, die eigentliche Perversion darstellt – und nicht jene einzelnen Exponenten, die diese Tatsache erkennen und in jedem Sinne des Wortes reflektieren. Throbbing Gristle, die Begründer der Industrial Music, fragten einst »Can the world be as sad as it seems?« – Die Antwort gibt nicht zu Freudentaumeln Anlass, und diese grundlegende Unzufriedenheit mit den Verhältnissen dürfte der kleinste gemeinsame Nenner sein, von dem aus jede/r einzelne Szenegänger/in zu eigenen Antworten aufbricht. Die Szene bietet Möglichkeiten, mit Menschen in Kontakt zu kommen, die diese Fundamentalkritik teilen, sie weiter zu entwickeln und ohne dogmatische Weltverbesserungsattitüden im eigenen persönlichen Wirkungsfeld aktiv zu werden, ganz im Geiste der »Do it yourself«-Ethik des Punk, dem die Szene ihre Existenz verdankt. Ich für meinen Teil bin jedenfalls froh und dankbar, durch die geteilten ästhetischen und intellektuellen Interessen mit sensiblen und wahrhaftigen Menschen in Berührung gekommen zu sein, von denen mir viele über die Jahre liebe Freunde geworden sind. Es mag elitär klingen, aber ich bin stolz, meine eigene Existenz mit solch wertvollen Leuten bereichern zu können und hoffe, mit diesem Werk auch ein wenig an sie zurückgeben zu können. Mein tiefer Dank gilt daher allen, die dieses Projekt ermöglicht und passiv oder aktiv unterstützt haben; die ihre Zeit, Arbeit und Idealismus dieser Manifestation einer Epoche gewidmet haben, die von neuen digitalen Abenteuern und hippen Jugendkulturen abgelöst worden ist – und nicht zuletzt meinen Eltern, die trotz aller Eskapaden nie den Glauben daran aufgegeben haben, dass aus ihrem Sprössling eines Tages vielleicht doch noch was Anständiges wird – was natürlich Ansichtssache ist!

Alexander Nym,
Leipzig, 21. April 2010

1

Die Gothic-Szene gibt es nicht

Alexander Nym

In der Soziologie, der Jugendkulturforschung und in der Szene selbst wird der Begriff Schwarze Szene dem Adjektiv »gothic«, unter dem die dunkle Alternativkultur in den Medien meist firmiert, vorgezogen – mit gutem Grund: zwar bezeichnet man im Englischen mit »gothic« traditionellerweise nahezu alles, was mit Dunkelheit, Grusel, quietschenden Türen und verfallenen Gemäuern zu tun hatte, aber im Zusammenhang mit Musik wurde das »Gothic«-Etikett (verschiedenen Legenden zufolge) erst den *Doors,* später *Joy Division,* dann *Bauhaus,* den *Sex Gang Children* usw. angehängt, bevor in den 80er Jahren des letzten Jahrhunderts zur Blüte kommen sollte, was bei den Ahnen des Stils angelegt war: Eine Vorliebe für das Morbide, Abseitige und Makabre, die der neonbunten Plastikwelt der Popmusik demonstrativ den in schwarzes Tuch gehüllten Rücken zuwandte. Die vom Geist des Aufbegehrens geprägte Schock-Ästhetik des Punk, der Mut zur Hässlichkeit und zum rebellischen Anders-Sein wurden mit der schwarzromantischen Komponente der Schönheit des Verfalls ergänzt; der aggressive Frust der *Sex Pistols* vereinte sich mit der totenbleichen Eleganz eines Edgar Allen Poe zu einer Melange aus Norm-Verweigerung, rückwärtsgewandter Innenschau, Antimaterialismus und juveniler Identitätssuche: Von den kurzlebigen Modewellen, die London in den 80ern heimsuchten (Post-Punk, New Romantic, Batcave, New Wave, Indie und Gothic Rock usw. usf.) wurde das dunkle Substrat der heutigen schwarzen Kultur an die Ufer Kontinentaleuropas gespült, wo es v. a. in Deutschland in den 90er Jahren zu einem Revival des 80er-Jahre-»Gothic« kam, das bis heute anhält. Als Referenz- und Identitätsmuster diente (oft extravagante oder experimentelle) Musik, die von jungen, »unabhängigen« Plattenfirmen in den Nachwehen des Punk veröffentlicht wurde, die der Jugend Alternativen zum Angebot des Mainstream-Pop verschaffte – oft genug von enthusiastischen Abenteurern aus eigener Tasche produzierte Platten, deren kleinster gemeinsamer Nenner rückblickend ein mit desillusioniertem Phlegma behafteter Akt der ästhetisierten Hinterfragung gewesen sein mag. Nicht nur als Geste, sondern als Haltung. Gelebte Verweigerung, gezeigter Zweifel und betonte Distanz, akzentuiert durch Klänge, die ebenso sehnsüchtig wie wütend sein konnten, aber der suchenden (und oft genug am gefundenen verzweifelnden) Seele, Pathos und Qual, Intensität, Sturm und Drang Ausdruck verliehen: Diese Attribute sind keine neuartige Erscheinung in der Geschichte der Jugendkulturen, sondern ein Lebensgefühl, das nicht auf Alter oder Herkunft beschränkt werden kann. Dass ausgerechnet der Archetypus des »Gothic« sich in der Breitenwahrnehmung der Schwarzen Szene als Stereotyp etabliert hat, und nicht die zeitweilig verwendeten Synonyme Düster- bzw. Edelpunk, (Dark-)Waver, Death-Rocker, Ghoul, Grufti usw., ist dem semantischen Brückenschlag zur Literaturgattung des »Gothic Horror« (bzw. Gothic Fiction) zu verdanken, die dem Klischee zufolge in der Szene große Beliebtheit genießt, aber gerne auch von Außenstehenden geschätzt wird.

Der »Gothic«-Begriff hat als Bezeichnung für eine Hunderttausende Menschen weltweit umfassende schwarze Gemeinschaft längst seine Definitionsmacht verloren (wenn es die je gegeben haben sollte) – in der Tat ist die Schwarze Szene geprägt von heterogenem Eklektizismus, einem Stilmischmasch, der das Spektrum von avantgardistischem Bruitismus über elektronische Popmusik, alte Musik (sowohl sakral wie weltlich), (Neo-)Klassik und Folk bis (Punk)Rock, Techno und Ambient abdeckt. Wenige Szenegänger haben über diese Vielfalt noch wirklichen Überblick; die Szene gliedert sich in verschiedene Unterströmungen, die sich sowohl in Kleidungsfragen wie auch musikalischen Präferenzen mitunter diametral gegenüber stehen. Denn nicht alles ist Gothic, was Schwarz trägt: Insbesondere die spezifische Adjektivierung »Gothic Rock« stand und steht als musikologischer Genrebegriff für die Musik von gewissen Gitarrenbands (vgl. Teil 2), die sich jedoch, wenn danach gefragt, vom »Gothic«-Label und der damit assoziierten Kultur und ihren Erscheinungsformen häufig mit Nachdruck distanzieren. So etwa die *Sisters Of Mercy*, die als eine der genreprägenden Bands schlechthin bekannt sind: Auf ihrer Homepage amüsieren sie sich über geschminkte und schlecht frisierte Kids, die sich alle Mühe geben würden, zu ignorieren, was die *Sisters* in den letzten 15 Jahren veröffentlichten (was nicht viel ist). Sie selbst bezeichnen sich als »Industrial Groove Machine« – was dem bereits überstrapazierten Industrial-Begriff eine weitere Bedeutungskomponente hinzu fügt. Bei den Recherchen für dieses Buch stieß ich häufiger auf Widerstreben bei (ehedem) richtungsweisenden Szene-Künstlern, die Probleme damit hatten, in einem »Gothic«-Buch vertreten zu sein, obwohl sie maßgeblich zur Ausformung der Ästhetik und kulturellen, spirituellen und gesellschaftskritischen Themenfindung der Szene beitrugen und mittlerweile international als einflussreiche Avantgardekünstler weit über die Szene hinaus geschätzt werden (wie z. B. *Diamanda Galás* oder David Tibet). Auch von vielen hier vertretenen Künstlern wird die Bezeichnung »Gothic« nicht nur als beschränkend empfunden, sondern mitunter als geradewegs unzutreffend, was nicht zuletzt mit den sprachlichen Konventionen der (englischsprachigen) Musikpresse zu tun hat, die gerne alles Mögliche als »gothic« bezeichnet, was dem ersten Anschein nach der Schwarzen Szene zuzuordnen ist.

Abseits der einschlägigen Künstler findet die Debatte um Begriffe und Bezeichnungen in der Szene selbst ihre Fortsetzung: Ob es um die Bedeutungen und Assoziationsbereiche der Termini Gothic, Electronic Body Music (EBM) oder Industrial geht, stets scheiden sich die Geister an den jeweils vorgenommenen Zuschreibungen, was mitunter zur Herausbildung neuer Sub-Szenen führt, wie in den Folgekapiteln beschrieben wird. Zu Beginn aber drehen wir die Zeit zurück in die Ära der Beatniks, Hippies und Blumenkinder. Denn wenn es sich bei »den« Gothics um die introvertierte und desillusionierte Tochtergeneration der Gegenkultur der 1960er Jahre handelt (wie DJ-Legende und Szene-Veteran Michael Zöller im Gespräch am Ende dieses Kapitels bemerkt), dann macht es Sinn, zurückzuschauen auf die frühen Impulsgeber einer Szene, die erst dreißig Jahre später zu voller Blüte kommen sollte. Viele Themen und Referenzpunkte der »apokalyptischen« Kultur der Gegenwart sind in den dunklen Schattenseiten der hanfseligen Flower-Power-Epoche angelegt, insbesondere was das Interesse am Abgründigen, an Magie und die morbiden Seiten der Existenz betrifft, die in der rückblickend verträumten Wahrnehmung jener Ära oft unter den Teppich gekehrt werden. Aber die von der »Family« des Charles Manson begangenen Morde an der Filmschauspielerin (und damaligen Ehefrau von Regisseur Roman Polanski) Sharon Tate, ihren Freunden und dem Ehepaar LaBianca, schockierten 1969 die ganze Welt und setzten der optimistisch-revolutionären Attitüde der 60er ein abruptes Ende, und sollten den folgenden Generationen kultureller Untergrundströmungen bis in die Gegenwart als Stichwort- und Impulsgeber dienen.

In diesem ersten Kapitel werden die Relevanz der Farbe schwarz im Verlauf der (europäischen) Kulturgeschichte diskutiert (Arvid Dittmann) und die okkulten Verwicklungen des berühmten Filmemachers Kenneth Anger mit Bobby BeauSoleil (dem *Current 93* auf »Swastikas For Noddy« 1986 ein akustisches Denkmal setzten) und den Manson-Morden am Beispiel der Entstehungsgeschichte der Filmmusik zu »Lucifer Rising« erläutert (Michael Moynihan), danach erzählen die Künstlerin Andrea Haugen (auch bekannt als Andréa Nebel) und der Fotograf Holger Karas von ihren frühen Szenetagen in England und Deutschland, gefolgt von einem ergreifenden Bericht des Genre- und Geschlechtergrenzen sprengenden Allroundkünstlers Genesis Breyer P-Orridge über seine Freundschaft mit Ian Curtis, dem Sänger von *Joy Division*, der grundlegenden »Gothic«-Band schlechthin. In Breyer P-Orridges Text findet sich ein schmerzhaft ehrlicher und gnadenloser Blick auf die Empfindungen junger Künstler im England der späten 1970er Jahre, als gesellschaftlicher und zwischenmenschlicher Frust, Perspektivlosigkeit und wirtschaftlicher Niedergang im Punk ihre musikalische Entsprechung und Kristallisation erfuhren. Aus dieser Implosion heraus entwickelten sich in den frühen 80er Jahren die diversen Post-Punk-Szenen (Positive Punk, New Romantic, New Wave etc.), die das Rohmaterial für die spätere Inkarnation des Gothic bereitstellten, wie der Soziologe Peter Webb sie beschreibt. Obwohl in diesen frühen Tagen keine klaren Genre- und Szenegrenzen existierten, entwickelte sich dennoch eine Dichotomie zwischen gitarrenlastiger Musik (Gothic Rock & Co.) und allem, was elektronischer Natur war. Die experimentelle Untergrundparallele zur Gothic- und (New-)Wave-Musik war und ist der Industrial, eine Kunstrichtung, die zuvorderst dank Genesis Breyer P-Orridges Gruppen *Throbbing Gristle* und *Psychic TV* (und deren »Fanclub« Temple Ov Psychick Youth, kurz topy; eine ernsthafte Nachahmung und gleichzeitig Satire auf okkulte Orden und Logen) den Sprung aus den Kunstgalerien in die Welt der Popmusik geschafft hatte. Der legendäre Industrial-Pionier John Murphy beschreibt ausführlich den Equinox-Event, einen frühen Kristallisationspunkt der Industrial-Kultur. Danach geht es weiter mit den Erinnerungen von Klive Humberstone (*In The Nursery*) und dessen Weg in die »independent music«; der Kulturtheoretiker und nsk-Experte Alexei Monroe lässt die frühen Kontroversen um die slowenischen Künstler von *Laibach* wieder auferstehen, und die Musiker Oliver St. Lingam und Till Brüggemann teilen ihre Reminiszenzen an die 80er Jahre, ebenso wie DJ Ørlög, der von der Szene in der DDR berichtet. Den Abschluss bildet ein unterhaltsames (und gehaltvolles) Gespräch der »alten Ruhrpott-Hasen« Michael Zöller, Klaus Märkert, Thomas Thyssen und Myk Jung, das die Szenegeschichte mit aktuellen Entwicklungen kontrastiert, kommentiert und zur Diskussion stellt, bevor die weiteren Kapitel tiefer in die Entwicklung und Motivik der Schwarzen Szene führen. Die thematisch und ästhetisch über das Buch verteilten Bildergalerien und Gedichte ergänzen diesen Band um visuelle und bildende Kunst, die in der Szene ebenfalls eine Heimat hat – denn die Musik mag am Anfang all dieses Treibens gestanden haben, aber die Strategie des »cultural engineering« (P-Orridge) macht auch vor der bildenden Kunst nicht Halt, weshalb sie hier zu ihrem Recht kommt. Denn die Schwarze Szene hat als selbstständiger Kulturraum und »Lifestyle choice« längst ihr Dasein als musikbezogene Jugendsubkultur transzendiert.

A

Schwarz als Farbe jugendlicher Subkulturen

Arvid Dittmann

A Königin Margarita di Austria von Diego Velázquez, Öl auf Leinwand, ca. 1635
B Reichsführer SS Heinrich Himmler (vorderste Reihe, 3. von rechts) mit SS-Führern, ca. 1932

Schwarz als dunkelste, nicht reflektierende und alles Licht vollständig absorbierende Farbe wird, mehr noch als ihr natürlicher Gegenpart Weiß, seit jeher mit den vielfältigsten symbolischen Bedeutungen verbunden. In der Temperamentlehre der Antike wurde diese Farbe dem Melancholiker zugeordnet und viele religiöse Gemeinschaften unterschiedlichster Prägung verwendeten Schwarz in einem Kontext, der allerdings hauptsächlich negativ besetzt war. Im Abendland wurden im Allgemeinen durch das Anlegen von schwarzer Kleidung bestimmte Gefühlsregungen wie Trauer und Schmerz um Verstorbene optisch hervorgehoben. Als Warnung und Bannfarbe diente sie, um Aussätzige, also Pest-, Lepra- oder Cholerakranke, zu markieren und damit aus dem gesellschaftlichen Leben auszuschließen. Aber auch viele Angehörige christlicher Ordensgemeinschaften bewegten sich vorzugsweise in schwarzem Ornat durch die stillen Gänge ihrer Klöster. Dennoch war Schwarz nicht nur Ausdruck von Askese, Bußfertigkeit und Demut, sondern auch Sinnbild für weltliche Macht und Würde. So wurde etwa im sechzehnten Jahrhundert am Hofe Karls V. in Spanien schwarze Kleidung für den Adel zur Pflicht.

Seit Mitte des neunzehnten Jahrhunderts wurde Schwarz allerdings auch zur Modefarbe des Dandys, der auf diese Weise seinen Anspruch auf eine elegante und gediegene äußere Erscheinung unterstreichen wollte und unbewusst zum Trendsetter wurde. Bis weit in das zwanzigste Jahrhundert sollte Schwarz von nun an die verbindliche Farbe der männlichen Vertreter des Bürgertums bei allen gesellschaftlichen Anlässen bleiben. Seit Beginn des vergangenen Jahrhunderts gewann Schwarz auf diese Weise naturgemäß auch eine Bedeutung für die internationale Szene der Modemacher. Im Jahre 1926 stellte Gabrielle »Coco« Chanel ein kleines schwarzes Kleid vor, welches schon bald legendären Status erlangen sollte und bis heute als das »Kleine Schwarze« zum festen Bestandteil des Kleiderschrankes jeder modebewussten Dame von Welt werden sollte. Die Damenmode integrierte in den darauffolgenden Jahrzehnten immer weitere Elemente der traditionellen Herrenbekleidung. Diese Entwicklung führte schließlich Yves Saint Laurent im Jahre 1966 mit der Präsentation eines Smokings für die weibliche Kundschaft zu ihrem vorläufigen Gipfelpunkt. Auch die aktuellen Kollektionen der Modemetropole Paris bedienen sich unübersehbar der nach wie vor ungebrochenen Faszination für die Farbe Schwarz.

Anders als alle das Auge betörenden hellen und warmen Farben signalisiert Schwarz einen zumindest vordergründigen Verzicht auf jegliche weltliche Ausgelassenheit und zeigt eine Hinwendung zum Schlichten und Wahrhaftigen an. Auf dieser Ebene gleicht sich tatsächlich die Wirkung der Farben Schwarz und Weiß. Anders als Weiß, welches zumeist mit Fröhlichkeit, Unbeschwertheit und einem generell hellen Wesen assoziiert wird, vermittelt Schwarz jedoch einen Eindruck von Schwere, Strenge und Macht. Das Auftreten einer verschworenen und ideologisch geschlossenen Gemeinschaft von Menschen in schwarzem Gewand oder Uniform ist denn auch der sinnfälligste Ausdruck für den machtvollen und alles nivellierenden Charakter der Farbe Schwarz. In der Geschichte waren es vor allem die Mitglieder des Jesuiten-Ordens und die Angehörigen der SS, der Schutzstaffel Adolf Hitlers, die häufig auch als »Schwarzes Korps« oder »Schwarzer Orden« bezeichnet wurde, welche schon über ihre äußere Erscheinung dieses Prinzip verkörperten.

Auch in der Nachkriegszeit war und ist das bewusste Tragen von einheitlich schwarzer Kleidung ein wesentliches und bewährtes Mittel von jungen Heranwachsenden, sich von anderen Altersgenossen abzugrenzen und elitäres Denken zu demonstrieren. Auf diese Weise soll der Umwelt ein hohes Maß an Individualität und gleichzeitig die Zugehörigkeit zu einer Gruppe mit ähnlichen oder vergleichbaren Vorstellungen signalisiert werden. Dieses Phänomen, eingebettet in das Entstehen neuer jugendlicher Subkulturen, lässt sich seit den fünfziger Jahren des zwanzigsten Jahrhunderts in fast allen westlich geprägten Staaten beobachten. So war etwa in der sogenannten Pariser Existentialisten-Szene – einer auf das Befreien des Menschen von allen möglichen Zwängen ausgerichteten philosophischen Strömung – der Anblick leicht melancholischer und ganz in schwarz gewandeter Jugendlicher ein durchaus alltäglicher.

Halbstarke und Rocker

C,D Punkrocker in der Hamburger Markthalle, 1981

Unter dem Einfluss der kulturellen Hegemonie der alliierten Besatzungsmächte formierte sich nach Ende des Zweiten Weltkrieges in allen Teilen des besetzten deutschen Reiches Strömungen jugendlicher Subkultur, die in ihrem Wesen und Gebaren den angloamerikanischen Vorbildern in jeder Hinsicht nachzueifern versuchten. Die fünfziger Jahre des vergangenen Jahrhunderts waren zumindest für Teile des deutschen Volkes gleichzeitig Jahre der Erniedrigung und Jahre des Aufschwungs, die sich in einem gesteigerten Lebensstandard äußern sollten. Während der Osten und die Mitte Deutschlands von den Sowjets besetzt war, kristallisierte sich in den von den USA, Großbritannien und Frankreich besetzten Gebieten eine neuartige Form von Lebensgefühl heraus, die insbesondere von den kulturellen Errungenschaften der sogenannten »freien Welt« geprägt sein sollte. Im Zuge der sicherlich nicht gänzlich uneigennützig eingeleiteten Aufbaumaßnahmen der Besatzungsmächte etablierten sich neue Stile, welche die bis dato gültigen Normen sprengen sollten. Aufmerksam verfolgten große Teile der deutschen Jugend die Entwicklung dieser alternativen Lebensstile und -entwürfe.

Als Initialzündung dürfte die Aufführung des 1954 in den USA produzierten Filmes »The Wild One« mit Marlon Brando in der Rolle des »Johnny« gelten, welcher einen zwielichtigen und unangepassten »Helden« gab, der vorzugsweise in schwarzem Leder auftrat und nicht nur auf seine filmischen Mitstreiter sondern darüber hinaus auch bald auf eine ausgesprochen große weltweite Anhängerschaft zählen konnte. Die Gründung jugendlicher Banden nach dem Vorbild amerikanischer Filme wie »Rock around the Clock« mit *Bill Haley* oder »Rebel without a Cause« mit James Dean von 1955 hatte einen nachhaltigen und bis in unsere Tage erkennbaren Einfluss. Von nun an sollten Gruppen von jungen Heranwachsenden, gekleidet in schwarzes Leder, welchem sowohl eine Schutz- als auch Stärkefunktion zugesprochen wird, zu einem alltäglichen, wenngleich meist unerwünschten Anblick in deutschen Großstädten werden. Die als »Halbstarke« bezeichneten Jugendlichen provozierten und nutzten jede sich bietende Gelegenheit, ihr nonkonformes Auftreten durch tatkräftige Handlungen zu unterstreichen. Gleich ihren Vorbildern trugen sie schwarze Lederkombinationen und fuhren – sofern es ihr Einkommen ermöglichte – schwere Motorräder US-amerikanischer Bauart.

Die Genese der bundesrepublikanischen Halbstarken folgte daher mit einer gewissen Verzögerung dem US-amerikanischen Vorbild. Im Heimatland dieser Erscheinungen hatten sich unterdessen diverse Motorradbanden organisiert, deren bekannteste der »Hells Angels Motorcycle Club« werden sollte. Auch diese Gruppe – entstanden aus verschiedenen Verbänden ehemaliger Kampfflieger des Zweiten Weltkrieges – setzte in ihrer Frühzeit neben einheitlichen Clubabzeichen und provokativ getragenen Nazi-Symbolen oft auf schwarzes Leder als äußeres Zeichen des Zusammenhaltes. Ohne die Funktion einer derartigen Bekleidung überbewerten zu wollen, lässt sich doch feststellen, dass eine einigermaßen einheitliche »Kluft« das Ihrige für das Gemeinschaftsgefühl dieser Organisation beitrug. Bis in die heutige Zeit gilt die schwarze Lederkleidung von »Rockern« als Synonym für Gewaltbereitschaft und den Willen, gesellschaftliche Normen bei Bedarf zu überschreiten. Der amerikanische Undergroundfilmemacher Kenneth Anger zeichnete in seinem den amerikanischen Motorradbanden gewidmeten Film »Scorpio Rising« von 1963 ein bizarres und phantasmagorisches Bild von Männlichkeitswahn, einer oft uneingestandenen Homosexualität, Nazikult, Satanismus und Technikbegeisterung.

— Metaller —

Auch die modernen Heavy-Metal-Bands rekurrieren bewusst oder unbewusst auf dieses Image. Wenngleich die Vertreter dieses Genres kaum bereit sind, musikalische Anleihen bei den Heroen der 1950er oder 60er Jahre wie *Buddy Holly* oder *Elvis Presley* zu machen, spielt man doch weiterhin recht gerne die Rolle des gesellschaftlichen Außenseiters – und dies vorzugsweise in schwarzer Ledermontur. Bands wie *Judas Priest* oder *Black Sabbath* waren Mitte der siebziger Jahre Vorreiter für eine Entwicklung, die sämtliche mit schwarzem Leder verbundenen Klischees auf der Bühne weidlich zu nutzen wussten. Dieses Image wurde durch ostentativ getragene Tätowierungen, lange Haare, Nieten beziehungsweise Ketten und einen martialischen Sound optisch und akustisch untermalt.
Als Extrembeispiel dieser Gattung ist der nicht ohne Grund so genannte Black Metal anzuführen. Diese philosophisch und auch esoterisch angehauchte Spielart des Metal basiert in musikalischer Hinsicht vor allem auf einer oft strukturlos anmutenden Variation bestimmter Grundrhythmen, die von hasserfülltem Gesang begleitet werden. Das signifikanteste optische Merkmal der meisten Musiker ist die als »corpsepaint« bekannte schwarzweiße Gesichtsbemalung, welche nicht selten an die Maskerade der amerikanischen Band *Kiss* erinnert. Getragen wird natürlich ausschließlich Schwarz. Als Ahnen des Genres gelten im Allgemeinen die Mitglieder der britischen Band *Venom*, deren zweites Album von 1982 den bezeichnenden Titel »Black Metal« trug. Obgleich *Venom* wie auch andere Metal-Bands in ihren Texten kein noch so überstrapaziertes Klischee ausließen und bei der Gestaltung ihrer Albencover geradezu inflationären Gebrauch von okkulter Symbolik machten, wurde von den Musikern mehrfach bestätigt, dass dies einzig zu Zwecken der Verkaufsförderung und Unterhaltung dienen sollte.

Anders verhält es sich freilich bei einigen Vertretern des modernen Black Metal. Vor allem in Norwegen hat sich in den vergangenen Jahren eine Untergrundkultur herausgebildet, die den Begriff »Schwarz« ganz im Sinne einer unbedingten Hingabe an die dunklen Seiten der menschlichen Existenz interpretiert. Im Gegensatz zum blasphemischen und auf vordergründige Effekthascherei bedachten Satanismus angloamerikanischer Bands beziehen sich die Inhalte der Texte vieler skandinavischer Gruppen eindeutig auf heidnische Mythologien, oft verbrämt mit klaren Bekenntnissen zu nationalsozialistischen Positionen und verbunden mit Elementen verschiedener okkulter Doktrinen. Die radikale Absage der Anhänger des nordischen Black Metal an jede Art humanistischen Gedankengutes und ihre einhellige Ablehnung des Christentums als einer aus jüdischen Wurzeln entsprossenen Kunstreligion äußerte sich in Norwegen in der Vergangenheit unter anderem in einer Serie von Brandstiftungen an Kirchen, der im Verlauf von rund drei Jahren über vierzig Gotteshäuser zum Opfer fielen. Diese Straftaten wurden als gerechte Rache am Christentum gefeiert, welches die früheren heidnischen Kultstätten entweiht hätte, indem es zur Zeit der Christianisierung Europas auf diesen Plätzen Kirchen erbaute.

Die Anfänge des skandinavischen und insbesondere des norwegischen Black Metal gehen in das Jahr 1984 zurück, als sich in Oslo die Band *Mayhem* formierte, deren Stil recht deutlich an *Venom* orientiert war. Nach mehreren Veröffentlichungen auf unabhängigen Plattenlabels wurden *Mayhem* zu Vorreitern einer Bewegung von Musikern, die in ihren Texten Tod und Teufel priesen und ihren Worten bald Taten folgen ließen. Im April 1991 erschoss sich der langjährige Sänger der Band, Per Ohlin, dessen Band-Pseudonym nicht ganz unzutreffend »Dead« lautete; sein Bandkollege, der Gitarrist Oystein Aarseth alias »Euronymous«, fand sei-

E Bevor Untergrundmode zum regulären Bestandteil von Fussgängereinkaufszonen wurde, musste man sich mit dem selber Basteln von Kleidung, Schmuck und Accessoires behelfen, 1977
F Black Metal im Kampf für die weiße Rasse: Die NS-Black-Metal-Band Magog, 1985
G Makabrer Schmuck, zum Teil auch aus Knochen schafft Individualität und markiert das eigene Anderssein,1987

ne Leiche und verteilte Stücke des Schädels an gute Freunde. Nach diesem Vorfall kümmerte sich »Euronymous« um den Aufbau seiner Black-Metal-Plattenfirma, für die er neben anderen Bands auch *Burzum* unter Vertrag nahm. Der Kopf von *Burzum,* unter seinen Anhängern als »Varg« Vikernes bekannt, befreundete sich bald mit Aarseth und gründete mit ihm zusammen den sogenannten »Black Circle«, eine Vereinigung von Black-Metal-Musikern und ihnen nahestehenden Personen, deren erklärtes Ziel die Vernichtung des Christentums war.

Als Hauptbeteiligter an den Kirchenbrandstiftungen und wegen Mordes an »Euronymous«, den er im Streit erstochen hatte, verbüßt Vikernes seit Mai 1994 eine 21-jährige Haftstrafe in einem norwegischen Hochsicherheitsgefängnis. Im Zusammenhang mit dem Prozess gegen Vikernes, dem nachgewiesen werden konnte, dass er vier Sakralbauten angezündet hatte, nahm die Polizei zwölf weitere Black-Metal-Anhänger im Alter zwischen vierzehn und zweiundzwanzig Jahren fest. Ein anderer Musiker, der Schlagzeuger der Band *Emperor* und ebenfalls Mitglied des »Black Circle«, war schon vorher wegen Brandstiftung und Mord an einem Homosexuellen, den er 1992 in Lillehammer erstochen hatte, zu vierzehn Jahren Haft verurteilt worden.

Der erklärte Kampf der Black-Metal-Szene Norwegens gegen das Christentum und die Werte der abendländischen Welt fand jedoch auch in anderen Ländern Europas Zuspruch. So wurde etwa in Schweden ein Mitglied einer Black-Metal-Band bei dem Versuch festgenommen, eine Kirche anzuzünden. Auch in Deutschland kam es in den vergangenen Jahren mehrfach zu Brandanschlägen auf Kirchen und kirchliche Einrichtungen sowie zu versuchten Schändungen, von denen einige mit der Black-Metal-Szene in Verbindung gebracht wurden. So legten unbekannte Täter im Juni 1994 im Vorfeld eines Konzertes der norwegischen Band *Immortal*–auch sie Angehörige des »Black Circle«–Feuer in einer Kirche im sächsischen Greiz, sprühten satanistische Symbole an die Wand und drehten Kreuze um. Im selben Sommer brannte in der Kleinstadt Nellingen bei Ulm die evangelische Ortskirche. Täter war ein siebzehnjähriger Jugendlicher, der bei seiner Vernehmung als Motiv seinen Hass auf die Kirche als Institution angab. Der Sommer 1997 schließlich brachte eine ganze Serie von Brandanschlägen auf Kirchen im Bundesgebiet. Auch wenn diese Taten zumeist nicht von Anhängern der Black-Metal-Bewegung verübt wurden, so bleibt als signifikanteste Übereinstimmung der Hass auf die christliche Religion, welcher nicht selten mit unausgegorenen satanistischen Anschauungen einherging.

— Satanisten —

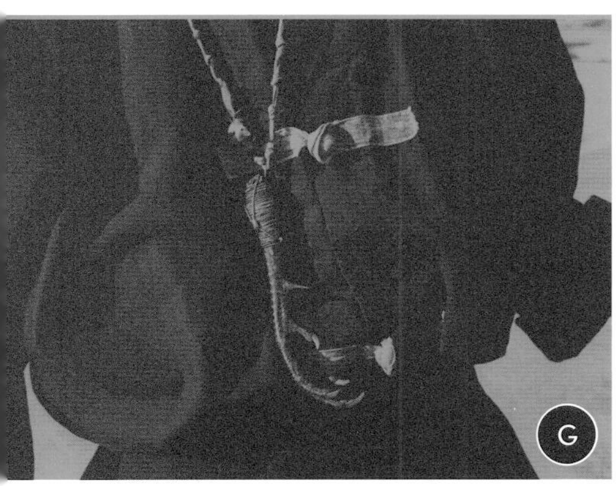

Der moderne Satanismus ist ein äußerst vielschichtiges und oft widersprüchliches Phänomen und hat tatsächlich nur selten einen direkten Bezug zum historischen Satanismus. Die bisher für den Satanismus und verwandte Bereiche bemühten Kategorien von Teufelsanbetung, sexueller Unterdrückung, Unmenschlichkeit und Gewalt reichen daher nicht aus, diesem Phänomen gerecht zu werden. Auch der öffentliche Diskurs über diese gesellschaftliche Erscheinung ist häufig genug von einem allzu fahrlässigen Umgang der Massenmedien mit dieser sensiblen Thematik bestimmt. Im Gegensatz zu anderen gesellschaftlichen Reizthemen wie Drogen oder Gewaltkriminalität sind die bewusst wahrnehmbaren Anzeichen satanistischer Umtriebe meist zu marginal, zu unauffällig, als dass sie verstörend wirken können. So ist vor allem der ambitionierte Fernsehjournalismus darum bemüht, schwarze Messen bei fahlem Mondeslicht und gespenstische Prozessionen schwarz Vermummter auf kahlen Bergen zu inszenieren.

H, K Nürnberger Gothics, ca. 1988
L Subkulturelles Äquivalent zu archaischen Riten von Stammeskulturen: kunstvolle Gesichtsbemalung hat in der Schwarzen Szene einen hohen Stellenwert, ca. 1989
M The Sisters Of Mercy, ca. 1983

Auffällig bleibt gleichwohl, dass für viele neosatanistische Gruppen oder Orden die Farbe Schwarz tatsächlich eine zentrale Rolle spielt. Sei es, dass die Kulträumlichkeiten oder der Altar schwarz verhängt sind oder sei es, dass die Mitglieder des Bundes in schwarzem Ornat auftreten – die Welt der Satanisten ist und bleibt nun einmal schwarz. Schwarz steht in diesem Kontext für die Ablehnung des christlichen Bekenntnisses als Ausdruck einer als überkommen verstandenen Religionsphilosophie. Unter manchen Jugendlichen gilt die Teilnahme an »Schwarzen Messen«, oder dem, was dafür gehalten wird, häufig als »cool«, da bei derartigen Zusammenkünften gesellschaftlich tabuisierte Bereiche wie Sexualität und die Auseinandersetzung mit spirituellen Angelegenheiten im Mittelpunkt stehen. Angesichts eines in unseren Tagen immer ausgeprägteren Materialismus und der Propagierung einer an Oberflächlichkeit nicht zu überbietenden bunten Spaßgesellschaft ist die Suche nach alternativen oder zumindest ergänzenden Lebensmodellen – und seien sie noch so bizarr – oft mehr als eine bloße Realitätsflucht übersättigter Großstadtkinder. Vor diesem Hintergrund ist auch die teilweise hohe Akzeptanz okkulter Handlungen und die scheinbar juvenilem Leichtsinn entspringende intensive Beschäftigung manch junger Menschen mit dem Tod eine Form der Auseinandersetzung mit gesellschaftlichen Zuständen, die als bedrohlich und unhaltbar begriffen werden.

Als eine wichtige und grundlegende Ursache dieser Verhältnisse wird insbesondere das institutionalisierte Christentum ausgemacht und mit entsprechender Ablehnung bedacht. Diese Haltung mündet bisweilen in eine kritiklose Annahme bestimmter am historischen Satanismus orientierter Doktrinen, ohne allerdings zu erkennen, dass dieser, mit seinen dem Christentum entlehnten Symbolen, nur vor dem Hintergrund dieser nahezu omnipotenten Religion existieren konnte und daher ohne Anerkennung der christlichen Dogmen substanzlos bliebe. Weitere Widersprüche ergeben sich aus der unheiligen Verbindung heidnischer Elemente mit beliebig zusammengestellten Versatzstücken des Satanismus. Dieses religiöse Modell, dem neben einer geringen Anzahl von Anhängern der Gothic-Bewegung vorzugsweise einige völkisch gesinnte Vertreter der Black-Metal-Fraktion huldigen, führt allerdings durch die Integration synkretistischer Elemente den Gedanken eines reinen Heidentums definitiv ad absurdum und vermag demzufolge nur den nicht allzu hoch gesteckten Vorstellungen bierseliger Freistilsatanisten zu genügen. Anders als von den Medien gerne behauptet, ist Satanismus für die allermeisten Jugendlichen ohnehin kein Thema und einzig die Tatsache, dass manch junger Zeitgenosse ein Faible für schwarze Kleidung hat oder womöglich der Gothic-Szene zuzurechnen ist, stellt keinen Anhaltspunkt und keine Berechtigung für vorschnelle Behauptungen dar.

— Gothics —

Als lebende Tote – die Augen schwarz, das Gesicht weiß, die Lippen dunkel oder rot geschminkt – wandeln sie in einheitlich schwarzen Gewändern als leibhaftige Anachronismen durch die Schluchten der Großstädte, die Gothics – im Volksmund liebevoll auch »Gruftis« genannt. Eine auffällige Haartracht, Pentagramme, Kruzifixe, Rosenkränze und andere Symbole als Accessoires sind weitere Merkmale der Anhängerschaft der sogenannten Schwarzen Szene, deren wesentlichste Charakteristika zweifelsohne vor allem eine prinzipiell ruhige Art und würdevolles, geradezu aristokratisch anmutendes Gebaren sind.

Zu Beginn der achtziger Jahre als direkter Ableger der Punk-Bewegung entstanden, ist die Gothic- oder Dark-Wave-Szene heute eine der größten jugendlichen Subkulturen mit einem

K

allerdings teilweise zweifelhaften Ruf. Zu den von der Boulevardpresse und einschlägig bekannten Fernsehsendern verbreiteten Klischees und Halbwahrheiten zählten bislang die endlos repetierten Berichte von Friedhofsschändung und Satanismus, denen sich neuerdings die Behauptung rechtsextremistischer Umtriebe zur Seite gesellt. Die Faszination der schwarzen Szene für Spirituelles, Esoterik und heidnische Mythologien ist offenkundig, obgleich die Beschäftigung mit diesen Themen im Allgemeinen wesentlich vielschichtiger und von größerer Ernsthaftigkeit geprägt ist, als die Medien glauben machen wollen.

Als stilsichere und kulturbeflissene junge Menschen mit einem leichten Hang zur Melancholie und einer ausgesprochenen Faszination für den Tod und die Schattenseiten der menschlichen Seele, orientieren sich die Anhänger dieser Subkultur oftmals an historischen Vorläufern, an Künstlern, Musikern und Literaten, die in ihren Werken den tragischen und dramatischen Momenten des Daseins den ihnen gebührenden Platz eingeräumt haben. In literarischer Hinsicht sind neben Texten der schwarzen Romantik vor allem die bekannten englischen Gothic Novels des ausgehenden 18. und beginnenden 19. Jahrhunderts von Interesse, die eine bis dato neue Literaturgattung etablierten, deren Hauptfiguren Untote, künstliche Menschen und andere ungewöhnliche Lebensformen waren. Lange Zeit nach dem Ableben der Schöpfer so unsterblicher Gestalten wie Dracula oder Frankensteins Monster scheint der Geist dieser Zeit auf die desillusionierten Kinder der Moderne übergegangen zu sein, die sich als bescheidene Reminiszenz an diese Epoche Gothics nennen.

L

Als graue Eminenzen der Schwarzen Szene, die im musikalischen Bereich wesentliche Akzente für die spätere Entwicklung setzen sollten, sind in erste Linie die *Rolling Stones* und die amerikanische Band *Velvet Underground* zu erwähnen. Die *Stones* begannen schon Mitte der sechziger Jahre den dunklen Seiten des Daseins vermehrt Beachtung zu schenken und ihre Eindrücke in Songs wie »Paint It Black« zu verarbeiten. Auch das konsequent schwarz gewandete New Yorker Ensemble *Velvet Underground,* entstanden im Umfeld von Andy Warhols »Factory«, wusste auf seinem ersten Album aus dem Jahr 1966 so delikate Themen wie Sadomasochismus zu behandeln, die Wonnen des Heroingebrauchs zu schildern und das »Todeslied des schwarzen Engels« als Abgesang auf die moderne Zeit anzustimmen. Die Dekadenz und der Hedonismus dieser Epoche finden eine annähernde Entsprechung in der morbiden Romantik der Gothic-Szene, als deren exponierteste Vertreter in den frühen achtziger Jahren die Bands *Bauhaus, Cure, Joy Division* und die *Sisters of Mercy* zu gelten haben. Letztere veröffentlichten auf ihrem ersten Album den Titel »Black Planet«, dessen Inhalt in eindringlichen Worten die Vision einer lichtlosen, schwarzen Welt beschreibt.

M

In der heutigen Zeit ist die Szene unübersichtlicher denn je. Im modischen Bereich findet eine allmähliche Annäherung an Stilelemente der Fetisch-Mode statt, die vor allem auf schwarzen Lack und schwarzes Leder mit raffinierten, den Körper betonenden Schnitten setzt. Der musikalische Sektor wurde nicht ganz zum Wohlgefallen mancher Puristen durch die stärkere Einbindung von Elementen des Heavy Metal bereichert. Diese Musikform, die ähnlich dem klassischen Gothic Rock zu Beginn der neunziger Jahre ein Schattendasein fristete, weist eine Reihe von vergleichbaren Merkmalen auf, die ein Zusammengehen beider Stile, die lange als unvereinbar galten, ermöglichte. Sowohl in der Metal- als auch in der Gothic-Szene ist ein großes Interesse an esoterischen Disziplinen und vorchristlichen Religionsformen feststellbar, das sich unter anderem auch in den Texten vieler Bands aus beiden musikalischen Lagern niederschlägt. Dieser seit einiger Zeit zu beobachtende Trend zur Fusion unterschiedlicher Stile erstreckt sich allerdings bei weitem nicht nur auf den Metal-Bereich.Neben der schon in den achtziger Jahren erkennbaren Annäherung an die Elektronik- und Industrial-Szene ist auch die Hinwendung vieler Gothics zum sogenannten Apocalyptic- oder Neofolk ein weiterer Beleg für die sehr differenzierte musikalische Bandbreite der Szene. Das Phänomen des Neofolk, ein von meist sehr schlichter Instrumentierung unter vorwiegendem Einsatz von Trommeln und akustischen Gitarren geprägtes Genre mit oft sehr kryptischen Texten, ist seit geraumer Zeit Gegenstand einer inner- und außerhalb der Szene recht heftig geführten Diskussion, deren Ansatzpunkt eine angenommene oder tatsächliche Rechtslastigkeit man-

cher Protagonisten dieser Szene darstellt. Viele Musiker und Anhänger der Szene bevorzugen schwarze Uniformen oder Tarnkleidung und transportieren damit gewollt oder ungewollt den Eindruck einer gewissen Militanz. Mögen die Vorhaltungen hinsichtlich rechtsextremer Positionen in Teilen auch zutreffend sein, so handelt es sich dennoch um individuelle Meinungsäußerungen einiger Künstler und ihrer Anhänger, die allerdings keinen Rückschluss auf die gesamte Szene zulassen, wenngleich ihr nicht immer klar umrissener Kulturbegriff auch weiterhin Anlass für Missverständnisse geben wird.

N Süddeutsche Gothics, ca. 1989
O Schwarzer Block der Antifa
P Der sogenannte »schwarze Block«: Rechstextreme übernehmen die Dresscodes der autonomen Szene

— Skinheads und Autonome —

Auch die Subkultur der Skinheads ist in einem noch weit höheren Maße derartigen Vorwürfen ausgesetzt. Die permanente Gleichsetzung einer ganzen, ursprünglich unpolitischen Jugendkultur mit Neonazis und Rassisten hat in der Vergangenheit schon bei einigen Skins zu einem frustrierten Rückzug aus der Szene geführt. Dennoch ist der Anteil von Rechtsextremisten unter Skinheads tatsächlich wesentlich größer als bei anderen Jugendkulturen. Im Gegensatz zu den eher nach links tendierenden Skins, welche die klassische Skinheadmode bevorzugen, kleiden sich die ideologisch gefestigten Vertreter des rechten politischen Spektrums gerne (wenn auch nicht ausschließlich) schwarz, was auch als Referenz an die historische Faschistenbewegung der Schwarzhemden Mussolinis interpretiert werden kann. So sind zum Beispiel die »Autonomen Nationalisten« zu erwähnen, die in Anlehnung an den sogenannten »Schwarzen Block« linksautonomer Prägung bevorzugt schwarz tragen. In diesem Kontext ist die Wahl dieser Farbe durchaus interessant, da Assoziationen zur nationalsozialistischen Schutzstaffel oder vergleichbaren anderen Organisationen aus dem europäischen Ausland durchaus naheliegend und oftmals auch beabsichtigt sind. Die Entscheidung einiger bundesdeutscher Richter, den Teilnehmern einschlägiger Demonstrationen das Tragen von schwarzer Kleidung zu untersagen, da dieser ein uniformähnlicher Charakter zu eigen sei, mag allzu weit hergeholt erscheinen, geht allerdings im Kern auf diese Problematik ein.

Die Extremisten des entgegengesetzten politischen Lagers erliegen jedoch ebenfalls der Faszination des Schwarzen. So war es vor allem der treffend »Schwarze Block« genannte Zusammenschluss von meist lose organisierten militanten Demonstrationsteilnehmern, die seit Anfang der achtziger Jahre bei Protestaktionen für Schlagzeilen sorgten. Sowohl bei Anti-AKW-Demonstrationen in Brokdorf, Gorleben oder später Wackersdorf bewegten sich Personen in einheitlich dunkler Ledermontur, deren Gesichter mit Sturmhauben und Motorradhelmen maskiert waren. In späteren Jahren waren es zumeist autonome Gruppen oder Mitglieder der Antifaschistischen Aktion, die über ihre Kleidung gleichzeitig eine Affinität zu den Ideen der oft ebenfalls schwarz gekleideten Anarchisten zu Beginn des zwanzigsten Jahrhunderts ausdrücken wollten.

Innerhalb der linken Szene war ein derartiges Auftreten durchaus nicht immer unumstritten. So wurde vor allem moniert, dass ein solches Äußeres nur kontraproduktiv wirken könne, da man sich optisch zu sehr von der Bevölkerung abgrenze und diese insofern kaum für die politischen Ziele begeistern, geschweige denn gewinnen könne. Neben der offenkundigen Gewaltbereitschaft dieser Gruppen wurde und wird die Anonymität der vermummten Demonstranten kritisiert, da über diese das Einsickern von Agents Provocateurs nicht völlig auszuschließen sei. Bei den Protesten in Genua gegen den G8-Gipfel im Sommer 2001 agierten schließlich die sogenannten »Tute Bianche«, deren Anliegen es war, über weiße Kleidung schon rein optisch einen Gegensatz zum »Schwarzen Block« zu bilden und ihren Protest mit friedlichen Mitteln zum Ausdruck zu bringen.

Die Farbe Schwarz stellt, wie gesehen, für viele jugendliche Gruppen ein Element mit stark integrativem Charakter dar. Ob es sich um Rocker, Metal-Fans, Gothics oder andere Subkulturen handelt – sie alle verbinden mit Schwarz ganz bestimmte eigene Anschauungen, die grundsätzlich von derselben, nur selten bewusst gemachten atavistischen Wirkung dieser Farbe beeinflusst werden. Schwarz hat in Jugendkulturen und darüber hinaus einen gänzlich anderen Stellenwert als alle anderen Farben und wird ihn aller Voraussicht nach noch auf lange Zeit inne haben.

A

Lucifer Rising

Die Geschichte eines Soundtracks

Michael Moynihan

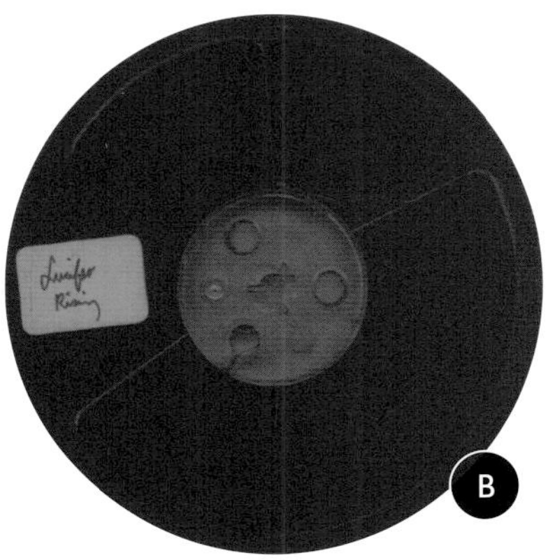

A Abmischen im Knast: Bobby BeauSoleil bei der Arbeit am »Lucifer Rising«-Soundtrack in seiner Zelle im Tracy Prison, Kalifornien, ca. 1978–79
B Eine der verloren geglaubten Tonbandspulen des Magik Powerhouse of Oz
Original-Filmrollen
C Plakat zur »Equinox of the Gods«-Veranstaltung, San Francisco 1967

Im Gefolge des Abstiegs in den konformistischen Albtraum, von dem Amerika in den 1950er Jahren größtenteils aufgezehrt wurde, musste zwangsläufig etwas zu Bruch gehen. In der Mitte der anschließenden Dekade war es mit größter Sicherheit passiert – und der zertrümmerte Beweis war klar zu sehen. Unter der kalifornischen Sonne funkelten die Scherben und Splitter der einst monochromen Welt plötzlich im Technicolor-Glanz, der diejenigen blendete, die es wagten, nach neuen Grenzen Ausschau zu halten. Die alten Regeln wurden außer Kraft gesetzt, verhöhnt und als anachronistische Fesseln zurückgelassen. Trennungslinien zwischen Kunst und Leben schmolzen dahin, und für wenige flüchtige Momente – sogar Jahre – schien alles möglich.

Doch sobald die Schleusen für anders geartete Bewusstseinsströme geöffnet worden waren, gab es kaum Kontrollmöglichkeiten für das, was hindurch kam. Diese von Widerstandskraft und Traumvorstellungen besessenen, kühneren Seelen konnten die Schaumkrone der höchsten Welle reiten, gar deren stürmischen Kräfte zu einem Punkt kanalisieren, um ihre eigenen Schöpfungen vorwärts zu treiben. Doch als eine Welle über uns hinwegrollte, war die nächste schon im Anrollen – und mitunter noch verwirrender als ihr Vorgänger. Viele, die sich in diese tobenden Gezeiten geworfen haben, waren bald auf See verloren gegangen oder ertranken in unbekannten Gewässern. Eine aus zügellosen Lebensverhältnissen hervorgegangene, neu entdeckte Freiheit kann einen stärken, ist aber nicht immer leicht zu handhaben. Versuch und Irrtum war die einzige verfügbare Methode, um diese Erfahrungen zu verarbeiten, deren Ergebnisse manchmal fantastisch schön, aber auch angsteinflößend desaströs sein konnten. In der aufkeimenden Jugendkultur wurde Chaos zunehmend zur Regel. Um durch das Unbekannte zu navigieren, brauchte man einen Fackelträger, der den Weg wies, vorzugsweise jemand mit Erfahrung. Für die Künstler Kenneth Anger und Bobby BeauSoleil war dieser Fackelträger, der ihnen den Weg zu einem neuen Tagesanbruch wies, niemand anderes als Luzifer, der rebellische Engel und »Lichtbringer«.

Anger und BeauSoleil sind beide Magier – Visionäre, die nichtmaterielle Elemente nutzbar machen, um ihren eigenen kreativen Willen zu manifestieren. Anger, der Filmemacher, arbeitet mit Licht, Flimmern und Schatten; BeauSoleil, der Musiker, mit Klangfarbe, Tempo und Melodie. Ihre individuellen Temperamente sind sich recht unähnlich, die Produkte zweier unterschiedlicher Generationen und divergierender Hintergründe. Doch bei ihrem Zusammentreffen entdeckten sie unverzüglich im jeweils anderen die komplementären Talente, angeborenen Energien und ein gleichartiges Schicksal, das sie verband. Dieses Schicksal fand mit »Lucifer Rising« einen Namen, ein legendäres Filmprojekt, das zur Fertigstellung mehr als ein Jahrzehnt benötigen würde. Bis zu seiner Vollendung hatten beide Kollaborateure reihenweise Versuchungen und Widerwärtigkeiten durchgemacht, wörtlich wie bildlich.

Anfang 1967 nahm die aufkeimende soziokulturelle Revolution volle Fahrt auf. Kenneth Anger lebte in San Francisco – dem Auge des psychedelischen Wirbelsturms – und begann mit den Arbeiten an seinem neuesten Underground-Film: »Lucifer Rising«. Anger hatte schon in früheren Filmen wie »Scorpio Rising« begonnen, sich mit sozialen Tabus auseinanderzusetzen, doch dieses neue Werk würde häretische Spiritualität beschwören und als Apologie für eine verfemte Gottheit dienen. In Angers Worten: »Ich bin ein Künstler, der mit Licht arbeitet und das ist alles, was mich interessiert, wirklich. Luzifer ist der Lichtgott, nicht der Teufel, das ist christliche Verleumdung. Der Teufel ist immer auch der Gott anderer Menschen.« Für die Hauptrolle des sonnenbeseelten Luzifer benötigte er jemanden, der den Geist der Freiheit und des lüsternen Ungehorsams archetypisch verkörperte. Er glaubte, schon einen wirklich passenden Schauspieler für diese Rolle gefunden zu haben, doch diese Pläne wurden schnell über Bord geworfen, nachdem Anger an einer ungewöhnlichen Veranstaltung namens Invisible Circus teilgenommen hatte, dem gemeinsamen Kind von Emmet Grogans anarcho-aktivistischer Gruppe der »Diggers« und der »Sexual Freedom League«.

Der Invisible Circus war als kontinuierliches Happening angelegt, in dem das Publikum aktiv an einem lärmenden Drei-Tage-Programm mit Musik, Poesie, Theater und freier Liebe partizipieren würde. Als Austragungsort mieteten die Organisatoren das Glide Memorial, die Kirche einer ungewöhnlichen Methodistengemeinde unter der Führung von Reverend Cecil Williams, die im heruntergekommenen Rotlichtdistrikt der Stadt lag, dem Tenderloin. Eines der Highlights der Eröffnungsfeier war eine Performance von *The Orkustra*, einer »psychedelischen Kammermusikgruppe« des 19-jährigen Gitarristen Bobby BeauSoleil. Unter den Mitgliedern befand sich auch David LaFlamme, der später beachtliche Anerkennung für seine Gruppe *It's A Beautiful Day* bekommen sollte. *The Orkustra* benutzten unkonventionelle elektrifizierte Akustikinstrumente, um improvisierte Klangwälle zu schaffen, die ebenso von klassischem Jazz, indischer bzw. fernöstlicher Musik wie auch vom Rock n' Roll beeinflusst war. In vielen Belangen war die Band ihrer Zeit voraus. Sie waren außerdem die perfekte Ergänzung der Atmosphäre des Invisible Circus, und ihre wogende Musik entfachte in dieser Nacht einen Sturm der Sinnlichkeit in diesem vollgestopften Raum. Nach ihrer Performance zogen sich die Bandmitglieder für ein bisschen Frischluft auf den Parkplatz zurück. Dort ging Kenneth Anger, der gerade den hinreißenden Auftritt von *The Orkustra* aus nächster Nähe erlebt hatte, zum ersten Mal auf seinen potentiellen Rekruten zu. Er hatte den perfekten Hauptdarsteller für seinen Film gefunden. »Du bist Luzifer!«, rief er dem irritierten Bobby BeauSoleil zu.

D BeauSoleil im Inneren der »Russischen Botschaft«, San Francisco ca. 1967
E Bobby BeauSoleil mit Mitgliedern des Orkustra
F Standbild aus »Lucifer Rising«

Kurz nachdem er sich Angers Vorschlag angehört hatte, stimmte BeauSoleil der Mitarbeit an dem Film zu – sofern *The Orkustra* den Soundtrack liefern dürften. Anger wiederum feuerte seinen früheren Kandidaten für die Luzifer-Rolle und nahm BeauSoleil enthusiastisch unter seine Fittiche. Nicht jeder freute sich über diese neue Beziehung, denn BeauSoleils obsessive Hingabe für das Filmprojekt befremdete seine Bandkollegen zunehmend und war einer der Gründe, der zum Split von *The Orkustra* führte. BeauSoleil blieb unerschrocken und machte sich daran, eine neue Truppe für den Soundtrack um sich zu scharen. *The Magick Powerhouse Of Oz* getauft, wurde die Band schnell zu einer Art Untergrundlegende, trotz der Tatsache, dass fast niemand je auch nur einen einzigen Ton ihrer Musik vernommen hat. Dieser Ruf rührte größtenteils von den Umständen ihres Bestehens her: sie schienen einzig und allein für die Vertonung eines düsteren, von Aleister Crowley inspirierten, okkulten Untergrundfilms zu existieren. Der Bandname bezog sich auf Crowleys Philosophie okkulter »Magick« und

L. Frank Baums »Oz«-Bücher. »Powerhouse« war eine Referenz an die surrealen Konstellationen von grellgefärbten Rädern, Rollen und Maschinen, die die Energie für die Kabelwägen von San Francisco liefert, der Smaragdstadt höchstpersönlich.

Zu dieser Zeit war BeauSoleil als Angers Mitbewohner in ein knarzendes viktorianisches Herrenhaus gezogen, das am höchstgelegenen Eck des Alamo Square lag und als »Russische Botschaft« bekannt war. Ein zeitgenössisches Foto aus dem Inneren des Hauses zeigt BeauSoleil in der Mitte sitzend, mit der elektrischen Bouzouki in der Hand, die Nummer 666 hinter ihm aufgemalt, auf beiden Seiten von den kunterbunten Mitgliedern des *Magick Powerhouse* flankiert. Während ihr kollektiver Ruf weiterhin Bestand hat, sind die Namen der Musiker – Straßenkünstler der unterschiedlichsten Sorte, die BeauSoleil an Straßenecken und Cafés in der Nachbarschaft entdeckt hatte – schon längst in Vergessenheit geraten.

In diesem Sommer wurde eine neue Lokalität namens The Straight Theater im Haight Ashbury renoviert. BeauSoleil kannte den Tontechniker des Hauses, Brent Dangerfield, und war mit den Besitzern des Theaters befreundet. Das erste richtige Konzertprogramm des Ladens war ein spezieller Abend zur Herbst-Tagundnachtgleiche. Neben wohlbekannten Musikgruppen wie *The Charlatans* und *The Congress of Wonders* aus San Francisco, sollte an diesem Abend auch das Live-Debüt von *The Magick Powerhouse Of Oz* stattfinden. Die Atmosphäre sollte mit Hilfe zweier Lightshow-Firmen erweitert werden, von denen eine während der Show Material aus »Lucifer Rising« und eine alte Kopie der Verfilmung von »The Wizard Of Oz« projizieren sollte. Zwischen den Sets von *The Magick Powerhouse* sollte Anger ein Crowley-Ritual zur Feier des heidnischen Festes durchführen. Zwar waren die Emotionen und Erwartungen vor diesem Event hochgeschraubt, doch niemand konnte vorhersehen, dass diese äquinoktische Zauberposse ein explosiver Brennpunkt der Zersetzung der Arbeitsbeziehung von Anger und BeauSoleil sein würde.

The Charlatans traten dann doch nicht auf und das Publikum stellte sich als kleiner heraus als erhofft, doch der Debütauftritt des *Magick Powerhouse* verlief problemlos und wurde gut angenommen. Über Angers magisches Ritual lässt sich das Gleiche nicht sagen. Früher am Abend hatte er die Entscheidung getroffen, LSD zu nehmen, was sich als unklug herausstellte, als es während des Rituals Probleme mit dem Playback-Tape gab und der verwirrte Anger einen veritablen Zusammenbruch auf der Bühne erlitt. Verwirrt in seinem Delirium zerbrach er einen Gehstock und verletzte versehentlich ein Mitglied des Publikums – einen Redakteur der Untergrundzeitung San Francisco Oracle – mit einem der schartigen Bruchstücke. Dieser peinliche Auftritt verursachte einen Bruch zwischen BeauSoleil und Anger, ihre Wege trennten sich am nächsten Morgen. Es gab ein paar Vorwürfe, und Anger beschuldigte daraufhin BeauSoleil, das einzige Exemplar seines in Arbeit befindlichen Films gestohlen zu haben. Charles Perry gibt in seinem Buch »Haight Ashbury« eine kurze Zusammenfassung des Konzertfiaskos an der Tagundnachtgleiche. Seine Nacherzählung basiert größtenteils auf Hörensagen und er übertreibt den »satanistischen« Schwerpunkt der Veranstaltung, doch treffen die folgenden Sätze wahrscheinlich zu:

Am Ende der Show gab Van Meter [einer der Lichttechniker der Show] den Film an Anger zurück, der ihn zur Sicherheitsverwahrung an jemand anderen weitergab, so dass er zu einer Beschwörungs-Afterhour-Party weiterziehen konnte. Anger hatte ihn »meinen ersten religiösen Film« genannt; für Nicht-Satanisten sah das Ganze eher nach ein paar Aufnahmen von Bobby BeauSoleil in Gewichtheber-Posen aus. Im Laufe der Nacht wurde der Film gestohlen, und die meisten nahmen an, dass es sich bei dem Täter um BeauSoleil handelte.

BeauSoleil hat stets die Anschuldigungen Angers, er hätte die Filmrollen von »Lucifer Rising« gestohlen, angefochten. Er beteuert, dass es in Wirklichkeit nur sehr wenig Film abseits der wenigen Testaufnahmen gegeben habe, und dass Anger einfach nur Geschichten erfunden habe, um ungeduldige Investoren ruhigzustellen – Investoren, die jetzt wissen wollten, warum der Film nicht fertiggestellt worden war. (Seltsamerweise sind Aufnahmen von BeauSoleil und *The Magick Powerhouse Of Oz* in einem kürzeren Film von Anger namens »Invocation Of My Demon Brother« wieder aufgetaucht, der 1969 veröffentlicht wurde.) Ungeachtet des Schicksals der »Lucifer Rising«-Filmrollen fielen Debüt von und Abgesang auf *The Magick Powerhouse Of Oz* auf ein und denselben Abend. Und innerhalb weniger Wochen waren die Protagonisten der »Lucifer Rising«-Saga weit verstreut. BeauSoleil war, ausgebrannt vom Wahnsinn San Franciscos, auf dem Weg nach Südkalifornien; wenig später verließ Anger die USA komplett, um nach London zu ziehen. Vor seinem transatlantischen Umzug veröffentlichte Anger eine ganzseitige Todesanzeige im Underground-Blatt The Village Voice. Angers vorgetäuschtes Dahinscheiden schien wie eine Vorahnung von den dunkleren Dingen, die am Horizont lauerten – der Sommer der Liebe war verblasst, und eine Ära, die gerade erst begonnen hatte, kam schon wieder zu einem schmerzlichen Ende.

Mit BeauSoleils Abreise aus San Francisco implodierten *The Magick Powerhouse Of Oz*, und sein kurzlebiger Versuch, eine Underground-Schauspiel-Karriere zu starten, war vorbei. Doch Anger hegte immer noch die Hoffnung, »Lucifer Rising« fertigstellen zu können, und nachdem er sich in London niedergelassen hatte, verpflichtete er *Led Zeppelin*-Gitarrist Jimmy Page für den Soundtrack, einen glühenden Crowley-Anhänger. Dieser Plan sollte letztendlich scheitern, nachdem Page nicht mehr als 28 Minuten Musik zustande brachte. Unterdessen hatten sich in Los Angeles die Wege von BeauSoleil und Charles Manson gekreuzt. Die beiden teilten eine Vorliebe sowohl für Musik als auch für attraktive junge Frauen, von denen Manson eine beträchtliche Anzahl im Schlepptau hatte. Dieses zufällige Treffen hatte unglückliche Konsequenzen für BeauSoleil und alle anderen Beteiligten. BeauSoleil schwebte in der Peripherie des Manson-Zirkels und begann, die rauen und tumben Mitglieder der Motorrad-Gang »Straight Satans« anzubeten, die ebenfalls auf der Spahn Ranch herumhingen, wo sich Mansons Leute 1969 gemütlich eingerichtet hatten.

G Motiv der Aleister Crowley gewidmeten Compilation »100 years of Liber Al«, Cold Spring Records 2004

In der Hoffnung, sich bei den Bikern einzuschmeicheln, besorgte BeauSoleil für sie Ende Juli eine große Menge Meskalin. Als die Drogen sich als wirkungslos herausstellten (die »Satans« behaupteten, die 1.000 Portionen Meskalin wären in Wirklichkeit Strychnin gewesen) und die Biker von ihm das komplette Geld dafür umgehend zurückforderten, gipfelte die sich anschließende Panik und Verwirrung darin, dass BeauSoleil, den Dealer, Gary Hinman, tötete. Er wurde kurz nach dem Vorfall festgenommen, doch sein erster Prozess resultierte in einer unentschlossenen Jury. Als er für ein Wiederaufnahmeverfahren vorstellig wurde, war es zu den Tate-LaBianca-Morden gekommen, die international für Schlagzeilen sorgten. Charles Manson und seine »Familie« gingen durch aller Munde. Trotz der Tatsache, dass sein eigenes Verbrechen nicht mit den späteren Morden in Verbindung stand, wurde über den noch nicht einmal 22-jährigen BeauSoleil umgehend eine lebenslange Haftstrafe verhängt, nachdem es der Staatsanwaltschaft gelungen war, ihn mit den Angreifern der anderen Fälle in Verbindung zu bringen.

Als erstes in San Quentin und später in der Tracy State Prison eingekerkert, konnten BeauSoleils kreative Impulse trotz der repressiven Umgebung nicht erstickt werden. In letzterer Einrichtung war es ihm dank seines Eifers möglich, in den frühen 1970ern ein Insassenmusikprogramm auf die Beine zu stellen. All die Jahre hindurch beschäftigte »Lucifer Rising«

nach wie vor sein Denken. Dazu erklärte er folgendes: »An irgendeinem Punkt hörte ich, dass [Kenneth] sich wieder darauf vorbereitete, »Lucifer Rising« zu drehen. Es war immer noch sein Lieblingsprojekt, und er bereitete sich darauf vor, es zu Ende zu bringen ... Ich entschloss mich, mit ihm darüber zu reden, weil ich seit unserem Auseinandergehen 1967 immer der Ansicht war, dass es sich dabei um eine unerledigte Aufgabe handelte. Ich glaubte weiterhin an das Konzept, das mir ursprünglich vorgelegt worden war: Den Beginn eines neuen Zeitalters zu verkünden, diesen Vorgang zu ritualisieren, die mythologischen Aspekte und all das. Es sprach zu mir, es erzeugte Resonanz mit mir. Ich wollte das Projekt vervollständigen, das für mich nicht abgeschlossen war, und lose Enden mag ich nicht.«

Beim Durchhören des Demo-Tapes, das ihm BeauSoleil aus dem Gefängnis zugesandt hatte, war Anger hinreichend beeindruckt, um von Jimmy Page abzulassen und BeauSoleil für die Fertigstellung des Soundtracks zurück an Bord zu holen. Durch die Hilfe von Dr. Minerva Berthold, einer älteren Lehrerin im Gefängnis, und einen hilfsbereiten Wärter namens R. M. Rees erhielt BeauSoleil die Erlaubnis für sein Projekt sowie die für den Bau von Keyboards und Effektgeräten benötigten Materialien. BeauSoleil nannte diese aus Mithäftlingen für die Aufnahme des Soundtracks gebildete Band *The Freedom Orchestra*. Unter ihnen befand sich ein weiterer Veteran aus dem Manson-Umfeld, der seine Zeit in der Tracy Prison absaß: der talentierte Gitarrist Steve Grogan. Es dauerte ein paar Jahre, bis der Soundtrack fertiggestellt wurde, was angesichts der widrigen Umstände nicht überraschend ist. Das Budget lag knapp über 3.000 Dollar. Mit diesen begrenzten Mitteln musste BeauSoleil aus dem Stand ein komplettes Aufnahmestudio aufbauen. Dazu bemerkte er: »Um das Geld möglichst gut einzuteilen, habe ich mir das nötige Wissen über Elektronik und den Bau von Equipment selber angeeignet. Not macht erfinderisch, und das war der einzige Weg, um mich und die anderen beteiligten Musiker mit den Instrumenten zu versorgen, die uns erlaubten, einen Soundtrack zu schaffen, der Variationen in den Klangfarben hatte, und eben nicht nur durch Verstärker gespielte Gitarren. Ich hatte dieses grandiose Konzept in meinem Kopf, wie ich den Soundtrack klingen lassen wollte. Ich wollte nicht, dass er klang, als hätte man ihn aus einem Haufen Spielzeug zusammengeschustert, obwohl es genau das war, ernsthaft! Trotzdem haben wir ein paar recht erstaunliche Sachen zustande gebracht.«

BeauSoleil musste den abschließenden Mix, die Abfolge und das Bänder schneiden in seiner winzigen Zelle erledigen, wo man ihm gestattet hatte, die nötige Ausrüstung aufzustellen. Er arbeitete bei Nacht mit Kopfhörern. Erst 1980 war es soweit, über 13 Jahre nach den ersten Arbeiten an »Lucifer Rising«, dass Anger den fertigen Film mit dem passenden Soundtrack im New Yorker Whitney Museum Of American Art uraufführen konnte.

Als ich vor vielen Jahren zum ersten Mal mit Bobby BeauSoleil Kontakt hatte, ging es ursprünglich darum, ihn für ein Magazin über seine musikalische Vergangenheit, Gegenwart und Zukunft zu interviewen. Ungefähr zur selben Zeit war ich häufig im Haus von Mark McCloud zu Gast, einer Autorität in Sachen Psychedelic Sixties und Kurator des Museum Of Illegal Art in San Francisco. Sein privates historisches Museum beherbergt die umfangreichste Sammlung gerahmter LSD-Löschpapiere weltweit, zusammen mit einer unglaublichen Vielfalt an psychedelischen Kunstgegenständen, Postern und Kleinkram. Immer wenn das Thema meines Kontakts zu BeauSoleil zur Sprache kam, reagierte McCloud in seiner unnachahmlichen gedehnten Sprechweise mit der immer gleichen Ermahnung: »Sag Bobby, er soll dir verraten, wo das *Magick Powerhouse*-Tape versteckt ist.« In einem günstigen Moment habe ich schließlich BeauSoleil mit dieser Frage konfrontiert. Mit äußerster Ernsthaftigkeit bestand er darauf, dass so ein Tape nicht existierte und dieses Gerücht jeder Grundlage entbehrte. McCloud weigerte sich, das zu glauben und sein Misstrauen wurde wenige Jahre später bestärkt – zu Recht, wie sich zeigen sollte. David LaFlamme hatte nämlich eine Box voller Kassetten in seinem Haus gelagert, welche ihm von BeauSoleil an diesem schicksalhaften Tag 1967 anvertraut worden war, als dieser von San Francisco nach Los Angeles floh. LaFlamme hatte versprochen, die Box für BeauSoleil aufzuheben, bis sie sich wiedersehen würden. Er hatte sie eingemottet und vergessen. In dieser Box wurden mehr als dreißig Jahre später nicht nur die Probe- und Live-Aufnahmen von *The Orkustra* entdeckt, sondern auch eine mysteriöse Kassette mit der Aufschrift »Lucifer Rising«. Diese enthielt das einzige Tondokument, das jemals von *The Magick Powerhouse Of Oz* angefertigt worden war. Es war eine Liveaufnahme aus dem STRAIGHT THEATER, gemischt von Brent Dangerfield. BeauSoleil war von seiner Existenz nicht wenig überrascht. Die Aufnahme gewährt einen aufschlussreichen Einblick auf das, was Bobby BeauSoleil musikalisch heraufbeschwor, als Kenneth Anger ihn zum ersten Mal traf. Es handelt sich um eine ausladende und halb improvisierte Jam-Session, die die groben Wurzeln des »Lucifer Rising«-Soundtracks enthält – oder zumindest von dem, wie er geklungen hätte, wäre er 1967 fertiggestellt worden. Schon hier konnte man die sägende, kaskadierende Melodie hören, die Jahre später ein umso prominenteres Leitmotiv in der Version des *Freedom Orchestra* sein sollte.

Wie bereits erwähnt, wurde der im Film »Lucifer Rising« verwendete Soundtrack von Bobby BeauSoleil und dem *Freedom Orchestra* zwischen 1977 und 1979 im Gefägnis aufgenommen. In dem Vierteljahrhundert seitdem sind seine dynamische Kraft und die emotionale Wucht unangefochten. Er passt nicht nur perfekt zur Grundstimmung von Angers Film, sondern schien extra dafür geschaffen zu sein, mit gewissen Bildern zusammenzufallen, die man auf der Leinwand zu sehen bekam. In Wahrheit ist es aber so, dass BeauSoleil und die Band nur einen teilweise fertigen Rohschnitt, einen »slash print«, von »Lucifer Rising« sehen konnten, bevor sie mit der Arbeit am Soundtrack begannen, daher waren diese audiovisuelle Synchronizitäten glückliche Zufälle. BeauSoleil erinnert sich: »In Anbetracht der Art, wie er entstanden ist, war es Glück, dass beides so gut zusammenpasste. Und es gab eine Reihe Stellen, bei denen jeder Zuschauer denken würde, dass dies speziell vertont bzw. beabsichtigt war, aber in Wirklichkeit war dem nicht so. Das war ein Teil des ›magischen Zaubers‹, von dem Kenneth der Ansicht war, dass er beschworen wurde. Die Arbeit an dem gesamten Film war für ihn eine Beschwörung oder ein Zauber. Die Zufälligkeit darin ist ein Element, das er bewusst integriert hat – was ich nur befürworten kann, da ich selber ein Improvisationskünstler bin.«

»Lucifer Rising« mag auf abstrakte Weise als eine Beschwörung seitens des Regisseurs funktionieren, doch er dokumentiert auch visuell die inneren und äußeren Welten – Mikro- und Makrokosmus – des zeremoniellen Magiers. Szenen introspektiver psychedelischer Bildwelten und dem Inneren klaustrophobischer Ritualkammern wechseln sich mit weitläufigen, epischen Außenaufnahmen von okkulten »Kraftpunkten« wie den Externsteinen in Deutschland (eine mysteriöse Anordnung turmhoher natürlicher Steinformationen, die angeblich schon seit tausenden von Jahren als Kultstätte dienten), Stonehenge, und den beeindruckenden Tempeln von Luxor und Karnak in Ägypten ab. Die überraschende Kontrastierung dieser perspektivischen Extreme und die Spannung zwischen ihnen sind ein Schlüssel zur bildlichen Schönheit des Films.
Eine ähnliche zugrunde liegende Dialektik liegt in BeauSoleils Soundtrack: gerade durch die Umstände ihrer Manifestation erzeugt die Musik eine magisch potente »Transzendenz der Gegensätze«. Hinter Gitterstäben in einem klaustrophobischen Betonkerker komponiert und aufgenommen, weiten sich die entstandenen Klangwelten aus und fließen befreiend mit

nahezu grenzenloser Reichweite auswärts. Der Geist, der diese Klänge erdachte, ist ein Geistesverwandter mit dem makellosen, winzigen Reptil, das sich zu Beginn des Films aus seiner Eierschale befreit, dem Vorboten eines neuen Zeitalters. Und falls der Zuhörer einen dunklen Unterton trotz des »solaren« Themas entdeckt, ist das nicht verwunderlich. Zur Entstehungszeit der Aufnahmen war Tracy Prison ein extrem hässlicher und unberechenbarer Ort, gezeichnet von täglichen Morden und brodelnder Feindschaft zwischen den Insassen. Aber wo sich andere der Misere ihrer Umgebung hingegeben hätten, hat BeauSoleil die kreative Energie der Musik genutzt, um diese effektiv zu übertönen und zu transzendieren.

In seinen Kompositionen ist die elementare Magie von Naturkräften auf dramatische Weise evident: die synthetischen Klänge der Eruption; von flüssigem, geschmolzenem Gestein; von stechendem Sonnenlicht und thermischer Gewalt. Doch all dies wird delikat von der schwarzen Zeremonienrobe des Magiers verhüllt, überdacht vom düsteren Gewölbe des Nachthimmels und unterlaufen von den Katakomben der Unterwelt. Es ist sowohl eine Grabrede tiefer Traurigkeit, als auch ein wogender, siegreicher Ausdruck der Hoffnung.

Dies ist ein bahnbrechendes Werk: das Resultat der kollaborativen Interaktion zweier Künstler, die unter radikal unterschiedlichen Umständen arbeiteten. Durch ihre zerbrechliche Beziehung und die unerschütterliche Treue zu ihren individuellen, aber auch vereinten künstlerischen Visionen, haben Kenneth Anger und Bobby BeauSoleil es fertiggebracht, zu guter Letzt ein unerreichtes Werk der dunklen Psychedelik, einen vulkanartigen Ausdruck triumphierender, spiritueller Freiheit herzustellen. Der Weg hin zu dieser Manifestation war gefährlich und gewunden, Abzweigungen und Durchgänge verschwanden oft in Dunkelheit und Schatten. Doch der strahlende Luzifer, ihr Schutzpatron und Fackelträger, hat es vollbracht, sie letztlich irgendwie auf Kurs zu halten.

H Bobby BeauSoleil vor der »Russischen Botschaft«. Auf der Tür das berühmte Motto von Aleister Crowley: »Tu was Du willst (ist das ganze Gesetz)«

Die ursprüngliche englische Originalfassung dieses Beitrags erschien als Liner-Notes zur Wiederveröffentlichung sämtlicher »Lucifer Rising«-Aufnahmen Bobby BeauSoleils auf dem Ajna-Label, sowohl mit dem Magick Powerhouse Of Oz als auch mit dem Freedom Orchestra.

A

Wie ich zur Schwarzen Szene stieß

Andréa Nebel

Ich hatte schon immer diese natürliche Neigung zum Düsteren, zum Unbekannten und Ungewöhnlichen. Ich habe stets viel gelesen und über das Leben nachgedacht, hatte intensive Träume und merkwürdige magische Visionen. So war ich auch schon immer künstlerisch tätig und ziemlich rebellisch, und fühlte mich in der breiten Masse, die mich umgab, unwohl.

Musik ist mir immer schon wichtig gewesen, und daher zog mich außergewöhnliche und melancholische Musik besonders stark an. Es war unvermeidlich, dass ich mich schon im frühen Alter zu Post-Punk, New Wave und britischem Synth-Pop hingezogen fühlte. *Ultravox* habe ich wirklich geliebt, und ich erinnere mich, wie oft ich weinend, einsam und missverstanden in meinem Zimmer gesessen habe und in dieser Stimmung »Serenade« oder »Lament« gehört habe, die mir Trost gaben. Später hat mich ein Freund an einen großen Einfluss auf meine spätere Arbeit herangeführt: *New Model Army*. Ich fand die Texte fantastisch – wenn ich heulend und einsam dalag und von allen missverstanden fühlte, sprachen *New Model Army* zu mir. Von diesem Zeitpunkt an bin ich mehr und mehr in Gothic- und extreme Underground-klänge eingetaucht.

Während andere in Discos gegangen sind, sind meine merkwürdigen Freunde und ich die ganze Nacht herumgefahren, haben *Dead Can Dance* gehört und hin und wieder zum Abhängen auf einem Friedhof halt gemacht. (Ich bin mir sicher, dass ihr das alle getan habt, hehe.)

Als Kind habe ich sowohl in den USA als auch in Großbritannien gelebt und habe in beiden Ländern Inspiration gefunden, aber besonders zu Großbritannien habe ich schon immer eine tiefe Verbindung gespürt. Ich liebe die ganzen alten Mythen, die Dörfer, die coolen und trendigen Städte einfach, ebenso wie die Tatsache, dass man dort die wohl vielfältigsten Trends und Underground-Kulturen finden konnte. Ich begann sie alle zu erkunden, von Musik hin zu Mode, hin zum Okkultismus. Und ich habe ein wirklich wildes und extremes Leben geführt.

Wer kennt sie nicht, das berüchtigte Slimelight, oder das Batcave? *Boy George* pflegte dort hinzugehen. Einer meiner Lieblingsläden in London war der Hard Club. Martin Gore von *Depeche Mode* war dort regelmäßig zu Gast und wir begannen, gemeinsam abzuhängen. Ich erinnere mich, dass wir oft zusammen zu »Der Mussolini« von *DAF* getanzt haben. Übrigens muss ich mir selbst zu Gute halten, dass der ebenfalls berüchtigte Londoner Fetisch-Club Torture Garden so heißt wie er heißt. Der Torture Garden ist ein wohlbekannter Club, der einen Haufen Prominenter (wie z. B. *Dita von Teese*) anlockt. Nie hätten wir gedacht, dass der Club jemals so angesagt sein würde.

Vor vielen Jahren habe ich gleich bei Dave, der den Club ins Leben gerufen hat, um die Ecke gewohnt und war oft zu Besuch, um mit ihm über dekadente Bücher, Filme etc. zu sprechen. Dabei habe ich ihm auch den großartigen *Sixth Comm*-Song »The Torture Garden«[1]

B

A Steve Strange (rechts), Vorzeigefigur des New Romantic anfang der 1980er, Clubbetreiber und zusammen mit Midge Ure von Ultravox Begründer der Band Visage, deren Hit »Fade to Grey« noch heute als Kernstück des neoromantischen Synthiepop gilt
B Batcave Logo
C Frontansicht des Batcave-Samplers »Young Limbs, Numb Hymns« mit Legenden wie Alien Sex Fiend, Specimen, Brilliant und Test Dept.

C

1 Ursprünglich von Death In June auf dem NER Sampler »From Torture To Conscience« 1984 veröffentlicht, tauchte das Stück als Bonus-Track auf der CD-Version des »NADA!«-Albums wieder auf und gehört inzwischen zum Repertoire von Patrick Leagas' Projekt Six Comm (auch 6Comm), da es aus seiner Feder stammt. Das Stück war eine der ersten Kollaborationen von Death In June und David Tibet, der Textzeilen dazu beisteuerte, welche wiederum von Octave Mirbeau's »Garten der Qualen« (Le Jardin des supplices, Paris 1899) inspiriert sind. (Anm. d. Hrsg.)

vorgespielt. Er mochte das Lied und den Songtitel wirklich sehr; daher der Name für den Club. Ich weiß noch, wie ich mit *Boyd Rice* eine ziemlich bizarre Nacht im Torture Garden verbracht habe. Er kann ein wirklich charmanter Mann sein …

Zu dieser Zeit hatte ich auch mit Anton LaVey und dessen Satanskirche und der Magieszene rund um den Pfad zur Linken zu tun.[2] Ich war auch zeitweise Priesterin eines berüchtigten linkshändigen Ordens. Außerdem hatte ich zunehmend mit Neofolk und Ambient-/Noise-Künstlern wie Ian Read, David Tibet und Tony Wakeford zu tun, die ihre Musik eher mit der okkulten Szene verbanden. Wir hatten eine ziemlich verrückte und lustige Zeit miteinander.

Damals begann ich mit der Produktion eigener Musik und dem Schreiben über esoterische Themen. Dazu kamen Live-Auftritte, ich modelte und war auch als Schauspielerin tätig. Ich denke, dass wir eine große und vielseitige alternative Szene mit vielen abgefahrenen, interessanten Individuen hatten. Es gab Musik, Bücher, Comics, bizarre Filme. Ich erinnere mich, dass meine erste Band, das Dark-Ambient Projekt *Aghast*, in allerlei Genres beworben und gehört wurde, von Goth über Industrial zu Ambient und Neofolk bis zur Metal-Szene. Ich wünschte, ich hätte ein bisschen mehr mit Ambient-Sounds weitergemacht, aber mir war damals plötzlich danach, völlig andere Musik zu machen.

— Die Geschichte von Hagalaz' Runedance —

Nachdem ich *Aghast* beendet hatte, wollte ich etwas Neues in der alternativen Szene schaffen, einen neuen Fokus, eine neue musikalische Idee, eine neue künstlerische Herausforderung. Ich begann *Hagalaz´ Runedance* weil … naja, damals schien es eine gute Idee zu sein. Ich wollte mich auf die gesellschaftlichen Lügen konzentrieren, auf christliche Propaganda und wie die Kirche unsere heidnische Kultur dämonisiert hatte, insbesondere die weiblichen Aspekte und die Traditionen der Verehrung der Göttin. Jawoll, ich wollte gegen das patriarchische System rebellieren!

Offensichtlich wollte ich mit meiner Musik Leute erleuchten und inspirieren. Ich befürwortete die Befreiung von Dogmen, aber ich habe definitiv nie gesagt »Hey, lasst ab von der Versklavung durch die christlichen Religionen und unterwerft euch stattdessen der alten nordischen«. Wenn ich über Natur sprach, meinte ich die innere Natur, das »innere Tier«, in dem Sinn, wie Anton LaVey ihn zu betonen pflegte. Aber das wurde gründlich missverstanden. Auf einmal präsentierten mich die Medien als Person, die »an die alte Religion glaubt und versucht, zu den alten überlieferten heidnischen Wegen zurückzukehren«. Wie albern. Mir wurde diese vereinfachende Darstellung unangenehm, außerdem wollte ich sowieso zu meinen tieferen und dunkleren künstlerischen Ausdrucksweisen zurück.

Um ehrlich zu sein, habe ich mich mit *Hagalaz' Runedance* nie wohlgefühlt. Aus irgendeinem Grund habe ich plötzlich meine Musik im Bereich der sogenannten Ásatrú-Religion und der Folk- und Mittelalter-Szene beworben, und ich glaube, dass ich damals keine Ahnung hatte, wie wenig ich mit diesen Szenen gemeinsam hatte. Ich dachte, diese Leute hätten die gleichen Interessen wie ich, doch stattdessen bin ich noch nie so vielen wirklich engstirnigen Menschen über den Weg gelaufen, die überhaupt kein tieferes esoterisches Verständnis aufzuweisen hatten – das waren einfach gewöhnliche 08/15-Kunstbanausen. Oft hatte ich das Gefühl, meinen dunkleren okkulten Hintergrund verstecken zu müssen. So habe ich dann nach einer Weile entschieden, mich wieder »meinen Leuten« zuzuwenden – der Gothic- und

2 Statt der alten Unterscheidung zwischen »schwarzer« und »weißer« Magie bedienen sich moderne Okkultisten gerne der Unterscheidung des »Pfades zur linken« (i.e. egoistischer) bzw. »rechten Hand« (i.e. altruistischer, »weißer« Magie; Anm. d. Hrsg.)
3 Zitat aus »Down The Memory Lane« von den Virgin Prunes (vom Album »Heresie«, 1982)
D Cover der NER-Compilation »From Torture To Conscience«, auf dem das Stück »The Torture Garden« von Death In June erstmals veröffentlicht wurde. Mit auf der Compilation: In The Nursery, Current 93, Clair Obscur und Iron In Flesh (Testpressung, New European Recordings 1984)
E Patrick Leagas, Gründungsmitglied von Death In June, performt »Torture Garden« live beim Wave-Gotik-Treffen 2009
F Ian Read und seine Gruppe Fire & Ice live beim Wave-Gotik-Treffen 2009
G Nik Fiend (Alien Sex Fiend) live im Batcave, 1983

F

Alternativ-Szene, wo man sich auf die Art und Weise ausdrücken kann, die man möchte. Ich habe das *Hagalaz*-Projekt vor vielen Jahren beendet und damit auch mit den nordischen Themen abgeschlossen, bin zu anderen künstlerischen Ansätzen übergegangen.

Ich liebe es, mir eine neue Herausforderung zu schaffen. Ich erkunde alle Arten von esoterischen und okkulten Philosophien. Meine Gedanken, Visionen und künstlerischen Ideen verändern sich ständig und wie ich glaube, wächst und verändert sich ein lebendiger Geist immerzu und sucht neue Perspektiven und Impulse. So kann ich Dinge immer aus verschiedenen Winkeln betrachten und kann daher auch nie sagen, worauf ich mich künftig konzentrieren werde. Das Leben ist eine einzige Entdeckungsreise und dort draußen gibt es wirklich viel zu entdecken. Dein Zug kann an vielen verschiedenen Punkten halten und jedes Mal lernt man etwas Neues dazu. Und ich möchte wirklich alle dazu ermuntern, so viele Haltestellen wie möglich auszuprobieren.

Für mich geht es bei »Gothic«, »Punkrock« oder »Independent« wirklich um die »gute alte Zeit« von damals. Wenn ich eine Auszeit vom Alltag brauche, lege ich manchmal alte Platten auf und tanze zu meinen Favoriten: *The Chameleons, The Bolshoi, Virgin Prunes, Fischer-Z, New Model Army, Ministry, Alien Sex Fiend, Danse Society, Coil* etc. … and I walk down memory lane…[3]

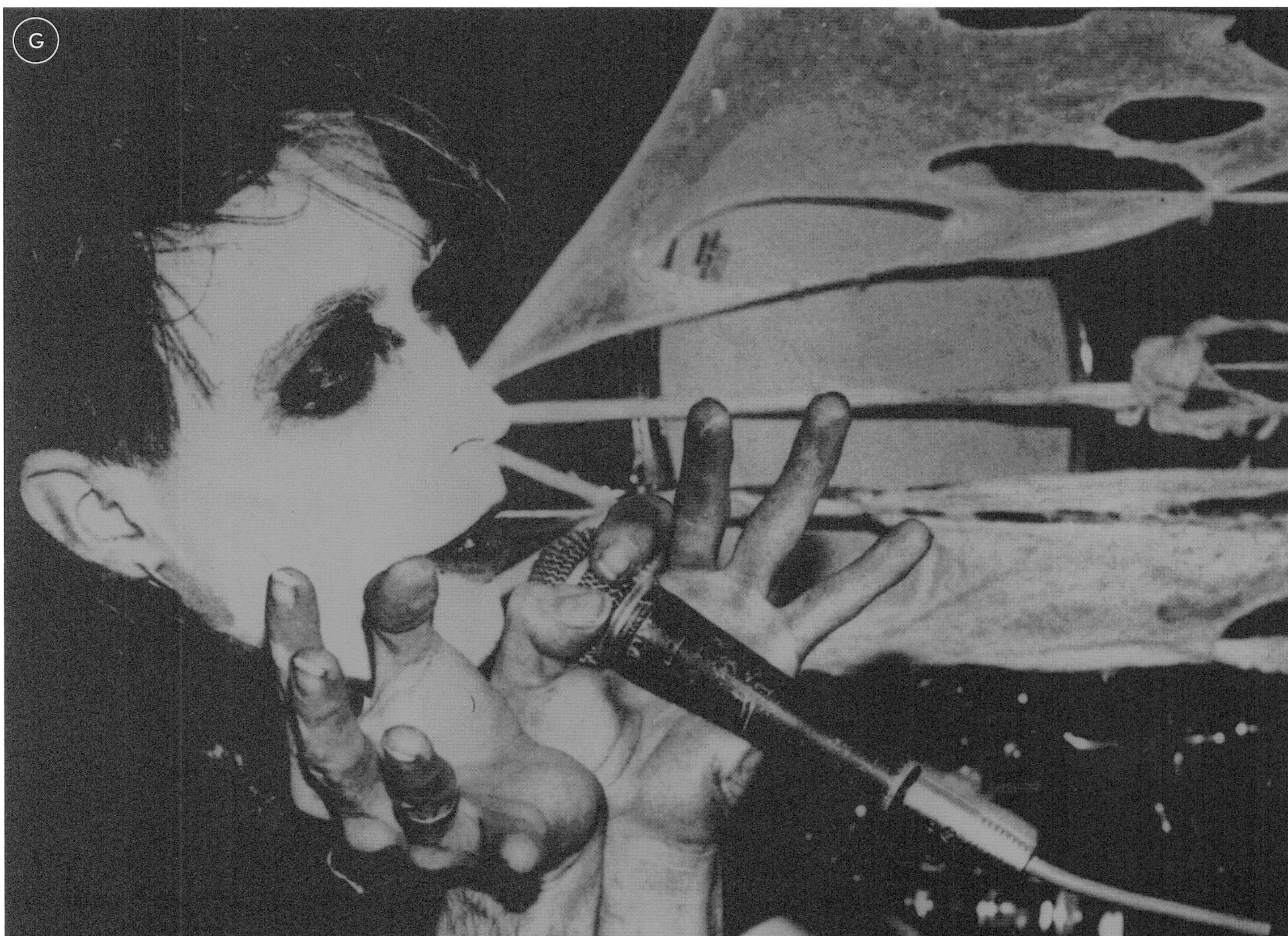

G

A

Aus alten Tagen

Holger Karas

A Siouxsie (2. von links) und das Bromley Contingent, die Gruppe aus dem Umfeld der Sex Pistols gegen Ende der 1970er Jahre
B Gabi Delgado bei einem Konzert in Brüssel, 1981
C DAF (Deutsch-Amerikanische Freundschaft) kombinierten die geballte Energie des Punk mit geloopten Synthesizersequenzen.

Es war einmal im Jahr 1977 oder 1978 …

Eine derart vage Jahresangabe verdeutlicht, wie niedrig meine Erwartungen an die Schülerparty waren, die zu besuchen ich überredet wurde: Bombastrockschrott, oder schlimmer, langweiliger noch: Reggae, als musikalische Untermalung von Stunden, die mit Gesaufe und Gebaggere vergeudet werden würden. Diese Party jedoch sollte ganz anders werden. Ein damaliger guter Freund brachte eine Single mit, legte diese auf den alten Kofferplattenspieler, und einen Herzschlag später ertönte »Happy House« von *Siouxsie and the Banshees*. Zu diesem Zeitpunkt war es um meine alternative Pseudo-Hippie-Seele geschehen, am nächsten Tag bereits begann ich, alles zu horten, was ich von *Siouxsie* finden konnte – und langsam aber sicher zu etwas anderem zu mutieren.

Dabei wurde das musikalische Interesse immer breiter, die ersten Erfahrungen mit *Throbbing Gristle* und später *Psychic TV* machten mich, ebenso wie beispielsweise 1979 das Album »Cut« von den legendären *Slits*, zu etwas, was in unserer sympathischen Kleinstadt Braunschweig noch keinen Namen hatte. Nachdem Läden wie XtraX noch nicht existierten, musste man klamottenmäßig entweder sehr viel selber basteln oder etwa nach Hamburg, Hannover oder Berlin fahren, um die richtig guten Platten kaufen zu können. Nachdem noch nicht wirklich alle Schwarz trugen, musste man auf Details bei der Kleidung achten, beispielsweise um Gleichgesinnte zu erkennen; man redete miteinander auf den Straßen, vertilgte Dosenbier und kalte Ravioli aus der Dose, damals noch sehr zum Entsetzen so mancher engstirniger Mitbürger.

Die Szene wuchs schnell. Es dauerte nicht lange, bis der erste Braunschweiger Club namens Leukoplast öffnete, eine Anlehnung an die NDW-Band *Hans A Plast*. Die Musik, die lief, war zum größten Teil NDW, doch auch die Perlen der damaligen Zeit, wie *DAF, Pyrolator, Palais Schaumburg* und andere wurden gespielt. Schon damals gab es in unserer kleinen Stadt zwei Gruppierungen, die einen nannten sich Waver (das waren die Coolen), die anderen Industrials (das waren die noch Cooleren). Jedenfalls hat eine Freundin von damals, die immer noch in der Szene aktiv ist, die Situation ebenso beschrieben, was vielleicht auch eine Erklärung dafür ist, weshalb wir nie ein Paar wurden – sie gehörte zu den New Wavern, ich zu den Industrials, für damalige Zeiten ein zu tiefer Graben, der nicht überwunden werden konnte.

Später dann, an der Kölner Universität ging es weiter, die Musik gewann an Popularität und verlor den Nimbus von etwas, das nicht kommerziell verwertbar war; in den Clubs wurden die *Sisters* gemischt mit dem Pop der 80er, es war eine Zeit, in der es noch kein Sakrileg war, *Madonna* mit den *Sisters* zu mischen. In Köln gab sich die Szene im Alten Wartesaal

D Coverdesign der 12" »She's In Parties« der Goth/ Glamrocker Bauhaus
E Bürgerschreck: Punk in Hamburg Anfang der 80er
F Pioniere der Electronic Body Music: Front 242 live in Lier (Belgien), 1984

an den Samstagen, unter der Woche im Lalic die Klinke in die Hand, es gab aber auch eher unterkühlte Bars, etwa das Wave oder den Gas Club, ein altes Bordell, in dem man die angesagte Musik der Zeit hörte und nach Mitternacht die Prostituierten traf, die zum Ergebnis gekommen waren, für den Tag genug gearbeitet zu haben. Leider hatte der Club immer wieder Probleme mit der Lizenz und war häufiger geschlossen als geöffnet.

Die Kölner Zeit in den 80ern war eine Szene, die komplett anders war, als man sich das in der heutzutage vorstellt, in der 80er Partys und *Depeche Mode*-Partys etwas verkrampft versuchen, diesem Gefühl neue Lebensgeister einzuhauchen. Die Musik in den Clubs war weitaus undogmatischer, insbesondere im Alten Wartesaal. Allerdings waren die Partys auch nicht szenehomogen, sondern gemischt. So konnte man zwischen *Bauhaus, DAF* und den *Sisters* Exoten wie *Sade* und *Madonna* genießen, was den Spaß damals eher gesteigert hat – man stelle sich das heute vor: Gruftis, die zu »Get Into The Groove« tanzen …

Leider währte das Vergnügen nicht so lange, dann wanderte die Szene innerhalb kurzer Zeit ab in einen neuen Club und ich zurück nach Braunschweig. Dort gab und gibt es noch heute das Jolly Joker, doch bot der Club weniger Freude und Abwechslung, nachdem die Schwarzen Nächte homogen Schwarz und daher auch lange nicht mehr so abwechslungsreich waren, sogar die Art zu tanzen war inzwischen in der Provinz zum Standard erhoben worden. In den späten 80ern konnte man sogar in den alten Hippie-Schuppen solide Grufti-Musik

genießen, was sich als ein Vorgeschmack auf die mit Siebenmeilenstiefeln nahende Kommerzialisierung entpuppen sollte, weswegen ich eine Pause von der Szene nahm, um ein solider Papa und Geschäftsmann zu werden.

Die Geister, die mich dereinst riefen, riefen mich erneut, und zwar 2004/2005. Sie boten mir eine Menge an Neuem, zusammen mit einem Stapel amüsanter Episoden aus dem Umfeld nachwachsender Gruftis. So wurde ich einmal von einer vielleicht 15-Jährigen gefragt, wer ich überhaupt sei, denn erstens sei diese Party nichts für »Weekender«, und zweitens müsse ich nachweisen, den Szene-Test nicht nur gemacht, sondern auch bestanden zu haben. Auf die Frage, was denn dieser Test sei, erwiderte sie, man müsse die wichtigen Bands kennen und dergleichen. Meine Antwort umfasste die Feststellung, es sei sicherlich ebenso wichtig, *Siouxsie* live gehört zu haben und das erste Deutschland-Konzert von *Front 242* besucht zu haben. Sie wurde ein wenig blass und sagte kein Wort mehr, scheinbar hatte ich entweder den Test bestanden oder die Prüferin ausreichend frustriert. Die Szene hat sich gewandelt, ist aber nach wie vor oder wieder mein Zuhause, so sehr mich der starke Einfluss des stumpfen, technoiden Geballers einerseits, sowie die ewige Platitude des »lass mal was aus der guten alten Zeit hören« andererseits manchmal nerven; doch insgesamt vertrete ich die Einstellung, dass solange es guten neuen Musikstoff gibt, es sich lohnt, ein Grufti zu sein – zumal ich sicher in meinem Alter die Bezeichnung mehr verdiene als so manche Anderen.

I.C. Water

Erinnerungen an Ian Curtis

Genesis Breyer P-Orridge

A Genesis (damals noch ohne Breyer) P-Orridge mit Tochter Caresse und Peter »Sleazy« Christopherson in Hackney/London 1982. Beide tragen den typischen Haarschnitt des Temple Ov Psychick Youth (TOPY)

»I. C. Water« ist der Titel eines Stücks von *Psychic TV*, das Ian Curtis, dem Sänger der legendären Gruppe *Joy Division* gewidmet ist. Es mag in diesen von Kommodifikation und Oberflächlichkeit gezeichneten Zeiten eine überbeanspruchte Phrase sein, aber es ist ein Lied, das von Herzen kommt. Es hat zehn Jahre gewartet, bevor es durchkam, und selbst dann, als die Worte herausströmten, während ich auf eine Wand starrte, die genauso grau war wie das Cover des »Still«-Albums, war es schmerzhaft und traurig. Ich hörte es, als würde jemand anders singen. Wie die besten aller Lieder schrieb es sich von selbst direkt auf Band. Der folgende Text ist ein Auszug aus einem Kapitel meiner Autohagiografie »Genesis – Das letzte Buch der Schöpfung«, ein Projekt, das immer noch andauert. Irgendwie bleibt mein Leben so hektisch und neue, intensive Erlebnisse jagen einander, sodass dieses Buch vielleicht auf ewig im Entstehen begriffen bleibt. Hier also nun ein kleiner, aber wahrlich edler Schnappschuss aus meinem Leben bislang. Weit weg in Manchester, wo ich geboren wurde …

Mein Eindruck, wenn ich auf meine kurze aber wertvolle Freundschaft mit Ian Curtis zurückblicke, ist, dass wir beide reichlich anormal waren. Wir wurden beide in den gleichen postindustriellen Sklavenmahlstrom namens Manchester, England, hineingeboren. Wir hatten beide eine fast obsessive und traurig-gestörte Vorliebe für melancholische Lyrik und Poesie, und wir neigten beide dazu, unser Leben von Minute zu Minute als Erfahrung wahrzunehmen, als Metapher und fatalistisches Schicksal. Als die pseudo-politische und apolitische Haltung von Punk die Norm war, fühlten wir uns beide stilistisch krank und sozial verkrüppelt. Es war eine Art Hingezogen-Sein zu einer zynischen Verachtung der Gesellschaft, die sich oft durch Selbsthass und ein tiefsitzendes Gefühl des Versagens Ausdruck verschaffte. Versagen darin, Leute begreifen lassen zu können; das Versagen, sie die Doppelmoral und die Betrügereien wirklich SEHEN zu lassen, die Aberwitzigkeit althergebrachter Vorstellungen von Beziehungen und den Gründen, weshalb man lebt, die Unterwerfung unter gewaltsam auf die Bevölkerung oktroyierte Vorstellungen seitens der Mächtigen. Mit jener Hingabe, mit der wir bis an den Rand des Todes versuchten, mit unseren Liedern den Menschen unseren Überdruss mitzuteilen, war jedoch ein ebenso tiefes Misstrauen gegenüber leerer, kriecherischer Akzeptanz verbunden – eine Isolation, die keine Grenzen kannte. Es ist so schwer, anderen von einem gewissen Punkt der materiellen Existenz aus zu verstehen zu geben, wie real diese Ängste und Frustrationen sein können. Die einzige Weise, auf die ich beschreiben kann, wie sich unsere Verbindung wirklich anfühlte, abseits der offensichtlichen Tatsache der gegenseitigen Anerkennung als verwandter, geisterhafter, verlorener Seelen (das Syndrom des in einem Dämonenreich umherirrenden kleinen Jungen), ist, das einzuräumen, was seither zum Klischee geworden ist: Wir besaßen die fast genetisch grimmige Sichtweise der Manchester-

Geborenen. Wenn man sich vor Augen führt, wie Salford (die Universität von Manchester) in den 50er Jahren aussah, mussten Myra Hindley und Ian Brady[1] geradezu alle Annahmen von wegen »kultureller Unvermeidbarkeit« bestätigen. Die brutale Belanglosigkeit der Nachkriegsumgebung allein erzeugte eine neo-romantische Entrücktheit und entfachte ein Feuer massiver messianischer Motivation, die zunehmend fast ausschließlich von der Zusammensetzung und Bestärkung undestillierter Zwecklosigkeit um ihrer selbst willen handelte, und sich als Medium jener höchst individualisierten Perversion des Herausragenden bediente und sich unerkannt hinter dem Glanz der Populärkultur versteckte, mit dem sie sich schmückte: jener am stärksten verachteten zeitgenössischen Kunstform, der Rockmusik.

Joy Division war Ians Vorstellung dieser Implikationen für ihn selbst, sein eigener *Velvet Underground,* katalysiert gegen den modischen Mainstream. *Throbbing Gristle* war ganz bewusst genau dieselbe Fantasie für mich selbst. Anstatt uns davon behindern zu lassen, dass wir keine der normalerweise für eine solche Mission notwendigen Talente und Zutaten besaßen, entschieden wir uns beide dafür, die verfügbaren Ressourcen reifen und im gleichen Maße schwären zu lassen, weil wir glaubten, dass sich die Form als Resultat unserer Hingabe unvermeidlich herausbilden würde. Das war ein Glaubensakt, ein vertrauensvolles Sich-fallen-lassen in die unbekannten Freuden metaphysischer und emotionaler Hochspannungsaktionen, die, um zur Erleuchtung zu führen, ohne Netz und doppelten Boden bleiben musste. So war das. Könnt Ihr diesen fast erotischen Hauch der Bestimmung fühlen, dieses süße und qualvolle Gefühl der Unwiderruflichkeit, das uns verschlang? Es handelt sich dabei um einen Ausdruck von Idealismus fürs Leben, einen exklusiven Fanatismus, der jede Form der Kreativität wahrlich als sakrale Handlung begreift, eine heilige Aufgabe, die zur Opferung oder zur Erlösung führt – und das Annehmen dieses Risikos ist es, was diesen Weg mit Kraft durchdringt; ein zeitgenössischer Schamanismus, der seine Betreiber vom Rest abhebt. Wir entschieden uns dafür, etwas zu schaffen – in diesem Fall einen ästhetischen Djihad – was nicht bereits als Wunsch öffentlich existierte, etwas, das niemand der bei Trost war, wirklich wollen konnte, um anschließend schonungslos unter Beweis zu stellen, dass es eben doch erwünscht war, und die Öffentlichkeit schließlich sogar glauben zu lassen, dass es tatsächlich schon immer existiert hatte und schon immer so war – das war der Sinn, die notwendige Agenda, um uns aus dem Grauen herauszuwinden. Am Ende erflehte das Publikum unsere gequälten Visionen seiner selbst zum Trotz, und trotz seines Selbstekels dafür. Soweit konnten wir zu Beginn sehen, aber kaum weiter. Es war genug. Unsere Vorstellung, wie der Nihilismus von *Velvet Underground* beschaffen sein müsste, besonders auf ihrem ersten Album, war zu Beginn ein zentraler Ausgangspunkt gewesen. Später entdeckten wir, dass musikologische Kenntnisse und Ehrgeiz unsere auf uns zugeschnittenen und uns rechtfertigenden Interpretationen gefärbt hatten. Später ersetzten wir sie durch Jim Morrisons spirituelle und psycho-emotionale Implosion als näher dran an dem Prozess, dem wir uns(er) »Selbst« freiwillig überantwortet hatten. Während wir dabei waren, die Außenwelt gemäß unserer inneren Ästhetik umzuwandeln, waren Ian und ich uns deprimierend bewusst darüber, dass das Publikum und die Kritiker letztlich keine Ahnung, keinen Respekt und keinen Schutz bezüglich unserer offen zur Schau gestellten Verletzlichkeit, unserem echten Schmerz, hatten. Sie ahnten nichts von den haltlosen toten Seelen, die das alles vorantrieben, oder der charismatischen Scharade, die die offensichtliche Distanziertheit vom echten Gefühl, wirklich zu leben tarnte, und das Paradox unterstrich, scheinbar eine Abgeschlossenheit der Wahrnehmung zu behandeln, während sie in Wirklichkeit einen Zustand des bloßgelegten absoluten Unbehagens beschrieb. Nicht einmal die anderen Bandmitglieder unserer jeweiligen Gruppen verstanden das tatsächlich,

1 Britisches Serienmörderpaar, das in den 60er Jahren insgesamt fünf Kinder und Jugendliche auf bestialische Art und Weise sexuell missbrauchte und ermordete; Verbrechen, die Großbritannien und die Welt erschütterten. Throbbing Gristle widmeten ihnen 1975 den Song »Very Friendly«.

B Joy Division – Atmosphere

oder konnten es richtig wahrnehmen. Wir sagten es ihnen auch nicht direkt. Das was uns so schwer mitnahm, wie auch die zur Schau gestellte Morbidität unserer Bühnen- und Schallplattencharaktere, wurden allzu bequem als Affektiertheit abgetan. Sie waren den offenen Wunden so nah, dass sie sie nicht mal thematisieren konnten. Gelegentlich beschlossen sie, nicht an ihre Echtheit zu glauben, oder Sympathie zu zeigen. Das verschlimmerte unsere Hauptangst, und eine furchtbare Vorahnung der Leere, die sich symbiotisch der zentralen Bedeutungslosigkeit von Mensch und Menschlichkeit, auch Freunden und Geliebten, zur Seite stellt, ergriff von uns Besitz. Wir erklärten so viel, dass wir still wirkten. Wir bewegten so viele, dass wir still zu stehen schienen. Dieses Paradox des »Hilferufs«, als oberflächliche Pop-Hymne fehldiagnostiziert, hat schon andere verschlungen, bedeutendere und unbedeutendere als Ian Curtis. Geister, die um Anerkennung kreischen. Nachher ist man immer klüger, und die Rückschau macht Narren aus uns allen. Wenn ich so zurück denke, bin ich gezwungen anzunehmen, dass Ian einen Gutteil seiner selbst in der Rolle erkannte, die ich in *Throbbing Gristle* ausleben musste. Eine ebenso torkelnde, brennend dahintreibende und isolierte Lebenserfahrung, verzweifelt und gefangen in der Verkleidung des radikal selbstzerstörerischen Bühnenkünstlers. Oft verbittert, suizidal und kaltschnäuzig nihilistisch. Nie waren wir ganz, und ebenso wenig komplett verbunden, nicht einmal mit den anderen Mitgliedern der Bands, deren Teile wir waren. Wir hatten Geheimnisse. Geheimnisse aus der Zeit, bevor jene Bands existierten. Geheimnisse, die enthüllen hätten können, weshalb diese Bands für uns eine Notwendigkeit waren, kein Behelf. Wir hatten unsere eigene kathartische und therapeutische Agenda. Wir litten an dem gequälten Fanatismus unserer Visionen, die gelegentlich an ausdifferenzierte Formen des Größenwahns grenzten. Egal wie die Welt sich entschieden hätte, *Joy Division* und *Throbbing Gristle* zu bewerten, auf der privatesten Auffassungsebene verblieb eine widerwärtige Befürchtung, dass das alles am Ende nichts anderes sein würde als Perlen vor die Säue. Ein Ding ohne Substanz. Die spätere Vergötterung beider Bands durch genau dieselben Kritiker und Gebieter über den populären Kulturgeschmack, die uns auf ignorante Weise verehrt oder gehasst haben, wurden nur zum weiteren bittersüßen Beweis für die grelle Flitterhaftigkeit des Lebens im Allgemeinen und des Musik-»Business« im Besonderen, das das verwässert, absorbiert, mythologisiert und zu kultureller Impotenz und Überalterung verbraucht, was eigentlich ein ernsthafter Kreuzzug ist.

Ungeachtet der sehr realen tödlichen Risiken, die damit einhergingen, waren wir zu einer störrischen und wechselhaften Suche nach den ultimativen, wenn auch entrückten Möglichkeiten aufgebrochen, das Wagnis einzugehen, vom Unsterblichen zu träumen. Natürlich wirkt das für manche im Rückblick wie eine kaputte und naive Weise, sich mit simplem Musik machen zu befassen. Das Herz und die Seele öffentlich zu entblößen. In der Öffentlichkeit zu lernen, und Schmerz als Unterhaltung zu erfahren und Unterhaltung als Schmerz kann auch den unbekümmerten Starken fertig machen. Niemand mit mediumistischen Fähigkeiten kann es ohne Narben überstehen, ohne Wunden, ohne Weinen. Was mich anging, gab in Bezug auf den emotionalen Tumult, der mich innerlich auffraß, vieles, von dem ich mir nie die Mühe machte, es dem Rest von *Throbbing Gristle* zu erzählen. Ian Curtis hielt sich auf dieselbe Weise gegenüber *Joy Division* zurück. Nicht auf der Bühne, aber in seinem Herzen. Gewisse zutiefst unbequeme Betrachtungen über die Hoffnungslosigkeit des Lebens, manche Verbindung zwischen den Texten und ausgeschiedenen Empfindungen, und sogar versteckte Referenzen an die Ästhetik und Struktur persönlicher Ikonen. Aber ich wollte diese Geheimnisse (mit)teilen, jene Strategien und unausgesprochenen Manipulationen, die meine Unsicherheit, meinem Existenzialismus den zartesten Hauch zutage geförderter Absolution hinzuzufügen, nötig werden ließ, um die Last der Wertlosigkeit kosmetisch zu verringern. Ich teilte diese verworrenen Ängste und jene unterschwellige Scham, auch nur scheinbar zu glauben, dass ich privat war, was andere sich darunter vorstellten, wie ich in der Öffentlichkeit erschien, mit « und mit Ian Curtis. Ich hatte keine Wahl. Den brennend scharfen Schmerz zu *sehen*, ist so gnadenlos und unversöhnlich. Die Widersprüche sind so niederschmetternd, dass man es jemandem mitteilen muss. Sonst öffnet sich die Schwärze und wir werden hinein gesogen.

Es ist diese sinnliche Vernichtung, von der abzulenken wir unsere verschachtelten Bemühungen entworfen haben, die uns heimsucht. Wir starten mit der intimen und neo-sexuellen (Er-)Kenntnis dieses verführerischen Nichts. Unser Flug führt uns zu Haltung und zur Herausforderung unseres Schicksals in einer grandiosen Kopulation, die, um sich den hart erkämpften Eindruck eines schimmernden Moments der physischen Präsenz in Zeit und Raum zu erhalten und zu schützen, eines Publikums bedarf. Das Publikum ist unser Anker. Es hält uns hier, wenn die Sirenen und Dämonen versuchen, uns abzulenken. Wir krallen uns fest, unfähig, das Grauen zu beichten, auf dass nicht die kleinste Bewegung unserer Kiefer uns losreißt, und damit auch unsere Zurechnungsfähigkeit, und uns mühelos hinaus in den Abgrund gleiten lässt, wo die Engel des Todes erwartungsvoll heulen. Diese Empfindung von tödlichem Schrecken ist sehr real. Die Frage ist, wie es gelingt, dass wir dorthin getrieben werden, wovon wir wissen, dass es uns verschlingen und dem Fegefeuer übergeben will. Der Abgrund des Verlusts ist in unserem Innern, und schneidet sich in Form. Der Außenrand zerfasert in der ungestümen Masse. In der Einsamkeit ist er klar umrissen. Die weiße Linie rund um den verlorenen, geschändeten Körper herum.

Darin zu bleiben ist so schwer. Draußen zu sein heißt Aufgeben. Das Publikum ist temporäre Tarnung. Monte Cazazza verstand; versteht es noch immer *(Hallo Monte!).* Ian Curtis verstand. Ich musste es NICHT ERKLÄREN! Könnt Ihr Euch ansatzweise vorstellen, was für eine gesegnete Erleichterung es ist, nichts erklären zu müssen? Nichts vorspielen zu müssen? Nichts verstecken zu müssen? Sich nicht erinnern zu müssen, was man nicht sagen darf? Für kurze Zeit zum Strand und den Felsen zu werden, und die Kräfte der hereinbrechenden Wellen von einem Ort der Ausgeglichenheit aus zu akzeptieren. Die zerstörerischen Mächte sind nicht gestillt, aber es gibt eine chaotische Balance. Diese Krankheit, dieser »Herzschmerz«, ist ein bisschen wie eine grausam aufgezwungene, uns einkerkernde Geheimgesellschaft. Eine, die ihre Mitglieder ohne vorheriges Einverständnis in Besitz nimmt, anders als Faust, aber einen nicht weniger enormen Handel und Gehorsam verlangt. Ihre Teilnehmer mögen ihre verwüstenden Kräfte durch dramatische Unterhaltung-durch-Schmerz-Verbrechen kanalisieren; durch serielles Blutvergießen; durch militärischen Sadismus oder durch politischen Autismus. Nichts hält diese schleichende Krankheit auf. Das Beste, worauf ihre Opfer hoffen können, ist eine kontrollierte Blutung, ein gleichmäßiges Druck Ablassen, das sie auf einen Punkt reduziert, der gerade innerhalb der Grenzen einer erträglichen, wenn auch erschöpfenden Agonie liegt. Die Infizierten sind ständig in der Krise. Der Tod ist das Ende eines unaufhörlichen Kampfes, ein traumloser Schlaf, eine weite und unerbittliche Leere. Sich darin zu versenken gibt dem Leben die einzige Beständigkeit. In der Blindheit, die so einfach durch das Schließen der Augen zu beschwören ist, näher, umhüllt uns eine warme Dunkelheit. Ein träger, dickflüssiger Teer, in dem die Stille fötal ist. Kälteschlaf, und nur Dämonen als Gesellschaft. Schlechte Trinkkumpane. Und noch schlechtere Liebhaber sind sie! Und die Quelle, der Ursprung all dieser betäubenden Unsinnigkeit wird lachend als »Leben« gefeiert. Über all dies habe ich bislang nicht gesprochen. Außer mit dem kleinen Jungen, wieder allein, der im Schrecken haust, tief in meinem Herzen. Ich hatte nie das Bedürfnis

danach. Etwas paralysierte mich. Etwas zu enthüllendes über mein Selbst, wie auch über Ian Curtis. Die in unserem Empfinden von Verzweiflung an jener speziellen Überschneidung unserer Leben eingebetteten, ungebetenen Ähnlichkeiten erschwerten es mir, irgendetwas als von seiner Tat getrennt zu einzuschätzen. Ich wusste, es würde Jahre dauern, bevor ich meinem Selbst meine Wahrheit würde sagen können, und das, was ich meinte, in seinem sehen zu können, zu würdigen.

Aber jetzt bin ich verpflichtet zu sprechen, und will es auch. Ich wünsche Frieden zu schließen mit dem Ian Curtis, dessen Geheimnis und unbekannte Freuden nie, und wie ich glaube aus Notwendigkeit, der Außenwelt enthüllt wurden. Am wenigsten jenen, die ihm näher standen. Welche Notwendigkeit das sein könnte? Vielleicht die, zu versuchen, einen Trick zu entdecken, um sich von einem plausiblen Ideal zu Leben zu überzeugen, und eine Notwendigkeit, die Hinnahme einer letzten Runde destruktiver paranoider Unsicherheit von innen zu vermeiden, und Spott und Hohn von außen abzuschwächen. Seht Ihr, Kritikerlob taugt einfach nicht als behavioristische Verarztung für solche wie uns, wie wir damals waren. Es heilt diese Art von Persönlichkeitswunden nicht, noch löst es das drängende und omnipräsente Dilemma … Selbstmord.

C Ian Curtis
D Die Hazienda, der legendäre Club des Joy Division-Entdeckers und Gründers von Factory-Records Tony Wilson in Manchester, 1982
2 »Industrial Music« war ein Begriff, den Monte Cazazza und ich in einem Gespräch ein paar Jahre zuvor, am 3. September 1975, geprägt hatten.

Vielleicht war es Jon Savage, oder vielleicht jemand anders. Jedenfalls bekam Ian Curtis meine private Telefonnummer in die Hände und begann, mich anzurufen. Er pflegte zu unüblichen Zeiten anzurufen (wie die Zeitungen es formulieren würden). Um zu reden. Um über *Throbbing Gristle* zu reden, um über meine anarchischen Vorstellungen von Popmusik zu reden; Ideen, die nicht wenig mit Verachtung und Sarkasmus gegenüber dem, was ich als das offensichtliche Streben nach Rock-and-Roll-Prominenz des »Punk« empfand, versetzt waren. Am Telefon war er ein großartiger Erzähler, und gewitzt. Es stellte sich heraus, dass er schon seit 1977 *Throbbing Gristle*-Liebhaber war. Abgesehen von unserem gemeinsamen Drang, die »populäre« Musik zu unterwandern und in Flammen zu stecken, redeten wir auch über Militaria, transgressive Handlungen, Nazis, soziopathische Neigungen und, überflüssig zu erwähnen, über Depressionen und Isolation. 1978 hatte *Throbbing Gristle* »D. O. A. – The Third And Final Report Of Throbbing Gristle« auf unserem eigenen Industrial Records Label herausgebracht.[2] Ian Curtis liebte »D. O. A.«. Besonders mochte er das Stück »Weeping«. Wie der Zufall es wollte, war »Weeping« mein erstes offizielles Solo-Stück im Rahmen von *Throbbing Gristle*. Das Lied spielt mit mehreren ineinander verwobenen Interpretationen und Resonanzen des Wortes »weeping« (Weinen). Es behandelt sowohl die Bedeutung im Sinne von Tränen des Weinens, als auch das andere Weinen: das Nässen von Wunden und Verbrennungen dritten Grades. Diese Verbindung körperlicher Verletzungen und emotionaler Verwundungen durchs Verbranntwerden bilden das morbide Zentrum des Textes. Morbidität selbst wird als Metapher wie auch als Wirklichkeit aufgefasst. Das Extremergebnis von Betrug, Hoffnungslosigkeit, verbrühtem Fleisch das Blasen wirft und keinen Schutz mehr bietet, nur eine absolute Anfälligkeit für Infektionen und unerträgliche Agonie. In der Tat wurde dieser Song als mein Abschiedsbrief aufgenommen. Ich hatte bereits beschlossen, auf der Bühne Selbstmord zu begehen – beim *Throbbing Gristle*-Auftritt im The Crypt in London. Zu diesem Zweck trank ich eine Flasche Whiskey, versetzt mit Schlaftabletten und Valium. Immerhin in der Krypta einer entweihten Kirche. Ganz funktioniert hat es nicht. Auf meinem deliriösen Heimweg nach dem Diskonzert hatte ich mehr als 50 Valiums und Mogadon geschluckt und mit Tassen voller Whiskey runtergespült! Bis heute betrachte ich das als den letzten echten *Throbbing Gristle*-Gig. Ich war von allem desillusioniert. Ich hasste den plötzlichen Umschwung hin zur Akzeptanz der Kritiker. Die Verwässerung der Integrität. Sogar

E Ian Curtis 1979
F Nach dem Selbstmord von Ian Curtis benannten sich die verbliebenen Joy Division-Mitglieder um in New Order und machten Karriere als eine der erfolgreichsten New Wave/Synthpop-Bands der 80er Jahre
G Cover der Debut-Single von Joy Division: »An Ideal for Living«, Factory Records, 1978

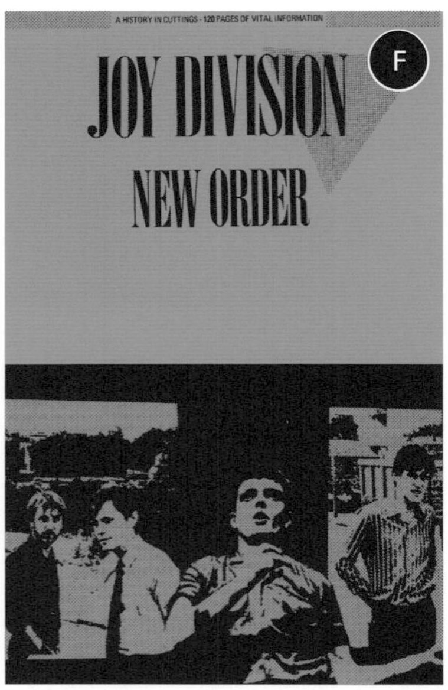

den Beifall als »Kult«. Ich war überzeugt, zum simplen Spektakel verkommen zu sein. Den voyeuristischen Absichten des Publikums wie der Band gleichermaßen zu entsprechen, indem ich Zurechnungsfähigkeit, Leben, körperliche Freiheit und emotionalen Zerfall riskierte, um deutlicher von Verletzbarkeit und Entfremdung zu sprechen. Ich versuchte auf meine verstümmelte Weise, so viel Medium zu sein, wie Rausch und der Genuss von Prominenz mich bringen konnten; wie reiner Schall und Ströme improvisierten Bewusstseins mich tragen konnten; in der Hoffnung auf eine Offenbarung. Einen letzten Moment der Erkenntnis, gefangen in diesen Scheinwerfern von Wahnsinns und Zerfetzung. Ich fühlte mich wie das Ausstellungsstück einer Freakshow, das notwendige Übel der anderen. Eine kontrollierte Implosion trauriger Berühmtheit, die ihnen Anerkennung verschaffte, die sie sonst nie erreicht hätten. Ich glaubte, dass sie mich verachteten und hinter meinem Rücken betrogen. Dass sie mich verachteten und gleichzeitig von meiner Intensität eingeschüchtert waren, und dass ihre Zurschaustellung ihrer Erforschung von Extremen und Tabus hohl war, zumindest in der Öffentlichkeit. Fair oder nicht. Wahr oder nicht. Größenwahnsinnig oder nicht – das war, was ich empfand. Ausgebeutet, ungeschätzt und angeekelt. Ohne jede erlösende Wahrnehmung. Was mich annehmen ließ, dass es alles mein Fehler gewesen sei. Dass ich ein Versager war, rundum und vollständig wertlos, und bar jeder echten Liebe. All diese Gedanken und Schmerzensschreie goss ich in dieses ungeheuer persönliche Lied. Ich nahm es auf, und die Schichten meiner Violine waren sediert von mehr Alkohol und Downern. Ich finde es heute noch schwer, es anzuhören. Aber wegen der Dämlichkeit. Wie konnte ich mich versehentlich in der Lage wiederfinden, alles, was mit Musik oder gewissen Leuten zu tun hatte, derart wichtig zu nehmen? Wie konnte ich zulassen, dass man mich in den Glauben hypnotisierte, ich sei das ganze Problem? Rückblickend scheint klar, dass viel davon genauso gut die verstärkten Ängste eines »Heranwachsenden« waren. Aber es gab niemanden in meiner Nähe, mit dem ich das hätte teilen können. Außer mit Monte Cazazza in Briefen, und mit Ian Curtis am Telefon. Ian verstand. Es schien keine Trennung zwischen uns zu geben. Wir wünschten uns sogar, in den Gruppen des jeweils anderen zu spielen. Oder eher wünschten wir uns, irgendwo anders zu sein und unsere eigene Band zu haben, eine neue Gruppe. »Weeping« blieb Ian Curtis' Lieblingssong von mir. Gelegentlich erschreckte er sogar mich mit seiner Hingabe daran. Er spielte es mir übers Telefon vor und sang meinen Text mit. Im Juni desselben Jahres veröffentlichten *Joy Division* »An Ideal For Living«, und er gab mir ein signiertes Exemplar. Jahre später sollte ich es verkaufen, um nach Paris zu können, um Brion Gysin zu treffen … In der Nacht des 17. Mai 1980 rief mich ein niedergeschlagener Ian Curtis zum letzten Mal an. Er sang, intonierte »Weeping«. Ich hatte Angst um ihn. Ich konnte spüren, was er im Sinn hatte. Ich hatte ebenfalls versucht, mich zur Begleitung von »Weeping« umzubringen. Loulou Picasso, der das Covermotiv von »We Hate You (Little Girls)« für die *Throbbing Gristle*-Single bei Sordide Sentimental gemalt hatte, hatte ebenfalls versucht, sich zu »Weeping« umzubringen. Es war alles zu furchtbar und unaufhaltsam. Er war verstört, schmerzgeplagt, zornig, frustriert, verwirrt und schwer depressiv. Er glaubte, er habe die Dinge irgendwie entgleiten lassen, wieder die Kontrolle verloren; dass es niemanden um ihn herum kümmerte, was er wollte, was er brauchte, außer »A«, aber sie wurde als Spalterin und Schuldverursacherin betrachtet. Und was in jenem Moment vielleicht noch wichtiger war, war wie wenig er wirklich bei *Joy Division* sein wollte, geschweige denn mit ihnen auf Tournee zu gehen. Er wurde »A« nicht gerecht, weil er nicht vollständig verfügbar war, wurde »D« nicht gerecht, indem er »A« liebte, und *JD* auch nicht, weil er unaufmerksam, krank und müde war. Und er wurde sich selbst nicht gerecht, weil er die Ursache all dieser Probleme war und keinen Ausweg sah.

Hinter den Kulissen fühlte er sich rücksichtslos niedergewalzt, und das wurde noch bestärkt durch das Gefühl, genau da gelandet zu sein, wo er nie hingewollt hatte; an einer USA-Tour teilnehmen zu müssen, die er wahrlich fürchtete. Er sprach davon, betrogen und benutzt worden zu sein, über klaustrophobische Beziehungen; von allen und jedem lebendig verspeist und zerstört zu werden. Er war zum ungünstigsten Zeitpunkt gefangen und geschwächt. Er glaubte, dass eigenes Versagen und Unentschlossenheit ihn in diese Situation gebracht hatten, in der er scheinbar freiwillig sein eigenes Selbstwertgefühl kompromittierte, indem er zuließ, dass geschäftliche Erpressung und fehlplatzierte Loyalitäten seine Prinzipien diskreditierten und seine ursprünglichen Absichten mit *Joy Division* entehrten. Die Angelegenheiten waren irgendwie so hinmanipuliert worden, dass er trotz seiner »Hilferufe« am Montag, dem 19. Mai in die USA hätte fliegen sollen. Er war abwechselnd perplex und wütend. Krank von alldem. Krank davon, nicht angehört zu werden, wenn es für andere gerade ungünstig war. Dazu kamen seine persönlichen Widersprüche und Probleme, sodass ich wusste es war nicht viel Zeit. Ich rief Leute in Manchester an und sagte denen, dass ich befürchtete, Ian würde sich dieses Mal wirklich umbringen, und sie sollten sofort nach ihm sehen oder gar die Polizei verständigen, bevor es zu spät wäre. Als man mich anzweifelte und wissen wollte, wieso ich das glaubte, sagte ich nur, dass ich es einfach wusste. Es war eine grausige aber überwältigende Sicherheit, die ich empfand. Im Grunde wurde ich lächerlich gemacht, indem man mir sagte, Ian sei ständig depressiv, suizidal und traurig, und so sei er eben. Ich fühlte mich hilflos. Sie versprachen, etwas zu unternehmen, obwohl sie meinten, Ian hätte mich nur aufgezogen. Immer noch war ich vom Eindruck der Unvermeidbarkeit überwältigt. Ich weinte in die Nacht, bis das Valium anfing zu wirken. Weinen … von der Sorte, die den Körper mit Schluchzern und Schreien malträtiert, die so tief gehen, dass sie Todeskrämpfen gleichkommen. Ich kann nicht sagen, wie lange es dauerte, bis er sich nach unserem Telefonat tatsächlich erhängte – auf typische Manchester-Arbeiterklasse-Art. Ich befürchtete, dass niemand irgendwas Nützliches auf die Reihe kriegen würde. Niemand würde bei ihm vorbeischauen, nach ihm sehen und ihn die Nacht hindurch babysitten. Die Person, mit der ich sprach, hatte es irgendwie geschafft, mich in eine fast hypnotische Warteschleife zu stecken, indem sie mich überredete, alles sei in Ordnung; es wäre nur ein Primadonna-Anfall, und ich solle nicht direkt eingreifen und jemand anders oder die Polizei benachrichtigen. Dass es mich nichts anginge, und ich würde nur Panik schieben und Drama spielen. Genau wie Ian es auch gerne tat. Man versicherte mir, dass, falls tatsächlich irgendwas Ernsthaftes sein sollte, sich der innere *Joy Division*-Kreis darum kümmern würde. Sie waren solche Sachen gewöhnt. All das ließ mich meiner ursprünglichen Intuition gegenüber sehr unsicher zurück, und ich zweifelte, wie weit ich mich einmischen durfte, wenn ich nicht wirklich sicher sein konnte, was los war. Ich kannte ja nur Ians Version aus seinen Anrufen spätnachts. Ich wusste nichts von den häuslichen Krisen und den Medikamenten, die seine Stimmungen verstärkten. Also unternahm ich in meinem Delirium nichts weiter, wenn auch widerstrebend. Ich habe nicht selbst die 999 gewählt. Das Letzte, was ich wollte war, dass plötzlich irgendwelche Notfalldienste bei Ian einbrachen, um ihn vielleicht zu weiteren medizinischen (und möglicherweise sogar psychologischen) Untersuchungen wegzukarren. Vielleicht war es auch nur eine extreme Version seiner normalen Beweggründe, mich anzurufen. Er bemühte sich einfach verzweifelt um Gesellschaft und Unterstützung, wollte angehört werden und Respekt für seine psychischen Bedürfnisse von jemandem bekommen, von dem er glaubte, dass er dieselben Dinge ebenso intensiv empfand. Ich hatte vor, in dieser Woche zu ihm zu reisen, um ihn zu sehen, falls es ihm gelungen wäre, die Amerika-Tour abzusagen. Damals gab es noch keine Mobiltelefone. Oft nicht mal Anrufbeantworter. Und er war 200 Meilen weit weg.

A

B

Schlüsselmerkmale des frühen Gothic-Milieus

Künstler und Alben, die die Gothic-Ästhetik geprägt haben

Peter Webb

A Publikum bei einem The Clash Konzert in der Hamburger Markthalle, 1981
B The Clash in der Hamburger Markthalle,1981
C, D Peter Webb, F Stop Gallery, Bath 1984

Für einen Heranwachsenden im Großbritannien der 1970er waren Punk und die nächste Welle des Punk, beziehungsweise Post-Punk, wie sie später genannt werden sollte, ein unglaublich fruchtbarer Hort für neue Entdeckungen. Für den ersten Ausbruch des Punk war ich zu jung, besaß um 1979 aber Platten von Bands wie den *Sex Pistols, UK Subs, Joy Division, The Clash, Crisis, Siouxsie And The Banshees* und anderen. Ich begann, auf Konzerte zu gehen und fand in diesen Schlupfwinkeln ein spannendes Spektrum von Menschen, Ideen, Lebensstilen, politischen Ansichten und neuen Richtungen vor, die es zu erkunden galt. Ich gründete eine Band, *Necromancy*, eine Art Proto-Goth-Rock-Band, danach eine weitere, *The Idiot Sideshow* – eine Art Industrial-/ Gothic-/ Klangcollagen-Projekt, und war in anarchistische Punk-kreise verwickelt (stark von *Crass* beeinflusst), entwickelte allerdings einen Look und eine Ästhetik, die mehr mit Bands zu tun hatte, die zu dieser Zeit gerade auftauchten. Die *Banshees, Joy Division* und die Punk-Version von *Adam And The Ants* waren Schlüsselfiguren, doch andere ebenso einflussreiche Bands sollten noch folgen. Ich wurde ein Teil dessen, was später in der Welt der Popmusik als Gothic-Milieu bezeichnet werden sollte, und welche das Thema dieses Buches ist. Meine äußere Erscheinung durchlief eine Metamorphose, als ich unter die Konzertbesucher, die Subkulturen bzw. das Milieu dieser Szene begab, vor allem in Bristol und London. Die Bilder zu diesem Text zeigen, auf welche Weise mein eigenes Äußeres entsprechend einem Gothic-Stil geschaffen wurde, während ich mich in und zwischen vielen verschiedenen Bereichen des musikalischen Untergrunds der frühen 1980er bewegte, wie zum Beispiel Post-Punk, Positive Punk, Oi, Gothic, Industrial, aber auch Reggae und Dub. Mein eigener Weg steht repräsentativ für den vieler junger Menschen dieser Zeit, welche den »Grundstock« des Gothic-Milieus bilden sollten. Dieser Beitrag behandelt eine Handvoll Künstler aus dem Vereinigten Königreich und ihre Schlüsselveröffentlichungen, die bei der Geburt jenes Genres, oder in meinen eigenen Worten jenes Milieus, präsent waren, das als »Gothic« bekannt wurde. Es gab reichlich andere Einflüsse, die prägende Bedeutung für dieses Milieu hatten; man könnte hier z. B. die frühen Inspirationen von Leuten wie *David Bowie, The Velvet Underground, Marc Bolan,* aber auch von Bands wie *Birthday Party, Virgin Prunes, Einstürzende Neubauten, Lydia Lunch, Dead Can Dance, The Cocteau Twins, The Cure, Killing Joke, Theatre Of Hate* und *Christian Death* abhandeln, doch möchte ich mich auf ein paar britische Gruppen beschränken, die die wichtigsten Merkmale der sich entwickelnden Gothic-Kultur bereitstellten.

Viele Autoren haben versucht, über die Gothic-Subkultur zu schreiben und haben zum Verständnis der Entwicklung der Szene beigetragen[1]. Ihre Arbeiten, mit Ausnahme der von Mercer, sind solange schlüssig, wie sie sich mit dem, was Goth geworden ist, befassen, nicht notwendigerweise damit, wo er herkam. Sowohl Hodkinson als auch Brill behandeln die

1 Hodkinson, Paul: »Goth: Identity, Style and Subculture«, Berg, 2002; Brill, Dunja: »Goth Culture: Gender, Sexuality and Style (Dress, Body, Culture)«, Berg 2008; Mercer, Mick: »Gothic Rock Black Book«, Omnibus Press, 1989 Webb Peter: »Exploring the Networked Worlds of Popular Music: Milieu Cultures«, Routledge 2007

Herausbildung der britischen Gothic-Szene und erwähnen ähnliche Bands, wie ich es tue, doch habe ich das Gefühl, dass es ihren Arbeiten an einer gewissen Detailfülle mangelt. Mick Mercer könnte man als den wohl profiliertesten Autor dieser Szene bezeichnen, und er hat ein paar unglaublich informative Arbeiten vorgelegt. Das »Gothic Rock: Black Book« (1988) ist seine geschichtlichste Produktion und zeichnet ein gutes Profil von Bands wie *The Cult, All About Eve,* den *Sisters Of Mercy, The Mission* und *Fields Of The Nephilim*. Dieser Beitrag soll noch ein paar mehr Details hinzufügen, vor allem im Bezug auf die zentralsten Künstler im Vereinigten Königreich, die gewissermaßen die kreative Grundlage des Gothic-Milieus und viele seiner zahlreichen Erkennungsmerkmale geschaffen haben. *Joy Division* und ihre beiden Alben, »Unknown Pleasures« (Factory Records 1979) und »Closer« (Factory Records 1980) hatten riesigen Einfluss auf mich wie auch auf die Anfänge des Gothic-Milieus, wurden allerdings schon bestens dokumentiert[2]; ich möchte ihre Bedeutung hiermit anerkennen und zu weniger gut dokumentierten Elementen der Genese dieses Milieus fortschreiten.

2 Curtis, Deborah: »Touching From A Distance«, Faber & Faber 1995/2007; Savage, Jon: »Joy Division: Someone Take These Dreams Away«, in: Mojo-Magazin, Juli 1994; Reynolds, Simon: »Rip It Up and Start Again. Post-Punk 1978–1984«, Faber & Faber 2005 und Anton Corbijns Film »Control« von 2007
3 Graves, Diane: »A Crown of Life: The World of John McCrae«, Spellmount Publishers Ltd, 1997
E Peter Webb, F Stop Gallery, Bath 1984
F Siouxsie and the Banshees: »Join Hands« LP, Polydor 1979
G Adam and the Ants: »Madame Stan« – Vorderseite, S&M Records o.J.

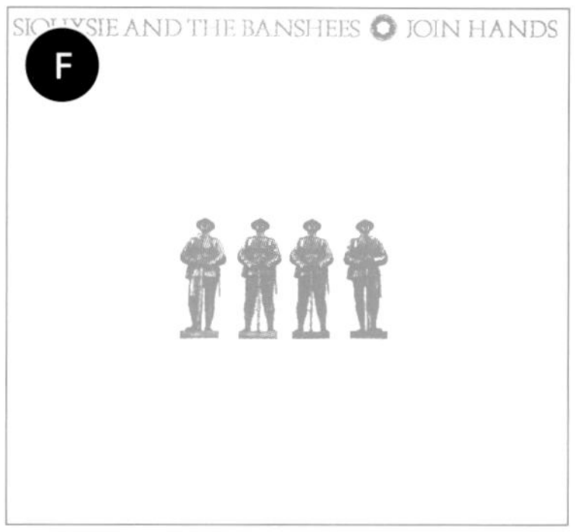

— Siouxsie and the Banshees: Join Hands —

Album, Polydor 1979

Siouxsie Sioux, die mit der Bromley-Clique in Verbindung stand, einer Gruppe abgedrehter und wundervoll aussehender Punks aus dem Dunstkreis der *Sex Pistols*, die bei allen frühen Konzerten mit dabei waren, spielte 1976 auf dem ersten Punk Festival im Londoner 100 CLUB. Auf der Bühne wurde sie von Marco Pironi (später Teil von *Adam And The Ants*), Sid Vicious und Steven Severin begleitet; sie spielten eine Version des Vater Unser, die Textzeilen aus »Twist And Shout« von den *Beatles*, dem Deutschlandlied, sowie *Bob Dylans* »Knocking On Heavens Door« und »Clare De La Lune« enthielt. Dieser Track wurde schließlich für »Join Hands« aufgenommen, ihrem zweiten Album, das 1979 erschien.

Dieses Album und die mit ihm assoziierte Ästhetik des Images der *Banshees* und ihrer Auftritte in dieser Zeit enthielt Motive und visuelle Elemente, von denen das Gothic-Milieu und seine verschiedenen Ableger wie Neofolk, Martial Industrial, Neo-Romantic Goth etc. endlos zehren sollten. Das Cover zeigte vier Soldatenstatuen, und der militaristische Unterton der Platte, in Kombination mit einer Art bedrückender Paranoia und einem unangenehm erdrückenden Klangwall, zeichneten »Join Hands« als das kompromissloseste und anspruchsvollste Album der *Banshees* aus. Das Stück »Poppy Day« beinhaltet einen militaristischen Trommelrhythmus und Auszüge aus dem Gedicht »In Flanders' Fields«[3] von John McRae, einem Dichter aus der Zeit des ersten Weltkriegs. »Regal Zone« wurde vom Konflikt im Iran inspiriert, wo die iranische Revolution damals in vollem Gange war. Das Album als Ganzes war ein Triumph des Experimentellen und der kompromisslosen Natur dieser Zeit. Die einzige Single-Auskopplung, »Playground Twist«, schaffte es in die britischen Charts und die Band trat in der Mainstream-Musiksendung »Top Of The Pops« auf, in der gleichen Ausgabe wie *Public Image Ltd.* (kurz: *PIL),* die ihr ebenso experimentelles und aggressives Stück »Death Disco« spielten. Diese anspruchs- und wirkungsvolle Musik voll harscher, schräger und schwingender Klänge war ein Referenzpunkt für künftige musikalische Abenteuer, die man mit dem Gothic-Milieu in Verbindung bringen sollte. »Join Hands« markiert einen Zeitpunkt, zu dem die Faszinationen für Klaustrophobie, Militarismus, Schizophrenie, häusliche Gewalt, Autorität, totalitäre Regimes und veränderte Bewusstseinszustände auf einer Platte vereint wurden. Diese Motive sollten alle Schlüsselelemente des neu entstehenden Gothic-Kultur-Repertoires werden, wie auch Siouxsie Sioux' Selbstdarstellung. Ihr Markenzeichen waren schwarze Haare, die Ende der 1970er bis zu Beginn der 1980er gekreppt waren (Kreppeisen waren in den 80ern ein wichtiges Mittel zum Haare stylen) und nach hinten in abstehende, beinahe palmenartige Stacheln gekämmt bzw. toupiert waren, die auf den darauffolgenden Alben »Kaleidoscope« und dem insgesamt vierten, »Juju«, zum elementaren Wiedererkennungsmerkmal wurden. Siouxsies eleganter, strenger und eindringlicher Look wurde von vielen eingehend studiert und nachgeahmt, die später einmal Goths werden würden.

— Adam and the Ants: Madam Stan —

Bootleg Album

Eines der wichtigsten Motive der Gothic-Kultur war seit jeher die Beschäftigung mit Fetischismus, Transgender-Sexualität und das Verwischen von Trennlinien zwischen männlichen und weiblichen Identitäten, zumindest in Fragen der Ästhetik, mit einer starken Neigung zu weiblicher Ästhetik. Die *Ants* waren zuallererst eine Band, die fest in den Schocktaktiken und der Attitüde des Punk verwurzelt war. Sie waren Gestalten, die sich in der gleichen Welt wie die *Sex Pistols, The Damned, Generation X, Siouxsie And The Banshees* und *The Clash* bewegten. Ein Schlüsselelement von *Adam Ants* (Stewart Goddards) Projekt war Sex, welcher als wichtigstes lyrisches, repräsentatives und grafisches Element der Band im Vordergrund stand. Der Spruch »Ant Music For Sex People« war ein Schlüsselmerkmal der PR der *Ants*. Adam hatte am HORNSEY COLLEGE OF ART Graphik Design studiert und wurde dort von Peter Webb (nicht von mir[4]) betreut, der viel über erotische Kunst geschrieben hatte. Dr. Marc Griffiths schrieb einen Aufsatz über Adam, seine sexuellen und fetischistischen Einflüsse, in dem er folgendes über die Einflüsse der Kunsthochschule feststellte:

Adam wurde von den ikonographischen Bildern Andy Warhols inspiriert, den autoerotischen Bildern von Allen Jones, den neo-sadomasochistischen Fantasien Hans Bellmers und »Sexpop«-Reisenden wie Eduardo Paolozzi, Francis Bacon und Stanley Spencer. All diese Leute hatten eindeutig Einfluss auf seine Musik.[5]

Die *Ants*, deren frühe Fans fanatisch waren, sollten ihr Debüt »Dirk Wears White Sox« 1979 auf dem Independent-Label DO IT RECORDS veröffentlichen, doch das Album, das ihr Schaffen wirklich repräsentierte, und das sie eigentlich schon wesentlich früher hätten veröffentlichen sollen, kam als Bootleg-Album mit dem Titel »Madam Stand« auf den Markt. Es enthielt die Songs, die die zentralen Motive zusammenfassten, die später in der sich entwickelnden Gothic-Szene in England weitergetragen werden sollten. Lieder wie »Rubber People«, »Beat It«, »Bathroom Function«, »Physical«, »Red Scab« etc. hatten Texte, die fetischistische Sexualität zelebrierten, die sich ihrer transgressiven und ultimativ verführerischen Natur hingab. Die *Ants* sollten im Laufe der frühen 1980er mit ihrem Album »Kings Of The Wild Frontier« zur Pop-Sensation aufsteigen, doch hatten sie bei einem Teil der Punks den Grundstein für die Entwicklung einer Ästhetik gelegt, die zu Gothic werden würde, und damit direkt die Entstehung des Gothic-Milieus nährte.

— UK Decay: For Madmen Only —

Fresh Records 1981, UK Decay Records 2009

Steve Keaton, der als Journalist für die Musikzeitschrift SOUNDS arbeitete, interviewte die aus Luton stammende britische Band *UK Decay* auf ihrer Tour durch Belgien. Die Überschrift des Artikels lautete »Das Gesicht des Punk Gothique« und begann mit der Beschreibung, wie gut die Band nach Brüssel passen würde, mit dessen »menschenleeren« U-Bahnen, den »schauerlich-mechanischen Schreien« und der Darstellung als »ausdruckslose, graue Stadt mit spektakulärer gotischer Architektur«.[6] Keaton hatte eine Beschreibung in die Welt geworfen, die für viele andere Bands ähnlich zur Anwendung kommen würde, deren Musik sich vom Punk zu etwas entwickelt hatte, das sich durch schroffe, hoch gestimmte Gitarren, tribalistisch-rhythmisches Schlagwerk, Tempowechsel, tragende Basslinien, tief und voll (sc) schallenden Gesang, verstörende Ästhetik und die lyrische Verarbeitung von Motiven wie Verfall, Romantizismus, sexueller Energie, Frustration oder Referenzen an das Dunkle, Okkulte, Heidnische auszeichnete. Keaton beschrieb in seinem Artikel *UK Decay* als eine Band, die Musik »voll viktorianischer Bedrohlichkeit und einer guten Prise der Banshees / Ants« (Keaton: SOUNDS 2 / 1981) schuf, verglich ihren Aufstieg mit dem von *Bauhaus* und implizierte

4 Webb, Peter: »The Erotic Arts«, London, 1983
5 Griffiths online: http://www.adamandtheants.org/articles/griffiths2.htm
6 Keaton, Steve: »The Face of Punk Gothique«, in: Sounds 2/1981
7 Sounds-Rezension, 1981
8 Sounds-Interview, 1982
H Madame Stan Rückseite
K UK Decay – »For Madmen Only«, Fresh Records 1981
L Virgin Prunes 1983

damit, dass beide Bands sich mit ähnlichem Material beschäftigten und ähnliche Anhängerschaften aufwiesen. Das wurde von der Band als problematisch empfunden, da sie sich selbst eher von Punk und dessen Do-it-yourself-(DIY-)Aspekten beeinflusst sahen, während *Bauhaus* näher an der Tradition des Glam Rock und dessen Theatralik und Pathos standen, aber diese Verbindungen wurden sowohl von den Journalisten wie auch dem Publikum gezogen, welches scheinbar von beiden Bands angezogen wurde.

»For Madmen Only«, das Debüt und einzige Album von *UK Decay*, wurde 1981 auf Fresh Records veröffentlicht. Eine von der Band selbst produzierte Neuauflage erschien 2009 als CD. In der Sounds-Rezension sprach die Überschrift von »Heidnischen Rechten« und beschrieb die Musik in zwei Absätzen wie folgt:

Die Kulisse ist eine von Blitz und Donner erfüllte Nacht. Große Themen von Nacht und Tod werden in einen heidnischen Alptraum epischen Ausmaßes hineingeworfen, die Kräfte von Himmel und Hölle, Licht und Dunkel werden entfesselt und in erbittertem Kampf im mitreißenden Schwung der Musik eingefangen. Es gibt historische und literarische Referenzen von Hermes bis zu den Ludditen, von Dante bis Dorian Grey. Das Lied »Dual« enthält das klassische Zitat »Death so Fatal«.[7]

UK Decay stellten auch die Widersprüche heraus, die ein kontinuierliches Element der Gothic-Kultur werden würden; sie wollten konstant die angenehme und positive Seite ihrer Musik zusammen mit den scheinbar düsteren und melancholischeren Elementen des Lebens ausdrücken. In einem Sounds-Interview mit Richard North erwiderte Gitarrist Spon auf die Frage nach der Herkunft seiner Inspirationen:

Aus der Dunkelheit heraus. In der Menschheit tobt ein Kampf, seit der Mensch zum ersten Mal etwas an Höhlenwände gekritzelt hat. Der Mensch wird von den Extremen angezogen – Gut und Böse, Licht und Dunkelheit – viele werden uns als böse und bedrohlich ansehen, obwohl genau das Gegenteil der Fall ist. Was wir eigentlich sagen ist, dass man selbst entscheiden soll. Jedes Individuum hat die Wahl zwischen falsch und richtig und muss sich den Konsequenzen stellen.[8]

Dieser Kommentar zeigt, dass die Benutzung von Schauerbildern, dunkler Ästhetik, okkulten Anspielungen, Geistergeschichten, Horrorfilmen und extremen tagespolitischen Geschehnissen allesamt von Bands wie dieser aufgegriffen wurde, aber oft, um Kritik an sozialen Normen und der Doppelmoral liberaldemokratischer Länder wie dem Vereinigten Königreich zu üben, die von Demokratie sprachen, sich aber gleichzeitig an Kriegen beteiligten und zu eben jener Zeit in den Kalten Krieg mit dem kommunistischen Warschauer Pakt verstrickt waren.

Ferner gab es im Gothic-Milieu eine Tendenz, individualistische Lösungen für moralische und politische Fragen zu propagieren. Dieser Individualismus passte gut in die postmodernistische Landschaft der 1990er, in denen Gothic nicht zuletzt wegen dieser programmatischen Unabhängigkeit als kulturelle Wahlmöglichkeit weiterhin Bestand hatte und erblühte, während andere Subkulturen bzw. deren Milieus schrumpften und in manchen Fällen sogar vollständig von der Bildfläche verschwanden.

Die Wege von *UK Decay* trennten sich 1982 wegen unterschiedlicher Vorstellungen, welche musikalische Richtung sie nun einschlagen sollten, aber sie haben dennoch eine zentrale Rolle in der sich entwickelnden Szene gespielt, die sich in den frühen 1980ern in das Gothic-Milieu umformen würde.

— Bauhaus: In The Flat Field —

4AD 1980

Bauhaus wurden 1978 in Northampton als *Bauhaus 1919* gegründet und veröffentlichten ihre erste Single »Bela Lugosi's Dead« auf dem Label Small Wonder (ein Londoner Label, auf dem auch die erste *Crass*-Single erschienen war), eine Hommage an den Schauspieler, der für seine Darstellung des Dracula in den Schwarz-weiß-Filmen der 1930er Jahren berühmt geworden war. Das Stück führte eine Handvoll Elemente ein, die Schlüsselfunktionen für die Entwicklung des Gothic-Milieus aufwiesen. Peter Murphy (Sänger) und Daniel Ash (Gitarrist) hatten einen Stil und eine Herangehensweise entwickelt, die den Glamour von *David Bowie* und *Marc Bolan*, vor allem das theatralische Make-up und den androgynen Look, mit Punk verbanden – die wilden Haare, die Verwendung von Verzerrung für die Gitarre und gelegentlich den Bass, sowie eine klangliche Verschmelzung düsterer Atmosphären, verzerrter Wildheit und Funk-Twists. Die Band wurde von der Fachpresse durchgehend entweder als theatralischer Scherz oder als düsterer, makabrer, zutiefst bewegender und emotionaler Act charakterisiert. Es existierte dessen ungeachtet ein Publikum, das sich an *Bauhaus* klammerte, wie zuvor schon bei *Adam And The Ants*. Diese Fans waren ziemlich fanatisch und unterstützten die Band in ihrer bis 1983 währenden Karriere, die durch interne Meinungsverschiedenheiten ein jähes Ende fand. Ein Konzertbericht des New Musical Express über einen Auftritt im Londoner Lyceum wusste folgendes zu berichten:

Indem sie Adams ursprüngliche Sex-Music zu einer theatralischen Ritualisierung der darstellenden Kunst pervertieren, besetzen Bauhaus das Rampenlicht und richten es zielgenau auf die Darstellung der Feier ihrer glamourösen Freudschen Pantomimen. »The Passion of Lovers« wird zu einer öffentlichen Zurschaustellung musikalischer Erotika.[9]

Peter Murphy, der Frontmann, wird fortwährend gleichzeitig ins Lächerliche gezogen und gefeiert:

Er ist ein parasitärer Ghoul, der eher Kleidung und Plattensammlungen statt Gräbern ausraubt, aber immer mit Grazie und Stil. Diese spezifische Rocky Horror Show ist frech und trashig, aberwitzig und kitschig, mehr Basar als bizarr. Solche erratischen/erotischen Zurschaustellungen entziehen sich der Logik, Kritik und Beschreibung. Seht Euch ihre Ausschweifungen an und wundert Euch über ihren (künftigen) Erfolg.[10]

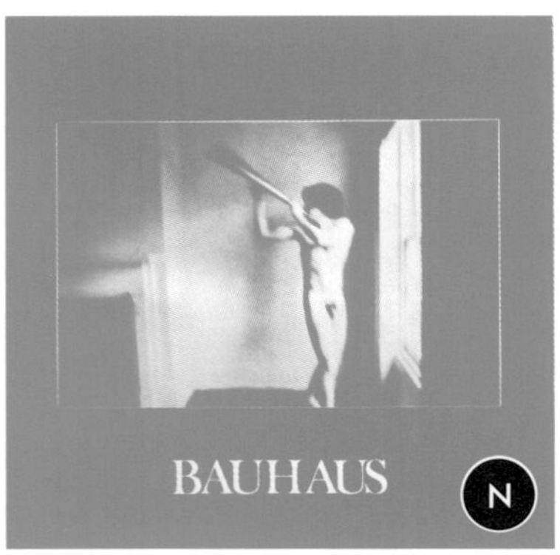

Schlüsselelemente der Wahrnehmung von Goth durch ein breiteres Publikum stehen hier im Vordergrund. Der Rocky-Horror-Witz über Transvestiten in Make-up und fetischistische Frauen wird hier zum Amüsement der »durchschnittlichen«, tadellosen Bevölkerung ins Rennen gebracht. Doch gleichzeitig werden der Stil, die Grazie und die transgressive Ungeheuerlichkeit, mit der hier Grenzen ausgedehnt werden (wofür die Gothic-Kultur steht), trotz der Spöttelei und des Zynismus bewundert und gelobt. Diese Einstellung der restlichen Bevölkerung und noch mehr der Musikpresse ist ein beständiges Charakteristikum des Gothic-Milieus, bzw. seiner Rezeption. *Bauhaus* entwickelten ihren Stil weiter, indem sie funkige Basslinien, tanzbarere Drums und mehr bowie-eske Glamreferenzen mit einbezogen. *Bauhaus* werden oft als Urväter des Gothic bezeichnet, und die hier erwähnten Elemente sprechen sicherlich dafür. *Bauhaus* waren dennoch nur eine von vielen Bands, die das Saatgut für die Gothic-Ästhetik stellten, nichtsdestotrotz eine der wichtigsten für das wachsende Publikum.

— Virgin Prunes – Heresie 2 × 10" Box Set —

L'Invitation Au Suicide 1982

Kunst ist in der Tat ein Geschenk, das der Mensch sich zunutze macht, wie er es wünscht, zum Guten oder Schlechten, das aber nichts von seiner göttlichen Qualität als Geschenk einbüßt, egal wie profan es sein mag. Es ist in all seinen unterschiedlichen Verkleidungen, die die Seele berühren und die Sinne betören, die Reproduktion all dessen, was an sich schön ist und ebenso viele Formen hat wie das Göttliche, das es in seinem winzigen Spiegel ansatzweise repräsentiert, denn das unendlich Schöne, unzugänglich für das gefallene Geschöpf, ist identisch mit Gott selbst.[11]

Gavin Friday, Guggi, Dik, Strongman, Dave-id Busaras, Haa-Lacka Binttii, Mary D'Nellon und Pod waren, ebenso wie *Bono* und *U2*, allesamt Mitglieder eines imaginären Kollektivs namens *Lypton Village*. Diese alternative, temporäre autonome Zone[12] war ein Raum der kreativen und künstlerischen Entwicklung, der einem nichtsahnenden Publikum auf der ganzen Welt zwischen 1977 und 1986 eine Band namens *Virgin Prunes* präsentieren sollte. Gavin Friday erläuterte den Bandnamen in dem Buch »Faculties of a broken heart« (Vasellari 1985):

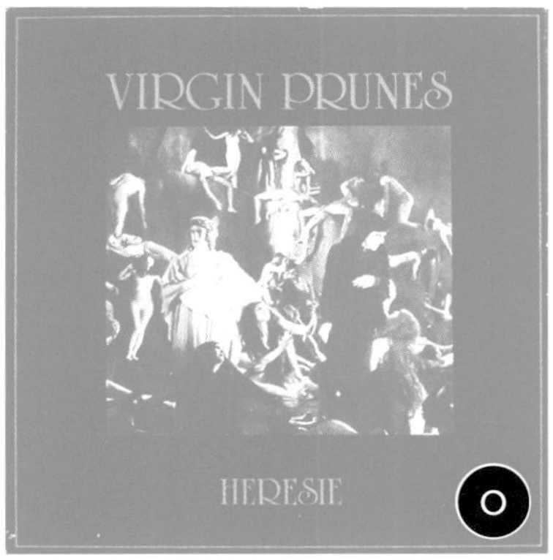

Als wir um einiges jünger waren, bezeichneten wir eine gewisse Art Leute als »Virgin Prune« (jungfräuliche Pflaume). Wir sahen in diesen Leuten eine wahre und einfache Schönheit – aber andere klassifizierten sie als Freaks – andere Menschen waren ängstlich und ignorant ihnen gegenüber – sie nannten sie »Spinner«, »Spastis«, »behindert« – wir pflegten uns mit ihnen anzufreunden, wodurch wir ihre wahre Schönheit zu sehen bekamen, die sie besaßen … »Virgin Prunes« sind die wahrhaftigen, schönen Menschen, sie sehen die Welt mit Kinderaugen, sind aber Erwachsene – Erwachsene, die anders als du oder ich exakt das leben, was sie sind – unberührt.[13]

Eines der Bandmitglieder, *Dave-id Busaras,* hatte sich in jungen Jahren mit Meningitis infiziert, welche ihn gezeichnet hatte und ihm den Anschein von jemandem mit Lernbehinderung gab. Die anderen *Lypton Village*-Mitglieder freundeten sich mit ihm an und brachten ihn dazu, aus sich heraus zu gehen, und die wahrhaft freundliche und liebenswerte Person zu enthüllen, die er war, der Künstler und kreative Geist – die Geschichte von Sophie Lancaster (vgl. den Beitrag von Megan Balanck) zeigt, dass die Ablehnung solcher Offenheit durch andere Elemente der Gesellschaft tragische Folgen haben kann. Unterschiede und Differenzen sowie »neue Formen der Schönheit« (auch der Projekttitel einer ganzen Reihe ihrer Veröffentlichungen) wahrlich zu begrüßen und zu befürworten, war der Ethos der *Prunes.* Ihre Bühnenauftritte waren theatralisch mit einem Kopfnicken zum Theater des Absurden, zu Dada und Surrealismus; ritualistisch (als Reaktion auf das katholische Dublin der 1970er Jahre); leidenschaftlich und kraftvoll, die Musik gemischt mit hochfrequenter, verzerrter Gitarre, tribal drumming, verzerrten Basstönen und jeder Menge gefundener Geräusche von Backing Tapes. Ihr Erscheinungsbild spottete jeder Einordnung, da sie wirklich mit Geschlechtsidentitäten spielten und aussahen wie eine Mischung aus Bauernfrauen, Prostituierten und Druiden. Das »Heresie«-Album ist wahrscheinlich ihr unkommerziellstes und kombiniert einerseits sieben Studioaufnahmen auf einer 10« mit einer Liveaufnahme auf der zweiten 10« andererseits, die in einer hübschen Box von dem französischen Label Invitation Au Suicide 1982 veröffentlicht wurden. Die Stücke »Down The Memory Lane« und »Rhetoric« sind die Glanzlichter des kreativen Spannungsfelds dieser Scheibe. »Down The Memory Lane« klingt wie ein geisteskrankes Kinderlied, gemischt mit Irish Folk, das Schlagzeug, Akkordeon und die drei Gesangsstimmen von Gavin, Guggi und Dave-id miteinander verbindet. »Rhetoric« andererseits

9 NME-Review, 1981
10 NME-Review, 1981
11 J.-K. Huysmans (zitiert nach den Cover-Anmerkungen zu »Heresie«)
12 Vgl. Bey, Hakim: »T.A.Z.: The Temporary Autonomous Zone. Ontological Anarchy & Poetic Terrorism«, Autonomedia, 2004
13 Gavin in »The Faculties of a Broken Heart« von Rolf Vasellari
M »Bela Lugosi's dead«-Cover, Small Wonder Records 1979
N Bauhaus – »In The Flat Field«, 4 AD 1980
O Virgin Prunes – »Heresie«, L'Invitation An Suicide, 1982

führt den Hörer in ein dunkles Inferno aus verzerrtem Bass, militärischem Getrommel und schreienden, kreischenden und flehenden Stimmmustern. Hier klingen die *Prunes* am herausfordernsten. Die Randnotizen stecken voller Referenzen an *J.-K. Huysmans, Georges Bataille, Gabriele D'Annunzio* und stellen eine Verbindung zu *Throbbing Gristle / COUM Transmissions,* der *Pop Group,* dem Regisseur David Lynch und den *Slits* her.

Die *Virgin Prunes* repräsentierten viele Themen, die in die Gothic- bzw. Schwarze Szene durchsickern sollten: Theatralität, Experimente mit Geschlechtsidentitäten, Offenheit und Vielfalt, und Musik, die extreme Verzerrung, tribalistisches Schlagzeug, Wanderlied, Kabarett und die Werke von *Jaques Brel* miteinander mischte. Sie forderten zum Nachdenken heraus und waren eine der anspruchsvollsten und anregendsten Bands, die ich je gesehen habe, und diese Elemente machten aus ihnen eine signifikant bedeutsame Gruppe, die die alternative Szene erschütterte und Freiraum für das Wachstum der Gothic- und Schwarzen Szene schuf.

— Southern Death Cult: Southern Death Cult —

Beggars Banquet 1983

Sex Gang Children: Song and Legend

Illuminated Records 1983

Um den Jahreswechsel von 1981 auf 1982 begannen die Performances und visuellen Darbietungen zweier Bands einen Hörerkreis anzuziehen, der mit Punk durch war und andere, die erst langsam in dieser Szene ankamen, unglaublich begeistert und interessiert an Musik waren. Die Fachpresse fing an über diese Bands zu berichten, deren Konzerte wie Stammesfeste ekstatischen Ausmaßes waren. Dave Roberts schrieb in einem Bericht über den Supportgig von *Southern Death Cult* für *Bauhaus* in Manchester im Jahr 1981:

Etwas passiert. Bauhaus und Killing Joke haben es schon lange getan, doch das wirklich Interessante ist, wie neuere Bands unterschiedliche Richtungen wählen, in die sie diese inspirierenden Elemente der Post-Punk-Apokalypse tragen. Es hat noch keinen Namen, was bei den Uniformierten verwirrte Reaktionen bewirkt, aber »barock« klingt passend grotesk, verrückt, und stilvoll.[14]

Southern Death Cult kamen aus Bradford und lieferten einen musikalischen Cocktail aus tribalistischen Trommeln, melodischen und verzerrten Gitarren, Bassleitlinien und einer tiefen, vollen Gesangstechnik. Ihr Image nährte sich aus dem Interesse für nordamerikanische Indianerkulturen des Sängers Ian Astbury (der in Kanada aufgewachsen ist) und baute auf die Stammestrommeln, die dort einsetzten, wo *Adam And The Ants* und *Bow Wow Wow* aufgehört hatten. Ihre Texte waren voller kapitalismuskritischer Querverweise, z. B. »The fat man can not see what's going on for he's not me« (»Fatman«) oder »The kids of the Coca-Cola nation / are too doped up to realize / that time is running out / Nagasaki's crying out / the doomwatch says it's time / to give back what you took away / Uncle Sam meets the reaper / Wounded knee over again / Kasota, Kasota, Annihiliation« (aus dem Stück «Moya«).

Sie nutzten die argumentative Unterstützung traditioneller Kulturen (hier der nordamerikanischen Indianer), um die Leere der zeitgenössischen, westlich-kapitalistischen Kultur aufzuzeigen. Diese Kritik passte gut zur Entwicklung des Anarcho-Punk rund um Bands wie *Crass*, doch sollte der Appell für traditionelle Kulturen, zusammen mit der muslimischen

P Southern Death Cult – »Southern Death Dult«
Q Sex Gang Children – »Song AndLegend«
14 Sounds-Review, 1981
15 Eine Tendenz, die sich bis in die frühen 90er Jahre behauptet hat, zum gegenwärtigen Zeitpunkt aber umgekehrt worden zu sein scheint: Jüngere »Gothic«-Bands (bzw. jene, die versuchen, sich bei dieser Zielgruppe beliebt zu machen), neigen angesichts des Konkurrenzdrucks zu bizarren Kostümen, ausladendem Make-up und extrem gestyltem Auftreten – anders als etwa Joy Division, die mit ihren dezenten 30er-/40er-Jahre-Anzügen heutzutage in Gothic-Kreisen wohl keinerlei Beachtung mehr finden würden (Anm. d. Hg.)

Identität von Drummer Aki Nawaz in jenem Bereich der Gothic-Kultur besonders bedeutsam werden, der traditionelle (Stammes-)Kulturen, vordergründiges Heidentum und die nordeuropäischen Traditionen als eine Art verlorene Ära des Heldentums und »natürliche« menschliche Lebensumgebung romantisiert. Diese Verbindung von Natur und menschlicher Erfahrung ist ein Element, das sich in die Neo-Folk- und Postindustrial-Anteile der Szene übertragen, aber auch in der »Hauptlinie« des Gothic-Milieus Fuß fassen sollte. Die Optik der Band wies ausrasierte Seiten, verstrubbeltes Haar mit eingeflochtenen Federn und Perlen sowie Make-up an den Augen auf, was wiederum Einfluss auf das im Kommen befindliche Gothic-Milieu haben sollte. *Southern Death Cult* überdauerten nur wenige Jahre bis zu ihrer Trennung.

Ian Astbury machte unter dem Namen *Death Cult* weiter, den er später weiter zu *The Cult* verkürzte, und hatte im Gothic-Rock-Bereich noch viel Erfolg, später fast als Stadion-Rock-Band. Die anderen ehemaligen Mitglieder von *Southern Death Cult* gründeten die interessanten, aber leider erfolglosen Bands *Getting The Fear* und *Into A Circle*. Der Schlagzeuger, Aki Nawaz, bewegte sich mit der Gründung der Formation *Fun-Da-Mental* schließlich in den radikalen Hip-Hop. Posthum wurde das Album »Southern Death Cult« (BEGGARS BANQUET 1983) veröffentlicht, welches das Potenzial der Band andeutete und einen Einblick in die Live-Qualitäten der Band erlaubte.

Die andere Band, die für die Zeit zwischen 1981 und ‚83 für Medienrummel sorgte, war *Sex Gang Children*. Sie waren ein Teil jener vom Journalisten Richard North in einem NME-Artikel im Februar 1983 als »Positive Punk« bezeichneten Szene. In dem Artikel erzählte er von Bands wie *Blood And Roses, Brigandage, Virgin Prunes, Danse Society, Ritual, Specimen, Southern Death Cult, The Mob* (die Verbindung zu *Crass* und Anarcho-Punk) und *Sex Gang Children*. Von *Andi Sex Gang*, Dave Roberts, Terry Macleay und Rob Stroud gegründet, standen sie für einen weiteren Wendepunkt auf der von *Bauhaus*, den *Ants* und den *Banshees* ausgehenden Entwicklungslinie. Auch die Musik von *Sex Gang Children* griff die Tribal-Drums des *Southern Death Cult* auf, doch legten sie darüber komplexere Songstrukturen, kratzige, voll klingende Gitarren und Andis Stimme, die beinahe wie Edith Piaf klang.

Die von Andi verwendeten Melodien waren oft komplex, theatralisch, mit offensichtlichen Anleihen bei Music Hall, dem Torch Song (besonders tragische Liebeslieder, Anm. d. Übers.), Cabaret und Burleske, was seinen Beitrag zur Musikwelt ungewöhnlich erscheinen ließ, und sich von anderen Bands abhob. Die *Sex Gang Children* griffen auch oft auf die Geige als zentrales Instrument zurück, was die zunehmende Nutzung orchestraler oder Folk-beeinflusster Instrumentierung innerhalb der Szene vorantrieb. Künstler wie die Australier von *Dead Can Dance* entwickelten später einen satteren, wesentlich orchestraleren Sound, doch standen *Sex Gang Children* für eine andere Spielart dieser Musik. Die Auftritte waren überwältigende und wunderbare Ereignisse mit Andi im Mittelpunkt des Geschehens, der darauf oft mit Marcel Marceau, Edith Piaf oder einem Gothic-Wichtel (eine Anspielung auf seine geringe Körpergröße) verglichen wurde. Die Band existierte ebenfalls nur für kurze Zeit und trennte sich 1984, woraufhin *Andi Sex Gang* seine Solo-Karriere vorantrieb und seitdem *Sex Gang Children* mehrmals wieder aufleben hat lassen.

Die visuelle Ästhetik der Band kombinierte weiße Theaterschminke mit Augen-Make-up, Undercut-Frisur und Outfits aus Leder, Lack, Netzstrümpfen, Nietengürtel, Creepers und Elfenstiefeln. Dies wiederum nährte das zunehmende Interesse der Musikjournaille, die die theatralischen und Gothic-Horror-Aspekte des »Looks« dieser neuen Bands und ihres Publikums aufgriff, das oft noch exzentrischer auftrat als die Vorbilder.[15] *Sex Gang Children* produzierten ihr erstes Album, »Song And Legend«, im Jahr 1983, das das volle von der Band entwickelte Musikspektrum präsentierte. »Song And Legend« war äußerst erfolgreich und verblieb über ein Jahr lang in den britischen Independent-Charts. Die Bandbreite der auf dem Album behandelten Motive und Texte war vielschichtig, sexuell, künstlerisch und gelegentlich politisch. »Sebastienne« bezieht sich auf den gleichnamigen Film von Derek Jarman über St. Sebastian und die homoerotische Beschaffenheit seiner Gefangenschaft und ikonischen Todes – an einem Pfahl festgebunden und mit Pfeilen in die Brust geschossen. Dieses Thema nimmt viele Gothic-typischen Interessen vorweg: Tod, sexuelle Grenzüberschreitung, gleichgeschlechtliche Beziehungen, sowie eine künstlerische Herangehensweise an die Kreativität, die ein Filmproduzent wie Jarman ausstrahlte und zu einer anerkannten Form der Filmkunst weiterentwickelte. *Andi Sex Gang* sollte später ein Album als Hommage an Jarman aufnehmen (»Last Of England« auf dem Dressed To Kill-Label). Diese beiden – wenn auch kurzlebigen – Bands bereiteten einen äußerst fruchtbaren Boden für die Entwicklung des Gothic-Milieus. Die in ihre Kreativität eingewobenen Elemente und Motive, die sie nicht nur in ihrer Musik, sondern auch in der visuellen Darstellung und den Konzepten, die sie in ihren Werken behandelten, trugen einen weiteren Teil auf dem Weg hin zu einer voll ausgeprägten Gothic-Kultur bei.

Abschließend betrachtet habe ich das Gefühl, dass diese Alben, diese Künstler und ihre Bildwelten, lyrischen Motive und zentralen Ideen die Saat der sich herausbildenden Gothic- oder Schwarzen Musikszene waren. Es gibt andere wichtige Schlüsselfiguren wie *The Sisters Of Mercy, The March Violets, The Mission, Fields Of The Nephilim* oder *Specimen* (vgl. Mercers Buch), die an dieser Stelle erwähnt werden könnten, die aber nach den hier behandelten Künstlern Bekanntheit erlangten. Diese Künstler waren meiner Meinung nach unbestreitbar die Schlüsselfiguren, aus denen das zentrale Ausgangsmaterial und wichtige Einflüsse für das Gothic-Milieu hervorging. Als jemand, der in dieser Zeit aufgewachsen ist und das wechselnde Verständnis hinsichtlich dessen, was die Post-Punk-, dann Positive-Punk- und später Gothic-Kultur denn sei, beobachtet hat, glaube ich, dass offensichtlich ist, dass die wichtige Interaktion von Elementen seitens des Publikums wie der Künstler in diesem Milieu ohne Zweifel etwas Neues, Originelles, und kreativ Intelligentes geschaffen hat – und eine Form, die in ihren verschiedenen Ausprägungen mehr als 30 Jahre bestehen konnte. Dieser unabhängige Geist, die kreative Substanz und der Wille, die Kunst wie auch den eigenen Körper zum Teil des Projekts werden zu lassen, wird das Entwicklungspotenzial dieses Milieus auf unbestimmte Zeit weiter bestehen lassen.

15 Eine Tendenz, die sich bis in die frühen 90er Jahre behauptet hat, zum gegenwärtigen Zeitpunkt aber umgekehrt worden zu sein scheint: Jüngere »Gothic«-Bands (bzw. jene, die versuchen, sich bei dieser Zielgruppe beliebt zu machen), neigen angesichts des Konkurrenzdrucks zu bizarren Kostümen, ausladendem Make-up und extrem gestyltem Auftreten – anders als etwa Joy Division, die mit ihren dezenten 30er-/40er-Jahre-Anzügen heutzutage in Gothic-Kreisen wohl keinerlei Beachtung mehr finden würden (Anm. d. Hrsg.)

ROMANCE
A

Das G-Wort

Martin Bowes

Aus dem Mahlstrom des Punk ist so vieles hervorgegangen, was heute sehr bedeutsam ist. Der Punk-Ethos des »wir müssen das nicht mehr länger hinnehmen, wir machen ab sofort unser eigenes Ding, finde deinen eigenen Weg und ihr könnt nichts tun, um uns aufzuhalten.« Das hat alles verändert. 1977 war das Jahr Null und die Neugeburt für Kultur, Musik und … für mich.

Der Zorn, die Energie und der Trieb, ein neues Leben zu beginnen war es, der allem zugrundelag… Ich betrachtete – wie viele von uns – diese Welt und sah etwas so bizarres, feindseliges und bedeutungsloses … konnte und wollte nicht hineinpassen … nutzte diesen Zorn und habe ihn in positive Energie umgesetzt … Wir gründeten Bands und Labels … 1979 hob ich ein Fanzine aus der Taufe: ALTERNATIVE SOUNDS … Dann habe ich natürlich auch eine Band gegründet … *Attrition.* Unser Bühnendebüt gaben war an dem Tag, an dem John Lennon erschossen wurde. Am 8. Dezember 1980. Möglicherweise hatte das etwas zu bedeuten. Ich denke aber, er hatte einfach nur Pech. Wir mussten nicht mehr länger dazu passen, nicht auf die gleiche Art, da wir begannen, uns eine eigene Welt zu erschaffen … und den Rest darum herum passen zu lassen … Gut, wir haben alles versucht und manche von uns versuchen es immer noch …

Daraus schälte sich der Wandel … die erste Welle des Punk drehte sich eigentlich nur um Geist, Energie und Kreativität … es wurde mit der Zeit immer und immer mehr eingeengt … Aber manche der Bands boten etwas, das ein bisschen anders war… experimentierten … zeigten in Richtung Zukunft … *Wire … Siouxsie and the Banshees*…und *Crass* … Die haben NICHT immer nur geschrien … alle wichtigen Bands waren so viel mehr als das …!

Während sich also ein paar Bands zu einem formalisierten Faksimile des früheren Punk wandelten … am Ende der 70er gab es eine wirkliche Veränderung … nicht einmal eine neue Generation, so schnell wie sich die Dinge in diesen Jahren entwickelten … Diese neue Musik nannte man auf der Suche nach einer besseren Bezeichnung Post-Punk … Es war eine Zeit des Nachdenkens und der Innenschau nach den Exzessen des Punk… Dies war die Geburt einer authentischen und lange währenden Gegenkultur, vorher und nachher unerreicht … So viele Labels, so viele Bands, so viele Fanzines haben unser Leben damals WIRKLICH beeinflusst … Und ich hatte Glück in England zu sein, wo sich ein Großteil dessen abspielte … Bevor es erwachsen wurde und das Zuhause verlassen hat …

Da war eine Dunkelheit … eine Traurigkeit in vielen Bereichen der neuen Musik, die man zuvor nicht oft in der Pop-Musik wahrnehmen konnte … Wir durften so gut wie nie Traurigkeit ausdrücken, da man damit keine Platten verkaufen konnte … Aber nachdem man mit dem Punk den Zorn reingelassen hatte, konnten dann auch andere Emotionen folgen …

A Attrition und die Legendary Pink Dots backstage in Leiden, Holland 1984. Von links nach rechts: Phil Knight (LPD), Julia Waller (Attrition), Martin Bowes (Attrition), Jason Branch (Tontechniker von Attrition)
B Julia Waller (Attrition) in Arnheim, Holland 1984

C Attrition nach einem Auftritt in Erlangen, 2007
D Martin Bowes (Attrition) in Arnheim, Holland 1984

Joy Division müssen an dieser Stelle NICHT vorgestellt werden und haben wirklich viele Leben verändert… und tun es noch immer … Als wir im England der frühen 80er mit dem Musikmachen anfingen, veränderte sich die Post-Punk-Landschaft … Das erste Mal, dass ich das G-Wort gehört habe … Gothic … war in einem Artikel über *Joy Division* … Es sprach mich an … Ich habe schon immer die kulturellen Assoziationen geliebt, die damit verbunden sind, den Schauer, den Grusel, das Makabre, das es heraufbeschwor … dann entwickelte sich um das BATCAVE und natürlich eine Band aus Leeds namens *Sisters of Mercy* eine Szene…. Aber das war nur eine Linie … Die andere war die experimentelle Elektronik des Industrial … *Throbbing Gristle, Cabaret Voltaire* … die frühen *Human League* … Eines der großartigsten Konzerte, die ich je erleben durfte, war das von *Human League* 1979 im Vorprogramm von *Siouxsie* … Das war genau das, was aus Punk hervorgegangen war, und ich war stolz darauf … Und ich musste unbedingt ein Teil davon werden …

Wir waren niemals eine »Gothic«- oder »Goth«-Band … wie ich diese Abkürzung selbst heute noch hasse! Die 80er waren gespalten in England und ein Gutteil der »Goths« liebte die Gitarrenbands … Wir kannten natürlich Gitarren und liebten sie auch, suchten aber dennoch nach etwas anderem, um unserer Welt Ausdruck zu verleihen … und das wurde von so vielen als viel zu anders angesehen … Es war damals wirklich schwer, in England mit Elektronik Auftrittsgelegenheiten zu finden … in der Rückschau scheinen die Dinge rosig, aber damals hatte selbst die Dance-Szene die Elektronik gerade erst entdeckt … es war verflucht schräg, sowas zu machen! … Synthesizer waren ja schließlich keine richtigen Instrumente … Sie war noch nicht einmal REAL!?… Und wir sollten doch lieber Gitarren haben!!!!! … aber wir blieben stur … und so reisten wir durch die Gegend und fanden neue Orte, an denen wir verstanden wurden … Und ich glaube, diese Spaltung zwischen Elektronik- und Gitarrenmusik war der Anfang vom Ende der dunklen bzw. Gothic-Szene in England …

Jahre später … von den frühen 90ern bis zur Mitte des Jahrzehnts … nachdem die ganze Darkwave-Szene in Deutschland förmlich explodiert war…. kam sie zu uns zurück … Es gab da aber einen Unterschied … in dieser neuen Szene war es möglich, dass »Industrial« und »Gothic« nebeneinander existierten … Elektronik und Gitarre waren auf einmal o.k. … Mag sein, dass du hauptsächlich schwarz tragen musstest, aber wenn du einen Synth, eine Gitarre und eine Violine zusammen gespielt hast, das war nun alles o.k. … Es gibt eine Dunkelheit in dieser Musik, die simple Instrumentierungsfragen nie aufspalten oder trennen sollten … So haben die neuen englischen »Gothic«-Magazine und -Clubs begonnen, sich unserer anzunehmen … wie auch in den USA, wo wir nun auch begannen, auf Tour zu gehen … Zuerst war ich überrascht … und wir dachten, warum nicht? … einige Einstellungen hatten sich wirklich geändert … Und ich hatte damals »A Girl called Harmony« geschrieben, sodass ich wohl auf ewig mit dem G-Wort verdammt sein werde … Ja, ich bin mir dessen bewusst … und es geht für mich völlig in Ordnung … und ich ziehe sogar in Betracht, auf dem neuen Album eine Gitarre einzusetzen …

Nachdem ja nun alles möglich ist …Und das ist, wie es immer sein sollte, hätte sein sollen … und wir sollten uns niemals von irgendwelchen Mauern trennen lassen … Das war der ganze Grund, warum dies alles überhaupt angefangen hat …

Musikalisch, kulturell oder politisch …

A

Erinnerungen an das Equinox-Festival

London, 21. Juni 1983

John Murphy

In vielen Ländern der westlichen Welt (und vielleicht auch andernorts) sind Veranstaltungen und Festivals, die verschiedene Aspekte der Industrial- und Gothic-Musik und -Kultur zelebrieren, heutzutage beinahe alltäglich.

Das war nicht immer so, vor allem im englischsprachigen Raum der frühen 1980er Jahre. Soweit ich mich erinnern kann, gab es um 1981 / 82 ein paar kleine Veranstaltungen für Post-Punk und Industrial sowie experimentelle Musik, hauptsächlich in Deutschland und Holland. In Großbritannien fand im Oktober 1982 die FINAL ACADEMY statt, ein mehrere Tage umfassender Event in Brixton, ausgerichtet von den frühen *Psychic TV* (und dem TEMPLE OV PSYCHICK YOUTH), bei dem *Z'ev*, William Burroughs, Brion Gysin, der Performance-Poet John Giorno, *Psychic TV* und damit verbundene Ableger und Unterstützer auftraten. Meine stärkste Erinnerung an diese Abende (außer den ca. 20 Leuten aus dem Publikum, die in einer Reihe saßen und verzweifelt darauf hofften, von Genesis P-Orridge wahrgenommen zu werden und ihm ein paar Fragen stellen zu können) ist die, für mindestens zehn Minuten vor der von Brion Gysin gebauten Dream Machine zu stehen und eine Art fast außerkörperliche Erfahrung zu machen ... eine nicht besonders erfreuliche ... befeuert von den diversen Substanzen, die ich wenige Stunden zuvor eingenommen hatte ...

Die FINAL ACADEMY erhielt einige Aufmerksamkeit aus der breiten Öffentlichkeit und wurde allgemein als großer Erfolg angesehen – und war ein signifikanter Einfluss auf die Entwicklung des EQUINOX-FESTIVALS, das ungefähr neun Monate später stattfinden sollte.

David Keenans Buch »England's Hidden Reverse« enthält in einem der ersten Kapitel ein paar Seiten über das EQUINOX-FESTIVAL und die mit ihm verbundenen Belange. Im Allgemeinen liegt er in den meisten Punkten richtig, nicht zuletzt dank der großen Menge an Erinnerungen und Informationen, die ich ihm habe zukommen lassen, aber ich habe dennoch ein paar Vorbehalte gegenüber dem Buch bezüglich gewisser anderer Kapitel. Neben der FINAL ACADEMY war der wichtigste andere Einfluss auf die Genese der Grundidee des EQUINOX-EVENTS ein ziemlich ereignisreicher Aufenthalt, halb verrückter Trip, halb Kurzurlaub, in Antwerpen in Belgien um Ostern 1983. Dabei waren Mary Dowd (meine damalige Freundin und Cousine von *Boy George*), ich, Ross Cannon von PRODUKTION:HAIR (wie ich ursprünglich aus Südaustralien) und sein aktueller Freund, dessen Name mir leider entfallen ist. Dort wollten wir den Performance-Raum, das Aufnahmestudio und die Heimat von Danny und Anne Marie vom belgischen Electro-Industrial-Duo *Club Moral* besuchen, die passenderweise zu dieser Zeit auch in der größten katholischen Kirche von Antwerpen heiraten wollten. Glücklicherweise waren wir eingeladen worden, nachdem Mary und ich uns in einer ungefähr sechsmonatigen Korrespondenz mit ihnen angefreundet hatten.

A Dogs Blood Order beim Equinox Event, 1983. Links: David Tibet (Current 93), rechts: John Murphy, 1981

Unsere Erfahrungen auf den Straßen von Antwerpen in diesen vier Tagen würden wohl ein ziemlich gutes schwarzhumoriges Filmskript abgeben: Nachdem wir gegen vier Uhr früh in Antwerpen angekommen waren, sind wir durch die Seitengässchen direkt hinter dem Hauptbahnhof geschlendert (voller Cafés und zahlreicher Bars), wo wir Szenen wie aus *Jacques Brel*-Liedern oder Büchern von Jean Genet begegneten … Seeleute in gestreiften Hemden, die besoffen durch die Gegend taumelten und versuchten, mit den gelangweilt dreinblickenden, rundlichen Nachteulen mittleren Alters zu tanzen … um genau zu sein ein ziemlicher kultureller Unterschied zu dem, was ich als in den 1970ern in Australien aufgewachsener Londoner gewohnt war. In den nächsten paar Stunden hatten wir bis ungefähr zur Mittagszeit diverse Abenteuer erlebt, in denen uns der Kulturschock und der in Antwerpen herrschende Konservatismus zu schaffen machten, bis wir schließlich die Sicherheit des Hauses und Studios von *Club Moral* erreichten, das im afrikanisch/arabisch geprägten Teil der Stadt lag. Man wollte uns in den verschiedensten Cafés, Bars und auch im öffentlichen Nahverkehr nicht bedienen; uns wurde allgemein das Gefühl vermittelt, als wären wir allesamt die auswärtigen Überträger einer ansteckenden kulturellen Krankheit. Komplett fremde Leute schrien uns auf den Straßen Beleidigungen hinterher, Fäuste wurden uns entgegengestreckt und wir dachten manchmal, wir wären in unmittelbarer Gefahr durch plötzliche Gewalttätigkeiten. Ein ziemlicher Gegensatz zur »alles, was du anziehen und wie du aussehen möchtest, ist erlaubt«-Attitüde des fetzigen Londoner Untergrunds der frühen 80er. Ich muss nicht extra anmerken, dass Mary und ich uns durch all diese Torturen hindurch stritten – ein alltägliches Element unserer Beziehung in dieser Zeit. Man kann annehmen, dass es unser markantes Auftreten und die entsprechende Kleidung war, von der sich die Ortsansässigen angegriffen fühlten, die, um ehrlich zu sein, eher wie ein beschränkter, engstirniger Haufen Insulaner wirkten.

Zu dieser Zeit trugen wir alle heftige post-punkige, düster-militaristische Industrial-typische Kleidung und Frisuren (meine Frisur, von Ross geschnitten, war so etwas wie eine Mischung aus einem Iro und dem TOPY-Mönchszopf). Ross trug außerdem einen langen Gestapo-meets-Stasi-artigen Mantel, der nicht unbedingt zur Problemlösung beitragen wollte, da er wahrscheinlich lange verdrängte Erinnerungen der Leute wieder ausgrub, die vier Jahrzehnte zuvor entweder im Widerstand waren oder Kollaborateure der Besatzer. Eine andere, eher lustige Erinnerung ist die an einen großen Kerl mittleren Alters mit Barett im klischeehaften »Franzosen«-Stil. Das einzige, was noch fehlte, war eine Kette aus Zwiebeln und Knoblauch um den Hals, als er auf einem Fahrrad an uns vorbeifuhr und uns skeptisch beäugte, als ob wir just aus einer fremden Dimension gefallen wären. Er war so von unserer Erscheinung verblüfft, dass er mit einem Laternenpfahl kollidierte und auf den Gehsteig stürzte. Sofort richtete er sich wieder auf und begann, Schimpfwörter in unsere Richtung zu schreien, als ob wir der Grund dafür gewesen wären, dass er sein Fahrrad unglücklich gesteuert hat. Vielleicht war neben unserem Aussehen auch mein boshaftes Kichern über seinen Zusammenstoß mit dem Laternenpfahl ein Grund für seine Beschimpfungen und rüden Gesten.

Dieser verbale Ausfall ging mehrere Minuten weiter und schien an Zorn und Intensität zuzunehmen, bis er kurz davor war, Schaum zu spucken … Zum Glück waren wir relativ nahe beim Studio von *Club Moral* und eilten in ihre Arme, wo wir für die nächsten Stunden erst mal flachlagen. Es war entweder an diesem oder dem darauffolgenden Tag, an dem wir auf Dannys und Anne Maries Hochzeit gegangen sind. Eine konservativ weiße Hochzeit in einer katholischen Kirche, wo wir vier optisch und ästhetisch herausstachen wie Warzen, und wiederum ignoriert wurden oder uns von den Anwesenden eine Abfuhr holen durften. Alles in allem ein ziemlich wirsches Willkommen in Belgien und Antwerpen![1]

B–D Bericht über den Equinox-Event in Force Mental

1 Ca. fünf Monate später war ich wieder für kurze Zeit in Belgien … als Mitglied von SPK, das hauptsächlich für die Metall-Percussions und gelegentlich die Bedienung der Schleifmaschinen auf der Bühne zuständig war. Wir waren auf einer Europa-Tour, vornehmlich mit Konzerten in Deutschland, aber auch einem im Centrum in Amsterdam, einem Festival in Rotterdam und davor bei einem in Belgien. Wir hatten auch einen Tag oder so Freizeit in Brüssel, wo ich mich unschuldigerweise dazu entschlossen hatte, einen Spaziergang durch die Innenstadt zu machen … Es war beinahe die genaue Wiederholung unserer Zeit in Antwerpen wenige Monate zuvor … offene Beschimpfungen auf der Straße, das Nicht-Bedient-werden in Läden, alte Männer mit Barrett, die Stöcke und Fäuste schüttelten, zusammen mit beleidigenden Schreien auf Gallisch und Flämisch … einen Moment lang dachte ich ernsthaft, man würde mich lynchen … oder schlimmeres … festnehmen vielleicht … Irgendwie habe ich dann doch überlebt und kann euch heute diese Geschichte erzählen

Das Haus von *Club Moral* war wie eine Oase der Ruhe in Anbetracht des örtlichen Wahnsinns … Danny und Anne Marie hatten ein großes Atelier und Quartiere in der Lagerhaus-Gegend am Hafen von Antwerpen, die auch eine große nordafrikanische und arabische Population aufwies, wahrscheinlich, weil die Mieten dort äußerst niedrig waren. Es gab dort ein kleines Aufnahmestudio, einen Wohnbereich, Räume zum Malen etc. und verschiedene Video-Anlagen wie Kameras und Schnittplätze (beide waren auch bekannte und erfolgreiche Visual- und Video-Künstler), diverse zusätzliche Räume, in denen Besucher untergebracht werden konnten und einen Bereich für Performances und Industrial / Experimental-Konzerte. An diesem Ort spielten Mitte der 80er zu verschiedenen Gelegenheiten *Boyd Rice / NON, Z'ev* und *Coup de Grace* (Michael Moynihans altes Power-Electronics-Projekt) sowie viele kleinere europäische Electronica / Experimental-Acts, deren Shows aufgenommen und später auf Kassette veröffentlicht wurden.

Ich fand, dass der eigenartige Electro-Industrial von *Club Moral* durchaus interessant klang, doch was mich wirklich beeindruckte, war ihre Einrichtung und die beständige Arbeitsmoral … anders als bei mir, wo sie zwischen halb träge bis komplett faul schwanken konnte, mit Anfällen manischer Arbeitswut, deren Dauer oft künstlich verlängert wurde. Sie wirkten sehr bei sich, gelassen und ähnlich im Denken, was im Falle von Mary und mir nicht wirklich der Fall war, da wir uns durchwegs wegen der lächerlichsten Dinge stritten und debattierten, wenn mir mein Gedächtnis keinen Streich spielt. Eine humorige Erinnerung aus unserer Zeit dort ist, wie Mary versuchte, Anne Marie die Unterschiede zwischen britischem Essen wie Steak, Kidney-Bohnen-Pasteten und Wurströllchen zu erklären, die Anne Marie auf einem Trip nach London ein paar Jahre zuvor kennen gelernt hatte. Auf einen Aussie wie mich wirkte das auf gewisse Weise lächerlich, da beide aus Ländern kamen, die eng beieinander liegen und nur durch den Ärmelkanal getrennt sind, aber dennoch ziemlich unterschiedliche Denkweisen und Kultur haben, während man dort, wo ich ursprünglich herkam, Hunderte oder mehr Kilometer reisen konnte, ohne Unterschiede in Kultur, Akzent, oder sonst was wahrnehmen zu können … Irgendwie kam gegen Ende unseres Antwerpen-Aufenthalts die Idee auf, *Club Moral* dem Londoner Publikum in einer passenden Lokalität vorzustellen. Das Konzept des Equinox-Festivals entwickelte sich hauptsächlich aus dieser Idee heraus. Equinox wurde daraufhin für den 21. Juni 1983 angesetzt.

Es gab jede Menge organisatorische Angelegenheiten und Probleme, um die wir uns kümmern mussten. Niemand von uns hatte jemals zuvor etwas Vergleichbares aufgezogen, und wir mussten sehr viel lernen. Ich war derjenige, der den passenden Ort finden sollte und mit den Besitzern, Pächtern und / oder Promotern in Kontakt treten sollte. Eine passende Location zu finden war an sich recht schwer, da wir Pubs und Rock'n'Roll-Venues wenn möglich vermeiden wollten. Ich hatte ein paar Verbindungen zum LMC (London Musicians Collective), bei denen ich ein paar Male in den vorhergegangenen zwölf Monaten aufgetreten war. Sie waren generell eher feindselig und sprangen nicht auf meinen Vorschlag an … ganz im Gegenteil … weil einige der Leute, die dort in der Verwaltung zu schaffen hatten, Industrial und Noise irgendwie als »jenseits der Grenzen« und grundsätzlich inakzeptabel betrachteten (ein paar Jahre zuvor hatte es wohl bei einer dort ausgerichteten *Throbbing Gristle*-Show Ärger gegeben). Ihre spöttische Einstellung uns gegenüber war elitär und snobistisch, ganz ähnlich wie die Mentalität mancher Schreiberlinge beim heutigen Wire-Magazin …

Irgendwie schaffte ich es, ihnen die Genehmigung für diesen Event abzuringen … vielleicht hat die finanzielle Habsucht über ihre sogenannte Ethik gesiegt … Ich war auch der Kontaktmann zwischen den Künstlern und den LMC-Kaspern – eine ziemlich undankbare

Aufgabe, wie sich herausstellen sollte. Mein Freund Roger Smith (auch ein Friseur, der gelegentlich bei PRODUKTION:HAIR arbeitete) und ich waren die Handlanger, die das relevante Musik- und PA-Equipment ausleihen oder borgen mussten, darunter Instrumente, Verstärker und Percussions. Viel davon kam aus diversen besetzten Häusern in und um Islington und der Londoner Innenstadt, mit denen ich zu tun hatte. Nachdem das LMC, das in Camden beim Kanal lag, einen großen Haufen Treppen vorzuweisen hatte, durften wir beide das ganze selber mit ein wenig Hilfe der Leute von der PA-Firma nach oben hieven.

Außerdem mussten wir den gesamten Abend abmischen, für die Nachwelt aufnehmen und natürlich selber auftreten … in meinem Fall gleich zweimal (mit David Tibet als *Dogs Blood Order*, die Roger abmischte, und später als *Krank*, wo wir beide auf der Bühne standen)[2]. Wir waren auch für die Bühnenaufsicht und die Auftrittsreihenfolge zuständig … und wir waren es auch, die nach diesem »wahrlich magischen« Abend den ganzen Dreck wegräumten – so um vier Uhr morgens etwa!

Ein paar Jahre später hat Roger die ganze Friseur-Sache sausen lassen und wurde Chief-Gitarren-Roadie erst für *Brilliant*, dann für die *Pogues* auf all ihren Welt-Tourneen, wo ich ihn dann bei einem Gig in Australien 1989 wiedertreffen sollte. Zwischenzeitlich hatte er noch eine hervorstechende Rolle als waffenstrotzender Statist in Kubricks Vietnam-Drama »Full Metal Jacket«, der Mitte der 1980er in London gedreht wurde.

Anfang 1983 hatte ich mich mit David Tibet angefreundet, der uns (zusammen mit Geoff Rushton bzw. Jhonn Balance von *Coil*) stark ermutigte, den EQUINOX-EVENT auf die Beine zu stellen. Er hatte gerade *Psychic TV* verlassen, nachdem er auf deren zweitem Album mitgewirkt hatte. Außerdem machte er ein paar Vorschläge, wen wir für den Abend holen sollten, nachdem wir beschlossen hatten, eine Art eintägiges Mini-Festival mit ein paar Künstlern aus verschiedenen Ländern auszurichten, und nicht nur *Club Moral* allein spielen zu lassen.

In einem sehr frühen Stadium der Vorbereitungen war geplant, dass *Coil* ihren Debüt-Auftritt auf dem Equinox geben sollten, die sich dann aber zurück zogen, weil sie angeblich noch nicht bereit waren. *Whitehouse* sollten auch auftreten, doch damit gab es Probleme, da das LMC sich von ihrem »abstoßenden« Ruf angegriffen fühlte und damit drohte, den Abend abzusagen, wenn sie auftreten würden (um das zu umgehen, wurden *Whitehouse* auf dem Flyer als »Mysteriöse Gast-Band« beworben). Ferner war da noch das kleine Problem eines Streits zwischen Mary und verschiedenen *Whitehouse*-Mitgliedern wegen eines beleidigenden Songtexts über sie, und wegen einer häuslichen Angelegenheit ein paar Monate zuvor … in die ich nicht eingeweiht war, weil ich zu dieser Zeit in Italien gewesen bin.

Das Line-up wurde über ein paar Wochen langsam zusammengetragen, und alle beteiligten Gruppen hatten letztlich irgendeine Verbindung zu *Whitehouse*, entweder als Fans, ehemalige Gegner, Ex-Mitglieder, Bekannte und Freunde (ortsansässige sowie von Übersee) und vielleicht auch offensichtliche Nachahmer. Es bestand aus (in keiner bestimmten Reihenfolge) *Dogs Blood Order*[3], *Ramleh* (eine ihrer ersten Performances), *Pure, Ake, Jill Westwood, Death And Beauty Foundation* (mit Val Denham), *Krank* (zuerst als *Death/Despair* angekündigt), *Whitehouse* (die letztlich nicht auftreten sollten; ich glaube Mary ließ sie nicht oder sowas … meine Erinnerungen sind in diesem Punkt bestenfalls lückenhaft), sowie *Nurse With Wound*. Ich kannte Steven Stapleton ein bisschen, hauptsächlich über Jim Thirlwell von *Foetus*, ein alter Freund von mir, den ich in der Punk-Rock-Szene unserer gemeinsamen Heimatstadt Melbourne (Australien) kennengelernt hatte … er hatte nur wenige Interesse aufzutreten, aber Mary war fest entschlossen, ihn dazu zu bringen.

2 Krank (ursprünglich Death/Despair) waren Roger Smith und ich. Krank sollte auf viele meiner späteren Industrial-Projekte großen Einfluss haben, wie z. B. Knifeladder, Shining Vril, Orchestra Of Skin And Bone und Kraang … Nach Equinox traten wir noch ein paar weitere Male in und um London in kleineren Clubs und Kunstgalerien mit annehmbaren Reaktionen auf (1983 bis Anfang ´84). Jill Westwood (eine Londoner Performance-Künstlerin, die oft in Goth- und S/M-Clubs »performte«, die heute in der Kunstszene von Sydney unterwegs ist) hatte Auftritte als Gastsängerin (naja … eher ein fortwährendes Geschrei) bei mindestens einem Gig. Mit Krank hatten wir auch ein paar Aufnahmen gemacht, darunter ein Soundtrack für das Kunst-Video »Lines Of Least Resistance« aus der Feder des Londoner Filmemachers Andrew Hickinbotham, das auf Twin Vision veröffentlicht wurde – dem Film-und Video-Standbein von SPK Ende 1983. Der Soundtrack dieser Veröffentlichung wurde Anfang der 1990er zusammen mit anderem Krank-Material (Live- und Studioaufnahmen) in vernünftiger Form auf CD in Europa (bei Dark Vinyl) und Nordamerika veröffentlicht. Unglücklicherweise ließ das Mastering aus den verschiedensten Gründen etwas zu wünschen übrig (man hatte mich nicht gefragt, und es wurde von einer Kassettenaufnahme von Unbekannten abgemischt). David Tibet war auch involviert und hatte tibetisches Hüftknochen-Horn zu manchen Stücken beigesteuert (von denen manche auch auf dem Soundtrack von »Lines Of Least Resistance« gelandet sind). Das Material ist solide, obwohl es in der klassischen Ritual-Industrial und Dark-Ambient-Ecke steht … vielleicht ein wenig wie die frühen Current 93, Z´EV, die »Leichenschrei«-Ära von SPK, ritualistische Coil-Stücke und vielleicht verschiedene Veröffentlichungen von Zero Kama aus Österreich. Es besteht auch die Möglichkeit, dass es eines Tages einmal mehr und dann richtig wiederveröffentlicht wird … wir werden sehen!

3 Für Equinox bestanden Dogs Blood Order aus mir selbst (Feedback Drone Gitarre, chinesische Schalmei, Digital Delay und EMS Modular-Synth), David Tibet (Vocals, manipulierte Bass-Gitarre, Hüftknochen-Trompete und dröhnende Horn-Klänge) und Roger Smith (Kassetten, Mischpult und Effekte).

E Psychopathen, Diktatoren und Serienmörder faszinierten die Noise-Künstler: Das in einer Auflage von 200 Exemplaren erschienene Whitehouse-Album »Right To Kill« ist Dennis Andrew Nilsen gewidmet, der 1983 wegen sechs Morden zu lebenslanger Haft verurteilt wurde – obwohl er 15 Morde gestanden hatte. Come Organisation 1983

Soweit sollte es nicht kommen, nachdem er offensichtlich im Pub gegenüber dem LMC-Lagerhaus auf der anderen Seite der Straße wie ein Loch gesoffen hatte und bereits unter dem Tisch zusammengebrochen war, als er auf eigentlich auf der Bühne hätte stehen sollen … natürlich traten auch *Club Moral* auf, ferner eine Band aus Amsterdam, deren Name mir entfallen ist. Deren Mitglieder traf ich wenige Monate später wieder, als ich mit *SPK* (in der Zeit war ich ihr Metall-Schlagzeuger) in einem Club namens Centrum in Amsterdam gespielt habe. Das war zufällig die Nacht, in der ich in den frühen Morgenstunden in fast kompletter Dunkelheit beinahe in einen tiefen, weit offenen Aufzugschacht gestürzt wäre (nicht viele haben von dieser Geschichte gehört) – nach einer ernsten und halb feindseligen Diskussion mit einer ortsansässigen Holländerin, die sich darüber aufregte, dass Englisch jetzt die Hauptkommunikationssprache in Europa war anstatt Esperanto oder etwas in der Art … wie auch immer, ich schweife ab von der Equinox-Event-Geschichte …

Da gab es außerdem eine Performance von Mary und Ross' Partner am Ende des Abends, nachdem sich Pechsträhnen, Publikumsgewalt und Trunkenheit wieder gelegt hatten … und ein vierköpfiger Act aus Birmingham, dessen Name nur aus Nummern und Initialen bestand (leider ist er mir entfallen), die *Test Dept.*-artige Metall-Percussions darboten, aber auch eindeutig von *Whitehouse* beeinflusst waren. Ich erinnere mich, wie beeindruckt sie alle waren, am selben Abend wie David Tibet auftreten und ihn treffen zu dürfen.

Vielleicht waren da noch ein oder zwei weitere Künstler, aber nach 27 Jahren kann ich mich daran leider wirklich nicht mehr erinnern. Wir machten viel Promotion und sorgten für Publicity: Flyer in verschiedenen Plattenläden und Geschäften, aber auch in diversen Clubs, sowie ein paar kleinere Artikel in den Londoner Wochenblättern Time Out und City Limits. Es schien auch ein bisschen Mundpropaganda gegeben zu haben, die weitaus wirksamer war, als ich es damals mitbekommen hatte. Sowohl *Club Moral* als auch der niederländische Act hatten den Event in diversen Underground-Magazinen erwähnt, und so kamen auch einige Leute vom Kontinent, darunter ein paar dümmliche Geschäftsleute (zu diesen Personen später mehr) und ein großes Kontingent italienischer Power-Electronics-Anhänger und Plattensammler, von denen ein paar in der Früh einen Tag vor dem Equinox-Event in meinem besetzten Haus auftauchten.

Wie ich schon zuvor angemerkt habe, hat es Zeit und mehr als nur ein paar ernste Diskussionen gebraucht, bis wir uns auf das Line-up und Billing des Equinox-Event geeinigt hatten. Offensichtlich sollten natürlich *Club Moral* spielen, aber insbesondere ich wollte versuchen, ein paar andere europäische Acts zu holen, die zuvor noch nie in London oder im Vereinigten Königreich gespielt hatten.

Nachdem wir großartig fanden, was *Einstürzende Neubauten* aufgezogen hatten, wäre es wirklich großartig gewesen, sie als Headliner der ganzen Sache gehabt zu haben … aber das erschien unpraktisch, da sie erst kurz zuvor im Londoner Lyceum aufgetreten waren. Wir hatten außerdem nur ein beschränktes Budget zur Hand, und ich hörte aus einer vertrauenswürdigen Quelle, die die *Neubauten* kannte, dass sie, obwohl sie eine brillante Gruppe waren, auch ziemlich arrogant und »schwer zu handhaben« wären … mit anderen Worten: harte Arbeit! Ich bezweifle auch, dass die uns vorschwebende Location passend oder groß genug für ihre Metall-Gerätschaften und anderen Spielereien gewesen wäre. Wir zogen verschiedene andere europäische Gruppen in Betracht … mir waren *Sprung aus den Wolken* ein vager Begriff, nachdem ich ein bisschen von ihrer Musik gehört und herausgefunden hatte, dass es da eine Verbindung zu den *Neubauten* gab, hatte aber keine Möglichkeit, mehr herauszufinden oder gar mit ihnen in Kontakt zu treten, in jenen Tagen vor dem www oder gar Myspace …

Das gleiche Spiel mit der *Tödlichen Doris*, von der ich ebenfalls gehört hatte. Wenn irgendwelche dieser Bands kontaktiert worden wären und Interesse bekundet hätten, hätten sie leider auch ihren Weg nach London selber bezahlen müssen, obwohl wir ihnen Unterbringung hätten anbieten können ... zumindest ...

Mary und ich hatten einen Briefwechsel mit Maurizio Bianchi, dem genialen Maestro der Power-Electronics-Symphonien aus Norditalien ... wir wären begeistert gewesen, ihn auf dem EQUINOX-EVENT auftreten zu haben und schrieben ihm dementsprechend ... leider war er noch nie aufgetreten und hatte in der Zeit persönlichen Ärger, um den er sich kümmern musste. So wurde daraus leider auch nichts. Wir liebäugelten noch mit verschiedenen anderen Acts, darunter *Test Dept* ... was aus mir entfallenen Gründen leider auch nicht ging ... dazu manch transatlantische Vorschläge wie *Boyd Rice/NON* und *Z'ev*, was finanziell aber leider nicht umsetzbar war. Gewisse kontinentale Gruppen wie *Etat Brut* und *V-Side*, die uns beide von *Club Moral* vorgeschlagen wurden, sollten dann doch noch auftreten (ihre Namen standen auch auf den EQUINOX-Flyern), sind aber leider nicht aufgetaucht. *V-Side* hatten scheinbar überhaupt kein Geld zum Reisen und *Etat Brut* gaben nur, wie sie es nannten, »hit and run«-Konzerte, bei denen es möglich war, zur Location zu fahren, aufzutreten und schnell zurück nach Brüssel zu verschwinden ... Eine vierstündige Fährfahrt über den Ärmelkanal war für sie wohl nicht umsetzbar, und auch gar keine Option ... damals gab es auch noch keine so billigen Flüge wie heute.

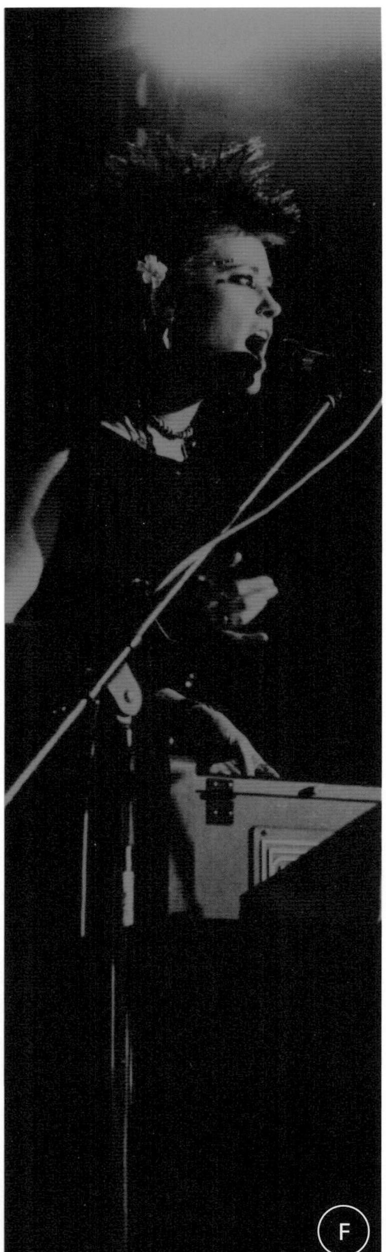

Es scheint, dass die Mundpropaganda für EQUINOX ziemlich weit reichte und auch in Kontinentaleuropa beachtliche Distanzen überbrücken konnte ... Es wurde auch groß in einigen damaligen Noise-Magazinen beworben ... Das stellte sicher, dass viele fanatische Fans dieser Art Musik aus dem ganzen Vereinigten Königreich, Deutschland, Frankreich, Holland, Belgien, Spanien und Italien nach London kamen, um daran teilzuhaben, es zu genießen und Zeuge des ganzen Events zu werden ...

Club Moral kamen ein paar Tage vor EQUINOX nach London und blieben für etwa eine Woche in Marys Kellerwohnung in West-Kensington (einem Stadtteil von London), die komplett schwarz gestrichen war. Und in gewissen Bereichen in dunklem Blutrot ... die ich teilweise selber kurz zuvor so gestrichen hatte ... Dekoration und Einrichtung ihrer Wohnung erinnerten an ein verdunkeltes Klinikzimmer oder an das Büro eines ausgeklinkten Arztes ... selbst die Küchenplatten und -utensilien. Die Kellerunterkunft besaß eine definitiv unterirdische, ja unterweltliche Atmosphäre, die beklemmend und stickig wirkte ... sehr schwermütig, dunkel und gewölbeartig. Viele Besucher waren von der allgemeinen Stimmung eingeschüchtert. Dort verbrachte ich einige Zeit zwischen Ende 1982 und Ende 1983, während der ich einige seltsame, desorientierende und sonderbare außerkörperliche, psychische und magische Erlebnisse dezidiert »grauer« Natur hatte ... nach einer Weile lernte ich, diesen Ort zu verabscheuen ...! Und ich glaube, auch Danny und Anne Marie empfanden diese Umgebung als eher beunruhigende, möglicherweise verstörende Erfahrung.

Der EQUINOX-EVENT wurde mit einer Kunstausstellung von Anne Marie (unter dem Pseudonym *AMVK*) und einer *Club Moral*-Performance im PRODUKTION:HAIR, dem Friseurladen, in dem Roger arbeitete, am 20. Juni 1983 eröffnet. Leider verpasste ich das ... aus Gründen, an die ich mich leider nicht mehr erinnere ... wahrscheinlich rannte ich verzweifelt herum und versuchte, im letzten Moment noch das entsprechende Musik- und Aufnahmeequipment zu besorgen, nachdem entschieden worden war, den Abend aufzunehmen ... oder zumindest einen Teil davon und danach zu versuchen, ein Live-Tape des Abends zu veröffentlichen ... was schließlich auch geschah.

F Annie Stubbs auf der Bühne mit SPK, London 1983
G Boyd Rice (vorne links), Genesis P-Orridge (Mitte) und diverse Mitglieder von Throbbing Gristle, Lemon Kittens und The Human League, London 1981
4 Unglücklicherweise befinden sich diese Bilder, die hoffentlich noch in gutem Zustand sind, auf der anderen Seite der Erdkugel, in einem großen Raum in der Nähe eines Surfclubs am Strand im subtropischen Queensland in Australien.

Das von Equinox angezogene Publikum bestand aus einer bunten Mischung der vielen verschiedenen Jugendkult(ur)en, die zu dieser Zeit in Großbritannien ihre Blüte erlebten. Neben einer Menge *Throbbing Gristle*-Industrial- und Post-Punk / Experimental-Typen aus ganz UK und Europa und quasi-Hausbesetzern (den Hippie-*Crass*-Leuten) waren dort auch mehr als nur ein paar Glam-Punks, die man zu der Zeit als »Positive Punks« bezeichnete, die später mit dem frühen Goth verschmolzen und Verbindungen mit dem Londoner Batcave-Club hatten. Ebenso waren da verschiedene Mitglieder und Anhänger von *Psychic TV* … topy-Mitglieder, Okkultniks, Heiden, ein paar oto'ler, Church Of Satan-Typen und dergleichen … sowie ein paar normale lmc-Impro-Musik-Fans und Kunden, die wahrscheinlich dachten, sie wären in ein nihilistisches, besoffenes Tollhaus (wie das Bedlam-Irrenhaus) geraten, sowie berauschte holländische Geschäftsleute, besessene Industrial- und Experimental-Platten- und Tapesammler, Touristen und eher konventionelle Leute, die den entsprechenden Artikel im Time Out gelesen hatten und sich wohl gedacht haben »Das klingt aber interessant!«

Auch ein paar wohlbekannte Musikergesichter tauchten auf, darunter Graeme Revell (der das Ganze angeblich kritisiert hatte) und Sinan von *SPK*, Jim Thirlwell/*Foetus*, Geoff Rushton / Jhonn Balance von *Psychic TV* und angeblich noch kurz Marc Almond (von *Soft Cell*, ich kann mich aber nicht daran erinnern, ihn gesehen zu haben). Ein Eintopf aus verschiedenen Arten von Menschen, und vor allem ein ziemlich explosiver … wie sich später herausstellen sollte! Es lag zu jener Zeit auch etwas Negativ-Nihilistisches in der Luft, was sich auf gewisse Weise auch im Publikum und bei den Künstlern auf der Bühne niederschlug.

Soweit ich mich erinnern kann, eröffneten *Ramleh* den Abend vor übersichtlich kleinem Publikum … sie performten Tracks wie »Return To Slavery« und »Ramleh«, danach spielten *Dogs Blood Order* »Maldoror Ceases To Exist« … was ganz gut verlief, und im Lauf des Konzerts waren auch merklich mehr Leute aufgetaucht, die gut auf unsere Show reagierten. Dann kamen *Death And Beauty Foundation*, bei denen der Künstler Val Denham auf der Bühne stand. Die Londoner Performance-Künstlerin *Jill Westwood* kam danach dran und spielte ein Industrial-Noise-Backing mit vielen Kettengeräuschen … Bei *Ake* (die später *Zoskia* heißen sollten) spielte John Gosling mit, der nach Equinox bei *Psychic TV* gewesen ist. Sie spielten ein Stück namens »Rape«, welches mit viel Noise im Stil von *Whitehouse* gehalten war und weiblichen Gesang hatte … ich könnte mich natürlich auch irren … ist immerhin 27 Jahre her.

Pure, bei denen Mather Bower spielte (später bei *Skullflower* und vielen anderen englischen Untergrund-Bands mit auf der Bühne), führten »Ripped Out Of The World« auf: viel White Noise und ein ziemlich nihilistischer Gesamtsound. *Krank* (ich selbst und Roger Smith) boten ein etwa halbstündiges Set aus unbetitelten Nummern, da wir erst ein paar Tage vor dem 21. Juni die Hintergrundspuren auf einer Bandmaschine fertig gestellt hatten – Außerdem gehörten Songtitel noch nie zu meinen Stärken; eher die tatsächliche Musik … diese Stücke waren Geräuschkulissen mit Live-Perkussion, live gespielten Bandschleifen, digitalem Hall und einem ems aks Synthie, wobei die Perkussion aus Gong und Pauken bestand. Während des Auftritts wurde ich auf der Bühne von ein paar betrunkenen Geschäftsleuten attackiert … angeblich Freunde von ein paar im Publikum befindlichen Holländern, die *Club Moral* kannten. Sie riefen Sachen wie »Dämlicher Haarschnitt, bescheuerte Musik« … oder ähnliches Zeug mit gleicher Aussage; sie richteten keinen echten Schaden an … ich erinnere mich vage, dass Ross Cannon und David Tibet die Typen angegriffen haben, die daraufhin wohl aus dem Laden geworfen wurden … zu diesem Zeitpunkt der Veranstaltung war ich schon ziemlich derangiert und halb im Delirium, was auch auf manchen der Fotos zu sehen war[4] …

5 Die meisten von uns, die hinter (und vor) der Bühne am Equinox-Event beteiligt waren, waren vor und während des Abends ziemlich »künstlich befeuert« – Ich überlasse es der Leserschaft, zu entscheiden, um welche Sorte künstlichen Feuers es sich handelte …

H Ein weiterer Protagonist des okkulten Untergrunds, der Weltruhm erlangen sollte: Marc Almond, TOPY-Mitglied und Sänger von Soft Cell (»Tainted Love«)

K Nurse With Wound-Promo-Plakat zu »Gyllensköld, Geijerstam and I at Rydberg's«

L Psychic TV in Charles Manson T-Shirts, 1983

Whitehouse durften leider nicht spielen, weil die LMC-Leute dagegen waren (sie waren, wie ich erwähnte, als »geheime Gastband« angekündigt worden) – ich bin sicher, dass sie aufgetreten wären, hätte es nicht im Vorfeld irgendeine persönliche Auseinandersetzung zwischen Phillip Best und Mary gegeben, als er nicht lange zuvor kurz in ihrem Apartment gewesen war. Laut und betrunken rief er den Bands auf der Bühne so intelligente Sachen wie »Discoscheiße« zu … auch während des Auftritts von *Club Moral*, was Mary endlos auf die Palme brachte … und es flogen wohl auch ein paar Bierflaschen in ihre Richtung, während sie spielten … das ständig größer werdende Publikum wurde zunehmend grober und aggressiver, als der Abend voranschritt und Mitternacht vergangen war … Steven Stapleton geriet in einen Streit mit einem betrunkenen Gast, der wohl irgendwann seine Weichteile auspackte und anfing, überall herumzupinkeln, unter anderem auf Stevens Hose, was diesen derart erboste, dass er es vorzog, zusammen mit William Bennett und Phillip Best in einen Pub auf der andere Straßenseite umzuziehen, um den ganzen Vorfall wegzutrinken. Das war jedenfalls einer der Gründe, weshalb *Nurse With Wound* an diesem Abend keine Live-Performance präsentierten, zumindest soweit ich mich erinnern kann. Zu diesem Zeitpunkt, kurz bevor die Headliner *Club Moral* die Bühne betraten, war die Stimmung des ausgiebigen Publikums reichlich boshaft geworden … zahlreiche Streitereien zwischen manchen Gästen und Künstlern … Flaschen, die in Richtung Bühne geworfen wurden und so weiter … Ross Cannon bekam einen Stuhl über den Kopf gezogen, während *Club Moral* spielten … mit einem weiteren Stuhl verteidigte er sich und die Künstler gegen weitere Wurfgeschosse … er musste während der letzten paar Auftritte auch einige Leute ins Publikum zurückscheuchen, die versuchten, auf die Bühne zu klettern, was man auch auf den Mitschnitten hören kann … Angeblich wurde auch ein Putzeimer mit Wasser auf die Bühne geschleudert – oder auf jemanden im Publikum; ich bin unsicher, wann das geschehen sein soll … oder ob es tatsächlich passiert ist … vielleicht war es auch nur ein Gerücht, das einfach nicht sterben wollte. *Club Moral* lieferten ein vierteiliges Set ab … Das letzte Stück hieß »Jack The Ripper In Heaven«, währenddessen Danny eine Axt in den Bühnenboden des LMC hieb … was vielleicht das passende Ende für diese nächtlichen Vorgänge war, nachdem der ganze Raum zu einer Art verwüstetem Katastrophengebiet geworden war … Aber dennoch war das ganze Equinox-Festival auf seine eigenbrötlerisch-nihilistische, magische Art ein ziemlicher Erfolg … wenn man es hinbekam, das Ganze zu überleben …

Ich erinnere mich noch vage an eine Art Performance, die irgendetwas mit einer chirurgischen Operation zu tun hatte … von Marys und Ross' damaligem Freund oder Freundin, doch zu dieser Zeit, mindestens eine Stunde nach *Club Moral*, war ein großer Teil des Publikums irgendwo anders hingegangen, und so war das ganze wohl eher ein ernüchternder Vorgang. Es war viel Schaden angerichtet worden … und ich erinnere mich, dass der LMC-Stab am nächsten Tag darüber vor Wut außer sich war … aber ich bin mir sicher, dass der Profit aus Abendkasse und Vorverkauf, von dem sie einen Teil abbekamen, als auch die Saalmiete ihre besorgten und ästhetisch abweisenden, neo-puritanischen und politisch korrekten Seelen befriedigen konnte … Meine wichtigste andere Erinnerung an das Ende des Equinox-Events ist die folgende … in den frühen Morgenstunden war ich dabei, ein paar Weingläser in meinen Händen zu zerbrechen … was ich damals regelmäßig tat … wenn ich sagen wir mal »künstlich befeuert«[5] war und halb psychotisch drauf … durch all den Stress hinter den Kulissen, den die Durchführung der Veranstaltung mit sich gebracht hatte. Die Kassette dieses Abends (von ProduKtion veröffentlicht) wurde mit einem 12-seitigen DIN-A5-Booklet mit Fotografien geliefert … manche dieser Fotos wurden auch im Magazin von *Club Moral* veröffentlicht (Force Mental #7). Gemastert wurde es von Roger Smith. Angeblich gibt es … wie ich gehört habe, bzw. bis vor Kurzem gar nicht wusste … ein erwähnenswertes Bootleg des Abends von einem Besucher namens *Graf Haufen*. Es ist eine Doppel-C-90-Kassette in einer speziellen Verpackung und beinhaltet die vollständige Aufnahme aller Konzerte an diesem Abend. Die einzigen Noise- und Industrial-orientierten Musikveranstaltungen und -abende, die in den darauffolgenden 2 ½ Dekaden den Geist des Equinox-Festivals eingefangen haben (zumindest soweit ich anwesend war, um es beurteilen zu können), waren die von *Gaya Donadio* bzw. *Hagshadow* im Red Rose Club in der ersten Hälfte des neuen Jahrzehnt aufgezogenen namens Hineuma Club … keine anderen kamen auch nur annähernd da ran … meiner unbedeutenden Meinung nach. Zwar gab es bei Equinox seitens des Publikums wie auch bei den Künstlern etwas Panik, Geläster, Gerüchte und Smalltalk, Gewalt und Auseinandersetzungen, Poseure, Miniaufstände, Fehlplanungen und Beklemmung bei Bands und Publikum, aber es gab auch Spaß, Heiterkeit, Aufregung und Erfindungsreichtum … und jede Menge guter Erinnerungen, und … man mag es glauben oder nicht … auch gute Musik. Es bleibt unbestreitbar einer der Höhepunkte in der gesamten Geschichte der Noise- und Industrial-Musik … ich weiß das, denn ich war dort!

— Nachbeben —

Vielen Dank an die *Club Moral*-Homepage für weitere Informationen. Sie hat mir auch geholfen, mich an einige Dinge und Vorfälle zu erinnern, die ich zuvor vergessen hatte. ProduKtion:Hair war ein »alternativer« Friseursalon, der in den frühen 80ern von meinen australischen Mitauswanderern Paul Hurst und Ross Cannon gegründet und betrieben wurde. Er war in einem kleinen Raum am Ende der obersten Etage des Kensington Market in West-London untergebracht. Ich kannte sie ein bisschen seit unserem ersten Treffen auf einer Punk-Rock / New-Wave-Party im Rotlichtviertel von Sydney … ich glaube das war im Juli 1978. Sie waren dort sowas wie die Anführer und Stilinnovatoren der örtlichen Szene … und das ging auch so weiter, als die drei (inklusive Pauls Freundin) in den späten 70er Jahren nach London zogen. ProduKtion:Hair hatte eine Atmosphäre, die eher »ominöser, bedrohlicher und ernster« war als in den üblichen trendigen Friseursalons in London, die die Post-Punk / New-Wave-Menge und -Clubgänger bedienten … was wohl größtenteils an den Frisuren, die man dort verpasst bekam, lag … die waren wesentlich extremer als bei der Konkurrenz, und die Gestaltung des Salons war eher typisch »Industrial« und ähnelte mehr einer kleinen Folterkammer, gekreuzt mit der Praxis eines verrückten Doktors oder Zahnarztes. An den Wänden hingen große Fotos von Serienmördern … unter ihnen ein berühmter britischer Giftmischer, dessen Name mir nicht mehr einfällt … (das war eine allgemeine Besessenheit unter den Power-Electronics- und Industrial-Fans der frühen 80er Jahre … wahrscheinlich wegen der Vorbilder *Throbbing Gristle* und *Whitehouse* … das war sehr undergroundig zu der Zeit, und lange bevor diese Ästhetik und Bilderwelt beinahe schon langweilig und abgenutzt war, fast schon Allgemeingut der westlichen Popkultur) – Unter den Gästen waren viele wohlbekannte und künftige Londoner Clubgänger und Persönlichkeiten, darunter Leigh Bowery (ein weiterer australischer Auswanderer aus Melbourne … wir tauchen wohl überall auf!), sein Kumpel Trojan (ein guter Freund von Mary), Scarlett, Crystal (Diana Rogerson, die künftige Lebensgefährtin von Steven Stapleton), verschiedene topy-Mitglieder und -Gefährten,

M Gaya Donadio (AntiChildLeague), Betreiberin von Hagshadow, Veranstalterin des Hineuma Clubs bzw. Level x und treibende Kraft im Londoner Untergrund backstage im Slimelight, 2007

N Bericht über den Equinox-Event in Force Mental

übrig gebliebene New-Romantic-artige Goth-Szene-Gänger aus dem Umfeld des Londoner Batcave, Rocka- und Psychobillies, Londoner Glam Punks, die in der Presse oft als »Positive Punks« abgestempelt wurden, sowie Außenseiter und Einzelgänger wie David Tibet und ich.

Paul, Christine und Ross waren alle Fans und Freunde von *Whitehouse* und tauchten zusammen mit ihrer Freundin Mary Dowd (meiner künftigen Freundin) und ein paar anderen Typen bei deren ersten Live-Aktionen auf. Sie waren auch alle mit Come Organisation verbunden oder darin involviert, wie ich es in Teilen auch war, nachdem ich auch fast ein Jahr ein Live- und Studio-Mitglied von *Whitehouse* gewesen bin … von Anfang 1982 bis Anfang '83. Alle von ihnen waren modisch angezogen, vor allem Ross, der eine sehr auffällige Optik pflegte und als Trendsetter galt. Er adaptierte zu verschiedensten Zeiten einen Proto-Gothic-Punk-Dark-New-Romantic-Look unter Hinzunahme eines strengen Industrial-Militaria-Stils (Drittes-Reich-Chic). Er war in diesen Belangen eine Art Wegbereiter und einer der ersten, die sich so anzogen … was bei manchen Besuchen im europäischen Ausland zu Problemen führte. Ross machte seine eigenen Super-8-Filme, bei denen ich manchmal mithalf oder die Musik dazu lieferte … Ich glaube, ein oder zwei wurden auch beim Equinox-Event gezeigt, aber wie und was genau weiß ich nicht mehr. Er war außerdem mit Scarlett verheiratet, die man im Londoner Underground der 80er auch sehr gut kannte und eines der »Gesichter« der Post-New-Romantic-Szene zusammen mit *Boy George, Steve Strange* und anderen gewesen war. In vielen merkwürdigen, sich lange hinziehenden Schicksalswendungen hat sich Scarlett … die es immer noch gibt … auf Myspace und wahrscheinlich auch anderen Seiten … hin zum »New Age« entwickelt, ist jetzt eher spirituell veranlagt und ist eine Bekannte meiner geliebten Freundin und besseren Hälfte, der schönen Annie Stubbs.

Paul Hurst und Christine sind jetzt, nach ihrer Rückkehr nach Australien, wieder in Sydney … vor zwanzig Jahren war Ross noch in London (bis 1993 glaube ich), ist aber dann nach Tasmanien, seiner ursprünglichen Heimat, zurückgekehrt, wo er an einer mit AIDS zusammenhängenden Krankheit Mitte des letztes Jahrzehnts verstarb. Er wird von vielen von uns sehr vermisst.

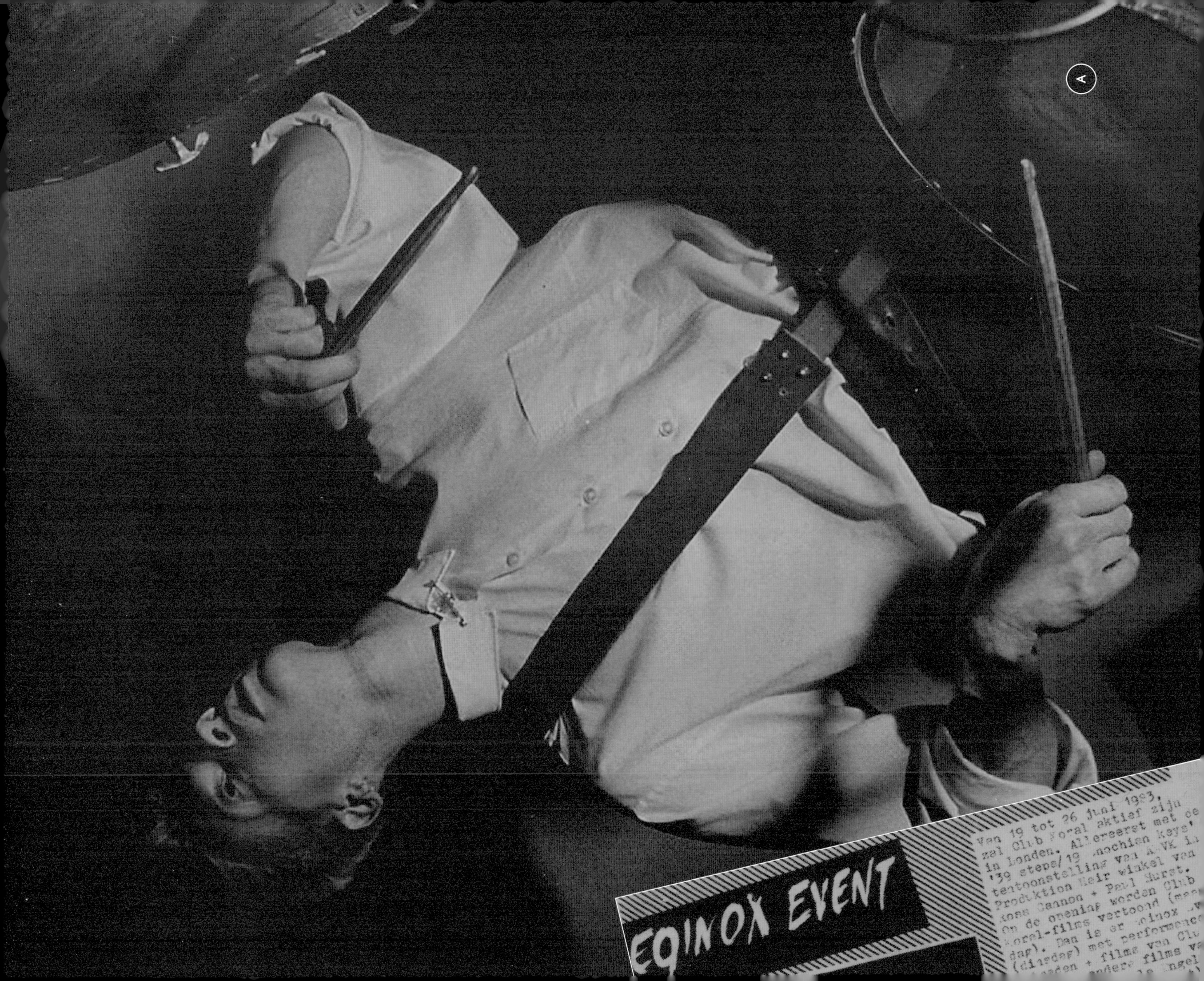
EQINOX EVENT
Van 19 tot 26 Juni 1983,
zal Club Moral aktief zijn
in Londen. Allereerst met de
'39 steps/19
tentoonstelling van
Produktion
Cannon + Paul Hurst.
On de opening worden Club
films vertoond
dag). Dan is er
(dinsdag) met performance
+ films van
films

Die ersten Schritte aus der Kinderstube

Klive Humberstone

A, B, C In The Nursery live im Clarendon Hotel, Hammersmith / London, 1984. Ant Bennett und die musikalischen Zwillinge Klive und Nigel Humberstone

Ich bin 1979 nach Sheffield gekommen, um an der Kunsthochschule zu studieren. Einst ist diese Stadt für ihre Stahlproduktion und industrielle Vergangenheit bekannt gewesen, die nun allerdings unübersehbare Anzeichen des Verfalls zeigte – die Musikszene aber war sehr lebendig; lokale Bands wie *The Human League*, *Vice Versa* und *Clock DVA* konnten sich auf eine Riesenauswahl an Läden, Pubs und Clubs stützen, die Auftritte auf täglicher Basis präsentierten. Es war also die perfekte Umgebung, um eine Band zu gründen – ein Vorhaben, das wir 1980 auch in die Tat umsetzten. Unser erstes Konzert spielten wir im Juni 1981, und unsere erste Mini-LP »When Cherished Dreams Come True« wurde Anfang 1983 veröffentlicht. Unsere ersten Shows haben wir in Sheffield gespielt, wo die Szene zu der Zeit sehr dynamisch war. Post-Punk Bands wie *Joy Division*, *Siouxsie & The Banshees* und *Section 25* hatten uns inspiriert, unsere eigene Musik zu machen. Für unseren ersten Auftritt hatten wir nur sechs oder sieben Stücke im Programm, der Zeitraum zwischen den Stücken formte sich aus zu langen Pausen, die wir aber auch brauchten, angesichts der notwendigen Zeit, um die Instrumente zu tauschen. Nigel spielte Bass und sang, während ich Marschtrommel und Gitarre spielte. Unser drittes Mitglied, Ant, bediente ebenfalls Marschtrommel und Gitarre, darüber hinaus war er auch Sänger. Ein örtlicher Unternehmer namens Marcus Featherby lernte uns bei einem der Gigs kennen und unterbreitete uns den Vorschlag, die Kosten für Studioaufnahmen aufzubringen. Also gingen wir in die Revolution Studios in Manchester und machten unsere Aufnahmen in der Nachtschicht (die billiger war). Das Ergebnis war das Album »When Cherished Dreams Come True«. Es stand deutlich in der Schuld von *Joy Division*, aber nicht genug, um von dem individuellen und kraftvollen Sound abzulenken, der zum Markenzeichen der Band werden sollte. Einzigartig waren unser Sound und das Image der Marschtrommel – und damit auch unser Image.

Mit der Veröffentlichung der Mini-LP erreichten wir ein größeres Publikum. Die Stücke wurden häufig in John Peels Radioshow gespielt, wir bekamen Rezensionen und Artikel in Sounds und dem NME, und schließlich ordnete man uns der »Industrial«- Szene zu, gemeinsam mit Bands wie *Test Dept*. Musikalisch hielten wir uns jedoch fern von all den anderen Bands um uns herum. Unsere Einflüsse kamen zwar von *Joy Division*, aber wir begannen bald, andere Elemente in die Musik und die Live-Shows einzubauen. *In The Nursery* besaß nie ein »klassisches« Schlagzeug – stattdessen bevorzugten wir militärische Wirbeltrommeln (die über die Schultern gehängt werden) und nahmen zwei Orchesterbasstrommeln hinzu, die an hölzernen Ständern befestigt waren und sich seitdem zum zentralen Fokus aller unserer Live-Shows entwickelten. Nachdem wir Klassik-Konzerte in der Sheffield City Hall besucht hatten, wollten wir Pauken als treibende Kraft in unserer Musik haben, und addierten auch solche.

Ich kann mich erinnern, Douglas P und Tony Wakeford von *Death In June* (*DIJ*) im Sommer 1983 zuerst bei einem Konzert getroffen zu haben, als wir in Hackney (London) spielten. Das Konzert fand in einem Club unter den Bögen irgendeiner Eisenbahnbrücke statt. Douglas und Tony befanden sich an diesem Abend im Publikum, und nach dem Auftritt unterhielten wir uns miteinander. Ich schätze, dass beide Bands ähnliches militärisches Schlagwerk in ihren Bühnenshows benutzten, wenn auch in unterschiedlichen Formaten und mit verschiedenem Bühnenaufbau. Es schien merkwürdig, die beiden kennen zu lernen und herauszufinden, dass sie zuvor die Band *Crisis* gebildet hatten, deren »Hymns Of Faith«-LP mein Bruder und ich 1980 erstanden hatten. Wir besprachen einen gemeinsamen Auftritt in London, was zu dem Gig im Clarendon Hotel in Hammersmith im Dezember 1984 führte.

Wir probten hart für die Show; ich war besonders inspiriert von den Werken Béla Bartóks. Beim Konzert im Clarendon Hotel präsentierten wir viel von unserem neuen Material, in durchgängig orchestralem Stil, wie eine Symphonie. In meinem Tagebuch erinnere ich mich, dass ich mir beim Spielen des Stücks »Deus Ex Machina« die »Hände in Streifen geschnitten« habe.

Wir besuchten London nun häufiger, u. a. um einen speziellen Auftritt im Bloomsbury Theatre bei einem George-Bataille-Festival zu absolvieren. Zu dieser Zeit reiste ich per Anhalter nach London, den M1 Motorway rauf und runter. Ein denkwürdiger Moment war, am siebten November 1984 *Nick Cave & The Bad Seeds* zusammen mit *Death In June* im Electric Ballroom auftreten zu sehen. Meine Leidenschaft (und der Grund), auf der Bühne zu stehen und zu spielen, wurde befeuert. Es schien eine wahre Bedeutung für die Musik zu geben, die wir schufen.

Douglas P und ich tauschten uns in Telefongesprächen und Briefen über den Zustand der »Independent-Musik« aus und berieten uns über Möglichkeiten, unsere Musik zu veröffentlichen. Bis dahin hatte *ITN* die Mini-LP und eine 7"-Single namens »Witness« bei Paragon Records herausgebracht, welches ein kleines, unabhängiges Label aus Sheffield war, das für die Kosten der Aufnahme-Sessions und die Herstellungskosten aufgekommen war.

Douglas schlug vor, Musik von uns auch auf seinem New European Recordings-Label (NER) heraus zu bringen, das vom Indie-Distributor Rough Trade vertrieben wurde. Unsere einzige Verpflichtung bestand darin, die Aufnahmekosten selber zu tragen. Zu der Zeit war es ziemlich schwer für uns drei, die £300 gemeinsam zusammenzukratzen – aber wir wussten, es war das Richtige. Die ganze Punk-Ethik, das »Do it yourself«-Ideal war unser Mantra seit den Ereignissen, die wir im Jahr 1977 mitbekommen hatten. Die Aufnahmen für die drei »Sonority«-Stücke machten wir in einem 16-Spur-Tonstudio in Sheffield namens Input. Im Januar 1985 gaben wir ein Konzert im ICA (Institute for Contemporary Art) in London, nach dem wir Douglas trafen und ihm eine Kassette mit den Rohmixen aushändigten. Die EP wurde schließlich am 30. Januar bei Porky's Prime Cuts auf Vinyl geschnitten. Wir hatten vollständige Kontrolle über die Covergestaltung, und überließen NER die Verantwortung für die Herstellung und das Endprodukt. Diese Situation ermöglichte uns ein grundlegendes Verständnis dafür, wie wir den Rest unserer Karriere zu handhaben hätten. Über die Jahre haben wir die nötigen Erfahrungen gesammelt, unsere Musik zu machen, aufzunehmen, zu produzieren und zu promoten. Anfänglich hatten wir die Musik nur für uns selbst gemacht – nun konnten wir das Ergebnis all dessen selber steuern, was wir kreierten. Das ist etwas, was uns in all den kommenden Jahren seitdem von Nutzen sein sollte.

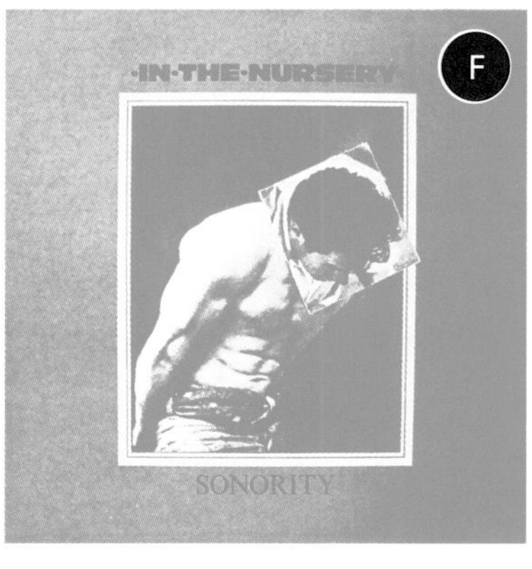

A

Neu Konservatiw: Die Rückkehr eines Mythos

Alexei Monroe

Fälschung und Auto-Mythologie

Die in diesem Aufsatz dokumentierte Periode der Karriere von *Laibach* liegt mittlerweile soweit zurück, dass sie mythisch ist – eine Zeit obskurer, nur mehr halberinnerter Archetypen. Als *Laibach* am 15. Juni 1985 in Hamburg eintrafen, um ein Konzert zu geben, waren sie bereits zu einer Maschinerie der Mythen-Genese, der Gerüchte, der Ängste und der Auto-Desinformation geworden. Das dem Konzert anhaftende Obskure symbolisiert einen Moment, in dem *Laibach* einen Wandel begannen, weg von dem dunklen Spektrum des Industrial-Untergrund hin zu einem hochprovokativen Kulturphänomen, das Kunst und Konzepte mittels Extremen von zuvor unvorstellbarer Kraft produzierte. Selbst in diesem frühen Stadium war die Hinterfragung der Machenschaften der Musik-/Massenkultur durch *Laibach* evident. *Laibach* zielten darauf ab, »zu demaskieren und zu rekapitulieren«, aber auch die Mythenerzeugenden Mechanismen der Industrie auszubeuten. Jede Band mit dem Ziel der Marktpenetration benötigt begeisterte Fans und Anhänger, umgekehrt benötigen Fans Artefakte – und umso seltener diese waren, desto besser. *Laibach* verstanden dieses Verlangen, und durch dessen Befriedigung konnten sie sowohl zum eigenen Gesamtmythos beitragen, als auch die Einschränkung überwinden, noch nicht über ein reguläres Label für ihre Veröffentlichungen zu verfügen. Das Mittel der Wahl für diese produktive Auto-Kritik war der ultimative Gegenstand des Fan-Fetischismus – der Bootleg[1]. So ein Stück, offiziell unerwünscht, als illegal gebrandmarkt, dabei aber essentiell für die Psychologie des Fandom[2], spielt eine zentrale Rolle in der Mythen erschaffenden Maschinerie der Musikindustrie. Sobald ein Konzertmitschnitt oder eine »verlorengegangene« Studioaufnahme als Bootleg auftaucht, sorgt die bloße Tatsache seiner (limitierten) Verfügbarkeit für seine Beförderung zum Fetisch, die das betreffende Konzert aus den Hunderten oder Tausenden anderen, möglicherweise besseren Konzerten heraushebt, da die übrigen in einer Bandgeschichte wegen Nichtaufnahme bzw. Nichtverfügbarkeit abwesend sind.

Während der ersten »Occupied Europe Tour« (1983–85) haben *Laibach* eine Serie von »Auto-Bootlegs« produziert, Aufnahmen ihrer Konzerte mit vollwertigem Artwork wie »Through The Occupied Netherlands«. Durch diese selbst genehmigten Veröffentlichungen hat die Gruppe ihre eigene Rolle bei der Schaffung des eigenen Mythos dramatisiert, ein reflexiver Prozess, der auch in der Verwendung von Aufnahmen von Publikumsgeräuschen zur Verstärkung der Konzertatmosphäre bei Auftritten zutage tritt.[3] Bevor sie die »Altmeister« westlicher Popkultur nachahmten, ge- (bzw. miss-)brauchten diese Meisterfälscher bereits deren mythengenerierenden Mechanismen, um so Simulakren von Ruhm zu schaffen und »neue Originale« aus den unzusammenhängenden Überresten aus Historie, Ideologie und Popkultur zu simulieren.

A Kraft durch Hirsch: Laibach live über dem Deutschland, 1985

1 Bootleg (engl. »Stiefelabsatz«) ist ein Begriff, der aus der Ära der US-amerikanischen Alkoholprohibition stammt, als illegaler Schnaps in Schuhabsätzen geschmuggelt wurde, und heutzutage als Bezeichnung für illegitime Veröffentlichungen von Konzertmitschnitten gebräuchlich ist (Anm. d. Hrsg.)

2 Fandom (engl.): Gemeinschaft bzw. Gesamtheit der Fans, Fankultur

3 Auf diese Umkehrung des normalen Signalstroms spielt auch das Laibach-Zitat an: »Don't applaud, we have it on the tape.« (»Klatschen Sie nicht, wir haben Applaus auf dem Band.« – Anm. d. Hrsg.)

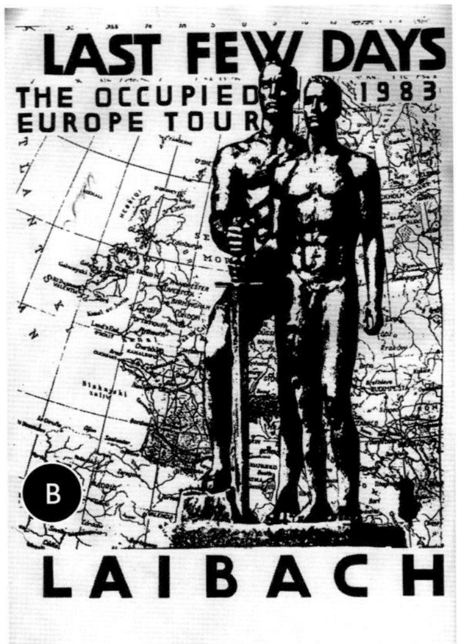

B

4 2003 bei »Cold Spring« als CD wiederveröffentlicht
B Laibach, Tourplakat »The Occupied Europe Tour« mit Abbildung der Skulptur »Kameradschaft« des NS-Bildhauers Arno Breker
C Covermotiv der »Neu Konservatiw«-Aufnahme (Cold Spring Records 2003/2006)

Laibachs erste große Deutschland-Tour 1985 (»Die Erste Bombardierung über dem Deutschland« betitelt) war vom Prozess des Auto-Hype gekennzeichnet, und auch die »systematische ideologische Offensive« der Gruppe wurde zunehmend komplexer. *Laibach* waren nun in der Verursachung von Skandalen geübt, wenn auch nicht immer in der Lage, die Reaktionen, die ihre Interventionen provozierten, zu kontrollieren oder vorherzusehen. Jedoch verselbstständigte sich dieses Moment, und die Bootlegger wurden jetzt selbst gebootlegt. Bei ihrer Ankunft in Hamburg wurden *Laibach* mit einer Stadt konfrontiert, die voller das anstehende Konzert bewerbender Poster und Graffiti war. Diese Propaganda-Aktion wurde von dem hiesigen Booker veranstaltet, der gleichzeitig Inhaber des Labels Walter Ulbricht Schallfolien war, Uli Rehberg. Rehberg nahm das Konzert selber auf und nannte diese Aufnahme »Neu Konservatiw«[4] (eine Referenz an seinen eigenen esoterischen Kulturaktivismus). Mit diesem fait accompli konfrontiert, re-appropriierten *Laibach* diese »semi-legale« Aufnahme, entwarfen das Artwork und überführten es in die Serie offiziell gefälschter Aufnahmen, die diese Periode ihres Schaffens dokumentiert. Für eine Gruppe, die von Beginn an der Originalität entsagt hatte und darauf ausgelegt war, den eigenen Ruhm zu fälschen, war dieser Vorfall mehr als passend.

Gewissermaßen ist die jene Aufnahme umgebende Aura ein Resultat reinen Zufalls. Wäre ein anderes Konzert dieser Tour gebootlegt worden, wäre dieses zum »heiligen Gral« für Fans und Sammler geworden. Die limitierte Stückzahl der durchnummerierten Exemplare (ein klassischer Marketingschachzug) und das professionelle Artwork hoben es aus der Masse anderer Bootlegs hervor, und der Mythos nahm seinen Lauf. Der ambivalente »semioffizielle« Status sowohl des ursprünglichen Bootlegs als auch seiner Neuauflage spiegelt die paradoxe Position *Laibachs* in der Musikindustrie wieder, die sie systematisch imitieren. 2001 haben *Laibach* die erste offizielle Veröffentlichung einer solchen selbstgenehmigten Aufnahme erlaubt und damit ein weiteres in einer Serie struktureller Paradoxa geschaffen, die typisch für das Schaffen von *Laibach* sind – von Konzerten, die offiziell nie stattgefunden haben, bis hin zu Angriffen auf die westliche Rock-Kultur, gestartet via MTV.

— Krach – Terror – Schönheit —

Was bedeutet es dann, dieser Aufnahme heute zu begegnen? Während die sie umgebende Mythologie teils dem Zufall geschuldet ist, ist die Aura dieses Bootlegs auch ästhetisch gerechtfertigt. »Neu Konservatiw« ist der Soundtrack zu dem, was *Laibach* seinerzeit als die »... mystische erotische audiovisuelle Konstitution der Ambivalenz von Angst und Faszination (die in urzeitlicher Weise auf das Bewusstsein einwirkt)«, welche auf »...Klang / Gewalt in Form systematischen (psychophysischen) Terrors als Therapie und Prinzip sozialer Organisation« basiert, beschrieben haben. In den Stücken des Auftritts, der schon vor Veröffentlichung des Albums als ausgezeichnetes Konzert bekannt war, manifestierten *Laibach* die spektrale Rückkehr eines albtraumhaft Erhabenen, dessen einzelne Teile mit je anderen Aspekten von *Laibachs* im Entstehen begriffenen Gesamtkunstwerk in Verbindung trat. Slavoj Žižek behauptet, dass die Gesamtheit der Realität nie voll erfasst werden kann, und dass, um die Erfahrung unserer (oft katastrophalen) Realität erträglicher zu machen, Teile davon in spektraler Form erfahren werden muss. In dieser Schaffensperiode manifestierten *Laibach* eine Reihe traumatischer, normalerweise unterdrückter Realitäten und versuchten gleichzeitig, diese zu exorzieren, wodurch sie den unterdrückten Klang der ideologischen, spirituellen, nationalen und stilistischen Regime hörbar machten, die im damaligen Jugoslawien, Deutschland und andernorts immer noch aktiv waren. Die Konzerte und andere Live-Auftritte wie das umstrittene TV-Interview von 1983 sind mehr Infragestellung denn Affirmation ihrer symbolischen und ideologischen Inhalte. Überall in »Occupied Europe« diagnostizierten *Laibach* die Fortdauer unverarbeiteter Mythen und Traumata, die die gegenwärtige Realität entstellten.

Für jene Linken und Rechten, die glauben wollten, dass »Es« wieder zurück war … wurden traditionelle Gegner bzw. angestrebte Ziele Mitte der 80er wiederhergestellt: Harte, diszipliniert germanische ideologische Aktionen, durchgeführt von einer fest entschlossenen Gruppe fanatischer Ideologen, die viele der reichlich vertrauten Symbole aufmarschieren ließ. Allerdings fanden sich neben den Referenzen an Nazi-Kunst auch Tito und die heroische Ikonografie des sozialistischen Realismus, slowenische Nationalsymbolik, Heidentum und Elemente aus Pop-Art und Konzeptkunst. Jene, die versuchten, *Laibach* für ihre Zwecke zu vereinnahmen, mussten eine Reihe ironischer, poetischer und kryptischer Gegenüberstellungen mit einbeziehen, von denen jede widersprüchliche oder ausufernde Bedeutungen mit sich brachte. »Es« war tatsächlich präsent, aber gleichermaßen auch gegensätzliche Zeichen, die es problematisierten. Die von *Laibach* manipulierten Symbole und Regime waren notwendigerweise gefährlich glaubwürdig, waren jedoch eigentlich geisterhaft, etwas, das zwar monumentale Kraft besaß, zugleich aber transparent und ätherisch war. Die harsche, gebieterische Performance und die Militanz scheinen in eine einzige Richtung zu führen, nur dass es nie irgendwelche Befehle und erst Recht keine Erklärungen gab. Viele behaupteten, sie wüssten, was *Laibach* »wirklich« beabsichtigen oder fordern, doch gibt es kein »Programm«, das zu implementieren wäre – der Intensität der Wünsche mancher Zuschauer danach wurde mit der Undurchsichtigkeit der Intentionen *Laibach*s begegnet. Aktionen wie das »Neu Konservatiw«-Konzert repräsentieren eine Infragestellung: hinsichtlich der manipulierten Symbole und ideologischen Prozesse sowie der Reaktion des Publikums auf diese. Die Aktion funktioniert als Frage oder Diagnose, wirft Fragen nach dem kontinuierlichen Bedürfnis nach und der Attraktivität von martialisch-heroischer Musik und Kunst auf – eine reflexhafte Zurückweisung des Materials impliziert eine Zurückweisung der unangenehmen Aspekte von Realität und ist an sich eine entindividualisierte, pawlowsche Reaktion auf Provokation, so gedankenlos wie das Heben des Arms zum Gruß.

Jedes der in dieser Nacht in Hamburg dargebotenen Stücke verkörpert eine Reihe von Regimen und Symbolismen: »Vier Personen« repräsentiert die Bedrohung absoluter totalitärer Entpersönlichung und die strikte, *Laibachs* »militantem Klassizismus« innewohnende, militärische Choreografie. Wenn man heute die mystisch-nationalistischen Texte von »Nova Akropola« hört, kann man Laibachs zitathafte Reflektion des aufsteigenden Nationalismus in Jugoslawien zu dieser Zeit heraushören, aber auch eine Bestärkung jener slawisch-slowenischen Identität, die der Nazismus vierzig Jahre zuvor auszurotten versucht hatte. »Vade Retro Satanas« erweckt die Atmosphäre eines rituellen katholischen Exorzismus und betont, was *Laibach* als die exorzistische Natur ihrer Aktivitäten betrachteten. Anstatt die Regimes und Kräfte, die sie in ihrem Werk verwendeten, einfach zum Fetisch zu erklären, versuchte die Gruppe, die Gegenstände ihres Schaffens zu exorzieren und auszutreiben. In »Die Liebe« wird die Liebe nicht als die klischeehafte Emotion der libidinösen Rock-Ökonomie gezeigt, sondern als Verkörperung des Fanatismus – Liebe als unterschwellig-katastrophale Kraft mit totalitärem Potenzial. »Du Der Du Herausforderst« ist besser unter seinem slowenischen Titel »Ti, Ki Izzivas« bekannt. Diese deutsche Übersetzung ist symptomatisch für den Laibachschen Ge- und Missbrauch der deutschen Sprache. Sowohl aus Versehen wie auch mit Absicht

5 Im Original: »What we are bringing back to Germany is a certain substantive essence that has been banished from this territory for a certain time.« NSK, Zagreb 1991, S. 54
6 »We have already stated that the contemporary Germans are an inferior sort of Slovenes, so it doesn't surprise us if they took us for their own.« (Laibach)
7 Laibach-Zitat; dt.: »Die Erklärung ist die Peitsche und du blutest.«
D Bruitismus enthüllt den statischen Lärm der Ideologie: Krach, Terror, Schönheit
E Antragsformular zur Ausstellung eines NSK-Ausweises (1996): Der NSK-Staat besitzt kein Territorium, aber er nimmt Raum ein
F Den Kapitalismus mit seinen eigenen Waffen schlagen – oder gewiefte Marketingstrategie? Laibach- und NSK-Merchandise um 1996

praktizieren *Laibach* eine unheimlich anmutende Verfremdung der Sprache, eine Mixtur von archaischem und formalem Deutsch, um durch die Vehemenz der Verwendung überdeutsch zu klingen. »Der Staat« (Država) erzeugt noch heute Echos als Hymne sowohl auf die zuerst von Hegel ins Feld geführten sublimen Qualitäten des Staates, als auch als Symptom seines Potenzials zur Gewaltherrschaft. Der »militante Klassizismus« dieses Stücks, mit seinen als »ready-mades« vorgefundenen politischen Reden und Kriegsfilm-Samples, ist eine verführend ambivalente heroische Form; »Država« bleibt eines der zentralen Stücke von *Laibach*.

— Germania —

Prima Materia

Was wir nach Deutschland zurückbringen, ist eine gewisse substanzielle Essenz, die für eine gewisse Zeit von diesem Territorium verbannt worden war.[5]

Wie die Kontroversen um die deutsche *Laibach*-Imitation *Rammstein* veranschaulichen, wird Musik, die sich stark und kompromisslos germanisch gibt, weiterhin als per se suspekt betrachtet. Germanophilie an sich wird bereits, dank der starken Assoziationen des Germanischen mit Gewalt und Fanatismus, von vielen als eine Art von Gewalt wahrgenommen. *Laibach* manipuliert die beinahe urtümliche Angst, die betont deutsche Phänomene hervorrufen können – eine Angst, die im Fall von *Laibach* durch die (sensorische und konzeptionelle) Gewalt der Übertragung noch verstärkt wird. Das schiere Extrem und die kompromisslose Natur des Phänomens waren es, die es ihnen ermöglicht haben, derart erfolgreich in den deutschen Raum einzudringen. Das Deutsche erzeugt auch heute noch Extreme der Anziehung und Abweisung nicht zuletzt unter den Deutschen, und ist unvermeidbar dramatisch und kontrovers und fasziniert selbst jene, die es entschieden ablehnen. *Laibach*s »Germania« verweist mit seiner zwanghaften Durcharbeitung deutscher Archetypen eigentlich auf Widersprüchlichkeiten, mit denen im slawischen Raum operierende Künstler konfrontiert werden, da dieser unwiderruflich von germanischen Kultureinflüssen geprägt ist. Innerhalb Jugoslawiens wurden Slowenen von den anderen Völkern oft als kalt oder deutsch charakterisiert, und historisch fühlen sich viele Slowenen dem deutschen Raum näher, was bis zum Ausmaß der freiwilligen Selbstassimilation reichen kann.

Die Verwendung von deutscher Sprache und Symbolismus seitens *Laibach* und Neue Slowenische Kunst (NSK) hatte eine Doppelfunktion – die Beleuchtung deutscher Elemente der slowenischen Identität, aber auch das Gegenteil – die Tatsache, dass trotzdem die deutsche Kultur durch die Geschichte hindurch wiederholt versuchte, die slowenische Identität zu absorbieren oder zu unterdrücken, deshalb war sie auch ein ideales Gefährt für deren militante Neuübertragung. Durch die Akzeptanz und die Dramatisierung deutscher Einflüsse auf die slowenische Kultur wurde NSK zum bekanntesten slowenischen Kulturexport. Für ein deutsches Publikum war es wesentlich schwieriger, ein »slawisches« Phänomen vom »Balkan« als solches zu kritisieren bzw. abzuweisen, das gleichzeitig derart deutsch war, besonders ein konzeptionell so durchdachtes wie dieses. Eine militante Bestärkung slowenischer Kultur durch die Verwendung deutscher Bildsprache wirkt auf pangermanischen Nationalismus unlängst provokativer als ein geradliniges Bekräftigen slowenischer Identität. *Laibach* verspotten solche deutschen Überlegenheitsansprüche und behaupten sogar, dass nur die Slowenen es nun vermögen würden, diese durch und durch germanische Rolle auszufüllen.

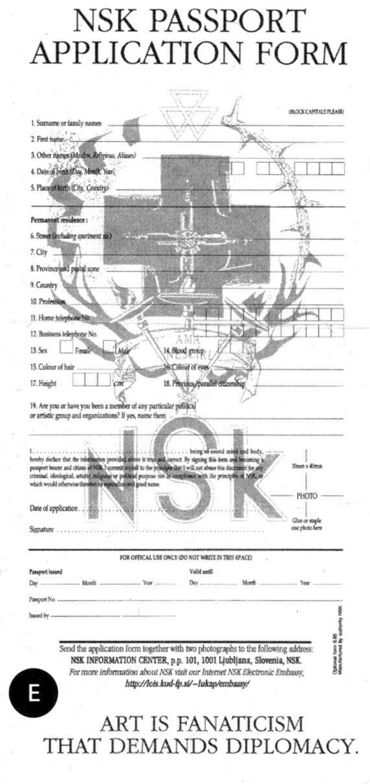

Deutsch als Medium nutzend, schmuggelte die NSK slawische Inhalte in den deutschen Kulturraum und umging so die Vorurteile und Herablassung, denen slowenische bzw. jugoslawische Künstler sonst begegnet wären, vor allem in Österreich. Die Unterwerfung deutscher (bzw. deutschsprachiger) Zuschauer unter die aufgezwungene, ideologisch-ästhetische slawische Herrschaft repräsentiert einen wichtigen symbolischen Bruch im etablierten Fluss deutsch-slowenischer Interaktion.

In Deutschland könnte man den Erfolg von NSK auf ein immer noch üppig vorhandenes Extremismus-Potenzial zurückführen, aber auch auf das Bedürfnis des Publikums, einen kulturellen Modus zu finden, um sich mit den unterdrückten Elementen deutscher Identität in Verbindung zu setzen. Dem deutschen Publikum wurde von der NSK gestattet, sich dem hinzugeben, was ein vorgeschriebener Genussmodus blieb, doch nur um den Preis der Akzeptanz der gleichzeitigen Präsenz von ausdrücklich slowenischem Symbolismus und der Toleranz der *Laibach*'schen Anmaßung einer kraftvoll-überlegenen Stellung in Bezug auf die Deutschen. Im deutsch-österreichischen Kontext war die wohl provokanteste Implikation der Performances von *Laibach* die, dass das Slowenische ohne das Deutsche unvollständig ist, und noch radikaler: dass das Deutsche ohne das Slowenische unvollständig ist und tatsächlich eine abgeschwächte, dem untergeordnete Form ist: »Wir haben bereits festgestellt, dass die zeitgenössischen Deutschen eine untergeordnete Sorte Slowenen sind, also würde es uns nicht überraschen, wenn sie uns für Ihresgleichen hielten.«[6]

Um Zugang zu diesem Ultra-deutschen Phänomen zu erlangen, ist der Hörer gezwungen, die Signale einer Kultur anzuerkennen, von der Teile der pangermanischen Rechten behaupten, sie sei vererbtermaßen minderwertig. Dessen Erfolg in Deutschland und darüber hinaus beseitigte das slawische Stereotyp kultureller Unterlegenheit, annektierte einen gewissen Aspekt der Deutschtümelei und konfrontierte sein Publikum mit seinen Widersprüchen, und das obwohl es gleichzeitig suggerierte, sich als »verbotene Frucht« zu offerieren.

Wenn die Hörer das als eine Verherrlichung germanischer Macht und deutschem Geist sehen möchten, haben sie auch diese Option – aber nur durch gleichzeitige Auslieferung ihrer selbst an den slowenisch-slawischen Geist und die Umarmung des Paradoxons, welch die Hüter der Schwelle verlangen – »the explanation is the whip and you bleed.«[7]

Nachfolgend:
G Hypnos, 2004, Aquarell auf Leinwand, 55 × 65 cm
H Kraftbach, 1981 (gemalt von Tomaz Hostnik), Öl auf Leinwand, 60 × 81 cm
K The Tree of Life, 1997, Druck auf Metall, 40 × 60 cm
L Galaxy As Star Factory, †1994, Öl auf Leinwand, 100 × 70 cm (Sammlung Neil Rector)
M Tanz mit Laibach, 2003, Mischtechnik, 61 × 45 cm

G

H

K

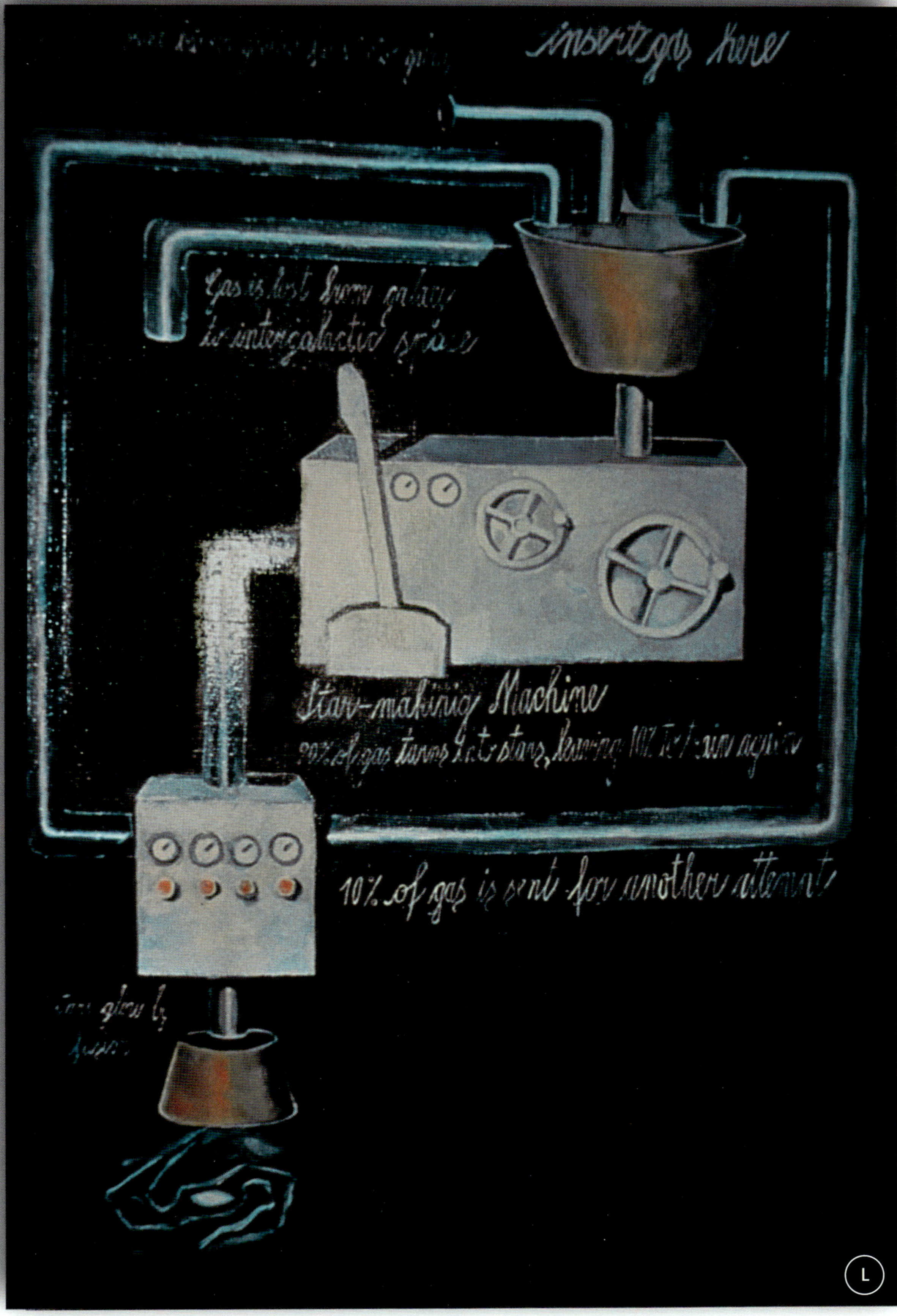
insert gas here
Gas is lost from galaxy to intergalactic space
Star-making Machine
10% of gas is sent for another attempt

A

Der König mag kein Sauerkraut

Oliver St. Lingam

Der Sommer 1974 sollte mein Leben nachhaltiger verändern, als ich es damals erträumt hätte. In diesem Sommer kaufte meine Oma meinem Bruder und mir eine Stereoanlage – keinen billigen Mono-Plattenspieler, nein, eine richtige HiFi-Anlage, für die wir von unseren Freunden beneidet wurden. Meine erste Schallplatte war auf Empfehlung meiner Mutter eine Doppel-LP von *Elvis Presley* aus der Rundfunk- und Fernsehwerbung. Eine mehr als gute Wahl, denn ab diesem Tag war ich der Welt größter *Elvis*-Fan. Es war seine samtene Stimme, die mich auf Anhieb begeisterte, denn sobald die Musik aus den Kopfhörern heraus in meine Ohren strömte, kam es mir vor, als sänge er nur für mich. Ich war hellauf begeistert. Diese Begeisterung sollte viele Jahre anhalten, und kein anderer Sänger und keine Band konnten mich auch nur ansatzweise ähnlich begeistern.

Es muss dann so ungefähr '77 / '78 gewesen sein, als mich ein Freund zu einem Konzert von *Grobschnitt* mitnahm. Dieser erste Kontakt mit Krautrock war für mich zwar sehr interessant, doch ich war von dieser Musik noch nicht wirklich überzeugt. In den folgenden zwei Jahren besuchte ich jedoch Konzerte von *Kraan*, *Eloy*, *Zweistein* und *Mainpoint*, dann war die Saat endgültig gesät. Ich ließ mich von diesen psychedelischen Klängen mitreißen, von denen man immer mehr haben will. In meiner Heimatstadt gab es zu dieser Zeit einen kleinen Schallplattenladen, der sich auf experimentelle und außergewöhnliche Musik spezialisiert hatte und von nun an regelmäßig von mir aufgesucht wurde.

Inzwischen durchlief ich eine Lehre und gab mein ganzes Lehrlingsgehalt für neue Platten aus; typisch für jemanden, der ständig auf der Suche nach neuen aufregenden Bands ist. Beruflich hatte ich mit Unterhaltungselektronik zu tun und las daher neben Musikzeitschriften auch Fachmagazine. In einem dieser fiel mir eines Tages die Rezension zu »Litanies of Satan« von *Diamanda Galás* auf. Der Rezensent überschlug sich schier ob dieser Platte, wodurch für mich eines fest stand: Die musste ich haben! Die Bestellung nahm nur wenig Zeit in Anspruch, im Gegensatz zur Wartezeit, in deren mehrwöchigem Verlauf ich den Importeur alle paar Tage mit einem Anruf nervte, wie viel Zeit ich noch bis zum Liefertermin ausharren müsse. Und dann, nach vier langen Wochen, durfte ich sie endlich in den Händen halten. Als ich mir die Platte anhörte, blieb mir die Spucke weg. Alles Mögliche hatte ich erwartet, jedoch nicht etwas derart Extremes wie diese markerschütternden Schreie, diese diabolische Stimme von *Diamanda Galás*, die mir kalte Schauer über den Rücken jagten, mich fesselten und faszinierten; in diesem Augenblick wusste ich, dies ist eine ähnlich bedeutsame Erfahrung wie einige Jahre zuvor meine erste *Elvis*-Platte. Doch es sollten noch weitere zwei Jahre vergehen, bis ich den richtigen Weg gefunden hatte. Ende 1984 kam ein junger Mann in den Plattenladen, in dem ich arbeitete, in einer Plastiktüte trug er eine LP von *Alien Sex Fiend*

A Meister der bizarren Avantgarde seit 1972: The Residents

bei sich. Wir kamen ins Gespräch und unterhielten uns über einige der gerade populären Post-Punkbands. Irgendwie kamen wir nach einiger Zeit auch auf Krautrock zu sprechen und Heinz (so hieß der junge Mann) empfahl mir *Amon Düül, Faust, Sand* und *Xhol Caravan.* Nebenher erwähnte er noch seine Begeisterung für *The Residents* sowie *Throbbing Gristle* und *Psychic TV.* Das ließ mich aufhorchen, denn die letzten beiden gehörten ebenfalls zu meinen erklärten Lieblingsbands. Wir verabredeten uns für den nächsten Tag in seiner Wohnung, in der er mir diverse Bands vorspielen wollte. Da ich bezüglich experimenteller Musik immer noch sehr große Lücken in meiner ansonsten inzwischen (zum Leidwesen meiner damaligen Frau, denn inzwischen war ich verheiratet) stattlichen Plattensammlung hatte, war ich mehr als gespannt, was ich zu hören bekommen würde.

Es wird niemanden überraschen, wenn ich schreibe: Natürlich wurden meine Erwartungen weit übertroffen. Heinz erwies sich als ebenso leidenschaftlicher Musikhörer und -sammler wie ich, mit einer allerdings wesentlich größeren und umfangreicheren Plattensammlung. Das komplette Wohnzimmer war vollgestopft mit Schallplatten – in Regalen, in Schränken und auf dem Boden. Dazwischen Unmengen an Tapes, Büchern und Zeitschriften – kurzum, ein Alptraum für jede Frau, ganz besonders für seine. Ich hingegen war im Garten Eden, und als Heinz zur Begrüßung das Album »Phallus Dei« von *Amon Düül II* auflegte, wähnte ich mich bereits im Schoße Abrahams. Doch es sollte noch himmlischer werden, denn einige Tassen Kaffee und diverse Alben später folgte die Offenbarung: *Neu!*

Darauf hatte ich gewartet. Obwohl mir inzwischen einige Krautrockbands bekannt waren, hatte ich von *Neu!* bislang nichts gehört. Ich war restlos begeistert und wollte mehr davon. Es stellte sich heraus, dass Klaus Dinger von *Neu!* und *La Düsseldorf* ein guter Freund von Heinz war, was mir mehr imponierte als seine Freundschaft zu Florian Schneider-Esleben von *Kraftwerk.* Im Laufe des Nachmittags hatte ich mir eine Liste mit den Alben zusammengestellt, die wir angehört hatten, um mir diese schnellstmöglich zu besorgen. Wir verabredeten uns für den nächsten Tag wieder in dem Laden, in dem ich arbeitete, und Heinz versprach mir, dann noch einige Platten mitzubringen. Daheim angekommen klemmte ich mich ans Telefon und gab eine große Bestellung bei »Groover's Paradise«, einem damals aktiven Schallplattenversandhandel, auf. Am nächsten Tag erschien Heinz wie verabredet im Laden, mit einer großen Tüte voller Platten unter dem Arm. Wir verzogen uns in den hinteren Teil des Geschäfts, da dort eine Theke mit Plattenspielern vorhanden war. Heinz griff in die Tüte, zog eine LP mit einem sehr schlichten Cover heraus, legte sie auf den Plattenspieler und beobachtete mich amüsiert. Das Album hieß »New Britain« von der mir unbekannten Band *Whitehouse.* Das haute mich um. Nie zuvor hatte ich etwas derart Verstörendes gehört. Diese unglaubliche Brutalität, dieser abstoßende, zugleich auch faszinierende Krach zog mich augenblicklich in seinen Bann. Schlagartig wurde mir klar, dass sich meine Hörgewohnheiten ab diesem Tag wieder mal völlig verändern würden. Es öffnete sich eine musikalische Welt, die ich mir in meinen kühnsten Träumen nicht vorstellen konnte. Aber noch etwas wurde mir an diesem Tag klar: Ich will auch Musik machen. War es vorher immer nur eine vage Idee, so war ich nun wild entschlossen. Allerdings hatte ich noch keine wirkliche Vorstellung von der Marschrichtung, die sollte sich erst etwas später herauskristallisieren. Vorerst sog ich wie ein Schwamm gierig all die für mich neue Musik auf und konnte gar nicht genug davon bekommen. Von nun an trafen Heinz und ich uns mehrmals in der Woche, abwechselnd bei ihm und bei mir, und meine Einkaufslisten wurden mit jedem Treffen länger. Irgendwann konnte mir kein hiesiger Plattenladen weiterhelfen, daher wich ich auf spezielle Läden in Köln, Frankfurt, Venlo und Amsterdam aus. Zunehmend wurden meine musikalischen Abgründe tiefer, wurden Künstler wie *Merzbow, Controlled Blee-*

B Dark Eastern Festival, PosterAmon Düül 2's erstes Al-
C bum stand Pate für den Namen von Oliver St Lingams Band Phallus Dei
D Inspiration nicht nur für Nurse With Wound: Psychedelische Experimentalmusik von Brainticket aus Holland (hier: halblegale Nachpressung von »Celestial Ocean«)

ding, *Current 93* und *Nurse With Wound* für mich entdeckt, wurden Bekanntschaften mit Musikern, Labels, Magazinen geknüpft, wurde die Gier nach außergewöhnlicher Musik zu einer Sucht. Christoph Heemann (von *Hirsche nicht aufs Sofa*) empfahl mir von *Nurse With Wound* »Chance meeting on a dissecting table of a sewing machine and an umbrella«, die ich auch kurz darauf von Stephen Stapleton, dem *NWW*-Mastermind, geschickt bekam. Mit John Balance (*Coil*) tauschte ich rares Vinyl, Masami Akita schickte mir limitierte Picture-Discs seines Projekts *Merzbow* im Tausch für Krautrockalben – so ging das über einige Jahre. Zwischenzeitlich nahm in Wiesbaden ein alternativer Mailorder-Versand mit dem Namen »Artware« (betrieben von der 2008 leider überraschend verstorbenen Donna Klemm) den Betrieb auf, und von nun an konnte man die meisten Objekte der Begierde von dort bekommen.

Musikalisch betrachtet waren die 80er Jahre meine fruchtbarsten. Ich habe Unmengen an interessanten Leuten – Musiker wie Künstler – kennen gelernt, sehr viel außergewöhnliche Musik entdeckt und meine Hörgewohnheiten grundlegend geändert. In meinen Augen waren die Grenzen innerhalb der Musik fließend, gab es keinerlei Berührungsängste. Ein innovatives Jazzalbum ist ebenso interessant wie eine extreme Industrialplatte. Eine Ursache könnte in der gegenseitigen Beeinflussung aller Musikrichtungen liegen. Rock und Jazz, Industrial und Krautrock – früher oder später bedient sich jeder Musiker bei einer dieser Richtungen, lässt sie in seine eigene Musik einfließen. Ich mache seit 1988 selber Musik und habe mich von Anfang an nicht auf eine bestimmte Richtung festgelegt, sondern bin für alles offen. Ganz klar gaben Krautrock, Baroque Pop und Industrial die nachhaltigsten Prägungen, und diese Einflüsse sind bei *Phallus Dei* auch unüberhörbar. Mit meinem Freund Michael Schaffer von der Band *Birdmachine* arbeite ich seit Ende 2009 an einem weiteren Projekt, in dem wir Psychedelic mit Dubstep, Industrial und Krautrock verbinden. Nicht nur als Musikhörer und -sammler bin ich immer noch auf der Suche nach weiteren Herausforderungen, sondern auch als aktiver Musiker. Ohne die Hilfe und große Unterstützung von Heinz Tillmann, mit dem ich inzwischen über 25 Jahre befreundet bin, wäre das wahrscheinlich alles nicht möglich geworden, jedenfalls nicht in diesem Ausmaß. Dafür bin ich ihm unendlich dankbar.

Auch nach über 30 Jahren bin ich noch ein großer Fan von Elvis, auch wenn er mich nachweislich kaum beeinflusst hat. Was ich mich immer gefragt habe: Ob der King wohl Krautrock gemocht hätte?

A

Gerechtigkeits Liga

Von der Anstößigkeit der Existenz und der Existenz der Anstößigkeit

Alexei Monroe

A SPK live: Graeme Revell (li.) und Brian Williams (re.) in London 1983
B DVD mit den Filmclips der 80er Jahre: Per Ignem Ad Lucem, Doppel-LP plus 7« und DVD, Vinyl On Demand 2008. Der Text von Dr. Monroe erschien in leicht anderer Fassung auf einem Beiblatt, das einem Teil der Auflage beigelegt war.

Träume, Ideen und Halluzinationen, die dem Surrealismus ebenso artverwandt sind wie dem Schamanismus und der Magie – der Magie der Klänge und Rhythmen – sind das Rohmaterial, aus dem Gerechtigkeits Liga, 1981 von Till Brüggemann und Frank Ströpken in Bremen gegründet, ihre düsteren Klangexperimente schaffen, die sie mit der Energie des Punk und elektronisch disziplinierter Maschinenkraft kombinierten – und damit ihre Hörerschaft in unbekannte, dunkelbedrohliche Klanggefilde lockte. Ströpken verließ das Projekt um 1982/83, und Brüggemann setzte in den folgenden Jahren die Arbeit mit anderen Musikern fort. Zusammen mit den Einstürzenden Neubauten zählen Gerechtigkeits Liga zu den bekanntesten Industrial-Pionieren aus deutschen Landen. Das blieb allerdings nicht lange so, denn nach einem Umweg über Bremen und Berlin (Besetzungsänderungen inbegriffen) zogen die Liga-Mitglieder 1985/86 dauerhaft nach London. Dort verliefen sich die Spuren in den 90er Jahren, und es blieb lange ruhig um das ominöse Projekt, bis es im neuen Millennium mit der Wiederveröffentlichung der klassischen Vinylscheiben »The Games Must Go On« und »Hypnotischer Existenzialismus« sowie mehreren Samplerbeiträgen wieder auferstand.

In unserer hyperstimulierten, »runterverdummten«, systematisch überladenen Gesellschaft kann Sensibilität mehr Fluch als Segen sein. Das heutige Leben scheint beinahe absichtlich so gestaltet zu sein, dass es die zu Einfühlsamen bestraft, um ihr Bewusstsein für die Widersprüche und Makel im Zaum zu halten. Im Englischen beschreibt »a sensitive« nicht nur eine Person, die sensibel ist, sondern auch jemanden, der befähigt ist, unheimliche oder gar außerweltliche Präsenzen oder Kräfte wahrzunehmen, nicht nur innerhalb dessen, was man »Geisterwelt« nennen könnte, sondern auch mitten im Herzen des rationalistischen Lebens.

Das muss nicht in der wörtlichen Form, also der Sichtung von oder Kommunikation mit Geistern geschehen, doch mag ein »sensitives« Individuum mehr Respekt und Faszination für das Unheimliche haben und über einen Grad des Bewusstseins verfügen, der nicht einfach an- und ausgeschaltet werden kann. Über die Zeit können sie sowohl von ihrer eigenen »Sensitivität« traumatisiert werden wie auch von der Ignoranz ihrer Umgebung gegenüber dem, was sie imstande sind, als hässlich, ungerecht und intolerabel wahr zu nehmen.

Solche Leute sind doppelt verletzlich, weil sie einerseits die Widerwärtigkeit des Alltags auf einer tiefen Ebene fühlen können, als auch weil sie, selbst wenn sie ihr Unbehagen nicht kommunizieren, immer der Missachtung des Rudels ausgesetzt sind, besonders in unserer zunehmend brutalisierenden neo-darwinistischen Klepto-Kultur. Für die Rudelangehörigen ist die bloße Existenz derer, die weiter sehen können, anstößig, während für die Sensitiven die Existenz des Rudels oder möglicherweise gar der Existenz als solcher anstößig ist.

Selbst wenn sie sich entscheiden, stumm zu bleiben oder sich anzupassen, lässt sie ihre größere Sensitivität herausstechen, oft schon in jungem Alter. Anpassung bedeutet oft, dass man die Tatsache außer Acht lässt, dass jene, die Forderungen nach Anpassung stellen (Linke wie Rechte, Alternative genauso wie die im Mainstream), selbst heuchlerisch, brutal und korrupt sind. Manche entschließen sich, ihre Sinne abzustumpfen oder sich kurzzeitig ins Vergessen zu flüchten, doch wenn der kreative Ruf stark genug ist, werden sie stets auf das existenzielle Verlangen zurückgeworfen, den Gefahren und Chancen ihrer visionären Zwickmühle Ausdruck zu verleihen.

Manche durchlaufen einen zerstörerischen (wenngleich auch potentiell kreativen) Kreis der Bewusstwerdung, Bewusstseinsverdrängung und erneuten Bewusstwerdung, oder werden in diesen gezogen oder gezwungen. Kollektiver oder individueller Ausdruck kann eine Alternative bieten, dennoch können die Risiken für das Individuum, sich auszudrücken oder diese Belastung umzuwandeln, sehr hoch sein. Dennoch kann es noch viel gefährlicher sein, in stummer Selbstunterdrückung zu verbleiben, selbst wenn jene in dieser Zwickmühle aus besserer Erfahrung wissen, dass die Wächter des Mittelmaßes und Konformismus konstant in »Alarmbereitschaft« sind, bereit sich zu empören. Überdies geben jene, die versuchen, unabhängig und sensitiv zu leben wie zu erschaffen, selbst wenn sie nicht aktiv sind, ein noch besseres Ziel ab. Jene, die sich anmaßen, ihren Visionen eine Stimme zu geben, riskieren die doppelte Verachtung, selbst (oder manchmal gerade) von anderen, die ebenfalls marginalisiert werden oder Andersdenkende sind.

C Gerechtigkeits Liga Promo-Foto, ca. 1984
D G. L. live beim Wave-Gotik-Treffen 2008

Die *Gerechtigkeits Liga*-Tracks aus der ersten Hälfte der 80er Jahre repräsentieren frühe, verzweifelte Versuche, die richtige Frequenz zu finden, um aus Isolation und Unterdrückung in einen Raum auszubrechen, der, wenn auch immer noch negativ, zumindest im Ganzen ausdrucksstark ist. Sie waren notwendigerweise primitiv, widerlich, brutal und extrem. Dies reflektiert die Konventionen der Anfangstage des Industrial-Genres, wie auch die bittere Notwendigkeit des Ausdrucks unter allen Umständen. *Gerechtigkeits Liga* versuchte, sich die Kakaphonie widersprüchlicher Betrachtungen, Bilder und Klänge anzueignen und nutzbar zu machen, von denen der Sensitive permanent geplagt wird. Was wir zu hören bekommen, ist das stockende Hervortreten von späten Punk-Wurzeln und einer fragilen, teils industriellen Weltanschauung. Bizarre Tape-Experimente, vorgefundene Stimmfetzen, der verzerrte Bass und andere Elemente gingen schrittweise in einen fokussierteren Sound über, aus dem sich die mytho-poetischen Motive des ersten *Gerechtigkeits Liga*-Albums »Hypnotischer Existenzialismus« erheben.

In den Bremer Bunker-Studios, in schlecht ausgestatteten Heimstudios, und weltweit verstreuten Studios geschaffen, wurden die Werke von *Gerechtigkeits Liga* von Punk, Industrial, der Philosophie von E. M. Cioran, dem Erbe des Zweiten Weltkriegs und dem Kulturterror des darauffolgenden Kalten Krieges, okkulten und esoterischen Interessen und den ganz persönlichen Dämonen der Gruppe geprägt. Diese Tracks dokumentieren das, was heute als »verlorene« Ära erscheint, die von einigen zunehmend idealisiert wird, doch ihre Trostlosigkeit zeigt, dass das Leben in dieser atonalen Ära kein Zuckerschlecken war.

Für *Gerechtigkeits Liga* war und ist auch Film weiterhin eine wichtige Ausdrucksform, besonders auf der Bühne. Vielleicht veranschaulichen manche der Filme am besten die Art und Weise, mit der die Gruppe schrittweise einen persönlichen, aber auch universellen Mythos individueller und kollektiver Spannungen und Traumata gewoben hat. Dessen Ausgangspunkte waren eine akkumulierte »Außerörtlichkeit«, aber auch die Hoffnung, dass ein Weg vorwärts gefunden werden könnte.

Die auf »Per Ignem Ad Lucem«(B) versammelte Kollektion früher Aufnahmen und Filme zeigt das Bild einer sich entwickelnden Gruppe, um die es in den 1990ern ruhig geworden war, nur um zu Beginn des neuen Millenniums wieder aufzutauchen, deren Frühwerk aber von vielen erinnert (und gesammelt) wurde. Es zeichnet außerdem ein volleres Bild seiner Zeit und des Ortes, sowie der Post-Industrial-/Kassettenkultur, zu der auch die *Gerechtigkeits Liga* gehörte. Doch auf einer breiteren Ebene repräsentiert es auch das stellenweise abscheuliche, wenn auch bitterlich faszinierende Spektakel von Individuen, die zu Extremen des Ausdrucks getrieben wurden, von denen zumindest manche weitläufigere Effekte und Bedeutungen für die Hörerschaft erzeugt haben. Durch heroisches Beharren über die Jahre, in denen sie lange Perioden der Gleichgültigkeit und Feindseligkeit aushalten musste, hat die Gruppe eine Reihe verworrener Spuren hinterlassen, die die Dunkelheit ihrer Zeit für jene erleuchten, die sich mit ihr beschäftigen und von ihr fasziniert sind.

Schlussendlich ist das Schaffen von *Gerechtigkeits Liga* ein Ausdruck des Rechtes, nicht stumm bleiben zu müssen, und eine Anmahnung der systematisch verletzten Rechte der Sensitiven in einer strukturell unsensiblen und oft sinn- und bewusstlosen Gesellschaft.

— Im Untergrund des Kalten Krieges —

Till Brüggemann

In den Anfangsjahren von *G. L.* bewirkte die Tatsache, dass wir uns im Kalten Krieg befanden und Westdeutschland geografisch gesehen an der »Front« lag, eine unbeschreiblich beklemmende, nervöse und fast schöne apokalyptische Stimmung bzw. Atmosphäre, die wohl auch stark das rege Treiben der damaligen atonalen Künstler beeinflusste und auf subtile Weise bestimmte. Bevor ich mit dem *Gerechtigkeits Liga*-Projekt anfing, hatte ich in zwei Punk-Bands als Gitarrist gespielt. Ich war totaler Dilettant und hackte eigentlich immer nur auf dem armen Instrument herum. Meine Mitmusiker hatten auch andere Projekte am laufen, und somit war es nur eine Frage der Zeit, bis wir uns trennten um in »künstlerischer« Hinsicht unsere eigenen Wege zu gehen. Vom Punk-Sound schon eine Weile desillusioniert, suchte ich nach anderen musikalischen Alternativen. Die *Gerechtigkeits Liga* sollte eine Plattform für die neurotischen Obsessionen ihrer Mitglieder sein, was auch gelungen zu sein scheint, wenn ich mir die Aufnahmen aus den frühen 80ern heute so anhöre…

Unsere erste Veröffentlichung mit dem Titel »Scenes we'd like to see« erschien 1982 als Kassette: 50 Stück Auflage mit 4-seitigem Begleitbuch, auf dem schwarz-weiß Kopien von Archivfotos deutscher SS-Ärzte abgedruckt waren, aufgenommen nach Versuchen an lebenden Menschen. Der Titel war natürlich höchst ironisch, was aber von manchen völlig missverstanden wurde und uns in der Bremer Punk-Szene den Ruf eintrug, Neonazis zu sein – was völlig daneben war! Es frustrierte mich zur damaligen Zeit sehr, dass die deutsche Vergangenheit immer noch von vielen Bundesbürgern bewusst verdrängt wurde. Diese Tatsache war ein wesentlicher Ausgangspunkt, der uns dazu bewegte, dem Tape-Release diesen eigentlich unmissverständlich sardonischen Titel zu geben.

Dazu inspiriert hatte mich der Schriftsteller Primo Levi mit seinem Buch »Ist das ein Mensch – Erinnerungen an Auschwitz.«[1] Auf dem Tape, das wir im Eigenverlag produzierten, veröffentlichten wir Soundcollagen, die sich aus Bandschleifen, Synthesizer-Sounds wie etwa basslastigem Rauschen, sowie Metallsounds, die von field recordings stammten, zusammensetzten. Zum Teil wurden auch konventionelle Instrumente mit Verzerrern eingesetzt.

Als ich 1983 volljährig wurde, begann ich mit einem neuen Kollegen am *Gerechtigkeits Liga*-Projekt vollzeitmäßig weiterzuarbeiten. Der »Neue« war der Bremer Thomas Furch, Herausgeber eines Punk-Zines. Wir waren aus praktischen Erwägungen zusammengezogen und waren in einer Musikkooperative mit anderen Musikern und Bands zusammen, sodass alle das jeweils vorhandene Equipment nutzen konnten. Damals probten wir täglich in einem modernisierten Weltkriegsbunker, der im Fall eines Atomkrieges zwar keinerlei Schutz geboten hätte, aber trotzdem vom Bremer Senat zum Atomschutzbunker deklariert worden war. Diesen Bunker teilten wir uns mit ein paar anderen Bands. Wir fingen mittags an zu proben, um den anderen Gruppen zuvorzukommen, wobei Thomas sich im Lauf der Zeit zunehmend auf Klangcollagen konzentrierte, während ich mich um die Rhythmen und Strukturen kümmerte. An anderen Tagen verlagerte sich die Arbeitsaufteilung genau andersherum. Je nach Stimmung und Intuitionen. Dass wir in einem Bunker probten, erscheint mir rückblickend als passende Ironie; dieses Ambiente verstärkte die allgegenwärtige Paranoia und Untergangsangst noch – oder vielleicht lag's auch am Speed ... Jedenfalls war ich manchmal nach den Fernsehnachrichten überzeugt, dass die Welt am nächsten Tag im atomaren Holocaust untergehen würde, und war deswegen hin und wieder völlig fertig; am Rande des Nervenzusammenbruchs. Um unsere Sound- sowie Film- und Videoarbeit auf eine professionelle Basis zu stellen, gründeten wir unser eigenes unabhängiges Label, das wir Zyklus Records nannten. Nach der ersten Tapeveröffentlichung von »Scenes we'd like to see« von 1982 waren zwei oder drei Live-Mitschnitte über unser Label auf Tape veröffentlicht und per mailorder verkauft worden, im Laufe der Zeit kamen mehr *G. L.*-Tapes und auch Videos dazu.

Der Hamburger Dadaist Uli Rehberg, der heute unter seinem Pseudonym *Ditterich von Euler-Donnersperg* bekannt ist, organisierte mit *Whitehouse* und uns ein Konzert in Hamburg, zu dem allerdings leider nur sehr wenige Gäste kamen ... Trotzdem gingen wir mit der Einstellung einer Punk-Band an den Gig heran: es war sehr aggressiv, druckvoll, und um einiges härter als das, was es von uns auf Platten bzw. Tapes gab. Das lag auch daran, dass ich wie ein metaphorischer Spiegel agierte, indem ich die Stimmung des Publikums in mir verarbeitete und diese mit mehrfacher Kraft verbal zurückschleuderte. Uli war von unserem Live-Sound so beeindruckt, dass er in Erwägung zog, eine Platte mit *G. L.*-Studioaufnahmen auf seinem Walter Ulbricht Schallfolien-Label zu veröffentlichen, falls diese dem Live-Standard entsprechen würden. Zwar hatten wir bisher in keinem Studio gearbeitet, fanden aber nach kurzer Zeit ein 4-Spur-Studio in der Nähe von Bremen und machten uns an die Arbeit. Da es unsere erste Studiosession war, hörte sich das Ergebnis auch dementsprechend mies an. Uli verlor beim Anhören denn auch seine anfängliche Begeisterung, und wir entschieden uns schließlich, ein billiges 8-Spur-Studio in London zu finden, um das gesamte Material aufzuarbeiten.

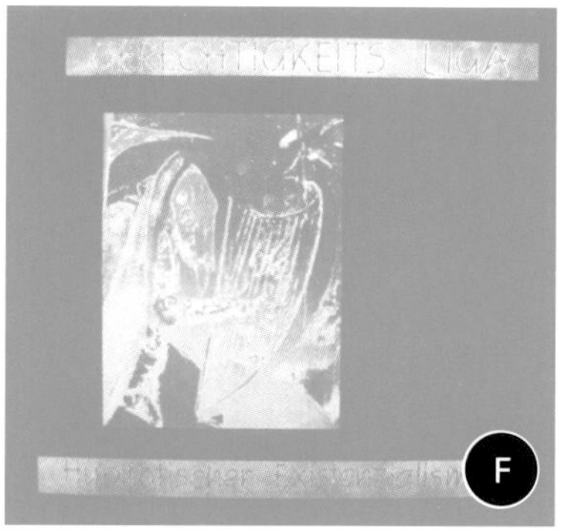

Wir waren einige Monate zuvor das erste Mal nach London gereist und hatten dort Graeme Revell von *SPK* [2], sowie Dominik Guerin und Colleen Ford (beide von der Filmfirma Twin Vision) kennen gelernt. Dominik war auch an anfänglichen *SPK*-Aufnahmen beteiligt, und er und Colleen arbeiteten damals an all den *SPK*-Videos und -Backgroundfilmen. Außerdem machten wir die Bekanntschaft von Brian Williams (*Lustmord*), sowie etlichen anderen Musikern. Nicht zuletzt durch diese Begegnungen kam es dazu, dass wir unsere LP »Hypnotischer Existenzialismus« schließlich bei Side Effects verlegten, das von Graeme Revell und Brian Williams betrieben wurde. Durch diesen ersten London-Besuch hatten wir auch einen Studiobesitzer und Musiker namens James Braddel kennen gelernt. Als wir wieder in London ankamen, machte uns James ein einigermaßen gutes Studioangebot, und wir fingen an, das 4-Spur-Master in seinem 8-Spur-Studio zu überarbeiten und neu zu mastern. Nach unserer Rückkehr konnten wir Uli trotz der Überarbeitung nicht mehr für eine Veröffentlichung auf seinem Label begeistern, also entschlossen wir uns, Geld zu leihen und die vier aufgenommenen Tracks auf einer 12"-Maxi auf unserem Zyklus-Label herauszubringen. Das Büro, eine Vertriebsfirma in Düsseldorf, zeigte auch sofort Interesse, die Platte ins Programm zu nehmen. Die »The Games Must Go On«-Maxi wurde dann als einmalige 500er-Auflage veröffentlicht.

E Die Gründungsmitglieder der G. L.: Frank Ströpken (li.) und Till Brüggemann (re.), Bremen 1981

F Covermotiv »Hypnotischer Existenzialismus« (LP bei Side Effects 1985, CD-Wiederveröffentlichung bei Isegrimm Records 2005)

G SPK live: Graeme Revell (li.) und Brian Williams (re.) in London 1983

1 Levi 1995. Primo Levi wurde im Jahre 1943 als 24-jähriger in Italien von faschistischen Truppen festgenommen und nach Auschwitz deportiert, wo er 1945 von den Russen befreit wurde.

2 Revell ist heute teuer bezahlter Komponist von Filmmusik in Hollywood und hat u. a. für Kassenschlager wie »Body of Evidence«, »The Crow«, »Strange Days« u.v. a. komponiert (Anm. d. Hrsg.)

Anfang der 80er Jahre arbeitete ich für die Tape-Veröffentlichungen mit sehr minimalistischen Mitteln wie vorbereiteten Soundcollagen von Tapes, die durch Gitarrenverzerrer oder sonstige Pedaleffekte manipuliert wurden. Unser Ausgangsmaterial waren primitive Samples, die wir mit einem Diktiergerät z. B. von Sperrmüllabholungen oder auch aus Fernsehen oder Radio aufgenommen hatten. Das Diktiergerät war zwar nur mono, war aber geschwindigkeitsverstellbar, wodurch wir das Material pitchen konnten. Die Sounds, die wir verwenden wollten, überspielten wir dann auf Kassetten und Tonbänder, wobei wir Loops mühselig durch vielfaches Kopieren derselben Sounds manuell herstellen mussten. Analog total! Außerdem verwendeten wir analoge Drummachines, E-Gitarren, Bass und Violine. Aufgenommen wurde das dann auf einem Fostex-8-Spur-Gerät, das nur eine Bandbreite von einem Viertel-Zoll hatte. Dadurch war das Gerät zwar gut zu transportieren, aber die Aufnahmen verloren an Dynamik, verglichen mit einer professionelleren Maschine. Abgemischt und gemastert wurden die Sachen schon digital; das begann damals gerade Einzug in die Studios zu halten, was den Klang erheblich verbesserte, aber auch sehr teuer war. Auf der LP »Hypnotischer Existenzialismus« hört man bereits einen digitalen Drumcomputer, den Drumulator, ein riesengroßes Teil, und einen polyphonen Roland-Synthesizer.

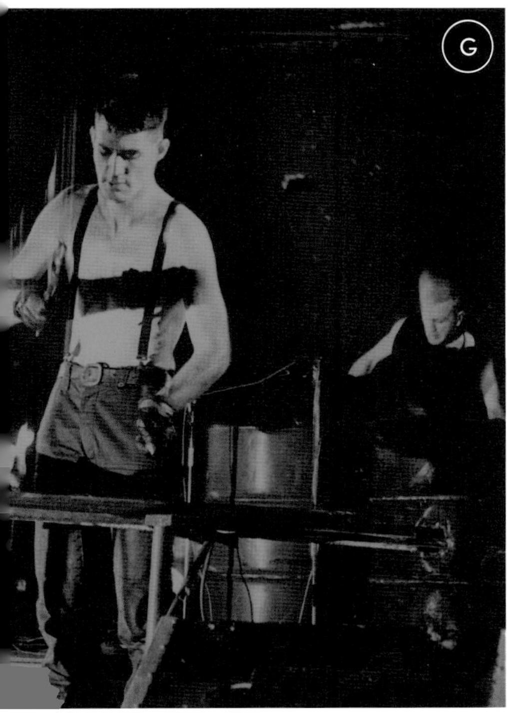

Ich hatte um 1982 auch angefangen, mit Super-8-Filmen, Video- und Dia-Projektionen zu experimentieren und diese mit Soundtracks in Form von krachigen Soundscapes zu unterlegen. In England besuchte ich – mit Unterbrechungen – zwischen 1987 und 89 die St. Martin School of Arts, um Experimentalfilm zu studieren, konnte aber die Finanzierung für meinen Abschlussfilm nicht zusammenkriegen. Ärgerlich, denn es war schon ein Privileg, dort überhaupt genommen zu werden. Eigentlich nutzte ich das College hauptsächlich, um an Equipment ranzukommen. Amüsanterweise kam ich aber nicht durch St. Martin in Kontakt mit anderen Filmleuten, sondern ausschließlich durch Freunde und Bekannte. Derek Jarman zum Beispiel, der auch mit *Coil* und *Psychic TV* zusammen arbeitete, lernte ich über einen gemeinsamen Londoner Freund kennen, und konnte später auch einen kleinen Nebendarstellerjob in dessen »War Requiem« bekommen.

Leute von *Test Dept.* vermittelten uns kurz nach dem Umzug nach London Statistenjobs bei der Produktion von Stanley Kubricks »Full Metal Jacket«. Kubricks Produktionsfirma hatte eine riesige Lagerhalle in den Londoner Docklands angemietet, die damals sowieso aussahen, als hätte dort ein Bürgerkrieg stattgefunden. Und dort trafen wir dann auch noch drei Leute von *Laibach,* die ebenfalls mitmachen wollten. Da wir damals in einem besetzten Haus ohne Strom und Telefon wohnten, musste jeden Tag einer von uns morgens um fünf zur nächsten Telefonzelle laufen, um bei der Firma anzurufen und nachzufragen, ob aus Wettergründen überhaupt gedreht werden würde. Wenn das Wetter okay war, nahmen wir die erste U-Bahn zur Baker Street, von wo aus man uns mit Bussen raus aufs Land transportierte, wo die Aufnahmen gemacht wurden. Man wurde voll rasiert, obwohl wir nur im Hintergrund durch die Gegend joggten, bzw. Militärdrill exerzieren mussten. Und dabei war ich seinerzeit von Bremen nach Westberlin gegangen, um mich der Bundeswehr zu entziehen![3] Das ging über mehrere Wochen so; Kubrick drehte wahnsinnig viel Material, von dem am Ende nur Bruchteile im fertigen Film zu sehen waren. Als Regisseur hätte ich manche der Szenen mit Sicherheit verwendet. Wenn man sich also »Full Metal Jacket« ansieht, kann man im Ausbildungscamp im Hintergrund zahlreiche Experimentalmusiker schwitzen sehen …: Big John, der mit Angus von *Test Dept.* zusammen wohnte, und ex-*SPK*-Mitglied Carrel Van Bergen, die damals bei der *Band Of Holy Joy* waren, für die ich mal einen Gig in Brighton gemischt habe, und wir teilten uns auch eine Zeitlang den Übungsraum. Auf dem »FMJ«-Set habe ich auch Jason Gilliam kennen gelernt, einen Australier, der gerade von Berlin nach London gezogen war. Mit Jason arbeitete ich dann bis etwa 1989 an *Gerechtigkeits Liga* weiter, bis er begann, in elektronischere, tanzbarere Richtungen aufzubrechen. Später wurde das dann als Techno bezeichnet. Schade, dass John Murphy und ich erst später miteinander in Kontakt kamen; wie sich zeigte, hätte er uns gerne für den EQUINOX-Event gebucht, aber zu dieser Zeit waren wir noch schwerpunktmäßig in Deutschland, und er hatte keine Möglichkeit, direkt mit uns in Kontakt zu treten. Heute ist John ein alter Freund, mit dem ich auch gelegentlich Musik mache. Irgendwo gibt es noch Aufnahmen von einer Impro-Session mit ihm und dem australischen Chaos-Magier Orryelle Defenestrate-Bascule, aber um die zu veröffentlichen, müsste noch viel Arbeit und Zeit in die Aufbereitung und Bearbeitung des Materials gesteckt werden.

A propos Magie: Zu der Zeit hatte ich mir das angebliche original-»Necronomicon« geliehen, das in den Geschichten von H. P. Lovecraft eine zentrale Rolle spielt, hatte daran aber bald das Interesse verloren. Eine Mitbewohnerin, die das Buch entdeckte – und überzeugte Christin war – bekam einen Riesenschreck und verlangte, ich solle es innerhalb von 24 Stunden aus dem Haus schaffen – was mich extrem amüsierte … Zumindest bin ich durch dieses Buch später auf H. R. Giger aufmerksam geworden, mit dessen Arbeit ich wesentlich mehr anfangen konnte. Durch die weitreichende, internationale Korrespondenz, in die ich zunehmend verwickelt wurde, nachdem in einigen Zines Artikel und Rezensionen über *G. L.* erschienen waren, flatterte mir allerdings manch bizarres ins Haus, z. B. Post vom WORLD SATANIC NETWORK …

Im Lauf der Jahre habe ich mich mit verschiedenen spirituellen Themen beschäftigt, diverse Bücher darüber gelesen, und hatte u. a. im damaligen West-Berlin okkulte Erlebnisse, denn gerade dort manifestierten sich einige der negativsten Energien, die zum Teil durch die geografische Isolation entstanden. Übrigens möchte ich hier bitte nicht missverstanden werden: Ich assoziiere mit dem Begriff okkult in keinster Weise etwas Negatives. Jedenfalls blieb es nicht aus, dass sich einige okkulte Strömungen in meiner Musik manifestierten. Ein Beispiel dafür war ein Compilation-Projekt, das von *Club Moral* zusammengestellt wurde.

H Stammesfetisch als Bandsymbol: stilisierte Totenmaske
Throbbing Gristle als Titelthema des Apocalypse A Go
K Go-Zines, ca. 1981

3 Bewohner von West-Berlin waren aufgrund der Inselsituation der Stadt im Kalten Krieg vom Wehrdienst in der Bundeswehr befreit.

4 Die enochische Sprache wurde das erste Mal von John Dee (dem Haus- und Hofmagier von Elisabeth I.) und Edward Kelley im 16. Jahrhundert niedergeschrieben, hat ein eigenes Alphabet und eine eigene Syntax. Es hat den Ruf, Wahnsinn und möglicherweise Tod für diejenigen zu bringen, die sich nicht für das Ritual vorbereitet haben – Die Gerechtigkeits Liga erhielt den 14. Schlüssel, den ich in enochisch rezitierte. Der Einfachheit halber hier die englische Übersetzung:
O you sons of fury, the daughters of the just, which sit upon 24 seats, vexing all creatures of the earth with age, which have under you 1663: behold the voice of god, the promise of him which is called amongst you Fury or Extreme Justice. Move therefore and show yourselves: open the mysteries of your own creation: be friendly unto me: for I am the servant of the same your god, the true worshipper of the highest.

Der Titel dieses Tapes, welche 1986 als limitierte Auflage von 500 nummerierten Exemplaren veröffentlicht wurde, war »19 Keys / 19 Bands«. Thematisch behandelte die Compilation die 19 enochischen Schlüssel oder Anrufungen, und jeder teilnehmende Musiker bzw. Projekt erhielt einen der Schlüssel, welcher dann als chant oder gesprochen in das jeweilige Musikstück integriert werden sollte. Das war die Voraussetzung zur Teilnahme![4] Rückblickend ein wirklich sehr interessantes Projekt!

Zufall ist ein Konzept, dem ich nicht vertraue. Man sollte die Welt als ein Netz aus vielfach verknüpften Geschehnissen (und Geschichten) betrachten. Die Ursprünge meines Interesses an solchen Dingen liegen aber weiter zurück: Ich hatte schon gegen 1983 begonnen, mich für ethnische Songstrukturen aus aller Welt und »tribal«-Rhythmen zu interessieren. Die Herkunft, bzw. der Ursprung sogenannter »primitiver« Musik ist ja die Stammeskultur. Zur selben Zeit las ich Mircea Eliades Buch über »Schamanismus und archaische Ekstasetechnik«, welches mich in meiner Absicht bestärkte, vermehrt mit diesen Elementen zu arbeiten und sie in meine Musik zu integrieren. Etwa zu dieser Zeit experimentierten wir auch mit psychedelischen Drogen: hauptsächlich mit Pilzen, die man im Herbst auf den norddeutschen Wiesen sammeln konnte, aber auch mit Acid (LSD). Die Einblicke, die diese Substanzen ermöglichen können (und ich betone: können, nicht müssen!), waren schon sehr aufschlussreich, interessant und in kreativer Hinsicht auch nützlich, aber die meisten und besten Ideen bekomme ich durch anregende Gespräche mit Freunden und Kollegen. Der Großteil meiner Inspiration kommt allerdings aus meiner »inneren Dunkelheit«. Ich lebe sehr zurückgezogen, was sich vielleicht seltsam anhört, wenn man bedenkt, dass London eine Metropole ist. Aber gerade in Gegenden, in denen menschliches Massentreiben herrscht, kann man sich am einsamsten – und misanthropischsten – fühlen.

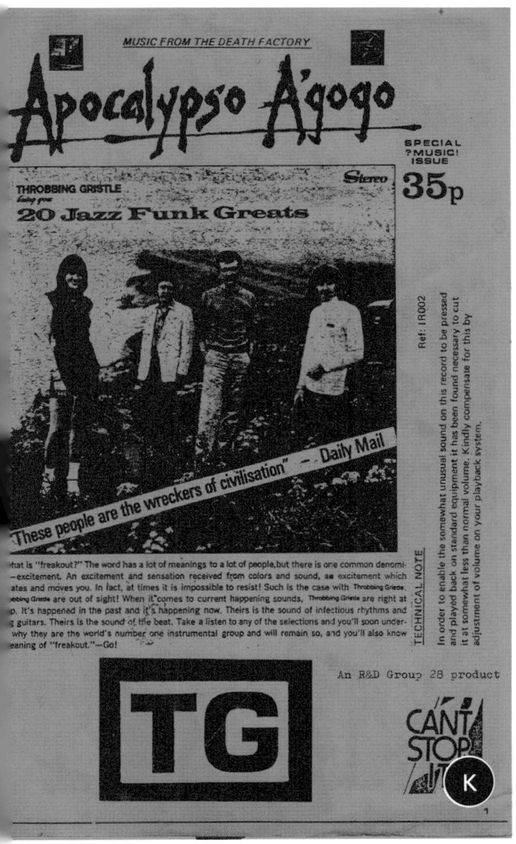

Damals empfand ich ein starkes kreatives Bedürfnis, eine Komposition zu erschaffen, die einen Teil der menschlichen Evolution symbolisierte, und verwendete dazu neben den ethnischen Samples und archaischen Rhythmen auch atmosphärische Sounds und düstere Industrial-Klänge. Vielleicht die akustische Version dessen, was H. R. Giger auf optische Weise mit seiner Fassung des »Necronomicon« angestellt hatte. Es waren ethnische Klänge, aber auch ziemlich gegensätzliche Dinge wie gregorianische Chöre, die mich inspirierten – obwohl diese schamanistischen Rhythmen und Sounds das sakrale Element gemein haben … Und als mir damals von Freunden die erste *SPK*-Single »Mekano« vorgespielt wurde, war ich von deren Sound sehr begeistert. Kurz darauf hörte ich die *SPK*-Alben »Information Overload Unit« und »Leichenschrei«, die ich für totale Klassiker hielt. Außerdem fand ich *SPK's* Konzept wirklich genial. Dazu kamen die ersten *Throbbing Gristle*-Alben wie »The Second Annual Report«, »D.O.A.« und auch »Discipline«, welche mit *SPKs* Statements aber nicht wirklich vergleichbar sind. Ein anderer Klassiker waren *Faktrix* aus den USA, aber auch Gruppen wie die *Swell Maps* und *Einstürzende Neubauten* hinterließen positive Spuren bei mir. Klassische Musik hörte ich auch, allerdings beschränkte sich das größtenteils auf Penderecki, Strawinsky und Prokofiev und ein paar andere.

Während meiner ersten USA-Tournee 1984 hatte ich die große Ehre, während eines zweitägigen Aufenthalts in Lawrence, Kansas, William S. Burroughs zu treffen, dessen Bücher ich als Jugendlicher geradezu verschlungen hatte. Ich war mit einem Bill von der (nicht mehr existenten) Video-Firma Fresh Sounds verabredet, der mich eingeladen hatte, die zwei Tage bei ihm zu verbringen, und mit ihm einen Exklusivvertrag für Nordamerika für das *G. L.*-Videomaterial zu machen – und um ein bisschen Erholung vom Tourneeplan zu haben. Es stellte sich heraus, dass er ein guter Freund von Bill Burroughs war, und am nächsten Tag wurden wir zum Schießen (was sonst?) auf Burroughs' Grundstück draußen auf dem Land eingeladen!

Also fuhren wir am nächsten Morgen zu dem Haus, in dem Burroughs zu der Zeit lebte. Ich sprang aus dem Auto und klopfte, und einige Zeit später wurde sie von einem ziemlich dünnen älteren Mann geöffnet. Ich erkannte fast sofort die Gesichtszüge und konnte gar nicht glauben, dass ich ihm gegenüberstand, seine Hand schüttelte und wir uns vorgestellt wurden – hier muss ich erwähnen, dass mein Englisch zu der Zeit fürchterlich, und die Konversation deshalb von da an sehr einfach gehalten war. Bill B. stellte mir seinen Boyfriend vor, sammelte seine Waffenkoffer zusammen, und Minuten später fand ich mich auf dem Rücksitz eines Wagens wieder, auf dem Weg zum Grundstück, mit einem kurzen Halt zum Einkaufen von Munition für seine Pistolen (er benutzte nur Handfeuerwaffen). Als wir schließlich bei der Hütte, die sich mitten im Nirgendwo befand, ankamen, verbrachten wir einen großartigen Nachmittag mit dem Durchprobieren von Bills besten Schießeisen. Runde um Runde ohne Ende haben wir geschossen; Zielübungen unter blauem Himmel, und natürlich die Freude der Tatsache, in Gesellschaft eines der einflussreichsten Schriftsteller des 20. Jahrhunderts zu sein – das war einmalig! Im Laufe des Tages fragte ich ihn, ob er denn noch Drogen nehmen würde, aber außer ab und zu Gras hat er wohl nichts zu sich genommen.

Etwa ein Jahr später traf ich Graeme Revell wieder und erzählte ihm von meinem Treffen mit Burroughs. Darauf erzählte er mir, dass sie ein paar Jahre zuvor auf einer ihrer US-Tourneen exakt dasselbe Treffen erlebt hatten: Sie hatten auch in Lawrence halt gemacht, einen Video-Deal mit Fresh Sounds unterschrieben, Burroughs getroffen und sind mit ihm Schießen gegangen …

Bevor es in den 90er Jahren still um *G. L.* wurde, gibt es noch eine bizarre Anekdote, die verdeutlicht, mit was für Missverständnissen und Vorurteilen (nicht nur) wir zu kämpfen hatten: Wir schrieben das Jahr 1987, und unsere in London ansässige neue Managerin namens Beata hatte es mit harter Arbeit und viel Zeitaufwand fertig gebracht, ein kleines Festival an der Hochschule für Technik in Westberlin zu organisieren. Außer der *Gerechtigkeits Liga,* deren Mitglieder mittlerweile in London ansässig waren, sollten noch drei andere Londoner Gruppen auftreten, an deren Namen ich mich leider nicht mehr erinnern kann. Die Flüge sind für alle von uns im Voraus gezahlt und gebucht worden, und die Gagen sollten wie üblich nach Abschluss jeder Band-Performance an die Musiker ausgezahlt werden. Die *G. L.* besteht zu dieser Zeit aus einem in London ansässigen Australier namens Jason Gilliam und mir, dem Gründungsmitglied. Außerdem hatten wir uns vorgenommen, in Berlin mit Sven Röhrig (später zu Techno-Zeiten bekannt als *3Phase*) aufzutreten und sind aus diesem Grunde eine Woche früher angereist, um proben zu können und die letzten filmischen Vorbereitungen zu treffen, da es sich wie immer bei der *G. L.* um eine Multimedia-Performance mit Film und Dia-Projektionen handeln sollte.

Für das kleine Festival ist mittlerweile im Westteil Berlins reichlich Werbung in Form von Plakaten und im Radio gemacht worden, und es scheint ein gut besuchter Abend zu werden.

Ich bin fleißig mit dem Sortieren und den letzten Schnitten am Filmmaterial beschäftigt, während meine Kollegen an Soundmontagen für den Aufritt arbeiten. Die Proben haben wir schon hinter uns und freuen uns, nach den einwöchigen Vorbereitungen am kommenden Tag auftreten zu können, als wir die Nachricht erhalten, die *G. L.* würde verdächtigt, frauenfeindliche Filme und Videos am Abend des Auftritts zeigen zu wollen – und das gesamte Festival wäre nun kurzfristig abgesagt worden. Wir wollten es nicht glauben; ich verstand nicht, wie ein solches Gerücht entstehen konnte und bin stundenlang am Grübeln gewesen, warum und von wem dieses Gerücht verbreitet wurde. Dann erinnerte ich mich, vor einiger Zeit in London einige VHS-Videos mit kurzen Clips unter dem Titel »Primitive Culture in

L Compilation »Statement 1961«: 32 Bands auf zwei LPs, einer CD und einer 7"-Single in 4-facher Klapphülle, auf der die Namen und Todesdaten der Maueropfer verewigt sind (Ironflame 2004)

M Compilation-LP »Neue Deutsche Post-Avantgarde«, vom Goethe-Institut São Paulo in Auftrag gegeben. Bis auf 150 in Deutschland verbliebene Exemplare sollen alle restlichen 2.800 auf dem Weg nach Brasilien verloren gegangen sein (Audiplex 1988)

Our Society« verkauft zu haben. In einem collageartigen Clip hatte ich kurze Schnipsel aus einem Hardcore-Porno und aus eigens gefilmten Videoszenen zusammengeschnitten. Das Ganze machte ich damals mit dem Hintergedanken der cut-up Technik, die von Bryon Gysin und W. S. Bourroughs entdeckt wurde, die ich auf den schnitttechnischen Bereich von Filmen und Videos ausweiten wollte, um dabei die primitiven, fast ritualistischen und zum Teil krankhaften Gewohnheiten der westlichen Konsumgesellschaft zur Schau zu stellen. Dieser Video-Clip gelangte dann nach dem Verkauf durch Rough Trade irgendwie in die Hände einer oder mehreren Studentinnen, die das Video meiner Meinung nach missinterpretierten und Jahre später Alarm bei der Studentenvereinigung auslösten, nachdem sie vom geplanten *G. L.*-Konzert erfahren hatten. Nun wurde uns das Image einer frauenfeindlichen Band angedichtet, ironischerweise ohne dass man wahrgenommen hätte, dass diese »frauenfeindliche Band« eine Managerin an Bord hatte …

Durch die Absage litten auch alle anderen Gruppen an der bizarren Fehlentscheidung des Studentenrats, der natürlich mit in die Angelegenheit gezogen wurde, denn dieser hatte sich ja als Geldgeber und Co-Organisator an der Veranstaltung mitbeteiligt und durch die Kurzsichtigkeit der absurden Absage auch mitschuldig gemacht. Als Nächstes versuchte ein Sprecher der Studentenvereinigung, die Gagen für die Beteiligten einzubehalten, und es kam zu massiven Drohungen von Seiten aller Musiker, die an diesem Abend hätten spielen sollen. Der harmlos wirkende Mann wurde dann mit Androhung »schwerer physischer Schäden« dazu gezwungen, zur nächsten Bank zu gehen, um die volle Gage für alle Bands vom Konto der Studentenvereinigung abzuheben und auszuzahlen. So gelangten wir nach vielem Hin und Her wenigstens noch an unsere Gage …

Die 90er hindurch lebte ich relativ zurückgezogen in London und widmete mich der Musik nurmehr nebenbei, nicht zuletzt weil ich produktionstechnisch auf mich selbst gestellt war. Im Jahr 2001 wurde ich dann von Stefan Schwanke, der die Ironflame-Infowebseite betreibt, gefragt, ob ich Interesse hätte, einen *Gerechtigkeits Liga*-Track für seine Compilation »Statement 1961« aufzunehmen. Da ich schon längere Zeit mit dem Gedanken gespielt hatte, neues *G. L.*-Material zu veröffentlichen, kam mir dieses Angebot sehr gelegen. Außerdem gefiel mir die Thematik des Projekts, da es um Aufbau und den Fall der Berliner Mauer ging, und ich in jüngeren Jahren ja für kurze Zeit in West-Berlin gelebt hatte. Anlässlich der Veröffentlichung der Compilation im Juni 2004 gab es einen Konzertabend in Berlin, bei dem ich neben Künstlern wie *Schloss Tegal, Club Moral, CO Caspar,* etc. auftrat.

»Statement 1961« ebnete mir wieder den Weg in die Industrial-»Szene«, welche sich jedoch in mancher Hinsicht nicht unbedingt zum Besseren entwickelt hatte … Andererseits sind durch Industrial viele andere Musiksubkategorien entstanden, von denen manche durchaus faszinierend sind. Aber noch mal kurz zum eigentlichen Thema: Bei dem Konzert in Berlin wurde ich von einigen alten Bekannten wie *Graf Haufen,* der 1988 mit uns auf dem Sampler des Goethe-Instituts vertreten war, aber auch von anderen netten Besuchern angesprochen. Einer davon war Lerry Dimitrow, der wenig später sein eigenes Label Isegrimm Records gründete, um die erste *G. L.*-Maxi »The Games Must Go On«, das Album »Hypnotischer Existenzialismus« und sieben Live-Tracks als Digipak-CD neu zu veröffentlichen. 2008 ist bei Vinyl On Demand (VOD) eine Doppel-LP plus DVD mit frühen Studio- und Live-Aufnahmen erschienen, die die Dokumentation der ersten Schaffensphase von *G. L.* weitgehend komplettiert: »Per Ignem Ad Lucem«. Das jüngst mit *DJ Ragnar* in Berlin fertiggestellte Album »Dystopia«, das erste Studiowerk seit 25 Jahren, wird in Kürze erscheinen.

A

Schwarzhören im Osten

Die Szene in der DDR

DJ Ørlög

A Ost-Punks vor dem Lenin Denkmal in Ost-Berlin,
B Irgendwo in Ost-Berlin
C Punk-WG in Ost-Berlin

Als im letzten Jahr die großen Feierlichkeiten zum 20. Jahrestag des Mauerfalls in Berlin stattfanden, stiegen auch in mir spontan Erinnerungen an die Zeit meiner Jugend im Ostberlin der achtziger Jahre auf. Eine Zeit, in der wir rebellierten und der staatlichen Jugendbewegung in der DDR unsere eigene Subkultur entgegensetzten.

Obgleich die Deutsche Demokratische Republik formal den Prinzipien des Demokratischen Zentralismus folgte, übte die Sozialistische Einheitspartei Deutschlands (SED) mit ihren Organen faktisch die absolute Macht im Staate aus. Um diese Macht »zum Wohle des Volkes« zu sichern, kontrollierten zahlreiche Organisationen und Organe der Partei nahezu alle Bereiche des gesellschaftlichen Lebens. Der Lebensweg des DDR-Bürgers führte ab der Kindheit durch die verschiedenen Organisationen (z. B. »Pionierorganisation«, »Freie Deutsche Jugend«, »Gesellschaft für Sport und Technik« »Freier Deutscher Gewerkschaftsbund«, »Deutsch-Sowjetische Freundschaft«), welche die sozialistischen Werte und Normen vermittelten, das Individuum fest in die Gemeinschaft einbanden und damit den Aufbau einer sozialistischen Idealgesellschaft auf deutschem Boden vorantrieben. Doch schon seit der Grün-

dung des sozialistischen Deutschland im Jahre 1949 hatte es immer wieder junge Menschen gegeben, denen die Diskrepanz zwischen den eigenen Lebensvorstellungen und der gelebten Realität ein ausreichender Grund war, aus dem System auszubrechen, sich abzugrenzen und alternative Lebenskonzepte zu entwickeln. In diesem Kontext bildete sich Ende der siebziger, Anfang der achtziger Jahre eine alternative Szene, die in der Avantgarde- und Punk-Szene des kapitalistischen Auslands wurzelte und aus der sich schließlich auch eine schnell wachsende Gemeinschaft von – damals sogenannten – »Gruftis« entwickelte. Im Gegensatz zu der eher politisch ambitionierten Punk-Szene, dominierte hier in Hinsicht auf die gesellschaftlichen Zustände und auf das eigene Leben eher eine gewisse Resignation, die bei nicht wenigen in eine aussichtslose Depression umschlug. Bei der Suche nach sich selbst und dem Lebenssinn stieß man als junger Mensch immer wieder an die engen Toleranzgrenzen der Gesellschaft. Lehnte man den sozialistischen Weg für sich – aus welchen Gründen auch immer – ab, wurde man schnell zum Staatsfeind gemacht. Die Konsequenzen, die sich daraus ergaben, war die Ächtung anerkannter gesellschaftlicher Strukturen und des angepassten Bürgers einerseits und die Repression durch die staatlichen Organe andererseits. Häufig kam es zu verbalen Auseinandersetzungen und sogar Prügeleien zwischen ganz normalen angepassten Bürgern und den »Gruftis«, wobei sich letztere nicht selten Kommentare wie »Früher hätte man Euch vergast!« oder »Man sollte Euch an die Wand stellen!« anhören mussten. Mit dem Aufkommen von Hooligans und Nazi-Skinheads eskalierten dann auch die Auseinandersetzungen in Jugendklubs und auf der Straße und führten nicht selten zu Hetzjagden auf die »Gruftis«, bei denen so gewalttätig vorgegangen wurde, dass es häufig zu schwersten Verletzungen kam.

Parallel dazu überwachten die Organe der Staatssicherheit und der Volkspolizei die »negativ-dekadenten Subjekte«, die man anfangs jedoch nicht richtig einschätzen konnte und der »Punk-Szene« zuschlug. Personenkontrollen, Vorladungen zu Gesprächen, Platz- und sogar Stadtverweise und seltener auch Inhaftierungen gehörten zum Alltag. Trotzdem versuchte man irgendwie seinen Platz in, beziehungsweise neben der Gesellschaft zu finden. Das wichtigste verbindende Element war damals noch die Musik. Der Soundtrack passend zum grauen

D Repression und Überwachung: Gruftis in Ost-Berlin,
E Grilletta am Alexanderplatz
F Punk Attitude: Punk in Ost-Berlin
G Dasselbe Spiel in Ost und West: Zum Haare schneiden müssen Freunde ran

Alltag in der DDR kam von den großen musikalischen Vorbildern jenseits der Mauern und Stacheldrähte *Joy Division, The Cure, Siouxsie and the Banshees, Dead Can Dance, Sisters Of Mercy, Einstürzende Neubauten, Clan Of Xymox, Cocteau Twins, New Model Army* und vielen anderen Bands. Allerdings war es äußerst schwierig überhaupt an die Musik zu kommen, denn in der DDR hatte das staatlich kontrollierte Plattenlabel AMIGA das Monopol auf Veröffentlichungen im populären Musikbereich. Bis Ende 1989 erschienen dort kaum eine Handvoll brauchbarer Tonträger. Zu denen zählten der Sampler »Parocktikum« mit einigen Bands der alternativen Szene der DDR, eine 7"-Single mit vier Stücken von *The Cure* und das *Depeche Mode*-Album »Greatest Hits«. Der wichtigste Weg, um an die Musik zu gelangen, waren jedoch Bekannte und Verwandte aus der BRD, welche die entsprechenden Platten besorgten. Diese Schätze wurden sorgsam gehütet und auf Tapes überspielt, die dann auch mal zum erneuten Überspielen verliehen wurden. Die Qualität solcher Aufnahmen war natürlich denkbar schlecht, aber das war damals eigentlich auch nicht so wichtig. Die andere Möglichkeit an gute Musik zu kommen war das Jugendradio DT 64. Es ist bis heute kaum zu erklären, wie der damalige Verantwortliche und Moderator Lutz Schramm es schaffte, die Sendung »Parocktikum« zu etablieren, bei der er an der staatlichen Zensur vorbei unangepasste Independent-Musik spielte, die genau unseren Nerv traf. Möglicherweise wird hier auch der Versuch des Staates sichtbar, Einfluss bei Leuten zu gewinnen, die einen alternativen Weg beschritten. Den meisten war es jedenfalls egal, welche Intention wirklich hinter der Sendung stand. Mit dem Kassettenrecorder schnitt man die entsprechenden Titel mit und war froh, dass die Moderation auf die Zeit zwischen den ausgespielten Songs beschränkt wurde. Natürlich verbrachte man nicht die gesamte Zeit mit der Musikbeschaffung. Genauso wie andere Jugendliche auch traf man sich gern in größeren Gruppen, vorzugsweise am Berliner Alexanderplatz, und fuhr dann von dort zu privaten Partys, zu Konzerten oder besuchte die einschlägigen Klubs wie ROTKAMP, FUTURE, BARTHER in Berlin-Hohenschönhausen, das CAFÉ NORD

H Montags trifft sich die Berliner Szene im Duncker-Club (Prenzlauer Berg): Flyer, 2009
K Selbstgebastelter Schmuck und selbstgenähte Klamotten: Ost-Berliner Grufts 1988
L Im Live-Club auf der Tanzfläche, Berlin 1989

und den noch heute von »Gothics« frequentierten Duncker Klub in Berlin-Prenzlauer Berg. Später jedoch wurden die Auseinandersetzungen mit den rechten Hooligans und den Nazi-Skins in Hohenschönhausen so heftig, das direkte Lebensgefahr bestand und nach einer Alternative gesucht wurde, die man schließlich im Berliner Live-Club in Berlin-Friedrichshain fand. Bis zur Öffnung der Grenzen und noch ein zwei Jahre danach war der Live-Club die Location für die Berliner Schwarze Szene und darüber hinaus. Bedenkt man die Repressalien unter denen die Szene in der DDR zu leiden hatte, erstaunt die doch recht lebhafte Independent-Live-Musik-Szene. Spezielle »Gruftimusik« gab es zwar – von einigen Ausnahmen wie *Non Toxic* abgesehen – kaum, aber man besuchte auch gern die Auftritte linksalternativer und avantgardistischer Bands, wie z. B. *Die Anderen, Die Vision, Wartburgs Für Walter, Expander Des Fortschritts, Tina Has Never Had A Teddy Bear, AG Geige, Die Skeptiker, Feeling B, Herbst In Peking, Die Firma, Die Art, Sandow* oder *Rosengarten,* von denen auch eigenproduzierte Tapes angeboten wurden. Bei dem Besuch dieser Konzerte kam es natürlich häufig auch zu freundschaftlichen Kontakten zur Berliner Punk-Szene, obgleich die »Gruftis« von dieser immer als etwas suspekt empfunden wurde. Einerseits hörten »Die Schwarzen« zwar teilweise die gleiche Musik, andererseits waren sie zum Großteil nicht sehr politisch, und in gewisser Weise umgab sie ein morbider Hauch von Todessehnsucht, den viele Punks nicht nachvollziehen konnten. Wirkliche Höhepunkte waren die Auftritte von *Depeche Mode* im März 1988 und *Phillip Boa And The Voodooclub* im September 1989 in der Werner-Seelenbinder-Halle. Die etwa 5.000 Konzertkarten für *Depeche Mode,* die sich in der DDR auch bei vielen normalen Jugendlichen einer großen Beliebtheit erfreuten, wurden von den staatlichen Funktionären verschiedener Organisationen an verdienstvolle Bürger als Prämie ausgegeben, so dass es für die wirklichen Fans extrem schwierig war, sich Zugang zu diesem Konzert zu verschaffen. Entweder kaufte man die Karten zu schier unglaublichen Preisen von jenen Privilegierten oder man kletterte über Zäune und Dächer und versuchte so die scharfen Kontrollen der FDJ-Ordnungsgruppen zu umgehen, was allerdings nur sehr wenigen gelang. Das Konzert der Westberliner Band *Element of Crime* und der Ostberliner Punk-Formation *Die Firma* im Oktober 1987 in der Zionskirche wurde von einer Gruppe rechter Skinheads überfallen, die wieder einmal zahlreiche Konzertbesucher schwer verletzten. Dieser Vorfall wurde recht bekannt, weil die anwesenden Volkspolizisten und Angehörigen der Staatssicherheit nicht eingriffen und es später zu sehr milden Urteilen für die Täter kam. Auch wenn diese Überfälle leider viel Raum im »Szeneleben« einnahmen, so bewirkten sie eigentlich nur, dass die Berliner Szene immer enger zusammenrückte und bald eine eingeschworene Gemeinschaft bildete, wo jeder jeden kannte, man sich vertraute und den gemeinsamen Interessen nachgegangen wurde. Zu denen gehörte neben der Musik, Kunst und Literatur auch der Austausch hinsichtlich der besonderen Mode. Es ist heute kaum noch vorstellbar, aber von der »Farbe Schwarz« wurde in der Textilindustrie der DDR kaum Gebrauch gemacht. Nur äußerst selten wurden schwarze Kleidungsstücke angeboten und wenn, dann war der Schnitt eigentlich nicht zu gebrauchen. Zuweilen gab es im Bestattungsbedarf schwarze Anzüge oder Kleider, die dann auch gern von den »Gruftis« gekauft wurden. Am gebräuchlichsten war es jedoch, Klamotten mit einem halbwegs passablen Schnitt und Meterware Stoff mittels schwarzer Färbetabletten einzufärben. Aus dem Stoff wurden dann die passenden Kleidungstücke selbst geschneidert: weite Umhänge, Hosen und Oberteile, es gab nichts, was nicht selbst genäht wurde. Ähnliche Kreativität war auch beim Schuhwerk notwendig: Pikes oder Doc Martens konnte sich kaum jemand aus dem »Westen« mitbringen lassen, da sie auch dort schon relativ teuer waren und zum damaligen Kurs hätte man umgerechnet ein bis zwei Monatsgehälter

dafür ausgeben müssen. Also suchte man nach anderen Möglichkeiten und fand sie in den Wanderschuhen einerseits und in dem eigentlich aus der Mode gekommenen spitzen Schuhwerk der Eltern aus den 60er Jahren, das dann selbstverständlich auch schwarz eingefärbt wurde. Zu der selbstgenähten Kleidung und den eingefärbten Schuhen wurden schwere Ketten mit zum Teil beachtlichen Kreuzen getragen, und das passende Make-up und die Frisuren wurden von den musikalischen Vorbildern Siouxsie und Robert Smith übernommen. Es ist klar, dass die »Gruftiszene« in diesem Outfit extrem auffiel und gerade in der Hauptstadt der DDR, die eigentlich als sozialistische Idealstadt nach außen hin von den Vorzügen der modernen Gesellschaft künden sollte, den staatstreuen Organen ein Dorn im Auge war. Auch wenn man nach einiger Zeit erkannt hatte, dass von den »Gruftis« keine aktive politische Gefahr ausging, so war diese Szene doch zumindest nicht repräsentativ für den Staat und blieb weiterhin suspekt. Deshalb folgten der Überwachung von Außen mit der Einschleusung »Inoffizieller Mitarbeiter« auch die Überwachung von Innen und schließlich sogar Bestrebungen zur Zersetzung der Szene. Dazu wurde lediglich das Gerücht verbreitet, dass einige »Szenepersönlichkeiten« für die Staatssicherheit arbeiten würden. Die Folge war ein großes gegenseitiges Misstrauen innerhalb der Szene und eine Aufspaltung in kleinste Grüppchen. Im Gegenzug revanchierten sich Ende der achtziger Jahre aber einige Szenemitglieder, politisierten sich nun tatsächlich und schlossen sich der Oppositionsbewegung an, deren Engagement im Jahre 1989 zum Fall der Berliner Mauer und etwas später zur Auflösung der Deutschen Demokratischen Republik führte.

Natürlich sind inzwischen die meisten Leute von damals fest in die Gesellschaft integriert, haben Familien gegründet, Karrieren gemacht, Häuser gebaut und sind so gar nicht mehr von den anderen Bürgern ihres Alters zu unterscheiden. Einige jedoch konnten sich bis heute nie ganz von dem besonderen Flair dieser prägenden Zeit lösen, bildeten langjährige Freundschaften und treffen sich zuweilen noch heute in den angesagten Szene-Klubs in Prenzlauer Berg oder Friedrichshain.

ALIEN
SEX
FIEND

Tränen auf der Tanzfläche

Vier Independent-Koryphäen im Gespräch

Myk Jung, Klaus Märkert, Thomas Thyssen, Michael Zöller

Wie war die Schwarze Szene in ihrem Goldenen Zeitalter, zu jenen Zeiten also, als sie entstand: in den Achtzigern? Und wie erscheint sie manchen, die dieses Zeitalter miterlebt haben, heutzutage? Oder war die Szene in ihrer Frühphase gar nicht so legendär, wie sie heute durch die Verklärung der Retrospektive zuweilen erscheint? Um diese wie auch andere äußerst fundamental-wichtigen Fragen zu klären, trafen sich an einem verschneiten, aber sonnigen Sonntagmittag im Februar vier Koryphäen der Dunklen Ruhrpott-Szene in Mettmann. Dass ihr vergleichender Rück- und Umblick ein Hauptaugenmerk auf das Ruhrgebiet legt, und speziell auf eine legendäre Gothic-Hochburg, den Bochumer Club Zwischenfall, hat indes noch einen weiteren Grund: diese Disco war und ist sozusagen Wohn- und Kinderzimmer aller vier, Zielpunkt von Hunderten Besuchen eines jeden der eifrig Diskutierenden. Gleich drei der vier Beteiligten waren und sind dort als DJs tätig. Der Bochumer Klaus Märkert ist einer der Mitbegründer des besagten Zwischenfalls und lenkte dort zwischen 1985 und 1989 die musikalischen Entwicklungen, bis ihn 1989 der nun wieder in Aachen lebende Michael Zöller als DJ ablöste. In den Neunzigern trat »Nesthäkchen« und Gothic Magazine-Redaktionsleiter Thomas Thyssen seinen Zwischenfall-Dienst an und initiierte zum Beispiel in Zusammenarbeit mit seinem Bruder Ralf die berüchtigte und international bestens bekannte Pagan Love Songs-Partyserie. Der vierte im Bunde ist *The Fair Sex*-Sänger Myk Jung, seit 1986 Stammgast im Zwischenfall. Obgleich zum Zeitpunkt des gemütlichen Zusammentreffens lediglich Kaffee und Kuchen im Spiel waren, gelang es den Recken, weit abschweifend zu diskutieren. Und was besprachen die Vier? Düsternis von gestern und heute im Vergleich, natürlich. Hier nun Auszüge aus der Unterhaltung.

Myk: Nun sitzen wir hier, am Valentinstag – darüber hinaus Michael Zöllers Geburtstag! Herzlichen Glückwunsch – und schön, dass auch er kommen konnte! Was könnte auf dem Plan stehen? Wahrscheinlich Gespräche über die Szene, früher und heute. Womit aber könnten wir einsteigen? Wie ein jeder von uns die Schwarze Szene kennenlernte, vielleicht?

Thomas: Ich plädiere dafür, dass Klaus beginnt, und ein bisschen aus dem Nähkästchen plaudert. Im Endeffekt haben wir alle von Klaus profitiert; wenn er damals nicht mit seiner Tätigkeit angefangen hätte, würden wir wohl nicht heute in dieser Zusammenstellung beieinander sitzen. Er ist ja seit 1985 im Zwischenfall als DJ tätig gewesen, hat als Mitbegründer des Zwischenfall seine Karriere gestartet.

Klaus: Nun, ich wollte eigentlich noch weiter zurück schauen: Denn ich sehe den Startpunkt der Schwarzen Szene Anfang der achtziger Jahre. Da habe ich zwar noch nicht im Zwischenfall aufgelegt, weil es da den Club noch gar nicht gab. Die Grundideologie der

A Alien Sex Fiend »Too Much Acid …«

Szene entstand allerdings früher, mit der Musik selber, natürlich. Der New-Wave-Gedanke hat meines Erachtens den Versuch gewagt, zwei Ebenen miteinander zu verbinden. Vorher gab es halt die Hippies, also die Alternativen – und auf der anderen Seite die Schickimicki-Leute. Dazwischen gab es nichts. Die Dark-Wave-Szene bedeutete unter anderem, einen Mix aus beidem zu kreieren. Das heißt, die Leute haben sich gestylt, aber trotzdem schräge Musik gehört: das war damals eine ganz neue Entwicklung. Dort liegt aber, wie ich glaube, auch der Ursprung für das, was die alternative Szene nicht an den Dark Wavern verstanden oder weswegen sie diese sogar richtiggehend gehasst hat. (Solcherlei beruhte übrigens auf Gegenseitigkeit). Dass die halt eine neue Form begründet haben. Ich halte das für einen wichtigen Aspekt: denn er erklärt auch die Musik, die ebenfalls neue Wege gegangen ist. Ich erinnere an *The Cure,* die mir damals schon sehr gut gefallen haben: es handelte sich zwar um Gitarrenmusik – aber weit weg von den üblichen Klischees, absolut neu damals und frei von einer gewissen Verlogenheit. Mir erschien es zum Beispiel immer ein wenig verlogen, wenn jemand sagte: »OK, ich bin ja ein Alternativer und ich darf jetzt überhaupt keinen gut finden aus dieser Ecke von Leuten, die sich ein bisschen aufmachen oder stylen. Sowas passt nicht zu mir, ich bin ja ein Hippie.« Eine ziemlich affige Einstellung, wie ich finde. Für mich jedenfalls bedeutete diese Phase des frühen New Wave eher eine Art Befreiung. Man wurde lockerer. Man konnte viel mehr Läden besuchen, in die man vorher gar nicht rein gegangen oder auch nicht rein gekommen wäre.

Myk: Der Umbruch fand ja um 1978 herum statt. Punk und New Wave. Bands wie *Blondie* oder *Ultravox* in ihrer ersten Besetzung mit *John Foxx*, Gruppen wie die heute unbekannten *No Dice* oder auch die *Stranglers* und die *Sex Pistols*: sie schufen den Abgesang auf die typischen Siebziger. Ich selber fand das, glaube ich, interessant, war aber wohl noch zu jung, habe solche Klänge als Musikmachender noch nicht richtig für mich interpretieren können. Unser Drummer war damals schon weiter, wollte ein bisschen so klingen wie *The Cure,* aber ich selber war wohl noch zu sehr auf dem *Stones*-Trip. Erst mit einiger Verspätung, um 1983/84 herum, wurde mir richtig bewusst, dass die damals neue Szene mit einigen überholten Rock'n'Roll-Klischees ordentlich aufräumte. Und dass so was echt nötig war. Zu dem Zeitpunkt hatte sich aber auch schon die Schwarze Szene rings um solche Bands wie *Siouxsie And The Banshees* oder *The Sisters Of Mercy* herausgebildet. Und um ein inneres Gefühl, das irgendwie von Schmerz, Verzehrung und von Zorn sprach – so zumindest empfand ich es. Und es wirkte viel ursprünglicher und direkter als bei den alten 60es und 70es-Rock'n'Rollern.

Thomas: Eine Art neues Aufbegehren, eben. Ohne die alten Klischees.

Myk: Jetzt könnten wir zum drittältesten dieser Runde gelangen: wie der sich der Dunklen Szene damals genähert hat. Und so treffen wir nun auf einen Hallodri, Michael Zöller, der sich damals von Aachen aus auf den Weg in diese weite Welt machte …

Michael: Ich war eher ein Quereinsteiger, der das Ganze vor allem übers Radio kennen gelernt hat. So stand ich dann jeden Mittwochabend vorm Radio und habe Mal Sondocks »Hitparade« angehört … *(Alle sind begeistert, denn natürlich kennen sie den berüchtigten Radio-DJ und dessen legendäre Show – bis auf Thomas Thyssen womöglich, das Nesthäkchen dieser Runde.)*

Michael *(fährt fort):* Also, WDR2 war das damals, und danach gab es immer diese Sendung mit Winfried Trenkler. »Rock In« hieß das. Und donnerstags um dieselbe Zeit hieß es »Schwingungen«, da lief die Elektronik. Und ich hab' damals Sachen kennen gelernt wie *The Chameleons* oder *Siouxsie And The Banshees, The Cult* und so weiter und bin dann los gezogen, und inspiriert durch diese Radiosendung habe ich mir die entsprechenden Platten gekauft. Man hatte natürlich nicht viel Geld und musste ordentlich aussieben, welche Scheiben man sich pro Monat zulegen wollte. Irgendwann hatte ich dann eine ansehnliche Plattensammlung, fühlte mich wohl gewappnet, kam dann ins Ruhrgebiet und stellte fest: »Ach Mist! Es gibt Sachen, die kennst du gar nicht!« Ich wurde ein bisschen sauer! *(Lachen)* Kurz darauf landete ich im ZWISCHENFALL. Das war nach Klaus Märkerts Zeit. Jedenfalls lernte ich den Besitzer kennen und er sagte: »Mensch, du hast doch ,ne Plattensammlung, leg doch mal auf!« Das habe ich dann auch getan und zunächst einfach gespielt, was ich persönlich mochte, eben *Chameleons* und Co., doch schnell habe ich festgestellt, dass die Leute auch anderes Material hören wollten, Raritäten, die ich noch nicht kannte. Und dann bin ich auf die Jagd gegangen, auch bei Klaus Märkert!

Myk: So, nun sind wir endgültig am ZWISCHENFALL angekommen, was ja nicht verwunderlich ist. Ein Club, eine Legende, eine Brutstätte des deutschen Dark Wave sozusagen. Aber während wir jetzt Michael Zöller gehört haben, der eine Situation um 88/89 herum geschildert hat, beginnt die Historie des ZWISCHENFALL ja schon früher, um 1984/85 herum – mit Klaus Märkert, der es ja mit gegründet hat …

Klaus: Zur Gründung des ZWISCHENFALLS: Wir waren inspiriert von einem Dortmunder Laden namens MEMPHIS – wie auch vom UP in Wuppertal. Das waren zwei echte Vorzeige-Läden in Sachen Dark Wave zu Beginn der Achtziger, sowohl hinsichtlich Musik als auch Publikum. Schließlich ist es uns gelungen, eine solche Szene im ZWISCHENFALL zu etablieren.

B The Stranglers Hamburg 1979
C Die Nacht ist nicht allein zum Schlafen da: Zwischenfall-Aufkleber, ca. 1992
D Punks im Roxy, London 1977

Wir haben aber auch Glück gehabt – man profitiert ja immer von den anderen: dass das Up zumachen musste wegen Problemen mit Ordnungsämtern. Und das Memphis musste ebenfalls schließen; den Besitzer haben sie eingebuchtet, wegen Steuerschulden.

Michael: Haben die damals ,ne Platte für 2,5 Millionen gekauft, oder wie kam das? *(Alle lachen)* **Klaus** *(schließt):* So erst konnte der Erfolg des Zwischenfall entstehen.

Myk: Ich erinnere mich. Und ich muss zugeben, dass ich ebenfalls zu denen gehörte, die erst ab Sommer 1986 ins Zwischenfall kamen – nachdem das Memphis zugemacht hatte. Und so begann im Fall eine Glanzphase, was?

Klaus: Selbst in der Zeit gab es nicht wenige Leute, die sich immer noch sehr geärgert haben, dass das Memphis weg war. Es war ja tatsächlich ein toller Laden gewesen – allein von den Räumlichkeiten her. Da kam das Zwischenfall nicht mit. Und einige haben uns folgerichtig alles mögliche Böse gewünscht. Nach dem Motto: »Hey, macht das Memphis erst wieder auf, dann seid ihr uns alle wieder los!«

Myk: In der Frühphase des Zwischenfall, wie du es auch in deinem Buch »Hab Sonne« beschreibst, gab's eine eingeschworene Hippie- und Siebziger-Jahre-Rockfraktion. Die eure neue Richtung des Wave nicht mochten. So hat sich der Startschuss der Dunklen Kultur im Fall nicht ohne Schwierigkeiten gestaltet …

Klaus: Nein, nein, man musste sich zur Wehr setzen gegen die Leute, die davor dorthin gegangen waren – als der Club noch Appel hieß – und den Laden quasi als ihren Besitz betrachtet haben. Sie waren damals natürlich ordentlich sauer, weil sie gedacht haben: »Hier wird uns gerade unsere Heimat gestohlen von so ,nem Waver.« Es war zu Beginn nicht einfach. Die waren ja sogar gewalttätig. Da wir alle aber dieses eine Ziel hatten, waren wir bemüht, jene Leute irgendwie in Schach zu halten. Und wir hatten Glück, dass dann irgendwann kurz darauf ein waschechter Hippie-Laden in der Bochumer City neu eröffnete – und mit einem Schlag waren wir all diese Unzufriedenen los.

Myk: Das Umfeld der Szene, so scheint es rückblickend, war damals gewalttätiger als heute. Die Szene war aus vielen neu zuströmenden Randgruppen entstanden – und Reibereien mit Punks, Glatzen, Rockabillys und Psychobillys standen auf der Tagesordnung. Das wurde aber später immer seltener: die Schwarze Szene hat ja heutzutage den Ruf, außerordentlich friedfertig zu sein.

Michael: Eigentlich sind wir alle ja die Hippies, die die 68er nie waren, harr …

Klaus: Das macht die Sache aber doch sehr sympathisch. Es ist

doch nervig, wenn man samstagabends weg geht und Ärger befürchten muss, nur weil man in die falsche Richtung guckt. Als Diskothekenbetreiber war es damals für mich eine Grundvoraussetzung, dass die Leute sich sicher fühlen, dass sie in eine Disco gehen und Spaß haben konnten, ohne zu denken: »Hey, kann ich das Mädchen da vorne angucken oder krieg' ich dann gleich eine getafelt?«
Michael: Innerhalb der Szene selber hat man wegen solcher Lappalien auch kaum Schwierigkeiten bekommen. In meinen frühesten Szenetagen hatte ich zwei unterschiedliche Eindrücke. Der eine war: »Wow! Ich bin hier zu Hause!« Schlichtweg eine schöne Atmosphäre: der Türsteher, nachdem ich zwei Mal aufgetaucht war, hat mir beim dritten Mal direkt die Hand geschüttelt: »Schön, dass du wieder hier bist!« Das Zwischenfall wurde so schnell zu meinem zweiten Wohnzimmer. Das zweite aber war, dass man verdammt aufpassen musste, wenn man zum Beispiel mit der Bahn fuhr: es ist damals hin und wieder vorgekommen, dass ein paar Leute mit einem blauen Auge an der Theke saßen. Und das nur, weil wir halt anders aussahen. Das darf man nicht unter den Teppich kehren. Die Leute haben damals wirklich teilweise einen Parcours hinlegen müssen, um überhaupt dorthin kommen zu dürfen. In den Bahnen, auf den Bahnhöfen gab es ätzende Szenen mit Glatzen, denn die hatten ja ihr Hobby: »Gruftis klatschen«!
Klaus: Nicht nur von Seiten der Skins drohte Ärger. Es gab auch Schwierigkeiten mit der Polizei, die Leute im Auto angehalten und mit blöden Argumenten aufgefordert haben, auszusteigen. Situationen reiner Schikane. Da wurden eine unglaubliche Wut und ein Hass auf diese Leute deutlich, allein wegen ihres Stylings. Womöglich auch aufgrund der Freiheit, die die sich rausnahmen, sich so zu stylen, wie sie wollten.
Myk: Es ist tatsächlich erstaunlich, wie lange »normale« Menschen brauchten, um sich an das Outfit der Schwarzen zu gewöhnen. Obendrein lag ständig dieser »Satanistenverdacht« in der Luft. Im Zwischenfall gab es in den frühen Jahren doch sogar von Amts wegen diese Schwierigkeiten. Wie war das noch, Klaus?
Klaus: Natürlich! Das war so eine kleine Albernheit eines Jugendschutzbeauftragten, der meinte, wir würden im Club satanistische Messen abfeiern, weil die Leute von so weit weg kamen. Er hatte mitbekommen, dass wir regelmäßig Gäste aus Holland hatten und so. Und der dachte, das kann nicht sein, dass zu so ,ner Kaschemme in Bochum-Langendreer Leute von so weit weg pilgern, na, da muss doch irgendwas hinter stecken. Und deshalb vermutete er Teufelsanbetungen, ohne Witz!
Michael: Doch kein Mensch, der den Laden betreten hat, um einfach gute Musik zu hören, hatte jemals was mit Satanismus

E Punks in Düsseldorf, 1983
F Punkettes in Hamburg, 1981

oder Ähnlichem zu tun. Die wollten einfach nur ihre Musik hören. So zumindest hab ich es kennen gelernt.

Thomas: Ich glaube, es war dieses Befremdliche für Eltern oder ältere Menschen, oder wer auch immer plötzlich mit Leuten wie uns konfrontiert war: dass die alle nicht nachvollziehen konnten, dass wir anders aussahen als sie es halt gewohnt waren. »Oh Gott, wie sehen denn jetzt meine Kinder aus? Was ist los mit meiner Tochter? Warum rennt die jetzt halbnackt in die Disco? Wieso hat mein Sohn jetzt drei Meter hohe Haare?« Die haben nicht kapiert, dass da nichts anderes hinter steckte als das, was sie in den Fünfzigern selbst gemacht hatten. Die wollten einfach raus, mit Gleichgesinnten zusammen sein und ihre Musik hören. Da ging es auch um Spaß und ums Feiern. Natürlich war es eine andere Kultur als das, was sie damals hatten. Da wurde halt nicht mehr Petticoat getragen wie es meine Mutter gemacht hat. Es war eben neu – und ein gefährliches Element, was die Eltern darin gesehen haben. Das wird es immer in Jugendkulturen geben! Und wenn das in der Jugendsubkultur nicht mehr vorhanden ist, dann wird es auch keine Rebellion mehr geben. Meine Mutter hat damals, wie gesagt, Rock'n'Roll gehört und Petticoat getragen und daher von meiner Oma eine geschallert bekommen, denn sie war der Meinung: »So kannst du nicht ‚rumrennen. Man kann deine Knie sehen!« Und ihr habt dann damals schon wieder die Haare hochgebaut! Doch ganz am Anfang der Neunziger wurde es ja richtig extrem: als alle nur noch extrem kalkweiß waren mit weißer Theaterschminke und alldem. Es wurde durch die Jahre also extremer. Doch der eigentliche Grundgedanke des Ganzen hat sich ja nie geändert von Szene zu Szene. Es war in dem Fall nur ein ganz friedliches Zusammenkommen, Feiern, Musik hören, Spaß haben, Trinken am Wochenende.

Myk: Zum puren Spaß haben kam aber auch noch hinzu, was du schon angesprochen hast, Thomas: jugendliche Auflehnung, eine Art Unzufriedenheit, Rebellion, Zorn. Diesen Aspekt fand ich immer sehr wichtig. Coolness gepaart mit Wut. Allerdings kein Hühnerabschlachten, natürlich.

Michael: Es gab womöglich Leute, die sowas klischeemäßig-ritualhaft veranstalteten, weil sie dachten, es gehört dazu – doch der Kern der Szene hat überhaupt nichts davon angenommen. Letzten Endes, also wenn ich jetzt von mir rede, war eine Urmotivation eigentlich immer die Unzufriedenheit mit der gängigen Musik. All das Zeug, das man vorgesetzt bekam, was einem nicht ins Herz ging. Und als ich damals das erste Mal die sogenannte »schwarze Musik« gehört habe – schwarz, was heißt eigentlich schwarz? Es handelte sich um Songs, die schlichtweg dermaßen ans Herz gingen, dass man auf der Tanzfläche zuweilen Tränen in den Augen hatte. Ganz einfach weil es ehrliche Musik war – und ist, natürlich. Ein anderes Wort fällt mir jetzt nicht ein.

Myk: Nun gut – richtige *Uriah Heep*-Fans hätten von ihrer Musik auch gesagt, es ist ehrliche Musik!

Klaus: Das allerdings passte nicht mehr in die Zeit. *Uriah Heep* mögen ihre Zeit gehabt haben, in der sie authentisch waren, wo das, was sie ausgedrückt haben, auch echt war, aber das war in den Achtzigern nicht mehr so. Das Lebensgefühl überkommener Zwänge wurde eher widergespiegelt von Bands die wir ja schon genannt haben, *The Sisters of Mercy*, *Bauhaus* und so weiter. Und das hat uns deswegen so gut gefallen und begeistert, weil wir solches wahrscheinlich auch gesucht haben, diese Freiheit, eine innere Freiheit. Wir haben es bei ihnen gespürt und nicht mehr bei den *Rolling Stones*.

Myk: Bei »No Time To Cry« kamen mir auch immer die Tränen – so viel Zeit musste sein …

Thomas Thyssen: Ja, das ist ja dein Song, wie wir alle wissen. »Ich hasse dich, Thomas Thyssen!« hast du gebrüllt. Nur weil ich den Song aufgelegt habe – und du gerade keine Lust hattest, zu tanzen …

Myk: Ja, stimmt, sorry. Es ist ein Song, auf den ich bis heute immer tanzen muss, selbst wenn ich gerade keine Lust darauf habe. So habe ich Thomas Thyssen beschimpft, der ja auch eine DJ-Legende geworden ist in späteren Zeiten …

Michael: Sind wir hier eigentlich alle Legenden? *(lacht)*

Klaus: Es ist wichtig, noch einmal darauf hinzuweisen, was eben schon angeklungen ist: Es gab immer schon in den Jugendkulturen Protest und Aufbegehren. In den Fünfzigern waren es die Rock'n'Roller, die protestiert oder eben schlicht etwas Neues gesucht haben. Trotzdem: bei den Dark Wavern war es etwas anderes – weil die nicht nur umstritten waren bei der erwachsenen Generation, sondern auch bei ihren Altersgenossen, die jetzt nicht so drauf waren. Also da gab es keine Verbrüderung. Die Punk-Szene ist irgendwann von den Alternativen akzeptiert worden, d. h. es vermischte sich, die wollten auch mal gern Punk sein. Die Dark Wave / Gothic-Richtung indessen ist immer irgendwo außen vor gewesen. Das finde ich auch heute noch so. Wenn die Zeitungen meinetwegen ein Konzert von *Rammstein* oder *Marilyn Manson* beschreiben, ist immer so was Negatives, immer ein herablassendes »Ja, die Dunklen!« im Spiel, es stets ein bisschen veralbernd. Merkwürdig.

Myk: Punk und Rock'n'Roll haben diesen Dirt als Gemeinsamkeit. Die Schwarze Szene bietet dagegen zuweilen aufgesetzt und theatralisch wirkendes Styling. Selbst wir sind ja nicht gefeit davor, manchmal zu schmunzeln: wenn man sich manche

Outfit-Auswüchse der heutigen Szene ansieht – diese Gasmasken, diese Techno-Lichter etc …

Michael: Also das ist es. Die Außenwirkung des Stylings. Wenn ich etwa sehe, wie bei BOCHUM TOTAL, dem großen Straßenfest, der Schwarze Sektor quasi raus geflogen ist, weil sich die Geschäftsleute ein weiteres Mal aufgeregt haben, sie diese Leute nicht mehr haben wollten: dann ist das sehr bezeichnend.

Myk: Aber auch ein bisschen beruhigend: Von ‚84 bis heutzutage hat die Szene offenbar ihren subversiven, gefährlichen Charakter nicht verloren, harr.

Klaus: Eigentlich seit '79.

Michael: Also, wenn du noch weiter zurückgehen willst, zu den Urtagen des Punk, dann gelangst du bei 1976 an. Das Ganze hat sich ja peu à peu entwickelt. Viele, die zur Szene gestoßen sind, haben sich, obwohl sie selbst es nicht mehr miterlebt hatten, an Dingen orientiert, die zuvor geschehen sind, sie haben Sachen gehört, die vor ihrer Zeit aufgenommen wurden, sprich *David Bowie, Rolling Stones, Iggy Pop, Lou Reed,* das sind ja durchaus ebenfalls Wurzeln dieser Szene. Bei der Schwarzen Szene handelt es sich ja nicht nur, wie man immer so schön sagt, um die Verharmlosung des Punk oder die etwas stylishere Facette des Punk. Es ist ja so viel in diese Musik reingeflossen! Emotionaleres nennt man heute vielleicht Emo; wir nannten es eben Wave. Die Generationen vor uns hatten eben noch andere Begriffe.

Myk: Du kommst ja aus Aachen, Michael! Genau dort habe ich vor kurzem eine schlimme Beleidigung erfahren! Aber ich habe mich wacker gewehrt. Als ich, leicht betrunken, wie immer in Aachen, durch die Straßen lief, riefen mir von einem Hip-Hop-Party-Balkon junge Menschen hinterher: »Emo! Emo!« Mir blieb nichts übrig als zu rufen: »Wie *Emo*?! Ein echter Gothic steht hier!« *(Gelächter)*

Michael: Doch es bleibt dabei: Was mich damals zu dieser Musik getrieben hat, treiben musste, war die Tatsache, dass du vom Radio und vom Fernsehen mit unsäglichem Scheißdreck zugefüttert wirst, bis du einfach mal plötzlich gute Musik hörst. Damals lief derartiges Gott sei Dank noch im Radio, und das heißt, du hattest noch die Chance, gute Musik kennen zu lernen. Und ich meine jetzt wirklich gute Musik im Sinne von handwerklich guter Musik. Wir hatten damals noch die Alternative zu sagen: *»Modern Talking* ist zwar ein Hit, aber ist Bullshit!« Zur richtigen Tageszeit konntest du im Radio wirklich gutes Material hören. Du hattest noch die Chance. Was hast du heute? Es gibt keine Alternative mehr. Und wenn es Alternatives gibt, dann muss es aber auch schon wieder in der Gothic-Szene so was von etabliert sein!

Thomas: Also wie? *Der Graf* jetzt auf PRO 7?

Michael: Richtig. Also eine gute Überleitung zur Gothic-Szene von heute …

Myk: In diesem Fall: Schwarzer Schlager. Darüber hab' ich mich schon 2002 gewundert. Damals hab' ich zum ersten Mal registriert, dass es offenbar in der Szene einen Markt gibt für Schlager. Ich konnte es nicht glauben. Deren Popularität ist seither eher noch gewachsen. Unfassbar.

Klaus: Platz drei in den Media Control Charts.

Thomas: Ja, in den Singlecharts. »Hallo, ich bin *Der Graf!*«.

Myk: Na dann ist ja alles in Ordnung.

Michael: Mittlerweile ist ja unsere Szene wenigstens ein bisschen gesellschaftlich akzeptiert, das heißt, ich brauche mich nicht mehr zu verstecken, ich werde auch nicht mehr mit Tomaten beworfen wie in den Achtzigern noch. Mittlerweile heißt es: »Ach, einer von denen. Och, der hört *Unheilig.*« Ich sage dann: »Nein! Nein! Ich höre auch noch *Bauhaus!*«

Myk: Vielleicht hört der gute Michael Zöller mittlerweile zu Hause klammheimlich auch gern *Unheilig,* wer weiß? Nun denn – lasst uns mal zurückkehren zur DJ-Thematik.

Michael: In der Urzeit des Wave war es tendenziell einfacher, Hits zu etablieren. Dann kamen die Neunziger – eine schwierigere Phase. Die Szene hatte sich sehr erweitert, viele Subgenres entwickelt. Am Ende der Neunziger gab es dann eine Phase wunderbarer Sampler – und zuweilen konnte man sich sagen: »Okay, ich spiele den Sampler …«, und es funktionierte. Doch mittlerweile haben wir eine Situation, in der ich mich echt frage, wie man überhaupt noch Hits etablieren will als DJ. Denn heutzutage ist jeder ein Hobby-DJ, jeder spielt einfach so alte Sachen – da man mit solcherlei offenbar nicht Schiffbruch erleiden kann, wie wohl angenommen wird. Das Problem: Spielt man die alten Hits, heißt es »Boah, die alten Kamellen!« spielt man aber etwas Neues, kennt es keiner. Und kaum ein DJ ist heute mehr ein Resident, also jeden Freitag / Samstag / Sonntag in ein- und derselben Location aktiv, dass er sagen kann: »Ich etabliere jetzt einen neuen Hit!« Mit andern Worten: jedes Wochenende ist ein neuer DJ da, und jedes Wochenende wird im Grunde genommen immer dasselbe gespielt. Die Leute sagen dann natürlich: »Ich kann es nicht mehr hören!« Das heißt: Wie entwickelt sich die Szene bitte weiter?

Klaus: Ich denke, das hat auch zu tun mit der Größe der Location, in der man auflegt. Also wenn man jetzt, wie du, in der ZECHE CARL in Essen auflegt, gebe ich dir vollkommen Recht; dann steckst du in dieser Falle drin, weil du auf der Tanzfläche mehr als drei Leute brauchst. Dem gegenüber herrscht natürlich, wenn du im ZWISCHENFALL auflegst, wo dann vielleicht einhundert Leute sind, schon eine andere Situation. Das heißt:

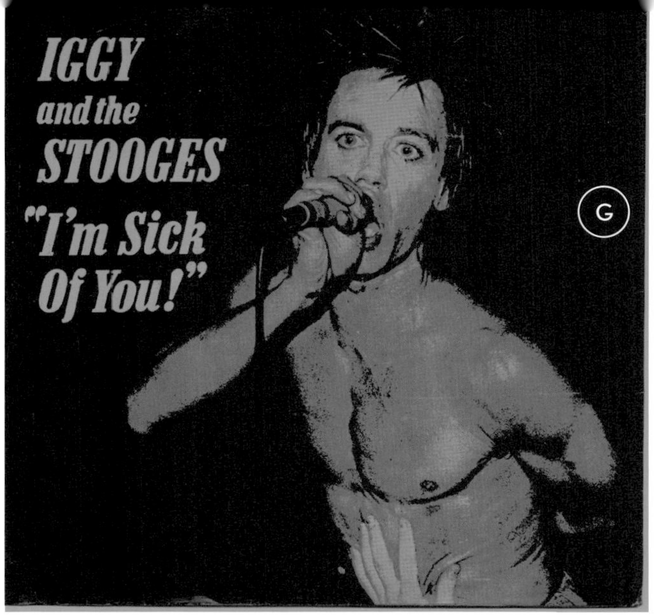

G Iggy And The Stooges: »I'm Sick Of You«-Single in transparentem grünen Vinyl, BOMP! 1977
H David Bowies »Heroes »in der Version von Love Like Blood: Ihre erste Veröffentlichung war diese split-Single in marmoriertem Viny mit Sägezahnprofil. Auf der anderen Seite mit den Merlons Of Nehemia (»Testaroche«), Musical Tragedies 1993
K Alien Sex Fiend: »Ignore The Machine« picture-Single, Anagram Records 1985

es kann auch mal passieren, dass lediglich zwei Leute tanzen, und trotzdem sagt nicht gleich jeder: »Was ist mit dem DJ los?«! Von daher habe ich es einfacher und kann viel experimentierfreudiger an die Sache gehen. Das kann aber auch manchmal dazu führen, dass dann die Tanzfläche leer ist und manch einer verwundert in meine Richtung blickt.

Michael: Zu der Zeit, als du damals angefangen hast, hast du durch deine Arbeit Hits etabliert, die wir heute noch teilweise hören. Ich darf mal nur daran erinnern: *The Arch* – »Babsi ist tot«. Irgendwann habe ich diesbezüglich gedacht: »Das ist Gemeingut für alle!« und den Song auf einen Sampler gepackt, weil ich nicht eingesehen habe, dass man das für 500 Mark auf dem Flohmarkt ersteigern muss. So, und damit fing dann wiederum ein bisschen der Ausverkauf an.

Myk: Ah, die spätere Phase! Nun sind wir ja schon längst bei der Ära unseres Nesthäkchens Thomas Thyssen angelangt – was gibt es von Deiner Warte aus zu sagen, Thomas? *(Gelächter)*

Thomas: Wenn ich meine DJ-Zeit vergleiche mit den vorhergehenden Zeiten, in denen ich als Besucher der Michael-Zöller-Ära im Zwischenfall war, fällt mir folgender Unterschied auf: dass du immer wieder mit neuen Songs experimentieren, sie antesten konntest. Du hast ja auch ein großes Stammpublikum gehabt, was natürlich den Vorteil hatte: es waren Leute da, die die Art und Weise, wie du aufgelegt hast, sehr gern mochten und die dann auch hingehört haben. Es gab damals nämlich, scheint mir, mehr echte Musikfreaks, also mehr Leute, die in die Disco gegangen sind, um etwas Neues zu hören. Also die nicht nur hingegangen sind, um zu sagen: »Okay, jetzt will ich meine drei, vier Lieblingssongs hören, die ich zu Hause nicht die ganze Woche lang gehört habe«, sondern die da hingegangen sind und sich gesagt haben: »Okay, der Typ, der da auflegt, der hat Plan und ab einer gewissen Uhrzeit muss ich hinhören, denn dann wird es nämlich spannend.« Und ich war ja nicht der einzige, der da gestanden und nachgefragt hat; es waren ja damals etliche. Aber wenn du das vergleichst mit heute: Es fragt kaum jemand mehr nach, was denn gerade für ein Song läuft.

Michael: Dies ist ein fundamentaler Unterschied! Heutzutage stehen sie nämlich einfach da und wollen das hören, was sie sowieso immer hören. Also sie wünschen sich Sachen, zu denen dir nur einfällt: »Mein Gott, ich mach es doch eh, komm!«

Thomas: Daher rührt ohne Zweifel eine gewisse Langeweile. Man fragt sich glatt, ob man es wagen kann, zwei total neue Songs an einem Abend vorzustellen! Ich kann mich noch genau daran erinnern, wie du, Michael, zum ersten Mal den Leuten *Love Like Blood* vorgestellt hast …

Michael: Du meinst die Band?

Thomas: Die Band, genau. Eine damals sehr, sehr gute deutsche Gothic-Rock-Band. Sie war ja vollkommen unbekannt, als du beschlossen hast, sie den Leuten näher zu bringen. Zunächst tanzten vielleicht vier, fünf Leute; doch dann konnte man den Lemming-Effekt bewundern: Unzählige schlossen sich an, allein weil sie dachten: »Schau mal, es werden immer mehr, ich will dabei sein, das muss ja was Cooles sein!« Und kurz darauf waren es fünfzig. Und mir fiel auf, dass diese Entwicklung allein deiner Kontinuität zu verdanken war: weil du jede Woche die Möglichkeit hattest, weiter an dieser Vision zu arbeiten, weil du dein Konzept durchziehen konntest. In der ZECHE CARL später hast du dann 150 Leute damit auf die Tanzfläche gelockt. Heute macht die unglaubliche Flut an neuer Musik die Sache kniffeliger. Denn: du hast damals als DJ noch viel mehr eine Art Qualitätssieb dargestellt. Heute wirst du glattweg erschlagen. Was ich jede Woche als E-Mails in meiner Inbox habe, ist erstaunlich! Von wegen: »Hier, mein neues MySpace-Profil – hör Dir diese Band an!« Selbst Plattenfirmen werben heutzutage: »Dies ist das Album mit den vier kommenden Club-Hits!« – und bislang ist nicht einer von denen irgendwo gelaufen! Das ist reine Marketingmasche, das heißt, den Leuten soll vorgesetzt werden, was sie zu hören haben. Geht aber meistens nach hinten los.

Michael: Wir sprechen also von einem Ausverkauf der damals noch alternativen Szene. Dieses Prädikat verdient sie schon seit Längerem nicht mehr wirklich.

Klaus: Ich glaube, das hat was damit zu tun, dass es heute so unglaublich viele Läden gibt, die sich gegenseitig Konkurrenz machen; dadurch wird es schwierig, eine bestimmte Gruppe von Leuten, die auch fordernd sind, die also den DJ fordern, was Gutes, Neues zu spielen, überhaupt anzutreffen, da sich alles so zerläuft. Du kannst gar keine »feste Gemeinde« aufbauen.

Thomas: Ich glaube, dass es in diesem mainstreamigen schwarzen Bereich soweit gekommen ist, dass die Musik gar nicht mehr den Stellenwert früherer Tage hat. Sie ist nur noch Beiwerk. Die Leute gehen aus, mehr nicht: hier im Pott in die ZECHE CARL, in die MATRIX, in Berlin vielleicht ins K17. Sie treffen sich mit ihren Freunden – und sind halt zufrieden, wenn sie am Abend sechs, sieben Mal auf die Hits tanzen können, auf die sie schon seit sechs Jahren tanzen – oder auf die Songs, die sie eh die ganze Zeit im Auto hören, wenn sie unterwegs sind. Für mich war immer die Musik das Fundament. In ihr habe ich mich gefunden. Ich habe zuerst die Musik gehört, dann hab ich entdeckt, dass es einen Laden gibt, in dem so was lief – und dann erst habe ich entdeckt, dass es andere Leute gibt, die das ebenfalls mögen und hören. Und dadurch entstand für mich diese Identifikation mit dem Ganzen – wie auch dieses gewisse Wohlfühlgefühl. Doch diesen Status hat die Musik verloren, sie wird offenbar bedeutungslos, gerade für Jüngere. Denk an das AMPHI FESTIVAL in Köln letztes Jahr, Michael! Da kann man doch eigentlich nur noch den Kopf schütteln. Wir standen dann da und uns fiel auf, wie sehr sich alles geändert hat in den letzten fünfzehn, sechzehn Jahren! Es entstehen schlicht ganz arge Identifikationsprobleme, es kommt einem das Verständnis abhanden.

Michael: Dabei gibt es doch noch so schöne Musikwelten! Unglaublich, was es diesbezüglich immer wieder gibt. Doch wenn es nicht so Sampler gäbe wie deine »Pagan Love Songs«- oder »Darkness Before Dawn«-Reihen, dann würde man gar nichts davon erfahren! Solange es noch Idealisten wie dich gibt, ist die Szene nicht ganz tot. Die Leute sind vielleicht ein bisschen eingefahren inzwischen, aber mein Gott, es liegt ja am Einzelnen, etwas dagegen zu tun!

Thomas: Das ist auch immer ein Kampf gegen Windmühlen, solcherlei interessiert immer nur die gleichen Deppen – Deppen wie uns. *(Gelächter)*

Michael: Ah! Thomas Thyssen stellt seine Sampler demgemäß immer nur zusammen – für Deppen.

Thomas: Ja, so ungefähr ... Und für ein paar andere. *(lacht)*

Klaus: Doch ich gebe auch zu bedenken: Michael hat ja vorhin schon erwähnt, dass es immer wieder Leute gibt, die sich beschweren, dass nur die altbekannten Hits gespielt werden, worüber sie sich langweilen. Das zeugt davon, dass es doch noch Leute gibt, die mehr erwarten, mehr hören wollen. Die Schwierigkeit ist nur immer die, dass heute der finanzielle Aspekt bei den Betreibern von Diskotheken so stark im Vordergrund steht, weil sie an den Rand gedrückt werden durch stets steigende Kosten, durch immer geringere Durchgangszahlen. So bekommen sie es mit der Angst zu tun, wenn sich unten drei, vier Leute beschweren und sagen: »Och, heute hat euer DJ aber komische Musik gespielt!« Ein Kreislauf. Ich glaube, wenn das mal zurück gefahren würde, und wenn auch wieder eine Art Urvertrauen in den DJ existierte und er Rückendeckung hätte von seinem Ladenbesitzer, wenn ihm Geduld entgegen gebracht würde – dann wäre vieles einfacher. Ich glaube nämlich schon, dass es unter den Leuten nach wie vor einige gibt, die auch in die Disco gehen, um Sachen zu hören, die sie eben nicht überall hören!

Myk: Ein idealistisches Hoffnungsbild, gezeichnet von Klaus Märkert.

Thomas: Um es mal knallhart zu sagen: die Idealisten müssen scheitern. Es wird sich nicht mehr die Situation ergeben, in der jemand komfortabel zu sich sagen könnte: »Ach, ich bin hier jetzt, ich kenne die Musik. Ich hab' die Leute, die an mich glauben. Ich mach jetzt mal etwas sehr Kreatives, ohne ein knallharter Geschäftsmann zu sein.« Und das ist das Tragische.

Myk: Vielleicht handelt es sich bei unseren vergleichenden Betrachtungen auch schlicht um Rückblicke von Altersvergnatzten, im Sinne von: »Früher war alles besser«. Das ewige Dilemma älter gewordener, harr. Dürfen wir nicht vergessen. Doch der seit Jahren hupende Future Pop, scheppernder Power-Noise und dieses technomäßige Gedröhne, wie auch diese ganzen Subgenres, die alle nur noch ihre musikalischen Klischees bedienen, wie zum Beispiel dunkle Schlager oder auch dieses Mittelaltergetöse – alles wirkt trotzdem in meinen Augen nur noch wie ein Abziehbild: alles genau abgesteckt. Es wird unentwegt ein Markt bedient, die Kiddies nehmen mal dieses und jenes, es scheint alles ganz unerheblich. Dass man ihnen aber überhaupt so was wie dunklen Schlager oder Future Pop auf die Augen drücken konnte und derartiges so erfolgreich wurde, das gibt einem zu denken. Es ist fast das Gegenteil von *Alien Sex Fiend* 1983.

Klaus: Ja, doch wir sollten nicht die positive Sichtweise aufgeben. Also ich habe das letzte Mal, als ich aufgelegt habe, sehr Tolles erlebt. Ich war voller Zweifel, ob ich nicht eine leere Tanzfläche ernten würde – doch dann legte ich mein momentanes Lieblingsstück von den *Editors,* »The Boxer«, auf: ein absolut betörendes Stück. Einigen Leuten konnte man die Freude darüber richtiggehend ansehen! Sie wirkten so happy, dass ich froh über meinen Entschluss war: er hatte sich gelohnt. Die werden den Abend womöglich nicht vergessen – allein weil dieses Stück lief. Und *Editors* vermitteln ja eine leidenschaftliche Tiefe, eine große Emotionalität – kein hohles Hup-Konzert.

Michael: Waren die Tänzer jung oder alt?

Klaus: So mittelalt. *(allgemeines Gelächter)*

Michael: Last uns doch mal zum Thema »Zwei Floors« kommen – seit einigen Jahren ein »Muss« der Indie-Szene. In der großen Halle läuft seit Jahrzehnten »unz unz unz unz unz[1]«, das hohle Zeug von *Combichrist* und Konsorten, und irgendwo oben in winzig kleinen Räumen laufen *Bauhaus, Siouxsie* und *Joy Division* – schön verdrängt in kleine Nischen. *(Gelächter)*

Thomas: Das heißt, du bekommst als Neuankömmling, der jetzt erst die Szene für sich entdeckt, schon vorgebetet, nach welchen Schemen alles läuft. Das »unz unz unz« der großen Halle ist in meiner Wahrnehmung nichts anderes als eine vom Techno abgekupferte Beat- und Soundästhetik. Also eine dunklere Variante von … ach was, ich nenn' es Techno. Die sehen das anders, die nennen es Industrial … *(Lachen allerseits:* Ja klar.)

Michael: Gut, über die Begrifflichkeit kann man sich streiten. Jedenfalls: in den kleinen Kellerräumchen, da wird einem, wie ein paar Krumen Knäckebrot, mit denen man Enten füttert, noch der originale Sound vorgeworfen, nach dem Motto: »Guckt mal, da ist ja auch noch was für euch …«

Myk: Bei all den vielen Subgenres sollte man einfach noch mehr Floors eröffnen! Michael, wir hatten doch schon einmal die Idee, dass die Toiletten ebenfalls genutzt werden könnten: der Toiletten-Floor. Wenn man zum Beispiel *Rob Zombie* mag, geht man auf den *Rob Zombie*-Toiletten-Floor. Wär' doch was. Eigentlich dringend nötig.

Michael: Keinen klassischen Indie-Fehler begehen! Wenn man als Underground-DJ denkt: »Wow, ich bin ein Gewiefter, ich als Keller-DJ mach jetzt einen auf Großkotz und will mal hier mehr Leute reinziehen!« – und man spielt dann *Rob Zombie* oder *Metallica* oder die ganz Großen, Bekannten – dann geht das nach hinten los. Denn diejenigen, die so was mögen, die gehen ja nicht in die …

Thomas: … Keller?

Michael: Hm, ja, in die Independent-Diskothek, eben. In die gehen ja heutzutage vor allem Anhänger des »unz unz unz« oder eben des deutschen Schlagers. Doll. *(Gelächter)*

Klaus: Solche Entwicklungen kann man natürlich beklagen. Trotzdem erfüllen Acts, die sogar außerhalb der Szene erfolgreich werden, ihre Rolle. Sie führen junge Leute womöglich näher ran an die Dunkle Szene. Vielleicht sind sie sogar nur der Einstieg für die jungen Szenegänger – und später werden daraus *Skinny Puppy*-Fans. Wer weiß. Wir alle sind ja auch nicht mit *Ministry* in die Szene eingestiegen.

Myk: Bestimmt hast du Recht … wir sind eben alle inzwischen nicht sehr tolerant, eben alt – sogar Thomas Thyssen, unser Nesthäkchen, mittlerweile …

Michael: Mental ist er ein alter Sack.

Myk: Ja, mental natürlich nur. *(allgemeines Gelächter)*

Michael: Jetzt seht mal: Warum sind wir überhaupt noch in der Szene? Bisher haben wir herausgefunden, dass alles, was wir an der Szene toll fanden, was uns ans Herz ging, wieso wir auf die Tanzfläche gegangen sind, warum wir die Szene toll fanden, ein bisschen entschwunden ist. Früher hatte man zu Hause kleine Kompaktanlagen, wir konnten unsere Favoriten nie richtig laut hören. Plötzlich standen wir in ‚ner Diskothek und hörten *Joy Division* laut. Da sind einem die Tränen aus den Augen gequollen. Und heutzutage ist das alles Selbstverständlichkeit – und es kommen dir Sachen zu Ohren, bei denen du denkst: »Hallo, hat der Dieter Bohlen irgendwie was damit zu tun?«

Myk: Klar, der frühere New-Wave-Punk-Dirt ist verloren gegangen.

Michael: Es ist ja auch keine Szene mehr, sag ich jetzt!

Klaus: Immer dran denken: Wir verhalten uns womöglich nicht anders als die vor uns! Die Generation von *Deep Purple* und *Led Zeppelin,* die das Jahr 1970 womöglich als die Hochphase des Rock ansehen, als das Maß aller Dinge, die werden mit Sicherheit auch später gemurrt haben: »Was sollen diese neuen Wave-Zeiten? Mit *dem* Zeug kann man doch nix anfangen!«

Michael: Wobei – die haben sich eben vertan. Wir haben den richtigen Sound gehört! *(allgemeines Gelächter)*

Thomas: Nehmen wir jetzt mal ein gutes Beispiel: Wie war das denn damals, als es mit Minimal Elektronik losging: »Warm Leatherette« von *The Normal*[2]. Das war ja doch Punk auf Electro. Man wollte nichts anderes damit sagen als: »Hier: Leckt mich am Arsch!«

Myk: Hab ich auch so empfunden – gerade bei diesem Stück. Eine ganz neue, monotone Soundästhetik. Slapstick – und doch bösartig. Rebellion und Coolness. Der Beginn eines neuen Zeitalters.

Michael: Es hatte auch damals eine ganz klare Aussage. Man wollte einfach den gängigen Popstrukturen den Stinkefinger zeigen. Punkt aus.

Thomas: Und auch mit Sicherheit den Hochglanzproduktionen jener Tage, es ging ja darum, dass damals Zehntausende von Dollars in Produktionen gesteckt wurden – und Daniel Miller, der ja später MUTE RECORDS gegründet und *Fad Gadget* sowie *Depeche Mode* entdeckt hat, setzt sich halt mit seiner Drumbox und seinem Synthesizer da hin und hat dann halt »Warm Leatherette« gemacht. Und die Single hat sich trotzdem … also ich will's nicht wissen, wie hoch sie sich fünfstellig verkauft hat.

Klaus: Wo wir gerade bei großen Namen der Frühzeit sind – Thomas, erzähl doch mal deine schöne *Tock the Demon*-Story!

Michael: Die legendäre Story von *Tock the Demon!*

Myk: Astrein. Der Klassiker von *Tock the Demon!* Jau.

Thomas: Nun gut. Eines nachts im ZWISCHENFALL, in diesem heute schon oft, manchmal auch etwas verklärt dargestellten Superschuppen, in der alten Bahnhofstraße 214 in 44892 Bochum-Langendreer …

Michael: Telefonnummer?

Thomas: 0234 - 287 650.

Michael: Oh! Gut! *(allgemeines Gelächter)*

Thomas: Ja, ich war da schon lang genug da. Nun denn – es ergab sich, dass wir bei unserer regelmäßigen Party auf dem Wunschzettel immer einen Bandnamen stehen hatten. Da stand *Tock the Demon,* also »Tock der Dämon« – verbunden mit dem Wunsch: »der Song, den ihr immer spielt«. Und da ich meistens mit meinem Bruder aufgelegt habe, hab' ich mich an ihn gewandt: »Kenn ich nicht. Spielst du mir mal ‚nen Song von *Tock the Demon?* Ich finde die Platte doch niemals.« Er entgegnete: »Also, nö, kenn' ich nicht, nie von gehört. Keine Ahnung, was das ist.« Einen Monat später: gleicher Laden, gleiche Party, neuer Wunschzettel, derselbe Wunsch: *Tock the Demon.* Wir standen irgendwie auf dem Schlauch. Die Panik brach aus, ha, sozusagen, weil: es ist einem natürlich sehr peinlich. Man hält sich für einen coolen DJ – und irgendjemand sagt einem, du spielst einen Song immer wieder, doch du kennst ihn nicht einmal. Morgens zwischen vier und fünf, als es dann ein bisschen schmusiger wurde auf der Tanzfläche, stand dann der Typ, der sich das gewünscht hatte, tatsächlich auf einmal vor der DJ-Box und meinte: »Danke! Danke, dass du gerade hier meinen Wunsch gespielt hast! Das stand ja schon die ganze Zeit auf dem Wunschzettel. Du spielst das ja sonst ums Verrecken nicht mehr!« Ich fragte: »Was denn für ‚nen Wunsch?« Er sagte: »Na ja, du hast doch gerade *Tock the Demon* gespielt!« Ich sagte: »Nein. Ich kenn das nich!« »Doch, doch, Dankeschön!« hat er gesagt. Und dann hab ich halt auf unsere Playlist geguckt und wir haben festgestellt, dass der Mensch, der sich *Tock the Demon* gewünscht hat, tatsächlich die legendären, was in diesem Fall ja keine Übertreibung ist, also die legendären Avantgarde-Waver von *Tuxedomoon* gemeint hat, die mit »No Tears« wahrscheinlich eine der wegweisendsten Szene-Hymnen überhaupt geschaffen haben. Das war nicht mal der Song, um den es ging, sondern es ging um das fabulöse Pianostück »Crash«, welches Michael Zöller wiederum auf seiner Compilation-Reihe »Call Of The Banshee« gekoppelt hatte. Wunderbare Sache.

Michael: Oh, zu diesen Samplern hast du mal eine schöne Rezension geschrieben, Thomas Thyssen. Du hast geschrieben: »So, Michael Zöller hat den ›Call Of The Banshee‹ gemacht. Lothar Pöller hat den ›Return of the Banshee‹ gemacht. Wann macht Rudi Völler einen Sampler?« *(allgemeines Gelächter)*

Myk: Solche platten Witze hat Thomas Thyssen losgelassen? Erschreckend.

Michael: Ja, ja. Der Thomas Thyssen war manchmal ziemlich genauso wie der Papa *(zeigt auf sich)* selber.

Klaus: Das ist ja wie eine Jägermeister-Gala. Erinnert mich an »Ein Alt«.

Michael: Wer ist »Ein Alt«?

Klaus: Nun ja – der kam immer ins ZWISCHENFALL an Claudias Theke, stellte sich dann dahin, murmelte ganz grimmig: »Ein Alt!« Seitdem hat sie immer gesagt: »Schaut mal! Da ist wieder ›Ein Alt‹!« *(Lachen)*

Thomas: Also wer bestellt sich denn heute noch ein Alt in der Disco? Das ist unglaublich!

Klaus: Michael hat da gerade noch etwas aufgegriffen: von wegen der Musik und wie wichtig man die selbst noch fand in

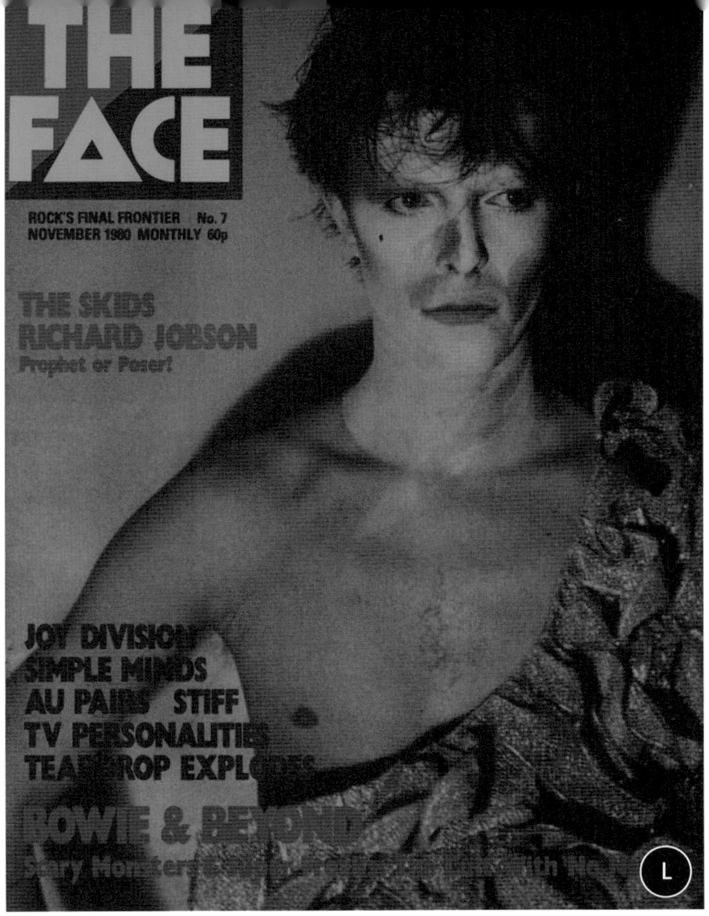

L David Bowie auf dem Cover von The Face, zusammen mit Joy Division und den Simple Minds, 1980
M »Unz, unz, unz«: Combichrist live in der Matrix, Bochum 2009
1 Eine klangmalerische Verballhornung des technoiden Bassdrum-HiHat-Geflechts, Anm. d. Hrsg.
2 Hinter »The Normal« verbarg sich Daniel Miller, der Labelgründer und langjährige Chef von Mute Records, die u. a. DAF, Diamanda Galás, Einstürzende Neubauten, Erasure, Depeche Mode, Laibach und Frank Tovey im Programm haben (Anm. d. Hrsg.)

den Achtzigern, Neunzigern. Ich finde diesen folgenden Aspekt auch nicht uninteressant: die Zersplitterung in verschiedene Gruppen, die verschiedene Musik gehört haben innerhalb der Dark-Wave-Szene – inwieweit war man da womöglich selber dran beteiligt? Denn ich hatte auch so meine Favoriten, die ich gerne gespielt habe – doch immerzu auch Songs, die ich genauso ungern gespielt habe wie *Deep Purple* und Konsorten. Also die zwar auch zum Bereich Dark Wave gehörten, aber mit denen ich überhaupt nichts zu tun haben wollte – womit die Leute mich aber genervt haben, weil sie das hören wollten. Das Sieb des DJ-Pults erschafft Wünsche, auch unerfüllte, schafft vielleicht auch Nischen, wohin die Leute fliehen.

Michael: Was auch immer ganz interessant war: Es gab damals durch Jahre hindurch den ewigen Konkurrenzkampf »Electro gegen Gitarre«, zu dem wir unentwegt gesagt haben: Mein Gott, kann man das nicht kombinieren?!« Aber teilweise hat man sich da selber ein bisschen mitreißen lassen. Ich gehörte selber eher zu den *The Cult-, Nephilim-, Sisters-, Joy Division*-Leuten; doch dem demgegenüber gab es die andere Fraktion: *Front 242*, *The Klinik*, *Skinny Puppy*, *Click Click*. Diese glasklare, verrückte Trennung, also als wäre da eine Mauer dazwischen: vollkommen unverständlich, eigentlich!

Klaus: Wenn ich da einhaken darf: Das hat wohl auch was mit dem Äußeren zu tun. Es sind die Gene! Sie gestalten die Leute so, dass die zwangsläufig zu der Musik von *Front* tanzen müssen, weil sie so aussehen. Sie haben kurze Haare, sie haben dieses Militärische und Tarnhosen an. Lange Haare stehen ihnen nicht – oder wachsen ihnen erst gar nicht! Tja, dann können sie einfach nicht anders. So einer kann doch nicht auf *Fields Of The Nephilim* abfahren – wie sieht denn das aus?! Das geht ja gar nicht, das widerspricht doch seinem Typus! *(lautes Gelächter ob dieser schalkhaften Idee)*

Myk: Michael Zöller, du hast recht: Ein echter Witz, diese ewige Trennung von Electro und Gitarre. Kommt vielleicht daher, dass sich die Leute sonst langweilen würden, wenn sie sich nicht aufregen können oder Lager bilden. Sowas selbst in der Dunklen Szene! Dabei haben doch *Alien Sex Fiend* & Co. schon 1983 vorgemacht, wie's geht, ‚ne gelungene Mischung zu kreieren.

Michael: Doch es blieb dabei: Wer die Seiten abrasiert hatte, war Electro oder Punk und/oder Electro-Punk oder Pipapo – wer die Haare lang hatte, der durfte auch nichts anderes hören als *Nephilim, Sisters,* hau mich tot. Oh Mann! Eigentlich ein ausgewachsener Schwachsinn vor dem Herrn.

Thomas: Nun, letzten Endes haben nur die DJs dafür gesorgt, dass das ein kleines bisschen zusammengeführt wurde. Also zumindest … wollten wir das immerzu zusammenführen.

Salt

Fotogalerie

35

SA·19

2

Die Wiedergänger

Alexander Nym

Nach der ersten Hochphase und dem Niedergang in den 80er Jahren erlebte die Schwarze Szene in den Neunzigern ein Revival, das bis heute ungebrochen anhält. Dies bedeutete einerseits absolut gesehen einen Zuwachs an Publikum (damit auch an Professionalisierung und Expansion), andererseits aber auch Spezialisierung und Differenzierung: Aus eklektizistischen Alles-was-Indie-ist-Hörern wurden Fachleute ihrer jeweiligen Subgenres, aus schwarz gekleideten Sinnsuchern, die in den 80ern schon frustriert waren, wurden ernsthafte junge Menschen, von denen sich manche auf den Weg machten, von der Szene zu leben, ob durch das Organisieren von Veranstaltungen, Labelgründungen und Tonträgervertrieb oder durch den Verkauf von Kunsthandwerk auf Mittelaltermärkten – man war erwachsen geworden, und die meisten ergriffen wenn möglich einen gut bezahlten Job, wurden das was Megan Balanck als »Corporate Goths« bezeichnet, und investierten Geld und Freizeit in das Paralleluniversum, das die Schwarze Szene darstellt. Neben Grunge, Techno, Jungle, Drum & Bass, Acid Jazz, Tapetenmusik, und all den Retro-Hypes der 90er gedieh die Szene prächtig, wenn auch in die unterschiedlichsten Richtungen, wie der folgende Überblick der diversen Subgenres schwarzer Musik und Mode demonstriert, gefolgt von Diskussionen einzelner Subgenres und den Überlappungen mit benachbarten Szenen. Kern dieses Kapitels ist der Beitrag von Dominik Tischleder, der als fachkundige Einführung in den Bereich der »Okkultur« Einblicke in die Grundlagen für zahlreiche Szene-Diskurse liefert. Während Techno & Co. das große Bumbum inszenierten, formulierten die okkulturellen Künstler mit ihrer Modernekritik einen musikalischen Gegenentwurf in Form dessen, was heute als Neofolk firmiert und der Szene viel Kritik eingebracht hat: Faschistische Ästhetik, elitärer Habitus, Okkultismus … alles, was man der Szene kritisch vorhalten wollte, findet sich hier in substanzialisierter Form, und diese strittigen Themen und Künstler werden uns im Verlaufe des Buches noch mehrfach begegnen. Eine der unwahrscheinlicheren Entwicklungen war die Annäherung von Schwarzer und Heavy Metal-Szene, die Stefan Gnad in unnachahmlicher Weise diskutiert. Auch die Assimilation von, bzw. die Ausstrahlung der Szene in die Bereiche Fetisch/SM und Mittelalter gehören zu dieser ausgreifenden Dynamik, werden aber in späteren Kapiteln eingehender erläutert, da sie nicht primär mit den Musiken der Szene zusammenhängen. Über jede einzelne musikalische Sparte könnten eigene Bücher geschrieben werden, und bestimmt wird das auch geschehen, bzw. ist im Zuge des Post-Punk-Revivals in England bereits getan worden. Festzuhalten bleibt, dass die Schwarze Szene einerseits wie ein Schwamm funktioniert und sich ziemlich jede Musikästhetik aus den verschiedensten Epochen und Kulturkreisen einverleibt hat, und andererseits mycel-artig Fäden in kulturelle Bereiche, die ihr ursprünglich fern lagen, spinnt. Damit wird sie zum mikrosoziologischen Kosmos, in dem sich die Entstehung, Entwicklung und Ausdifferenzierung von Kulturen bzw. Systemen wiederspiegelt. Dadurch wird – fast unvermeidlich – ein Grad der Komplexität erreicht, der zu groß, zu schwer, zu unüberschaubar wird, als dass die einst tragenden Säulen noch imstande wären, als grundlegende Spender von Identität und Identifikation die Last der aus ihnen resultierenden Interpretationen und Extrapolationen zu tragen: Die Begriffe verlieren ihre ursprünglichen Bedeutungen, wie Stefan Lederer am Beispiel des Terminus »Industrial« anschaulich erläutert. Die Entwicklung der letzten großen Avantgardisten des 20. Jahrhunderts vom Werden und Wirken als hypermoderne Aufklärungskämpfer hin zu früheren kulturellen Formen wie psychedelischem Acid-Rock (*Psychic TV* covern Syd Barrett) oder klassischen Komponisten (*Laibach* verbraten Wagner und Bach) symbolisiert das Dilemma und die Chance der sich ihrem Kollaps entgegen neigende Postmoderne: Wo alles möglich zu sein scheint und alles schon mal gemacht wurde, rekurriert man auf das beliebte Bestehende, um ein zeitgenössisches Update davon vorzulegen.

Dass das nicht immer einen ästhetischen Gewinn oder gar Erkenntnismehrwert mit sich bringt, demonstrieren die zahllosen penetrant unoriginellen Elektronikbands, die im Fahrwasser von EBM und Techno das Gewöhnliche zum Markenzeichen machen. Dass mit den heute verfügbaren digitalen Produktionsmitteln ein jeder zum Künstler werden kann, um seine »15 minutes of fame« einzufordern, zeigt die visionäre Überlegenheit von Propheten wie Marshall McLuhan, Joseph Beuys oder Andy Warhol, und unwillkürlich stellt man sich die Frage, was diese wohl heutzutage treiben würden und ob sie überhaupt Interesse daran hätten, sich auf derart überfüllten Spielplätzen zu tummeln. Ob es die Bands aus Neofolk und Industrial sind oder die technoiden Einfaltspinsel, die sich auf ihren ausgetretenen Genrepfaden bewegen, der Trend geht zur – ganz modern – zur Selbstkopie, zum Remixen, zitieren und kommentieren des angehäuften kulturellen Bestandes, wie *Front 242*, die Vorreiter elektronischer Musik, am eigenen Beispiel zeigen. Ausschlaggebend ist also nicht mehr, ob man um jeden Preis das Rad neu erfindet, sondern ob die eigene Interpretation seiner Form und Funktion qualitativen Bestand zeitigt. Oder in Musikersprech ausgedrückt: Ein Hit ist ein Hit ist ein Hit, ob im elektronischen, rockigen oder klassizistischen Gewand vorgetragen. Und da haben nun mal die Altmeister die Nase vorn, auch wenn das bedeutet, den Kopf nach hinten drehen zu müssen.

A1

Schwarze Subgenres und Stilrichtungen

Judith Platz / Alexander Nym / Megan Balanck

— Post-Punk —

Entstehung & Entwicklung:

Aus den Nachwehen der Punk-Explosion von 1977 hervorgegangener Überbegriff für experimentelle Rock- und Elektronikbands, deren Wurzeln die rohe Energie des Punk ist, gekoppelt mit der Sensitivität für und Bereitschaft zur Auseinandersetzung mit diffizileren Themen, als sie in der Popmusik bis dahin üblich war. Stilistisch ist Post-Punk kaum definierbar, da es sich eher um einen musikgeschichtlichen Begriff handelt, der die Phase Ende der 1970er Jahre und die frühen 1980er Jahre umschreibt.

Instrumentierung & Besetzung:

So unterschiedlich wie die Bands und ihre Philosophien waren auch die Herangehensweisen an die Musik- und Klangproduktion. Bei manchen Bands stand die elektronische Klangerzeugung stärker im Vordergrund (vgl. die frühen *Simple Minds),* andere verließen sich lieber auf (elektrische) Gitarren oder Verfremdungseffekte im ansonsten klassischen Rock-Line-up oder kombinierten sie mit Synthesizer-Melodien. Das bekannteste Beispiel dafür dürfte der *Joy Division-Hit* »Love Will Tear Us Apart« sein, wo das Leitthema sowohl vom Synthesizer als auch mit dem für *Joy Division* (und später *New Order)* typischen Effekt auf der Bassgitarre gespielt wird. Die (zumeist männlichen) Stimmeinsätze sind oft von den intendierten Stimmungen geprägt und rangieren von dunkel-melancholisch über aggressiv-frustriert bis zu hysterisch-panisch.

A1 Captain Sensible im Adamskostüm
A2 Postpunk-Helden der ersten Stunde: Nick Cave mit Lydia Lunch und der Birthday Party, »Drunk on the Pope's Blood«, 4AD 1982

Themen, Motive, Stimmungen:

Waren im Punk in erster Linie Zorn und Frust die zum Ausdruck gebrachten Emotionen, öffneten sich im Post-Punk die musikalischen Ausdrucksweisen, um einer großen Bandbreite von Themen und Gefühlen Platz zu geben: Enttäuschte Liebe, Beziehungs- und persönliche Probleme sowie Gesellschaftskritik geben den Ton an; anders als im expressiven Punk dominieren dramatische Stimmungswechsel und introvertierte Passagen, Monotonie als Stilmittel sowie repetitive Riffs und wohlplatzierte Kraftausbrüche, die oft mit zurückhaltenden Zwischenteilen oder Strophen kontrastiert werden.

Wichtige Vertreter:

Joy Division, Public Image Limited (PIL), Talking Heads, Foetus, Swans, The Fall u.v.a. – jede Auswahl »wichtiger« Bands vernachlässigt zwangsläufig die zahllosen anderen, die zu jener Zeit erfolgreich waren und z. T. in den 80er Jahren in Europa und weltweit Erfolge feiern konnten.

A3 Schwarzbunt in Manchester, 1982
A4 Wales 1979: Fast noch Punk, noch nicht ganz Goth
B1 Alien Sex Fiend live: Ms Fiend an der Elektronik, 1992
B2 Der größte Hit der Sisters Of Mercy: »Temple Of Love«, Merciful Release 1983 – 1992 neu aufgenommen mit der israelischen Sängerin Ofra Haza
B3 Christian Death in Frankfurt, 1992: Valor auf der Bühne, Adolf dahinter
B4 Dramatische Untergangsstimme – Siouxsie And The Banshees: »Cities in Dust«-Single, Wonderland 1985
B5 Junge Vertreter des Horror-Punk: The Horrors – »Death At The Chapel«-Single, Loog Records 2006)
B6 Weder tot noch begraben: Alien Sex Fiend, »Dead And Buried«-Single in transparent-rotem Vinyl, Anagram Records 1984
B7 Die erste Single der Marionettes (zu Beginn noch Screaming Marionettes): »Obsession«, Lambs To The Slaughter Records 1987

Subgenres & Spielarten:

Die Übergänge zu New Wave, Gothic Rock und elektronisch-experimentellem Industrial und Synthie-Pop sind fließend: Zu jener Zeit wurde nicht nach Szenen und Genres unterschieden; die Ausdifferenzierung in unterschiedliche stilistische Strömungen begann erst in den 80er Jahren Fuß zu fassen. Musikgeschichtlich kann Post-Punk als Bindeglied zwischen Punk und den folgenden Strömungen der 80er Jahre betrachtet werden.

Mode & Auftreten:

Alles war erlaubt, nichts war unmöglich: Dank der Inspirationen aus Glam, Punk und Rock entstand ein Stilmischmasch, der in sich nicht ausdifferenziert war, und von wilden Haaren über androgynes Make-up bis zu gewagten Kleidungskombinationen alles zuließ, was gefiel, inklusive Anzüge, Krawatten und andere, mit Dandytum und Extravaganz assoziierte Elemente.

— Gothic Rock —

Entstehung & Entwicklung:

Gothic Rock entstand in England in den späten 1970er bzw. frühen 1980er Jahren und hat seine Wurzeln unbestritten in der Punk-Bewegung der vorangegangenen Jahre. Für die Übergangsphase fand sich die neue Stilrichtung unter dem Begriff »Post-Punk« wieder, später etablierte sich für diese musikalische Mischung aus Punk, Rock und Elementen aus Psychedelic und Glam Rock der Name »Gothic Rock«. Durch die in den USA mit kurzer zeitlicher Verzögerung aufkommende und in der Umsetzung leicht unterschiedlich geartete Ausprägung des Gothic Rock unterscheidet man heute in »European« und »American Gothic Rock« (welcher in den USA auch unter »Death Rock« firmiert, wobei jener musikalisch meist etwas schneller und punkiger ausfällt). Bekannte ästhetische und thematische Vorläufer bzw. Einflüsse sind u. a. *The Doors* und *Velvet Underground.*

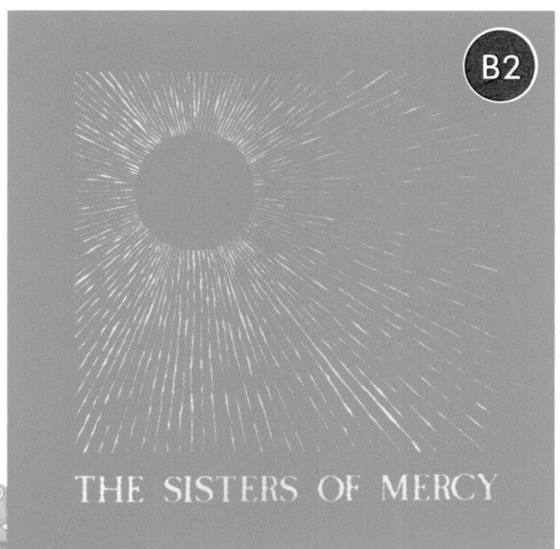

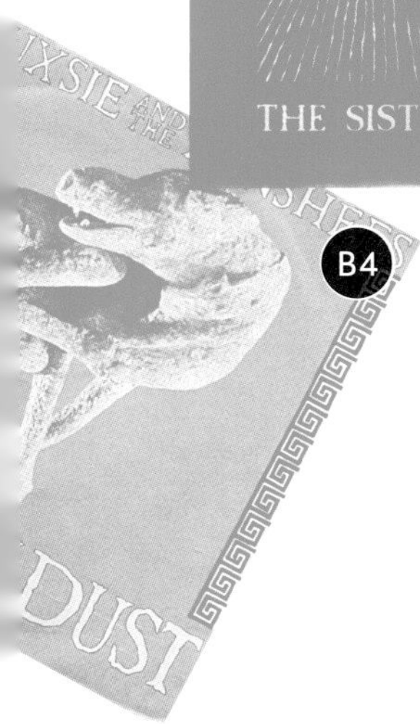

Instrumentierung & Besetzung:

Als Musikinstrumente kommen im Gothic Rock hauptsächlich E-Gitarre, Schlagzeug, E-Bass und Gesang zum Einsatz. Die Verwendung von Synthesizern war in den Anfangstagen selten, wenn doch, dann als Akzentgeber oder in Form eines Drumcomputers (Schlagzeugcomputer, auch »Drummachine« genannt). Bei den *Sisters Of Mercy* ersetzte ein Drumcomputer unter dem Namen »Doktor Avalanche« gar den Schlagzeuger. Im Gothic Rock dominiert die übliche Songstruktur mit mehreren Strophen und Wiederholung des Refrains. Der meist männliche Gesang tieferer Stimmlage klingt oft verzweifelt und düster, teilweise wird auch hauchend oder schluchzend gesungen. Weiblicher Hauptgesang kommt in der europäischen Ausprägung seltener vor. Ein Sonderfall ist hierbei *Siouxsie Sioux* mit ihrer ausdrucksstarken Stimme. Häufiger sind hingegen weibliche Backing Vocals (Hintergrundgesang) zu finden. Durch die anfängliche Nähe zum Punk überwiegen Songs mit schnelleren, geraden Rhythmen und kraftvollem Ausdruck – auch Balladen oder Stücke mit eher schleppendem Rhythmus können so durchaus laut und kräftig gespielt werden. Gerne werden zur Kontrastbildung laute Passagen von besonders leisen abgelöst. Daneben arbeitet man mit Hall, Verzerrung und ähnlichen Elementen, wodurch ein pompöser, bombastischer, düsterer Sound entsteht.

Themen, Motive, Stimmungen:

Die Songthemen innerhalb des Gothic Rock kreisen vorwiegend um Liebe, Liebeskummer, Gefühle, Enttäuschungen, Träume, Einsamkeit, körperliche Schwächen, Tod, Trauer, Depression, Morbidität und düstere Romantik. Politische Statements finden sich eher selten.
Das Stimmungsbild des Gothic Rock kann als düster, finster, manchmal wütend, aber selten wirklich aggressiv charakterisiert werden. Die Musik fungiert als Ausdruck großer Emotionen und eröffnet Möglichkeiten, mit diesen umzugehen. Wut, Verletzbarkeit und Schwächen werden respektiert und sind kein Tabu.

Wichtige Vertreter:

Prägende Vertreter des klassischen Gothic Rock: *Siouxsie & The Banshees, Joy Division, Bauhaus, The Cure, Fields of the Nephilim, Sisters Of Mercy, The Birthday Party, The Specimen* und, als surreal-punkige Vertreter ihrer einzigartigen Richtung, *Alien Sex Fiend.* Jüngst erfolgreich: *HIM* und *The 69 Eyes.* Wichtige deutsche Bands (teils nicht mehr existent): *Love Like Blood, Dreadful Shadows, Catastrophe Ballet, Girls Under Glass, Sanguis Et Cinis* (Österreich). Im American Gothic Rock sind die musikalischen und inhaltlichen Charakteristika im Großen

und Ganzen ähnlich dem oben beschriebenen Gothic Rock, aber es findet sich noch weniger Synthesizer-Einsatz, dafür häufiger weiblicher Gesang (Gitane Demone, Eva O. und Monica Richards). Die wichtigste Band für diesen Zweig des Gothic Rock ist ohne Zweifel die 1981 in Los Angeles gegründete Formation *Christian Death,* die als eine Art Ursuppe für viele nachfolgende Bands dieser Richtung verstanden werden kann. Maßstäbe setzte 1982 ihr Album »Only Theatre of Pain«. Weitere wichtige Vertreter: *Shadow Project, Mephisto Waltz, Faith & The Muse, London After Midnight, Cinema Strange, Switchblade Symphony.*

Subgenres & Spielarten:

Batcave, Death Rock, Swamp Rock, Country Goth (letztere als US-Varianten bzw. Crossovers mit Blues, Bluegrass und Country), Horror Punk

Mode & Auftreten:

Die Original-Gothics – ob sie tatsächlich schon in den 80ern dabei waren oder nicht, sie schätzen die Musik dieser frühen Tage am meisten, als die Szene begann, sich aus dem Punk heraus zu entwickeln. Die bevorzugte Mode orientiert sich denn auch meist am Look der damaligen Zeit: weitmaschige Strumpfhosen, Lederjacken, aufwendig toupiertes Haar und viel Make-up. Und natürlich jede Menge Schwarz. Finden sich bei Batcave-Goths (einer etwa seit der Jahrtausendwende zu beobachtenden Revivalistenbewegung) häufig ausladende farbige Irokesenschnitte, bevorzug(t)en traditionelle Gothics schwarze Fledermausmäntel, spitze Schnallenstiefel und tonnenweise Kreuze in allerlei Variationen als Schmuck; vereinzelt sind auch *Fields of the Nephilim*-Fans im mehlbestäubten Cowboy-Look gesichtet worden. Traditionelle Goths glauben (zutreffenderweise) dass Goth tot ist und die moderne Szene wenig Trost bietet. Neuere »Gothic«-Musikgenres wie EBM liegen ihnen mitunter schwer im Magen. Batcaver und Deathrocker hingegen sind durchaus nicht der Ansicht, dass Goth tot ist, sondern auch in der Gegenwart in angemessen untoter Form als zombifizierter Wiedergänger auferstanden ist und immer noch gelegentlich zuckt. Einfach zu erkennen an schichtenweise getragenen zerrissenen Strumpfhosen, Ansteckern und Aufnähern, hören sie nicht nur die 80er-Jahre-Klassiker, sondern auch jüngere Ausgeburten wie *Cinema Strange* und *Tragic Black,* und andere Genres wie Horror Punk und Psychobilly. Solange es verrückt, böse und voller Zombies und / oder Fledermäuse ist, ist alles in Ordnung. Deathrocker lassen sich auch durch ihre Vorliebe für alte Horrorfilme charakterisieren (je schräger desto besser).

— New Romantic —

Entstehung & Entwicklung:

New Romantic war ab 1979 eine selbst betitelte Strömung innerhalb des New Wave. Hier kamen verstärkt Synthesizer zum Einsatz, verdrängten aber Gitarre und Bass nicht immer vollständig.

Instrumentierung & Besetzung:

Teilweise ist ein Hang zu minimalistischerer Instrumentierung und mehr Sounds mit Effekten wie Hall oder Herzklopfen festzustellen. Der Unterschied lag hauptsächlich im Outfit der Künstler und deren Gesamtanmutung sowie im textlichen Bereich, wo oft stark sexuell konnotierte Formeln eingebracht wurden.

Themen, Motive, Stimmungen:

Die Genrebezeichnung, übersetzt »Neue Romantik«, spielt vor allem auf eine »moderne« Art des Umgang mit zwischenmenschlichen Gefühlen an. Die Musik verbreitete die passende kühle, tanzbare und trotzdem melancholische Stimmung. Androgyner Schick, Glamour und der richtige Stil spielten eine wichtige Rolle. Das musikalisch recht kurzlebige Phänomen wurde beinahe ausschließlich von englischen Bands und deren Umfeld getragen und hatte trotz der relativ wenigen Protagonisten großen Einfluss auf die entstehende Schwarze Szene.

Wichtige Vertreter:

Spandau Ballet, Gary Numan, Adam Ant bzw. Adam And The Ants, Ultravox, Visage, Human League, A Flock Of Seagulls, Duran Duran.

Subgenres & Spielarten:

Bei einigen der Protagonisten ist die Grenze zu Synth Pop bzw. Synthie Pop fließend, da New Romantic – wie beschrieben – vor allem durch die Darstellung und Umsetzung des Lebensstils umklammert wird.

Mode & Auftreten:

New Romantic brachte der im Entstehen befindlichen Schwarzen Szene die Komponente des überschwenglichen Make-up-Gebrauchs. Die opulent zur Schau gestellte Androgynität, die sich aus dem Glam Rock der 1970er Jahre herüber gerettet hatte, erlaubte auch Männern exzessives und kunstvolles Make-up und außergewöhnliche Haarschnitte, was sich später in der Schwarzen Szene als fundamentales Element der Selbstinszenierung fortsetzt.

B8 Styling-Vorbild für Generationen von Grufts: Rozz Williams (Christian Death) 1982
B9 Siouxsie Soux
B10 Gothic-Rocker der Nephilim-Schule
B11 Der klassische Schnabelschuh, in diesem Fall mit Schnallen im Totenkopfdesign
C Edle Dandys mit Hang zur Melancholie: Visage – »The Damned Don't Cry«-Single, Polydor 1982)

D1

— New Wave —

Entstehung & Entwicklung:

New Wave wird rückblickend sehr ungenau nahezu alles genannt, was ab Ende der 1970er bis ca. Mitte der 1980er Jahre vorwiegend in England an Popmusik unter Zuhilfenahme von Synthesizer-Klängen produziert wurde. Im engeren Sinne versteht man unter dem Genre New Wave eine Strömung von zunächst englischen Underground-Musikern, die ab 1976 andere Wege als bekannte Rock- und Disco-Pop-Formationen beschritten, um eindringliche, eingängige Songs zu produzieren. Wichtig war der hinzukommende, aber nicht ausschließliche Einsatz von elektronischen Geräten wie Keyboards und Synthesizern, die mittlerweile zu erschwinglichen Preisen erhältlich waren. So wurde mit Elementen aus Punk, Disco-Pop, Psychedelic und teilweise Rock bzw. Glamrock ein neuartiger Sound kreiert.

Instrumentierung & Besetzung:

New-Wave-Songs waren in der Komposition komplexer als Punk-Stücke, aber dennoch kraftvoll, in Teilen psychedelisch sowie in einigen Varianten extrem poppig und meist sehr tanzbar. Trotz des Undergroundcharakters waren sie somit oft auch chart-tauglich, sodass sich auch kommerzieller Breitenerfolg bald einstellte. Der Gesang mutet meist sehr angenehm an, es wird »schön gesungen«, selten düster. Viele der Melodien sind einfach strukturiert: Grundmelodien werden häufig wiederholt bzw. innerhalb des Songs nur leicht abgewandelt.

Themen, Motive, Stimmungen:

D2

Die Texte sind in Verbindung mit prägnanten Refrainzeilen häufig kurz und leicht verständlich. In einigen Lyrics wird durchaus eine kritische Haltung gegenüber dem Staat bzw. der Gesellschaft transportiert, aber im Vergleich zum Punk unterhaltsamer und eher ironisch distanziert. Entertainment ist kein Makel, sondern oft gewollt, was sich auch in Bezug auf das Outfit als Spaß an der Inszenierung äußert. Extrem häufig ist die Liebe Thema der Songs, ob mit oder ohne »Happy End«. Insgesamt wirken besonders die poppigeren New-Wave-Songs gerne oberflächlich, selbstverliebt, etwas naiv und vermitteln Lebensfreude. Trotz der fehlenden Düsternis oder Morbidität werden die Klassiker dieser Zeit in der Schwarzen Szene respektiert und besonders auf Partys nach wie vor gerne gehört. Nach 1984/85 wurden viele Künstler von der Musikindustrie als New Wave etikettiert bzw. von Produzentenseite aufgebaut, da der Begriff bei den Plattenkäufern eingebürgert war. New Wave in seiner ursprünglichen Form ist im Grunde mit seinen Protagonisten, die sich anderen Ufern zuwandten, »gestorben«.

Wichtige Vertreter:

Tuxedomoon, Fad Gadget, Elvis Costello, XTC, Talk Talk, Level 42, Culture Club, Public Image Ltd. (P.I.L.), The Multicoloured Shades, Martha & The Muffins, Blondie, The Cars, Men At Work.

Subgenres & Spielarten:

Artverwandt und gelegentlich gleichgesetzt mit New Wave werden zahlreiche aus dieser Zeit stammende Gruppen, die sich vermehrt synthetisch erzeugten Klängen zuwandten (Synthie Pop), oder aufgrund ihrer Vergangenheit auch dem Post-Punk zugerechnet werden können (z. B. *P.I.L.* mit John Lydon, dem ehemaligen Sänger der *Sex Pistols).* Allgemein gilt, dass die Grenzen zwischen den Stilrichtungen der frühen 1980er Jahre fließend sind, insbesondere die zwischen New Wave, New Romantic und dem (erst später als solchen bezeichneten) Synthie-Pop. Das beste Beispiel für solche stilbildenden, einflussreichen Grenzgänger sind *New Order* oder die *Talking Heads.* Bekannte Vertreter des deutschen Pendants, der Neuen Deutschen Welle (NDW), waren *Ideal, Nena, Trio,* Peter Schilling und Joachim Witt.

Mode & Auftreten:

Waren New Waver Anfang der 1980er noch betont yuppieske Discogänger, begann sich der melancholisch-dunkle Anteil der Fans, inspiriert durch die Mode- und Make-up-Möglichkeiten, die Punk und New Romantic geschaffen hatten, bald betont androgyn zu schminken und gedeckte Anzüge im Stil der 1920er bis 1940er Jahre zu tragen. Dazu gegelte Haare, meist gescheitelt oder mit schnittigen Vorläufern des »undercut« versehen, verzweigte sich der Trend in ein buntes (»Popper«) und ein dunkel bis schwarzgekleidetes Segment, die »Waver«. Die extremeren Waver waren die Vorstufe zum archetypischen »Gothic«, der ab Mitte der 80er Jahre vermehrt im bekannten Outfit (Fledermausmantel, spitze Schnallenschuhe, toupiertes Haar, oft zusätzlich schwarz gefärbt) auftauchte, was der zunehmenden Popularität von düster angehauchten Bands wie *Depeche Mode,* den *Sisters Of Mercy* oder *The Cure* geschuldet war, die in der Regel für die meisten Teenager in den 80er Jahren den musikalischen Einstieg in die Szene darstellten.

D1 Bis heute aktive Vorreiter melancholischer Wave-Musik – And Also The Trees covern Cat Stevens: »Lady D'Arbanville«-Single, Reflex Records 1989
D2 Klassiker der elektronischen Tanzmusik – Severed Heads: »Dead Eyes Opened«, Virgin Records 1984
D3 Bekannt aus der Reklame: In Deutschland war die neue Welle um einiges lustiger, dafür schneller ausverkauft (Kassetten-Compilation, Polystar 1982)
D4 2002 viel zu jung verstorbener Pionier des New Wave: Frank Tovey alias Fad Gadget nimmt ein Bad in Rasierschaum
D5 Anne Clark (3. v. l.) mit Band beim Zillo-Festival 1993

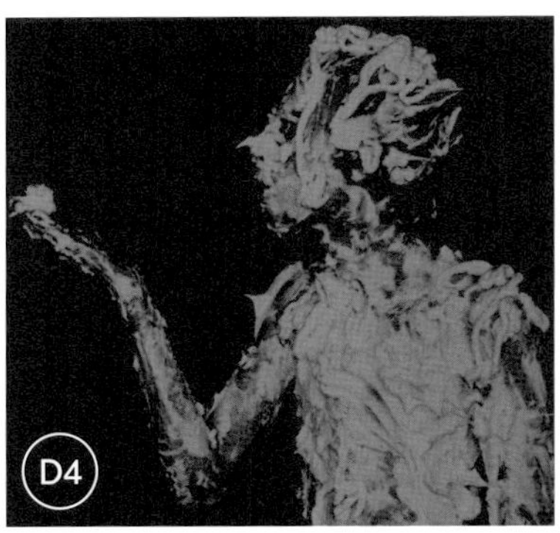

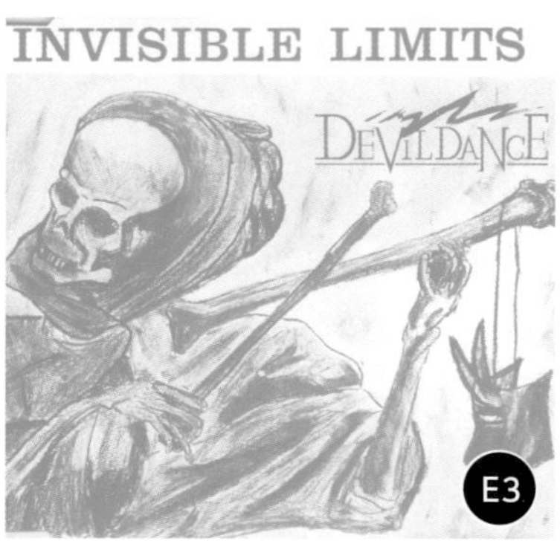

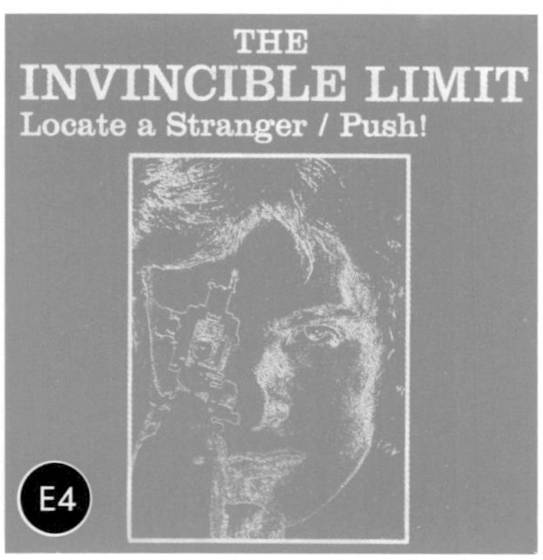

— Dark Wave —

Entstehung & Entwicklung:

Obwohl dem Begriff auch eine Allgemeinbedeutung für dunkle Musikarten zukommt, liegt sein Ursprung in der Bezeichnung für eine bestimmte musikalische Richtung. Anfang der 90er Jahre gab es eine neuartige Mischung zwischen Gothic-Rock- und Elektronik-Elementen in Verbindung mit meist sehr tanzbaren Rythmen, die insgesamt mit Dark Wave betitelt wurde: eingängige, düstere Songs mit einer großen Nähe zur Elektronik, aber meist getragener im Vergleich zu den harten elektronischen Ausprägungen wie EBM bzw. Electro.

Instrumentierung & Besetzung:

Musikalische Merkmale sind die ausgedehnte Instrumentierung von Synthesizer bis Gitarre, oft auch Streicherarrangements und Klavierbegleitung, vielschichtig angelegte Kompositionen, häufiger Wechsel innerhalb der Stücke von Rücknahme des Tempos und Wiederaufbau von Spannung und dadurch insgesamt eine etwas bombastischere Anmutung. Im Gesanglichen sind Duette mit härteren, leicht verzerrten männlichen und charaktervollen weiblichen Stimmen sehr beliebt, ansonsten überwiegt männlicher Gesang in tiefen Stimmlagen. Das 1991 erschienene Album »Dark Star« von *Deine Lakaien* brachte neue Impulse und war der wichtigste Meilenstein dieses Genres. Im Grunde sind nur wenige Künstler klar hier einzuordnen, da die Grenze zu Electro fließend ist. So gelten zum Beispiel auch *Project Pitchfork* als Dark-Wave-Band, obwohl im Grunde nur deren 1992er-Album »Entities« dem Darke Wave zuzurechnen ist.

Wichtige Vertreter:

Dark Wave scheint in dieser Ausprägung ein rein deutsches Phänomen, fast alle wichtigen Vertreter kommen aus Deutschland: *The Eternal Afflict, Calva Y Nada, Projekt Pitchfork, Deine Lakaien* (frühe bis mittlere Veröffentlichungen), *Die Verbannten Kinder Evas, Illuminate, Silke Bischoff, L'Âme Immortelle* (Österreich), *Impressions Of Winter* (Nähe zur Neoklassik), *Clan Of Xymox* (Niederlande, jetzt Deutschland).

Subgenres & Spielarten:

Da »Dark Wave« (oder verkürzt »Wave«) begriffsgeschichtlich der jüngere Bruder des »New Wave« ist, nur eben konsequenter elektronisch und mit deutlichem »Gothic«-Pathos versehen, wird er gerne als Sammelbegriff für dunkel anmutende, mit der Schwarzen Szene assoziierte Musik verwendet, die aber oft auch außerhalb der Szene viel verkauft und gehört wird. Demzufolge sind diesem Begriff keine speziellen Kleidungsstile zuzuordnen; er dient vielmehr der übergreifenden Bezeichnung der Schwarzen Szene, unabhängig von der individuellen Ausprägung in Musik- und Modegeschmack.

Mode & Auftreten:

Als modische Fusion aus New Wave und Gothic finden wir im Styling des Dark Wave die wahrscheinlich archetypischste Ausprägung schwarzer »Gothic«-Dresscodes: gestellte, oft auch schwarz gefärbte Haare mit ausrasierten Seiten (»undercut«), z. T. in regional unterschiedlichen Variationen. So war etwa zu Beginn der 1990er zu beobachten, dass Grufts aus dem Ruhrgebiet (im Einzugsbereich des Zwischenfall) flache, horizontal ausgreifende Tellerfrisuren bevorzugten, während im Süden der klassische, gerade oder schräg toupierte »Turm« die Regel war. Explodierte Wuschelköpfe nach dem Vorbild von Robert Smith (*The Cure*) waren hingegen überall anzutreffen.

Themen, Motive, Stimmungen:

Bei den Songthemen sind Gefühle, Natur und Umwelt sowie esoterische und religiöse Betrachtungen beliebt. Textlich und musikalisch ergibt sich für Dark Wave ein Stimmungsbild, das sich gezähmt zwischen Härte und Romantik bewegt, sehnsuchtsvoll und melancholisch, Wut kommt kaum aggressiv zum Ausdruck, alles wirkt ausgewogen und reflektiert.

E5

E7

E1 Eine der bekanntesten Nummern der Vorzeige-Darkwaver Clan Of Xymox: »A Day«-Maxi, 4AD 1985
E2 Deine Lakaien als sie noch eine echte Untergrundband waren: Alexander Veljanov und Komo an der Violine, live 1992
E3 Wavige EBM aus Deutschland: Nach »Love Is A Kind Of Myster« ließen die Invisible Limits 1986 die Teufel tanzen. »Devil Dance« MCD, Last Chance 1992
E4 Invisible-Limits-Sänger Thomas Lüdke produzierte nach dem Ausstieg als The Invincible Limit (später: Spirit) mit »Push!« einen EBM-Evergreen: Seltene »Locate A Stranger / Push!«-Single, Last Chance 1986
E5 Auch Gruftis müssen essen: Pizzapause auf dem Weg nach Esterhofen, 1992
E6 Schwarze (bzw. blaue) Haartracht in Esterhofen 1992: Bochumer Teller (li.), Undercut (2. v. li.) und Undercut mit gestellten Haaren (re.) – Das Brautkleid war eine Innovation, die zahlreiche Nachahmerinnen finden sollte
E7 Klassischer Waver- bzw. Gothic-Look Mitte / Ende der 1980er-Jahre

E6

— Synthie Pop —

Entstehung & Entwicklung:

Als in den 1970er Jahren elektronische Klangerzeuger preiswerter wurden, erschienen im Fahrwasser der Pioniere von *Kraftwerk* rein elektronisch ausgelegte Bands, die unter Fortführung mancher Elemente aus Disco die Post-Punk-Sensibilität mit elektronischer Instrumentierung zum Ausdruck brachte, und die Anfang der 80er weit verbreitete Empfindung gesellschaftlicher Distanz und zwischenmenschlicher Kälte in der Klangproduktion zum Stilmittel erhob. Die zunehmende Popularität elektronischer Musik weit über die Schwarze Szene hinaus verlief im Laufe der 80er und 90er Jahre weitgehend analog zur Ausbreitung elektronischer Kommunikationsmedien, sodass einstmals exklusiv dem New Wave (und somit der Schwarzen Szene) zuzurechnende Bands bis heute z. T. weltweiten Massenerfolg haben und aus dem Spektrum der Popkultur nicht mehr wegzudenken sind. Synthie Pop kann als die mainstream-kompatible, gefälligere (Vor-)Form der eng mit ihr verwandten Electronic Body Music (EBM) und deren späteren Dancefloor-Mutationen wie Techno, Eurobeat usw. bezeichnet werden. So bestritten beispielsweise die EBM-Pioniere *Front 242* im Jahr 1987 das Vorprogramm der »Music For The Masses«-Tour von *Depeche Mode.*

F1 F1_Invasion aus dem All: Die Star-Trek-Fans von S.P.O.C.K. bringen Tanzbares zur Erde
F2 F2_Synthi-Pop-Vertreter aus Schweden mit toller Tolle: Elegant Machinery
F3 F3_Kraftwerk-Klassiker: »Radioaktivität«-LP, Kling Klang 1975
F4 F4_Gefühlvolles Liebeslied im kalten Klanggewand der 80er: Boytronic-Single »You«, Mercury 1983
F5 F5_Französische Kassettenversion der »Strangelove«-Maxi von Depeche Mode, Mute Records 1987
F6 F6_Nicht nur die meistverkaufteste 12" der Welt und die Vorwegnahme von Techno, sondern auch ein Geniestreich der Covergestaltung: Die »Blue Monday«-Maxi von New Order im damals futuristischen Diskettenlook, Factory Records 1983
F7 F7_Lange verspottet, heute Band von Weltrang: Depeche Mode 1984 (von links: Martin Gore, Andrew Fletcher, Dave Gahan, Alan Wilder)

Instrumentierung & Besetzung:

Synthie Pop bzw. Synth Pop, wie er in der Anfangszeit genannt wurde, ist von der Instrumentierung rein synthetischer Natur. Zum Einsatz kommen Synthesizer, Keybords, Drummachines und Sequenzer. Die Geräte werden konventionell benutzt, wie zum Beispiel bei herkömmlichen Disco- bzw. Dance-Produktionen. Es liegen tendenziell eingängige Rhythmen und »glatte« Sounds vor ohne provozierende, unangenehme Verzerrungen. Kennzeichnend ist eine sehr gute Tanzbarkeit der Stücke. Die Melodien besitzen oft Ohrwurmcharakter, dazu erklingen einprägsame männliche Stimmen. Als Bandbesetzung reicht meist ein Musiker-Duo. Die Melodien und Texte ähneln einfachen Popsongs, die vorwiegend knappen Textstrophen und Refrains sind leicht zu merken.

Themen, Motive, Stimmungen:

Synthie-Pop-Stücke sind thematisch emotional und drehen sich um Liebe, Sehnsüchte, besondere Erlebnisse und Lebensumstände; in neueren Produktionen findet sich auch ein verstärktes Interesse an Science-Fiction-Aspekten. Grundsätzlich ist Synthie Pop schlicht eine besonders gefühlvolle und unterhaltsame Art von Tanzmusik und sehr beliebt in der Schwarzen Szene. Das Stimmungsbild reicht von freudiger Erregung bis zu melancholischer Reflexion.

Wichtige Vertreter:

Die wichtigsten frühen Synthie-Pop-Vertreter kamen beinahe ausschließlich aus Großbritannien: *Depeche Mode, Yazoo* und später *Erasure* (beide gegründet von Vince Clarke, der auch in der Urbesetzung von *Depeche Mode* mitwirkte), *New Order* (der Nachfolgeband von *Joy Division)* oder *Bronski Beat. Human League* und *Japan* sind wichtige Bindeglieder zwischen New Romantic und frühem Synthie Pop. Aus Deutschland bekannt: *Boytronic, Alphaville, Camouflage.* Auch die Kanadier *Psyche* genießen in der Szene hohen Stellenwert. Die Bedeutung Englands für den Synthie-Pop-Bereich nahm im Laufe der Jahre wieder ab. Seit Anfang bis Mitte der 90er-Jahre kommen die meisten entsprechenden Veröffentlichungen aus Deutschland *(Wolfsheim, De/Vision, Distain!, Beborn Beton, Welle: Erdball, Perfidious Words).* Außerdem: Schweden *(Children Within, Elegegant Machinery),* England *(Mesh)* und den USA

(Brave New World). Wichtige Künstler wie Darrin Huss *(Psyche)* oder *Anne Clark* haben sich zwischenzeitlich in Deutschland niedergelassen. Das Genre ist nach wie vor sehr lebendig und erneuert sich trotz des enggesteckten Rahmens ständig *(S.P.O.C.K., Melotron).*

Subgenres & Spielarten:

Oft werden Synthie-Pop-Bands auch unter dem Begriff Electro-Pop vermarktet. Parallel zu den regelmäßig wiederkehrenden 80er-Revivals hat sich innerhalb der elektronischen Musik ein als »Minimal Pop« bezeichneter Stil gebildet, der bemüht ist, die bescheidenen Produktionsmittel und Effekte der 80er nachzubilden, oder beabsichtigt so klingt, als wäre er mit Computern dieser Ära erzeugt worden (vgl. *Welle: Erdball,* deren NDW-beeinflusster Stil verschiedentlich auch als »C-64-Pop« bezeichnet worden ist). Eher außerhalb der Schwarzen Szene bekannt ist z. B. *Stereo Total,* die ihre elektronische Popmusik mit Chanson-Elementen und surrealen bis dadaistischen Texten anreichern.

Mode & Auftreten:

Als solche erkennbare Fans des Synthie Pop sind oft an ihren an die 80er Jahre erinnernden Scheitelfrisuren oder den aufgestellten Haartollen (»Flats«) zu erkennen, wie sie auch in der EBM-Szene beliebt sind.

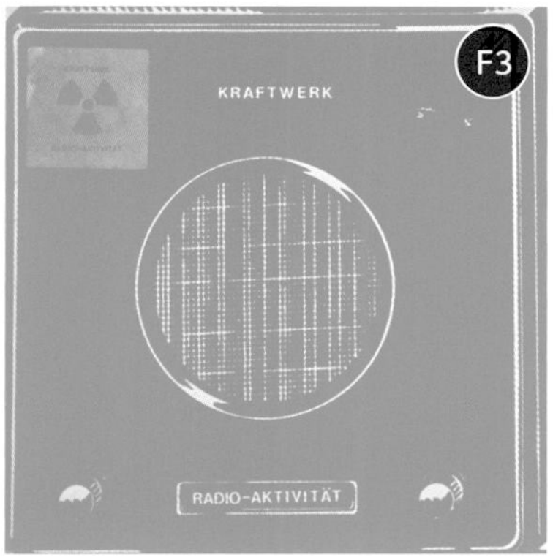

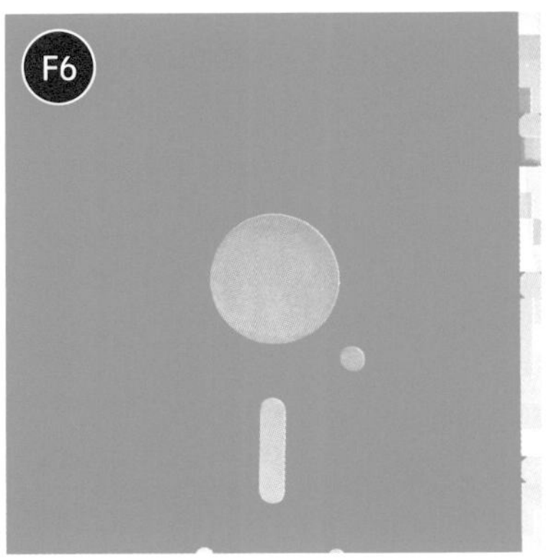

— Electronic Body Music (EBM) —

Entstehung & Entwicklung:

Seinen Ursprung hat dieses Genre Anfang der 80er-Jahre in Deutschland und Belgien. 1981 erschien die erste Single »Principles« / »Body To Body« von *Front 242* aus Brüssel. *Front 242* nannten ihren Sound damals »Electronic Body Music« und haben so unbeabsichtigt den Namen für ein ganzes Genre geprägt.

Instrumentierung & Besetzung:

Wichtig und auffällig ist besonders der Einsatz von neuartigen, harten bis aggressiven Rhythmen mit geradem Takt in nahezu allen Stücken. Durch die Dominanz kräftiger Bass-Schläge ist diese Musik bei hoher Lautstärke regelrecht physisch spürbar: »Body Music«. Durchgängig stampfend, um 120 beats per minute (bpm) in Verbindung mit meist einfachen Texten und eingängigen Melodien, wie sie auch im Synthie Pop zu finden sind, besitzen EBM-Stücke eine starke Präsenz und sehr gute Tanzbarkeit. Ausgewählte Samples und Cuts (geschnittene Sound- oder Melodieteile) wurden damals meist noch live geloopt und in die Produktionen eingespielt, genau wie einzelne Effekte jedes Mal aufs Neue manuell erzeugt werden mussten. Bei Live-Auftritten konnte das gesamte Equipment so ohne Weiteres die Bühne füllen. Die komplette Melodie der Stücke findet sich häufig erst im Refrain-Teil, während der Strophen ertönt die Stimme gerne über purem Rhythmus, der mit Melodieschnipseln oder Soundeffekten angereichert ist. Sehr wichtig beim Spannungsaufbau ist die Wiederholung von jeweils nur sehr leicht veränderten Instrumental-, Rhythmus- oder Text-Passagen, bevor sich die volle Energie wieder entlädt. Dadurch werden die Stücke stark gedehnt, üblich sind Tracklängen von rund sechs bis acht Minuten. Am ehesten lässt sich der Vokaleinsatz als Sprechgesang bezeichnen: Die Worte und Textzeilen werden deutlich gesprochen oder geschrien. Neben der tiefen, männlichen Hauptstimme, die meist trotz möglicher Echo-Effekte oder leichter Verzerrung gut verständlich ist, kommt oft noch ein so genannter »Shouter« zum Einsatz. Dieser ist dafür zuständig, unterstützend Textteile nochmals einzuwerfen, diese zu kommentieren oder kurze Aufforderungen und Instruktionen zu geben. Seine Stimme wird üblicherweise stärker verzerrt oder mit einen Vocoder (Gerät zum Transferieren der Stimme in eine andere Stimmlage) bearbeitet. Weibliche Stimmen sind in diesem Genre äußerst selten zu finden. Ausnahme: ältere Produktionen der Britin *Anne Clark.*

Subgenres & Spielarten:

Die frühen Jahre der Electronic Body Music waren nicht nur für weitere elektronische Genres im Bereich schwarze Musik prägend: Viele der heute prominenten Techno-Produzenten wie *Sven Väth, Tanith, Talla 2XLC* oder auch *Westbam* waren früher dieser Richtung verbunden. Daneben protegierten *Front 242* zu Beginn der 1990er Jahre zahlreiche Bands und Produzenten, die später in den Bereichen Techno, Ambient und Goa / Trance zu Ehren kamen, u. a. *Underworld, The Prodigy, The Orb* und *Juno Reactor.* Durch das Aufkommen der mittlerweile als Future Pop bezeichneten Generation von EBM-Bands, die mit weniger aggressiven, eher technoid bis trancigen Sounds auch die weniger martialisch als elegant schwarz gekleideten Damen auf die Tanzfläche brachte (das »Gothic- und Dark-Wave-Lexikon« führt die szeneinterne Spöttelei »Weiber-Elektro« dafür als Bezeichnung an), erfuhr der EBM-Begriff eine Umwertung; für manche auch eine Entwertung. Wo man in den 80ern noch von EBM gesprochen hätte, begann sich in Abgrenzung zum Future Pop die Bezeichnung IDM (für Industrial Dance Music) zu etablieren, wobei Verwechslungsgefahr mit dem bereits in den 90ern

G1 EBM meets Proto-Techno: Der ZYX-Sampler »Welcome To The Technodrome« von 1989 versammelt die Crème der elektronischen Tanzmusik an der Wende zu den 90er Jahren
G2 Front 242 live: Richard 23
G3 Wandelten nach Lüdkes Ausstieg auf leichteren Synthie-Pop-Pfaden: Invisible-Limits-Tourbook, 1989
G4 Der bekannteste Hit von Front 242: »Headhunter«-Single, Red Rhino 1988. Das Video dazu drehte Anton Corbijn in seiner markant-körnigen Schwarzweiß-Ästhetik
G5 Legendäre Compilation: Der »This Is Electronic Body Music«-Sampler machte das Genre weithin bekannt, Play It Again Sam 1988
G6 Combichrist live in Hildesheim, 2008
1 1 So wörtlich in »Commando Remix« (auf der Maxi »Politics Of Pressure«, 1985) von Front 242: »This is the warning: Enemies are watching!«

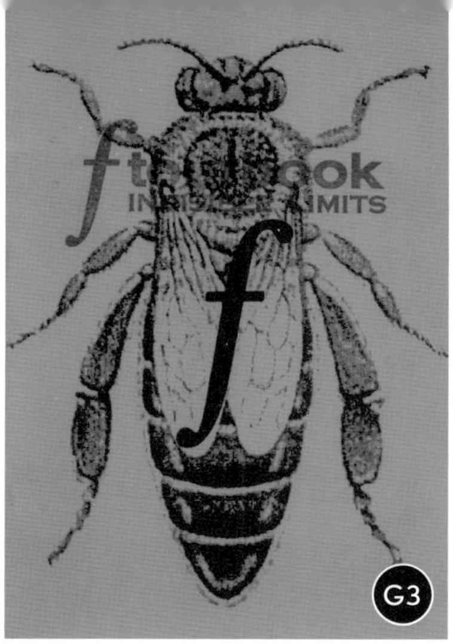

G3

G4

G5

G6

gebräuchlichen IDM (für Intelligent Dance Music) als Bezeichnung für anspruchsvolle Techno-/Ambient-Acts mit Industrial- und EBM-Affinität wie *Aphex Twin* oder *The Future Sound Of London* bestand. Als Fusionen aus Elementen von EBM, Techno / Gabber, und den noisigen Aspekten von Breakcore bzw. elektronischem Industrial erfreuen sich jüngst die härteren Mischformen großer Beliebtheit, die von manchen (meist jüngeren) Szenegängern fälschlicherweise als Industrial bezeichnet werden, obwohl sie den für Industrial und seine Varianten typischen experimentell-transgressiven Charakter oft vermissen lassen. Gängige Bezeichnungen für solche Spielarten sind Aggro-Tec, Hellectro, Rhythm'n'Noise, Distortion Techno oder TBM (Techno Body Music; z. B. *Combichrist).* Auf Festivals wie Maschinenfest, Elektroanschlag und Forms of Hands werden eklektische Mischungen dieser zeitgenössischen EBM- bzw. Electro-Varianten geboten (bekannte Bands bzw. Künstler: *Spetsnaz, S.K.E.T.* oder *MS Gentur),* wobei die Grenzen zu Ambient und experimenteller Elektronik / IDM und Industrial/Noise fließend sind *(Orphx, Xabec, Empusae, Zero Degree* bzw. *Nullgrad).*

Themen, Motive, Stimmungen:

Das Stimmungsbild in dieser durchweg männlich dominierten Musikrichtung ist durch die künstlichen, kalten, teils minimalen, dunklen Sounds und den treibenden, harten Rhythmus rebellischer Natur. »Dies ist eine Warnung!« wäre eine stimmungserfassende Überschrift.[1] Durch das repetitive Moment wirken viele Stücke hypnotisch. In den Texten geht es mit häufig minimalem Vokabular oft um gesellschaftliche Umstände, Widerstand gegen erzwungene Unterordnung jeglicher Art, Bedrohungen wie zum Beispiel durch die Macht der Medien, bedenkliche Fortschritte in Technik und Wissenschaft oder apokalyptische Science-Fiction-Visionen. Gefühle wie Wut und Hass werden thematisiert; romantische Liebesäußerungen besitzen einen geringeren Stellenwert, eher noch geht es um sexuelle Vorlieben und Anspielungen.

Wichtige Vertreter:

Ähnlich wie *Christian Death* für den Gothic Rock haben die unterschiedlichen Mitglieder von *Skinny Puppy* durch ihre Kreativität den elektronischen Genres in diesem Bereich wichtige Impulse gegeben und waren in viele Projekte involviert: *Frontline Assembly, Delerium, Synaesthesia, Intermix, Rx, Ohgr, The Tear Garden, Hilt, Doubting Thomas, Download* und *cEvin Key.* Wichtige EBM-Vertreter aus Deutschland: *DAF* (Deutsch-Amerikanische Freundschaft), *Die Krupps, Invisible Limits* (eher dem Dark Wave / Synthie-Pop verbunden) und *Invincible Spirit* (das härtere Projekt des früheren Invisible Limits-Sängers Tomas Lüdke), *Armaggedon Dildos.* Bei *The Klinik* und *à;GRUMH...* aus Belgien stand der Performance-Gedanke im Vordergrund, namhafte Engländer im EBM-Reigen: *Nitzer Ebb* und *The Cassandra Complex.*

Mode & Auftreten:

Der frühen, aggressiv-männlichen Präsentationsform von EBM folgend, kleiden sich die Fans oft in militärisch anmutendes Outfit: Docs oder Kampfstiefel, Militärhosen und -accessoires, dazu meist kurz geschorene Flats oder Glatzen. Bei Konzerten finden sich die robustesten Tanzmaschinen meist in der Mitte vor der Bühne beim gemeinsamen Rempeln, Herumschubsen und Pogo tanzen, der Körperbetontheit der Rhythmik entsprechend oft auch mit nackten Oberkörpern oder Muscleshirts, die die fitnessstudiogestählten Muskeln zur Schau stellen. Ältere, etwas zurückhaltendere Fans wurden auch schon in T-Shirts mit dem Aufdruck »EBM-Senioren: Bitte nicht anrempeln!« gesichtet.

— Electro —

Entstehung & Entwicklung:

Der Begriff Electro[2] wird für EBM-ähnliche Musik ab Anfang / Mitte der 1990er Jahre verwendet und dient so auch als Abgrenzung zu den »alten Helden« und Wurzeln. Vor allem durch die Weiterentwicklung der technischen Geräte und die ständig wachsenden Möglichkeiten im Bereich Computertechnologie war es möglich, die Sounds facettenreicher, die Kompositionen komplexer und die Produktionen professioneller zu gestalten. Durch die Multifunktionalität der heutigen Geräte und Computerprogramme wird häufig keine mehrköpfige Band mehr benötigt. Es finden sich in dieser Richtung überwiegend Musiker-Duos, aber auch Ein-Mann-Projekte (z. B. *:Wumpscut:)*.

Instrumentierung & Besetzung:

Wie im EBM stehen oft durchgehend treibende Beats im Vordergrund, wobei im Electro abwechslungsreichere Rhythmen eingesetzt werden, zum Beispiel eine absichtliche Verzögerung von Auftakten oder Wechsel der Geschwindigkeit innerhalb eines Stücks. Die Häufigkeit der geraden Hauptschläge ist teilweise mit 120–140 bpm etwas höher als im EBM, allerdings weiterhin durchgängig tanzbar. Der Gesang bzw. die stimmliche Ebene entspricht derjenigen im EBM.

2 Ob Electro oder Elektro geschrieben, soll die vorliegende Richtung nicht verwechselt werden mit dem Electro, der z. B. im Hip-Hop-Umfeld beheimatet ist (Strömung der frühen 80er Jahre, in der schleppende Hip-Hop-Beats und elektronische Versatzstücke gemischt wurden, z. B. Afrika Bambaata)

H1 Extrem außerirdisch: Borgifizierte WGT-Besucher in Leipzig

H2 Die ersten Veröffentlichungen von :Wumpscut: auf dem Doppeltape-Sampler »Tilarids / Reynir», Ant-Zen 1993

H3 Die ersten Gehversuche von Sven Väth als Vokalist bei 16BIT. Die Frankfurter Produzenten Luca Anzilotti und Michael Münzing feierten in den 90er Jahren Welterfolge mit dem Eurobeat-Projekt Snap! 16BIT-Single »Where Are You?«, Ariola 1986

H4 Auf dem ersten »Wipeout«-Sampler (Columbia 1995) sind sie alle versammelt: New Order, Leftfield, Chemical Brothers, The Shamen, Prodigy, Orbital und die Techno-Legende »The Age Of Love«

H5 Das Indie-Label Mute behielt seine Vorreiterrolle in der elektronischen Musik auch in den 90er Jahren bei: »NovaMute«-Kassettensampler mit Plastikman, Dr. Motte, Juno Reactor u. a., Mute 1993

H6 Die Erben von Throbbing Gristle in den 90ern: »Dead Cities« von The Future Sound Of London (Virgin 1996)

H7 Dunkler Techno: Schweißerbrille und Mundschutz halten Einzug in die Schwarze Szene

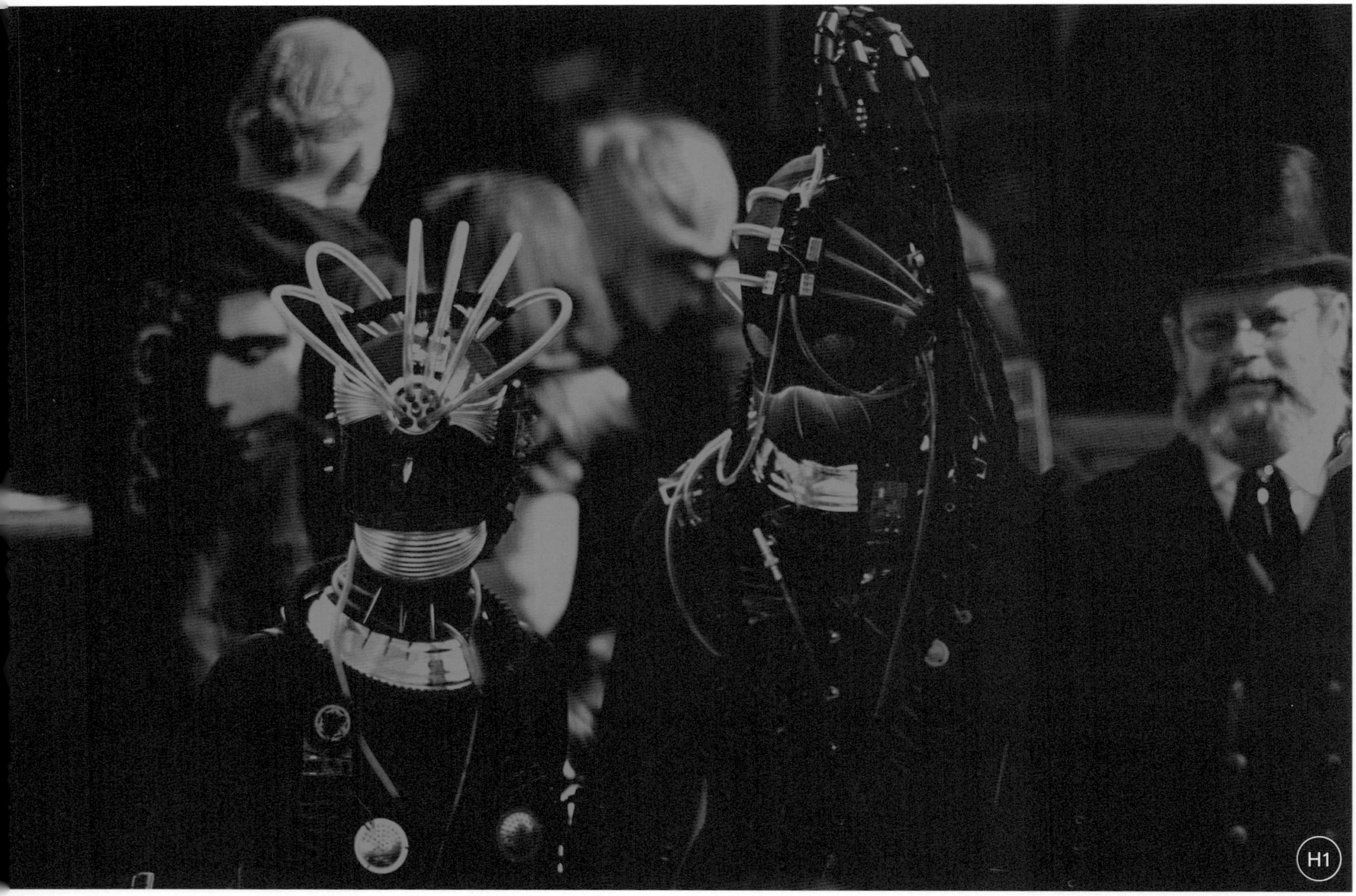

Themen, Motive, Stimmungen:

Auch die bevorzugten Themenkreise ähneln sich, wobei aktuellere Motive einfließen wie künstliche Intelligenz, Roboterentwicklung, Gen-Forschung, Molekularbiologie, Weltraumforschung oder die Vernetzung von Individuen, wobei bei allem Technikoptimismus die präsentierten Themen oftmals mehr zur Disposition bzw. Diskussion gestellt als verherrlicht werden.

Wichtige Vertreter:

Frühe, wichtige Electro-Vertreter sind *Frontline Assembly* und *Leæther Strip* aus Dänemark. Aus Deutschland: *And One, × Marks The Pedwalk, Mentallo & The Fixer und Project Pitchfork, In Strict Confidence, Funker Vogt* sowie die Projekte von Christian Pohl *Seelenkrank, Tumor, Blutengel* und *Terminal Choice.* Ab Ende der 1990er Jahre: *Ohgr, cEvin Key, VNV Nation, Icon Of Coil, Zeromancer, Neuroticfish, Dkay.com.*

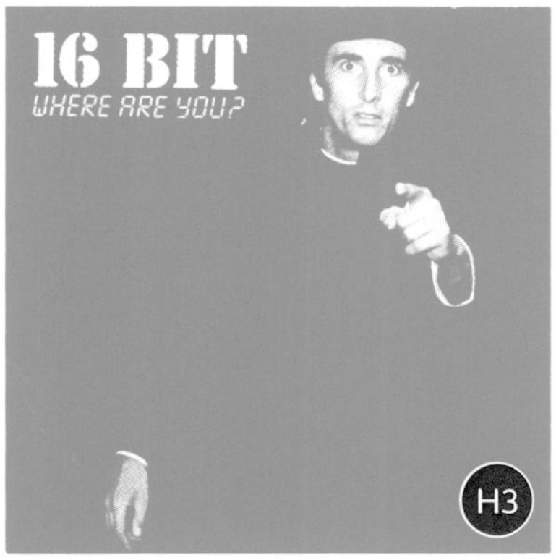

Subgenres & Spielarten:

➥ Future Pop ➥ Fetisch-S/M

Die Grenzen zu anderen elektronischen schwarzen Genres sind fließend: So produzieren auch Synthie-Pop-Bands Songs, die in ihrer Gesamterscheinung ohne weiteres Electro sind, oder Electro-Musiker verschlägt es in Industrial-Gefilde. Das Stimmungsbild unterscheidet sich prinzipiell nicht von dem für EBM heraus gearbeiteten.

Mode & Auftreten:

Gleiches gilt für das modische Erscheinungsbild, wenn man von der (ursprünglich nach dem post-2000er Revival der Szene in England als London Style bekannten) Cyber-Goth-Modewelle absieht, die Elemente aus Gothic-, EBM- und Fetischmode mit Versatzstücken aus der frühen Technophase der 1990er (Mundschutz, Leuchtstäbchen und Haarteile in Neonfarben) und Plateauschuhen kombiniert.

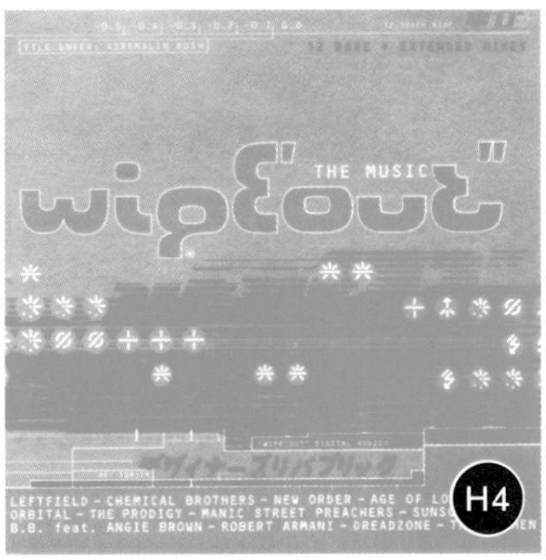

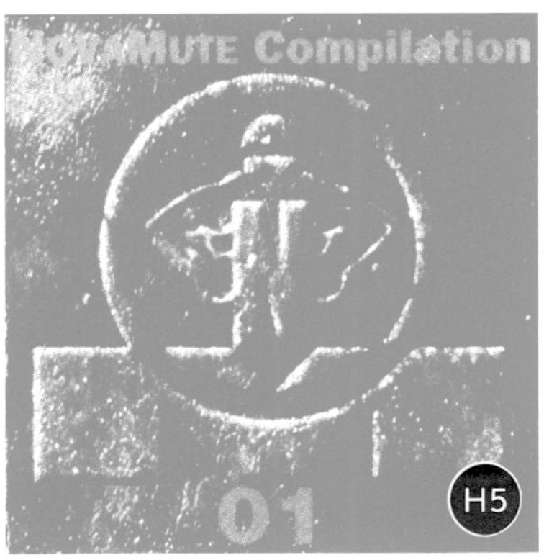

Future Pop

Entstehung & Entwicklung:

»Future Pop« wurde als Genre-Begriff erstmals für das Album »United States Of Mind« der schwedischen Electro-Formation *Covenant* angewendet.

Instrumentierung & Besetzung:

Im Unterschied zu EBM und Electro, wo teilweise noch (zumeist gesampelte) Gitarrenklänge zum Einsatz kommen, ist Future Pop sehr technoid angelegt, es überwiegen Track-Strukturen wie im Techno. Die Stücke sind teilweise rein instrumental gehalten und bestehen häufig aus simplen Melodien, repetitiven Sequenzerpatterns und weisen oft einen sehr geringen Gesangspart mit entsprechend niedrigem Wortanteil auf, z. B. ist der komplette Text von »One World One Sky« von *Covenant:* »One World One Sky / We live we die«, wobei in den Gesangsparts fast ausschließlich männliche Stimmen mit starken Verzerrer-Effekten zum Einsatz kommen.

Themen, Motive, Stimmungen:

Future Pop ist Tanzflächenmusik, die am besten im Club funktioniert. Klare Sounds, durchgängige Rhythmen um die 140 bpm mit spannungsfördernder, partieller Rücknahme von Beat oder Soundteilen, Breaks und eingängige Melodien. Genau genommen lassen sich keine zwingenden Unterschiede zu chartkompatiblem Dance-Techno feststellen, außer dass die mit dem Begriff Future Pop belegten Protagonisten eben innerhalb der Schwarzen Szene zu finden sind und die Grundstimmung der Stücke doch etwas düsterer als in üblichen Techno-Veröffentlichungen anmutet. Das Stimmungsbild ist geprägt von Harmonie, Trance und Ekstase, das Aggressionspotenzial erscheint sehr niedrig, »Party machen« ist ein wichtiger Aspekt.

Wichtige Vertreter:

Namhafte Vertreter sind neben *Covenant, VNV Nation, Apoptygma Berzerk, Haujobb* oder *Culture Kultür.*

Subgenres & Spielarten:

Wie erwähnt wird diese Richtung in der Szene auch spöttelnd als »Weiber-Electro« bezeichnet. Die Übergänge zu den benachbarten elektronischen Genres, v. a. zu Electro und dessen Spielarten, sind fließend, die Namensgebung als Marketingbegriff genauso irreführend wie hinfällig.

Mode & Auftreten:

Ebenso arbiträr wie die Zuordnung von Bands unter den »Future Pop«-Begriff wäre der Versuch, eine spezifische Mode bzw. einen eigenen Stil zuzuordnen. Das Erscheinungsbild der Fans auf den Dancefloors rangiert von klassisch gruftigem Schwarz über die für EBM und Electro beschriebenen Stile und Mischformen.

K Apoptygma Berzerk live beim M'era Luna Festival, Hildesheim 2008
L Von Geräuschexperimenten bis zu erotischem Techno: Die Form sind Vorreiter der S/M-Ästhetik seit 1977. Hier das Cover des Albums »Confessions«, Animalized 1992

Verbindend sind hier textliche Inhalte, das performancehafte Auftreten der Künstler und allgemein die Musik, die auf entsprechend angelegten Fetisch-S / M-Veranstaltungen zu hören ist. Zu solchen Veranstaltungen finden sich als Liebhaber gewisser sexueller Vorlieben auch Leute aus der Gothic-Szene ein. Vom Kleidungsstil auf sexuelle Vorlieben zu schließen ist jedoch voreilig, da in der Gothic-Szene erotisch konnotierte Kleidung üblich ist und häufig vorkommt. Die Schnittstelle zur Musik findet sich einerseits bei den der Schwarzen Szene zurechenbaren Künstlern, die ihre Neigungen vertonen und so öffentlich machen, sowie andererseits auf zahlreichen Partys, die unter Fetisch-S / M-Darkwave-Mottos laufen. Es gibt nach wie vor einen großen Unterschied zwischen organisierten, auf die Anbahnung oder Ausübung sexueller Praktiken abzielenden Veranstaltungen der »echten« Fetisch-S / M-Szene und jenen Partys, die bewusst ein schwarzes Publikum ansprechen. Bei Fetisch-S / M-Partys unter Darkwave-Motto wird verschiedenste Musik aus dem düsteren Bereich aufgelegt, der Schwerpunkt liegt jedoch klar auf den elektronischen Ausprägungen, bevorzugt aus den Genres elektronischer Industrial und Electro. Bestimmte Bands werden auch mit dem Etikett »Fetisch-Electro« versehen, das sich musikalisch von Electro nicht maßgeblich unterscheidet, sondern entsprechend Fetisch-S / M-orientierte Inhalte transportiert. Die Texte oder Bühnenshows drehen sich überwiegend um sexuelle und erotische Situationsbeschreibungen, Phantasien oder Traumerlebnisse. Die musikalische Umsetzung kann als Hintergrundmusik zu entsprechenden Liebesspielen zum Einsatz kommen und so sexuell aufgeladene Stimmungen unterstützen bzw. unterstreichen. Vorreiter und in dieser Hinsicht bekanntester und konsequentester Vertreter ist *Die Form* aus Frankreich. Musikalisch hat *Die Form* im Lauf der Jahre unterschiedliche elektronische Varianten produziert, von Industrial-Anklängen über Klangcollagen bis hin zu poppigen Synthie-Songs. Weitere electrolastige Vertreter mit Fetisch-S / M-Thematik sind u. a. *Sleep Chamber, Call, Blutengel, Seelenkrank.* Eine der wenigen stärker gitarrenbeeinflussten Bands dieses Spektrums ist *Umbra Et Imago.*

Elektronischer Industrial & Power Electronics

Entstehung & Entwicklung:

Frühe Ausprägungen des Bereichs Power Electronics waren die Projekte *Con-Dom* des Engländers Mike Dando und *Whitehouse* des Schotten William Bennett (»Halogen« 1980). *Whitehouse*-Initiator Bennett ist wegen seiner an die Geschmacksgrenzen gehenden Texte, Statements und Performances umstritten, es werden ihm Gewaltverherrlichung, Frauenfeindlichkeit und politische Unkorrektheit vorgeworfen, was für die Industrial Culture allerdings zur Pflicht gehört. In Deutschland stehen manche Power-Electronics-Projekte *(Genocide Organ, Anenzephalia)* in dem Ruf, mit rechtsextremen Ansichten zu liebäugeln, oft aber handelt es sich bei solchen Unterstellungen um Fehlschlüsse und Fehlinterpretationen. Die faschistoid wirkenden Parolen bei *Genocide Organ* etwa sind oft ganz anderen Quellen entnommen, wie etwa Werbeprospekten der Bundeswehr. In Nordamerika hat sich jedoch in den letzten Jahren eine »White Power Noise«-Szene gebildet, die die zweideutigen und widersprüchlichen kontroversen Elemente des Industrial vereindeutigend in rassistische und rechtsextreme Kontexte überführen *(Genocide Lolita).*

Instrumentierung & Besetzung:

Hier werden Industrial-Klänge überwiegend synthetisch hergestellt, verfremdet und eingesetzt. Es überwiegen Trackstrukturen, diesmal allerdings im Gegensatz zum »glatten« Future Pop unberechenbar, wild, dreckig und meist mit dem wichtigen Noise-Element versehen. Im Elektronischen Industrial hat man es mit krachigen Gebilden bis zu schwer zugänglichen Soundlandschaften zu tun, die nicht zwingend einen erkennbaren Beat besitzen. Power Electronics ist das entsprechend auf extreme Rhythmen um die 170–180 bpm und höher angelegte Krach-Pendant. Beide Spielarten werden unter Zuhilfenahme aller vorhandenen elektronischen Produktionsmöglichkeiten kreiert, zwingen zum Zuhören und bewegen sich zwischen monotonem Dröhnen und brachialem Lärm. War in der Anfangszeit der Performancegedanke noch stark ausgeprägt, bestehen die meisten Projekte in diesen Bereichen inzwischen aus ein bis zwei Personen, die die Musik meist von ihren Laptops kommen lassen, was dazu führt, dass der Aspekt der Bühnenshow stark in den Hintergrund getreten ist. Oft geht von den Musikern selbst kaum Aktion aus; man verlegt sich stattdessen auf die Projektion von Hintergrundfilmen mit oft schockierenden, transgressiven oder aus Propaganda-, Porno- und Militärfilmen zusammengeschnittenen Szenen.

Themen, Motive, Stimmungen:

Die Anmutung ist rebellisch, nonkonformistisch bis aggressiv, es wird eine Art Endzeitstimmung vermittelt. Wenn sich zu dieser Musik bewegt wird, kann weniger von Tanzen gesprochen werden – vielmehr lässt man sich von den Geräuschen treiben. Bei Live-Konzerten sind durchdachte Multimedia-Installationen und Performance-Elemente an der Tagesordnung. Vorhandene Gesangsteile, Worte bzw. Wortsamples werden meist stark verzerrt, es gibt auch viele reine Instrumental-Stücke. Die Text- und Wortsample-Inhalte entsprechen in der Hauptsache den für EBM und Electro angeführten, im Power-Electronics-Bereich mit Hinzunahme von Thematiken wie sexueller Abartigkeit, Folter, (Massen-)Mord, Perversionen, usw.

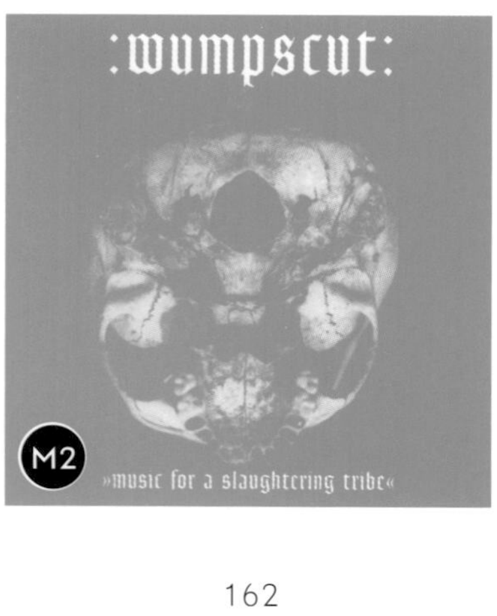

Wichtige Vertreter:

Wichtige Protagonisten des Elektronischen Industrial: *Suicide Commando, Dive, Controlled Bleeding, Klute, :Wumpscut:, Download* und *Grendel.* Bekannte deutsche Acts aus dem Power-

Electronics-Feld sind *Genocide Organ, P.A.L., Noisex, Xebox, Winterkälte,* aus Belgien *Sonar,* aus Schweden *Brighter Death Now* und *Deutsch Nepal* sowie aus Spanien bereits seit 1981 experimentell rhythmisch bis elektronisch aktiv *Esplendor Geométrico.* Die Grenze zwischen Elektronischem Industrial und Power Electronics ist fließend, da viele der Künstler in ihren Stücken mal die einen, mal die anderen Merkmale stärker einsetzen.

Subgenres & Spielarten:

Japanoise (z. B. *Merzbow*), Martial Industrial *(In Slaughter Natives, Autopsia, Der Blutharsch),* Harsh und Noise Industrial

Mode & Auftreten:

Gemäß dem totalitär-unterdrückerischen Gestus von Power-Electronics-Konzerten und der in der Industrial- und EBM-Szene allgemein beliebten Militärkleidung sind Uniformen (bzw. Versatzstücke von solchen), Gürtel mit Koppelschloss und Reiter- bzw. Kampfstiefel gern getragene Kleidungsstücke, oft in Eintracht mit Seitenscheiteln oder ähnlichen Haarschnitten, die an die 30er und 40er Jahre erinnern. Bei Frauen oft feststellbar: »völkische« Kleidung im Uniform- oder BDM-Look, mit strengen Frisuren. Durch die musikgeschichtliche Verwandtschaft mit Apocalyptic- bzw. Neofolk findet sich diese Bekleidungsästhetik auch in den betreffenden Bereichen. Da sich aber auch Kunstinteressierte ohne Szenezugehörigkeit auf Industrialveranstaltungen einfinden, sind Jeans und Rollkragenpullover genauso häufig anzutreffen.

M1 Legalisiert Mord: Genocide Organ sind immer für provokative Parolen zu haben. Abbildung aus dem Begleitbuch der 3-LP-Box »Remember«, Tesco Organisation 1997
M2 Das erste :Wumpscut:-Album »Music For A Slaughtering Tribe« (Subtronic 1995) mit so romantischen Titeln wie »Soylent Green« und »Rotten Meat«
M3 »We want to destroy you«: Brighter Death Now live im Publikum beim 8. Industrial-Festival, Wroclaw 2009
M4 »Führerschein und Fahrzeugpapiere bitte«: Im Industrial wird autoritär wirkende Kleidung bevorzugt

— Avantgarde & Avantgarde Industrial —

Entstehung & Entwicklung:

In der Musik findet der Ausdruck »Avantgarde« in unterschiedlichsten Sparten Verwendung, von Avantgarde Jazz bis Avantgarde Techno. Grundsätzlich ist das Merkmal von Avantgarde, auch »Freispiel« genannt, dass sie ihrer Zeit voraus ist und entsprechend jenseits existierender Genres einen großen Spielraum für Experimente, Projekte, Performances u. ä. bietet. Der Begriff Industrial geht auf den amerikanischen Musiker Monte Cazazza zurück, welcher den Slogan »Industrial Music For Industrial People« prägte. Hinter dem Begriff steckt mehr als »nur« das reine Experiment mit dem Sound. Die Wurzeln liegen im England der späten 1970er-Jahre: »Das verfallende Industriezeitalter wird nicht aus nostalgischen Gründen beschworen, sondern es wird eine ehemals industrielle Gesellschaft widergespiegelt, die sich in einem tief greifenden Wandel befindet. Industrial versteht sich außerdem als eine Reaktion auf die beginnende Mediatisierung, auf den Einfluss der Medien und ihre Verstrickungen und Abhängigkeiten von der Macht. [...] Die Industrial Culture radikalisiert in Kenntnis künstlerischer Provokationsmechanismen die Ideen des Punks.«[3]

3 Birgit Richard, Die Industrial Culture-Szene, Aufsatz, Frankfurt am Main 2000, unter http://www.uni-frankfurt.de/fb09/kunstpaed/indexweb/publikationen/industrial.htm

N1 FM Einheit (alias Mufti, Einstürzende Neubauten) zurück aus Japan, Hamburg 1985

N2 Das Verdrängte ins Bewusstsein holen: Avantgarde-Industrial will schockieren und zu Auseinandersetzungen anregen, wie die Beilage »Dokument 1« (Umschlag) zur SPK-LP »Information Overload Unit« zeigt, Side Effects 1981

N3 Blixa Bargeld (Einstürzende Neubauten) mit dem »wahren Heino«, Berlin 1984

N4–N5 Kraftwerk machten in den 70er Jahren elektronisch erzeugte Musik salonfähig. Ihr radiotauglichster Hit »Das Model« in der deutschen und der britischen Single-Ausgabe (Kling Klang 1978 bzw. EMI 1981)

N6 Klaus Nomi mit der deutschen Künstlerin Karin Luner im Mudd Club, New York 1978

Instrumentierung & Besetzung:

Die vermittelte Atmosphäre ist aufrührerisch, unangepasst, beängstigend, teils aggressiv, im Avantgarde Industrial kommt durch die verwendete Instrumentierung eine große Härte und Kompromisslosigkeit ins Spiel. Es gibt keine Grenzen für den Einsatz und Ausdruck der Stimme, von »normalem« Gesang über Schreien, Brüllen, Keifen, Jaulen bis zu fast tonlosem Flüstern ist alles möglich. Oft wird die Stimme gesampelt oder absichtlich verfremdet. Spiellängen oder Aufbau der Stücke sind völlig frei, erkennbare Rhythmen können, müssen aber nicht vorhanden sein, ebenso verhält es sich mit Melodien. Grundsätzlich kann im Bereich Avantgarde alles Instrument sein: ob Metallstücke, Nägel, Steine, Presslufthämmer, Maschinenlärm, Explosionen, selbstgebaute Instrumente aus unterschiedlichsten Materialen und natürlich computergenerierte Sounds jeglicher Couleur etc. Instrumentengleich werden teilweise Samples aus historischen Reden, Filmen, Alltagsgeräusche, Werbebotschaften, Tierstimmen oder Naturgeräusche eingesetzt. All das wird oft verfremdet oder verzerrt und durch präparierte Verstärker oder zufallsgesteuerte Apparaturen geschickt – so ergeben sich insgesamt Klangcollagen hoher Intensität. Die gerade genannten Möglichkeiten in der Instrumentierung werden vor allem im Avantgarde Industrial ausgiebig genutzt.

Wichtige Vertreter:

Coil, Crash Worship, Throbbing Gristle, Cabaret Voltaire, Einstürzende Neubauten, SPK, Chris & Cosey, Test Dept., Psychic TV (wobei letztere inzwischen den Kreis geschlossen haben und bei ihren Wurzeln, psychedelischem Hippie-Rock im Stil der frühen *Pink Floyd*, angekommen sind). Neuere Vertreter dieser Richtung sind z. B. *Knifeladder* aus England. Für die schwarze Musikwelt relevante Avantgarde-Künstler sind u. a. *Kraftwerk, Can, Diamanda Galás, Christian Wolz, Klaus Nomi, Laibach, Lydia Lunch, Laurie Anderson, The Residents, Tuxedomoon, Carlos Peron* und *Maria Zerfall In Phase Pervers.*

Themen, Motive, Stimmungen:

Das Wichtige ist die neue Idee bzw. das Aufheben oder schlicht Ignorieren von bekannten Grenzen und eingefahrenen Mustern, sowohl in musikalischer als auch inhaltlicher Hinsicht. Avantgarde ist so als individuelle Philosophie und Umsetzung kreativen Potenzials zu verstehen. Unter dem Stichwort »Avantgarde Industrial« ist der ursprüngliche Industrial gemeint, dessen grundsätzliche Philosophie mit der oben beschriebenen Hand in Hand geht. Avantgarde respektive Avantgarde Industrial ist kein »Easy Listening«. Sie fordert ihre Hörer auf musikalischer, (wenn vorhanden) textlicher wie auch medialer Umsetzungs-Ebene (Performancegedanke etc.) und beansprucht, sich mit den Gedankenwelten der Künstler intensiv auseinander zu setzen.

— Neofolk —

Entstehung & Entwicklung:

Folk-Arten, die auf traditioneller Volksmusik basieren und ausschließlich auf akustischen Instrumenten gespielt werden, existieren in der angloamerikanischen Ausprägung bereits seit den 1960er-Jahren. In den 1980er Jahren wurde diese Art des Musikmachens von Post-Punk- und Industrial-Bands wie *Death In June, Current 93* und *Sol Invictus* wiederentdeckt und so ist durch Variation, Veränderung bzw. Hinzufügung neuer Elemente das Genre Neofolk (ursprünglich Apocalyptic Folk) entstanden.

Instrumentierung & Besetzung:

Unabdingbar ist hierbei die Verwendung von akustischen Gitarren und Percussioninstrumenten wie Trommeln, Pauken, Snares, Schlaghölzern, Schellen u. ä., daneben gerne Flöten oder Saiteninstrumente. Es dominieren langsame, gerade Rhythmen bis zum Midtempo; schnelle Stücke sind äußerst selten. Musikalisch finden sich Crossover-Versuche im Bereich Black Metal, z. B. *Empyrium* oder *Haggard,* aber auch verfremdete, elektronische Elemente bei Bands wie *Ordo Rosario Equilibrio, Kirlian Camera, Sophia* oder *Sixth Comm.* Im Neofolk-Bereich existieren häufig Überschneidungen mit Industrial und Dark Ritual – ob personell, thematisch, musikalisch oder im Stimmungsbild. Gewöhnlich liegen simple, repetitive Melodien vor, die in ihrer Eingängigkeit Liederbuch-Stücken ähneln. Teilweise werden alte Folk-Klassiker neu interpretiert. Die Vocals stehen meist im Vordergrund, vorrangig ist männlicher Gesang zu hören, aber es gibt auch Sängerinnen (z. B. Andréa »Nebel« Haugen mit ihrem Projekt *Hagalaz' Runedance).*

Themen, Motive, Stimmungen:

Die Stimmung im Neofolk wirkt durch die charakteristischen Trommeln oft martialisch. Trotzdem liegt sie wesentlich näher an melancholischer Lagerfeuer- als an Marschmusik. Klanglich kommt die zelebrierte Nostalgie, der Wunsch nach verlorener Tradition oder das In-Erinnerung-Rufen vergessener Überlieferungen zum Ausdruck. Meist ist die Wirkung meditativ und ruhig, betont düstere Stücke können aber auch beängstigend wirken. Neofolk, also »neuer« bzw. »verjüngter« Folk, ist in dieser Ausprägung ein schwerpunktmäßig europäisches Phänomen. In die Texte finden häufig traditionelle Themen Eingang wie Brauchtum, Legenden, Sagen, tradierte Balladen-Stoffe aber auch heidnische Themenkreise (Heidentum, Magie, Runen u. ä.). Interesse an der Vergangenheit und deren Aufbereitung ist zunächst nichts Verwerfliches; schwierig wird es allerdings, wenn bestimmte Epochen unadäquat thematisiert, stilisiert oder gar verherrlicht werden, was den umstrittensten Künstlern dieses Segments immer wieder vorgeworfen wird. Zu diesen gehören hierbei Douglas Pearce von *Death in June, Boyd Rice / NON, Fire & Ice, Les Joyaux De La Princesse* oder *Orplid.* Unbestritten wird im engeren wie weiteren Rahmen des Genres Neofolk gelegentlich rechtslastiges bis rechtsextremes Gedankengut präsentiert, bzw. unkommentiert thematisiert. Oft sind entsprechende Textzeilen in ihrer Aussage allerdings sehr vage oder kryptisch angelegt, ebenso wie die verwendeten Symbole und Samples, die oft nur Zitatfunktion besitzen und als Marker bzw. Referenzen dienen, um den Hörern weiterführende Hinweise auf für Neofolk-Künstler relevante außermusikalische Quellen zu geben.[4] Kritiker bezeichnen diese hoch codierte Präsentationsform als »Hundepfeifenpolitik«: Verständlich nur den Eingeweihten, die den gemeinsamen historischen, literarischen und / oder okkulten Referenzrahmen teilen.

Wichtige Vertreter:

Death In June, Current 93, Sol Invictus, Of The Wand & The Moon, Backworld, Forseti, Hekate, Sorrow oder *Scivias.*

Subgenres & Spielarten:

Da Folk als solcher ein stets präsenter Aspekt in der Musik ist, existieren zahlreiche Varianten davon, die aufgrund ihrer musikalischen Gemeinsamkeiten mehr oder weniger miteinander verwandt sind; genau genommen ist Neofolk also ein Subgenre des Folk. In den letzten Jahren waren gängige Bezeichnungen bzw. Varianten Acid Folk und Weird Folk teilweise synonym mit Neofolk.

Mode & Auftreten:

Neben den aus den Traditionslinien von Avantgarde-Industrial und Power/Noise-Electronics übernommenen Vorlieben für Uniformen und Uniformteile wird im Neofolk zusätzlich besonderer Wert auf Tarnuniformen bzw. Tarnjacken und -hosen gelegt. Angeregt wurde dies durch *Death In June,* deren Kopf Douglas Pearce ab Ende der 80er Jahre ausschließlich in Tarnuniformen die Bühne betrat, deren Design identisch mit dem der Waffen-SS war bzw. von ihm übernommen (österreichischer Tarnfleck). Dies einerseits, um seine Obsessionen mit S / M, bzw. Kontrolle und Macht sowie mit der Epoche des 2. Weltkriegs demonstrativ auszuleben, andererseits aber auch als künstlerisches Konzept, das ab dem 1985er Album »The Wörld Thät Sümmer« in optischer Hinsicht Umsetzung fand: als Illustration und Ausdruck des Hagakure, dem Ehrenkodex der japanischen Samurai: »Versteckt unter Blättern«, bei *Death In June:* »Our Future lies hidden among the leaves«. Analog zur weitgehend handgemachten Neofolk-Musik, die zur Untermalung von Lagerfeuerromantik prädestiniert scheint, haben sich Fans auch die Optik und das Auftreten der bündischen Jugend der 1910er und 20er Jahre zu eigen gemacht, was in Zusammenhang mit dem erwähnten Uniformfetischismus und den ebenfalls sehr beliebten Runenanhängern und -aufnähern leicht zu dem Eindruck führen kann, es handele sich bei Neofolk-Fans um Rechtsradikale (vgl. die Beiträge zu diesem Diskurs, u. a. von Gernot Musch, Stephan Pockrandt und Martin Lichtmesz in diesem Band).

4 Zur dieser Thematik empfiehlt sich: »Neofolk zwischen Heidentum und Verteufelung« von Dirk Hoffmann in »Gothic« – Die Szene aus Sicht ihrer Macher, Matzke / Seeliger, Berlin 2000; Ideologie einer Jugendkultur am Beispiel der Gothic- und Darkwave-Szene, Kapitel 3.1.4, Diplomarbeit von Oliver Zimmermann (im Internet unter http://www.angelfire.com/on3/dark-alliance/texte/diplom.htm; der Artikel »Wir sind hier« von Oliver Groß u. Claus Weiland, StudentInnenzeitschrift ›Diskus‹, 3.00 XII, Frankfurt am Main 2000; sowie in »Nachtsaiten der Musik«, Daniela Tandecki, Kapitel 3, Konrad Adenauer-Stiftung, Sankt Augustin 2000

O1 Die World Serpent-Family auf Tour: Eintrittskarte zum ersten Deutschlandkonzert von Sol Invictus und Death In June im Gefolge von Current 93 in Nürnberg 1991

O2 Douglas Pearce (Death In June) auf der Bühne in Nürnberg 1991

O3 »This Ain't The Summer Of Love«: apokalyptische Hippies mit Vorliebe für Runenmagie und schwarzen Humor covern Blue Öyster Cult – Current 93s »Looney Runes«-EP, Durtro 1990

O4 Elektronisch-sphärische Geräuschexperimente über das Vichy-Regime von Death In June-Kollaborateur Les Joyeaux De La Princesse im hölzernen Mini-Sarg in einer Auflagenhöhe von 49 Stück. Cover Art und aufwendige Gestaltung bei limitierten Auflagen machen viele Industrial- und Neofolk-Veröffentlichungen zu Sammlerobjekten – »Aux Petits Enfants de France«, Les Joyaux De La Princesse 1989

O5 Ordo Rosario Equilibrio live in Hildesheim 2008

O6 »Nebelhexë« Andréa »Nebel« Haugen

O7 Frühgeschichtliche Kultstätten und heidnische Philosophie bilden Referenzgrundlagen für viele Neofolkkünstler und Fans

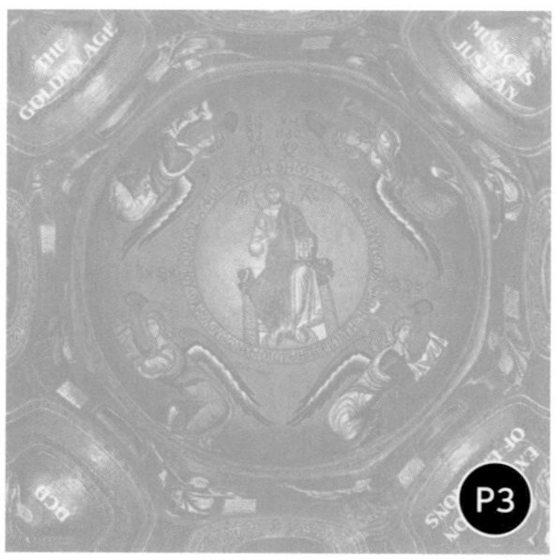

— Dark Ambient & Ritual —

Entstehung & Entwicklung:

Weder Ambient noch Ritual sind speziell in der schwarzen Musik zu Hause oder haben sich nur hier entwickelt, aber es gibt doch gewisse Schnittmengen, die in Bezug auf die Herkunft der Künstler und das vorwiegend angesprochene Publikum gerne mit »Dark Ambient« bzw. »Ritual« bezeichnet werden. Insbesondere Protagonisten der Industrial Music der frühen 1980er Jahre haben in ihre experimentell-avantgardistischen Geräuschmusiken Elemente aus archaischer und Stammesmusik einfließen lassen, was in konsequenterer Anwendung zur Rezeption und schließlich Verwendung bzw. Imitation ethnischer Ritualmusik führte.

Instrumentierung & Besetzung:

Sowohl Ambient als auch Ritual sind vorrangig Instrumentalmusik, Vocals finden sich entsprechend selten und wenn, dann eher als sich wiederholende bzw. gesampelte Wörter und einzelne Textzeilen aus unterschiedlichen Sprachen. Im Ritual finden sich teilweise Fantasiesprachen, Schreie, mystische Formeln oder Beschwörungen. Die flächigen Sounds ohne Rhythmusvorgabe im Ambient werden vorrangig elektronisch erzeugt. Im Ritual kommen zusätzlich Naturklänge wie Wasserrauschen oder Vogelzwitschern und wegen der stärkeren Rhythmisierung akustische Percussion-Werkzeuge wie Schlaghölzer, Schellen u. ä. zum Einsatz. Melodisch dominiert der langsame Aufbau von schwebenden Tonfolgen mit minimalen Modulationen. Die Stücke besitzen im Allgemeinen eine Länge von etwa 10 Minuten. Einflüsse aus der Weltmusik kommen meist aus dem asiatischen Raum, beispielsweise indonesische und indische Versatzstücke.

Themen, Motive, Stimmungen:

Das Stimmungsbild ist das Entscheidende und äußert sich im Ambient auf eine sehr ruhige, fließende, chillige Art. Im Ritual wird eine Tribal-Atmosphäre erzeugt, also treibendere, etwas beschleunigte Rhythmen, die auf eine hypnotische, schamanenhafte, magische Stimmung abzielen. Es ist wie eine »Musik zum inneren Film« oder lädt im Fall von Ritual zum tranceartigen Tanzen ein.

Wichtige Vertreter:

Wichtige Vertreter Ambient / Dark Ambient: *Vidna Obmana, Steve Roach* und *Robert Rich, ThoSoAa, Les Jumeaux, Sephiroth, Hoedh, Zoomorph, Hostia, Contrastate, Moksha.* Die Grenzen bezüglich der involvierten Künstler sind oft fließend: der Musiker Bill Leeb von *Frontline Assembly* wendet sich beispielsweise mit seinen Projekten *Delerium* und *Synaesthesia* dem Ambient zu und bewegt sich mit Intermix in Ritual-Gefilden. Auch die Avantgarde-Industrial-Pioniere *Coil* finden teilweise in Ambient und Ritual musikalische Ausdrucksformen. Vertreter Ritual / Dark Ritual: *Hybryds, Ah-Cama-Sotz, Crash Worship, Sixth Comm / Mother Destruction und No Festival Of Light.* Die Grenzen zu Avantgarde wie Elektronischem Industrial sowie Neofolk sind in diesem Bereich oft fließend; spezifische Kleidungsvorlieben sind nicht zuzuordnen, beziehungsweise nicht bekannt.

P1 Archaik trifft auf Avantgarde: Test Dept. bei der Aufnahme zu »Gododdin«, Ministry Of Power 1989
P2 Das erste Minialbum von Dead Can Dance vereinte rohe Post-Punk-Percussion mit ätherischen Melodien: »Garden of the Arcane Delights«, 4AD 1984
P3 Zwanzig Minuten Walgesänge und schwebend-mystische Gesänge: Dead Can Dance-Bootleg »The Golden Age«, ohne Label 1993
P4 Bombastische Inszenierung: Test Dept. bei der Aufführung ihres Opus Magnum »Gododdin« 1989
Q Die Meister der Appropriation treten im Design der Deutschen Grammophon auf: Laibachs »Krst Pod Triglavom – Baptism (Klangniederschrift einer Taufe)«, Walter Ulbricht Schallfolien 1987

— Neoklassik —

Entstehung & Entwicklung:

Unter diesen Begriff fallen Künstler und Gruppen, die sich bei ihren Kompositionen an traditionellen, orchestralen wie konzertanten Ausprägungen der klassischen E-Musik orientieren und diese in der Regel mithilfe moderner Produktionsmittel erzeugen bzw. nachahmen. Die Ursprünge dieser Richtung liegen in der Neigung experimenteller Gruppen, klassische Elemente in ihre Musik einzubauen, sei es in Form von Samples oder echten Orchestern, wie zum Beispiel bei *Test Dept.* auf dem Album »Pax Britannica« (Ministry Of Power 1990), wo ein Symphonieorchester eingesetzt wurde, oder auf »Klangniederschrift einer Taufe« von *Laibach* (Walter Ulbricht Schallfolien 1985), das zahlreiche Samples aus Werken klassischer Komponisten verarbeitet. Die britische Gruppe *In The Nursery* arbeitet bereits seit den frühen 1980er Jahren auf diese Weise und gilt als Vorreiter dieser Richtung (vgl. den Beitrag von Klive Humberstone in Kapitel 1). Wie schon bei Ambient, Ritual, Avantgarde und Mittelaltermusik sind Musiker und Hörer dieser Richtung nicht zwingend in der Schwarzen Szene beheimatet. Außerdem gibt es hier eine große Schnittmenge zum Genre Ambient / Dark Ambient in Bezug auf die weitläufig angelegten Soundlandschaften.

Instrumentierung & Besetzung:

Die Melodien sind sinfonischer Natur und basieren häufig auf klassischen Kompositionsmustern. Hierbei findet sich allerdings seltener ein heiteres Menuett oder ein fröhliches Scherzo. Charakter und Form bewegen sich eher in Richtung Ouvertüre, Sinfonie, Sonate, Concerto grosso, Choralkonzert, Wiegenlied, Totenlied, Marsch, Kantate oder Oratorium. Thematisch findet sich Mystisches, Religiöses, individuell Emotionales, aber auch Natur-Impressionen, Traumbilder und romantisch-lyrische Ansprache. Gerne wird auch bereits vorhandene Lyrik zitiert und vertont. Auf der Gesangsebene im Bereich Neoklassik überwiegen weibliche Stimmen. Sehr viele Stücke sind auch rein instrumental.

Themen, Motive, Stimmungen:

Die vermittelten Stimmungsbilder sind durch ihr Verhältnis zum verwendeten Kompositionsmuster sehr unterschiedlich. Die Anmutung kann also wie in den klassischen Vorlagen von leicht, schwebend und ätherisch über dramatisch, majestätisch, getragen bis hin zu spannungsgeladen und bombastisch reichen.

Wichtige Vertreter:

Dead Can Dance, In The Nursery und *SPK* mit dem 1986er-Album »Zamia Lehmanni (Songs of Byzantine Flowers)«. Weitere Repräsentanten: *Elend, Triarii, The Protagonist, WeltenBrand, Penitent* und das verwandte Projekt *Arcane Art, Furvus* und *Ataraxia* aus Italien. Am Beispiel *Ataraxia* lassen sich gut die fließenden Grenzen von Neoklassik zu (Neo-)Mittelaltermusik demonstrieren: das Album »Concerto No. 6« (1996) basiert auf der barocken Kompositionslehre, »Ad Perpetuam Rei Memoriam« (1994) und schwelgt in Mittelalter- und Renaissancemusik. Auch bei *Dead Can Dance* sind die Überschneidungen in dieser Hinsicht sehr ausgeprägt. Andere, eher dem Martial Industrial zugeneigte Gruppen wie *Triarii,* nutzen klassische Instrumentierung, um heroische Bombast-Stimmungen zu erzeugen; *Test Dept.* aus dem Avantgarde-Industrial und die wuchtigen *Laibach*-Produktionen aus den 80er Jahren sind hier wichtige Referenzen, wie auch einige elektronische Projekte mit Bombast-Anspruch des schwedischen Labels Cold Meat Industry *(In Slaughter Natives, Morthound).*

— Gothic Metal & Black Metal —

Entstehung & Entwicklung:

Innerhalb des schwarzen Musikmarkts gibt es im Gitarrenbereich auch Überschneidungen mit dem Bereich Heavy Metal (kurz »Metal«). Das von Bands aus speziellen Metal-Richtungen angesprochene Publikum (z. B. Speed- und Thrash-Metal) geht selten mit dem Gothic-Publikum Hand in Hand, wobei Ausnahmen auch hier zu finden sind. Beispielsweise wurde beim alteingesessenen Doom Metal schon früh großer Wert auf Bombast-Elemente gelegt, weshalb die Grenzen zwischen Doom Metal und heutigem Gothic Metal fließend sind. Die Benennung und Entstehung des Genres »Gothic Metal« kann auf die britische (ehemals Doom-Metal-)Band *Paradise Lost* zurückgeführt werden, die 1991 ihr zweites Album »Gothic« betitelte und mit diesem erstmals einer größeren Hörerschaft die Verbindung von harten Metal- und melodiösen Gothic-Rock-Elementen näher brachte. Da zuerst eher Metal-Acts von Gothic-Elementen beeinflusst waren, ist Gothic Metal also kein Subgenre des Gothic Rock, sondern eher eines des Heavy Metal. Später gab es allerdings auch den umgekehrten Weg (z. B. *Christian Death* unter Sänger Valor, *The Nefilim* als Seitenprojekt von Carl McCoy, dem Sänger der *Fields of the Nephilim).*

Instrumentierung & Besetzung:

Auf »Gothic« von *Paradise Lost* wurden bereits Hauptmerkmale des Genres offensichtlich: lange, ausdrucksstarke Stücke mit häufigen Tempowechseln, Synthesizerflächen, orchestrale Einflüsse und der chorische Einsatz von Frauenstimmen. Weitere Charakteristika des Gothic Metal sind der aus dem Heavy Metal bekannte Einsatz von Schlagzeug- und Gitarrensoli, einprägsame Gitarrenriffs und die Verwendung von Keyboards und Synthesizern. Dem überwiegend männlichen Hauptgesang äußerst tiefer Stimmlage werden bevorzugt weibliche Stimmen, ob im Duett, chorisch oder als Backing Vocals, gegenüber gestellt. Black Metal ist eine extrem schnelle Musikart und beinhaltet viele, auch rasch aufeinander folgende Brüche im Rhythmus- und Melodiegefüge. In Melodie und Umsetzung finden sich oft Disharmonien und Dissonanzen, die Gitarrenriffs sind aggressiv angelegt. Dieser sehr offensive Eindruck wird unterstützt durch die Art des grellen, fauchenden Gesangs in Verbindung mit so genannten »Growls«, geknurrten bzw. gebrummten Vocal-Teilen. Dadurch verbreitet Black Metal meist eine dunkel-bedrohliche, dämonische bis nihilistische Atmosphäre.

Wichtige Vertreter:

Gothic Metal: *Theatre Of Tragedy, The Gathering, Type O Negative, Moonspell, Therion, Anathema, My Dying Bride, EverEve.* Black Metal: *Mayhem, Emperor, Dimmu Borgir, Marduk, Cradle Of Filth, Dornenreich.*

Subgenres & Spielarten:

Symphonic Metal, Dark Metal

Mode & Auftreten:

Inwieweit sich die Metaller ins Gothic-Spektrum einfügen, ist eine komplizierte und vieldiskutierte Angelegenheit. Einerseits weisen viele Goths (und Metal-Fans) darauf hin, dass die beiden Subkulturen separate Bereiche sind, die sich auf unterschiedliche Wurzeln und musikalische Vorlieben beziehen, andererseits haben beide Gruppen genügend Gemeinsamkeiten (insbesondere die Tendenz zu schwarzer Kleidung und eine Neigung zu allem Dunklen und

R2

Gruseligem, oder etwa die Black-Metal-Tradition des sog. »Corpse paint«, der meist schwarz-weißen Gesichtsbemalung), um sich zu vermischen, und man findet zunehmende Crossovers in Musik und Mode. Clubs die sowohl Metal als auch Düstermusik spielen, sind keine Seltenheit mehr. Auch sind in jüngerer Vergangenheit vermehrt Fälle von Abwanderung aus der Black-Metal-Szene in Richtung Industrial und Neofolk zu beobachten, von der Verwirrung um das »Industrial Metal«-Genre (s. u.) ganz zu schweigen.

Themen, Motive, Stimmungen:

Stimmungsbild im Gothic Metal ist eher das Wechselspiel zwischen düster, bedrohlich auf der einen Seite und betörend, romantisch auf der anderen Seite. Der Anspruch, massiv und schwer (»heavy«) zu bleiben, gilt dabei für beide Extreme. Melodie und Rhythmus sind teils schleppend, aber auch symphonisch bis bombastisch. Bevorzugte Themenkomplexe im Gothic Metal und Black Metal sind Fantasy-Motive, Friedhofsromantik, Tod, Krieg und Kampf, Legenden, Mystik, nordische Mythologie, Dämonen, Magie, Okkultismus, Satanismus und Zauberei bzw. Hexerei. Im Gothic Metal überwiegt die düstere Poesie und romantische Verklärung der Themen. Black Metal beschäftigt sich wesentlich stärker mit apokalyptischen Szenarien sowie Aspekten aus Okkultismus und Satanismus.[5]

5 Zu einer adäquaten Auseinandersetzung mit den Zusammenhängen zwischen Black Metal und satanischen Kulten, Ritualen und Symboliken sind folgende Veröffentlichungen empfehlenswert: Lords Of Chaos, Michael Moynihan / Didrik Søderlind, deutsche Ausgabe, Zeltingen-Rachtig 2002; der Artikel Sound Of Chaos von Lars Brinkmann, SPEX Ausgabe 12 / 1998; sowie in »Nachtsaiten der Musik«, Daniela Tandecki, Kapitel 4 bis 8, Sankt Augustin 2000

R1 Grenzgänger zwischen Metal und Gothic: Type O Negatives Peter Steele

R2 Valor von Christian Death, live in Frankfurt 1992

R3 R3_Satanischer Black Metal mit Industrial-Einflüssen: NAOS-Single »Iron Youth«, Devilish Music Propaganda 1998

R4 Kraftvolle Dunkelpunks: Die Misfits auf der Bühne

R3

R4

— Industrial Rock —

Entstehung & Entwicklung:

Dieser Begriff umschreibt eine harte Rock-Variante, die genau genommen eine Mischform aus verschiedenen, der Schwarzen Szene zugeordneten Stilrichtungen darstellt – die erste *Nine Inch Nails*-LP (»Pretty Hate Machine«, 1989) etwa kombiniert Elemente aus EBM, Dark Wave, und Industrial in klar erkennbarem Synkretismus. Auf der einseitig bespielten EP »Broken« (1992) zeigt sich der homogener gewordene, elektronisch fundierte und mit stark verzerrten Gitarren ergänzte Sound als eigenständiger Stil, der für die Band zum Markenzeichen werden sollte und ihr im Zuge der NuMetal, Indie- und Grungerock-Hypes in den 90er Jahren auch weitreichenden Erfolg außerhalb der Szene bescherte. In Deutschland war die einstige Experimental- und NDW-Band *Die Krupps* zur selben Zeit ein wichtiger Vorreiter mit ihren elektronisch-rockigen Coverversionen von *Metallica*-Songs.

S1 Die erste Single der Nine Inch Nails »Head Like A Hole«: Kapitalismuskritik auf MTV, Island 1991
S2 In den USA feiern sie Erfolge, im Heimatland Deutschland noch immer unterschätzt: KMFDM-promo-Foto, Wax Trax o.J.
S3 Lacrimosa live 2009
6 vgl. Matzke/Seeliger 2000, S. 220

Instrumentierung & Besetzung:

Neben gängigen Instrumenten wie Gitarren, Schlagzeug, Bass und Gesang ist die Verwendung der von Vertretern des ursprünglichen Industrial eingeführten Noise-Elemente charakteristisch. Noise bedeutet genau das, was die Übersetzung nahe legt: Krach im Sinne von vermeintlich unstrukturierten Geräuschen, erzeugt durch Instrumente als auch auf elektronischem Weg durch Sequenzer und ähnliche Geräte. Wie Wellenbrecher erscheinen die Wände aus verzerrten Gitarren, lautem (teils schleppend, teils rasantem) Schlagzeug, verzerrten Sounds plus Gesang. Die Spannbreite reicht von aggressiver Wut bis zu lethargischer Resignation. Die Besonderheit beim Industrial Rock ist, dass der Einsatz dieser Mittel im Rahmen üblicher Songstrukturen geschieht. Es handelt sich also streng genommen nicht um Industrial, sondern um besonders brachiale Rockmusik mit Einsatz elektronischer Mittel.

Themen, Motive, Stimmungen:

Im Industrial Rock setzt man sich bevorzugt mit gesellschaftskritischen Inhalten auseinander. Immer wieder ist das amerikanische System Gegenstand kritischer Beurteilung, die Empörung über gesellschaftliche Missstände, Auswüchse innerhalb der Medienlandschaft, aber auch religiöser Dogmatismus, der Kapitalismus oder Drogen als gesellschaftliches Problem. Das Stimmungsbild im Industrial Rock ist allgemein von Protesthaltung und Rebellion geprägt. Gerade in den USA stellt diese Musik ein vereinigendes Element der Gegenkultur da: man ist »dagegen«.

Wichtige Vertreter:

Vorreiter des Industrial Rock waren ab Ende der 80er Jahre *Ministry, Nine Inch Nails* (unter Mastermind Trent Reznor) und die *Revolting Cocks* (die aus Mitgliedern von *Ministry, Skinny Puppy, Front 242* u. a. bestanden). Weitere Vertreter: *Lard, Spahn Ranch, Godflesh, Fear Factory, KMFDM* (Deutschland), *Stabbing Westward, Gravity Kills, Marilyn Manson* (entdeckt von Trent Reznor), *Godhead.*

Subgenres & Spielarten:

➥ Neue Deutsche Harte

Mode & Auftreten:

Die Fans begrenzen sich in der Regel nicht auf dieses Genre, und abgesehen von gängigen Lederjacken, Nietengürteln, Militärhosen und Haartrachten von punkig bis glatzig lassen sich diesem Stil keine definitiv eigenen oder gar stilbildenden modischen Impulse zuordnen.

— Neue Deutsche Todeskunst —

Entstehung & Entwicklung:

Neue Deutsche Todeskunst wird seit Anfang der 90er Jahre als Oberbegriff für eine Reihe damals neuer Künstler verwendet, in deren vorwiegend deutschen Texten häufig morbide Inhalte Platz fanden. Wie der Begriff entstand, berichtet der ehemalige Danse Macabre-Labelchef Bruno Kramm: »Damals [1991/92, Anm. d. Verf.] wurde der Begriff ›Neue Deutsche Todeskunst‹ zentral. Ich hatte schon immer Probleme damit. Am Tod ist weder etwas Kunst noch neu noch deutsch. Wir vermuteten zunächst, jemand beim Zillo hätte sich das ausgedacht. Dort wurde energisch dementiert. Irgendwann fiel uns auf, daß mein langjähriger Freund und Mitarbeiter den Begriff mal im Halbsuff anläßlich eines Labelinfos für *Relatives Menschsein* kreiert hatte.«[6] Ironischerweise bieten gerade *Relatives Menschsein* außer dem Bandnamen recht wenig Merkmale, die sie rückblickend betrachtet unter die Neue Deutsche Todeskunst fallen lassen. Der Zenit dieses Genres wurde bereits Mitte der 90er-Jahre erreicht, danach finden sich wenig neue Impulse, da sich die prägenden Vertreter inzwischen anderen Bereichen zugewandt haben.

Instrumentierung & Besetzung:

Die Instrumentierung ist von Gruppe zu Gruppe unterschiedlich, allerdings überwiegen die Gitarren-Einflüsse akustischer *(Goethes Erben)* wie verstärkter Natur *(Lacrimosa)* gegenüber elektronisch motivierten Kompositionen *(Das Ich)*. Einen Crossover aus Black Metal, Gothic und Klassik bieten *Samsas Traum*. Daneben finden sich oftmals orchestrale Arrangements, Streicherparts, Trompeten, Hörner, Trommeln, Soundflächen und Chöre mit theatralisch-bombastischer Wirkung und sogar Einflüsse aus der Mittelaltermusik *(Sopor Aeternus)*. Häufig wird das gesprochene Wort dem gesungenen vorgezogen, von eindringlichem Flüstern bis zur Rezitation.

Themen, Motive, Stimmungen:

Allgemein lässt sich sagen, dass innerhalb dieses Genres Aspekte wie Tod, Verfall, Trauer, Schmerz, Nekrophilie, Todessehnsucht, Selbstmord bzw. Freitod-Phantasien, metaphysische Phänomene – die prinzipiell in allen bis hierher aufgeführten Genres thematisch auffindbar sind – einen besonderen Stellenwert besitzen. Viele Metaphern und Anknüpfungspunkte stammen aus der Natur: Zentral ist die Erwähnung bzw. Beschreibung von Vorgängen des Verfaulens, Verhungerns oder Verdorrens. Hier finden sich teilweise Anleihen aus Texten der deutschen Romantik (z. B. Novalis) oder des Expressionismus (z. B. Georg Trakl). Thematisiert werden auch die Überwindung kritischer Situationen sowie Liebe und ihre Verstrickungen. Es liegt eine in ihrer Darstellung reflektierte, ernste bis depressive Grundstimmung vor, unterstützt durch den stark von lyrischen und dramatischen Elementen geprägten Ausdruck, vergleichbar der literarischen Epoche der Romantik. Heute wirken die so formulierten Textzeilen daher oft gekünstelt, übertrieben, pathetisch, oder schwülstig. Man könnte sich darauf einigen, dass das Etikett »Neue Deutsche Todeskunst« dann Anwendung finden soll, wenn eine deutschsprachige Band bzw. ein Künstler sich hauptsächlich oder überwiegend mit den oben genannten Thematiken beschäftigt, wobei die Art der musikalischen Umsetzung unterschiedlich erfolgen kann. So definiert, berührt die Genrebezeichnung einen relativ überschaubaren Kreis von Künstlern.

Wichtige Vertreter:

Wichtige Vertreter waren *Goethes Erben, Das Ich, Lacrimosa sowie Sopor Aeternus & The Ensemble Of Shadows, Samsas Traum* und die *Goethes-Erben*-Epigonen *Seelenfeuer.*

— Neue Deutsche Härte —

Entstehung & Entwicklung:

1995 erschien das erste *Rammstein*-Album unter dem Titel »Herzeleid« und markierte den Ausgangspunkt für ein Genre, das von der Musikpresse mit dem Begriff »Neue Deutsche Härte« (NDH) betitelt wurde. Präsentation und Inszenierungen von *Rammstein* sind direkte Referenzen an *Laibach,* die zur selben Zeit mit Heavy-Metal-Sounds (auf dem Album »Jesus Christ Superstars«) arbeiteten. *Rammstein* machen aus dieser Inspiration keinen Hehl; in der Folge produzierten *Laibach* einen Song für *Rammstein* und bezeichneten sie (durchaus liebevoll) als »Laibach for Kids«.[7]

Instrumentierung & Besetzung:

Grundsätzlich ist NDH eine betont kraftvolle Mixtur aus deutschsprachigem Metal mit Hardcore-Einflüssen und Techno-Elementen, die mit modernen Möglichkeiten der Musikproduktion arbeitet. Entsprechend beinhaltet die Instrumentierung Gitarren, Bass, Schlagzeug, Gesang sowie den Einsatz von Synthesizern und teilweise Drumcomputern. Synthetisch werden gerne Streicher-Arrangements, Melodie-Schnipsel oder Loops[8] eingebunden und Hintergrundflächen erzeugt. Es dominiert männlicher Gesang.

Themen, Motive, Stimmungen:

In den Stücken geht es hauptsächlich um Liebe, Eifersucht, Hass, Sex, Tod, Gott, Teufel, Dämonen, die Menschheit und auch Geschichtliches. Die eher knappen, teils banalen Texte scheinen darauf angelegt, besonders viele bedeutungsschwanger konnotierte Worte zu benutzen, diese zu verbinden und dann möglichst häufig zu wiederholen. Charakteristisch ist innerhalb der Aussprache oft das gerollte »R« sowie eine starke Betonung jeder einzelnen Silbe, wobei die Melodie in den Hintergrund tritt und so teilweise in Sprechgesang übergangen wird. Getextet wird meist in einfachen Reimschemata. Zum Stimmungsbild ist festzustellen, dass alles auf eine möglichst gewaltige Wirkung ausgerichtet scheint: Vom Einsatz der Instrumente über den Gesangsgestus bis hin zu den Texten wird vornehmlich Stärke demonstriert. Als Antrieb fungieren Leidenschaft und Verlangen wie auch Aggression und Zorn. Es ist eine Musikart, die besonders im Live-Kontext und auf der Tanzfläche ihre Wirkung entfaltet. Generell kommt der Neuen Deutschen Härte eher im Metal-Sektor als in der Schwarzen Szene größere Bedeutung zu.

Wichtige Vertreter:

T1

Zugerechnete Vertreter, die auch in der Szene Gehör finden, sind: *Rammstein, Oomph!, Richthofen,* (Joachim) *Witt, Atrocity* sowie *Die Schinder* und *Tanzwut,* wobei sich die beiden letzteren in der Schnittmenge zur elektronisch verstärkten Mittelalter-Musik befinden. Beispiele für weniger in der Szene verbreitete NDH-Bands: *Hassmütz, Megaherz, Kickdown, Kult, Pronther* und *Harmann.* Es soll nicht unerwähnt bleiben, dass der Neuen Deutschen Härte an einigen Stellen faschistoide bis rechtslastige Tendenzen zugeschrieben werden. Dieser Eindruck entsteht einerseits durch das teutonenhafte Auftreten und die martialischen Bühnenshows, andererseits durch doppeldeutige Texte oder die riskante Verwendung bestimmter Symboliken oder vorbelasteter ästhetischer Schablonen durch einige Protagonisten. In aller Regel distanzieren sich die Künstler klar von Spekulationen über ihre politische Gesinnung oder erklären ihre Gründe für bestimmte Vorgehensweisen. Wenn dies im Einzelfall unterbleibt oder zu wenig plausibel geschieht, ist eine differenzierte Bewertung nötig.[9] Während es etwa *Rammstein* gelang, solche Vorwürfe zu widerlegen, und sich trotzdem provokanter PR-Manöver zu bedienen, gab es um die Band *Weissglut* 1997 / 98 einen kleineren Skandal, als der Frontmann der umstrittenen Bands *Forthcoming Fire* und *Von Thronstahl,* der katholische Traditionalist Josef Klumb versuchte, mit *Weissglut* den kommerziellen Durchbruch zu erzielen. Auf Druck von Sony Music wurde Klumb von der Band wegen seiner umstrittenen rechtsextremen Äußerungen geschasst.

Mode & Auftreten:

Da es sich bei NDH genau genommen um einen von der Musikpresse und den Medien eingeführten und nur zeitlich begrenzt gebrauchten Begriff handelt, ist keine spezifische modische oder sonstige Lifestyle-Zuordnung möglich; *Rammstein* als bekanntestes Aushängeschild füllen weltweit Stadien mit tausenden Fans, die in Auftreten und Optik keinen einheitlichen, mit der Neuen Deutschen Härte konnotierbaren Stil vertreten.

T2

T1 Alles andere als düster: Rammstein in tropischem Setting. Standbild aus dem Videoclip zu »Haifisch« (2010)
T2 Inspiriert von Laibach in Inszenierung und Gesangsstil bis hin zum Bandlogo und dem Kreuzsymbol: Rammstein
T3, T4 ASP live, Hildesheim 2008
7 So der Sprecher des Laibach-Kollektivs Ivan Novak: »Rammstein is a kind of Laibach for Kids, and Laibach is Rammstein for adults.« Zitiert nach einem Interview in der Musiksendung »Tracks« des Kanals arte. Online unter http://www.youtube.com/watch?v=EnedtySn3KU
8 Loop (engl.): Schleife; in der Einzahl eine bestimmte kurze, charakteristische Tonabfolge, dazu bestimmt, diese mehrfach hintereinander zu setzen, also zu »loopen«
9 Zu dieser Thematik empfiehlt sich Kapitel 3 aus »Nachtsaiten der Musik«, Daniela Tandecki (s. o.); »Letzte Ausfahrt Germania – Ein Phänomen namens Neue Deutsche Härte«, W.-R. Mühlmann, 1999 sowie der Artikel »Gelobt sei, was provoziert«, Daniel Bax, taz vom 03. Juni 2000

T3

T4

U1 Neuzeitliche Mittelaltermusiker, aber zu früh dran für den großen Durchbruch: The Merlons Of Nehemiah, »Testaroche«-Single, Musical Tragedies 1993

U2 Frühe Vorreiter mittelalterlicher Rockmusik: Die Band Ougenweide und ihr Album »Eulenspiegel«, Polydor 1976

U3 Mittelalterliche Folkmusik mit Elster Silberflug: »Volkslied Live«-Compilation, Stockfisch 1976

U4 Ein Ausschnitt aus Hieronymus Boschs berühmten Gemälde »Garten der Lüste« aus dem 15. Jahrhundert ziert das Cover des Dead Can Dance-Albums »Aion« (4AD 1990)

U5 Keltischer Halsschmuck (»Torque«) und Tribal Make-up: Die Mittelalter-Szene deckt 1.000 Jahre europäischer Geschichte ab

— Mittelaltermusik —

Entstehung & Entwicklung:

Für die heutige Mittelaltermusik sind vor allem die deutschen Gruppen *Ougenweide* und *Elster Silberflug* relevant, die bereits in den 1970er Jahren im Rahmen des Folk-Revivals aktiv waren. Während *Elster Silberflug* weltliche mittelalterliche Musik interpretierte, orchestrierten *Ougenweide* mittelalterlich anmutende Rockmusik zu Originaltexten in Alt- und Mittelhochdeutsch (z. B. die Merseburger Zaubersprüche oder Lyrik von Walther von der Vogelweide) und brachten diese so einem zeitgenössischen Publikum näher. In den 80er Jahren fast in Vergessenheit geraten, reformierten sich *Ougenweide* in den 90er Jahren für ein Comeback, als Mittelaltermärkte und mit ihnen die entsprechende Musik zunehmend populär wurde. *Elster Silberflug* existieren noch immer uns sind zwischenzeitlich sogar beim Wave-Gotik-Treffen in Leipzig aufgetreten.

Instrumentierung & Besetzung:

Musikalisch erfolgen innerhalb der heute gespielten Mittelaltermusik Rückgriffe auf alte Musik hauptsächlich aus Hoch- und Spätmittelalter sowie der Renaissance. Alle Arten der Musik aus diesen Zeiten werden aufgegriffen. Es finden sich sowohl Interpretationen »bekannter« mittelalterlicher Motive, wie etwa der ursprünglichen »Carmina Burana«, gregorianischen Chorälen, Messen und Liturgien, aber auch einfache Bänkelweisen oder die Volksmusik der Spielleute. Besonders bei volksnahen Varianten stellt sich das Problem der Überlieferung von Melodien und Harmonieschemen, da die Spielleute im Gegensatz zu den Musikern in Kirchen oder am Königshof oft nicht schreiben konnten. Die Instrumente für diese und andere Varianten der mittelalterlichen Musik werden auch heute noch originalgetreu nachgebaut und verwendet: zum Beispiel Flöten, Schalmeien, Drehleiern, Fiedeln, Krummhörner und Portative (eine Art tragbare Orgel). Die Melodie-Arten sind analog zu ihren Vorbildern unterschiedlich: einfache Harmonien, häufige Wiederholung von Motiven, aber auch elegische, choralhafte Führungen wie in der Gregorianik. Ebenso verhält es sich mit den Textinhalten: Innerhalb von Messen und an Liturgien angelehnten Varianten sind christliche Inhalte bestimmend; im Minnegesang das Anbeten der Liebsten. Es werden überlieferte Sagen oder Stundenbücher vertont, Balladen und Moritate erzählen von Tragödien und Kriminalfällen.

Wichtige Vertreter:

Prägende Vertreter mittelalterlicher Musik mit Relevanz für die Schwarze Szene: *Dead Can Dance, Freiburger Spielleyt, Sarband* (die auch schon mit Oswald Henke von *Goethes Erben* zusammenarbeiteten) sowie *The Moon Lay Hidden Beneath A Cloud.* Weitere Repräsentanten: *Arcana, Ataraxia, Camerata Mediolanense, Corona Borealis, Corvus Corax, Spilwut, Stille Volk.*

Mode & Auftreten:

Viele geschichtsinteressierte Gothics und / oder Fantasy-Rollenspieler haben in den 90er Jahren die schwarze Kluft gegen die Gewandung der Mittelalterszene eingetauscht und sind aktive Teilnehmer bei Mittelaltermärkten, Schaukämpfen oder LARPs (Live-Action-Role-Playing) geworden. Dementsprechend findet sich im Mittelalterspektrum der gesamte Bogen von schwarz gekleideten Gelegenheitsgästen auf solchen Veranstaltungen über Folk- und Rock-Fans mit Hang zum Kostümieren bis hin zum authentizitätsbesessenen Vollzeit-Szenegänger, der sobald die Saison wieder beginnt mit Zelt, Rüstung und originalgetreuer Gewandung von Markt zu Markt pilgert.

Für eine Beschreibung des Stimmungsbilds ergeben sich entsprechend unterschiedliche »Gemütslagen«: Die Spanne reicht von nostalgisch-romantischer, lyrischer, naiver Anmutung über getragene, meditativ-ruhige Wirkung bis hin zu einer karnevalesken Grundstimmung, die zum Tanz einlädt. Mit Schlachtenlärm u. ä. entsteht häufig auch eine kriegerische Atmosphäre. Manche Musiker lassen sich zwar stark von den mittelalterlichen Klängen inspirieren, verwenden aber zur Umsetzung vornehmlich moderne Instrumente. Außerdem gibt es Crossover-Bands, die Musikstile wie beispielsweise Gothic Rock oder Metal mit Mittelaltermusik mischen, z. B. *Subway to Sally, In Extremo, Letzte Instanz. Tanzwut* ist das elektronisch-harte Nebenprojekt der Spielleute von *Corvus Corax* und elektronische Elemente brachte auch die Gruppe *QNTAL* in die Mittelaltermusik ein. Nahezu in Personalunion zu *QNTAL* gibt es bereits seit 1985 das auf authentischer Instrumentierung basierende Ensemble *Estampie.*

— Heavenly Voices —

V1 Erst Hypnobeat, dann Hyperium und schließlich Stereo Deluxe: Das vielseitige Nürnberger Unternehmen war in den 90er Jahren eine treibende Kraft in verschiedenen musikalischen Bereichen. Eintrittskarte mit »Heavenly Voices«-Motto, Nürnberg 1992
V2 Alison Shaw (The Cranes) beim Wave-Gotik-Treffen im Volkspalast, Leipzig 2009
V3 Love Is Colder Than Death, die erste nach der Wende in Leipzig entstandene Elektronik-Band 1992 live im Trust/Nürnberg
W1 Bauhaus 1982 bei »Top Of The Pops«
W2 Viktorianische Goths beim passe-temps
W3 Steampunk Hieronymus Isambard »Jake« Von Slatt beim Dragon Con 2008

Entstehung & Entwicklung:

Engelsstimmen gleich ist die weibliche Stimme hier das Hauptmerkmal. 1994 veröffentlichte das Nürnberger Label Hyperium eine Compilation unter dem Titel »Heavenly Voices Part I«, die als genreprägend gilt, da der Begriff fortan für alle möglichen Bands und Künstler in diesem Bereich Verwendung findet, die mit besonders schönen Frauenstimmen arbeiten.

Instrumentierung & Besetzung:

Die Stimmlagen der meisten Sängerinnen in diesem Feld bewegen sich zwischen Sopran und Mezzosopran. Tiefe Altstimmen sind selten und werden, wenn überhaupt, dann eher als Kontrast zu den hellen Stimmen eingesetzt, genau wie vereinzelt auch männlicher Gesang. Sehr häufig werden Töne und Tonfolgen ohne explizites Aussprechen von Wörtern moduliert gesungen, ob als Tonvariation, summend oder sirenenartig. Insgesamt vermitteln die Heavenly-Voices-Gesänge den Eindruck losgelöster, schwebender, ätherischer Stimmen. Im Gegensatz zum relativ einheitlichen, charakteristischen Gesang ist die instrumentale Umsetzung innerhalb des Genres breit gefächert.

Themen, Motive, Stimmungen:

Die Stücke gehen je nach Vorliebe der Bands in unterschiedliche Richtungen. Es überwiegen neoklassische, mittelalterliche, folkloristische bzw. Neofolk- und Ritual-Ausprägungen, ab und an finden sich auch Elemente aus Gothic-Rock-Gefilden. Die bevorzugten Themenbereiche überschneiden sich teilweise mit den zum Neofolk genannten im Hinblick auf das Interesse an Legenden, Sagen, Magie sowie Natur und Emotionen. Insgesamt lässt sich trotz des breiten musikalischen und thematischen Spektrums aufgrund des Gesangs ein Stimmungsbild beschreiben: melancholisch, elegisch, ätherisch, vergeistigt, introvertiert, reflektiert, federleicht, gleitend und schwerelos.

Wichtige Vertreter:

Eine prägende Rolle für dieses Genre kommt auch hier dem im Jahr 2000 aufgelösten australischen Duo *Dead Can Dance* und der Stimme von Lisa Gerrard zu, wie auch deren Kollegen auf dem 4AD Label *Cocteau Twins* und *This Mortal Coil.* Mitte der 1980er Jahre beeindruckten die *Swans* mit ihrem Kontrast zwischen dem sphärischen Gesang von Sängerin Jarboe und monoton düsteren Industrial-Rock-Sounds. Ähnlich brachial, aber nach dem zweiten Album ungleich ätherischer und poppiger die Briten *Sleeping Dogs Wake.* Schwermütigen Folkrock mit der engelsgleichen Stimme von Julianne Regan boten *All About Eve* – die Fanclub-Mitglieder nannten sich damals bezeichnenderweise »Angels«. Betörend für viele auch die Stimme Alison Shaws von *The Cranes* (Gitarre mit musikalischen Experimenten). In etwa der gleichen Zeit machte auch die Gruppe *Bel Canto* erstmals von sich reden: Nordische Folklore vermischt mit zerbrechlich-sphärischer Elektronik. Rhythmisch und gitarrenlastig sind *The 3rd And The Mortal,* ausgefeilte mystische Neofolk- und Gothic-Rock-Anklänge kommen von *The Moors* und ein folk-rockiger bis mittelalterlicher Einschlag findet sich bei *Camerata Mediolanense.* Deutsche Vertreter sind: *Chandeen* (elektronische, sphärische bis poppige Klänge mit zwei Sängerinnen), *The Dust Of Basement* (zwischen EBM und Synthie Pop), *Two Pale Figures* (Synthie Pop plus Flöte und Violine), *Love Is Colder Than Death* (experimentelle Dark-Wave-Sounds), *Mila Mar* und *Fairies Fortune* (europäische Folkore), *Stoa* und *Ophelias Dream* (neoklassisch) und *Pilori* (Mischung aus Neofolk und Heavenly Voices).

W1

W2

W3

Musikunabhängige Strömungen

Vampire, Viktorianer, Steampunk, Cyber, Gothic Lolita

In der Schwarzen Szene finden sich, was für Jugendkulturen untypisch ist, auch Modeerscheinungen, die unabhängig von musikalischen Trends aufgetreten sind. Normalerweise folgen die Entwicklung und Ausdifferenzierung von Dresscodes direkt oder indirekt musikalischen Ausdrucks- und Stilmitteln, die von Publikum und Fans aufgegriffen und weiterentwickelt werden. So war etwa der Punk-Look, den der *Sex Pistols*-Manager Malcolm McLaren in seinem Klamottenladen verkaufte, die Ergänzung zum Auftreten der Band, bzw. umgekehrt. Inzwischen haben sich jedoch außermusikalische Motive in der Modewelt der Szene etabliert und eigene Sparten hervorgebracht. Beispielsweise hat der seit den 90er Jahren ungebrochene Trend der zunehmenden Popularität von Vampirfilmen, -serien und -büchern eine eigene Vampirsubkultur hervorgebracht, die trotz augenfälliger Gemeinsamkeiten mit der Schwarzen Szene nicht mit dieser gleich zu setzen ist, wie etwa die Vampire-LARP-Szene. Nicht selten teilen Angehörige dieser Szene zwar auch musikalisch gewisse Vorlieben, müssen aber ansonsten keine Nähe oder Zugehörigkeit zur Schwarzen Szene aufweisen (vgl. den Beitrag »Wandlung und Verwandlung« in Kapitel 4). Der Beliebtheit des Vampirgenres ist von zahlreichen schwarzen oder der Szene nahestehenden Bands Rechnung getragen worden, indem sie ihren eigenen »Vampirsong« komponierten. Zu den vampirfreundlicheren Szenebands gehören *Nosferatu, Inkubus Sukkubus* und die Italiener *Theatres des Vampires.* Nicht zu vergessen natürlich das früheste Beispiel für die Szenerezeption des Vampirthemas ist die *Bauhaus*-Hymne »Bela Lugosi's Dead«, das als Titelthema in Tony Scotts stilisiertem Vampirdrama »The Hunger« (dt. Begierde, 1982) mit Catherine Deneuve, Susan Sarandon und David Bowie Verwendung fand. Im Vorspann wird die Band selbst (bei einem quasi live-Gig in einem New-Wave-Club) in Szene gesetzt, wobei Sänger Peter Murphy ebenso bleich und ausgemergelt erscheint wie die Untoten, von denen er singt.

Ein direkter Sprössling der Schwarzen Szene ist jedoch die Viktorianische. In dieser Ausdifferenzierung der Szene dominieren aufwendige Kostüme, die entweder direkt der viktorianischen Ära nachempfunden oder ihr entlehnt sind, wobei Ballkleider und Trauergewänder das Bild beherrschen. Kleidungselemente der Epoche kommen zum Einsatz, wie Korsette, Rüschen und Gehröcke, wobei mitunter großer Wert auf Authentizität gelegt wird (z. B. wird das Korsett selbstverständlich unter der Kleidung getragen). Entsprechend trifft man sich edel kostümiert in Schlossgärten und zelebriert viktorianische Zeitvertreibe wie Teepartys, Maskenbälle, Theater, Oper und Poesie. Natürlich sind Opern und Klassik die einzig wahren viktorianischen Gothic-Musikgenres, aber viktorianisch inspirierte Bands wie *Rasputina* sind ebenfalls akzeptabel.

Ganz ohne musikalische Referenzen kommt das Genre des Steampunk aus, das sich in seiner (Ver-)Kleidungsästhetik von früher Science-Fiction-Literatur (Jules Verne, H. G. Wells u. ä.) inspirieren lässt und Kleidung im Stil des 19. Jahrhunderts mit Accessoires und technischen Elementen der frühen Industrialisierung kombiniert. Zeitgenössische Inspirationsquellen dieses Stils sind außerdem einschlägige Rollenspiele (»Warhammer 1800 AD«) und Filme wie »The League Of Extraordianry Gentlemen« (Stephen Norrington, 2003). Als Vorläufer dieser Kombination aus Gaslaternen, Dampfmaschinen und High-Tech können die Folgen »Elementary, Dear Data« (Rob Bowman, 1988) und »Ship in a Bottle« (Alexander Singer, 1993) der Serie »Star Trek: The Next Generation« betrachtet werden, in denen der aus den Sherlock-Holmes-Geschichten von Arthur Conan Doyle bekannte Bösewicht Professor Moriarty die Crew des Raumschiffs Enterprise in Schwierigkeiten bringt. Überflüssig zu erwähnen, dass solches Genre-crossing over wie auch die Spielerei mit Zitaten und Referenzen typische Merkmale der Postmoderne sind. Steampunk ist als Mode innerhalb der Schwarzen Szene noch sehr jung, dürfte aber in den kommenden Jahren zu größerer Verbreitung finden.

Die Cyber-Mode, wie sie in jüngster Vergangenheit bei (nicht nur, aber zum Großteil) jüngeren Szenegängern beobachtet werden kann, ist schlicht gesagt eine Kombination aus den exotisch-futuristischen Kostümen der frühen Techno- und Fetischfreaks zu Anfang der 90er Jahre (inklusive Mundschutz) mit einem Schuss Visual Kei- und Manga-Ästhetik wie neonbunten Kunststoffteilen und -zöpfen in den Haaren, Plateauschuhen und Gimmicks wie Designer-Kontaktlinsen und der oft zur Schau gestellten Schweißerbrille. Von den eben besprochenen Stilen kann dem CyberGoth noch am ehesten eine einheitliche Musikrichtung bzw. -vorliebe zugeordnet werden, nämlich die weiter oben angesprochenen harten und brachialeren Spielarten von EBM und Electro mit Techno-Anklängen (Hellectro, Aggro-Tec, etc.) – vieldiskutiert ist in der Szene die Frage, ob es sich bei dem Cyber-Trend nicht eher um eine dem Techno näherstehende Mode handelt, und ob ihre jüngst zu beobachtende Popularität zu einer Abspaltung von der Gothic-Szene führen wird, da sie außer einigen wenigen modischen Elementen und der Bezeichnung als Cyber »Goth« mit dieser eigentlich kaum mehr Gemeinsamkeiten aufweist. Da es sich bei der von den »Cybers« bevorzugten Musik um reine Clubmusik mit dem Diktat der Tanzbarkeit handelt, ist nicht auszuschließen, dass auch CyberGoths zuhause heimlich *Dead Can Dance, Christian Death* oder *Alien Sex Fiend* hören.

Ein seit den frühen 1990ern immer häufiger auch in Europa zu beobachtender Kleidungsstil ist der als »Gothic Lolita« bekannte, wobei der Gothic-Begriff in diesem Zusammenhang irreführend ist, weil es sich dabei im Grunde nur um eine Variante dieses ansonsten wenig schwarzen Stils handelt, die sich aber als Überbegriff für diese Strömung etabliert hat. Diese Richtung, die wie eine Mixtur aus Gothic, viktorianischer, barocker und Rokoko-Mode, Alice im Wunderland und französischem Dienstmädchen erscheint, ist genau genommen ein Reimport europäischer Mode, die in Japan im Zuge des Visual Kei zu neuer Beliebtheit fand, was mit den Gründungen der Modehäuser Pink House und Baby, the Stars shine bright Ende der 80er Jahre einherging. Andere wichtige Trendsetter für diesen Bereich sind *Metamorphose temps de fille, h.naoto* und *Moi même Moitié* (gegründet vom *Moi Dix Mois*-Gitarristen Mana, der oft als Stilvorbild zitiert wird), deren Schnitte den Stil weiter ausprägten. Das Ziel dieser Mode ist, den Lolitas ein kindliches, puppenhaftes Aussehen zu geben; die Kleidung soll Niedlichkeit, aber auch Eleganz ausstrahlen (so auch der »Elegant Gothic Aristocrat«, kurz EGA genannt). Der Lolita-Stil unterscheidet in sich zahlreiche weitere Ausformungen, z. B. Kuro Lolita (vom japanischen »kuro« für schwarz; hier findet sich die engste Nähe zur europäischen Gothic-Mode), Shiro Lolita (»shiro«=weiß), Punk Lolita, Country Lolita usw. usf., wobei farblich alles erlaubt ist, was gefällt. Musikalisch wird mit diesem Stil, zumindest in Japan, die japanische (alternative) Rockmusik assoziiert, die jedoch mit den hier vorgestellten Spielarten düsterer Musik wenig gemein hat. Deutsche Anhänger dieses Stils sind dementsprechend interessierter an J-Rock und J-Pop, denn an der dunklen Musik ihrer kontinentaleuropäischen Modeahnen.

W4 Zwischen Steampunk und EGA: Seite aus der »Gothic Lolita Bible«, Japans einschlägigem Modekatalog
W5 Hauptsache niedlich: Japanische Gothic-Lolita-Mode
W6 Hell und Dunkel, Licht und Schatten, Schwarz und Weiss: Kontraste sind erlaubt
W7 Kuro und Shiro Lolita in Kleidern von Kuma
W8 Jüngst halten auch lebendige Farben Einzug in die »schwarze« Szene

今季のテーマは「Romantica Trip」。旅先で出会う素敵な思い出のような、
夢のあるロマンティックなアイテムを展開していくよ♥
gun Wedding
ショットガン ウエディング
いつもおしゃれに
気が抜けないわ
旅先でだって
W5

W6

W7

W8

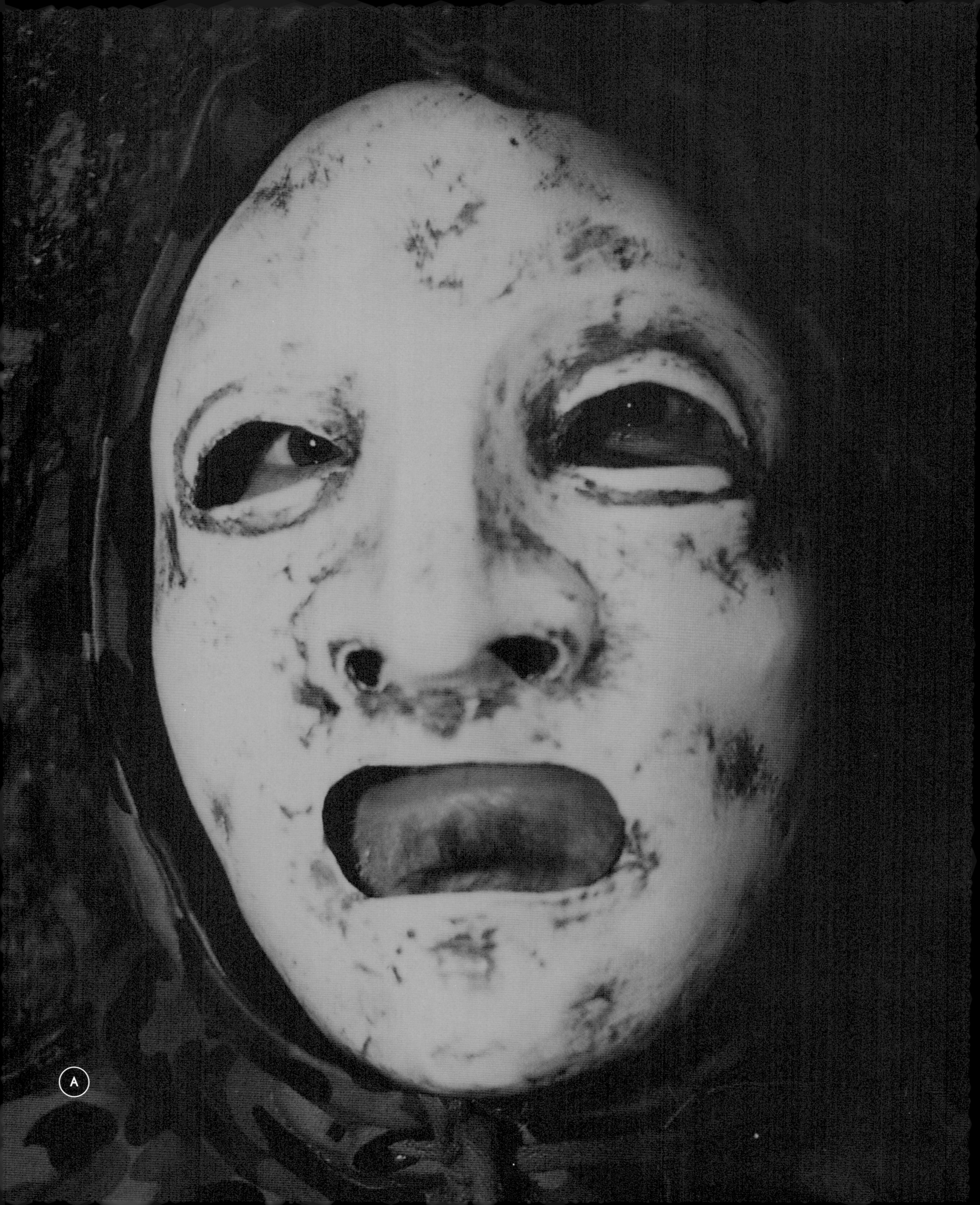
A

Post-Punk

Wut, Optimismus und Apathie

Nicholas Padellaro

A Death In June - Promo-Postkarte, 1992
B Semi-offizieller Bootleg »Night And Fog« (Leprosy Discs, 1992) auf dem Tietelfoto ist der im Juni 1934 ermordete SA-Stabschef Ernst Röhm (Mitte) zu sehen, umgeben von seinen vermutlich ebenfalls homosexuellen Untergebenen

Post-Punk ist ein allgemeiner Begriff, der benutzt wird, um eine große Bandbreite von Bands zu beschreiben, die sich aus der frühen britischen Punk-Szene entwickelt haben. Es ist schwer zu beschreiben, wie Post-Punk genau klingt, nachdem es sich um eine stilistisch heterogene Bewegung gehandelt hat. Der ALL MUSIC GUIDE sagt, dass es sich um eine »abenteuerlichere und künstlerischere Form des Punk, nicht weniger wütend oder politisch, aber oft musikalisch wesentlich komplexer und vielschichtiger« handelt. Viele dieser Gruppen schufen dunkle, von Synthesizern dominierte Klanglandschaften, während andere einen leichteren, Gitarren-orientierten Ansatz wählten. Das Beste an dieser Beschreibung ist, dass sie zeigt, dass nicht alle Gruppen oder Künstler aus dem Punk-Umfeld sich später in Richtung Post-Punk entwickelten. Etliche heute berühmte Künstler wie Morrissey (*The Smiths*) waren früher Punk Rocker, dennoch wird ihre Art der Musik heute nicht als Post-Punk bezeichnet. Folglich beschreibt der Begriff mehr eine Spielart von Musik als eine spezifische Phase der Musikgeschichte.

Einige der früheren Post-Punk-Gruppen gehören heute zu den größten Bands der Welt, von denen *The Cure* und *U2* die wohl offensichtlichsten, bzw. bekanntesten Beispiele sind. Zwei der Gruppen, die sowohl typisch für ihre Zeit waren, als auch einen einzigartigen Stil spielten, waren *Crisis* und *Death In June*.

— Aufstieg und Fall des Punk Rock —

Um zu verstehen, warum Punk so groß geworden ist und wieso alles seinen Anfang nahm, muss man sich ansehen, wie Großbritannien im Allgemeinen und die von der Arbeiterklasse geprägten Gegenden Englands im Besonderen zu dieser Zeit aussahen. Obwohl England nie zu einem Wohlfahrtsstaat der Marke Schweden geworden ist, ging es den Engländern dennoch relativ gut und sie sahen sich direkt nach Ende des Zweiten Weltkriegs keinen größeren Problemen gegenüber. Die englische Gesellschaft war schon immer strikt nach Klassen getrennt, doch konnte auch die Arbeiterklasse dank der Industrie des Landes und der gut laufenden Wirtschaft einen passablen Lebensstandard vorzeigen. All das änderte sich jedoch Mitte der 1970er, als die Regierung begann, die Steuern zu senken und Reformen durchzusetzen, von denen zuvorderst die Mittel- und Oberschicht profitierten. Es passierte alles ziemlich schnell binnen weniger Jahre, und das Resultat war eine soziale und wirtschaftliche Krise, die durch die Weltwirtschaftslage und die Ölkrise noch verschärft wurde.

Wenn man versucht, sich eine der ersten Punk-Bands mit dem geistigen Auge vorzustellen, denkt man meistens an zornige junge Leute, die nur herumschreien und bis zur totalen Erschöpfung spielen. Warum aber waren sie so wütend? Was unterschied sie von all den anderen Generationen junger Menschen, die ebenfalls gegen die Einschränkungen durch die Werte und den Konformismus ihrer Eltern rebellieren wollten? Manche werden argumentieren, dass Punk Rock eine soziale Rebellion wie die Ende der 1960er war, als die *Beatles* & Co. die Erwachsenen auf die Barrikaden brachten, allerdings glaube ich, dass Punk anders war. Die jungen Menschen, die Bands wie die *Beatles* groß gemacht hatten, waren wie alle anderen Kids mit einem zumeist angenehmen Lebensstandard ausgestattet, während Punk Rock aus der untersten Schicht der Jugend der britischen Arbeiterklasse kam. Arbeiter im Allgemeinen und die jungen im Besonderen waren mit jedem Aspekt von England und der von ihrer Regierung verfolgten Politik unzufrieden – darauf war Punk Rock nur eine natürliche Reaktion. So erklärte Douglas Pearce, Gründungsmitglied der Polit-Punk-Band *Crisis* und später der Post-Punk-Gruppe *Death In June*, 2006 in einem Interview:

Einfach gesagt, war in England Mitte bis Ende 1970er alles auf allen Ebenen furchtbar. Wenn ich Wochenschau-Ausschnitte aus dieser Zeit ansehe, kann ich gar nicht glauben, wie mürrisch alles aussah – und war – vor allem, wenn man den Hintergrund der weißen Arbeiterklasse wie ich selber hatte! Etwas musste passieren und tat es auch kulturell, was einen anhaltenden, signifikanten Effekt auf die Jugendkultur und die Gesellschaft als Ganzes hatte.

Crisis wurden 1977 von zwei jungen Männern namens Douglas Pearce und Tony Wakeford gegründet. Beide waren wütend auf ihre Situation, sie waren arm und gelangweilt, doch wussten beide nicht, was sie machen oder davon halten sollten. Wie viele andere Punk-Gruppen hatten sie diesen Zorn, allerdings fehlte ihnen der Optimismus. Jedenfalls blieb es so nur für kurze Zeit, bis sie in Kontakt mit der Socialist Workers Party (SWP) traten. Diese linksextreme Organisation gab ihnen das Werkzeug zur Hand, das sie benötigten, um ihre eigene Situation zu analysieren und zu verstehen, außerdem bot ihnen die Parteiideologie auch eine Alternative zu dem System, das sie so sehr hassten.
Es dauerte beinahe zwei Jahre, bis *Crisis* ihre ersten Singles veröffentlichen konnten, »No Town Hall« und »UK ´79/White Youth«, aber sie nutzten die Zeit für Touren und die Erarbeitung eines gewissen Rufes. Es brauchte nicht lange, bis sie sich eine ergebene Anhängerschaft erspielt hatten und Anerkennung bekamen, obwohl das seitens der Musikpresse nicht ganz der Fall war. *Crisis* waren wie *Crass* wesentlich politischer als die mehr nihilistisch gesonneneren Gruppen wie die *Sex Pistols*, und ihre links außen angesiedelte Politik hatte sowohl positive als auch negative Aspekte: Auf der einen Seite hatten sie ein treues Publikum unter denen, die ihre Ansichten teilten, doch waren sie auf der anderen Seite bei unpolitischen Leuten wenig beliebt. Dank ihrer Kontakte in der SWP begannen *Crisis*, auf Rock-Against-Racism-, Anti-Nazi-League- und Right-To-Work-Kundgebungen zu spielen, und sollten letztlich für ihre extrem linke politische Stellung ebenso berüchtigt werden wie für ihre Musik. Als ein Musikkritiker über die *Crisis*-Single »White Youth« stolperte, kam es zu einem amüsanten Missverständnis, denn anstatt den Songtext zu lesen, reagierte er instinktiv auf den Songtitel und verfasste einen Artikel, in dem er der Band Rassismus vorwarf. Der Liedtext lautet »We are black, we are white, but together we are dynamite!« und die Journalisten, die das Ganze dann überprüft hatten, gaben ihren Fehler zu – was allerdings für Pearce uns Wakeford nicht das letzte Mal gewesen sein sollte, dass man ihnen derartige Vorwürfe machte.

Crisis spielten harsche, minimalistische Musik mit Texten über den Holocaust, Arbeitslosigkeit, Polizeigewalt und Faschismus. Obwohl die überwältigende Mehrheit der Leute ihre Opposition gegen Dinge wie Rassenhass und Polizeigewalt teilte, befremdete ihre kompromisslose und zornige Attitüde letztlich eine ganze Menge Menschen. Als ihnen zu Ohren kam, dass *Crisis*, jene militant trotzkistische Band, auf einer Kundgebung für Rock Against Racism oder die Anti-Nazi-League spielen sollten, ließen Prominente wie der Fernsehjournalist Sir Michael (»Parky«) Parkinson von ihrer Unterstützung ab.

In der Zwischenzeit empfanden die Songwriter der Gruppe, Douglas und Tony, dass sie innerhalb der Beschränkungen des Punk-Formats alles getan hatten, was in diesem Rahmen getan werden konnte und begannen, nach einer Ausdrucksmöglichkeit ihrer zunehmenden Desillusionierung über die ganze Musikbewegung und vor allem deren politischen Arm zu suchen. In den Worten von Douglas Pearce:

Crisis und meine Erfahrung mit Punk Rock in Großbritannien/Europa war alles andere als »Spaß« [...] Die Jahre zwischen 1977 und 1980 waren mit die härtesten meines Lebens und trugen sicherlich dazu bei, dass Tony und ich die Gruppe 1980 zerstören und uns sonnigeren Gefilden zuwenden wollten – künstlerisch, kulturell, was auch immer wir finden konnten. Jedenfalls konnten wir unseren kulturellen Imperativ dieser Zeit nicht verleugnen. In Crisis waren wir schamlos links, oder versuchten es zumindest zu sein, und wollten politisch ernst genommen werden. Was wir auch wurden! Tatsächlich so ernst, dass, sobald Prominente herausfanden, dass wir Teil eines Anti-Nazi-League oder Rock Against Racism Benefiz-Events waren, ihre Unterstützung zurückgezogen haben [...] Das waren »interessante Zeiten«.

C Druckvorlage der Covergrafik der DIJ-Live-LP »Oh How We Laughed« (Eyas Media 1989, Originalgröße etwa DIN A 3, vermutlich gezeichnet von Patrick Leagas). Das Motiv – ohne Runensymbol – ist ursprünglich das Logo des amerikanischen Geschichtsverlags Anvil gewesen. Bei genauerer Betrachtung kann man im Original die übermalten Worte »Hammer oder Amboss« ausmachen

D Tony Wakeford in den Alaska-Studios, 1983

Desillusionierung

das Ende des Punk und der Beginn von Post-Punk

Ende der 1970er waren sowohl Douglas Pearce als auch Tony Wakeford von Punk Rock und Politik ermüdet, und so verließ Douglas schließlich die International Marxist Group, während Tony alle Aktivitäten für die SWP einstellte, darunter alle Rock-Against-Racism- und Anti-Nazi-League-Konzerte. In einem Interview sagte Wakeford kurz nach der Auflösung von *Crisis*:

Es endete, weil wir von politischen Parteien benutzt wurden, deren eigene Natur, vor allem in den oberen Etagen, voller selbstsüchtiger Leute war. Die Geschichten sind Legende und zu langweilig, um sie zu vertiefen. Wir wurden gefickt.

Die beiden Songwriter haben offensichtlich gefühlt, dass ihre Involvierung in Parteipolitik sie nirgendwohin führen würde und zynische Politiker sie für ihre eigenen Zwecke benutzten. Dafür waren sie sich zu schade und kappten sämtliche Verbindungen zur extremen Linken Großbritanniens. Obwohl das Gefühl, benutzt zu werden und nicht die verdiente Anerkennung zu bekommen, ein ausschlaggebender Faktor bei ihrer Entscheidung zur Auflösung von *Crisis* gewesen war, hatte dieser Schritt noch tiefere Gründe. Die Anti-Nazi-Kundgebungen hatten ihnen die Gelegenheit gegeben, ihren Hass auf eine andere Gruppe abzulassen, erkannten jedoch letztlich, dass der Antifaschismus der SWP und von Rock Against Racism lediglich ein Mittel für die Organisatoren war, mit sich selber zufrieden zu sein. Obwohl

Semi-Nazi-Bewegungen wie die British National Front ihre Aktivitäten in dieser Zeit verstärkten, hatten sowohl Douglas als auch Tony realisiert, dass ein Haufen von Taugenichtsen, die die meiste Zeit mit Kämpfen und dem Hören von krachigem Nazi-Rock verbrachten, keine Bedrohung für sie oder die Menschen in Großbritannien insgesamt darstellten – was Tony Wakeford nicht davon abhalten sollte, sich nach seiner Trennung von *DIJ* zeitweise in deren Fahrwasser zu begeben.

Während einer kurzen Rock Against Racism-Tour in Norwegen las Douglas einen Artikel über eine neue Band namens *Joy Division*, die gerade groß im Kommen war und beschloss, nach der Rückkehr in London auf eines ihrer Konzerte zu gehen. Er und Tony taten das auch und wussten sofort, dass das genau ihr Ding war. *Joy Division* waren für die meisten Leute die wohl ikonischste Post-Punk-Gruppe. Sie hatten als einfache Punk-Band angefangen, gegründet nach einem Auftritt der *Sex Pistols*, wollten aber bald ihr eigenes Ding machen und schufen eine Musik, die weit weg von dem war, was irgendjemand bis zu dieser Zeit gehört hatte. Die Songs wurden von einer einfachen Bass-Melodie, verzerrten Gitarren-Riffs und Drums getragen, die klangen, als würden sie in den Tiefen eines Kraters gespielt, mit dunklem und tiefem Bariton-Gesang, der über allem lag.

1981 gründeten Pearce und Wakeford nach einigen Monaten der Stilfindung zusammen mit dem frisch rekrutierten Drummer Patrick »O'Kill« Leagas (von der Punkband *Runners from '84*) *Death In June*. Laut Douglas kam ihm der Name nur in den Kopf, weil Patrick bei einem Gespräch im Studio etwas falsch verstanden hatte, obwohl es hinsichtlich des Namens natürlich die unterschiedlichsten Interpretationen gibt. Am 25. November des gleichen Jahres gaben sie als Support-Band von *Nick Cave & The Birthday Party* ihr erstes Konzert; letztere gelten ebenfalls als Pioniere des Post-Punk. Im Gegensatz zu ihrer früheren Agenda als ultralinke Band präsentierten sich *Death In June* in weißen Hemden mit Krawatten und martialischen Trommeln; ihre Themen waren der Geschichte des Dritten Reichs entlehnt und irritierten von Anfang an das Publikum, dem sie mittels ihrer strammen Präsentation den Spiegel vorhalten wollten[1].

Das erste Album »The Guilty Have No Pride« wurde 1983 auf dem bandeigenen Label New European Recordings (NER) veröffentlicht und von einem der Kritiker schlicht als »Joy Division mit Trompeten« beschrieben. Auf dem Cover prangte ein Totenschädel, dessen Gestaltung an den der berüchtigten Totenkopf-Divisionen der SS angelehnt war. Thematisch behandelte man die »Nacht der langen Messer« im Juni 1934, als die Führungsschicht der SA in der ersten organisierten Mordaktion der Nazi-Machthaber ausgelöscht wurde, um das Vertrauen von Wehrmacht, Industrie und Aristokratie (die den sozialrevolutionären Vorstellungen, die in der SA gepflegt wurden, extrem misstrauisch gegenüber standen) in die Polit-Amateure der NSDAP zu sichern.

Zur Zeit der Veröffentlichung ihres zweiten Albums, »Burial«, hatte die Gruppe einen eigenen Sound entwickelt, der trostloser war als manche der depressivsten Momente von *Joy Division*, und die Texte konzentrierten sich auf Verlust und Pessimismus. In den Tagen von *Crisis* waren sie nicht gerade das gewesen, was man als Optimisten hätte bezeichnen können, doch jetzt schienen sie eine spenglersche Weltsicht zu adaptieren, die den rapiden Niedergang der zeitgenössischen westlichen Kultur und Zivilisation kritisierte. Diese neue, kulturell konservative, beinahe aristokratische Weltanschauung war ein großer Sprung weg von den progressiven Ansichten früherer Tage, doch die Grenzen zwischen links und rechts, progressiv und konservativ waren schon immer fließender, als die Hardliner beider Seiten zugeben wollen würden.

1 Patrick Leagas sprach im Zusammenhang mit Death In June davon, dass es sich dabei »mehr um eine Idee als um eine [gewöhnliche] Band« handelte (Gespräch mit dem Hg. Am 28. Februar 2006)

E Patrik Leagas auf der Bühne

F Totenkopf-6-Logo, wie es auf der Debut-LP »The Guilty Have No Pride« verwendet wurde

F

Im ersten Song von »Burial«, logischerweise »Death Of The West« genannt, singt Douglas:

They're making the last film
They say it's the best
And we all helped make it
It's called the Death of the West

The kids from Fame will all be there
Free coca cola for you!
And all the monkeys from the zoo
Will they be extras too?

Schlussendlich wurde der Zorn und Optimismus, der die ersten Jahre des Punk Rock gezeichnet hatte, für etwas eingetauscht, das fast schon an Apathie grenzte. Die Musik wurde weniger offen politisch, obwohl sie sich weiterhin um Motive wie Religion und Philosophie drehte. Seit den 1970ern hat die Welt keine Jugendbewegung mehr gesehen, die so groß oder so politisch war wie Punk oder die Hippie-Bewegung zuvor, und ich bezweifle ernsthaft, dass wir jemals wieder eine solche zu Gesicht bekommen werden. Die Menschen haben, um *The Who* zu zitieren, Angst, erneut reingelegt zu werden und sind abgeneigt, sich offen politisch zu geben, geschweige denn, sich in als überkommen betrachteten Organisationsformen zusammen zu schließen, nachdem sich bei jeder radikalen Bewegung herausgestellt hatte, dass sie von Opportunisten geführt wurden, die nicht zögerten, ihre Ideale für Einfluss und Geld zu verkaufen.

Death In June Enttäuschung über die Punk-Bewegung und die Welt im allgemeinen wurde von zahlreichen anderen Gruppen geteilt, und es dauerte nicht lange, bis überall Post-Punk-Bands auftauchten, die dabei halfen, das Genre radiotauglich zu machen. *Death In June* schafften es allerdings nie in den Mainstream, obwohl sie über eine ergebene Anhängerschaft verfügen und eine beachtliche Zahl an Alben verkauften (über eine Viertelmillion Tonträger, was für eine Indie-Band ganz ordentlich ist). Der Song »Holy Water« von der »Burial«-LP drückt den Zorn und die Enttäuschung über Anhänger und Führer politischer Parteien aus, hauchdünn in religiöse Symbolik gehüllt:

For you it's very easy
For you to spread the blame
For you it's very easy
It's done in another's name

Holy water burns like acid
Incense subdues the sheep
You're as clean as the Virgin Mary
From your mouth the poison seeps

I used to think it was funny
But it's very sad
That so many can be fooled
By a con man in drag

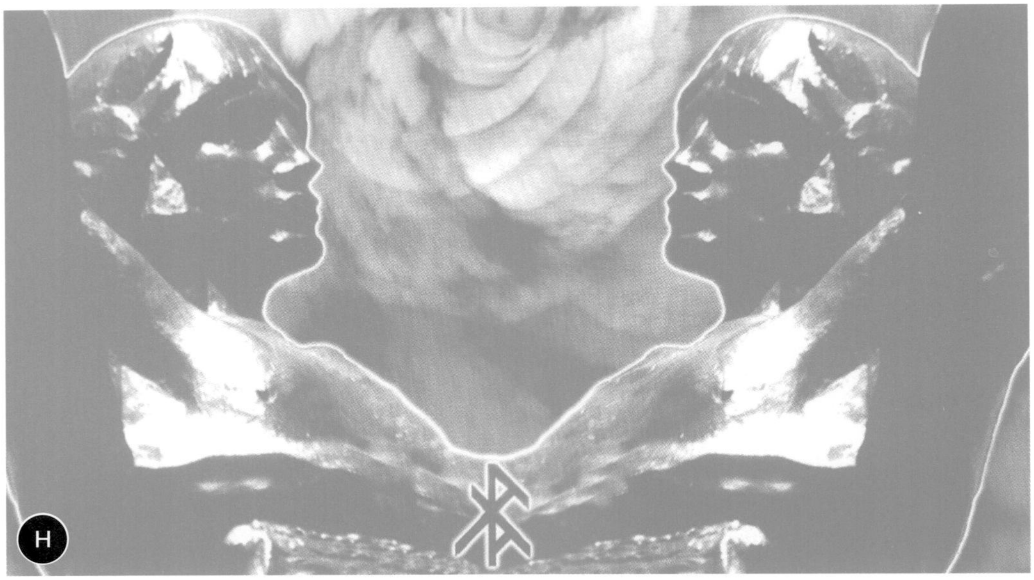

G Douglas Pearce im Bühnenoutfit, 1992
H Promo-Postkarte mit Titelmotiv des Albums »Rose Clouds Of Holocaust«, 1995

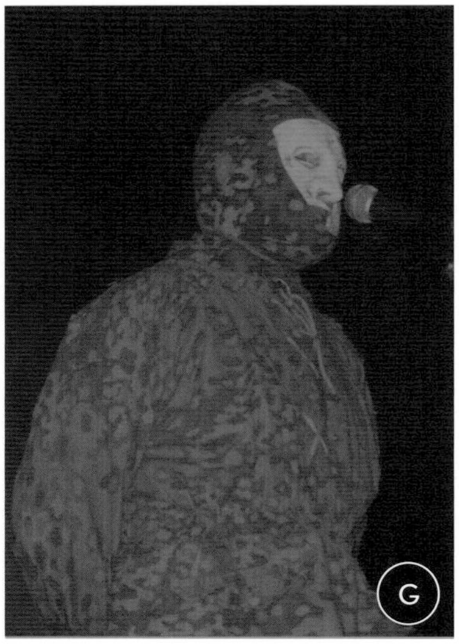

Die Abkehr von agitatorischer Musik und demonstrativ zur Schau gestellter politischer Intention sollte *Death In June* jedoch in den folgenden Jahren immer wieder Kritik einbringen; das doppelbödige Spiel mit Runen, faschistoider Ästhetik und Pearces Obsession mit Uniformfetischismus und dem (wie Pearce homosexuellen) SA-Chef Ernst Röhm sowie dem nationalbolschewistischen Flügel der NSDAP sollte *Death In June* nicht nur im Gespräch halten, sondern auch Kritik, Anfeindungen und sogar tätliche Angriffe nach sich ziehen. Zwar mag man Pearce unterstellen, er sei ein cleverer Geschäftsmann, der diese Kontroverse umsatzträchtig auszunutzen versteht; er selbst bezeichnet sich jedoch als libertären Anarchisten, äußert sich in Interviews dezidiert gegen Diskriminierung aus ethnischen, religiösen und sexuellen Gründen und hat sich seit dem Ende von *Crisis* zu keiner parteipolitischen Seite bekannt. Andererseits hat er auch keine Berührungsängste, mit provokanten Industrial-Künstlern wie Boyd Rice, Erik Konofal (*Les Joyaux De La Princesse*) oder Albin Julius (*Der Blutharsch*) zusammenzuarbeiten, neurechten Magazinen Interviews zu geben oder auf dubiosen Samplern aufzutauchen. Die Interpretation seiner Arbeit überlässt er den Hörern und verweigert sich jeder (Selbst-)Analyse. Diese Verweigerungshaltung hat 2007 – 20 Jahre nach seiner Entstehung – zur Indikation des »Brown Book«-Albums durch die Bundesprüfstelle für jugendgefährdende Schriften auf Liste B geführt (wegen einer Bearbeitung des Horst-Wessel-Liedes), was de facto eine Verherrlichung bzw. Leugnung der Massenmorde in den NS-Vernichtungslagern unterstellt – eine Annahme, die unhaltbar ist, wenn man in Betracht zieht, dass die Maxi »Heaven Street« von genau jenen Untaten erzählt und der Titel die zynische Bezeichnung für den Waldweg, der in Sobibor zu den Gaskammern geführt hat, bezeichnet – von Holocaustleugnung kann also keine Rede sein. Trotzdem bewegen sich zahlreiche Protagonisten und Fans der Post-Punk-, Industrial- und Neofolk-Kultur in diesem grauen Bereich, der mit Unbehagen, Ungewissheiten und provokant missverständlichen Anspielungen und Zitaten operiert. Dass dadurch das aufklärerische Potenzial der Industrial Culture teilweise der Fehlinterpretation und Aneignung durch tatsächliche Rechte oder Rechtsextreme anheimfällt, ist ein Risiko, dessen sich die Szene sehr bewusst ist, und das immer wieder zu Debatten und Diskussionen innerhalb und außerhalb der Schwarzen Szene, insbesondere in Deutschland, geführt hat.

A

Gothic Metal

Eine Betrachtung

Stefan Gnad

Die nachfolgende Betrachtung fand in vier Vollmondnächten zwischen Mitternacht und Morgengrauen bei Kerzenschein in einem entlegenen Kloster am Ende einer unwirklichen Gebirgsschlucht unter Zuhilfenahme diverser Flaschen Rotwein ihren Weg auf handgeschöpftes Büttenpapier. Der Tenor ist provokant, und das ist auch so gewollt. Kritik, Lob, Beschimpfungen, Zuspruch sowie ernsthafte Rückmeldungen bitte direkt an den Autor: stef@zosh.de.

A KingDiamond
B Ministry

— Einleitung —

Reden wir nicht lange um den heißen Brei herum: Gothic Metal war eine Laune der Evolution. Ein verkrüppelter Seitenarm im System. Eine Kneipe am Ende einer vergessenen Sackgasse, in der vor langer Zeit mal eine rauschende, von mächtigem Presse-Getöse begleitete Szeneparty stattgefunden hat, in der heute jedoch nichts mehr los ist.

Schuld an dem kurzen heftigen Flirt von – nomen est omen – Gothic und Metal ist die große Crossover-Welle der 90er Jahre. Allerorts wurden damals begeistert Mauern niedergerissen und Gräben zugeschüttet. Musiker aus verschiedenen Lagern taten sich zusammen, um gemeinsame Sache zu machen. *Living Colour* mixten Hardrock und Funk, *Faith No More* reicherten Post-Punk, Hardcore und Thrash Metal mit wavigen Keyboards an, *Clawfinger* und *Rage Against The Machine* schlugen eine Brücke von Metal zu Rap. Die Hip-Hop-Helden *Die Fantastischen Vier* schnappten sich die unbekannte Frankfurter Metalband *Megalomaniacs* und rockten unter dem Banner *Megavier* die Clubs[1], *Anthrax* gingen mit *Public Enemy* auf Tour, der frühe Gangsta-Rapper *Ice-T* stellte ein Metal-Outfit namens *Bodycount* zusammen und avancierte mit der düsteren Rachenummer »Cop Killer« zum meistgehassten schwarzen Mann nicht nur eines amerikanischen Sommers.

Es war eine fuxwilde Zeit, die auch den Bastard gebar, um den es hier geht: Gothic Metal. Ein Brückenschlag zwischen Szenen, die in den 80er und frühen 90er Jahren als weitgehend unvereinbar galten und trotzdem – bei Tageslicht betrachtet – eigentlich nie sonderlich weit voneinander entfernt waren. Zumindest gab es diverse Parallelen, die prima als Anknüpfungspunkte dienen konnten: Vorliebe für schwarze Kleidung, nachhaltiges Interesse am Thema Tod und morbider Literatur, fantastischen Filmen und okkulten Texten sowie erschütternd wenig Berührungsängste mit Pathos und Klischees. Eine exakte Geburtsstunde für Gothic Metal gibt es nicht, und auch Eltern im biologischen Sinne sind keine überliefert. Wohl aber einige Geburtshelfer, die das Ding in den frühen 90er Jahren ins Rollen brachten.

— Gothic in den 80er Jahren —

Wie überall, so war auch in der Schwarzen Szene früher alles besser. Vor allem, was die Wahl der Waffen anging, schien die Welt Ende der 80er Jahre noch in Ordnung, herrschte doch bei der Elektro-Fraktion seinerzeit striktes Gitarrenverbot. Ältere Semester mögen sich noch erinnern, was los war, als die SynthiePop-Ikonen *Depeche Mode* 1990 auf dem Album »Violator« bei der ersten Single-Auskopplung »Personal Jesus«[2] plötzlich eine unverfremdete E-Gitarre einsetzten. Ein Fanal, ähnlich dem auf dem NEWPORT FOLK FESTIVAL 1965, als *Bob Dylan* nach der Pause zurück auf die Bühne schlappte, eine Stromgitarre einstöpselte und losrockte …

Anders sah es freilich im Gothic Rock aus. Bei den *Sisters Of Mercy* hatten E-Gitarren schon recht früh einen festen Platz im Soundgefüge. Die wurden mit den Jahren immer lauter und dominanter, bis hin zu ihrem noch immer aktuellen Studioalbum »Vision Thing« (1991). Zu diesem Zeitpunkt war Andrew Eldritch schon schwerstens genervt von der Klassifizierung Gothic. Also poste die Oberschwester mit ihrer mal wieder runderneuerten Truppe auf den Promotionfotos jener Tage wie eine waschechte Hardrockband in schwarzem Leder inklusive des obligatorischen Zylinders, den man sich flugs von *Guns N'Roses'* Slash ausgeborgt hatte. Kein Wunder, dass fortan auch ganze Motorradclubs die Konzerthallen bevölkerten.[3]

Von einem US-Konzert der Truppe Ende der 90er Jahre ist folgende Internet-Fanimpression überliefert, die Bände spricht:

Ich habe Andrew Eldritch gesehen: Er hatte blonde Haare, trug ein Motörhead-T-Shirt und coverte einen Song von Pink Floyd. Jetzt kann ich eigentlich sterben.[4]

Doch auch auf der anderen Seite war es in den frühen 90er Jahren noch nicht sonderlich weit her mit der Akzeptanz von szenefremden Musikstilen, wie die Auftritte der damals blutjungen *Nine Inch Nails* im Vorprogramm (und auf ausdrückliche Einladung!) von *Guns N' Roses* zeigten. Nicht nur in Deutschland gingen die später Grammy-gekrönten Industrial-Rocker vor einem tief in den alten Feindbildern verwurzelten Hardrock-Publikum mit fliegenden Fahnen unter. Trent Reznor erinnerte sich noch Jahre später an das Bühnendesaster am 24. August 1991 auf dem Mannheimer Maimarktgelände:

Die Leute haben uns einfach gehasst. Ich weiß gar nicht, was sie alles nach uns geschmissen haben, auf jeden Fall waren auch Würstchen dabei …[5]

Bemerkenswert ist auch der Werdegang der neben den *Nine Inch Nails* zweiten großen Industrial Rock-Ikone: *Ministry* aus dem geschichtsbewegten Chicago starteten ihre Karriere 1981 als lupenreine Synthie Pop-Band – so nett und freundlich, dass die Band sogar mit einem Beitrag auf dem von der Teenie-Postille BRAVO präsentierten Sampler »Breakdance Sensation '84« vertreten war.[6] Doch spätestens das stilprägende, unfassbar intensive Live-Album »In Case You Didn't Feel Like Showing Up« (1990) ließ keine Zweifel mehr aufkommen: Aus dem zarten Pflänzchen war ein gigantischer Hassklumpen mutiert.

Mit dem inzwischen nach Texas umgesiedelten Band-Netzwerk um Chefdenker und -lenker Al »Alien« Jourgensen bekam der Begriff Industrial Metal fortan eine völlig neue Bedeutung. Platten wie die Referenzscheibe »Psalm 69: The Way To Succeed And The Way To Suck Eggs«[7] (1992), die zähe »Filth Pig« (1995) und die George W. Bush-Kriegserklärung »Rio

1 Wer damals dort war, schwärmt noch heute von durchtanzten Nächten, bei denen der Schweiß von den Decken tropfte …

2 »Der unwahrscheinlichste Blues, den je eine Band schrieb, die mit ihren Maschinen die Gitarre begraben wollte, nur um sie dann umso lebendiger wiederauferstehen zu lassen«, Frankfurter Allgemeine Zeitung, Juni 2009

3 Auf die Bemerkung des Online-Musikmagazins laut. de, dass das gelbe Tourposter der Band sicherlich einige ältere Sisters-Fans verwirren würde, entgegnete Sisters-Gitarrist Adam Pearson aka Mister Whammy 2001: »Was soll daran verwirrend sein? Es ist einfach nur gelb! Und natürlich wissen unsere jüngeren Fans, dass Gelb heutzutage das neue Schwarz ist.«

4 Gästebucheintrag auf einer Sisters Of Mercy-Fanseite im Internet, irgendwann um 1998 herum.

5 Nieradzik, Andrea: »Trent Reznors einsame Suche«. In: Metal Hammer, Februar 1995.

6 »Work For Love« in der Special Radio Version zwischen »(Hey You) The Rock Steady Crew«, Shannons »Let The Music Play« und dem Klassiker »Scorpio« von Grandmaster Flash & The Furious Five – ein Traum.

7 Der Titel ist eine Referenz an Aleister Crowleys »Book Of Lies« (London 1913)

Grande Blood« (2006) zählen zum Schlagkräftigsten, was im Niemandsland zwischen Heavy Metal, Industrial und Punk, also im Spannungsfeld von *Slayer, Throbbing Gristle* und den *Dead Kennedys,* je das Licht der Welt erblickt hat.

Auch live war die einstige Elektronik-Tanzkapelle kurz vor ihrer Auflösung 2008 die vollendete schwermetallische Wucht. Vorwärtsgepeitscht von *Slipknot*-Schlagzeuger Joey Jordison und den Breitwand-Gitarrenriffs von Mike Scaccia (kam von den Texas-Thrashern *Rigor Mortis*) zog die Truppe unter anderem auf dem WACKEN OPEN AIR 2006 eine Wand aus Lärm, Hass und Dreck hoch, der selbst die großen *Motörhead* nur mehr wenig entgegenzusetzen hatten.

Es half alles nichts: Wie immer auch eine Annäherung beider Szenen funktionieren würde – das Ergebnis musste zwangsläufig Gitarren an Bord haben. Und die hatte es auch.

— Heavy Metal in den 80er Jahren —

Wo die Goten (vor allem die Ende der 80er Jahre noch starke EBM-Fraktion) Gitarren aller Art für ein Werkzeug des Teufels hielten, gruselte es dem gemeinen Metaller seit jeher vor Tasteninstrumenten – getreu dem alten Witz »Was haben Keyboarder und Kondome gemeinsam?«[8]

Zwar experimentierten Mitte der 80er Jahre selbst Flaggschiffe wie *Iron Maiden* (auf dem Album »Somewhere In Time«) und *Judas Priest* (auf »Turbo«) dezent mit Keyboards, die genrefremden Einflüsse blieben jedoch stets brav im Hintergrund.[9] Keyboards im Metal? Höchstens zur atmosphärischen Klangraumerweiterung im Hintergrund!

Viele Metaller – zumindest jene, denen es um gute Musik ging – fanden *Depeche Mode* zwar schon immer klasse, offen zugeben durfte das damals freilich keiner.[10] Trotzdem klangen Keyboards im schwermetallischen Kontext bis in die 90er Jahre hinein in der Regel leider äußerst ärmlich. Wo der Gote als Held an der Stromgitarre gemeinhin ein recht klägliches Bild abgab, zog (und zieht) der Einsatz von Tasteninstrumenten im Metal oftmals unfassbar billige und einfallslose Werksound-Ergebnisse nach sich. Doch wenn Mister Metal vom Rock her kommend die Klampfen (sowie das archaische Feuer[11]) in die Ehe brachte, so mussten sich unter der punkigen Aussteuer von Lady Gothic zwangsläufig schwarze und weiße Tasten (nebst einem gewissen Maß an nennen wir es viktorianischem Stil) befinden.

Ein weiteres Hemmnis zwischen beiden Szenen stellte in jenen Tagen sicher auch die Attitüde da: Das betont softe, eitle und oftmals sehr feminine Auftreten vieler männlicher Gothics ging im Metal überhaupt nicht. Dort gilt traditionell alles als »schwul«, was soft, bunt und anders ist – völlig ungeachtet der Tatsache, dass die klassische Heavy-Metal-Optik zu einem nicht unbedeutenden Teil der New Yorker Schwulenszene entlehnt wurde.[12]

Zwar plünderten Glam-Metal-Bands wie *Twisted Sister, Mötley Crüe, Poison* und *Cinderella* in den 80er Jahren ebenfalls die Kleiderschränke und Kosmetikköfferchen ihrer Schwestern und Freundinnen,[13] jedoch hielt sie diese quietschvergnügte Optik nicht davon ab, ein lautes Ja! zum zelebrierten Machoismus des sexualisierten 70's Schwanzrock zu sagen (Sex, Drugs & Rock'n'Roll, die alte Leier – nachzulesen unter anderem in der vielgelobten *Mötley Crüe*-Biografie »The Dirt«).

Im Umkehrschwung stieß nicht nur in der schwarzen Szene das aggressiv-prollige Auftreten, die verbreitete Homophobie und der hemmungslose Hedonismus der IG Metall auf breite Ablehnung.

All diesen trennenden Schranken zum Trotz beriefen sich schon früh immer wieder auch Metalmusiker auf gotische Einflüsse. Bands wie *Voivod* und *Sanctuary* (später: *Nevermore*) machten in Interviews nie einen Hehl daraus, welch großen Eindruck eine Düstertruppe wie *Bauhaus* bei ihnen hinterlassen hatte. Konkret nachzuhören sind diese Referenzen zum Beispiel bei *Nevermore*, die sich auf ihrer EP »In Memory« mit einem großartigen Medley aus »Silent Hedges« und »Double Dare« vor Peter Murphy & Co. verneigen.

— Der große Brückenschlag —

In der Biologie würde man Heavy Metal als Virus klassifizieren – und zwar als aggressiv-dominanten. Wann immer er sich auf eine andere Szene zubewegte, trugen bei einer Verschmelzung seine Stromgitarren den Sieg davon. So auch hier: Gothic Metal setzt sich zu 80 Prozent aus Heavy Metal und zu 20 Prozent Gothic zusammen. Anders ausgedrückt: Der Metal verspeiste den Gothic zum Frühstück, und er hat dabei nicht einmal gekaut …[14]

Interessant ist auch, dass das Interesse von Mister Metal an Lady Gothic von Anfang an größer war als anders herum. Das ist bis heute so geblieben. Über die Gründe mag man mutmaßen. Lag es daran, dass die Hard'n'Heavy-Szene ihrem vielgescholtenen Wertkonservatismus und Traditionsbewusstsein zum Trotz im Grunde schon immer neugierig gegenüber anderen Spielarten war?[15] Oder lockte doch eher die Aussicht, über eine stabile, tragfähige Brücke zwischen beiden Szenen endlich an die vielen hübschen Gothic-Frauen ranzukommen? Zumindest in Deutschland kam das Tragen von Kutte, Stretchhose, Metalshirt und Patronengurt für einen jungen Mann in den 80er Jahren bekanntlich einem mönchischen Gelübde gleich …

Spaß beiseite. Tatsache ist: Die erste Generation von Gruppen, die unter dem bis heute schwammig gebliebenen Begriff Gothic Metal verhaftet wurde, entstammte komplett dem Metal-Lager. Bands wie *Moonspell* und *Tiamat, Anathema* und *Katatonia, Sentenced* und *Paradise Lost*[16] und *My Dying Bride* waren tief im Death-Metal-Segment der späten 80er Jahre zu Hause und näherten sich erst über allerlei obskure Wege – wie im Falle *Tiamat* über den Schleichweg *Pink Floyd* – dem Gothic an. Dass die ehemaligen *Treblinka* stilistisch heute dichter an den (rockigen) *Sisters Of Mercy* denn an Bands wie *Hellhammer* und *Celtic Frost* dran sind, zeugt von einer enormen Wandlungsfähigkeit, die in sich jedoch stimmig ist.[17] Ähnlich die Schweden *Therion*, die sich spätestens 1996 mit ihrem Referenzalbum »Theli« dem dramatischen Opern-Bombast ergaben und fortan ebenfalls oft und gerne (und sehr fälschlich, aber dazu später mehr) als Gothic Metal gehandelt wurden.

Mit »Tales From The Thousand Lakes« (1994) wurden selbst die jeglicher gotischer Anwandlungen gänzlich unverdächtigen *Amorphis* plötzlich verdächtig nahe an das neue Genre herangerückt. Sogar eine Gurkentruppe wie *Crematory* kommt ursprünglich aus dem Death Metal, bevor sie sich selbst gotisch assimilierte. Die fünf Vorstadt-Rocker aus dem rheinhessischen Westhofen – in ländlichen Gegenden in Osteuropa noch heute als Gothic-Metal-Ikone gefeiert – ist ein Paradebeispiel für das bereits angesprochene Keyboard-Problem: Billige Casino-Klimpersounds, die jedem qualitätsbewussten SynthiePopper den Magen umdrehen, kredenzt von der Quoten-Else hinter den Tasten, die nicht nur die Freundin (inzwischen Ehefrau) vom ~~Buchhalter~~ Schlagzeuger ist, sondern sich für ein erotisches Promo-Fotoshooting als Erektionshilfe auch mal dezent nackig machen und ans Kreuz hängen lassen darf.

C Immortal
D Die Krupps
E Paradise Lost

8 »Ohne is' schöner.«

9 Von einem erhabenen, stilprägenden Altmeister wie Deep Purples Jon Lord mal abgesehen. Seine mächtige Hammond-Orgel ist eines der wenigen Tasteninstrumente, die in der harten Rockmusik seit jeher der Stromgitarre ebenbürtig war. Aber solch ein Genie ist im Genre die Ausnahme – bis heute.

10 Außer vielleicht Celtic Frost, jene eigenwilligen Avantgardisten aus der Schweiz, die schon in den wilden 80ern geschminkt mit schwarzen Fingernägeln im Rüschenhemd posierten, Opernsängerinnen auf ihren Platten hatten und ohne mit der Wimper zu zucken eine Band wie Wall Of Voodoo coverten …

11 und die tiefergelegte Karre

12 Man muss nur mal wieder einen Blick auf das Cover von Judas Priests »Unleashed In The East« (1979) werfen, auf der Rob Halford breitbeinig in Leder mit Handschellen, Spiegelbrille, Nietengürtel und Kuhtreibermütze posiert.

13 Weshalb die Hair-Metal-Musiker vor allem in Europa von großen Teilen der Metal-Szene als Poser bezeichnet und abgelehnt wurden.

14 Beim Verdauungsnickerchen wunderte er sich freilich über den poppigen Nachgeschmack, der ihn manches Mal übel aufstoßen ließ …

15 Umgekehrt war dies eher selten der Fall. Da waren es meistens kommerzielle Beweggründe, die zu einem Interesse an harter Rockmusik führten. Indem man den eigenen Sound ein wenig aufbohrte und metallischer gestalte, konnte es gelingen, das traditionell starke und kaufkräftige Heavy-Metal-Publikum anzusprechen. Erschütternde Beispiele aus dem Punk (Discharge, T.S.O.L.) oder aus dem New York Hardcore (Agnostic Front, Cro-Mags) gibt es zahlreiche.

16 … die mit ihrem Zweitling »Gothic« 1991 zumindest schon einmal den Namen in Metalkreisen gesellschaftsfähig gemacht hatten, wenngleich auch sie stilistisch damals noch tief im Doom Death jener Tage verhaftete waren.

17 Ihre Metalroots hat die Band ohnehin nie verloren. Unvergessen bleibt der Auftritt auf dem Summer Breeze Festival 2002, wo die Band mit Aushilfsgitarristen antreten musste. Da dieser jedoch sonst bei einer Kiss-Coverband zockt, trat er geschminkt und im kompletten Ace-Frehley-Spaceman-Kostüm auf die Bretter, ohne dass irgendwer ein Wort oder gar die Miene verlor. Selbst bei der kurzen Bandvorstellung hieß es nur: »On lead guitar: Mr. Ace Frehley.« Die fassungslosen Gesichter der anwesenden Goten werde ich mit in mein Grab nehmen.

Spätestens hier ist Gothic Metal im Reihenmittelhaus angekommen, von dessen Terrasse aus Originale wie *Alien Sex Fiend* auf der einen oder *Mercyful Fate* auf der anderen Seite nicht mal mehr mit dem Feldstecher zu sehen sind. Doch wie der US-Autor Henry van Dyke schon im letzten Jahrtausend richtig bemerkte: »Die Wälder wären sehr still, wenn nur die begabtesten Vögel sängen«.

Aber zurück zum Thema. Während diversen Metalbands plötzlich ein neues Image übergestülpt wurde (»Halb zog sie ihn, halb sank er hin«), gab es auch von der gotischen Seite aus sanfte Annäherungsversuche. *Die Krupps* veröffentlichen 1992 die EP »A Tribute To Metallica«, auf der sie fünf Nummern der Fab Four des HM in ein vollelektronisches Gewand kleideten. Später verstärkte sich das EBM-Urgestein aus Düsseldorf mit den Musikern Lee Altus und Darren Minter von der Bay-Area-Thrash-Metal-Band *Heathen* und feierte mit Tanzboden-Fegern wie »Fatherland« und »To The Hilt« ihre größten Erfolge.

Eine Vorreiterstellung in Sachen Crossover darf sich auch der Dortmunder Indie-Papst *Phillip Boa* auf die Fahnen schreiben. Schon in den frühen 90er Jahren stampfte der eigenwillige, dezent zur Cholerik neigende Barde gleichsam aus dem Nichts heraus ein Heavy-Metal-Projekt aus dem Boden. Die Besetzung im Studio liest sich auch im Rückblick noch immer äußerst lecker: Mille Petrozza (*Kreator*), Waldemar Sorychta (*Despair*, später *Grip Inc.*) und der unvergessene Chuck Schuldiner (*Death*) an den Klampfen, »Mr. Machine Gun« Dave Lombardo (*Slayer*) hinter den Kesseln und am Mikrofon Boa selbst. 1994 veröffentlichte das an seine alte Band *Voodooclub* hier *Voodoocult* betitelte All-Star-Projekt ein vielbeachtetes Album namens »Jesus Killing Machine«. Ein selbstbetitelter Zweitling in weit weniger prominenter Besetzung folgte 1995, bevor sich Boa wieder seiner Partnerin Pia Lund und dem poppigen *Voodooclub* zuwandte. Eine Pioniertat, ohne Frage – doch Boa war nicht wirklich Gothic, sondern eher der Indie-Fraktion jener Tage zugehörig (die Grenzen verschwammen damals noch; bei Konzerten von Bands wie *New Model Army* und *The Killing Joke* war stets ganz selbstverständlich auch Gotenvolk am Start).

Ebenfalls in das Jahr 1994 fällt ein weiterer künstlerisch nicht uninteressanter Brückenschlag. Im Auftrag des slovenischen Gesamtkunstwerks *Laibach* bearbeitete Janez Križaj zwei Lieder der Florida-Death-Metaller *Morbid Angel*, die auf einer eigenen EP erschienen. Das Plattencover vermeldet »supervised by Laibach«, und auch wenn Križaj die Originale nur äußerst behutsam angepackt hat, so offenbart sich einem im *Laibach*-Remix doch eine neue Hör-Facette der beiden *Morbid-Angel*-Smasher »Sworn To The Black« und »God Of Emptiness«.[18]

Ehre, wem Ehre gebührt: *Das Ich* waren mit die ersten, die crossovertechnisch Nägel mit Köpfen machten. 1995 lud das Bayreuther Dark-Wave-Duo die schwäbische Death-Metal-Band *Atrocity* zu sich ins Studio ein und zimmerte gemeinsam mit ihr eine Neuauflage von *Laibachs* »Die Liebe« ein.[19] Um die CD voll zu machen, coverte jede Gruppe eine Handvoll Stücke des Gegenübers. Ein mutiger Schritt, wenngleich musikalisch nicht sonderlich überzeugend, so doch von seinem genresprengenden Ansatz her durchaus vergleichbar mit der *Anthrax/Public-Enemy*-Kollaboration »Bring Tha Noize«, die 1991 Metal- und Hip-Hop-Kids gezwungen hatte, sich miteinander auseinanderzusetzen.[20]

Auch *Das Ich* und *Atrocity* gingen nach Veröffentlichung der »Die Liebe«-EP gemeinsam auf Tour. *Atrocity* hatten an dieser Zusammenarbeit so große Freude, dass sie zwei Jahre später mit »Werk 80« ein Coveralbum vorlegten. Auf dem griffen sie sich die größten Synthie-Pop-Hits der 80er Jahre wie »Tainted Love« von *Soft Cell*, »Wild Boys« von *Duran Duran*, »The Great Commandment« von *Camouflage* und »Shout« von den *Tears For Fears* und unterlegten diese mit einer fett bratenden Stromgitarre. Live wurden dazu gängige SM- und Fetisch-Fantasien bedient: Die Truppe ließ Stripperinnen und Dominas über die Bühne hüpfen und bediente billigste Peepshow-Fantasien (zu mehr reicht es im Heavy Metal ohnehin so gut wie nie).

Eigentlich ein weiteres Beispiel, wie man es nicht macht. War die Scheibe schon bei Erscheinen kaum genießbar, so traf sie doch den Nerv der Zeit und verkaufte sich prima. So gut, dass Alex Krull und seine Mitstreiter 2008 »Werk 80 II« nachschoben, auf dessen CD-Cover sich Nu-Burlesque-Ikone Dita von Teese[21] räkelte. Der zweite Teil war musikalisch nicht minder erbärmlich, soll dem Vernehmen nach jedoch eher Kassengift gewesen sein. Darüber hinaus gründete sich mit *Leaves' Eyes* ein gothic-rockender *Atrocity*-Ableger, bestehend aus Sänger Alex Krulls Ehefrau Liv Kristine (ex-*Theatre Of Tragedy*) und der kompletten Gruppe inklusive Krull als Backing-Band.

— Alles Gothic Metal oder was? —

Von der Fachpresse wurden diese Pioniertaten gierig aufgegriffen. Gothic Metal wurde zum neuen Trend erklärt. Wie selbstverständlich besprach ein Electronic-Magazin wie der Sonic Seducer das neue *Testament*-Album, so wie im Rock Hard jener Tage plötzlich Kapellen wie *Lacrimosa* ein Thema waren.

Wer auch immer den Titel aufs Tablett gehievt hatte – die Marke war gesetzt. Mitte der 90er rangierte alles als Gothic Metal, was Weiber und Keyboards im Gepäck hatte oder nicht bei drei auf den Bäumen war. Von *His Infernal Majesty* (später: *HIM*) über Mittelalter-Rockbands à la *In Extremo* hin zu gemäßigten Black-Metal-Vertretern wie den Symphonikern *Dimmu Borgir* und den Schweizern *Samael*, die irgendwann ihren Schlagzeuger zu Gunsten eines Drumcomputers über Bord gekippt und damit verdächtig nahe an den wuchtig-düsteren Bombast von *Laibach* herangerückt waren – im Zuge der neuen Welle mussten alle mit. »Und wenn der Hauptmann sagt alle, dann meint er auch alle!«

Während sich *The Fields Of The Nephilim* mit ihren staubigen Breitwand-Gitarrenwänden in Metalkreisen schon immer großer Beliebtheit erfreut hatten,[22] versuchten nun auch die Geschwister Eysel mit dem hoffnungslosen Ladenhüter-Gothic ihrer Formation *Love Like Blood* mal eben kurz auf den Metalzug aufzuspringen – und entlarvten sich dabei als klägliche Mitläufer. Sie sollten nicht die einzigen bleiben.

Das einstmals zarte Elektronik-Pflänzlein *Lacrimosa* engagierte für seine Live-Shows den ehemaligen *Running Wild*-Schlagzeuger Rüdiger »AC« Dreffein, der fortan bei Konzerten mit einer gnadenlosen Double-Bass im Stil seines alten Arbeitgebers alles plattmachte (war nicht schade drum; das pathetische Geschwurbel des schweizer-deutschen Duos blieb auch nach dieser »Verstärkung« schwer verdaulich). Andersrum gab Fernando Ribeiro von den portugiesischen Metallern *Moonspell* plötzlich den rotweintrinkenden Denker und einen eigenen Gedichtband heraus. Eine verrückte Zeit.

Wie gesagt: Originäre Gothic-Metal-Interpreten wird man in diesen Tagen nur ganz vereinzelt finden – die meisten wurden erst nach und nach gothic-affin. Die 1993 früh im norwegischen Stavanger entstandenen *Theatre Of Tragedy* hingegen waren mit die ersten, die sich als Gothic-Metal-Band verstanden und sich vom Start weg aus beiden Töpfen bedienten. Schon auf ihrem selbstbetitelten Debütalbum (1995) warteten sie mit dem stilprägenden Sän-

18 Die Industrial-Legende Laibach entfachte ihrerseits 1996 auf ihrem Album »Jesus Christ Superstars« eine einzige Stromgitarrenhölle.

19 Es bleibt das ewige Geheimnis der Herren Kramm und Ackermann, warum sie sich von allen Heavy-Metal-Kapellen dieses Erdballs ausgerechnet die nur mäßig talentierten Atrocity ins Boot holten. Dieselbe Frage kann man andersherum den Essener Innovatoren Kreator stellen, die auf ihrem 1999er Album »Endorama« Tilo Wolff von Lacrimosa ins Studio baten. Das Ich und Kreator, das wär's halt mal gewesen (man möge mir auch diese spontane Meinungsäußerung nachsehen, so wie auch all die anderen in dieser kleinen Betrachtung).

20 Fürs Protokoll: Natürlich hatten Aerosmith und Run DMC schon 1986 gemeinsame Sache gemacht (»Walk This Way«), und auch auf der Beastie Boys-Nummer »No Sleep 'till Brooklyn« aus dem selben Jahr ist mit Slayer-Gitarrist Kerry King ein Metalmusiker zu hören.

21 Prädikat »Gothic« schon allein durch ihre Kurzzeit-Ehe mit Reverend Brian Warner aka Marilyn Manson.

22 Als die Band in den 90er Jahren auf Eis lag, warf Sänger und Bandkopf Carl McCoy 1996 unter dem Bandnamen The Nefilim mit »Zoon« sogar ein reinrassiges Metal-Album auf den Markt.

F Das Ich
G Kreator
H Moonspell

gerstreit zwischen einer sonoren, oftmals guttural wie im Death-Metal-Kontext growlenden Männerstimme und einem ausladenden weiblichen Soprangesang auf. Dieser opern- oder musicalhafte Gesangsmix, gerne als das »*The-Beauty-And-The-Beast*«-Modell bezeichnet, markiert das einzige wirklich prägende Trademark des Subgenres.

Ein frühes Genre-Meisterwerk lieferten *The 3rd And The Mortal* 1994 mit »Tears Laid In Earth« ab, hier allerdings noch ohne männlichen Gegenpart. Die Zeit überdauert haben auch die Norweger *Tristania*, die mit »Beyond The Veil« 1999 einen zeitlos-schönen Genreklassiker ablieferten,[23] sowie *Flowing Tears And Withered Flowers* aus dem Saarland (CD-Tipp: »Jade«, 2000).

— Irrungen und Wirrungen —

Im Eifer des Gefechts rutschte jedoch auch manch eine Combo in die Gothic-Metal-Schublade, die selbst bei oberflächlicher Betrachtung rein gar nichts mit dem Attribut Gothic am Hut zu haben schien.

Type O Negative aus Brooklyn zum Beispiel: Deren zweite CD »Bloody Kisses« (1993) klang nicht nur völlig anders und vor allen Dingen eingängiger als ihr verstörendes, misanthropisches Debütalbum »Slow, Deep And Hard« (1991), sondern traf mit den Gassenhauern »Christian Woman« und »Black No. 1 (Little Miss Scare-All)« wie kaum eine andere Platte den Nerv jener Tage. »Bloody Kisses« gilt bis heute zu Recht als Referenzscheibe in Sachen Gothic Metal, was insoweit witzig ist, als dass die Wurzeln von Sänger, Bassist und Rotweinliebhaber Peter »Lord Petrus« Steele (der während der Arbeiten an diesem Buch am 14. April 2010 mit nur 49 Jahren überraschend einem Herzinfarkt erlag) ganz klar im Hardcore beziehungsweise dem frühen Thrash-Metal-Segment seiner Heimatstadt lagen. Statt den *Sisters of Mercy* und *The Cure, Nick Cave* und *Joy Division* waren seine Haupteinflüsse stets die *Beatles* und *Black Sabbath* gewesen,[24] und selbst wenn Steele Künstler wie *Laibach* und *Dead Can Dance* schätzte, dürfte doch kaum eine Band auf diesem Erdball jeglicher gotischer Umtriebe unverdächtiger gewesen sein als der perverse post-apokalyptische *Type O Negative*-Vorläufer *Carnivore*. Trotzdem: Mit »Bloody Kisses« passte plötzlich alles.

Ein weiteres Beispiel für die klemmende Schublade Gothic Metal sind die Holländer *The Gathering*. Als zartes Death-Metal-Pflänzchen gestartet, absolvierte die Formation eine rasante Entwicklung über die Zwischenstation Folk und Prog hin zum immer elektronischer werdenden TripRock. Gotisch im ureigenen Verständnis war auch hier wenig, trotzdem kommt das »Mandylion«-Album von 1995 der Definition Gothic Metal weitaus näher als der meiste andere Krempel, der das Genre in jenen Tagen zunehmend verstopfte. An der Band selbst ging diese Kategorisierung freilich völlig vorüber, und der Stempel Gothic hielt Sängerin Anneke van Giersbergen auch nicht davon ab, beim Auftritt auf dem Wave-Gotik-Treffen 1999 in Leipzig unbeeindruckt im sonnenblumengelben Kleid auf die Bühne zu marschieren.

Selbst eine Band wie *Nightwish* spielt bis heute europäisch geprägten Power Metal mit dominanten Keyboards und opernhaftem Gesang, aber keinen Gothic Metal. Liv Kristine von *Theatre Of Tragedy/Leaves' Eyes* lag schon verdammt richtig, als sie bemerkte, dass *»nicht jede Band mit weiblichem Gesang automatisch eine Gothic Band ist«.*[25]

K Lacrimosa
L The Gathering
M Crematory

23 Tristania-Mastermind Morten Veland führt diesen Weg seit 2001 mit seiner Band Sirenia fort.

24 Was bei Type O Negative bis heute deutlich herauszuhören ist – wenn sie nicht gerade einen weiteren Song von Neil Young oder Jimi Hendrix covern ...

25 Bryan Reesman: »They Will Rise – Metal's female ranks on the move« [1. November 2007 auf www.grammy.com]

26 Jaedike, Jan/Mühlmann, Wolf-Rüdiger: »Das größte Chaos-Festival Europas« (in: Rock Hard, August 2000).

— Eine Modewelle und ihr schnelles Ende —

Bunte Kapriolen schlug der Crossover, als die mächtigen *Kreator* nicht nur *Lacrimosa*-Sänger Tilo Wolff zum Duett ins Studio baten, sondern auch auf dem ZILLO-FESTIVAL in Hildesheim aufspielten. Im Gegenzug waren *Umbra Et Imago* in jenen Tagen auf dem WACKEN OPEN AIR zu Gast, wo Sänger Mozart in einem vollbesetzten Zirkuszelt seine nackte SM-Gespielin an einer Eisenkette unter die Manegendecke zurrte (natürlich war das Zelt rappelvoll, weil der geneigte Metaller stets zur Stelle ist, wenn irgendwo blank gezogen wird). Interessiert hat die Mucke hier wie dort keinen.

Wahrlich bizarre Züge nahm die Liaison an, als das britische Grindcore-Urgestein *Napalm Death* für das WAVE-GOTIK-TREFFEN 2000 verpflichtet wurde. Ein Blick auf das Billing in jenem Jahr listet neben als Gothic Metal gehandelten Kapellen wie *Nightwish, Moonspell, Tiamat, Dreadful Shadows* und *Theatre Of Tragedy* reinrassige, dieses Crossovers gänzlich unverdächtige Metalbands wie *Entombed, Primordial, Marduk, Immortal* und *Opeth* auf. Das Ende der Fahnenstange war erreicht. Endlich war zusammengewachsen, was nie zusammengehörte.

Selbst der Dortmunder Metal-Postille ROCK HARD war die Millennium-Edition des traditionellen Leipziger Pfingsttreibens einen Bericht wert. Das Magazin aus Dortmund schickte Edelfeder Wolf-Rüdiger Mühlmann in das schillernd-schwarze (und äußerst verregnete) Treiben, und der brachte – wunderschön versteckt in einem Nebensatz – einen grundlegenden Unterschied zwischen beiden Szenen auf den Punkt:

Witzig ist auch das Verhalten der verschiedenen Fangruppen im Freien. Die gestylte Goth-Fraktion tippelt auf Zehenspitzen durch den Matsch, während ein Teil der Metaller längst drin liegt.[26]

Es ist bezeichnend, dass das WAVE-GOTIK-TREFFEN ausgerechnet in jenem Jahr kollabierte. Die Veranstalter setzten sich (angeblich!) mit den Einnahmen ab, die geprellten Mitarbeiter griffen sich alles, was nicht niet- und nagelfest war (Telefone, Faxgeräte), die Bands bekamen keine Gagen und blieben obendrein auf ihren Hotelrechnungen sitzen. Und die Fans schauten in die Röhre angesichts zahlreicher abgesagter Auftritte.

Was 1993 als sanfte stilistische Annäherung zweier Subkulturen begonnen hatte, endete spätestens hier. Seit der Wiederaufnahme des WGT im Jahr darauf werden nur mehr ausgewählte Metalbands gebucht, und auch auf den zahlreichen HM-Sommerfestivals sind Künstler aus dem Goth-Bereich heute eher seltene, wenngleich selbstverständliche und immer gern gesehene Gäste.

— Was vom Tage übrig blieb —

Gothic Metal ist ganz klar ein Kind seiner Zeit. Die kurze heftige Affäre zwischen Mister Metal und Lady Gothic war nie mehr als ein loser Interessenverbund – eine Modewelle, die zwei Stilrichtungen verknüpfte, inhaltlich jedoch kaum über die in beiden Szenen beliebten Klischees von Tod, Sex, Glaube und Vampirismus hinausragte und künstlerisch entsprechend wenig hergab. Unterm Strich also ein freundschaftliches Nebeneinander. Nicht mehr und nicht weniger ist es bis heute geblieben.

27 Laut Gavin Baddeley und seinem Buch »Gothic Chic: A Connoisseur's Guide To Dark Culture« (London, 2002) besetzten die Misfits und ihr Sänger Glenn schon in den 80er-Jahren »das Niemandsland zwischen Goth und Heavy Metal«.
28 Der FC Bayern München des Black Metal
29 Schon 1994 hat Diamanda Galás zusammen mit Led Zeppelin-Bassist John Paul Jones das hochinteressante Album »The Sporting Life« aufgenommen.
30 Wobei die Kunstfigur Marilyn Manson ja an sich schon ein Grenzgänger ist, wuchs Brian Warner doch gleichermaßen mit Kiss, W.A.S.P., Judas Priest und Rush wie mit Bauhaus, Gary Numan und David Bowie auf und avancierte ebenfalls im Zuge der Crossover-Bewegung zur Gothic-Ikone.
N Emilie Autumn
O Atrocity
P Metal meets Gothic

Leider ist vieles von damals nicht gut gealtert und mit Abstand nur mehr schwer genießbar. *Tiamats* Klassiker »Wildhoney« hat die Jahre unbeschadet überdauert, und auch mit dem Frühwerk von *Moonspell* (»Wolfheart« von 1995 und »Irreligious« von 1996) kann man noch heute Spaß haben. Doch ist es im neuen Jahrtausend möglich, sich »Der Tanz der Schatten« von *Theatre Of Tragedy* und »Tears Of Time« von *Crematory* unfallfrei anzuhören? Eher nicht.

Als toter Trend spielt Gothic Metal kommerziell heute keine Rolle mehr, und auch kreativ geht hier schon lange nichts mehr. Typ grunzt, Tussi engelt, dazu Korsett, Keyboards und ein paar in Zeitlupe headbangende Typen in Lack und Leder an den Gitarren – jenseits des Haltbarkeitsdatums reicht die immergleiche Formel, um zumindest die vorderen Plätze auf den einschlägigen Sommerfestivals wie dem Summer Breeze Open Air in Dinkelsbühl mit austauschbaren Kapellen wie *Krypteria, Xandria, Epica, Evereve, Leaves' Eyes* oder *After Forever* zu bestücken.

Formationen wie *Lacuna Coil* und *Evanescence*, die in dieselbe Schublade gesteckt werden, sind stilistisch näher an Nu-Metal-Acts wie *Korn* beziehungsweise *Linkin Park* als an Vorbildern aus dem klassischen Gothic- oder Heavy-Metal-Bereich. Den Rest des Feldes teilen sich DüsterGlam-Kostümbands wie *The 69 Eyes, The Kovenant* und die *Deathstars*, das sich nach wie vor großer Beliebtheit erfreuende und beide Szenen gleichermaßen bedienende Mittelalter-Rock-Feld um *In Extremo* und *Subway To Sally*, und das 20 Jahre nach Trennung der *Misfits* von ihrem Ur-Sänger Glenn Danzig[27] wundersam neu erblühte HorrorPunk-Genre auf.

Der Rest ist ein gefälliges kommerzielles Einerlei von einstigen Subkulturen. Vermeintlich böse Buben wie *Dimmu Borgir*[28] posen für X-traX Fashion (der Quelle-Katalog für die Gothic-Fraktion), während die schwarze Freundin des Metallers ihr neues Vampirella-Kleidchen bequem beim Metal-Mailorder EMP (der Neckermann der Heavy-Szene) ordern kann. Alles ist so verdammt beliebig geworden und vor allen Dingen frei verfügbar. Vorbei die Zeiten, als Gruftis Familienausflüge nach London machten, um für sich und Freundinnen und Freunde im Kensington Market und auf der Carnaby Street Schuhe, Klamotten und Accessoires zu kaufen, die es nur dort gab. Viele Kostüme auf frühen Gothic-Treffen waren selbst genäht oder gebastelt, mit Zutaten, die man sich zum Teil aus dem Baumarkt besorgte. Heute kommen die Outfits von der Stange.

Das klingt nun alles wieder nach dem üblichen Gejammer von Szeneveteranen, soll es aber gar nicht. Gothic Metal war für die Fachpresse beider Szenen und die angeschlossenen Zubehör-Anbieter eine willkommene Modewelle, die auch nach ihrem Abflauen noch immer eine ganze Branche nährt – vor allem, weil sich die Dresscodes beider Szenen weitgehend angenähert haben und die Fans längst in denselben Läden einkaufen.

Vielleicht wurde Gothic Metal jedoch auch nur für die Freundin des Metallers erfunden, der *Slayer* zu hart und *Exodus* zu asozial waren. Mit der weichgespülten Variante fand sie eine musikalisch erträgliche Version, zu der die passende Verkleidung frei Haus geliefert wurde. Doch auch für den handzahmen Jung-Metaller, der nichts mehr weiß von *Thin Lizzy* und *Iron Maiden*, von *Death, King Diamond* oder der New Wave Of British Heavy Metal, bietet Gothic Metal eine perfekte Blaupause, um in eine neue Rolle zu schlüpfen und sich als Fürst der Nacht auszuprobieren.

Auf der Gegenseite sieht es nicht besser aus. Viele junge Gotenschoten haben noch nie von *Bauhaus* und *Joy Division*, von *Anne Clark, Christian Death, Siouxsie & The Banshees* und den *Einstürzenden Neubauten* gehört. Sie wissen nicht mehr, dass Gothic einst der brave, traurige und gut angezogene Bruder von Punk war und denken, Typen wie *Schöngeist* oder *Der Graf* hätten die Szene erfunden. Auch eine inhaltsleere, mit Musik vom Band angereicherte Unter-

Eine streng subjektive Auswahl an höchst schicken Grenzgänger-Coverversionen:

Apoptygma Berzerk – Fade To Black [Metallica]
Celtic Frost – Mexican Radio [Wall Of Voodoo]
Coppelius – Charlotte The Harlot [Iron Maiden]
Coroner – Der Mussolini [DAF]
Cradle Of Filth – No Time To Cry [Sisters Of Mercy]
Darkthrone – Love In A Void [Siouxie & The Banshees]
The Dresden Dolls – War Pigs [Black Sabbath]
Edguy – Hymn [Ultravox]
Fear Factory – Cars [Gary Numan]
The Genitorturers – Sin City [AC/DC]
Gorefest – Autobahn [Kraftwerk]
In Flames – Everything Counts [Depeche Mode]
Janus – Einsamkeit [Candlemass]
Die Krupps – Bathory [Metallica]
Laibach – Geburt einer Nation [Queen]
Laibach – In The Army Now [Status Quo]
Marilyn Manson – Highway To Hell [AC/DC][30]
Nevermore – Silent Hedges/Double Dare [Bauhaus]
Paradise Lost – Walk Away [Sisters Of Mercy]
Paradise Lost – Xavier [Dead Can Dance]
Satyricon – The Dawn Of A New Age (APB remix)
Solitude Aeturnus – Deathwish [Christian Death]
Vader – I. F. Y. [Depeche Mode]
Waltari – A Forest [The Cure]

wäsche-Show wie die von *Emilie Autumn* hat mit Gothic im ursprünglichen Verständnis nichts am Hut – auch wenn es einem in den Hochglanzmagazinen der Szene anders verkauft wird. Irgendwer hat mal geschrieben, dass Ian Curtis heute wohl kaum mehr am Türsteher eines stinknormalen Gothic Clubs vorbei käme. Das ist gut möglich. In der Szene ist Neon das neue Schwarz, der Sound dazu nennt sich FuturePop, CyberGoth oder Hellectro und ist von billigem Techno oft kaum mehr zu unterscheiden. »Scooter auf düster«, wie der Deutsche W. (*OHL, Der Fluch*) mal recht treffend gemeint hat.

Um die Essenz von Metal und/oder Gothic aufzuspüren, muss man heute wieder in den tiefen und tiefsten Untergrund hinabsteigen. Dort freilich wird man noch immer auf interessante und vielversprechende Projekte stoßen und auch auf neue Kollaborationen, die Spannung versprechen, weil sie von der unersättlichen Neugier vorwärts getrieben werden, das Beste aus dem reichhaltigen Erbe beider Subkulturen zu verbinden. Und keine von ihnen würde auch nur im Traum darauf kommen, sich Gothic Metal zu schimpfen …

Der Wandel einer Formation wie *Ulver* vom rohen Black Metal hin zu einer sämtliche Szenefesseln sprengenden Dark-Ambient-Formation ist in jedem Fall bemerkenswert, ebenso eine Plattenfirma wie das schwedische Label Cold Meat Industry, unter dessen Dach bis heute immer wieder Vertreter beider Genres aufeinander treffen.

Wenn Dani Filth (*Cradle Of Filth*) seit Jahren hartnäckig versucht, die Extrem-Sängerin und Avantgarde-Performancekünstlerin *Diamanda Galás*[29] auf eine seiner Scheiben zu kriegen, dann zeugt das nicht nur vom guten Geschmack der Inselvampire, sondern auch von einem Gespür für die Essenz beider Szenen. Altmeister David Tibet *(Current 93)* indes tat sich schon mehrfach mit dem ungarischen Extremvokalisten Attila Csihar von der norwegischen Black-Metal-Band *Mayhem* sowie dessen Vorgänger Maniac und seiner neuen Formation *Skitliv* zusammen – eine Bande verrückter Extremisten, die die kreativen Momente unterschiedlicher Richtungen mit einer wie auch immer gearteten Portion Altersweisheit zusammenwerfen. Das Ergebnis muss nicht immer gefallen, kommt jedoch der ursprünglichen Idee des Crossovers künstlerisch am nächsten.

Lovecrafts Cthulhu-Mythos in der Musik

Mike Browning

Eines ist in Bezug auf H. P. Lovecraft sicher: Seine Arbeiten waren nicht nur eines der Schlüsselphänomene für viele Horror- und Science-Fiction-Autoren, nein, sein Werk hat auch tief in die Musikwelt hinein gewirkt.

Howard Phillips Lovecraft wurde am 20. August 1890 in Providence (Rhode Island) als Einzelkind geboren. Als er acht Jahre alt war, starb sein Vater an einer bis heute noch unschlüssigen Todesursache, wobei angenommen wird, dass er an Neurosyphilis litt. Seit 1883 war er akut psychotisch und starb 1898. Der Sohn hingegen war ein Wunderkind, das mit drei Jahren Gedichte rezitierte und mit sechs bereits eigene verfasste. Sein frühes Schaffen wurde stark von seinem Großvater beeinflusst, der ihm Schauergeschichten erzählt und mit Klassikern wie »Märchen aus Tausendundeine Nacht«, der »Ilias« oder der »Odyssee« in Berührung gebracht hatte. Die Schule besuchte Lovecraft kaum, und er war recht häufig krank, interessierte sich aber für Chemie und Astronomie. Man vermutet außerdem, dass er an Nachtangst litt, einer relativ seltenen Schlafstörung. Es ist also einfach zu erkennen, woraus er bei diesen ganzen Umständen seiner nicht unproblematischen Kindheit seine Inspiration bezog. 1936 diagnostizierte man bei Lovecraft Darmkrebs, dem er 1937 erlag.

Lovecrafts mit Abstand bekanntestes Werk wird als Cthulhu-Mythos bezeichnet, das ein ganzes Pantheon uralter außerirdischer Rassen und Götter umfasst. Viele Autoren griffen auf seine Arbeit zurück und nutzten diese als Grundlage für ihre eigenen Erzählungen. Obwohl Lovecraft zu Lebzeiten nie einen Status als anerkannter Schriftsteller erlangen konnte, ist er heute populärer denn je.

Sein Schaffen war Grundlage mehrerer Filme, Comic-Bücher und Tarot-Karten und hat andere Autoren dazu angeleitet, seine Ideen und Geschichten weit über seine kurze Karriere hinaus mit Leben zu füllen. In den letzten zwei Jahrzehnten sind seine Erzählungen auf das Medium Musik übergeschwappt, in dem Lovecrafts Schaffen sowohl von Bands als auch Solo-Künstlern durch musikalische Interpretation und Beschwörung auf eine neue Ebene getragen wird.

Wohl am bedeutendsten sind die verschiedenen Metal- und Gothic-Stile, in denen seine Erzählungen von Künstlern zum Leben erweckt zu werden scheinen, die den Eindruck vermitteln, ihn wirklich verstanden zu haben, ganz, als würden sie über eine direkte Verbindung zu seinem Schreiben verfügen und diese kraft ihres musikalischen Talents passend umsetzen können.

Anders als die Leinwandumsetzungen, bei denen in den meisten Fällen nahezu gar nichts von der ursprünglichen Geschichte übrig geblieben ist, scheint die Musik dafür geeignet zu sein, Lovecrafts Mythen in den Gedanken des Hörers zum Leben zu erwecken. Wird ein Film veröffentlicht, ist es eine abgeschlossene audiovisuelle Produktion. Wenn hingegen Musik erschaffen wird, kreiieren die Hörer ihre eigenen Bilder, in denen eigene Erfahrungen mit Klängen und Songtexten (sofern es sich nicht um ein Instrumental-Stück handelt) verschmolzen werden. Das ist jener Punkt, an dem die innere Welt Lovecrafts eine Chance hat, geöffnet und durch den Hörer in nahezu unendlichen Variationen erkundet zu werden. Exakt an dieser Stelle können Musikrichtungen wie Metal oder Gothic glänzen.

Black Sabbath war wahrscheinlich eine der ersten Metal-Bands, die 1970 mit ihrem Song »Behind The Wall O Sleep« auf ihrem Debüt-Album »Black Sabbath« Lovecrafts Werk genutzt hat. Doch schon zuvor existierte eine Rock-Band namens *H. P. Lovecraft*, die beinahe komplett von ihm inspiriert wurde. *H. P. Lovecraft* veröffentlichte 1967 und 1969 zwei Alben.

Eine weitere äußerst erwähnenswerte Band in den 1970ern war *Blue Öyster Cult*, deren Songs mehrere Anspielungen auf Lovecraft enthielt, sich aber bei der Frage nach Einflüssen anders als andere relativ bedeckt hielt.

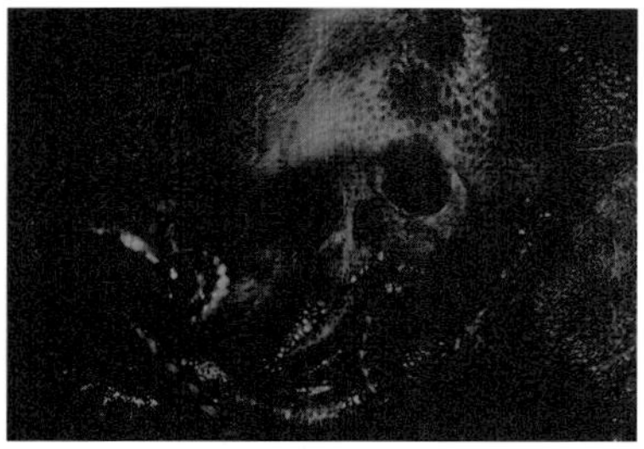

A Laetitia Mantis, o. T.

In den 80ern hat dann die sehr bekannte Gothic-Band *Fields Of The Nephilim* mehrere Alben veröffentlicht, die sich auf die gleichen sumerischen Götter und deren Sagen bezogen. Diesmal bezog man sich jedoch auf das »Necronomicon«, ein geheimnisumwittertes Buch, dessen Geschichte Lovecraft 1927 in einem Essay erstmals erzählt hatte. Seitdem wird über eine tatsächliche Existenz dieses Buches gemutmaßt. Es erschien dann Anfang der 80er eine »Necronomicon«-Ausgabe aus der Feder eines bis heute mysterös gebliebenen Autors namens »Simon«.

Mit der Veröffentlichung dieser Ausgabe kam ein ganzer Schwall davon inspirierter Bands und Filme auf, zumal das Buch an sich bereits ein Tor zu den antiken und Alten Göttern geöffnet hat, über die Lovecraft Dekaden zuvor geschrieben hatte. War dieses mysteriöse Buch in Wahrheit ein Portal, das diese uralten Alien-Rassen auf diese Welt losgelassen hat, die zuvor nur wenige auserwählte Individuen in der Geschichte kennen lernen durften?

Bereits als ich das Buch zum ersten Mal aufgeklappt und gelesen hatte, eröffnete sich meinem Geist die Möglichkeit, diese Wesenheiten durch Gesänge und Beschwörungen aus ihrem Äonen währenden Schlaf zu reißen und ihnen dabei zu helfen, diesen Planeten einmal mehr zu beherrschen! Die Botschaft war für mich wie der Fakt ziemlich klar, dass diese Rituale und Gesänge von Musik und Rhythmen begleitet werden mussten. Mit meinen Bandkollegen von *Morbid Angel* haben wir uns darauf konzentriert, Musik genau für den Zweck zu erschaffen, diese Götter anzurufen und sie zurückzuholen, um unglaubliche Verwüstung auf dem Planeten anzurichten, auf dem wir alle leben!

Wir begannen nicht nur damit, dicke Wälzer für jene Rituale abzufassen, sondern begannen auch, diese Opfer- und Blutrituale für die Großen Alten durchzuführen, bevor wir die Songs spielten, von denen wir dachten, sie würden ihre außerirdischen Sinne erfreuen, und das Chaos anrichteten, das nötig war, um sie zu wecken. Viele Male konnte man ihre Präsenz um uns herum tatsächlich spüren, als wir Räucherwerk zu ihrem Gefallen verbrannten, während wir sie wütend und chaotisch mit unserer Musik anriefen.

Bis zum heutigen Tage glaube ich nicht, dass es noch eine einzige weitere Band wie *Morbid Angel* gegeben hat, die die Intention hatte, diese uralten Wesenheiten durch Rhythmus, Klang und Gesang tatsächlich in diese Existenzebene zu bringen. Zumindest zu der Zeit, als die Band ihren ganzen Fokus darauf ausgerichtet hat – doch noch heute schaffe ich selber Musik, die nach den Seelen der Großen Alten greift – ich spüre ihre Anwesenheit! Ist das alles nun voll auf einen Einzigen zurückgefallen, der diese Kräfte kontrolliert und ihre Mission vollkommen genug versteht, um sie wortwörtlich versteckt zu halten und damit zufrieden zu sein, ihre wahre Natur vor einer Welt zu verbergen, die einfach noch nicht bereit für sie ist?

DIEU
de travailler comme il le veut:
il le veut.
la terre.
raver, façon
de s'habiller comme il le veut.
d'aimer comme il le veut: —
"prenez votre combre et votre désir"
quand, où & avec qui
V. L'Homme a le droit de tuer ceux qui entraveraient ces droits.
— AL.II.58.
"L'Amour est la loi, l'Amour soumis à la volonté." — AL.I.57.

Was ist Okkultur?

Dominik Tischleder

»Okkultur« ist ein Neologismus, der Mitte der 80er besonders im Umfeld der Band *Psychic TV* aufgegriffen wurde und in diesem Zusammenhang eine bestimmte Prägung erhielt.[1]

Unschwer zu erkennen, setzt sich der Begriff aus »Kultur« und »Okkult« bzw. »Okkultismus« zusammen. Er sollte hier den Umstand beschreiben, dass eine Vielzahl von Musik- (bzw. *Psychic TV-*)Fans nicht nur durch ihren gemeinsamen Geschmack, sondern auch durch von *Psychic TV* vermittelte gemeinsame »okkulte« Interessen verbunden waren. Als künstlerische Idee entstand von Beginn an zur Förderung all dessen ein loser Verbund, genannt Thee Temple Ov Psychick Youth (kurz T.O.P.Y.), der halb ein okkulter Orden, halb ein *PsychicTV*-Fanclub war. Man stiftete so ein Netzwerk ähnlich interessierter Musikfans und gleichzeitig eine »okkulte Kultur«, eben eine Okkultur, in der Musiker und Nichtmusiker miteinander kommunizierten und sich gegenseitig zu kreativen Tätigkeiten in ganz unterschiedlichen, nichtsdestotrotz »okkulten Bereichen« anspornen und anstiften konnten. All das entwickelte schnell sowohl auf musikalischem Gebiet als auch im Bereich okkulter Forschung ein Eigenleben, sodass der Begriff »Okkultur« auch des Öfteren Verwendung fand, um zeitlich spätere Musikprojekte in der Nachfolge *Psychic TV* mitsamt ihres Fanumfeldes zu beschreiben, immer mit der vielleicht mehr ideell vorgestellten als tatsächlichen Denkvoraussetzung, dass Musiker und ihre Hörer ein gemeinsames Bewusstsein, wenn nicht gar eine gemeinsame »okkulte Weltanschauung« teilten.

Relativ losgelöst davon, aber doch die T.O.P.Y.-Prägung des Begriffs nicht verschweigend, versucht seit 2004, über zwanzig Jahre nach Gründung jenes Netzwerks, der englische Religionswissenschaftler Christopher H. Partridge mit bisher zwei voluminösen Werken »Okkultur« in die wissenschaftliche Diskussion einzuführen.[2] Partridge meint mit Okkultur allgemein ein spirituelles Ideenreservoir, welches sich im Schatten des institutionalisierten Christentums im Westen durch Filme, Musik und urbane Mythen entwickelt habe und nunmehr begänne, eine »Wiederverzauberung« des Westens einzuleiten. »Okkultur« wäre demnach die Form moderner Bricolage-Spiritualität zu nennen, die mehr schemenhaft als bestimmt ihre Haltungen und Ideen aus dem popkulturellen Bereich, statt von Priestern, Kirchen und sonstigen »popfernen« Instanzen bezieht, und zu denen sie wieder in einem steten Kreislauf zurückfließen. Dieses Bild der Okkultur kann sogar Gültigkeit beanspruchen, wenn die Rahmeninstanz nicht mehr das Christentum ist, sondern schon, sozusagen als Referenz zweiter Ordnung, esoterische Strömungen des Westens diesen Rahmen bilden. Anders ausgedrückt: Es ist kein okkulturelles Phänomen, wenn man sich, vom Christentum entfremdet, okkulten Logen wie dem Ordo Templi Orientis (O.T.O.) oder neuheidnischer Literatur zuwendet, immerhin haben das in den 20er Jahren im Deutschland der Weimarer Republik Tausende

A1 Aleister Crowleys Version der Menschenrechte (Liber Oz) als Briefpapier: Korrespondenz von Les Joyaux De La Princesse

getan[3], okkulturell in unserem Sinne wird es erst, wenn man dies aufgrund einer persönlichen Begeisterung für Viking Metal, Neofolk, Black Metal und Ähnlichem tut.[4] Dass solche Phänomene mitunter von den Betroffenen nicht reflektiert werden, tut ebenso wenig zur Sache wie die Frage, was denn zuerst da war, die Henne oder das Ei? Das Interesse an *Psychic TV* oder das Interesse an Aleister Crowley? Sofern deutlich ist, dass es hier eine wie auch immer im einzelnen geartete Wechselbeziehung gibt.

Mir geht es auf den nächsten Seiten darum, unsystematisch einige Ausformungen einer so verstandenen Okkultur schlaglichtartig vorzustellen. Dabei möchte ich mich jedoch auf den musiksubkulturellen Bereich beschränken, möglicherweise gelingt es schon anhand mancher der ausgewählten Beispiele aufzuzeigen, wie bedeutende Entwicklungen der Magiegeschichte des 20. Jahrhunderts nach Crowleys Tod im Jahr 1947 durch jene Okkultur vorbereitet und mitentwickelt wurden. Im Folgenden soll Okkultur also einfach in musiksubkulturellen Szenen wie Industrial Culture, Dark Wave und Black Metal einen beobachtbaren Zustand beschreiben, der eintritt, wenn nicht nur die Musikprojekte in ihren Texten okkulte Lehren behandeln, sondern auch die Hörer dieser Klänge von den angesprochenen Themen mitgerissen werden, kurz, das Lesen okkulter Literatur oder die ritualmagische Praxis Teil eines Lifestyles wird, der von der Musik nicht zu trennen ist und das Bewusstsein der Involvierten mit formt. Dabei sollte deutlich sein, dass so ein okkultureller Zustand natürlich nicht streng messbar zu bestimmen ist, aber wenn beispielsweise innerhalb einer Subkultur Fanzines entstehen, die sich zu einer Hälfte ihrer Musik widmen und zur anderen Hälfte Themen wie Magie, Neuheidentum, Satanismus, wäre dies ein starkes Indiz für eine Okkultur in unserem Sinne. Ein wissenschaftlicher Anspruch wird bei diesem Ritt durch die Geschichte verschiedener Okkultur-Ausformungen nicht erhoben. Das Ganze hat eher den Charakter einer in manchen Bereichen ersten Sichtung, auf der sich aufbauen ließe.

— Kurzer Überblick —

über die historische Okkultur

Ansätze zu einer Okkultur bieten natürlich Hippie-Schauplätze wie das Haight Ashbury in San Francisco, Kalifornien (vgl. den Beitrag von Michael Moynihan in diesem Band) und genauso natürlich auch europäische Großstädte wie London oder München Ende der sechziger Jahre, zumal schon die beiden berühmtesten Bands der Dekade, die *Beatles* und die *Rolling Stones*, vorübergehend und nicht sehr intensiv mit okkulten Welten in Berührung kamen.[5] Normalerweise wäre es jetzt an der Zeit, die üblichen Themen von Charles Manson über die Church Of Satan[6] bis hin zur Process Church Of The Final Judgement[7] abzuhandeln und auf ihre Querverbindungen zu einigen Musikern hin abzuklopfen. Man denke hier z. B. an die Beziehung der *Beach Boys* zu Charles Manson[8], die okkulten Interessen von Jimmy Page (*Led Zeppelin*)[9] oder auch an *Coven* aus Chicago, deren 1969 erschienene LP »Witchcraft Destroys Minds and Reaps Souls« im allgemeinen als erstes explizit »satanisches« Album gilt und in der Art und Weise der Präsentation stark Church Of Satan-beeinflusst war.[10] Doch all das ist höchstens im Ansatz Okkultur in unserem Sinne. Es zeigt zwar, dass da etwas in der Luft lag und auch, dass wahrscheinlich viele Hippies (genauso wie Nicht-Hippies) Notiz von LaVeys »Satanskirche« oder auch Aleister Crowley nahmen, was beim Ersteren durch die große Publicity, insbesondere in US-amerikanischen Männermagazinen der Zeit,[11] auch kein Wunder ist, doch waren die Milieus der Musikschaffenden und die der organisierten Thelemiten,

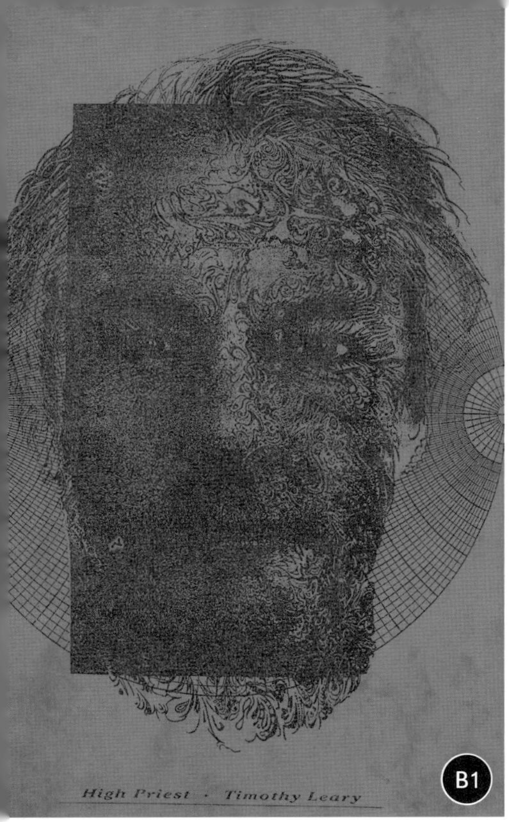

B1 Timothy Leary, der High Priest. Illustration aus dem TOPY-nahen Magazin Rave New World, No.6, Heidelberg 1997

»Satanisten« und Hexerei-Interessierten doch eher verschieden, von einzelnen Ausnahmen wie der als irregulär angesehenen Solar Lodge des O.T.O. oder den Künstlern im Umfeld Kenneth Angers[12] einmal abgesehen. Das Gros der Hippies favorisierte eben in ihrem spirituellen Sehnen eher lichtere Gestalten wie den Religionsphilosophen Alan Watts (1915–1973), der über die Mystik von Christentum und Zen-Buddhismus schrieb, den vom Harvard-Professor zum »LSD-Papst« mutierten Psychologen Timothy Leary (1920–1996), dessen Modelle von Struktur und Arbeitsweise des Bewusstseins auch die Cyberkultur der 90er Jahre prägen sollten, Aldous Huxley (1894–1963), der mit »The Doors of Perception« und »Heaven and Hell« Basistexte der psychedelischen Erkenntnislehre vorgelegt hatte, oder den umstrittenen Carlos Castaneda (1931–1998), dessen Romane über »Die Lehren des Don Juan« von Experten eher der Romanliteratur als der Kulturanthropologie zugeordnet werden.

Besonders deutlich wird das vielleicht bei der Church Of Satan. In San Francisco hatte sie die »Blumenkinder« direkt vor der Tür und Überschneidungen gab es sicherlich, aber das Umfeld war doch ein Anderes. So gehörten neben einigen Gestalten der High Society auch und vor allem Journalisten, Ärzte, junge Akademiker und auch einer der reichsten Immobilienmakler der Stadt zur frühen Church Of Satan.[13] Das Milieu war jedenfalls nicht Hippie-typisch. Spürbar wird das auch, wenn man ein bisschen »The Hippies« von Burton H. Wolfe[14], eines der ersten Bücher über das Phänomen querliest, den distanzierten Ton feststellt und sich dabei bewusst ist, dass Wolfe ebenfalls ein frühes Mitglied der Church Of Satan und LaVeys erster Biograf war.[15] Schlussendlich sind auch einige sich direkt gegen den Zeitgeist wendende Äußerungen LaVeys überliefert.

Dennoch, Ansätze zu einer Okkultur waren in den späten Sechzigern natürlich gegeben, dazu reicht es, sich den Lebenslauf eines Prominenten wie Mick Jagger, der mehrmals ohne recht zu wissen wie ihm geschah, in okkulte Welten hineinstolperte, oder auch einer damals noch unbekannten wie Susan Atkins (Mitglied der »Manson Family«) anzusehen.[16] Sogar »Satan Wants Me«, ein erfolgreicher, autobiografische Erlebnisse im London der sechziger Jahre ausschmückender Roman von Robert Irwin[17] mag hier veranschaulichen, wie man in der Gegenkultur der Hippies auf Themen wie »Satanismus« zwar nicht an jeder Ecke, auch nicht an jeder zweiten, aber doch vielleicht schon an jeder dritten stieß. Genauso mag man an *Black Widow*, jene verhältnismäßig unbeachtet gebliebene Konkurrenzband zu *Black Sabbath* in England denken, die so eng mit Alexander Sanders, dem »König der Hexen« zusammenarbeitete, dass Sanders Frau Maxine ein regelmäßiger Bestandteil der aufsehenerregenden Live-Show war.[18] Bemerkenswert außerdem, dass *Bulldog Breed*, eine psychedelische Pop/Rockband bereits 1969 einen Song mit »Austin Osman Spare« betitelten, zu einer Zeit, in der Spare als Maler wieder vergessen und als Magier noch recht unbekannt war.[19] Für Spezialisten dürfte die Single »Scarlet Woman« eines britischen Kurzzeit-Projektes namens *Chakra* interessant sein. Interessant, weil auf der B-Seite erstmalig alte Aleister-Crowley-Wachszylinder-Aufnahmen zu hören waren und neben den Musikern Bob Ponton und Martin Curtis von *Pandemonium* sowie Lee Abbott von der Psych-Folkband *Magna Carta* auch der einflussreiche Okkultist Kenneth Grant, seine Frau Steffi und der Tantra-Meister Mike Magee direkt beteiligt waren (sie singen neben anderen im Chorus mit). Allerdings bewegen wir uns hier schon in den 70ern; die Single erschien 1976 in unbekannter Auflagenhöhe und wurde damals hauptsächlich vom Crowleyana-Sammler Jimmy Page (*Led Zeppelin*) aufgekauft.[20]

Zu nennen wären natürlich ebenfalls auch Graham Bond, der sich geradezu obsessiv mit Crowleys Magick auseinandersetzte[21], oder Bill Nelson (*Be Bop Deluxe*[22]), in dessen Solowerk auch ab etwa 1971 verschiedene okkulte Lehren starke Spuren hinterlassen haben.

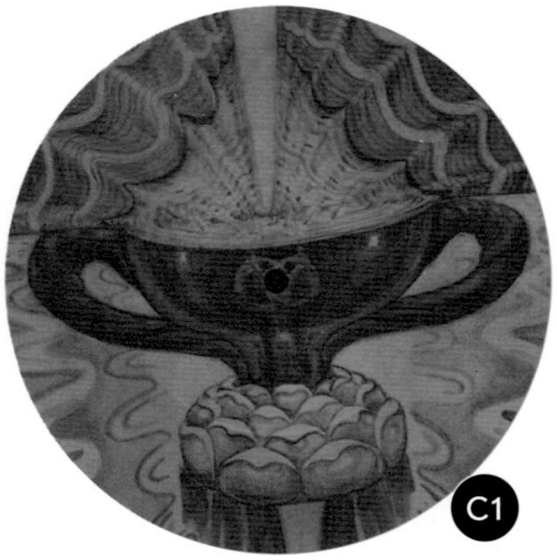

C1 Das »As der Kelche« aus dem Crowley-Tarot als Motiv der Picture-Single »We Love The Moon«, Factory 1986
C2 Leithana (Ordo Equitum Solis) auf der Bühne, 1992

— Chaos-Magie oder Punk Magie? —

Betrachtet man die Geschichte okkulter Logen im 20. Jahrhundert oder einer davon unabhängigen »Freistil«-Magie, insbesondere nach dem Tod Aleister Crowleys 1947, dürfte die Herausbildung der sogenannten »Chaos-Magie«[23] im England der späten siebziger Jahre die bedeutendste Entwicklung und Wegmarke zugleich sein. Für unseren Zusammenhang ist dies umso bedeutender, weil sich zeigen wird, dass jene Chaos-Magie vollständig aus dem Boden einer Okkultur in unserem Sinne hervorspross, wie vielleicht schon durch die auffällige Parallelentwicklung von Punk einerseits und eben dieser neuen Magieform andererseits erahnbar wird.

Doch zunächst einmal in aller Kürze, was ist Chaos-Magie und was machte sie so bilderstürmerisch revolutionär? Chaos-Magie ist vor allem durch ihren auffallend und sehr konsequent durchgehaltenen praktischen und auch pragmatischen Zug gekennzeichnet. Bei ihren ritualmagischen Praktiken kommt es allein auf Erfahrung, Atmosphäre und Nutzen an. Auf ein dahinter stehendes, kohärentes, beziehungsreiches, von festen Regeln gekennzeichnetes Denksystem, wie es z. B. noch das magische System des Hermetic Order of the Golden Dawn zu Crowleys Zeiten auszeichnete, wird, sofern damit essentialistisch eine »Wahrheit« mit angenommen wird, vollständig verzichtet. Stattdessen bewegt man sich metaphysisch in einer Welt des »als ob«, also im Bereich bloß angenommener Wahrheiten, die so lange nutzbar und brauchbar zu halten sind, wie sie dem okkulten Praktiker in den Kram passen, und wenn dies nur für ein Ritual ist. Ian Read, ein Musiker und Magier, von dem noch später die Rede sein wird, erklärte in einem Interview einst kurz und bündig: »Chaos Magie sagt, dass Glaube eine Technik ist, und das bedeutet, dass man nur die Technik benutzt und den Glauben vergisst.«[24] Chaos-Magier, deren Schriftsprache sich oft einem wissenschaftlichen Slang angleicht, sprechen hier von Paradigmen bzw. auch vom Wechsel dieser Paradigmen innerhalb ihrer magischen Vorhaben.

All das hat für die magische Praxis weitreichende Folgen, denn wird nämlich die Wahrheitsfrage ausgeklammert, ist es z. B. bei einer Evokation vollständig egal, ob man einen antiken Quellen zufolge »real existierenden« Dämon herbeiruft oder »nur« eine Wesenheit, die dem Kosmos eines Science-Fiction-Autors entsprungen sein könnte[25] – und so nimmt es nicht weiter wunder, dass für viele Chaos-Magier wichtige Bezugspunkte SF-Autoren wie Robert Anton Wilson[26] und Michael Moorcock sind. Letzterer war über lange Zeit auch eine Art inoffizielles Mitglied der Space-Rock-Pioniere *Hawkwind*.[27] Dies soll aber nur ein erster Hinweis darauf sein, dass eine okkulturelle Beziehung auch über solche Brücken jederzeit möglich ist. Wenn später in dieser Hinsicht beeinflusste Projekte wie *Current 93* oder *Coil* in ihren Texten unerwartete Zusammenhänge herstellen und beispielsweise die archetypische Kraft einer Shirley Temple[28] oder einer Kate Bush[29] besingen, mag dies ein Nachhall oder eine praktische Ausformung solcher Denkweisen sein.

Wie dem auch sei, als der chaosmagische Orden schlechthin gilt jedenfalls der I.O.T. (Illuminates Of Thanateros) und als wichtige Wortführer der Frühzeit Okkultisten wie Peter James Carroll und Ray Sherwin. In Texten, die die Formationsphase der »Bewegung« beschreiben,[30] ist übereinstimmend davon die Rede, dass sich jener lose Nukleus, der einmal zum I.O.T. werden sollte, anfangs vor allem in London traf und da wiederum in Stadtteilen, die auch Hochburgen der beginnenden Punk-Bewegung waren, vor allem die Distrikte Stoke-Newington[31] und Deptford. Regelmäßige Treffen sollen im besetzten Speedwell Haus, dem zeitweiligen Wohnort Carrolls[32], stattgefunden haben. Bands, die etwa zur gleichen Zeit dort entstanden und wohl gemeinsam mit jenen Chaos-Magiern ein Milieu bildeten waren u. a. *Alternative TV*[33], *The Homosexuals* und *The Squeeze*. *This Heat* sollen eine Zeitlang im Speedwell House gewohnt haben[34]. Sogar die *Dire Straits* stammten (zur gleichen Zeit) aus diesem Bezirk.[35] Charles Brewster, ein Chaos-Magier der ersten Stunde, stellt in einer persönlichen Erinnerung auch einen expliziten Bezug her: »A nucleus of SNS members eventually wound up living in close proximity during 1977/8 in the notorious Speedwell House (in Deptford, South East London) where they became entwined in the nascent anarchy of the explosion of ›Punk‹-fashion. The street-cred magical names like Frater Autonemesis and Frater Choronzon date from this period, and, in terms of lifestyle, Chaos was King; the philosophical dimension developed from that point.«[36] Und in einem weiteren Text erwähnt er *V.I.T.R.I.O.L.*[37], eine leider ohne Veröffentlichung gebliebene Chaos-Magie-Punk-Band, die ihre Auftritte nach astrologisch berechneten Daten absolvierten (eine Methode, die später die italienische Neofolk-Gruppe *Ordo Equitum Solis*, aber auch *Coil* für einige ihrer Veröffentlichungsdaten anwandten[38]). Weiter heißt es, dass Musiker jener Band später *The Rejects* und *The Realists* gründeten.[39]

All das können natürlich nur Andeutungen sein, Nicht-Zeitzeugen, wie wir es sind, wird es wohl oder übel überlassen sein, sich davon ausgehend den Rest auszumalen. Ein Hinweis darauf, dass Chaos-Magier und Punker gleichermaßen »Anarchie-begeistert« waren, hätte vielleicht auch genügt, zumal vereinzelte Querverbindungen zwischen englischer Anarcho-Punk-Szene und der chaos-magischen bzw. der thelemitischen Szene später noch viel deutlicher zutage traten. *Blood And Roses*[40], *The Apostles*[41], *Rudimentary Peni*[42], aber auch natürlich besonders *Killing Joke*[43], *Fields Of The Nephilim* und ganz besonders *Royal Family And The Poor*[44], *Thelema*[45] und *The Cassandra Complex*[46] wären Beispiele dafür. Wichtig ist ferner die Fanzine-Kultur, die im Zuge der Punk-Bewegung entstand, darunter auch solche, die Berichte über die Okkult-Szene Englands mit Musikrezensionen und ähnlichem verbanden (Kaos[47], Nox[48] und andere). Schlussendlich ist auch das nur ein Ausschnitt einer langen Beziehung zwischen Punk Rock und spirituell-neuheidnischen Bewegungen, speziell feministischer Ausrichtung. Projekte wie die belgische Ritual-Industrial-Formation *Hybryds*, aber auch die Goth-Combo *Inkubus Sukkubus* stehen weltanschaulich in dieser Tradition. In diesem Kontext ist interessant, dass auch Amodali (*Mother Destruction, Sixth Comm*) in einem Interview[49] ihre häufige Zusammenarbeit mit Monica Sjöö, einer wichtigen Pionierfigur im Grenzbereich zwischen Neuheidentum, Punk und Feminismus, erwähnte.

Man darf behaupten, dass spätestens zu Beginn der 80er Jahre vor allem in England große Teile der Okkultszene in eine Okkultur in unserem Sinne eintauchten, während bei deutschen Geheimgesellschaften wie der Fraternitas Saturni solche Überschneidungen zu musiksubkulturellen Bereichen noch völlig unvorstellbar waren.

— Der Temple Ov Psychick Youth (T.O.P.Y.) —

Der Temple Ov Psychick Youth ist für unser Thema ganz besonders zentral, da dieser, wie bereits erwähnt, den Begriff »Okkultur« auf besondere Weise prägte. Man kann sagen, wenn »Okkultur« einen Zustand beschreibt, dann hatte man in der Hochphase des T.O.P.Y. die bisher intensivste Ausprägung davon. Andererseits sind die vielen großen und kleinen Geschichten, die um den T.O.P.Y. kreisen mittlerweile so gut dokumentiert,[50] dass wir uns hier auf das Nötigste beschränken können.

D1 Throbbing Gristle (Genesis P-Orridge, Peter »Sleazy« Christopherson) mit sexualmagischem SpielzeugLeithana (Ordo Equitum Solis) auf der Bühne,
D2 Ain Soph, »Kshatriya«, Misty Circles 1988 (CD-Wiederveröffentlichung bei Hau Ruck! SPQR 2007
D3 Die »Godstar«-Picture-12" zeigt den auf mysteriöse Weise ums Leben gekommenen Bryan Jones, dem Genesis als junger Fan der Rolling Stones einmal begegnet war – was ihn nachhaltig beeindruckte. Temple Records Hyperdelic Release, 1984
D4 Psychic TV live in Reykjavik 1983

Doch zurück zum Anfang der Geschichte, welche in diesem Fall auf die späten Jahre von *Throbbing Gristle* zurück geht, wenn nicht noch weiter[51]: Etwa zur Zeit von »Heathen Earth« (1980) steckten *Throbbing Gristle* in gleich mehrfacher Hinsicht in einer Sackgasse. Es gab Spannungen in der Gruppe, und noch schwerwiegender: *TG* sahen sich mit einer Situation konfrontiert, die mit ihrem Anspruch stets das Unerwartete zu tun immer schwerer zu vereinbaren war. Es hatte sich um sie herum eine ganze Szene gebildet, die sich über »Extreme« und einen bestimmten »Industrialsound« definierte, d. h. *TG* wurden als Teil bzw. Obergurus einer solchen Szene wahrgenommen, was natürlich an Erwartungshaltungen geknüpft war. Ein Ausbruch schien in jeder Beziehung nötig, zumal auch Genesis P-Orridge Dinge verlauten ließ, die so wirkten als wolle er die ganze Mission verstärkt in »okkulte« Bahnen lenken.[52] So inszenierte er sich auf »Heathen Earth« zunehmend als schamanistischer Prediger und meinte sinngemäß, dass doch *TG* schon immer versucht haben eine organische, rituelle Musik zu erzeugen. »Die Musik einer nicht näher bestimmten, feierlichen Zusammenkunft, nicht Musik-Musik«.[53] Ende 1980 folgten dann erste Auftritte unter dem Motto »Psychic Youth Rally«, bewusst sollte dies das gewöhnliche Konzept »Konzert« immer mehr zu »Ritual-artigen Zusammenkünften« einer verschworenen Gemeinschaft überführen. Gleichzeitig verstärkten sich auch die offensichtlich okkulten Referenzen, wie besonders deutlich das Livestück »Looking For The O.T.O.« zeigt, welches auf ihrem vorerst letzten Konzert 1981 in San Francisco präsentiert wurde.[54]

Für unseren Zusammenhang ist aber vor allem entscheidend, dass diese Entwicklung nicht eingeschlagen worden wäre, wenn *Throbbing Gristle* nicht zunehmend erkannt hätten, dass weniger sie selbst, aber ihre Tonträger und all die Ideen, die sich um sie gruppierten, allmählich für die Fans Züge eines Kultes annahmen. Vor allem merkten sie, dass das Markenzeichen *TG* wie ein Magnet allerhand Freaks und verlorene Seelen anzog. Diese Beobachtungen scheinen Genesis P-Orridge, angestiftet von seinem Freund Monte Cazazza, vor allem dazu angeregt zu haben, sich zu überlegen wie es wäre, wenn man diese sektenartige Energie tatsächlich in einer realen offiziell zu gründenden »Sekte« bündeln würde. Die Idee T.O.P.Y. nahm langsam Form an.[55] Da speziell bei Genesis P-Orridge selten etwas ohne entsprechenden theoretischen Überbau passiert, wirkte sich wohl auch die einschlägige Lektüre bei ihm aus. Zu denken wäre hier beispielsweise an David Feltons »Mindfuckers«[56] oder auch Colin Wilsons »The Outsider«[57]. Im Ersteren werden anhand solcher Beispiele wie Charles Manson und Mel Lyman Sektenbildungsprozesse in der Hippie-Gegenkultur beschrieben, während es im Zweiteren darum geht zu betonen, wie schmal die Grenze zwischen »Psychopathen« und »Kriminellen« einerseits und Künstlern andererseits ist, wenn man davon ausgeht, dass beide einst eine Außenseiterposition gemeinsam hatten und dann allein Faktoren wie Bildung und Glück über den weiteren Lebensweg entscheiden. Was würde also passieren, wenn man noch einmal eine Manson-artige Family gründet, nochmal den Otto Mühl spielt,[58] nochmal »Ugrino« (Hanns Henny Jahn[59]) auferstehen lässt, aber diesmal um die gemachten Erfahrungen reicher?

Der Startschuss von T.O.P.Y. war dann gleichzeitig der Beginn von *Psychic TV*, jener »Popband«, die Genesis P-Orridge und Peter Christopherson nach dem Ende von *TG* zusammen mit Alex Fergusson (*Alternative TV*) gründeten. Die erste LP »Force The Hand Of Chance« vertonte das T.O.P.Y.-Manifest und gab die Adresse und alles sonst Nötige an. Ferner lag den ersten 5.000 Exemplaren eine zusätzliche Extra-LP mit stimmungsvoller T.O.P.Y.-Ritualmusik bei. Wenige Monate später erschienen, teilweise konzeptionell davon inspiriert, weitere Ritualaufnahmen von beispielsweise *23 Skidoo* und den neu gegründeten *Coil* und *Current 93*. Außerhalb Englands folgten u. a. *Ain Soph* (Italien) und *Zero Kama* (Österreich). Ein Genre war erschaffen: Ritual-Industrial.

An der »Message« musste T.O.P.Y. nicht großartig feilen. Es ging eigentlich »wie immer« bzw. wie schon zu Zeiten von *Coum Transmissions*, um das Aufbrechen von Gewohnheiten, die Suche nach einem authentischen »reinen« Selbst unter Zuhilfenahme eines Systems von Dekonditionierungsvorschlägen, Extremerfahrungen, Körpermodifikationen und um das Aufsammeln und Anbieten entlegener Informationen. So gesehen gab es auch keinen Grund, sich von bereits gewohnten Inspirationsgrößen wie William Burroughs, Brion Gysin, aber auch Charles Manson, Jean Genet, Brian »Godstar« Jones, Wilhelm Reich oder Quentin Crisp[60] zu verabschieden. Es klang diesmal nur offensichtlich »okkulter«, etwa in dem Sinne, dass »die Suche« nun expliziter im thelemitischen Aleister-Crowley-Sinne verstanden wurde, was seine sexualmagisch codierte »Magick« als Option einschloss.

T.O.P.Y. wie *Psychic TV* legten, wie es das »TV« im Namen bereits andeutet, einen verstärkten Wert auf visuelle Aspekte, ganz besonders Fernsehen und das junge Medium Video. Etwa zeitgleich mit der Gründung des Musikclipprogramms MTV in den USA war es ein T.O.P.Y.-Traum, mit einer Art Anti-MTV auf Sendung zu gehen, weil sie schnell begriffen

hatten, was dieses Medium im Musikbusiness für Werbemöglichkeiten bot, und im Gegensatz zu *Throbbing Gristle*-Zeiten war man einem mit subversiven Mitteln erreichten kommerziellen Erfolg durchaus nicht abgeneigt. Die dazu passenden Slogans lieferte der exzentrische Stevo, Gründer von Some Bizarre, *Psychic TVs* erster Plattenfirma: »Nutze die Industrie, bevor sie Dich benutzt«, sowie »Conform to Deform« (»Sich anpassen um etwas zu verformen«).

Der Traum eines eigenen Fernsehsenders ließ sich nicht realisieren, aber man entwickelte eine Vielzahl eigener, teils heftig verstörender, teils surrealistisch-träumerischer Videos, die man empfahl nachts abzuspielen, »wenn das Gehirn am beeinflussbarsten ist.«[61]

Es macht nicht viel Mühe, speziell im TV-Aspekt den alten »Information War« wiederzuentdecken, den schon *Throbbing Gristle* als ihre »Mission« beschrieben hatten, und angesichts

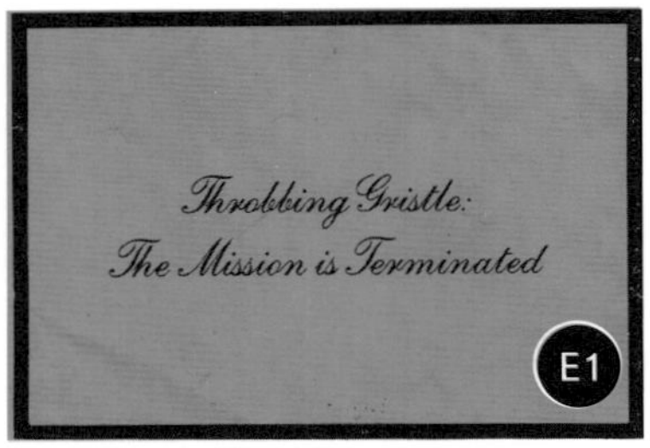

E1

der Tatsache, dass viele frühe Cyberkultur-Trendsetter T.O.P.Y.-beeinflusst waren, gibt Carl Abrahamsson (T.O.P.Y. Schweden) im Vorwort der Neuauflage von »Thee Psychick Bible« zu bedenken, dass man in der Funktions- und Nutzweise des T.O.P.Y.-Netzwerks durchaus einen Vorläufer des Internets erblicken kann.[62]

Okkultistisch bedeutsam ist die partielle Wiederentdeckung des Malers und Magiers Austin Osman Spare. Man darf es als bleibendes Ergebnis von T.O.P.Y. bewerten, dass hier in diesem Umfeld die Renaissance jenes heute bekannten Magiers mit vorbereitet wurde. Durch all diese Einflüsse ist es nicht weiter erstaunlich, dass das T.O.P.Y.-Angebot im Wesentlichen dem entmystifizierendem Ansatz der Chaos-Magie und dem ab 1986 parallel operierenden I.O.T. verwandt war, aber schon allein durch *Psychic TV* war das Ganze stärker in eine Musik-Subkultur eingebunden, obwohl sich langsam eine sich von *Psychic TV* fortbewegende Eigendynamik entwickelte. T.O.P.Y. verstand sich als nicht-hierarchisches Stammesnetzwerk, auf eine ausgefeilte Gradstruktur wurde (im Unterschied zum I.O.T.) verzichtet. Speziell ungewöhnlich war wohl der T.O.P.Y-Einweihungsweg: Aspiranten mussten am 23. Tag eines jeden Monats nach der »Spare Methode« um 23 Uhr ein Sigill erschaffen, das z. B. ihre sexuelle Lieblingsfantasie repräsentierte, dieses dann mit drei verschiedenen Körperflüssigkeiten (Blut, Speichel und Sperma), sowie Kopf- und Schamhaar salben und am 23. Tage eines jeden Monats an die T.O.P.Y.-Zentrale senden, wo sie in einer Art Wunschbank anonym aufgehoben wurden. Wenn man dies 23 Monate durchführte, war man initiiert. Man bekam dann einen magischen Ordensnamen, Männer entweder »Coyote« oder »Eden«, Frauen »Kali«, immer jeweils mit einer Zahl verbunden.[63] Langsam entwickelten sich dann solche T.O.P.Y.-Zentralen, genannt »Access Points« an verschiedenen Orten, erst in England, dann aber auch in den USA, Island, Schweden, Deutschland und Italien.

E2

E3

Viele Bands haben in diesem Netzwerk ihre Wurzeln; zu den Projekten, bei denen das am deutlichsten war, gehörten *White Stains* (T.O.P.Y. Schweden[64]), *Vagina Dentata Organ* (Spanien/England[65]) und *Rosemary's Baby* (Italien[66]), aber auch Marc Almond (*Soft Cell*[67]), *Coil, Current 93, Into A Circle, Sleep Chamber, Z'ev,*[68] die *Psychick Warriors Ov Gaia* und viele mehr erfuhren hier wesentliche Anregungen. Nicht zu vergessen die Musikverlage, die dem angeschlossen waren. Selbst *Björk* sollte mal behaupten: »I definitely come from that school of thought, that you can be organic and pagan and have ProTools«,[69] wobei sie auch auf eine okkulturelle Situation anspielte, die speziell in der isländischen Punk-Szene gegeben war, denn hier war die institutionell verankerte Ásatrú-Bewegung in einem besonderen Maße offen für die »jungen Leute« bzw. wurde von ihr selbst getragen, denn der zu dem Zeitpunkt etwa 60-jährige Godi Sveinbjörn Beinteinsson ließ sich selbst gerne auf solchen Konzerten blicken oder trug mit einer speziellen Weihehandlung zum Gelingen bei. Dass in Island ein früher T.O.P.Y.-Access-Point entstand, Genesis P-Orridge seine Paula dort nach Ásatrú-Brauch heiratete und dass auch der heutige Godi Hilmar Örn Hilmarsson für eine Zeit Teil von *Psychic TV* war, lassen sich aus dieser Situation erklären.[70]

Der Fortlauf des T.O.P.Y.-Netzwerks ist ansonsten bekannt: 1992 war die englische Presse voll mit sensationslüsternen Artikeln über T.O.P.Y.; die »Satanic Panic«, welche in den USA in den späten 80ern bizarre Blüten trieb, erreichte mit ein paar Jahren Verspätung England. Scotland Yard durchsuchte T.O.P.Y.-Access-Points auf der Suche nach Beweisen für Kindesmissbrauch. Sie fanden freilich nichts, Genesis P-Orridge, der sich zur Zeit der Hausdurchsuchung mit Familie in Nepal aufhielt, wurde dennoch des Landes verwiesen, seitdem lebt er in Kalifornien und New York. Der T.O.P.Y. war zwar nicht das, was Scotland Yard vermutete,

E4

jedoch waren sie in ganz unterschiedlichen Bereichen Teil einer Protestkultur und immer mit dabei, wenn es um spezielle Demonstrationen ging (Umweltschutz, Schwulenrechte etc.). Viele nahmen auch federführend an illegalen Techno-Raves u. ä. teil.[71]

Nachdem jedenfalls der »Kindermissbrauchsskandal« überstanden war, hatte Genesis P-Orridge nicht mehr recht Lust, Sektenguru zu sein und erklärte den T.O.P.Y. für aufgelöst, jedoch, was Wunder, »der Tempel« hörte nicht auf seinen Gründer und ignorierte die Auflösung, zu sehr war inzwischen ein Eigenleben gewonnen.

Der T.O.P.Y. existiert bis heute, und nennt sich nun nach einigen Namenswechseln Autonomous Individuals Network. Im Internetzeitalter sind sie jedoch heute ein Netzwerk von vielen ähnlich gelagerten, und so scheinen auch viele Involvierte T.O.P.Y. im Grunde als ein historisch abgeschlossenes Kapitel zu betrachten – »The Mission Is Terminated«.

Rein äußerlich könnte man spöttisch sagen, dass der größte Nachhall T.O.P.Y.s von der eigentümlichen Schreibweise ausging, die hier aus Gründen der Dekonditionierung geprägt wurde (»of« schrieb man stets »ov«, »the« stets »thee« usw.) und die reichlich Nachahmer fand, doch wäre eine solche Einschätzung natürlich nicht angemessen. Was vom T.O.P.Y. ausgelöst wurde, hat heute wahrscheinlich so viele Formen angenommen, dass der einstige Ursprung nur noch erahnbar ist.

— Apocalypse Culture —

US-amerikanischer Satanismus der späten 80er

E1 »The Mission is Terminated«: Mit dieser Postkarte informierten Throbbing Gristle die Fans 1981 über die Auflösung der Gruppe
E2 Marc Almond und Freunde, ca. 1984
E3 David Tibet (Current 93) auf der Bühne in Venedig 2005
E4 Genesis Breyer P-Orridge 2008 beim Wave-Gotik-Treffen in Leipzig
E5 Geschickter PR-Stratege: Anton LaVey (1930 – 1997) verstand es, die Medien zu nutzen, um sich in Szene zu setzen. Satanisches »Ritual«, ca. 1967

Zeitlich leicht versetzt zu den ersten T.O.P.Y.-Jahren, breitete sich auch von den USA ausgehend in den späten 80ern Jahren ein neuer »okkultureller Stil« aus, der zu einem großen Teil unter dem seit jeher Verwirrung stiftendem Reizwort »Satanismus« firmierte, ein Begriff den etwa Genesis P-Orridge nie benutzte, sondern höchstens von anderen angeheftet bekam.

Wir erinnern uns: Die Church Of Satan existierte seit 1966. Speziell in den frühen Siebzigern expandierte sie weit über San Francisco hinaus, in vielen US-amerikanischen Großstädten entstanden sogenannte »Grottos«, doch war dies kein okkulturelles Phänomen. 1975 war jedoch plötzlich Schluss damit. Die Church Of Satan spaltete sich und unter Federführung von Michael A. Aquino entstand ein neuer »satanischer« Kult, der sich Temple Of Set nannte und in der Welt des Okkultismus dadurch Aufmerksamkeit erlangte, dass er sich recht schnell von seinen Church Of Satan-Ursprüngen emanzipierte und eine philosophisch kohärente »satanische Theologie« vorlegte, die sich vor allem auf altägyptische Kulte und Aleister Crowley bezog. LaVey, zwar auch nicht denk- und lesefaul, hatte diesen Anspruch nie. Ihm ging es immer mehr um Kunst, auf eine bestimmte Weise sein Leben zu leben und schriftlich um soziologisch geschulte, situativ bedingte Einzelbetrachtungen, weniger um ein metaphysisch ausgefeiltes, kohärentes Weltbild. Ausgelöst durch diesen Bruch zog sich LaVey aus der Öffentlichkeit zurück, und sicher, in San Francisco erregte er weiter Aufmerksamkeit, aber landesweit war Stille eingekehrt.

E5

1986 dann, nach etwa neun Jahren Pause eine Art Comeback: Ein längerer Artikel in der Magazinbeilage der Washington Post[72] und wiederum etwas später, 1987, ein sehr langes und tiefschürfendes Interview in einem Magazin namens Birth Of Tragedy[73]. Beides muss auf eine neue, nun herangewachsene Generation, die sich an die alten Zeitungsartikel über »Schwarze Messen in San Francisco« ihrer Teeniezeit erinnerten,[74] elektrisierend gewirkt haben, von denen viele glaubten, LaVey wäre längst tot. Zu dieser Generation

F1

gehörten Mitglieder der sich formierenden kalifornischen Death-Rock-Szene wie etwa ein Kerl, der sich in Anlehnung an den Schauspieler Max Schreck »Nikolas Schreck« nannte, aber auch der junge Verleger Adam Parfrey und vor allem der Noise-Pionier *Boyd Rice* (*NON*[75]), welcher LaVey durch solch ungewöhnliche musikalische Vorlieben wie Tiny Tim oder Peggy March kennenlernte, die er mit ihm teilen konnte, zumal er ebenfalls in San Francisco wohnte.

Der zu diesem Zeitpunkt fast sechzigjährige LaVey fand also, ohne dass er sie suchte, neue Anhänger, Anhänger, die sehr oft in irgendeiner Form Künstler waren oder sich für solche

F2

hielten. Diese Szene war, ähnlich dem T.O.P.Y.-Netzwerk, an allem »Extremen« interessiert, und natürlich kannte man sich auch, immerhin handelte es sich hier wie dort oft um alte *Throbbing Gristle*-Fans. Ikonografisch gesehen bestand ebenfalls eine deutliche Parallele, denn die »Marke LaVey« zog auf ähnliche Weise geradezu magnetisch die größten Freaks und Outsider im Wilson'schen Sinne an. Küchenpsychologisch wurde er geradezu zur Vaterfigur dieser einsamen und kreativen Seelen. King Diamond (*Mercyful Fate*), der zwar als Anhänger LaVeys in die Zeit passt, als Heavy-Metal-begeisterter Däne jedoch nicht in das Milieu, um das es hier gehen soll, erwähnte mal in diesem Sinne, dass LaVey für ihn eine Person war, die er zu jeder Tages- und Nachtzeit hätte anrufen können, was er jedoch angeblich aus Respekt nie getan habe.[76] Kontakte, die hauptsächlich in der Fantasie bestehen, können eben nicht zerstört werden. Rockstar *Marilyn Manson*, der allerdings tatsächlich ein Kind dieser Szene ist, drückt dasselbe mit dem Bekenntnis »Anton gave me the extra determination I needed when I was facing the height of my opposition«[77] aus. Interessant ist in diesem Zusammenhang, dass LaVey seine Funktion in diesem freischwebenden kultischen Energiestrom (die »Grottos« der frühen Siebziger gab es ja nicht mehr) ähnlich bewusst war wie Genesis P-Orridge bei der Gründung des T.O.P.Y. In einem Washington Post-Artikel zitierte er darauf angesprochen vielsinnig Dracula: »If you will fall down and worship me – consider, practice, allow yourself to be a reflection of my needs, decide to choose me as your master – it will literally free you to go out into the world and be free yourself.«[78]

Die neuen LaVey-»Fans« teilten also mit den T.O.P.Y.-Freaks das Interesse am »Extremen«, vor allem das Interesse an Charles Manson, Manson als Symbol, Manson als Träger des »Schattens« im C. G. Jung'schen Sinne, und sicherlich auch inspiriert von Hermann Hesses »Demian«, jedenfalls entstand eine ganze Manson-Mythologie.[79]

Es kristallisierten sich jedoch auch so langsam einige Akzentunterschiede heraus. Man war weniger an Magick interessiert als der T.O.P.Y., gleichzeitig hatte man eine diabolische Freude an der Provokation, zumal die »Satanic Panic«[80] im vollen Gange war, aber vor allem entdeckte man Oswald Spenglers »Untergang des Abendlandes« neu und entwickelte von solchen und ähnlichen Quellen ausgehend eine regelrechte »while Rome burns«-Haltung, gewürzt mit markigen nietzscheanischen Sprüchen, Zynismus, geradezu aberwitzigem Elitedenken und Misanthropie (wer will es ihnen verdenken?). Boyd Rice wiederum führte zusammen mit ein paar Freunden dazu passend und angeregt von Ansätzen, die sich bei LaVey finden, den »Sozialdarwinismus« in die Szene ein. Natürlich bekam er für all das den wohlverdienten Ärger, aber man braucht nicht allzu viel Gespür um zu erkennen, dass solche Konzepte, wenn überhaupt, eher in zweiter Linie politisch-programmatischer Natur waren. Sie waren und sind vor allem Ergebnisse einer Autosuggestion, eines Fantasiespiels, in dem einmal, so wie im gleichnamigen Film, die »Freaks« die Könige sind und herrschen dürfen.
Auf welche Art Szene ich hinauswill, ist längst klar, zumal auch das vielerorts gut dokumentiert ist.[81] Daher sollte eine simple Aufzählung der wichtigsten künstlerischen Produkte dieser »Okkultur« auch genügen:

F1 Die netten Misanthropen von Nebenan: Michael Moynihan, Boyd Rice und Douglas Pearce (v.l., 1989) gaben sich alle Mühe, die »Satanic Panic« mit ihrem Image als Okkult-Nazis ins Absurde zu übersteigern – was bei vielen frommen Amerikanern (und auch in Europa) mehr als nur Bestürzung auslöste.
F2 Zeena Schreck, née LaVey, Tochter des Gründers der Church Of Satan Anton LaVey
F3 Böse und Spass dabei: Zeena Schreck, Adam Parfrey, Boyd Rice (v.l.) mit Teilnehmern der »8.8.88«-Rallye

Literarisch am einflussreichsten war in diesem Zusammenhang sicher »Apocalypse Culture«[82], eine Essaysammlung des Feral House Verlages, die Tausende beeinflusste und in seiner Bedeutung für diese Szene vielleicht sogar höher als das »Markenzeichen LaVey« einzuordnen ist. Reihenfolgen der Wichtigkeit wären aber natürlich Blödsinn, zumal Feral House auch der Verleger LaVeys ist, der auch in jener Essaysammlung vertreten war. In Nachfolge dieses Buches kann man nahezu das gesamte Feral House-Verlagsprogramm mit den Interessen und Vorlieben dieser Szene in eins setzen. Von besonderer Wichtigkeit waren aber auch andere literarische Erzeugnisse, wie etwa das Misanthropen-Fanzine Answer Me![83], das John-Heartfield-inspirierte Exit-Kunstmagazin[84] oder das Fifth Path[85], welches »Apocalypse Culture« mit Neofolk, Postindustrial und Ideen einer US-amerikanisch gewendeten »Nouvelle Droite« mischte.

Musikalisch am einflussreichsten war wahrscheinlich das *Boyd Rice & Friends*-Album »Music, Martinis and Misantrophy«, eine Scheibe voll bizarrer Easy-Listening-Hassgesänge, wobei die »Friends« sich in diesem Fall aus der damals noch nicht so bezeichneten Neofolk-Subkultur zusammensetzten (Douglas Pearce von *Death In June*, Michael Moynihan von *Blood Axis* und Rose McDowall von *Strawberry Switchblade, Current 93* u. v. a.[86]).

Und was war mit dem »echten« Okkultismus? Nun, aus dem Gesagten lässt sich entnehmen, dass diese Szene im traditionellen Verständnis nicht sehr »okkult« war, aber vielleicht lassen sich einzelne »Briefkasten-Orden«, die weniger erfolgreich dem T.O.P.Y. nacheiferten, dort einordnen; zu nennen wäre hier vor allem Boyd Rices Abraxas Foundation, die für längere Zeit aktive Church Of War oder *Radio Werewolfs* Werewolf Order, in dem Anton LaVeys Tochter Zeena federführend mitmischte (»Alpha-Female«), all diese wirkten jedoch eher auf publizistischem Gebiet. Ein wichtiger Kulminationspunkt organisatorischer Art war wohl die 8.8.88 Rally: Am besagten Datum gedachten Künstler wie abermals Boyd Rice, Nikolas Schreck (*Radio Werewolf*[87]) und andere den »Manson-Morden«, die auf den Tag genau vor 19 Jahren begangen wurden, und ließen mit einer öffentlichen Performance in San Francisco ihrer Überzeugung, dass der Mensch eine Bestie sei, freien Lauf.[88]

Etwa 1994 schwappte die »Apocalypse Culture« auf Teilbereiche der Black-Metal-Szene über, die bis dahin von ganz wenigen Ausnahmen abgesehen, kaum Notiz davon genommen hatte. Das *Diabolos Rising*-Album »666« bzw. das dazugehörende Extra-Booklet, gespickt mit LaVey- und Boyd-Rice-Zitaten, ist ein besonders eindringlicher Hinweis darauf.[89] Jedoch erst der Erfolg von Michael Moynihans Buch »Lords Of Chaos«, von FERAL HOUSE veröffentlicht, ließ im großen Stil auch die andere Seite auf das Black-Metal-Phänomen und speziell *Burzum* aufmerksam werden. Varg Vikernes (*Burzum*) galt der Black-Metal-Szene kurzzeitig als »Manson der 90er«.

Heute ist die »Apocalypse Culture« weniger als klar herausgreifbare Strömung auszumachen. Spurenelemente von ihr findet man jedoch allenthalben. Dazu passend ist gerade kürzlich erst aus dem Umfeld der CHURCH OF SATAN ein Buch (»From Satan to Sabbath«) erschienen, in dem Künstler, bei denen man es wirklich nicht vermutet hätte, uns ihre überraschende Sicht auf »Satan« und Anton LaVey offerieren, u. a. Eric Singer (*Kiss*), Rick Dufay (*Aerosmith*), Bill Ward (*Black Sabbath*) und Tommy Victor (*Prong*). Freilich outet sich da nicht jeder als Anhänger von LaVey oder des FERAL HOUSE VERLAGES, doch ist das Ergebnis doch so, dass man ähnlich zum gezogenen Fazit bei T.O.P.Y. von einer großen unterirdischen Wirkung ausgehen kann.

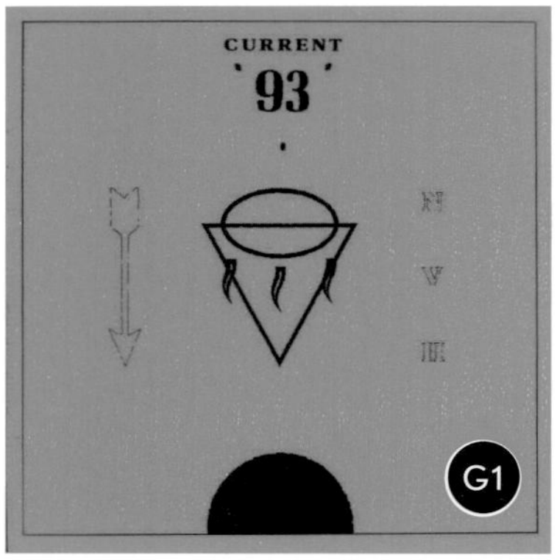

G1 Debut-Maxi »LAShTAL« von Current 93: Der allzu offensichtlich rituelle Sound und die Crowley-Samples waren David Tibet später zu wenig subtil
G2 Zum ersten mal auf der Bühne mit Death in June mit David Tibet (li.) in The Fridge, Brixton, 1984

— Ritual-Industrial, World Serpent, Neofolk —

Wir haben nun mit den Topoi »Chaos-Magie«, »T.O.P.Y.« und »Apocalypse Culture« drei wichtige Einflussfelder der Okkultur in den neunziger Jahren vorgestellt. Was noch fehlt, ist eine kleine Skizzierung der musikalischen Folgen. Beginnen wir zunächst mit dem sogenannten »Ritual-Industrial«, ein Begriff, in den bereits kurz anlässlich der Folgen der ersten *Psychic TV*-LP »Force The Hand Of Chance« eingeführt wurde. »Ritual Industrial« bezeichnet also eine Form experimenteller Geräuschmusik, die sich etwa zur Zeit der ersten Auflösung von *Throbbing Gristle* aus der ursprünglichen »Industrial Culture« heraus entwickelte und dabei die bereits bei *TG* angelegten »okkulten« Aspekte besonders betonte. Diese »besondere Betonung« ist dabei nicht nur auf die Texte bezogen, sondern soll sich vor allem direkt am Klang erweisen. Entweder, so wird zumindest angegeben, weil die Art und Weise des Komponierens sich »okkulter« Inspiration bzw. Berechnung verdankt oder weil behauptet wird, mit einer solchen Musik könne man besonders stimmungsvoll »magische Rituale« untermalen. Man kann natürlich auch beides kombinieren, indem man sagt, eine solche Musik sei während eines »Rituals« erstanden und sei folglich eine Art akustische Konservierung einer »magischen Praxis«. An den vielen Anführungszeichen lässt sich bereits ersehen, dass hier meist wahrscheinlich eher Ammenmärchen erzählt werden. Erstens weil in der »magischen Literatur« beim Unterpunkt »Tipps zur musikalischen Untermalung eines Rituals« übereinstimmend davon die Rede ist, dass sich die Praktizierenden selbstverständlich die Musik aussuchen können, die ihnen am geeignetsten erscheint, egal ob es sich um klassische Musik, Heavy Metal oder Schlagermusik handelt (was ja auch vom Ritual abhängt)[90] und zweitens weil es sich beispielsweise bei einer Meditation empfiehlt, eher gar keine Musik als die sogenannte »Meditationsmusik« zu hören.[91]

Von diesen Überlegungen losgelöst ist es natürlich trotzdem so, dass sich hinter solchen »Ritual-Industrial«-Projekten meist Künstler verbergen, die in irgendeiner Form besonders kenntnisreich in puncto Magie und Okkultismus sind, weil all das ja erklärtermaßen ihr künstlerisches Thema sein soll. Ebenso wäre es logisch anzunehmen, dass es sich bei den Konsumenten dieser Musik häufig um Menschen handelt, die ebenfalls ein Interesse an Magie und Okkultismus mitbringen, insofern wäre eine okkulturelle Situation gegeben. Dennoch sollten wir uns bewusst sein, dass dieser Zusammenhang kein zwangsläufiger ist. Sicherlich wird es eine bedeutende Anzahl eingefleischter Ritual-Industrial-Fans geben, die über den Genuss der Musik hinaus nicht das geringste Interesse daran haben, sich mit Magie zu beschäftigen. Nun, egal, hier zwei wichtige Beispiele dafür, wie sehr sich solche Ritual-Industrial-Projekte magischen Theorien widmeten:

— Current 93 —

LAShTAL (12" Vinyl, L.A.Y.L.A.H. Antirecords 1984)

Die Debüt-Maxi des in diesem Zusammenhang recht zentralen Projektes von David Tibet, der dem T.O.P.Y.-Umfeld entstammte.[92] Vor *Current 93* unternahm er bereits erste künstlerisch-lärmige Gehversuche unter dem Namen *Dogs Blood Order* (vgl. den Beitrag von John Murphy in Kapitel 1). Konzeptionell basierte »LAShTAL« auf Kenneth Grants Okkultbuch »Die Nachtseite von Eden«[93]. Der Begriff »LAShTAL« codiert Crowleys großes magisches Werk auf kabbalistische Weise. Tibet war zur Zeit der Aufnahmen Mitglied in Kenneth Grants Typhonian O.T.O., dem er auf dem Beiblatt auch persönlich dankt. Das erste Stück stellt laut Tibet den Versuch dar, die Wesenheit Malkunofath zu beschwören.[94] Beteiligt waren an dieser Aufnahme außerdem Fritz Häamann (*23 Skidoo*) und Jhonn Balance (*Coil*), es waren also drei wesentliche Pioniere des Subgenres versammelt. Rein musikalisch hat speziell dieses Werk später Künstler von *à;GRUMH...* und *Skinny Puppy* zu einer Art Parodie herausgefordert,[95]und auch das spanische Projekt *Malkunofath* scheint das Ganze »rituell« etwa 20 Jahre später wiederholt zu haben (diesmal ernst gemeint).[96] Man darf hier okkulturell also von einer zart wachsenden Wirkungsgeschichte sprechen.

— Coil —

How To Destroy Angels (12" EP-Vinyl, L.A.Y.L.A.H. Antirecords, 1984)

Coil[97] ist neben *Psychic TV* und *Current 93* wahrscheinlich das interessanteste und auch bekannteste okkulturelle Projekt. Sie gründeten sich 1982. Die Band bestand aus Peter Christopherson (Ex-*Throbbing Gristle* und Ex-*Psychic TV*) und Jhonn Balance, der aus dem T.O.P.Y.-Umfeld kam. Später sollten sie mit einer Vielzahl von Kollaborateuren zusammenarbeiten, u. a. mit William Breeze, dem derzeitigen OHO des O.T.O.

»How To Destroy Angels« war eine ihrer ersten Aufnahmen. Das sich darauf befindende Titelstück sollte explizit, wie man auf dem Beiblatt hinwies, der »Erzeugung männlicher Sexualkraft dienen«. Schenkt man den auch nachträglichen Erklärungen von *Coil* Glauben, gab es wohl in der gesamten Musikgeschichte weder vorher oder nachher einen Tonträger, bei dem so exakt durchgeplant alles nach »okkulten« Gesichtspunkten berechnet war. Dies schloss nicht nur die Verfahrensweise beim Komponieren ein, sondern umfasste sogar Vorkehrungen zum Zustand des Gebäudes, in dem sich das Tonstudio zur Zeit der Aufnahmen befand. Eine (un-?)freiwillige Komik lässt sich hier wohl gar nicht vermeiden: Um wirklich eine exklusiv »uranische« (männliche) Atmosphäre zu erzeugen, wurde erst das Gebäude gesäubert, damit nichts mehr von den Frauen zu spüren war, die vorher dort weilten. Ferner vollzog man die Aufnahmen an einem exakt berechneten Datum (19. Februar 1984), weil an diesem der Einfluss des Planeten Mars besonders durchschlagend sein sollte, zudem wurden die für die Musik benötigten Gongs und Schwinghölzer mit magischen Sigillen bemalt. Die Musik selbst wurde nach kabbalistischen Entsprechungen entworfen.

Die Vertriebsfirma Rough Trade weigerte sich zunächst den Tonträger zu verkaufen, weil Gerüchte die Runde machten, es würde sich hierbei um eine Art angewandter militanter Misogynie handeln. Obwohl natürlich auch bekannt war, dass die Urheber ein schwules Paar waren, relativierte dieser Kontext das anfängliche Image offenbar nicht. *Coil* bezogen auch in späteren Jahren immer mal wieder »okkulte« Konzepte in ihre Musik ein, lyrisch war es darüber hinaus auch oft ein Thema, aber so einen Aufwand betrieben sie später nicht mehr.

Um eine lange Geschichte zu verkürzen: Mitte der 80er Jahre begannen einige dieser Ritual-Industrial-Projekte, ihren Musikstil radikal zu ändern, vielleicht auch dem Beispiel *Psychic TVs* folgend, die bei thematischer Kontinuität musikalisch immer in mehreren Genres zu Hause waren. Beispiele wären die außerordentlich erfolgreichen *Coil*-Alben »Scatology« (1984) und »Horse Rotorvator« (1986), die eine Mischung aus experimentellen Klängen, folkloristischen Einflüssen und düsterem Glamour-Pop boten, dabei aber in vielfacher Hinsicht textlich ihren okkulten, T.O.P.Y.-typischen Einflüssen treu blieben. Ein weiteres Beispiel sind die auch schon angesprochenen *Current 93*, die 1988 das Minialbum »Happy Birthday Pigface Christus« veröffentlichten, auf dem erstmals liebliche Folk-Einflüsse mit mittlerweile deutlich christlich-eschatologischem Einschlag zu hören waren, die sie später so ausbauen sollten, dass vielen Hörern *Current 93* heute vor allem als Folkband britischer Tradition bekannt sind. Bereits davor fing David Tibet an, mit *Death In June* zusammenzuarbeiten, einer Band, die bis dato nicht durch »okkulte« Bezüge aufgefallen war. Da Tibet nun auch anfing, für *Death In June* Texte zu schreiben, änderte sich das leicht, nichtsdestotrotz entwickelten *Death In June* ein ganz eigenes Bezugssystem, welches uns hier nicht länger aufhalten soll.[98] Parallel zu *Current 93s* Musik tauchen auch bei ihnen erst ganz sachte, später deutlichere Folkeinflüsse in der Musik auf. Um *Death In June* herum gruppierten sich die beiden Projekte *Sixth Comm* und *Sol Invictus*, die von Musikern geführt werden, die früher zu *Death In June* gehörten. Aus all diesen Projekten (etwas später kommt noch *Fire + Ice* mit dem bereits erwähnten Runenmagier Ian Read als Sänger dazu) entstand nun ein sich wechselseitig künstlerisch unterstützendes subkulturelles Milieu, das von außen, d. h. von Fanseite, später als World Serpent Family wahrgenommen wurde (das war der Name ihres gemeinsamen Musikvertriebs[99]).

H1

H2

Zu Hochzeiten dieser »Family« kann man von einer Okkultur in Reinform sprechen, wobei sich all diese Projekte konzeptionell in jeweils eigenen Mischverhältnissen aus den bisher vorgestellten Strömungen »Chaos-Magie«, den Hinterlassenschaften von *Throbbing Gristle*, *Psychic TV*, T.O.P.Y. und jener »Apocalypse Culture« bedienten und dies freilich zusätzlich mit jeweils eigenen, mehr oder weniger komplexen philosophischen Hintergründen und Bezügen mischten, wie etwa jene christlich-eschatologischen Einflüsse bei *Current 93*.

Allein schon die ganze Inhaltsschwere all dieser Projekte – zu vielen der in diesem Umfeld dargebotenen Songs könnte man problemlos eine große Menge an Fußnoten sowie eigene Bibliografien anführen – zeigt eine gewisse Verwandtschaft zur alten »Industrial Culture«. Auch *Throbbing Gristle*, *SPK* und Co. redeten gerne über ihre »Hintergründe«, statt einfach nur zu musizieren. Auf gewisse Weise war das Reden über Literatur, Magick und Kunst ein wichtiger Bestandteil des Ganzen; gerade das qualifiziert es ja zur Okkultur, zumal die nichtmusizierenden Fans der Musik an dem weltanschaulichen Austausch beteiligt waren.

Zwei für unseren Zusammenhang besonders wichtige Künstler dieses World Serpent Family-Umfeldes waren der Isländer Hilmar Örn Hilmarsson[100], sowie eine Freundin von

ihm, die Holländerin Freya Aswynn, die beide im englischen Exil in London, im Umfeld dieser Bands lebten.[101] Hilmarsson war ein Sammler von Crowleyana, T.O.P.Y.-assoziiert, Wilhelm-Reich-Experte und einst, als er noch in Island lebte, Teil der isländischen Okkult-Punk-Band *Peyr*. Er war zudem, genau wie Freya Aswynn, so etwas wie ein Runenexperte. Freya Aswynn hingegen hatte eher einen Wicca-Hintergrund und veröffentlichte ab 1988 Bücher, in denen sie ihr eigenes magisches System vorstellte, eine Mischung aus Ásatrú, schamanistischen Vorstellungen und Thelema, welche sich als sehr einflussreich in der Geschichte des jüngeren Okkultismus erweisen sollten. Vor allem zeigte sich ihr Ansatz als gut kombinierbar mit der chaos-magischen Herangehensweise des I.O.T., zu dem sie auch engen Kontakt hielt. Musikalisch beteiligten sich beide bei *Current 93*, Freya Aswynn außerdem noch in besonderer Weise bei *Sixth Comm* und *Fire + Ice*, einem Projekt des I.O.T.-Initiierten Ian Read, der seinerseits früher bei *Sol Invictus* sang. An diesen Beispielen mag man erkennen, dass bei dieser »Family« künstlerische Produktivität, Lifestyle und Okkultismus ein nicht zu trennendes Band bildeten. Schwerpunkt war eine synkretistische Mischung aus Thelema und Neuheidentum. *Death In June*, für die zwar die Runen auch ein wichtiges Bezugssystem bilden, die jedoch okkultistisch nicht ganz so verstrickt waren wie *Coil* oder *Current 93*, näherten sich hingegen über die Freundschaft zu Boyd Rice verstärkt jenem misanthropischen Schwarzhumor an, der jenseits des Atlantiks gepflegt wurde, zumal sie auch in besonderer Weise den dortigen Kulturpessimismus teilten. Als wahre Meister eines gepflegt stilvollen, d. h. ungebrochenen Kulturpessimismus sollten sich aber besonders die *Sol Invictus* der neunziger Jahre erweisen, zumal hier dieses Sentiment wieder den geografischen Ort einnahm, zu dem es geopolitisch im Sinne einer Unterscheidung von Freund und Feind auch passt: Europa.[102]

Die musikalischen Erzeugnisse dieser »Family« begeisterten überall in der westlichen Welt, aber auch in Japan, einen kleinen Kreis an Hörern. Es dauerte nicht lange und es gab erste musikalische Nachahmer, besonders interessant ist hier wohl die Entwicklung in Italien und Deutschland, weil es in diesen beiden Ländern besonders verstanden wurde, das Gegebene durch eigene nationale, für unser Thema okkult-nationale, Traditionslinien zu ergänzen.

H1 Cover der einseitig bespielten 12" Single »How To Destroy Angels« von Coil mit ausgiebigen Informationen zu Entstehung und Gebrauch der Aufnahme (L.A.Y.L.A.H. Antirecords 1984)
H2 Nick Hall, Drummer bei Sol Invictus Anfang der 90er Jahre und Autor von »Chaos und Hexenzauber« (Leipzig 1993) beim Soundcheck vor einem Open-Air-Auftritt in Hildesheim 1993
H3 Über 20 Jahre nach der Veröffentlichung der »Fruits Of Yggdrasil«-Aufnahmen von Six Comm und Freya Aswynn wurde das Material 2009 erstmals live aufgeführt (Flyer, London 2009)
H4 Current 93 in der Besetzung um 1987 (v. li.): David Tibet in »Noddy«-Hemd, Freya Aswynn, Rose McDowall, Douglas Pearce
H5 »The Final Church Of The Noddy Apocalypse Wants You!« Tibet's drogeninduzierte Idee eines absurden Kults um die Kinderbuchfigur Noddy nahm bizarre Züge an (Posterbeilage zur »Looney Runes« EP, Durtro 1990)
H6 10"-EP in orangefarbenem Transparent-Vinyl: Zero Kama, »The Goatherd and the Beast«, Athanor 2001

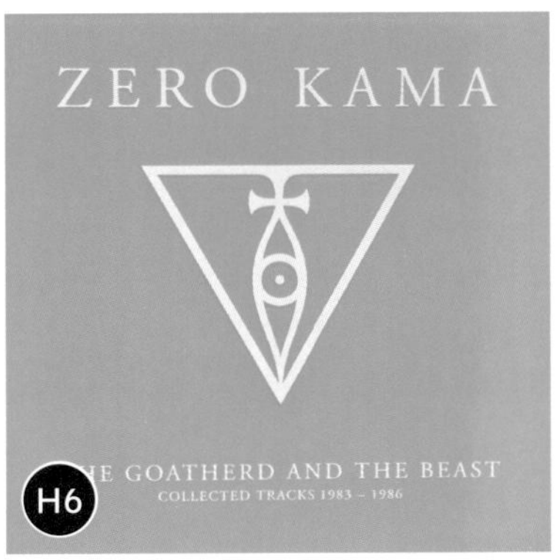

K1 Der Gruppenführersaal in der Wewelsburg, die zur SS-Ordensburg ausgebaut werden sollte. Das im Boden eingelassene Motiv, bekannt als »Schwarze Sonne«, zierte auch das »Gotos=Kalanda«-Album von Allerseelen – und löste damit eine Diskussion aus, die auch das Interesse der Fachwelt auf die esoterischen Aktivitäten Heinrich Himmlers lenkte. Allerdings geriet ein Teil der Post-Industrial- und Neofolk-Szene dadurch in den Verdacht, rechtsextremen Mystizismus zu praktizieren

K2 Promo-Flyer für Allerseelens »Sturmlieder« (Aorta 1996)

K3 Allerseelen live in Leipzig, Sylvester 2007

K4 Die Allerseelen-Mailorderliste von 1997 bietet u. a. Nicholas Goodrick-Clarke's Standardwerk »Die okkulten Wurzeln des Nationalsozialismus«, aber auch Tonträger mit »verdächtigen« Themen und Bands an

K5 Bizarres Gebräu aus Ansätzen der transpersonalen Psychologie, Kriegerethik, Runenkult und Propagandasprüchen: Seite aus dem Beiheft zur Turbund Sturmwerk-LP desselben Namens (Loki Foundation 1995)

Aus diesem Grund für einen kurzen Moment noch einmal zurück zum Anfang dieses Unterkapitels: Ritual Industrial, denn die Geschichte wiederholt sich auch außerhalb Englands:

Um 1983/1984 entstanden auch in Festland-Europa erste Ritual-Industrial Aufnahmen, unter denen all jene Veröffentlichungen, die auf Nekrophile Records in Österreich erschienen, besonders bemerkenswert sind. Labelgründer Michael De Witt war einst selbst beim T.O.P.Y. und später auch im I.O.T. aktiv. Neben seiner Labelarbeit ist er vor allem durch sein eigenes Ritual-Industrial-Projekt *Zero Kama* bekannt geworden, welche ihre rituelle Musik auf Instrumenten aus Menschenknochen zelebrierten. Später gründete er den esoterischen Buchverlag Edition Ananael, in dem u. a. deutsche Übersetzungen einzelner Werke von Austin Osman Spare, Freya Aswynn und Stephen Flowers (alias Edred Thorsson) erschienen.Ein Beispiel aus dem Nekrophile-Labelprogramm ist *Ain Soph*, ein italienisches Ritual-Projekt:

Ain Soph[103] waren ein römisches Musikerkollektiv, aktiv seit etwa 1984. Ihre ersten Aufnahmen bezeichneten sie als Musik zur Untermalung ihrer eigenen magischen Praxis, von einer organisatorischen Verbundenheit zu einem »Orden« ist jedoch nichts bekannt. Klanglich ähnelte es etwas den rituellen *Current 93*: Wabernde Melodiebögen, Rückkopplungen, Geflüster, Geschrei und Orgelklänge etc. Die Aufnahme »Ars Regia« ist mit dem leicht songorientierteren (insofern weniger »rituellen«) »Kshatriya«-Album der Klassiker dieser Phase.

Sie waren wohl die erste Ritual-Gruppe, die ihre Inspiration nicht nur aus einem angelsächsischen Okkultkontext bezog, sondern auch die reiche Tradition ihrer Heimat anzapfte. So bezog man sich neben Crowley, Austin Osman Spare, dem System der henochischen Magie und den Lehren des Golden Dawn vor allem auch auf den Traditionalisten Julius Evola, zunächst eher auf seine Schriften zur Hermetik, später jedoch auch auf seine politisch konnotierten Werke. Etwa zehn Jahre später wurden die Schriften Evolas zu einer beliebten Referenz in der sich entwickelnden Neofolk-Szene, vor allem in Deutschland und Italien. *Ain Soph* dürften sicher den ein oder anderen zu dieser Leseerfahrung angestiftet haben, zumal dieses Kollektiv in späteren Jahren auch mehrmals seinen musikalischen Kurs radikal änderte (folkloristische Musik, aber auch Lo-Fi Rock) und somit auch auf Hörer wirkte, die mit einer jeweils anderen musikalischen Schaffensperiode nichts anzufangen wissen.

Wohl mit ausgelöst durch *Ain Soph*, wurde in den späten 80ern Italien zum »Vorzeigeland« des Ritual-Industrials mit einer Vielzahl kleinerer Projekte, die ihren Okkultismus ganz offensichtlich sehr »ernst« meinten (*Gerstein, Sigillum S., Rosemary's Baby, Thelema, LAShTAL, Limbo, Teatro Satanico* sind die Bekanntesten). Die Anzahl solcher Projekte quer durch Italien war für eine Weile so frappierend, dass man annehmen muss, die »italienischen Magier« hatten aus irgendeinem Grund eine stärkere Affinität zu subkulturell musikalischen Ausdrucksformen gehabt, aber natürlich waren die Umstände auch günstig. Immerhin war Italien das einzige Land, in welchem grundlegende Referenzwerke der (Post-)Industrial Culture übersetzt aus dem Englischen in Landessprache vorlagen.[104]

Eine weitere musikalisch und konzeptionell helfende Hand bei *Zero Kama* nannte sich mit einem der Kabbala entlehnten Künstlernamen »Kadmon«[105]. Ab etwa 1989 taucht jener Kadmon dann mit seinem eigenen Projekt *Allerseelen* in der Ritual-Industrial-Szene auf. Ich erwähne sie hier, weil *Allerseelen* ähnlich wie *Ain Soph* im Laufe der Jahre bedeutsam wurden, wenn es darum geht, den ganzen bisher besprochenen Ideenvorrat aus dem spezifisch angelsächsischen Kontext (England und USA) zu lockern und ihn mit esoterischen Traditionen des eigenen Sprachkreises zu verbinden. Ein Beispiel wäre das *Allerseelen*-Album »Gotos=Kalanda« (1995), welches zur Zeit des Erscheinens für reichlich Wirbel sorgte. Musikalisch durchaus als

Ritual-Industrial zu klassifizieren (der Künstler zog den Begriff »Technosophische Tonkunst« vor), vertonte es ein Gedichtzyklus zu den germanischen Monaten des völkischen Okkultisten Karl Maria Wiligut (auch »Weisthor« genannt), welcher auch Mitglied im SS-Amt-Ahnenerbe war. Ähnlich operierte das deutsche Projekt *Turbund Sturmwerk*, das sich ebenfalls aus dem Fundus spezifisch germanischer okkulter Traditionslinien bediente und sicherlich auch dafür sorgte, dass der ein oder andere Hörer davon angeregt wurde.

Dieser ganze Ideen- und Musikszenekomplex, der sich tatsächlich vom Ende *Throbbing Gristles* über T.O.P.Y., Apocalypse Culture und die World Serpent-Family bis hin zum ersten Auftauchen solcher Projekte wie *Allerseelen* und *Turbund Sturmwerk* hinzieht, war nun endgültig, auch was die okkulten Einflussgrößen anbelangt, eine internationale Angelegenheit, zumal besonders in Deutschland Musikprojekte auftauchten, die den folkloristischen Aspekt der »Family« musikalisch aufgriffen und nun, bezogen auf Deutschland, wandervogelgleich und mit neuromantischen Bezügen die Wandergitarre auspackten. Damit hatte die ehedem radikale Avantgarde die völlige ästhetische Umkehr vollzogen. Spätestens jetzt wurde die folkloristische Musik der World Serpent-Projekte (nun international ausgeweitet) als neue Szene begriffen; für diese Musik kursieren nun Bezeichnungen wie »Neofolk« oder »Dark Folk«.

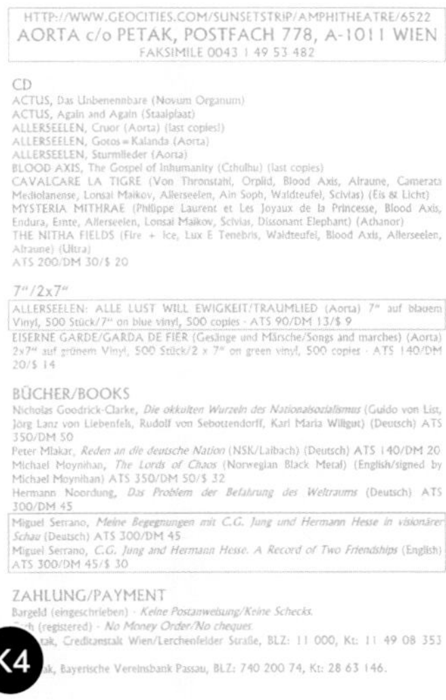
HTTP://WWW.GEOCITIES.COM/SUNSETSTRIP/AMPHITHEATRE/6522
AORTA c/o PETAK, POSTFACH 778, A-1011 WIEN
FAKSIMILE 0043 1 49 53 482

CD
ACTUS, Das Unbenennbare (Novum Organum)
ACTUS, Again and Again (Staalplaat)
ALLERSEELEN, Cruor (Aorta) (last copies!)
ALLERSEELEN, Gotos=Kalanda (Aorta)
ALLERSEELEN, Sturmlieder (Aorta)
BLOOD AXIS, The Gospel of Inhumanity (Cthulhu) (last copies)
CAVALCARE LA TIGRE (Von Thronstahl, Orplid, Blood Axis, Alraune, Camerata Mediolanense, Lonsai Maikov, Allerseelen, Ain Soph, Waldteufel, Scivias) (Eis & Licht)
MYSTERIA MITHRAE (Philippe Laurent et Les Joyaux de la Princesse, Blood Axis, Endura, Ernte, Allerseelen, Lonsai Maikov, Scivias, Dissonant Elephant) (Athanor)
THE NITHA FIELDS (Fire + Ice, Lux E Tenebris, Waldteufel, Blood Axis, Allerseelen, Alraune) (Ultra)
ATS 200/DM 30/$ 20

7"/2x7"
ALLERSEELEN: ALLE LUST WILL EWIGKEIT/TRAUMLIED (Aorta) 7" auf blauem Vinyl, 500 Stück/7" on blue vinyl, 500 copies · ATS 90/DM 13/$ 9
EISERNE GARDE/GARDA DE FIER (Gesänge und Märsche/Songs and marches) (Aorta) 2x7" auf grünem Vinyl, 500 Stück/2 x 7" on green vinyl, 500 copies · ATS 140/DM 20/$ 14

BÜCHER/BOOKS
Nicholas Goodrick-Clarke, *Die okkulten Wurzeln des Nationalsozialismus* (Guido von List, Jörg Lanz von Liebenfels, Rudolf von Sebottendorff, Karl Maria Wiligut) (Deutsch) ATS 350/DM 50
Peter Mlakar, *Reden an die deutsche Nation* (NSK/Laibach) (Deutsch) ATS 140/DM 20
Michael Moynihan, *The Lords of Chaos* (Norwegian Black Metal) (English/signed by Michael Moynihan) ATS 350/DM 50/$ 32
Hermann Noordung, *Das Problem der Befahrung des Weltraums* (Deutsch) ATS 300/DM 45
Miguel Serrano, *Meine Begegnungen mit C.G. Jung und Hermann Hesse in visionärer Schau* (Deutsch) ATS 300/DM 45
Miguel Serrano, *C.G. Jung and Hermann Hesse. A Record of Two Friendships* (English) ATS 300/DM 45/$ 30

ZAHLUNG/PAYMENT
Bargeld (eingeschrieben) · *Keine Postanweisung/Keine Schecks.*
...h (registered) · *No Money Order/No cheques.*
...tak, Creditanstalt Wien/Lerchenfelder Straße, BLZ: 11 000, Kt: 11 49 08 353
...ak, Bayerische Vereinsbank Passau, BLZ: 740 200 74, Kt: 28 63 146.

K4

Interessant an diesem Traditionsstrang ist, dass er gar nicht eingebildet ist, sondern trotz all der thematischen und musikalischen Erweiterungen tatsächlich existiert. Die Künstler hinter *Allerseelen* und *Turbund Sturmwerk* waren große *Psychic TV*-Fans und auch die nichtmusizierenden Hörer dieser Musik kennen in der Regel, über alle musikalischen Brüche von *Throbbing Gristle* bis *Allerseelen* hinweg, die maßgeblichen Musikprojekte und haben im Großen und Ganzen auch eine ungefähre Vorstellung davon, was Thelema, was Ásatrú, was Chaos-Magie ist, haben vielleicht das eine oder andere Buch von Feral House im Regal und wissen auch einzuordnen, wer William Burroughs, wer Julius Evola, wer Austin Osman Spare war oder was Anton LaVey wollte, so dass man hier zumindest potenziell immer auch ein wenig von Okkultur sprechen kann.

Interessant ist ferner, dass sich trotz des zeitlichen Abstandes zu jener Ur-Industrial-Culture, wenn auch oft unreflektiert, der Gedanke erhalten hat, dass das Gemeinsame jenseits musikalischer Schubladen zu existieren habe. So stehen Projekte im Neofolk-Fokus, die musikalisch gesehen nicht im allergeringsten Folk spielen. Dem Segment gehören genauso Mailorder und Musikverlage an, die eher Ambient- und experimentelle Musik anbieten.

K5

Die Situation heute

Black Metal, Neofolk, Ritual Industrial

Inzwischen fachsimpeln Black-Metal-Bands in Interviews genauso über »Chaos-Magie« oder Aleister Crowley, wie das okkult-inspirierte Experimental-Projekte tun. Alle haben, wenn sie entsprechenden Recherchegeist besitzen (und Internetanschluss) die Möglichkeit, sich über okkulte Lehren zu informieren. Seit einiger Zeit schon geben Black-Metal-Bands ihren Alben Titel, die die typische »Ov«-Schreibweise beinhalten, die eigentlich aus dem T.O.P.Y. stammt, dabei spielt es keine Rolle, ob die Band aus Polen ist wie *Behemoth*[106] oder aus Singapur, wie *As Sahar*[107], beides Bands, die auf eine lange Karriere zurückblicken können und noch die Zeiten erlebt haben, als keine Black-Metal-Band auf die Idee kam, eine solche Schreibweise zu benutzen, weil man das eben in der Black-Metal-Welt nicht kannte. Ähnlich »unübersichtlich« sieht es heute auch bei den letzten verbliebenen »Geheimorden« aus, die zwar nach außen nicht den Anschein einer musiksubkulturellen Infiltration erwecken, deren Mitgliedschaft aber dennoch den ein oder anderen Grufti oder Black Metaller aufweist – z. B. die altehrwürdige FRATERNITAS SATURNI. Gruftis und Black Metaller in der FRATERNITAS SATURNI? Das gibt's, und ich bin sicher, das ist noch nicht lange so, sondern hat sich erst in den letzten 15 Jahren entwickelt.

Natürlich macht das die FRATERNITAS SATURNI nicht zu so einem okkulturellen Phänomen wie dem T.O.P.Y., aber es zeigt doch, dass allmählich eine Situation eintritt, dass selbst in Musiksubkulturen wie Black Metal oder Neofolk, die sich so stark über den philosophischen Überbau definieren, eben jener Überbau zwar weiterhin eine Rolle spielt, aber gleichzeitig auf eine seltsame Weise folgenlos bleibt. Dies wiederum bedeutet, dass so ein seltsamer Nischen-Orden wie der ORDER OF THE JARLS OF BALDER heute gar nicht mehr entstehen könnte, weil die Black Metaller, die an so etwas heute Interesse hätten, von vornherein gar nicht mehr in einer Nische sind, die sie darauf zu lenkt. Man kann diese Situation in Anlehnung an Arnold Gehlen »Okkulturelle Kristallisation« nennen. Dies ist ein Zustand der eintritt, wenn »alle kulturellen Möglichkeiten in ihren grundsätzlichen Beständen entwickelt sind.«[108] Und an anderer Stelle: »Die Entwicklung ist abgewickelt, was nun kommt, ist bereits vorhanden: Der Synkretismus des Durcheinanders aller Stile und Möglichkeiten, das Post-Histoire«.

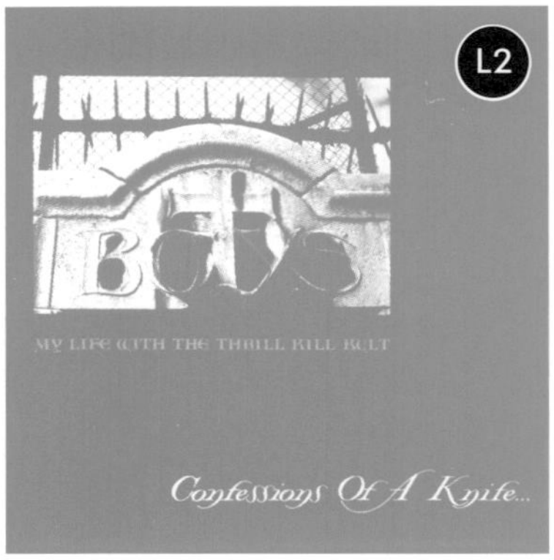

Es können also im Grunde keine Neuerungen mehr auftreten, nur noch auf abgesteckten, grundsätzlich schon entwickelten Feldern gibt es noch relative Neuerungen. Das heißt also für uns: Es wird weiterhin interessante, »okkulte« Musik geben, aber neue okkulturelle Zentren, wie der T.O.P.Y. eines war, die so etwas wie eine Leitidee anbieten sind passé. Dies bedeutet auch, dass die Bedürfnisse und Sehnsüchte – man erinnere sich an die direkte physische Manifestation davon in der T.O.P.Y.-Sigill-Wunschbank aller Mitglieder – welche von den jetzt erstarrten okkulturellen Nischen einst bedient wurden, Sehnsüchte, die eigentlich also erst der Grund ihrer Entstehung waren, nicht mehr entstehen können, da sie quasi ständig und sofort befriedigt werden.

Die Kehrseite dieser neuen Offenheit ist ein Zustand, den man geradezu als dekadent bezeichnen kann: »Der naturgewollte Wogengang der Kontraste von Neid und Freude verebbt in unmerklichen Oszillationen namenloser Langeweile« (Konrad Lorenz). Nun, vielleicht ist es nicht ganz so schlimm. Musikalisch scheint sich die Barrierelosigkeit eher als positiv herauszustellen, aber es ist doch schade, dass es solche sich an Feindbildern hochziehenden, messianisch-okkulturellen Bewegungen, wie es etwa der Black Metal Anfang der 90er Jahre noch war, nicht mehr gibt und es sie auch nicht mehr so schnell geben wird. Gottfried Benns Ratschlag »Rechne mit deinen Beständen« ist der einzige, der nun noch erteilt werden kann.

L1 Psychic TV Testbild, entworfen von Monte Cazazza
L2 US-Satanismus meets Elektrofunk: My Life With The Thrill Kill Kult, »Confessions Of A Knife« (Wax Trax 1990)

— Fußnoten —

check the footnotes (...)*

1 Breyer P-Orridge, Genesis: Thee Psychick Bible, Port Townsend 2009, S. 11. Für frühere Verwendung des Begriffs, siehe z. B. Werke des esoterisch angehauchten Sozialphilosophen William Irwin Thompson, in Ders.: Evil and World Order, New York 1976 ist S. 35 ff. ein ganzer Abschnitt mit »Occulture« übertitelt.

2 Partridge, Christopher: The Re-Enchantment Of The West. Alternative Spiritualities, Sacralization, Popular Culture and Occulture, Vol. I , London 2004, Vol. II, London 2005

3 Linse: Ulrich: Barfüßige Propheten. Erlöser der Zwanziger Jahre, Berlin 1983

4 Mir wurde vorgeworfen an diesem Punkt einer »Essentialisierung« des Okkultismus/Esoterik das Wort zu reden, weil ja schon in den 20er Jahren und früher gängige Okkultlehren auf fiktiven, literarischen Quellen beruhten bzw. das Interesse daran durch den Erfolg gewisser Science-Fiction-Werke zunahm. Man denke an Edward Bulwer Lyttons Roman »The Coming Race« (1871), auf dem der sogenannte Vril-Mythos beruht oder die Wiederbelebungsversuche germanischer Religionsvorstellungen im 20. Jahrhundert, die sich auch auf den großen Erfolg solcher Werke wie Richard Wagners »Ring der Nibelungen« zurückführen lassen, also in dem Fall ebenfalls auf Musik. So gesehen wäre der Okkultismus schon immer eine Okkultur. Das ist natürlich alles richtig, deshalb gilt einschränkend: Mir geht es in diesem Kontext natürlich nur um Pop-und Rockmusik seit Mitte der sechziger Jahre.

5 Bekanntlich ist Aleister Crowley auf dem Cover des »Sgt. Peppers Lonely Heart Club Band«-LP abgebildet, zu den Hintergründen diesbezüglich, siehe: Breakspear, Francis: The Beatles »Sergeant Pepper« LP and Aleister Crowley, www.occultebooks.com/essays/fb/fb2.htm (25.3.2010 Wayback Machine), zu den Rolling Stones: Booth, Stanley: Dance with the Devil. The Rolling Stones and Their Times, New York 1984

6 Für den Zeitraum um den es hier geht: Lyons, Arthur: The Second Coming: Satanism in America, New York 1970

7 Siehe Wyllie, Timothy/Parfrey/Adam, Love, Sex, Fear, Death: The Inside Story Of The Process Church Of The Final Judgement, Los Angeles 2009, Bainbridge, William S.: Satan's Power. A Deviant Psychotherapy Cult, Berkeley 1978

8 Zu dem Thema ist 1997 ein auch auf DVD erhältlicher Dokumentarfilm von Christoph Dreher (Musiker von »Die Haut«) gedreht worden: »Pop Odyssee I – Die Beach Boys und der Satan«

9 Baddeley, Gavin: Lucifer Rising. Sin, Devil Worship & Rock'n' Roll, London 1999, S. 94 ff.

10 Moynihan, Michael/Söderlind, Didrik: Lords Of Chaos. Satanischer Metal. Der blutige Aufstieg aus dem Untergrund, Zeltingen-Rachtig, 2002, S. 18 ff.

11 Eine kleine Bibliographie dieser Artikel gibt es in: Barton, Blanche: The Secret Life Of a Satanist. The Authorized Biography of Anton Szandor LaVey, Los Angeles 1990, S. 235 ff.

12 Siehe dazu den Beitrag von Michael Moynihan in diesem Buch

13 Aquino, Michael A.: The Church Of Satan, San Francisco 2009 (6. Auflage), S. 909 www.xeper.org/maquino/nm/COS.pdf Bei den »jungen Akademikern« sind vor allem Soziologen gemeint, die in dieser Zeit über die COS Feldforschung betrieben, aber auch ihren Spaß mit LaVey und Co hatten, dazu: Mathews, Chris: Modern Satanism. Anatomy of a Radical Subculture, London 2009 S. 172–174

14 Wolfe, Burton H.: The Hippes, New York 1968

15 Diese Biografie (ursprünglich 1974) ist seit 2007 unter dem Titel: The Devil's Avenger. Eine Biografie des Anton Szandor LaVey auch ins Deutsche übersetzt (Verlag: Edition Esoterick, Siegburg).

16 Atkins gehörte zu LaVeys »oben ohne Hexen«, bevor sie auf Manson traf, siehe ihre Autobiografie: Atkins, Susan: Ich sollte sterben, Schorndorf 1979

17 Irwin, Robert: Satan Wants Me, Sawtry 1999

18 Maxine Sanders hat 2007 über den angesehenen britischen Okkultverlag Mandrake ihre Autobiografie veröffentlicht: Firechild. The Life and Magic of Maxine Sanders »Witch Queen«, Oxford 2007. Zu Black Widow S. 155–158. Ebenso: Baddeley a. a. O. S. 91 ff. und S. 98 ff. Eine solche alte Liveshow kann man seit 2008 auch auf DVD bewundern: Demons Of The Night Gather To See Black Widow – Live CD/DVD (2008 Mystic Records). Es handelt sich um einen alten Auftritt im deutschen Fernsehen – ZDF (!)

19 LP »Made in England«, Deram 1969, 2007 auf CD wiederveröffentlicht. Zu den Hintergründen: www.fulgur.co.uk/authors/aos/thisandthat/ Teile der Band veröffentlichten dann 1973 unter dem Bandnamen Asgard die LP »In The Realm Of Asgard« (Threshold) und auch dort ist ein (anderer) Song mit »Austin Osman Spare« betitelt. Das Album ist ebenfalls auf CD erhältlich.

20 Chakra: Scarlet Woman, 7" Vinyl, Marabo Records. Eine an den Aufnahmen beteiligte Frau schrieb für mich ihre Erinnerungen auf (per E-mail). Hier Auszüge daraus: »Bob introduced me to Kenneth Grant one day, in the Prince Albert pub on Golders Green Road, where they used to meet often. This pub was often frequented by artists, musicians and actors, like Ian Hendry, who lived around the corner.[...] Writer John Symonds popped in occasionally too, which provoked stimulating conversation between us all. We used to sit in a nice quiet corner and chat for ages about the occult and art and music.
Ken Grant was a real gentleman, pleasant and charming, but there was much more to him. He possessed a real enigmatic quality, a mysterious sense of ›otherness‹ . He had a hypnotic air about him. He used to look into my eyes and told me I had the green eyes of some goddess, I've since forgotten the name of. He made me feel special, as though he sensed there was more to me than met the eye [...] Bob did some lithographs for inclusion in Ken's book and he also painted his portrait. Bob read Ken's books and there were many discussions about the occult and the artist Austin Osman Spare. Ken came to our house to listen to the songs Bob had written. So one day Ken wanted to know if Bob could do something with some acetates he had of Aleister Crowley, reciting his poems The Pentagram and La Gitana. He wanted to get them transferred onto vinyl. This would become the A-side of the single. The voice of ›the master‹ could be heard again, decades after his death. Kenneth asked if Bob could write a song for the B-side, based on Crowley's mistress, aka the Scarlet Woman. So Bob went away and penned the lyrics and then put them to music. He arranged a session in a small studio in Hayes, Middlesex. Bob sang, and played the guitar. Kenneth Grant, Janice Ayers and Mike Magee sang the chorus, an incantation. Lee Abbott, from the band Magna Carta, played bass. On drums was Martin Curtis, who felt a bit bewildered by it all. Kenneth Grant, Janice Ayers and Mike Magee sang the chorus, an incantation [...] Bob remembers the day well, he said: 'It was the day we raised the beast in leafy Hayes. I remember the strange burning feeling as the studio shot to astral planes, the walls shook as Ken and his witches swayed to the heavy beat and the roof seemed to lift away as the hypnotic guitar chords cut through the ether. It was a strange but exciting day in 1976. It all just came together, it must have been fate.' Jimmy Page, who at that time lived in Aleister Crowley's former residence Boleskine House, bought lots of copies of the record and is a great fan of the music. When the publicity for the record did the round in the newspapers, Bob received a worried call from his auntie Ivy, saying ›Robert, what have you got yourself into now?‹«

21 Siehe u. a. die Biografie Shapiro, Harry: Graham Bond. The Mighty Shadow, London 1992. Leider zu dem Thema nicht so ergiebig wie sie hätte sein können.

22 Siehe: Stenshoel, Peter/Kinney, Jay: Audio Magicians, in: Gnosis # 32 – Pop Culture & The Esoteric, S. 40 – 47, zu Nelson dann S. 43 ff.

23 Einen Überblick bietet Jaq D. Hawkins: Chaosmagie. Grundlagen und Hintergründe, Siegburg 2009

24 Tischleder, Dominik: Looking For Europe. The Neofolk Compendium, Zeltingen-Rachtig 2005, S. 12 Begleitbooklet zum gleichnamigen 4-fach CD-Sampler (der seinerseits das gleichnamige Buch von Diesel, Andreas/Gerten, Dieter: Looking For Europe, Zeltingen-Rachtig 2005 begleitete).

25 Greer, John Michael: Enzyklopädie der Geheimlehren. Für den deutschen Sprachraum bearbeitet und ergänzt von Frater V.D., München 2005, S. 140

26 Vor allem seine gemeinsam mit Robert Shea geschriebene »Illuminatus-Trilogie«: Das Auge in der Pyramide, Basel 1977, Ders.: Der goldene Apfel, Basel 1978 und Ders.: Leviathan, Basel 1978. Wilson war auch selbst eine Art Ehrenmitglied des I.O.T. Vergleiche den englischen Wikipedia-Eintrag zum Orden.

27 Er wirkte z. B. auf ihrem Album »Warrior On The Edge Of Time« (1975) mit. Der »Chaosstern« als Symbol der Chaos Magie Bewegung ist auch von Moorcock adaptiert.

28 In dem Song »Black Ships Were Sinking Into Idumæa« ist von einer »Cosmic Shirley Temple« die Rede (Album: Black Ships Ate The Sky von 2006). Derlei Dinge sind natürlich bei Current 93 keine Neuheit, wenn man z. B. an sein frühes Besingen der »Noddy« Figur aus den Kinderbüchern Enid Blytons denkt. David Tibet (Current 93) nannte das früher gelegentlich seine »Puppen-Theologie«, von der Chaosmagie seiner Freunde distanzierte er sich jedoch.

29 Kate Bush als Aspekt der/einer Göttin wird in dem Coil-Stück »The Mothership and the Fatherland« beschworen (Album: »Astral Disaster«, 1999).

30 Vgl. Hawkins, Jaq D. a. a. O.

31 Eine Gruppe, die später in den I.O.T. münden sollte, nannte sich auch Stoke Newington Sorcerers (S.N.S.)

32 Siehe dazu die interessante Internetquelle »Crass, Anarcho-Goth Punk, Neo-Paganism and Industrial Music« auf dem Blog von Alistair Livingston (Eintrag vom 11.11.2005), in dem auch andere ihre Erinnerungen beisteuern: http://greengalloway.blogspot.com/2005/11/crass-anarcho-goth-punk-neo-paganism.html (gesehen am 23.3.2010)

33 Frühe Punkband von Mark Perry und Alex Fergusson. Letzter sollte später mit Genesis P-Orridge Psychic TV gründen. Zu der Band auch: Reynolds, Simon: Rip it up and start again. Schmeiss alles hin und fang neu an. Postpunk 1978-1984, München 2007, S. 105 ff. Ich führte auch in der Szenezeitschrift »Zwielicht« (Verlag Eis und Licht) 2006 ein längeres Interview mit Alex Fergusson, welches auch seine Erinnerungen an »Okkultszenen« streift. Vgl. Zwielicht # 1 (Dresden, 2006). Alternative TV veröffentlichten ihre ersten Singles auch auf einem Label namens Deptford Fun City.

34 Siehe Blogeintrag: http://transpont.blogspot.com/2005/03/towards-south-east-london-top-20.html (gesehen am 23.3.2010). Zu den wichtigen This Heat auch Reynolds: a. a. O. (Fußnote 33), S. 227 ff.

35 David Knopfler, der Bruder von Mark Knopfler, die zusammen die Dire Straits gründeten, startete später eine Solokarriere. Es gibt von ihm den Song »Deptford Days« (Album: »Small Mercies«, Atlantic/WEA 1995), auf dem er seine Erinnerungen besingt.

36 Siehe: Choronzon 999 (i. e. Charles Brewster): Crisis Magicians, Orders, Disorders, Lnyx [sic!] and Lone Wolves:
http://www.philhine.org.uk/writings/gp_crisis.html (gesehen am 23.3.2010)

37 Siehe den Abschnitt »Eclipses« in Frater Choronzon: Liber Cyber, o. O. ca. 1990, S. 119. Den Text gibt es auch online: http://freespace.virgin.net/ecliptica.ww/book/eclipses.htm (gesehen am 23.3.2010). V.I.T.R.I.O.L. ist ein Grundbegriff der Alchemie. Es kann eine Bezeichnung sein für verschiedene Metallsulfatsalze, es kann aber auch eine lateinische Formel abkürzen, die auf Deutsch lautet: »Suche das Untere der Erde auf, vervollkommne es und du wirst den verborgenen Stein finden.« Siehe dazu: Greer, a. a. O. S.774 ff.

38 Gemeint sind die ersten beiden Ordo Equitum Solis (O.E.S.) Alben »Solstitii Temporis Sensus« (1990) und »Aenimi Aegritudo« (1991, beide auf Musica Maxima Magnetica), die musikalisch dem Neofolk zuzuordnen sind. Die Gruppe arbeitete auch mit Tony Wakeford (Sol Invictus) zusammen, zu O.E.S.: Diesel/Gerten a. a. O. S. 297 ff. Bei Coil sind die EPs »Moon's Milk Or Under An Unquiet Skull" (1998, Frühling) »Amethyst Deceivers« (1998, Herbst), und «Bee Stings" (1998, Sommer) gemeint, zu ihnen ebd.: S. 159

39 The Realists veröffentlichten 1978 eine 7«-Vinyl-Single auf Stiff Records: »I've got a Heart«. Auf der B-Seite steht »Produced by Charlie Brewster«, das ist dann der zitierte Chaos-Magier. Zu The Rejects konnte ich keine direkten Informationen finden, allerdings nannten sich The Homosexuals zu Beginn so. Es ist daher anzunehmen, dass es sich um sie handelt, zumal sie auch aus Deptford stammten. Siehe ihren englischen Wikipedia Eintrag für eine ausführliche Bandgeschichte. 2004 erschien über Recommended Records eine The Homosexuals 3-CD Box »Astral Glamour« mit 32-Seiten Booklet. Es dokumentiert alles, was diese Band jemals aufnahm. Stilistisch etwas für Freunde von Pere Ubu oder The Wire.

40 Blood And Roses: »Blood And Roses«, 12" Vinyl, Kamera Records, stark thelemitisch geprägte Texte. Ihre Musik lässt sich als Batcave Goth-Rock einordnen, sie entstammten aber auch dem Umfeld von Psychic TV. Zu ihnen gehörte Bob Short, der heute Bücher schreibt. Im Hintergrund singt Mim mit, später auch bei Zos Kia. Für einen Eindruck siehe ihre Tribute Myspace Seite: http://www.myspace.com/bloodandrosesuk

41 Diese Punk Band aus Stoke-Newington (London) veröffentlichten 1987 eine LP namens »Equinox Screams« (Label: Active Sounds Tapes) voller schwer zu deutenden »Nazi-Anspielungen«, vertont wurde hier auch Aleister Crowley, und Throbbing Gristles »Subhuman« wurde gecovert. Der LP lag ein Comic bei, in dem man sich über Heavy-Metal-Fans lustig machte. Abgebildet ist auch der »Chaosstern« aus dem Chaos Magie Kontext. Die Band nannte sich später Academy 23, unter dem Namen erschien 1991 eine nicht minder seltsame Kassette »Europe Awake« (Selbstverlag), mit einer Reihe offensichtlicher Death In June- und Whitehouse-Anspielungen.

42 Nick Blinko (Sänger von Rudimentary Peni) zeichnete für einige Chaos-Magie Publikationen, z. B. »Chaos International« das Titelbild. Siehe: http://www.killyourpetpuppy.co.uk/news/?p=496 (gesehen am 23.3.2010). Rudimentary Peni selbst ist stark Lovecraft beeinflusst, speziell auf der LP »Cacophony« (Outer Himalayan Records 1987)

43 Frühe Alben der Postpunk/Metal Band enthalten zahlreiche Crowley-Anspielungen. Besonders erwähnenswert ist aber in diesem Zusammenhang die Spoken Word-LP »The Courtauld Talks« (Invisible 1989) auf der Jaz Coleman zu ambienter Begleitung über seine Erfahrungen mit ritueller Magie plaudert. Einzelne Mitglieder der Band hatten früher auch engere Kontakte zu Current 93 und der isländischen Okkult-Punk Band Peyr. Zu Killing Joke siehe die Fan-Seite: http://www.anirrationaldomain.net/ (gesehen am 23.3.2010)

44 Alte Factory Rec. Band. Viele Songs mit thelemitischer Thematik, besonders natürlich das Crowley-Tribute-Album »Songs For The Children Of Baphomet« (Gaia Communications 2001)

45 Der Bandgründer Massimo Mantovani ist O.T.O.-Mitglied. Jedes frühere Thelema Album ist von der ersten bis zur letzten Sekunde vollgepackt mit Crowley-Referenzen. Seit dem Comeback 2004 geht es bei Thelema lyrisch jedoch fast nur noch um alltägliche Dinge. Die Band startete 1984 unter dem Namen Bluson Noirs mit rituellem Industrial, änderte ihren Stil dann später zu Goth Rock und poppigem Neofolk. Mantovani schreibt auch regelmäßig zu thelemitischen Themen.

46 Der Kopf von Cassandra Complex, Rodney Orpheus, ist langjähriges Mitglied des O.T.O., und seit 2005 gar eine Art Schatzmeister dieser traditionsreichen Loge. Dieser Hintergrund ist allerdings bei Cassandra Complex nicht sehr präsent, am meisten noch auf der Mini-CD »Gnostic Christmas«, die 1991 in limitierter Auflage dem Album »The War Against Sleep« (Play It Again Sam Records) beilag. Der Albumtitel ist eine Anspielung auf den Esoteriker Gurdijeff. Zu beachten ist aber auch Sun God, das kurzzeitige (1995) andere Projekt von Orpheus, auf dem er (u. a. mit Hilfe der Hamburger O.T.O.-Loge) eine Mischung aus Ritual- und Weltmusik bietet. Ferner ist Orpheus Autor des Buches »Abrahadabra: Understanding Aleister Crowley's Thelemic Magick, welches zuerst 1995 bei Looking Glass Press in Stockholm erschien. Sein Verleger war der Musiker Carl Abrahamsson (White Stains, Cotton Ferox). Eine deutsche Übersetzung dieses Buches kann man umsonst auf seiner Seite herunterladen: www.rodneyorpheus.com

47 Im einflußreichen Kaos- (oder vorher Chaos)-Magazin erschienen z. B. Beiträge der Musiker Mike Keane (Royal Family And The Poor) und Mouse (Psychic TV, Fire + Ice). Der Herausgeber ist ein alter Freund von Amodali (Mother Destruction)

48 Herausgeber war der Buchautor Stephen Sennitt. Einige gesammelten Nox-Essays finden sich wieder im Buch: Ders. (Hg): The Infernal Texts: Nox and Liber Koth, Tempe 2004. In dem Buch allerdings auch Beiträge vom Werewolf Order (Radio Werewolf) und dem Order Of The Nine Angles (O.N.A.)

49 Esoterra # 7. Das Interview ist auch online zu finden: http://www.uncarved.org/music/md.html (gesehen am 23.3.2010). Da sich der Interviewende dort »John Eden« nennt, ist von einem T.O.P.Y-Zusammenhang auszugehen. In einer Online-Ausgabe des Kaos-Magazins (Endnote 46) wird übrigens ausgeplaudert, dass Amodali auch bei der holländischen Church Of Satan bzw. Walburga Abbey aktiv war: http://www.biroco.com/kaos/kaos14.html (gesehen am 23.3.2010). Zu diesem ominösen Church Of Satan-Rotlicht-Ableger siehe: Baddeley, Gavin: Lucifer Rising. Sin, Devil Worship & Rock`n`Roll, London 1999 S. 103 ff.

50 In besonders witziger Form z. B. in der Zeitschrift Tempo: Hopp, Michael: Im Tempel der teuflischen Triebe, Tempo, November 1986, S. 40-48

51 In einem interessanten Interview im esoterischen Gnosis-Magazin sprich P-Orridge über seinen »okkulten Werdegang«: Kinney, Jay: Music, Magic & Media Mischief: The Gnosis Interview with Genesis P-Orridge, in Gnosis # 32 – Pop Culture & The Esoteric, S. 48-56. Das Interview ist auch online zu finden: www.chaosmatrix.org/library/chaos/topy/gpo-int.txt (24.3.2010). Genesis P-Orridge interessierte sich seit spätestens Mitte der 60er für »Okkultes« und sammelte Crowleyana.

52 Zu der Phase: Ford, Simon: Wreckers Of Civilisation. The Story of Coum Transmissions & Throbbing Gristle, London 1999, die letzten beiden Kapitel

53 Zitiert nach Hartmann, Walter: TG: Show me thee bunker darling..., in: Ders./Pott, Gregor: Rock Session # 6 Magazin der populären Musik, Reinbek, 1982, S. 184-207, hier S. 192

54 Das Konzert wurde auf dem Album »Mission Of Dead Souls« veröffentlicht, (Fetish Records 1981), später auch auf CD.

55 Ich beziehe mich hier vor allem auf die Throbbing Gristle- und Psychic TV-Abschnitte in Reynolds a. a. O. S. 239 ff. bzw. 481 ff.

56 Felton, David: Mindfuckers. A Source Book on the Rise of Acid Fascism in America, San Francisco 1972

57 Wilson, Colin: Der Outsider. Eine Diagnose des Menschen unserer Zeit, Stuttgart 1960

58 Der österreichische Aktionskünstler erwarb 1974 ein Gutshof und lebte dann dort als Guru einer sektenähnlichen Kommune, Hauptinspirationsquelle hier die Lehren von Wilhelm Reich. Man kann hier leichte Parallelen zu T.O.P.Y. erkennen, das ist aber nicht überzubewerten, siehe: Stoeckl, Peter: Kommune und Ritual. Das Scheitern einer utopischen Gemeinschaft. Frankfurt a.M., 1994

59 Ugrino war eine neuheidnische Kunstsekte des Schriftstellers und Orgelbauers Hans Henny Jahn. Bei dieser sind die Parallelen zu T.O.P.Y. schon deutlicher, siehe: Schütte, Uwe: Die Erzwingung einer neuen Realität: Ugrino, in: Ders., Die Poetik des Extremen. Ausschreitungen einer Sprache des Radikalen, Göttingen 2006, S. 288-299. Interessanterweise erwähnt Schütte diese Parallelität (S. 297). Vom Autor ist auch ein Essay über Psychic TV erschienen: RE-MIND YOUR SELF: Genesis P-Orridge, Brian Jones und das Album »Godstar« von Psychic TV, in: Wespennest # 139, 2005, S. 88-92

60 Ein britischer homosexueller Exzentriker und Autor, der sich z.B. anfangs mit Gelegenheitsjobs durchs Leben schlug, die als besonders »homosexuell« gelten. Seine Vorliebe für Make-up und bunte Haare machten eine bürgerliche Karriere auch unmöglich. Seine erste Autobiografie schrieb er 1968. »Genesis P-Orridge has often stated that the 'primary' teaching of TOPY was discipline; that is, discipline in focusing on and actualizing the life one actually wants to live, regardless of social pressure or constraint. In that respect a Quentin Crisp might be a more apt symbol of 'initiate' the Temple wished to produce than an Israel Regardie.", zitiert nach: Breyer P-Orridge a. a. O. S. 21

61 Reynolds a. a. O. S. 484, Der Neuauflage der «Thee Psychick Bible" 2009 (Breyer P-Orridge a. a. O.) lag eine DVD mit einigen dieser Clips bei, die oft von Derek Jarman gedreht wurden.

62 Breyer P-Orridge a. a. O. S. 11

63 Greer a. a. O. S. 732

64 Carl Abrahamsson, der Kopf von White Stains, ist/war auch im O.T.O. und bei der Church Of Satan engagiert. Sein derzeitiges Musikprojekt heißt Cotton Ferox

65 Kopf dieser Band ist der spanische Konzeptkünstler Jordi Valls, der über sein Label »World Satanic Network Systems« (WSNS) einige sehr ungewöhnliche LPs herausbrachte, etwa Aufnahmen der »Selbstmord-Sekte« von Rev. Jim Jones, Aufnahmen des Oster-Rituals in Calanda (Spanien), Aufnahmen von Motorengeräuschen des spanischen Surrealisten Eliseu Huertas i Cos, Aufnahmen von Paaren beim Sex etc. Valls versteht sich als »Nihilist« und Surrealist.

66 Kopf der Band war Pierluigi Zoccattelli, der heute 2. Direktor des katholischen CESNUR-Instituts ist, das sich mit neuen religiösen Bewegungen beschäftigt. Er gehört auch der rechtskatholischen Alleanza Catholica an, publiziert aber nach wie vor viel über Crowley, sein Curriculum Vita spricht die T.O.P.Y.-Phase nicht an, das Ganze ist aber auch kein Geheimnis: www.corsiweb.org/curriculum4.htm Es wurde in Italien auch eine Briefsammlung veröffentlicht, die seinen Weg vom Thelemiten zu einem traditionalistischen Christen nachvollziehbar macht: Alberto M.K (Hg).: Ricerchi Studi Babalon T.O.P.Y. Italy-Access Point Files, Booklet, lim. 99, o. O. 2007, eventuell noch erhältlich unter www.sottomondo.com

67 Siehe seine Autobiografie: Tainted Life, London 2000

68 Industrial Culture Pionier, er schrieb im T.O.P.Y.-Verlag das Kompositionslehre und Kabbala synthetisierende Werk »Rhythmajik : practical uses of number, rhythm and sound« (Temple Press, Brighton, 1992), dazu auch: Kadmon: Z'ev: Medizin der Metalle, Wien 1992 (Aorta-Schriftenreihe)

69 Vgl. www.uncarved.demon.co.uk/23texts/occulture.html (gesehen am 23.3.2010, über Wayback Machine)

70 Vgl. Erlendsdóttir, Maria: Pagan Beliefs in Modern Iceland, Edinburgh 2001 und: McIntosh, Christopher: Iceland's Pagan Rennaissance, in: Buckley, Joshua/Moynihan, Michael (Hg): Tyr # 3 Myth Cult Tradition, Atlanta 2008, S. 249-260 und: Berg, Jonina K.: Sveinbjörn Beinteinsson. A Personal Reminiscence, in: Diess.(Hg), S. 263-272

71 Die CD »Thee Angels Ov Light Meet Thee Angry Love Orchestra: Psychick Youth Rally« (Cold Spring 1995) dokumentiert so ein illegales Event.

72 Harrington, Walt: The Devil in Anton LaVey, in Washington Post Magazine, 23. Februar 1986, heute hier zu finden: http://www.churchofsatan.com/Pages/WaPost.html (25.3.2010)

73 Robinson, Eugene: Anton LaVey, in: The Birth Of Tragedy, Nr. 4, November 1986/Januar 1987: The God Issue, heute hier zu finden: http://www.churchofsatan.com/Pages/BOT.html

74 So erzählt es zumindest Boyd Rice, vgl. Clark, Brian M.: Standing In Two Circles. The Collected Works of Boyd Rice, London 2008, S. 131 und auch besonders in Baddeley a. a. O. S. 161

75 Zu ihm: Ders. S. 9-43

76 The Black Flame Bd. 4, Ausgabe 3 & 4, S. 15.

77 Zitiert nach: Tischleder, Dominik: Anton LaVey und die »Church Of Satan«, in: Sakrament und Sakrileg Nr. 6, April 1999, online zu finden unter: http://www.fs-rewi.uni-bonn.de/ss/ss6a6.htm

78 Harrington a. a. O.

79 Schreck, Nikolas: The Manson File, New York 1988 und Moynihan, Michael: Aurora. Where Light Becomes Darkness and Evil is Good: An Esoteric Inquiry into Hermann Hesse's Demian, Gnosticism, Fascism and the Indo-European Worldview, in: Ohm Clock # 4, S. 16-18

80 Damit bezeichnet man eine Zeit, in der in den USA »Urban Legends« über »satanisches« Babygrillen, essen, foltern, morden entstanden und sich auch eine Reihe von »Survivors« meldeten, siehe: Victor, Jeffrey S.: The Satanic Panic. The Creation of a Contemporary Legend, Chicago 1994

81 Baddeley a. a. O. S. 148-162

82 Parfrey, Adam: Apocalypse Culture, New York, 1987 u. a. Beiträge von Paul Lemos (Controlled Bleeding), Boyd Rice, R.N. Taylor (Changes), Anton LaVey, Monte Cazazza. Es ist später noch »Apocalypse Culture II« erschienen.

83 Neuauflage als Buch: Goad, Jim (Hg): Answer Me!. The First Three, Baltimore 2006

84 Als Buch gesammelt: Petros, George (Hg): Exit: The Exit Collection: Art & Writing from Exit Magazine, Chicago 1998, ebenfalls die Szene dokumentiert: Ders.(Hg): Art That Kills: A Panoramic Portrait of Aesthetic Terrorism 1984-2001, London 2007

85 Robert Ward starb 2004, zu ihm gibt es im Internet eine Gedenkseite, die auch ein Eindruck von «The Fifth Path" vermitteln kann: www.ulfhethnar.com/Robert.htm

86 u. a. wirkten Douglas P. (Death In June), Michael Moynihan (Blood Axis) und Rose McDowall (Strawberry Switchblade u.a.) mit. Andere Projekte in diesem Kontext: S.W.A.T.: »Deep Inside a Cop's Mind« (CD: Amphetamine Reptile Rec. 1994) oder: The Boyd Rice Experience: »Hatesville!« (CD, Hierarchy 1995), aber auch The Electric Hellfire Club oder Radio Werewolf.

87 Zu diesem Projekt gehörte später auch Zeena, eine von LaVeys Töchtern, die sich jedoch später mit dem Vater überwarf.

88 Baddeley a. a. O. S. 148 ff.

89 Diabolos Rising: »666«, CD, Osmose Productions 1994. Das Projekt bestand aus Mika Luttinen (Impaled Nazarene) und Magus Wampyr Daoloth (Necromantia, NAOS)

90 Frater Megalith IOT, Symphony For The Devil - Magick Musick, in ZS: ANUBIS. Zeitschrift für praktische Magie und Psychonautik H. 9, 6/1988 S. 28-35

91 Der klassische Literaturtipp für all das hier Besprochene ist nachwievor: Hamel, Peter Michael: Durch Musik zum Selbst. Wie man Musik neu erleben und erfahren kann, München 1984, aber auch: Tegtmeier, Ralph: Musikführer für die Reise nach Innen, Haldenwang 1985. Interessant auch: Godwin, Joscelyn: Musik und Spiritualität. Quellen der Inspiration in der Musik von der Frühzeit bis in die Moderne, Bern 1989. Der Autor, ein renommierter Musikwissenschaftler und Beobachter esoterischer Szenen, arbeitete auch mit Michael Moynihan (Blood Axis) zusammen.

92 Über den esoterischen Kosmos von Current 93 ist ein ganzes Buch erschienen: Keenan, David: England's Hidden Reverse. A Secret History of The Esoteric Underground, London 2003. Zu gleichen Teilen handelt das Buch auch vom künstlerischen Werdegang von Coil und Nurse With Wound.

93 Nun auch in deutscher Übersetzung: Grant, Kenneth: Die Nachtseite von Eden, Rudolstadt 2008

94 Diesel/Gerten a. a. O., S. 57

95 Gemeint ist das Projekt A Chud Convention: »Sorrow«, 12" Vinyl, Circle Records 1987. Musiker aus dem Umkreis parodierten auch T.O.P.Y. mit einer Art »Spaß-Orden«.

96 Malkunofath: »The New Face Ov Divinity« (CD-R, Live Bait Recordings, 2005). Die Band entstammt vermutlich eher der Black-Metal-Szene.

97 Wenn nicht anders vermerkt, alle Informationen aus Keenan a. a. O., besonders 119 ff. Zu Coil auch: Bailey, William: Microbionics. Radical Electronic Music and Sound Art in the 21st. Century, London 2009, S. 49-64

98 Forbes, Robert: Misery and Purity. A Personal History and Interpretation of Death In June, Amersham 1995

99 Zu all dem: Webb, Peter: Exploring the Networked Worlds of Popular Music. Milieu Cultures, New York 2007, S. 60-110 und Diesel/Gerten a. a. O.

100 Hilmarsson ist nun ein bekannter Filmkomponist. Mit ihm führte ich 2005 ein langes Interview für die Szenezeitschrift Zinnober, es findet sich auch online: www.nonpop.de/nonpop/index.php?type=special&area=1&p=articles&id=1364&high=mischung. Siehe auch seinen detaillierten englischen Wikipedia-Eintrag

101 Zu ihr auch: Luhrmann, T.M.: Persuasions of The Witch' s Craft. Ritual Magic in Contemporary England, London 1994, S. 25 ff. Auf Deutsch ist erhältlich: Aswynn, Freya: Die Blätter von Yggdrasil, Wien 1994. Aswynn erinnert sich zu dem Gesagten auch in einem Youtube-Videoclip: www.youtube.com/watch?v=Blk2fFb37UA

102 Dazu z. B.: Terraciano, Carlo: Revolte gegen die moderne Weltordnung. Die revolutionäre Aktualität des Werkes von Julius Evola im Zeitalter der Globalisierung, Straelen 2007 oder: Herte, Robert de/Nigra, Hans Jürgen: USA. Europas mißratenes Kind, München 1979 (de Herte ist ein Pseudonym von Alain de Benoist)

103 Diesel/Gerten a. a. O. S. 287-287

104 Zu all dem: Anonymous: Italian Crowleyan Industrial Music Memoirs, in: Dimonia. Encyclopaedia of Anomalous Culture and Apocalyptic Pop, Treviso 2002, S. 65-68

105 Zu all dem: Diesel/Gerten a. a. O. S. 236-247

106 MCD »Ov Fire and The Void«, Metal Blade Rec. 2009. Die Band eignet ich sowieso hervorragend um all das zu illustrieren, sie entstammt der neunziger Jahre Black-Metal-Szene und gab dementsprechend typische Interviews, ab 2000 dann deutlich Aleister Crowley und Austin Osman Spare beeinflusst.

107 Ein wahllos herausgegriffenes Beispiel, aber auch As Sahar ist eine Band, die seit 1993 existiert. Es handelt sich um das Splitalbum »The Hymns Ov Damnation«, andere Bands hier: Neftaraka, Eibon, Nefarious Azarak

108 Gehlen, Arnold: Über kulturelle Kristallisation (1961) in A. Gehlen, Studien zur Anthropologie, Neuwied 1963, S. 311-328, hier S. 321

* Beastie Boys, 5 Boroughs, aus »Oh Word?«: »Yo whats up Sucker MCs, check the footnotes y'all!«

Silent View

Fotogalerie

AMF

The only thing to fear is fear itself

Ritualmusik und akustische Innenraumfahrten

Alexander Nym

Auf Flyern und Einladungen zu Industrial-Partys finden sich informative Aufzählungen von Musiksparten, deren Klänge das Publikum erwarten: Von deskriptiven Bezeichnungen (wie »Noise« oder »Atonal«) über fantasievolle Neuschöpfungen (»Angst-Pop«) bis zu weiträumig interpretierbaren Begriffen wie »Ambient« oder »Ritual« offenbart der Bereich der Industrial Culture ein umfangreiches Klangspektrum abseits von Power Electronics und Lärmorgien. Der vorliegende Artikel macht den Versuch, im Bereich der mit »Ritual« bezeichneten Musik Differenzkriterien zu isolieren, um einerseits einen »Werkzeugkasten« musikalischer Begriffe bereitzustellen, die die Subgenre-typologische Beschreibung ritueller bzw. ritualistischer Musik ermöglicht, um schließlich die Frage zu stellen, welche Funktionen oder Absichten der Ritualmusik zugeschrieben werden können; eine Problemstellung, welche insofern interessant scheint, als dass Musik des rituellen Typs klangästhetisch stark mit den o. g. Sparten der Lärmmusik kontrastiert, aber trotzdem (oder deswegen) im Werk zahlreicher Industrial-Pioniere vertreten ist.

Neben den Industrial-Spielarten Noise, Power Electronics usw. hat sich in der Industrial-Musik ein Zweig etabliert, der auf Veranstaltungsankündigungen wenig konkret als Ritual bezeichnet wird. Was genau ist unter diesem Begriff zu verstehen? Handelt es sich dabei um authentische Dokumentationen von Kulthandlungen? Um eine musikalische Annäherung an sakrale oder mystische Ästhetik? Ist Ritualmusik gar die Aufforderung, eigene Rituale zum bestehenden Soundtrack zu entwickeln? Oder übernimmt sie nur die Chill-Out-Funktion in der Disco, zwischen zwei Power/Noise-Krachern?

Um sich vorläufigen Antworten auf diese Fragen zu nähern, bietet sich die zweckmäßige Unterscheidung zwischen Ritualmusik und ritueller Musik an. Während Ritualmusik als integraler Bestandteil einer sakralen Handlung betrachtet werden kann, ihrer Aufzeichnung also der Status einer Live-Aufnahme oder eines Bootlegs zugeschrieben werden kann (was ihr anthropologische Authentizität verleiht, auch wenn die Produktionsqualität nicht die beste sein muss[1]), beinhaltet rituelle Musik vielmehr rituelle und/oder sakrale Komponenten, meist mit unheimlicher, beklemmender oder gar verängstigender psychoakustischer Wirkung.[2] Das Produktionsniveau liegt auf Studioqualität und bietet das entsprechende Spektrum an Effekten, welche die Wirksamkeit noch erhöhen. In der Wirkungsweise der Aufnahmen liegt ein entscheidendes Differenzkriterium: Handelt es sich bei »authentischer« Ritualmusik um eine von mehreren Komponenten in einer sakralen Inszenierung, die durch die Abtrennung der begleitenden Sinneswahrnehmungen an Wirkung verliert,[3] hat ritualistische Musik die implizite Absicht, die Wirkung eines Rituals allein durch das Hören als Stimmung erfahrbar zu machen. Der auf diese Weise verarbeitete Inhalt und die formale Gestaltung des Ritus

A Das Instrumentarium von Zero Kama: Trommeln und Flöten aus Menschenknochen

B Die italienische Ritualband Sigillum S, Regensburg, 1991

1 Man denke z. B. an die zahllos wiederveröffentlichten, verrauschten Schellackaufnahmen von Aleister Crowleys enochischen Gesängen, die als Samples in allerlei jüngeren Produktionen wieder auftauchen

2 So beschreibt z. B. David Tibet (Current 93) die Wirkung seiner LP »Nature Unveiled« folgendermaßen: »...some people have said, ›Oh please take it off, I don't like it, I'm feeling uneasy‹, – things like that. Comments usually along the lines of the exorcist thing or sounds in a black mass or something like that – which is good.« Charles Neal: Tape Delay, Harrow 1987, S. 208

3 Vgl. komparative Veröffentlichungen anthropologischer sowie zeitgenössischer Ritual- und ritueller Musik wie etwa auf Buddhist Meditation East-West (Harmonia Mundi 1975) oder der MYTHS-Reihe (Sub Rosa o. J.)

selbst spielen dabei untergeordnete Rollen (z. B. ob die Prozedur der Aufnahmen und deren Nachproduktion selbst rituellen Charakter besaßen[4]).

Mit welchen psychoakustischen Mitteln werden die Effekte beim Hören erzielt? Abseits des Klangbereichs, der aufgrund sozialer Normen als unangenehm markiert ist (welchem sich die meisten Lärm- und Atonalmusiker verschrieben haben), arbeiten ritualistische Produktionen meist mit unterschiedlichen Anteilen an stehenden Tönen (meist im unteren, sublimeren Frequenzbereich), Schwebungen (kleine, sich verschiebende Disharmonien, die Obertöne erzeugen, was den Gesamtklang breiter wirken lässt), beschwörend-monotonem Sprechgesang, schleppenden, oft synkopischen Rhythmen (von Pauken, Trommeln oder anderen »schamanischen« Instrumenten gespielt) sowie ergänzend oder kontrapunktisch eingespielten Samples (z. B. von gregorianischen Chorälen, Obertongesängen oder authentischen Ritualmitschnitten). Mittels dieser Elemente entstehen Ehrfurcht einflößende Assoziationen von mystischen Zeremonien beschwörende Klanggemälde, die dunkle Interpretationsräume eröffnen und bei intensivem Zuhören Zugänge zu den eigenen verdrängten Innenräumen ermöglichen. Sicher kann rituelle Musik auch als »Dark Ambient«-Konsumprodukt nebenher rezipiert werden, etwa bei der Lektüre einschlägiger Literatur. Ein Blick auf die außermusikalischen Interessen der Industrial-»Väter«[5] zeigt allerdings deren tiefgehendes Interesse an okkulten und mystischen Themen,[6] insbesondere an Aleister Crowley und den mit ihm assoziierten magischen Orden und Praktiken. Im Gegensatz zu immer wieder auftauchenden, sich okkult gerierenden Metal-Acts mit Marketing-kompatiblem Evil-Gepose darf man im Bereich der okkulturellen Musik, die sich aufgrund ihrer Verwurzelung im Industrial als weitere Front im »Information War«[7] betrachten lässt, erwarten, dass die von ihr invozierte »Magick« sich als psychoakustisch wirksam erweist.

Auf der Rückseite der LP »The Secret Eye of L.A.Y.L.A.H.« von *Zero Kama*, einem Produkt der nicht näher erläuterten Church Of 2 C R II, finden sich neben einer Erklärung, alle auf der Platte verwendeten Instrumente seien aus menschlichen Schädeln und Knochen gefertigt, eine Art Meditationsanweisung und das Crowley-Zitat »Do what thou wilt shall be the Whole of the law«, welches die Maxime der Philosophie von Thelema (griechisch: »Wille«) darstellt. Diese ist den gängigen Exegeten zufolge eine Aufforderung zur Erweckung des höheren Selbst, zur Erkenntnis des eigenen Lebensplanes und dessen Durchführung. Crowley und die thelemitische Philosophie stehen oder standen Pate für zahlreiche Musikprojekte unterschiedlichster Stile: von *Led Zeppelin* bis *Substanz T* hat Crowleys Denken hörbare Spuren hinterlassen; sein Konterfei findet sich auf der »Sgt. Pepper«-LP der *Beatles*, und moderne Ketzer wie Timothy Leary und Robert Anton Wilson betrachten ihn als Pionier der Freiheit im Denken und Handeln.[8] Das spirituelle Revival der 1960er Jahre bescherte dem umstrittenen (und oft zu Unrecht als Satanisten abgestempelten) Dichter und Mystiker ein posthumes Comeback als Vorläufer der Gegenkultur. Crowleys Arbeiten mit und über Drogen, sein Mystizismus und der offene Umgang mit Sexualität garantierten ihm eine zentrale Position unter den Heiligen der Hippies. Die sagenumwobenen magischen Bruderschaften, deren Mitglied bzw. Gründer er war, inspirierten bis heute zahlreiche Imitate, von denen im Rahmen unseres Themas neben dem Ordo Templi Orientis (O.T.O.), einem gnostischen Orden[9], vor allem der Temple Ov Psychic Youth (T.O.P.Y.) Erwähnung finden soll: ein durch *Psychic TV* 1983 ins Leben gerufenes »globales Informations-Netzwerk, das der Verbreitung und Entprivilegisierung von Information, der Entmystifizierung von Magie und der Deprogrammierung und Entmachtung von Kontrolle und Manipulation dient«,[10] das dank der Vorlieben seiner Mitglieder für psychedelische Bewusstseinsveränderung und Piercings nicht über einen Mangel an reißerischer

C Der englische Okkultist und Magier Aleister Crowley (1875 – 1947) in ägyptischem Zeremoniendress

Sensationspresse klagen konnte.[11] Aber zurück zum Thema: Warum bedienen sich Künstler, deren spirituelle und musikalische Wurzeln bis in die Hanf- und LSD-seligen Flower-Power-Jahre zurückreichen,[12] psychoakustischer Mittel, die allgemein als beklemmend oder unheimlich rezipiert werden, um den Hörern den Zugang zu einer »world of darkness« (*Zero Kama*) zu ermöglichen? Vielleicht verschafft ein Auszug aus der etwas holprig formulierten »Gebrauchsanweisung« zu einer Tonbandaufnahme des »Liber Samech«-Rituals etwas Klarheit. Die der Kassette beigelegte Broschüre erklärt den Sinn des Rituals, nämlich die Beschwörung der »Personifikation des ›Wahren Willens‹«, und warnt: »Wenn Sie sehr dem christlichen Denksystem verhaftet sind, wird Sie diese Kassette wahrscheinlich abstoßen, obwohl es hier nicht um Teufelsbeschwörung geht, sondern um Erleuchtung.«[13] Mit dieser Ansicht stehen die Produzenten dieser eigenwilligen Aufnahme nicht alleine da: Jhonn Balance und Peter Christopherson, deren Arbeit für *Coil* oft okkulte Themen und Symbole, sexuelle Devianzen und Drogenerfahrungen zugrunde liegen, identifizieren ebenfalls die christliche(n) Kirche(n) als Kontrollagenten über Sexualität und die Bedeutung von Symbolen. Befragt danach, warum die meisten Menschen Rituale oder Magie als »böse« betrachten, kommt Christopherson zu demselben Schluss: »Es ist die Angst vor dem Unbekannten. Eigentlich kommt das daher, dass die Kirche andere, die Rituale durchführten, als Bedrohung betrachtete.«[14]

Überträgt man das psychologische Konzept der Angst vor dem Unbekannten auf den Bereich der rituellen Musik, erklärt sich deren Klangästhetik: Die Überwindung des Unheimlichen, Fremden und/oder Befremdlichen führt zu seiner Annahme, Integration und einer vollständigeren Konstruktion vom Ich; nach der Krise erfolgt die Katharsis; der Weg zum Licht führt durch die Dunkelheit. Rituelle Musik übernimmt und verstärkt die persönliche Verunsicherung des Hörers, um durch den Akt des Zuhörens selbst den Rang und die Intensität eines Initiations-, also Durchgangs- und Reiferitus zu beanspruchen. Inwieweit diese Rezeptionsstrategien zutreffen und funktionieren, bleibt den einzelnen Hörern vorbehalten, objektiv aber kann ritueller Musik ein Anrecht auf die Rückführung der Musik zu ihren kulturellen Wurzeln nicht abgesprochen werden: Wenn die Geschichte der abendländischen Musik als der »Prozess [ihrer] Säkularisierung« beschrieben werden kann, stellt rituelle Musik einen Anknüpfungspunkt an »archaische und ganzheitliche Verhaltensformen«[15] dar, ohne das Risiko, in regressive New-Age-Schwelgerei zu verfallen. Die Ablehnung von Unterdrückung und der Verdrängung von Information ist ein Kennzeichen der Industrial Culture, d. h. dass auch die dunkleren, abgelegeneren Innenräume menschlicher Erfahrung dem Forschen und Fühlen zugänglich gemacht werden müssen, auch wenn es Überwindung kostet. Aber setzt nicht die totale (Selbst-)Erkenntnis die rückhaltlose Selbstüberwindung voraus? Ist es nicht das, was die Psychonauten meinen, wenn sie vom Egoverlust sprechen?

Die psychologischen Implikationen von Durchgangsriten und ihre gesellschaftlichen Funktionen zu diskutieren, würde den Rahmen dieses Beitrages sprengen. Abschließend bleibt aber festzuhalten, dass das Interesse der Industrial-Künstler an Religion, Magie, Archetypen und Symbolen einen direkten Angriff auf die Definitionsmacht prä-industrieller Institutionen darstellt. Durch den Versuch, Musik wieder zu ihren sakralen und rituellen Funktionen zurück zu führen, artikuliert sich der subversive Angriff auf als überkommen empfundene Paradigmen, die der Entmündigung der Massen verpflichtet sind, indem sie Kontrollansprüche auf intime Lebensbereiche des Menschen wie Sexualität, Religion und Rauscherfahrung erheben. Ganz abseits jedweder individuellen psychologischen Wirkung ist dies ihre eigentliche soziologische Funktion; ihre Magie ist die Verheißung der Selbstbefreiung aus normierten Denk- und Verhaltensmustern, auf die trotzdem jede/r einzelne von sich aus zugehen muss.

4 Diese Frage ist im Rahmen dieses Beitrags von untergeordneter Bedeutung, macht aber deutlich, dass die jeweilige Definition des Ritualbegriffs von zentraler Bedeutung ist, was die formale Abgrenzung von Ritual-, bzw. ritueller Musik zueinander wie auch zu anderen Spielarten (wie z. B. Folklore oder Weltmusik) erschwert. So spricht etwa Jimmy Page (Gitarrist von Led Zeppelin und Crowley-Enthusiast) von Rockkonzerten als »Ritual, bei dem psychische Kraft freigesetzt und umgesetzt wird.« Für Neuheiden und Technoschamanen des »Archaic Revival« wird der gemeinsame Tanz zum Ritual des ekstatischen Ausdrucks kollektiven Bewusstseins. Vgl. Douglas Rushkoff: Cyberia. Life in the Trenches of Hyperspace, London 1994. Jimmy Page zitiert nach Hartmut Heuermann: Medienkultur und Mythen. Regressive Tendenzen im Fortschritt der Moderne, Reinbek b. Hamburg 1994, S. 254

5 neben Current 93, Psychic TV und Coil finden in diesem Kontext auch Z'ev und Zero Kama sowie einige Bands des Neo-Folk Beachtung; vgl. Wolfgang Sterneck: Der Kampf um die Träume, Hanau 1995, S. 214 ff

6 vgl. die Bücherlisten von Genesis P-Orridge (Throbbing Gristle, Psychic TV), Monte Cazazza, Z'ev u.a. im Industrial Culture Handbook sowie die einschlägigen Interviews mit P-Orridge, Tibet, Coil u.a. in Neal 1987

7 Genesis P-Orridge in Juno/Vale (ed.): Industrial Culture Handbook, San Francisco 1992, S. 15

8 In beider Werke finden sich explizite Referenzen; zudem erschienen Leary, Wilson und Crowley in den USA bei New Falcon Publications, dem Verlag des Hermetic Order of the Golden Dawn, in dessen britischer Mutterloge Crowley Mitglied gewesen war.

9 David Tibet war zu Beginn der 1980er Mitglied des OTO. Sein Resümee: »I used to be interested in ceremonial magic but eventually I realised it's just a rehearsal of reality and there's something ludicrous if you think about it objectively: a lot of people dressing up in robes, waving swords, and wands.« – »Ich hatte Interesse an zeremonieller Magie, aber schließlich wurde mir klar, dass es sich dabei nur um Theaterproben der Wirklichkeit handelte, und wenn man es objektiv bedenkt, hat es etwas Lächerliches: Ein Haufen Leute, die sich Roben überziehen und Schwerter und Zauberstäbe schwenken.« Neal 1987, S. 207 (Übers. v. Verf.)

10 Boris Hiesserer (aka b-eden), zitiert nach Sterneck 1995, S. 216

11 wenn etwa die Zeitgeistpostille »Tempo« auf dem Titel den T.O.P.Y. als »teuflische Verführung« bezeichnet und darunter ihre 80er-Jahre-update-Version der Sex-Drugs-R'n'R-Formel setzt: »Sado Maso, Psychedelik und Popmusik – eine neue Sekte lockt die Kinder dieser Welt« (Tempo 11/1986, Titelseite) – vgl. dazu den Beitrag von Dominik Tischleder in diesem Band

12 Man denke z. B. an die Psychic –TV-Coverversionen von Klassikern wie »Good Vibrations« (Beach Boys 1966), »Eve of Destruction« (Barry McGuire 1965) oder »Set the controls for the heart of the sun« (Pink Floyd 1968)

13 Beiblatt; Frank Kujath: Liber Samech Ritual, Tonbandkassette, Bergen 1992

14 Neal 1987, S. 119. Balance fährt fort: »Sie versuchen, ein Monopol zu bewahren, also ist alles andere schlecht oder böse, und dafür wird man in die Hölle geworfen [...] Der Teufel ist nur die christliche Adaption einer neutralen Naturgottheit; Pan, Cernunnos, die gehörnten Götter – die phallisch sind [...] Der Teufel ist eine Repräsentation naturreligiöser Sexualität, was der Grund dafür ist, dass sich Leute davon angezogen fühlen, selbst wenn man es als christliche Erfindung sieht.« (ebd., Übers. v. Verf.)

15 Beide Zitate Helmut Rösing und Alenka Barber-Keršovan: Konzertbezogene Verhaltensrituale, in: Herbert Bruhn, Rolf Oerter, Helmut Rösing (Hg.): Musikpsychologie. Ein Handbuch, Reinbek b. Hamburg 1993, S. 137

Industrial

und andere populäre Irrtümer

Stefan Lederer

A Passend zum Cyber-Look sind Paletten effektvoller Kontaktlinsen erhältlich
B Die Kultband Skinny Puppy live beim M'era Luna Festival, Hildesheim 2007

Irgendein Wochenende irgendwann gegen Ende des letzten Jahrzehnts in irgendeiner »schwarzen« Diskothek; die Feier befindet sich in vollem Gange:

Auf die Ohren gibt es technoid tönenden Viervierteltakt, dazu Lyrisches eher einfacher Natur, das, sofern verständlich, gänzlich frei von irgendeinem Subtext wahlweise menschliche Boshaftigkeiten oder Primärbedürfnisse thematisiert. Die Anwesenden tragen Kleider in Signalfarben zur Schau, garniert mit allerlei verwegenen Accessoires wie Knicklichtern, Schweißerbrillen und Atemmasken. So angetan, wird auf der Tanzfläche dann sportlich aggressiv oder wahlweise auch angestrengt lasziv herumgymnastikt, dass die in Neontönen leuchtenden Haarteile nur so fliegen; man wähnt sich ungemein individuell, ungewöhnlich und ein bisschen böse.

Der Plattenaufleger (der allzu oft eigentlich gar nichts mehr auflegt, sondern nur noch MP3-Dateien anklickt) ist sich seiner Rolle als bloßer Dienstleister vollkommen bewusst, niemand muss befürchten, sich unverhofft mit ungewöhnlicher oder gar zu anspruchsvoller Musik konfrontiert zu sehen. Mag sein, dass er privat zwar solche kennt und schätzt, er behält es aber lieber für sich, man will die Party-Crowd ja nicht verschrecken. Stattdessen lässt er die nächste von unzähligen, austauschbaren Dance-Nummern auf das Publikum los. Wenn es doch mal etwas gewagter sein soll, ist aus dem erstaunlich gleichförmigen Beatbrei ein »Ficken!« oder etwas Ähnliches zu vernehmen, womit für den Abend dann der Zenit der künstlerischen Provokation erreicht ist.

Ort des Geschehens ist leider nicht ein 90er-Jahre-Revival-Rave in einer Großraumdisco auf dem flachen Land, sondern ein verhältnismäßig typischer, zeitgenössischer »schwarzer« Abend, wie man ihn heute unglücklicherweise vielerorts finden kann.

Nicht selten steht dabei das, was der jeweilige Flyer zur Veranstaltung in Aussicht stellt, in erschreckender Diskrepanz zum tatsächlich Gebotenen. Von Gothic Rock ist da oft die Rede, Wave, EBM, und, fast schon unvermeidbar, Industrial. Die Frage, wo in dieser Aufzählung faktisch nicht oder kaum gespielter Musik jetzt genau die größtenteils zu Gehör gebrachten Trance-Techno-Derivate versteckt sind, gibt Anlass zu fröhlichem Rätselraten. Zumeist, der geneigte Leser ahnt es bereits, muss wohl der letztgenannte Begriff herhalten. Industrial, denkt sich da der eine oder andere, war da nicht mal was? War das nicht eigentlich mal etwas anderes?

Der Begriff »Industrial« erweckt offenkundig eine Vielzahl von Assoziationen, nicht alle entsprechen auch tatsächlich den ursprünglich damit bezeichneten Klängen. Die landläufige Erwartungshaltung des unbedarften Rezipienten umfasst hier, vermutlich nicht ganz zu Unrecht, vor allem Industriegeräusche, Fabrikhallenatmosphäre, maschinelle, laute, metallische Klangkonstrukte. Zum Teil ist das auch richtig, zieht man von Futurismus und Bruitismus beeinflusste Formationen wie z. B. *Esplendor Geométrico*, *Vivenza* und andere in Betracht. Zugleich ist und war Industrial als Genre jedoch immer weitaus mehr und bedeutend vielschichtiger, als das Wort vermuten lässt.

Ich möchte hier aber keinen Überblick über die Entwicklung dieser Musikrichtung geben, ebenso wenig wie ihre verschiedenen Ausformungen aufzählen. Zum einen würde das hier zu weit führen, zum anderen wird dies im Rahmen dieses Buches bereits an anderer Stelle getan.

Daher nur die wichtigsten Eckpunkte: die Ursprünge der Industrial Culture und ihrer Musik, beginnend bei *Throbbing Gristle*, sind in den Bereichen der Konzept- und Aktionskunst zu suchen.

Zielsetzung war neben dem Aufbrechen herkömmlicher Soundstrukturen und Hörgewohnheiten vor allem das Offenlegen der Niederungen und Ausschweifungen der modernen postindustriellen Gesellschaft. Die ungewohnten und oft verstörenden Klänge wurden hierzu häufig durch punktgenaue und drastische Provokationen ergänzt, die oft an den Grenzen des Erträglichen operierten; die gewählten Mittel reichen dabei von der Darstellung von Abseitigem und Krankem, psychischen Störungen und Gewalt bis hin zum Einsatz militaristischer und totalitärer Ästhetik. Industrial als Begriff steht (bzw. stand) also für audiovisuelle Grenzerfahrungen, und für ein Verwirrungs- und Destruktionspotential, das so von kaum einer anderen künstlerischen Strömung erreicht wurde.

B

Außerhalb Europas wurde darunter allerdings bald noch mehr subsumiert. Gerade im amerikanischen Raum wurde und wird der Terminus schon seit Längerem für fast alles gebraucht was düster, aggressiv und zumindest partiell elektronisch daherkommt. Das scheint bei verschachtelten *Skinny Puppy*-Stücken noch bedingt nachvollziehbar, erstreckt sich jedoch auch auf EBM und Artverwandtes und macht mitunter selbst vor Elektropop-Interpreten nicht halt.

Daneben kam es verstärkt zu Kreuzungen mit konventionellen Stilen wie Rockmusik und Heavy Metal. Entsprechende Künstler wie *Ministry* oder *Nine Inch Nails* erlangten, sicher nicht zuletzt auch aufgrund der leichteren Zugänglichkeit ihrer Musik, eine sehr hohe Popularität. Abgesehen davon, dass der Begriff »Industrial« infolge dieser Entwicklung aber zunehmend mit Klängen assoziiert wurde, denen er eigentlich vollkommen fern steht, ging hierbei auch der intellektuelle Unterbau der originären Industrial-Bewegung weitgehend verloren. Rezeptionsforschung und medientheoretische Ansätze, wie sie bei *Throbbing Gristle*, *SPK* und anderen zu finden waren, wichen so einem verhältnismäßig platten Spiel bestenfalls vordergründiger Provokation, das in Konsequenz und Bedeutungsgehalt ebenso weit hinter Industrial-Provokateuren wie *Whitehouse* oder *NON* zurückblieb.

Man sollte den Stellenwert des Industrial im Hinblick auf die Schwarze Szene nun nicht überbewerten. Musik aus diesem Bereich wurde und wird zwar in ihr rezipiert und konsumiert, er war ihr aber als Genre nie exklusiv zugeordnet, und wurde auch nicht von der Szene als Ganzes als ein ihr immanenter Bereich wahrgenommen. Wie viele andere Musik auch wurde er jedoch von vielen Schwarzkitteln geschätzt. Die behandelten, oft wenig positiven Themen und gemeinsame Entwicklungslinien mit und Verbindungen zu anderer in der Szene beliebter Musik, wie Überschneidungen mit dem frühen EBM und auch zum Bereich der rituellen oder im weitesten Sinne »okkulturellen« Musik, taten das Übrige, um Industrial partiell zu einem Teil der »schwarzen« Subkultur zu machen.

Entsprechend spezialisierte Veranstaltungen wie die Esterhofen-Partys von Tom Talionis Anfang bis Mitte der 90er Jahre boten zwar nicht für jeden etwas, erlangten aber gerade aufgrund dieser musikalischen Exklusivität häufig eine Art Kultcharakter und zogen Zielpublikum aus Deutschland und dem umliegenden Ausland an.

Wie bereits deutlich wurde, hat Industrial als Genrebezeichnung im Rahmen der schwarzen Subkultur mittlerweile jedoch vielfach eine fatale Bedeutungsveränderung erfahren.

Das Wort ist weitgehend zu einem leeren Begriff geworden, der mit allem gefüllt wird, was elektronisch ist und seitens des mehr oder minder unbedarften Konsumenten gerade als besonders »hart«, »krass« oder »cool« empfunden wird, beziehungsweise seitens PR-Verantwortlicher der Musikindustrie als eben solches vermarktet werden will.

Unter ökonomischen Gesichtspunkten macht das natürlich durchaus Sinn, wie eigentlich immer wenn subkulturelle Erscheinungen kommerziell ausgeschlachtet werden. Auch Menschen, die nicht wirklich das Interesse haben, sich mit schwer zugänglichen Kunstformen auseinanderzusetzen, erhalten so die Möglichkeit, sich mal so richtig schön anders und »undergroundig« zu fühlen, ohne dabei in irgendeiner Weise die popgeprägten Hörgewohnheiten aufgeben oder erweitern zu müssen. Das führt natürlich zu einer enormen Vergrößerung der potentiellen Zielgruppe wenn es darum geht, die schwarze oder anderweitig alternative Kuh gewinnbringend zu melken.

Leider wirken solche starken Kommerzialisierungstendenzen bekanntermaßen nicht nur verfälschend, sondern auch zerstörend. Fatal ist vor allem, dass sich an dieser Entwicklung auch Protagonisten und Nutznießer der Szene selbst beteiligen. Es ist davon auszugehen, dass nicht wenige Schreiber einschlägiger Magazine es eigentlich besser wissen, ebenso wie DJs die schon seit Jahrzehnten aktiv sind und dennoch ihrem heutigen Publikum die albernste *Scooter*-Kopie als finster-avantgardistische Klangkunst zu verkaufen trachten.

Es ist die absurde Situation eingetreten, dass Industrial-Hörer bei der Sichtung dieses Wortes auf einer Veranstaltungsankündigung mit allem rechnen können und müssen, nur nicht damit, dass die von ihnen präferierte Geräuschkunst tatsächlich auf betreffender Veranstaltung auch zu hören sein wird. Man kann »Best-of-Industrial«-Sampler erwerben, die alle möglichen Arten elektronischer Flachheiten enthalten, nur keine Musik, die wirklich dem, was der Titel verspricht, zuzuordnen wäre.

Im Grunde ist dieses Phänomen mittlerweile symptomatisch für die Schwarze Szene insgesamt. Industrial ist dabei nur ein besonders anschauliches Beispiel für eine allgemeine Tendenz, Genrebegriffe wahllos oder falsch zu gebrauchen, sei es aus Unwissenheit oder ganz bewusst aus Vermarktungsgründen. So wird auch schon seit geraumer Zeit belangloser Metal und neuerdings selbst an Schlager gemahnender Deutschrock zum »Gothic« erklärt, als solcher beworben und auch konsumiert, vermutlich auf der Grundlage, dass der Sänger sich die Augen schwärzt, irgendwo ein Keyboard finster-dramatisch mitorgelt oder eine verhinderte Operettensängerin im Refrain ihr Stimmlein erhebt. Dass Gothic Rock wie auch sein lärmigerer Bruder Death Rock klar eingrenzbare Musikrichtungen sind, die sich nicht nur thematisch, sondern vor allem durch bestimmte Stilmerkmale charakterisieren lassen, scheint nicht nur keine Rolle mehr zu spielen, sondern ist auch jüngeren Szenegängern häufig scheinbar kaum noch bekannt.

Das Beharren auf Genrekonventionen mag nun möglicherweise etwas kleingeistig erscheinen, diese sind aber gerade für eine lebendige und vielfältige Musikkultur absolut notwendig. Um über Musik zu kommunizieren und sich auszutauschen, ist ein Bestand an gemeinsamen Begrifflichkeiten unerlässlich, zumal in einer Szene, die sich zumindest ursprünglich zu einem großen Teil über Musik definierte.

Die Anhänger der fälschlicherweise oft als Industrial vermarkteten angedüsterten Technomusik (die mittlerweile immerhin auch unter Begriffen wie »Aggrotech«, »Hellectro« u. a. firmiert) werden von vielen anderen Szenegängern häufig mit Ablehnung betrachtet und zum Teil, nicht ganz unverständlich, sogar als Eindringlinge empfunden. Das liegt dabei weniger an den oft grellbunten Outfits der sogenannten »Cybergoths«, die häufig stark an die Raver der 90er Jahre erinnern, sondern vor allem an der aktuellen Omnipräsenz der mit ihnen assoziierten Musik. In vielen Fällen gibt es, selbst nach deren eigener Aussage, tatsächlich kaum Bezug zu den sonstigen Aspekten und Eigenheiten der Schwarzen Szene. Deren ohnehin schon recht starke Zersplitterung in zahlreiche Sub-Subkulturen hat sich in den letzten Jahren noch verstärkt; mit der zunehmenden Dominanz dieser neuen Strömung wächst auch gleichzeitig das Bestreben, sich von ihr abzugrenzen:

Dass Cybers etwas anderes hören als Techno, war mir gar nicht bewusst … Denn wenn sie glauben, Industrial zu hören, dann meinen sie eigentlich Techno. Und wenn sie glauben, EBM zu hören, dann meinen sie eigentlich Trance und Future Pop. Und wenn sie von sich behaupten, Goths zu sein, dann meinen sie eigentlich Raver. Seltsam lustige Gestalten mit gravierenden Verständnisproblemen, manchmal und gerade deshalb aber auch lästig wie Scheisshausfliegen.[1]

Kritiker sehen sich seitens der Befürworter und Angehörigen der neuen »Cyberkultur« vor allem mit dem Vorwurf konfrontiert, sie seien intolerant und würden legitime neue Entwicklungen und Einflüsse ablehnen, die es schließlich immer schon gegeben habe. Darüber hinaus garantierten schließlich neue Genres wie »Aggrotech« frische Impulse und sorgten dafür, dass die musikalische Vielfalt innerhalb der Schwarzen Szene auch zukünftig erhalten bliebe.
Beides ist bei näherer Betrachtung jedoch kaum haltbar. Es ist natürlich wahr, dass sich die Schwarze Szene musikalisch immer weiter entwickelt hat und viele musikalische Richtungen umfasst. Diese haben jedoch in der Regel gemeinsame Wurzeln und zum Teil sich überschneidende Entwicklungslinien, der Ursprung aus dem frühen Post-Punk und den Anfängen

C, D Cyberpunk meets Manga: Die CyberGoth-Fraktion mag's bunt

E Stylingtechnisch geht alles, auch wenn es nichts mit Industrial Music zu tun hat

1 Beitrag von »Chontameni« in einer Diskussion im online-Forum des Wave-Gotik-Treffens (http://wave-gotik-treffen.de/forumwgt/viewtopic.php?t=8824&postdays=0&postorder=asc&start=60; aufgerufen am 13. Februar 2010)

F Der exotische Cybergoth-Stil verselbständigt sich parallel zur Schwarzen Szene
G Dunkelbunte Mischung: Die legendären Esterhofen-Partys boten ein eklektisches Programm von Gothic Rock bis zu klassischem Industrial
H Pink ist das neue Schwarz

der Industrial Culture (siehe oben) ist hier ein zentraler Punkt. Wirklich davon ausnehmen lassen sich nur dunklere Spielarten des Heavy Metal, die ab ca. Mitte der 90er Jahre an Bedeutung in Teilen der Szene gewannen, sowie die angesprochenen Techno-Derivate, die wenig bis nichts mit der bis dato in der Szene existenten elektronischen Musik zu tun haben.

Einen positiven Einfluss auf die musikalische Vielfalt der Szene hatten letztere jedoch keineswegs. Im Gegenteil lässt sich in den schwarzen Clubs stattdessen eine zunehmende Tendenz zur Monokultur beobachten. Vielerorts sind die originären und für diese Subkultur prägenden Musikgenres zugunsten der technoiden Klänge weitgehend verdrängt worden. Dies ging mit dem schon thematisierten Bedeutungsverlust der Genrebegriffe einher, wodurch es für Szeneneulinge zunehmend schwerer wird, sich die tatsächliche musikalische Vielfalt ihrer eigenen Subkultur noch ohne größere Recherchen zu erschließen, zudem sind sie einem permanenten Etikettenschwindel ausgesetzt. Da ist es dann auch wenig verwunderlich, wenn vielen Jüngeren die grundlegenden Musikrichtungen der Schwarzen Szene unbekannt sind.

Es steht zwar außer Frage, dass gerade innerhalb einer so heterogenen und facettenreichen Gruppierung wie der Schwarzen Szene gegenseitige Akzeptanz einen hohen Stellenwert haben sollte. Das ändert aber nichts daran, dass eine gewisse Abgrenzung nicht nur möglich sein muss, sondern auch notwendig ist, gerade gegenüber Tendenzen, die diesen Facettenreichtum gefährden. Dass Subkulturen erst durch Grenzen überhaupt entstehen und existieren können ist eine banale Wahrheit; dass sie zunehmend ihren Charakter verlieren und irgendwann verschwinden, wenn diese Abgrenzung aufgegeben wird, ebenso.

Inwieweit sich die Schwarze Szene ihre Vielschichtigkeit bewahren wird, hängt wohl vor allem von der Bereitschaft Einzelner ab, sich zu engagieren, auch ohne zwingend Kapital aus ihr zu schlagen. Einige ihrer Untergruppierungen jedenfalls scheinen in ihren jeweiligen Nischen immer noch erfreulich gesund und selbstbewusst zu sein, und Organisatoren für Veranstaltungen jenseits des momentanen schwarzen »Mainstreams« finden sich immer noch, ebenso wie das Publikum dafür.

Es bleibt in ihrem eigenen Interesse zu hoffen, dass sich auch weiterhin genug Szenegänger sowohl den notwendigen Idealismus als auch ein gepflegtes Maß an Intoleranz bewahren werden. Die Hoffnung stirbt schließlich zuletzt.

Front 242

Voraus in die Vergangenheit

Interview: Alexander Nym

Hat die Electronic Body Music in den etwa drei Jahrzenten ihres Bestehens einen 360°-Zirkel beschrieben? Ist nach der durch sie inspirierten Geburt von House, Eurobeat, Techno, Goa usw. und der damit verbundenen gesellschaftlichen Verbreitung elektronischer Musik (und elektronisch basierter Produktionsweisen) ihr Innovationspotenzial aufgebraucht? Im Folgenden werden die »Erfinder« der EBM, die Belgier von *Front 242*, nach ihrer Einschätzung der Entwicklung von elektronischer Musik und esoterischeren Dingen befragt – Ihre Antwort legten sie seit 2007 in Form einer Vintage-Tour vor, auf der sie ein »Best-Of«-Programm ihrer größten Hits im digital-analogen Klanggewand präsentieren. Stellt man sich also die Frage »Quo vadis EBM?«, muss die Antwort wohl lauten: Zurück in die Zukunft der Vergangenheit.

Nach jahrelanger Stille in den 90er Jahren, von einigen Live-Aufnahmen, Soloprojekten und Fremdproduktionen abgesehen, hatte ich beim Hören des »PULSE«-Albums (XIII Bis Records 2003) den Eindruck, dass die ersten fünf Tracks (die ein langes Stück bilden), eine Art Rundumschlag darstellen, so nach dem Motto: »Hallo Technofreaks, die Altmeister sind zurück und zeigen euch mal, was ne Harke ist« ... sollte das tatsächlich ein Kommentar zum stumpfen four-to-the-floor-Techno der 90er Jahre sein?

A Jean-Luc DeMeyer
B Front 242: Jean-Luc DeMeyer und Patrick Codenys auf der Bühne, Hildesheim 2008
C Album »Tyranny For You«, Red Rhino, 1991

Patrick Codenys: Ja, in der Tat. Wir sind nicht gerade glücklich über die Entwicklung der elektronischen Musik in den 90er Jahren. Daher wollten wir wieder näher an die Ursprünge und grundlegende Gefühle und Sounds verarbeiten. Als wir in den frühen 80ern anfingen, waren wir inspiriert von Gruppen wie *Tangerine Dream, Neu!, Can* usw., der ganzen Krautrock-Sache.
In den letzten Jahren ging elektronische Musik in eine Richtung, die wir nicht mochten; das Schwergewicht verlagerte sich weg vom Kontinent hin nach England, und EBM wurde zu einer Formel wie in Rock oder Jazz; wie wenn man etwas kocht: Man nimmt einen Rhythmus, eine Basslinie, ein paar Pre-set-sounds, und mixt sie zusammen wie nach einem Rezept. Wir wollen den Fokus wieder von England weg mehr in Richtung der deutschen Klassiker verlagern, und das deutsche Anti-Rock-Feeling stärker betonen.

Hat man Euch gebeten, heute Abend »klassisches« Material zu spielen?

Patrick Codenys: Nein, nicht explizit, aber seit der Wiederveröffentlichung des »Geography«-Albums haben wir vermehrt Vintage-Material im Programm; alte Singles und so weiter, aber vom Sound her nicht wie auf der »Re:Boot«, das meiste geht zurück zu den Basics. Wir versuchen, näher an den Original-Sounds der frühen 80er zu sein.

Inwiefern hat sich der Produktionsansatz verändert, wenn Ihr ältere Stücke rekonstruiert, insbesondere hinsichtlich der neuen di-

gitalen Techniken?
Patrick Codenys: Wir nutzen sowohl analoge wie auch digitale Technologie, das Alte und das Neue. In den frühen 80ern hat man sehr bewusst Sounds, Patterns, Samples und so weiter eingesetzt; es gab eine Philosophie der analogen Klänge. Es war auch viel komplizierter, analog zu arbeiten. Das ist heute anders, jeder kann jetzt durch digitale Plug-ins analoges Equipment einsetzen. Deshalb versuchen wir, uns stärker dieser Philosophie der analogen Produktionsweise anzunähern.

Beim Anhören des »PULSE«-Albums fällt auf, dass, anders als auf allen Euren anderen Platten, keine Sprachsamples mehr auftauchen. Nur ganz am Ende der Platte ist ein Cut-Up aus Sprachsamples zu hören, das nach einem Amerikaner klingt, dessen nichtssagende Satzfragmente und Füllphrasen aneinandergereiht sind, sodass ein sinnfreies Gestammel entsteht, zusammengesetzt aus Stücken wie »If you know what I mean«, »You know« usw., das mit dem Satz »Let me tell you something« kulminiert. Er redet die ganze Zeit, sagt aber eigentlich gar nichts dabei. Was hat Euch motiviert, diese Sequenz einzusetzen?
Patrick Codenys: Ach ja, es geht so vieles verloren. Es wird viel geredet, aber die Leute meinen nicht, was sie sagen; es gibt einem nichts, es ist nur Bullshit und hat keine Substanz.

Die Stimme klingt nach dem stereotypen Amerikaner ... man könnte die Sequenz als Kommentar auf die politischen Entwicklungen seit 9/11 interpretieren.
Patrick Codenys: Wenn man das möchte; es ist auf jeden Fall eine zulässige Interpretation. Es handelt sich tatsächlich um die Aufnahme eines Soldaten der US-Armee. Die amerikanischen Journalisten sind am schlimmsten. Nicht nur dass die Amerikaner vergleichsweise ungebildet sind, sie werden auch nicht informiert. Egal welche amerikanischen Nachrichtensender man sieht, ob CNN, NBC und so weiter, es ist alles dasselbe. Journalisten haben eine Verantwortung als Vermittler von Information an der Schnittstelle zwischen den Geschehnissen und den Menschen, aber sie erledigen ihren Job nicht. Sie begreifen diese Funktion nicht mehr, und das hat sich ja in der unkritischen Berichterstattung vor dem Irakkrieg gezeigt.

Abgesehen von der Funktion von Samples als Bedeutungsträgern in Eurer Musik ist mir aufgefallen, dass Ihr sehr komplexe Texte habt. Ich erinnere mich an eine Rezension im »Stern«, als »Front By Front« erschien (1988), in der es hieß, die Texte seien auf stakkatoartige Werbeslogans reduziert, aber ich finde Eure Texte recht gehaltvoll. Welches Gewicht haben Lyrics für Euch und wer

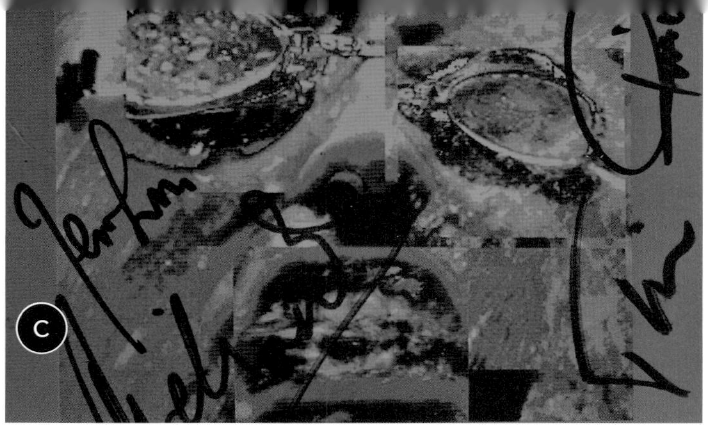
C

schreibt sie?
Patrick Codenys: Jean-Luc verfasst sie. Meist geht es um das Individuum und Kommunikationsprobleme. Aber sie bestehen aus mehreren Schichten, es ist wie mit unseren Cover: Es gibt ein offensichtliches Bild, dazu ein Symbol, und dazu einen Slogan. So bestehen auch die Texte aus mehreren Ebenen: dem Offensichtlichen, dem Symbolischen, und der tieferen Bedeutung, die in den Worten steckt. Bei »Until Death« zum Beispiel geht es um einen Virus, der den Wirtskörper zerstört, aber das ist nur eine von diesen Bedeutungsebenen. Jean-Luc ist sehr gut darin, nicht nur mit Songtexten, die etwas schwieriger zu schreiben und zusammenzubauen sind als Gedichte. Aber Jean-Luc schreibt auch sehr gute andere Sachen, sehr schöne Gedichte auf französisch.

Abgesehen von den verschlüsselteren »Front 242«-Lyrics hatte ich den Eindruck, dass es in »Let Your Body Die«, dem großen Tanzflächenfüller, für den er mit Cybertec zusammengearbeitet hat, recht unverblümt um Transzendenz und die Überwindung des Körperlichen geht. Ist »Let Your Body Die« ein spiritueller Text?
Patrick Codenys: Dazu soll er sich lieber selber äußern. (steht auf und holt Jean-Luc De Meyer, der sich fast schüchtern vorstellt, bevor ich die Frage wiederhole)
Jean-Luc DeMeyer: Wenn Du fragst, ob er spirituell ist ... ja, aber auch wieder nicht. Es gibt vieles, das man nicht sehen kann. Die Natur des Menschen ist mehr als das, was man sehen kann. Aber ich habe durchaus esoterische Interessen, zum Beispiel habe ich viel von Krishnamurti gelesen, aber auch einige andere Sachen.

Siehst Du einen Unterschied zwischen Esoterik und dem Okkulten?
Patrick Codenys: (denkt nach) Viele Menschen interessieren sich für das Okkulte, aber das hat nichts mit dem Göttlichen zu tun. Das sogenannte Okkulte befasst sich mit den niederen Dimensionen. Wenn man sich wirklich mit dem Spirituellen befassen will, muss man höher schauen; einfache Antworten und simple Lösungen in Frage stellen. Zwischen dem Menschen und dem Göttlichen liegt die Astralebene, und da gibt es Exis-

D Covermotiv »Politics & Pressure«, Label DFD, 1985
E 7" Single »Interception«, Red Rhino, 1986

tenzen, die einem Schwierigkeiten machen können. Der Kontakt und die Kommunikation mit »Engeln« zum Beispiel kann leicht fehlinterpretiert werden und führt zu einfachen Antworten, mit denen man sich auf seiner Suche zufrieden gibt. Die Illusion von etwas Höherem hält einen davon ab, tatsächlich höher zu gelangen. Wenn man glaubt, dass man angekommen ist, muss man weiter gehen. Die Buddhisten haben ein gutes Gleichnis dafür: Wenn Dir in der Meditation der Buddha erscheint – dann töte ihn! Denn auch er ist nur eine Illusion. Die de-inkarnierten Existenzen können sehr gefährlich sein: Wenn etwas mit einer angenehmen Oberfläche daherkommt, kann es einen leicht täuschen.

Hast Du praktische Tipps für den Umgang mit disinkarnierten Entitäten?

Jean-Luc DeMeyer: (lacht) Mit anderen Leuten zu arbeiten wäre eine gute Lösung. Das Problem liegt in der Gefahr, sich von einer Vision beglücken zu lassen, sodass man nicht weiter gehen will. Es gibt immer etwas Höheres, und wenn man sich mit einer schönen Vision zufrieden gibt, bleibt man stehen und hört auf, sich weiter und höher zu entwickeln.

Aldous Huxley spricht im Zusammenhang mit visionären Erlebnissen und dem Gebrauch von neurochemischen Transmittern von Transzendenz »nach unten«, wie sie etwa Alkohol hervorrufen kann, und von der Transzendenz »nach oben« bei entsprechendem Gebrauch psychedelischer Substanzen. Was hältst Du davon?

Jean-Luc DeMeyer: Eine Freundin von mir ist Mitglied in einem Ayahuasca-Zirkel und macht regelmäßig Erfahrungen mit Ayahuasca und halluzinogenen Pilzen. Ich denke, das kann einem etwas über das Pflanzenreich und die Erde, sich selbst und über die eigene Persönlichkeit sagen, aber ich selbst benutze keine Drogen; ich glaube nicht an ihren Nutzen. Sie bringen einen nicht höher hinaus, sondern zurück zur Erde. Ob Du es glaubst oder nicht, wir, die Menschheit, erdulden die Auswirkungen eines lange zurückliegenden kosmischen Unfalls und leben in einer Welt des konstanten Notfallzustands. DWeshalb ist es wichtig, zurück in die höheren Dimensionen zu gehen, anstatt hier unten festzustecken.

Angesichts der globalen Krise(n), sollten wir da nicht erst recht versuchen, den Bereich der Erde, der Pflanzen, des Planeten zu verstehen?

Jean-Luc DeMeyer: Ja, das mag hilfreich sein, aber Drogen zu benutzen, perpetuiert nur die illusionäre Selbsttäuschung.

Too old to die young

Mutationen einer Jugendkultur, die keine mehr ist

Alexander Nym

Zu Beginn der 90er Jahre war es ruhig geworden in der Szene. In England war »Gothic« als Modewelle schon längst in der Versenkung verschwunden, und in Deutschland sieht es zu dieser Zeit nicht viel besser aus. Dem Tanz auf dem Vulkan des Kalten Krieges folgte die Siegesfeier über den Ostblock samt Wiedervereinigungskater. Die Auguren des Unterganges erscheinen einmal mehr als unzeitgemäße Spielverderber, die Love Parade und MayDay nur bedingt gutheißen und sich in der bunten MTVIVA-Hype-und-Retrowelt der »Spaßgesellschaft« wie Exoten ausnahmen. Ende der 80er sah es aus, als hätte eine Flaute die New Wave abebben lassen, aber mit dem Schritt des lokalen Fanzines »Zillostrierte« zum bundesweit vertriebenen Independent-Musikmagazin Zillo, das in den Anfangstagen mit dem Charme einer Schülerzeitung über Bands berichtete, die von den etablierten Zeitschriften eher stiefmütterlich behandelt wurden, entstand eine Kommunikationsplattform, die den vereinzelten angedüsterten Vorstadtteenagern Gelegenheit gab, Brieffreundschaften mit Gleichgesinnten zu knüpfen, Neues über bislang unbekannte Bands zu erfahren (Die Erstvorstellung der »Gewinner« des Demo-Tape-Wettbewerbs, den das junge Label Danse Macabre im Zillo veranstaltet hatte, errang, was Wunder, die Hausband *Das Ich*) und im Kleinanzeigenteil dunkle Perlen der absonderlichsten (aber auch banalsten) Pubertätslyrik abzulassen, dass es dem dunklen Lästerherz allmonatlich eine Freude war. Schlagartig tauchte eine neue Generation von Szenegängern auf, und mit ihnen eine Welle von Bands, von denen einige zu etablierten Größen im Musikgeschäft geworden sind, wie *Deine Lakaien*, *Welle: Erdball* und viele andere. War die Dark Wave-/Gothic-Szene Ende der 80er noch eine homogen auftretende Jugendsubkultur mit klaren Dresscodes gewesen, brachen diese in den frühen 90ern auf, um Elemente aus Fetisch, Body Modification, Camouflage, Renaissance und Mittelalter zu assimilieren. Diese Diversifikation setzte sich fort, und mit Herannahen des Millenniums setzte ein schleichender, aber unaufhaltsamer Zersetzungs-, aber auch Multiplikationsprozess ein: während die Szene wuchs und sich über ein zunehmend unübersichtliches musikalisches Spektrum ausbreitete, spaltete sie sich in die verschiedensten Subkulturen auf. Es mag spekulativ klingen, lohnt aber darüber nachzudenken, ob dieser Verlust von Kohärenz und Kohäsion, der mit dem Ende des Kalten Krieges einherging, nicht auch mit diesem in seiner Funktion als apokalyptischem Damoklesschwert zusammenhängt: Während die »I remember the 80ies«-Generation mit der beständigen Bedrohung der nuklearen Vernichtung, Waldsterben und verzweifeltem Polit-Aktivismus aufwuchs (und sich nun in einem Alter befindet, von dem damals zweifelhaft war, ob man es je erreichen würde), sind die Untergangsszenarien nicht weniger bedrohlich, dafür aber wesentlich diffuser geworden. Die Pershing-Rakete im Vorgarten ist ein wesentlich konkreteres Symbol der eigenen Vergänglichkeit, als schwer fassbare Projektionen der langfristigen Auswirkungen von Umweltverpestung, Rohstoffknappheit und Klimawandel, oder un(be)greifbare Gelegenheitsschrecken wie Terrorismus, Epidemien, oder was die angstgeilen Sensationsmedien sonst noch im Repertoire haben. Anstatt von den spür- und sichtbaren Wirkfaktoren die eigene Existenz betreffend, sind wir heute von hyperkomplexen Phänomenen wie hausgemachten Kapitalismuskrisen und angeblich unsteuerbaren Dynamiken der Marke »Globalisierung« umgeben, deren Kausalketten gerade jungen Menschen undurchschaubar scheinen, weshalb der Rückzug in die eigene Ohnmacht sich im gesteigertem Interesse an leichter Unterhaltung und hintergrundfreiem Partymachen ein Ersatzventil verschafft. Hier dient gerade Popmusik als Indikator: Während in den 80ern politisches Bewusstsein auch vor »Unterhaltungsprodukten« keinen Halt machte (man denke an *Sting*, der sich in »Russians« direkt an Reagan und Chruschtschow wandte, oder die *Talking Heads*, die sich doppelbödig fröhlich auf die »Road to Nowhere« begaben), dominieren

in der jüngeren U-Musik inhaltliche Leere und am Reißbrett geplante Vermarktungskampagnen aufblasbarer Marionettensuperstars der Medienindustrie. Die verbleibende, zur Sprachlosigkeit im nichtssagend brabbelnden Info-Ozean verdammte Mehrheit muss sich geradezu gezwungenermaßen ein Nischendasein in einer der untergründigeren Musikkulturen suchen, denn was für die Musik gilt, betrifft auch die Medien in denen sie stattfindet: Im nicht umsonst so bezeichneten Formatradio läuft nichts als leichte Muse, die zur Berieselung am Arbeitsplatz dient, und das Wochenende bzw. der Feierabend werden von den Pausenkaspern (ehedem Moderatoren) zum Höhepunkt des konformen Einerleis aufgeblasen. Und die Musikpresse hat sich im Kampf um Marktanteile derart spezialisiert, dass sie von Anzeigenschaltungen genau der Industrie abhängt, die zu hinterfragen sie vorgibt. Freier Journalismus sieht jedenfalls anders aus. Kein Wunder also, dass sich junge Menschen auf der Suche nach etwas anderem in Subkulturen begeben, die der bunten Welt der Casting-Shows demonstrativ den Rücken zukehren. So etwa die dezidiert antimodernistische Neofolk-Szene, über die Stephan Pockrandt berichtet, gefolgt von Gernot Muschs gedankenvollen Betrachtungen über die Mutationen dieser Szenen und ihres Verhältnisses. Oder die Mittelalter- und LARP-Szenen, die sich zu einem Gutteil aus (Ex-)Goten rekrutieren, in die Philipp Kollmar, der mit je einem Bein in beiden Welten beheimatet ist, einen sachkundigen Einblick gibt. Cornelius Brach erzählt über die Entwicklung des Wave-Gotik-Treffens, und abschließend reflektiert Oswald Henke über seine Erfahrungen in der Szene und die Entwicklungen der jüngeren Vergangenheit. Aber zuerst erläutert Sven Ericksen, was ihn an der Szene noch immer fasziniert, und zeigt die ästhetischen und inhaltlichen Anknüpfungspunkte auf, die abseits von musikalischen Trends mit Halbwertszeit eine nähere Auseinandersetzung mit ihr nach wie vor lohnenswert machen.

Once upon a time

Sven Ericksen

Meine ersten Berührungen mit der Gothic-Szene fanden im zarten Alter von 20 Jahren statt. Ich war ein Kind der 80er, also musikalisch groß geworden mit einem Mix aus der Neuen Deutschen Welle, dem New Wave und der New-Romantic-Szene. In dieser frühpubertären Phase haben mich Interpreten wie die *Simple Minds, U2, INXS, Billy Idol, Paul Haig, Depeche Mode, David Bowie, Joy Divison, DAF, Visage, Kraftwerk, Tangerine Dream, Brian Eno, Yello, Jean-Michel Jarre, OMD* usw. begeistert. Später kamen Bands wie *Fields Of The Nephilim, Seigmen, Sisters, Cure, Mission, Front 242, New Order, Kirlian Camera, Stoa, In The Nursery, Qntal, Ikon, VNV Nation, Clock DVA, This Mortal Coil, Love Is Colder Than Death* usw. dazu. Einige der genannten Gruppen fingen mit punklastiger Musik an um sich dann umzuorientieren, vor allem z. B. *Siouxsie and the Banshees, Christian Death, Bauhaus* oder *Alien Sex Fiend,* um extreme Beispiele zu nennen.

Bevor mich die oben genannten Indie-Gruppen aber überhaupt erreichten, brauchte es den zündenden Funken: 1986 erhielt ich in meiner Zeit bei der Bundeswehr von einem Stubenkameraden aus Bochum eine Kassette, die er von einem gewissen *DJ Diva*, der im Jahr 1981 die Gruft-Disco Zeche in Bochum eröffnet hatte, bekommen und für mich kopiert hatte. Auf dem Tape waren nur zwei Gruppen zu hören: die Band *Clan Of Xymox* aus Holland und das Projekt *Psyche* von Darrin und Stephen Huss aus Kanada. Im gleichen Jahr etablierte sich auf dem niedersächsischen Privatsender Radio FFN eine Sendung namens »Grenzwellen«, in welcher der inzwischen zum Kult gewordene Moderator Ecki Stieg tatsächlich drei volle Stunden Musik aus den Bereichen EBM, Ambient, Gothic und Wave spielte und spannende Interviews mit Gruppen wie *Wolfsheim* oder *Deine Lakaien, And One* u. a. führte – ein Traum angesichts der in heutigen Zeiten nur noch grottenhaft schlechten kommerziellen Sender.

Das Tape und die Sendung »Grenzwellen« stellten meinen Einstieg in den Untergrund der Schwarzen Szene dar. In meiner damaligen Heimatstadt Oldenburg wuchs Anfang der 80er Jahre ziemlich schnell eine sehr lebendige dunkle Szene heran, die dann ab Mitte der 80er Jahre eine regelrechte Wiederbelebung erfuhr. Zeitgleich stellte sich meine ständig wachsende Vorliebe für schwarze Kleidung in allen Formen und Facetten ein, die für mich keineswegs eine negative, depressive Stimmung zum Ausdruck bringen oder gar eine Verbindung zu von den Medien gern reißerisch präsentierten Dingen wie Satanismus, Leichenschändung oder Friedhofsentweihungen symbolisieren sollte, sondern in meinem Fall für Romantik, Fantasy, Melancholie und Geborgenheit stand und dafür, einfach anders als die graue, angepasste Masse zu sein.

Zu meiner musikalischen Ausrichtung gesellten sich zunehmend Einflüsse mittelalterlicher Musik in Form von Interpreten wie *Dead Can Dance* oder Loreena McKennitt bis hin zu

A Straßenszene beim Wave-Gotik-Treffen in Leipzig, ca. 1994
B Wegbereiter melancholischer Wave-Musik seit den 80er Jahren: Clan Of Xymox
C Maschinelle Klänge aus Deutschland: Kraftwerk beschworen in den 70er Jahren die »Mensch-Maschine«
D Besucher beim Wave-Gotik-Treffen, Leipzig 2008

klassischen Komponisten wie Richard Wagner. Mit völliger Hingabe schwärmte ich für die Romantik z. B. in den Bildern von Caspar David Friedrich, der seine eigene zerrissene Kindheit in seinen tieftraurigen, düsteren Bildern verarbeitet hat, oder den Werken des Dichters Novalis, der die dunkle Seite der Romantik mit alptraumhafter Poesie darstellte. Sehr früh hatte ich ein Faible für alles, was nicht von dieser Welt zu sein schien, darunter Vampirgeschichten, alles zu den Themen unendliches Leben, Tod, Esoterik, Dark Poems, Universum, Morbides und Nihilismus. Ich sah mir Filme wie »Der Name der Rose« nach dem Roman von Umberto Eco an, las die literarischen Werke von Edgar Allan Poe und Oscar Wilde, bestaunte die düsteren Bildbände von Simon Marsden oder Gerald Axelrod und machte selbst meine ersten fotografischen Gehversuche auf Friedhöfen. Ich liebte Heldengeschichten aus dem Mittelalter wie die Nibelungensage und hatte eine Faszination für das Fantasy-Genre entwickelt. All diese Themen, die seit meiner Kindheit und darüber hinaus immer wichtig für mich waren, sind ein Teil von mir geworden und haben meinen Charakter nachhaltig geprägt. Auf meine Art war ich ein ziemlich passender Vertreter des Gothic: Der freiwillig introvertierte Außenseiter.

Sicher war im Mittelalter nicht alles schön kitschig romantisch, wie es uns heute in diversen Mainstream-Filmen vermittelt werden soll, aber Kostümkleidung, Umgangsstil und Seelenwelt galten mehr als in unserer kalten, sterilen Zeit. Damals haben sich die Leute die Welt noch durch ihre Fantasie erklärt, heute wird Fantasie nur noch selten akzeptiert, die Menschen versuchen immer alles haargenau zu analysieren … da bleibt kein Platz mehr für schwärmerische Fantasywelten, außer in den genau abgezirkelten und eingegrenzten Büchern und Filmen. Ich denke, wer »Der Herr der Ringe« von J. R. R. Tolkien einmal gelesen hat, ahnt, wovon ich hier spreche. Daher wundere ich mich auch nicht, dass viele Bands aus der Szene Liebe, Romantik, Trauer und Tod als zentrale Themen wählen, auch wenn damit nicht gerade große Popularität zu erlangen ist. Für die Szene jedoch sind diese Themen gemeinsame Nenner, in denen sich Menschen wiederfinden und nicht zuletzt begegnen können, egal vor welchem Hintergrund oder mit welcher Motivation sie sich dieser Szene, ihrer Ästhetik und ihren Themen annähern: Wer sich ernsthaft mit sich und seinen Betrachtungen hinsichtlich dieser »ewigen« Themen auseinandersetzt, ist jedenfalls nicht fehl am Platze und wird von anderen, die sich ebenso damit auseinandersetzen, sicher als gleich oder ähnlich gesinnte Seele akzeptiert und unterstützt werden. Diese grundsätzliche Toleranz und die Möglichkeit der individuellen Selbstentfaltung waren für mich schon immer zentrale Prinzipien meiner Lebenseinstellung. Und fährt man einmal im Jahr zum Wave-Gotik-Treffen (WGT) nach Leipzig, um auf den vielen Bühnen die bezaubernden Klänge der Musiker, die sich ihre individuelle künstlerische Freiheit bewahrt haben, zu hören (egal ob Cold Wave, Heavenly Voices oder Doom Metal, Neofolk, Industrial, New Romantic oder Dark Electro), und sieht die Szenegänger mit ihren opulenten Kleidungen, fantastischen Frisuren, feschen Dresscodes, Latexkostümen und Corsagen, dann weiß man, warum man sich für diese Art der Musik und mit ihr für die friedliebendste Szene der Welt entschieden hat.

A

Bekenntnis

Stephan Pockrandt

Ich liebe Friedhöfe. Jeden Tag gehe ich am Grab Caspar David Friedrichs vorbei. Besuche ich eine neue Stadt, besuche ich zuerst die Toten, schleiche durch die Nekropolen und ruhe zwischen den Grüften und Bäumen. Dabei begleitet mich sehr oft Musik: Ich sitze auf einer Bank und lausche im Angesicht der Gräber ausgesuchten Liedern. Habe ich die richtigen gewählt, treffen sie mein Innerstes und werden eins mit mir. Dann treten mir die Tränen in die Augen. Ergriffenheit und Trauer scheinen zu verschmelzen.

Bin ich ein Gothic? Nein, ganz sicher nicht. Und es ist ein wenig seltsam für mich, in einem Buch mitzuwirken, dessen Sujet das »Schillernde Dunkel«, die Schwarze Szene ist. Sicher, ich gehörte einst dazu, aber heute besitze ich kaum ein schwarzes Kleidungsstück, schwarze Schuhe zum Beispiel habe ich keine. Dabei führt auf dem deutschen Markt für Fußbekleidung Schwarz die Verkaufscharts unangefochten an, ja es ist das, was einstmals alle Gruftis, Waver, oder wie auch immer ganz bestimmt nicht sein wollten: Mainstream.

Alles vergeben und vergessen? Der zeitgenössische Gothic ist in allererster Linie Konsument. Still und langsam vollzog sich eine Kulturrevolution, seit deren Abschluss die Mehrheit der Grufti-Szene eine Art Bravo-Ersatz liest, eine Version deutschen Schlagers oder zumindest eine Vergewaltigung des Techno hört, schwarze bis schrille Bekleidung trägt, deren Herkunftsorte Schlimmes vermuten lassen, und eine künstliche Haar- und Gesichtsmaskerade pflegt, die am Montagmorgen rasch zum ebenso künstlichen aber wirtschaftskonformen Nullachtfünfzehnkopf umgeformt wird. Diese Szene hätte längst schon das Los anderer Subkulturen geteilt, gäbe es da nicht diese künstlerische Vielfalt mit all ihren Adern und Äderchen, in denen auch heute noch hie und da subversives Blut fließt. Die Teds, Mods, Hippies und Popper befinden sich seit Langem ausgemergelt auf dem Friedhof der Moderne, verkommen zur stilistischen Fußnote. Selbst die einst glorreichen Punks und Skinheads bestehen heute nur noch aus ein paar traurigen Gestalten, die an Orten herumlungern, an denen sich eigentlich niemand wohlfühlen kann. Gothic – der aktuelle Leitbegriff für die Grufti-Szene – steht dagegen frisch und schillernd da und vereint unter seinem Dach ganz verschiedene Strömungen. Da gibt es unter anderem die Naturreligiösen, die Okkultisten, die Verehrer von Industrial und Cold Wave, von Black Metal und Apocalyptic Folk. Für letzteren, auch Neofolk genannt, möchte ich hier eine Bresche schlagen – oder ist es gar meine Festrede für die Totenfeier?

Schon Ende der 80er – inmitten der in die DDR importierten »Bravo-Foto-Lovestory« mit »Ratte« und *Christian Death* und den hiesigen »anderen« Bands – bemerkte ich den Unterschied zwischen den »Anderen«, für die das Äußere, der Lifestyle, ausschließliches Merkmal der Schwarzen Szene war und den »Unseren«, die mehr wollten, weil wir die Herzen, Gedanken und Gefühle dabeihatten. Wir wollten unser Innerstes dargestellt hören, lesen

A Wie kaum ein anderes Konglomerat von Bands hat der World Serpent-Komplex (Current 93, Death In June, Sol Invictus, Fire + Ice) ästhetischen und inhaltlichen Einfluss auf die Schwarze Szene in den 90er Jahren genommen. Heidentum, Magie, kontroverse Symbolik und ätherische Musik bestimmten einen Großteil der Diskurse innerhalb wie außerhalb der Szene. Goth mit 93-Rasur in der Diskothek Pipeline, Rohr 1991

B Abstrahierte dreidimensionale Mutterrune (»Hagalaz«) als organische Struktur (gefrorene Birkenrinde…?) als Design für Eis & Licht

und sehen. Natürlich waren auch wir Augenmenschen, doch unsere Lieblingsbands mussten nicht gezwungenermaßen aussehen wie wir. Nichts war nebensächlicher als die Frisur oder die Kleidung des Künstlers, wenn sein Werk authentisch düster war. Wann sahen *Joy Division, Throbbing Gristle* oder *Dead Can Dance* jemals so aus wie *Blutengel* und deren unheilvolle Verwandtschaft? Und sind *Rammstein* und *Marilyn Manson* etwa tiefer »hidden among the leaves« als *Death in June, Current 93* und *Laibach?*

Selbstverständlich erfolgte auch mein Eintritt in die Szene durch eine klassische Dark-Wave-Combo, aber rückblickend schafften es *The Sisters of Mercy* nur, mich für gerade mal drei Jahre in den Bann zu ziehen. Und während ich das Begrüßungsgeld, welches jeder Bürger der DDR im Westen erhielt, in die »Deathwish« (*Christian Death*) und die »The Reptile House EP« (*Sisters Of Mercy*) investierte, bewies ein Freund sich als weitaus geschmackssicherer – zielgerichtet erwarb er die »Nada!« (*Death In June*). Bei mir aber hatten noch ein paar Monate »Sex, Drugs & Jesus Christ« (*Christian Death*) oder »Dawnrazor« (*Fields Of The Nephilim*) die Nase vorn, bis mir dämmerte, dass »The Wörld Thät Sümmer« (ebenfalls *Death In June*) und »Horse Rotorvator« (*Coil*) eigentlich doch die besseren Platten waren. Sie waren schwieriger, geheimnisvoller und ungleich faszinierender.

Meine kurzfristige Ladehemmung am Baum der Erkenntnis kann nur erklärt werden, wenn ich mir meine damalige Skepsis eingestehe. Aus schlichter Unwissenheit heraus war sie in meine Knochen gekrochen, fand doch in dieser sogenannten Wendezeit das letzte politische Engagement meinerseits statt: Gemeinsam mit der »Vereinigten Linken« versuchte ich den »Anschluss« zu verhindern, was im damals ausgebrochenen Kaufrausch natürlich vergebens war. Ich konnte mir schon damals nicht vorstellen, wie man als junger Mensch vernünftig leben könne, wenn man nicht Punk oder zumindest linksradikal sei. Diese Ideologie vor mir hertragend, beargwöhnte ich meine beginnende Leidenschaft für *Coil* und *Sol Invictus* natürlich. Aufgrund ungenügender Sprach- und Sachkenntnis geriet ich in einen Zwiespalt – in dem die unleugbare Faszination konträr dem gegenüber zu stehen schien, wofür ich mich ins Zeug legte. Jedoch, ich erinnere mich nicht mehr genau wie und warum, genauso plötzlich wie die Zweifel gekommen waren, verschwanden sie auch wieder, und ich befreite mich von meiner kleinen *Sisters of Mercy*-Bootleg-Sammlung, um Geld für die teuren World-Serpent-Importe aus England zu bekommen. Kaum waren diese eingetroffen und die ersten Konzerte und Diskotheken (meist in Nürnberg oder Bayreuth) mit Trabant und Freunden besucht, wurde mir klar, dass ich bei weitem nicht der Einzige in der Schwarzen Szene war, der die Melodien, die Sprache und die Aura dieser Musik liebte. Wir hatten damals keinen Namen dafür, für uns war es authentische und okkulte Grufti-Musik in Höchstform, Wave meinetwegen, und wir begannen sofort, die »1888« (von *Death In June* und *Current 93*) in rotem und schwarzem Vinyl zu kaufen und die »Earth Covers Earth« (*C93*) aus Japan wegen ihres enormen Preises zu verfluchen. Offensichtlich schien uns in jenen Jahren nur das Nord-/Südgefälle zu sein, denn während die Gruftis in Berlin und Hamburg (eine große Ausnahme bildete das Ruhrgebiet mit dem legendären Club Zwischenfall) auf *Current 93* und *Death In June* merkwürdig zurückhaltend reagierten, flippten die Leute in München, Nürnberg und Dresden ob der Klänge von *Sixth Comm* oder *Fire & Ice* vollkommen aus. Der DJ-Gott der Bayreuther Etage, Oswald Henke, versorgte uns beinahe wöchentlich mit neuem Stoff und ich staune noch heute, wie galant wir zu »Lord Of Ages« von *Blood Axis* das Tanzbein schwingen konnten. Zwar nahmen wir auch die anderen Entwicklungen der dortigen Helden (Stichwort »Neue Deutsche Todeskunst«) wahr, doch berührte uns das weitaus weniger, schien es uns doch nur ein aufkommender Zirkus zu sein. Wir sollten Recht behalten.

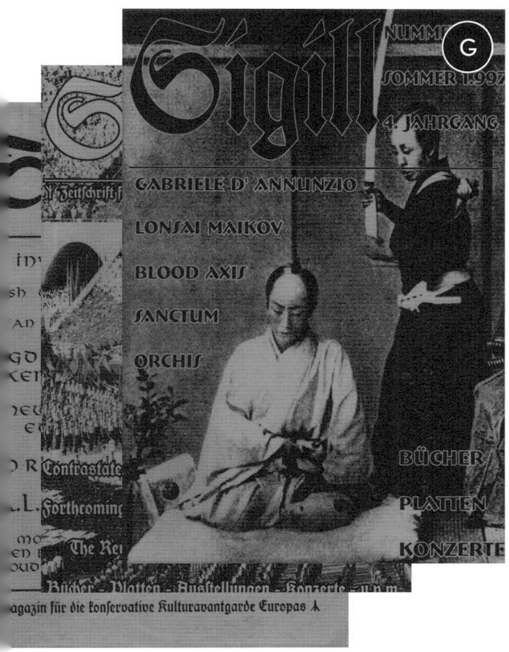

C Promo-sheet für »Nada!« von Death In June (NER 1985)
D David Tibet (Current 93) auf der Bühne im Nürnberger Künstlerhaus (damals KOMM, heute K4), 1991
E CD-Erstauflage des Sixth Comm-Debutalbums »Content With Blood« (Eyas Media 1989), die LP erschien 1987
F Symbolik der österreichischen Nationalbewegung, römischer Mithraskult und markige Sprüche: Blood Axis präsentierten sich zu Beginn gerne als düster-dubiose Propagandisten einer »völkischen« Spiritualität. Schulterschlüsse mit Allerseelen, Boyd Rice und Death In June folgten wenig später. Motiv aus einer Blood Axis-Broschüre, die die ersten Veröffentlichungen »Lord Of Ages« und »Electricity« auf dem inzwischen gesuchten Sampler »Lamp of the Invisible Light« (Cthulhu Records 1991) kommentierte.
G Als »rechtsextremes« Magazin verunglimpft: Sigill verursachte selbst geneigten Lesern gelegentlich Bauchschmerzen, aber es zwang zur Auseinandersetzung mit den behandelten Themen und zur persönlichen Stellungnahme – wenn auch nicht immer mit »politisch korrekten« Resultaten ...

Um meine Begeisterung und Energie in fruchtbare Bahnen zu lenken und um etwas für die Künstler zu tun, die ich liebte, stand ich ab Anfang 1991 sehr oft am Kopierer. Zuerst waren es nur Textbeiträge für Magazine wie NRG (Dresden) oder Live News (Bayreuth), später wurde es dann ein kleines zusammengeschustertes Heft namens Sigill. Dieses Fanzine hatte alle typischen Stärken und Schwächen seiner Gattung, die idealerweise von Enthusiasmus und Fanatismus geprägt ist: meine Künstler waren die »Götter«, alle anderen Künstler nur Götzen, nicht ernstzunehmende Pseudos oder gar untaugliche Nichtmusiker. Das, was die »Götter« inspirierte, sollte mich inspirieren, das, was sie lasen und hörten, wollte ich lesen und hören. Ich verstand die Provokation, das Ambivalente und das Zweideutige sehr gut, es amüsierte und unterhielt mich. Hinzu kam eine gewissermaßen leichtsinnige Selbstüberschätzung, eine Temperaturerhöhung und mir fieberte: Ich wollte es genauso krachen lassen oder gar noch einen draufsetzen. Dabei überspannte ich selbstverständlich den Bogen hin und wieder ein wenig. Nicht, dass es ein Alleingang gewesen wäre – Zuspruch und Spaß wurden von Ausgabe zu Ausgabe größer, aber rückwirkend betrachtet war es ein Hindernislauf in vermintem Terrain.

Zur gleichen Zeit hatte die politische Deutung der Musik begonnen, die wir nunmehr Apocalyptic Folk (später Neofolk) nannten, ja, sie wurde oft zur einzigen Interpretationsschiene für die Kritiker der Szene. Künstler und Publikum reagierten sehr unterschiedlich auf die Vorwürfe. Ich wollte vor allem die Contenance bewahren und eine Grenze ziehen. So baute ich eine Burg (»konservative Kulturavantgarde«), nahm mitsamt der Zeitschrift eine Abwehrhaltung nach allen Seiten ein und war froh über jeden, der sich solidarisch zeigte. Die Parole »Der Feind meines Feindes ist mein Freund«, die ich damals kennenlernte, wurde mir allerdings schneller als gedacht eine Last und erwies sich als Fehlgriff.

Der schleichende Prozess der Erosion des Neofolk in der Gothic-Szene hatte längst begonnen. Die Szene, zu Recht auf ihre konsequente Friedfertigkeit und das Unpolitische als Definitionsmerkmal bedacht, entledigte sich langsam und Schritt für Schritt der »Querulanten«, die mehr und mehr auf eine künstlerische Eigenständigkeit pochten. Allzu oft tauschten nun viele Gruftis ihre schwarzen Kittel in uneindeutige Uniformen um und wurden zu »Neofolkern«. Sie eiferten in erster Linie ihren Lieblingskünstlern nach und sahen sich fortan und meist zu Unrecht diversen Vorwürfen und Anschuldigungen ausgesetzt. Vielleicht hätte es damals noch etwas genutzt, wenn *Death in June*, die man durchaus als Ursprung dieser Entwicklung benennen kann, sich klar und unmissverständlich geäußert hätten. Aber wäre die Enttäuschung nicht riesig gewesen? Und wäre nicht alles viel langweiliger geworden?

Mir jedenfalls lag noch immer wenig an Ruhe und bürgerlicher Fassade. Mein nächster Schritt zur Selbstverwirklichung erfolgte 1997 mit der Gründung des eigenen Eislicht-Verlages, welchen ich jahrelang unter dem ironischen Motto »Neofolk will save the world« durch die Wogen der Subkultur geleitete, und dessen Tätigkeit hoffentlich nicht ganz ohne Nachwirkungen geblieben ist. Ich kann nicht verhehlen, stolz auf das zu sein, was das Label erreicht hat, wenn auch heute schon wieder vieles in Scherben liegt. Mit *Orplid, Forseti, Sonne Hagal* und *Leger des Heils* veröffentlichte Eis & Licht als erstes und somit auch einflussreiches Label der Neofolk-Szene eine ganze Reihe deutschsprachiger Künstler, die eine Szene, vielleicht sogar ein Sub-Genre vollkommen neu erfanden. Eine düstere, eingängige und sehr melodische Musik mit Folk- und Pop-Hintergrund und überwiegend deutschen Texten, die sich mehr an der Klassik als am Zeitgeist orientierten, hatte es bis dato noch nicht gegeben. Auch strahlte die Musik weit bis Russland, China, Italien und Spanien aus, und nicht wenige Bands wurden dort frenetischer gefeiert als hierzulande.

Doch bei allem Jubel blieb der Stand in Deutschland schwierig. Der in Teilen berechtigte Kern der nunmehr gebetsmühlenartig vorgetragenen Kritik aus oft rein politischen Kreisen multiplizierte sich im immer wichtiger werdenden Internet auf unangenehme Art und Weise. Aufgrund der vielen Verdrehungen und Folgefehler, einer augenscheinlich selektiven Wahrnehmung und unzähligen böswilligen Unterstellungen war es ein Wunder, dass es nur vereinzelt zu gewaltsamen Angriffen gegen Musiker und Fans kam. Das Klima wurde ungemütlicher und sehr genau registrierte ich, wer was warum kritisierte. Um Klärung bemüht, gaben einige Künstler Stellungnahmen und Distanzierungen ab (auch ich zögerte nicht, als mich das Orkus-Magazin darum bat), doch wurden diese mehrheitlich ignoriert – das Kind war längst in den Brunnen gefallen.

H »Neofolk will save the world«: Tarnfleckmuster ersetzten im Lauf der 90er Jahre in vielen Fällen das extrovertierte Auftreten des klassischen Gothic-Looks

K Flugblatt der Anti-Racist Action, das behauptet, Boyd Rice sei Begründer der rechtsradikalen American Front und zum Boykott eines Konzerts von Rice und Death In June aufruft. Los Angeles 2004

Trotzdem ist es ein Fehler, den Niedergang des Neofolk ausschließlich jenen externen Stimmen zuzuschreiben, die ihre Kritik immer im vollen Brustton der Überzeugung herausposaunten. Denn das waren regelmäßig nur ein paar virtuelle Stimmchen. War es nicht vielmehr so, dass oft zu wenig Substanz, Können und Visionen vorhanden waren? Die Emanzipation von den großen Vorbildern aus England gelang zumindest in Deutschland nur wenigen Bands (u. a. *Orplid* und *Forseti*), währenddessen andere sich beständig im Kreise drehten und die Botschaften aus London ein wenig zu ernst nahmen. Da standen sie nun in erstarrten Posen vor den Feldherrenhallen und wurden nur von ihren Uniformen zusammengehalten. Viele Texte verkamen zur Mischung aus Kinderreim, hohlem Pathos und Worthülse, ein Großteil der Musik zu banalem Schlager und immer mehr Konzerte wurden Momente des kollektiven Fremdschämens. Und spätestens an dem Abend, an dem eine Akustikgitarre vom Tonband eingespielt wurde und zum einhundertsten Male ein Kriegsfilm in Schwarz-Weiß unreflektiert an die Wand geworfen wurde, war es Zeit, den Saal zu verlassen und sich zu erinnern, warum und womit alles angefangen hatte. Die Leidenschaft, das Mysteriöse und das Ambivalente waren fast vollständig verschwunden. Es wurde Zeit, »Leb wohl« zu sagen.

Dass es für mich kein leichter Abschied geworden ist und ich noch immer ein wenig auf der Klaviatur der Szene herumklimpere, bedeutet nur, dass ich mit meinen Dämonen und Gefühlen nicht so einfach brechen kann. Denn noch immer besuche ich die Gottesäcker in aller Welt um Ruhe, Entzücken und Andacht zu genießen, noch immer spüre ich die Geister in den dunklen Mooren, sehe die Trolle in den tiefen Wäldern und erlebe den kalten Schauder in den engen Gassen von Meyrinks und Kafkas Prag. Wenn ich beim Wandern die Wildgänse im Nebel aufschrecke, im kühlen Grunde der sterbende Schwan singt und am Brunnen vor dem Tore die alte Eiche im Sturmwinde ächzt, bin ich ergriffen vom Anmut der Welt, von ihrer düsteren und furchtbaren Schönheit. Wenn Ian Curtis singt, die »Fields of Rape« (*Death in June*) beschworen werden und der Tonarm in der »Pornography« (*The Cure*) versinkt, wenn ich vor den düsteren Bildern von Matthias Grünewald oder Hieronymos Bosch stehe, dann spüre ich, dass es mich niemals loslassen wird und dass Schwermut, Melancholie und Trauer auch schöne Gefühle sein können. Und dass ich einmal Grufti war und es immer sein werde, egal in welcher Verkleidung.

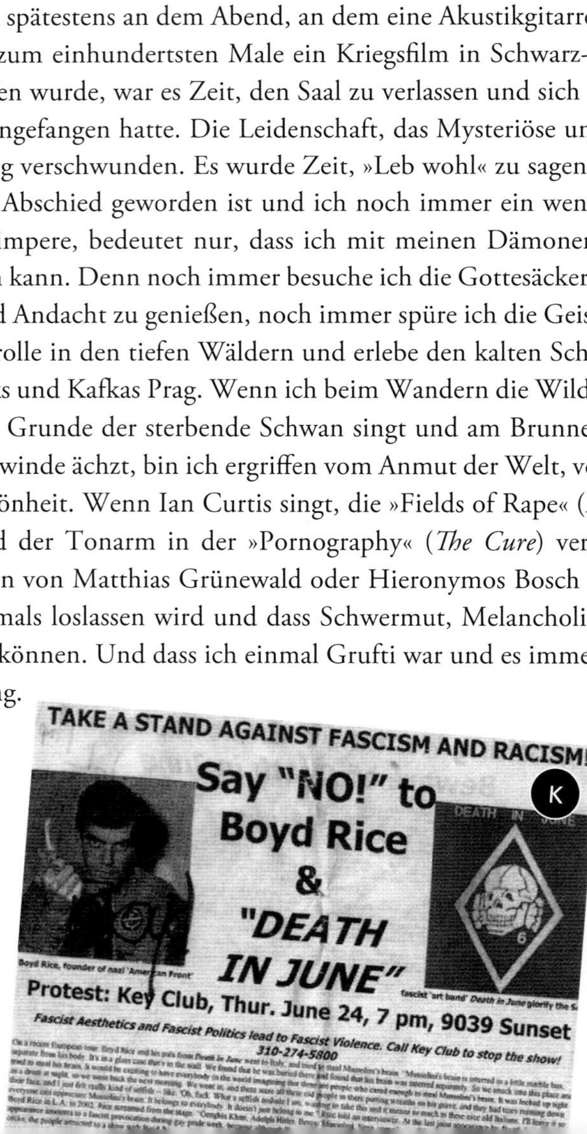

AN ALLE KONZERTBESUCHER/INNEN,

das heutige Konzert der Band DEATH IN JUNE zwingt uns, dieses Flugi zu verfassen.
Reden wir beim heutigen Gig der Band von Kunst, so schließt das für uns ein, daß die KonsumentIn das Recht auf eine eigene Meinungsbildung von vornherein besitzt. Somit ist es für uns wichtig, daß Ihr beim Erleben des Konzertes auch unsere Gedanken in Euer Meinungsbild einfliessen laßt.
Die Band DEATH IN JUNE wird oft in einem Atemzug mit LAIBACH erwähnt. Dieser Vergleich entlastet DEATH INJUNE wohl kaum von der Verantwortung, die sie beim Umgang mit Symboliken, Geschichts phrasen und Ideologien haben.
Während bei LAIBACH ohne Umschweife von einem Kunstkonzept die Rede sein kann, das den Totalitarismus in seiner faktischen Form unverhüllt darstellt, knüpfen DEATH IN JUNE an sogenannte Werte wie "Treue", "Ergebenheit", "Ehre" an, die bei einem Auftritt in Deutschland generell mißtrauisch machen müßten.
Wir erwarten speziell von Douglas Pearce, als Kopf der Band, eine konkrete Stellungnahme zu Rassismus und faschistische Ideologien.
Wir halten es für äußerst fatal, wenn in der gegenwärtigen Zeit, die durch puren Rassismus und faschistische Gewalttaten geprägt ist, Menschen die Zeit zwischen ´33 und ´45, faschistische Ideologien und damit in Verbindung stehende Runen und Symbole als Themen behandeln, die nichts weiter wären,als "faszinierend".
Die heutige Zeit läßt es einfach nicht zu, daß eine Band mit Idealen und Symboliken hantiert, die gesellschaftlich eindeutig faschistisch besetzt sind.
Weiterhin ist das Herangehen der Band keine zu tolerierende "Provokation"; nein, ganz im Gegenteil, sie öffnet den FaschistInnen Tür und Tor für ihre generelle Menschenverachtung.
Die Vermischung von Mythen und Magie mit faschistisch besetzten Symboliken stellt für uns eine gefährliche Einflußnahme auf ein Publikum dar, welches wohlweißlich für solche Thematiken Interesse zeigt.
Am Ende können wir Euch -erstaunlicherweise im Einklang mit dem komischen " ´Indie´-Mag" "Sub-Line"- nur die folgende Frage stellen,"ob in dieser Zeit wiedererwachender Dummdeutschheit und Hörigkeit gegenüber menschenverachtenden Blindgängerideologien es vonnöten ist, mit faschistischen Symboliken zu provozieren (?)

GEGEN DEN RECHTSRUCK

IN DER Gesellschaft!

For Those who go Beyond

Ein persönlicher Rückblick

Gernot Musch

Als Fan, Musiker und ehemaliger Chefredakteur eines Szenemagazins bewege ich mich nun seit 15 Jahren innerhalb der schwarzen Subkultur. Damit gehöre ich zwar lange noch nicht zu den Pionieren und bin selbst in meinem Freundeskreis eher der zweiten bis dritten Generation angehörig, trotzdem möchte ich dieses Buch gerne als Gelegenheit nutzen, meine ganz eigenen Erfahrungen und Einschätzungen zu einer Szene auszuführen, die für mich schon lange über den Status einer Jugendkultur hinaus zu einem essentiellen Teil meines Lebens geworden ist, und an der (und in der) ich eine starke persönliche Weiterentwicklung erfahren durfte.

A Flugblatt der »antirassistischen Jugend«, das beim Silvesterkonzert von Death In June 1992 vor dem Leipziger Werk 2 verteilt wurde. Ironischerweise wurde die Security auf dem Konzert von S.H.A.R.P.-Skins (antirassistischen Skinheads) gestellt, die auf Anfrage beteuerten, dass sie eine rechte Band gar nicht im Werk 2 auftreten lassen würden. Leipzig 1992
B Süddeutsche Gothics, 1989
C Impression von einer Tom Talionis-Party im Ballroom, Esterhofen ca. 1992

Dies liegt wohl in erster Linie daran, dass es trotz aller oft zur Schau gestellten Oberflächlichkeit der letzten Jahre innerhalb dieser eigentlich völlig inhomogenen Subkultur eine Fülle von über Musik und andere Ausdrucksweisen transportierten Themengebieten gibt, die tiefer reichen als ins CD-Regal. Wer aufgeschlossen genug ist, wird sogar so weit gehen können, durch diese Szene etwas über den Wertewandel und die Sehnsüchte mehr oder weniger junger Menschen in Europa in den letzten drei Dekaden zu erfahren.

Auch die Reaktion der Gesellschaft auf diese subkulturelle Szene wiederum wirkt zuweilen entlarvend, ist sie doch zuweilen mit der Beschäftigung der Szenezugehörigen mit transgressiven Themen wie Tod, Okkultismus, S/M und Fetisch, totalitären Weltanschauungstheorien und anderen unpopulären Philosophien überfordert. Sei es von der Ästhetik, dem transportierten Inhalt oder auch dem musikalischen Ausdruck an sich. Trotz der unglaublichen Popularität, die diese Subkultur in den letzten Jahren erfahren hat, trifft man als Szenegänger immer wieder auf das Misstrauen und die Skepsis Außenstehender, die ihren Ursprung wahrscheinlich in der genannten Überforderung haben, welche wiederum aus Unwissen und damit verbundenen Ängsten herrühren. An dieser Stelle kann dieses Buch einen wertvollen Beitrag leisten. Trotzdem möchte ich auch einen kritischen Blick auf diese Szene werfen und Probleme andiskutieren, mit denen ich in all den vergangenen Jahren aktiv und passiv befasst war, und deren Reichweite über diese Subkultur erschreckend deutlich hinausgehen.

— Eine Entdeckungsreise —

Ein grundlegendes Missverständnis, dem Außenstehende immer wieder unterliegen, ist die Vorstellung, die Schwarze Szene als eine hermetische und homogene Szene zu begreifen. Anno 2010 kann ich mir persönlich keine vielfältigere Subkultur vorstellen als das, was ich hier immer wieder mit etwas Verlegenheit als Schwarze Szene bezeichne. Auch wenn der gemeinsame Nenner all jener Schattierungen stilistischer Art ein Hang zur Farbe Schwarz ist, und man ein sehr verbreitetes Interesse an den Grenzbereichen von Philosophie, Kunst, Literatur, Musik und Sexualität feststellen kann, so hört damit doch schon die Klammersetzung auf.

Die Gewaltigkeit des Ausmaßes an Vielfalt wurde mir im ersten Entwurf dieses Textes bewusst, als ich versucht hatte, für diejenigen Leser, die mit der Schwarzen Szene nicht direkt befasst sind, eine Übersicht über die einzelnen Spielarten und Strömungen zu verfassen, um das Verständnis für die anderen Kapitel zu erleichtern. Nach zwei DIN-A4 Seiten hatte ich die gröbste Einteilung vorgenommen, die wichtigsten Kennzeichen aufgelistet und wurde das Gefühl nicht los, dem Thema in keiner Weise gerecht geworden zu sein.

Aber genau das war es, was mich so lange an der Schwarzen Szene zu fesseln vermochte: Mögen sich auch Vorlieben und Interessen verschoben haben, es gab immer noch etwas Neues zu entdecken. Auch wenn ich mir durch Bands wie *The Sisters of Mercy* oder *The Cure* schon seit Mitte/Ende der achtziger Jahre über die Existenz dieser Szene bewusst war, gewann ich meine ersten Eindrücke durch den Besuch von Clubveranstaltungen. Und während ich damals in der Death-Metal-Szene von der mangelnden geistigen Beweglichkeit der Leute angeödet war, staunte ich nicht schlecht, dass es niemand in der Schwarzen Szene als Tabubruch ansah, wenn man eben noch zu *Ministry* »tanzte«, dann schnell zu *Depeche Mode* das Tanzbein schwang, um danach noch die *Einstürzenden Neubauten* und *Death In June* zu würdigen. Genauso faszinierend fand ich es als politisch aufgeladener junger Mensch, hier mit Leuten ins Gespräch zu kommen, die sich als Dunkelpunks empfanden, um mit dem Menschen gleich daneben über Nihilismus zu diskutieren oder wieder andere kennen zu lernen, die erstaunlich viel Sachkunde zum Thema Satanismus und Okkultismus hatten, während wieder andere sogar Christen waren und vielleicht der oder die Nächste einfach nur »Bock hatte«, die Musik zu hören und mit Freunden ein Bierchen zu trinken.

Natürlich klingt das in der Nachbetrachtung viel elitärer, als es im Endeffekt gewesen sein wird oder gar heute noch ist, aber nichtsdestotrotz war es in meiner persönlichen Entwicklung ein Quantensprung, mich immer wieder mit Menschen im Gespräch zu finden, mit denen man sich völlig entspannt nicht nur seicht austauschen konnte, sondern meinetwegen auch über Tod und Teufel, Sadomasochismus und den Sinn des Lebens unterhalten konnte, ohne dabei die Scheuklappen bereithalten zu müssen, die einem während der Sozialisation im bürgerlichen Milieu zum Schutz vor den Randbereichen des Lebens mitgegeben wurden. Natürlich ging das auch nicht mit jedem, und es gab und gibt nach wie vor nicht nur hehre Freigeister, sondern ebenso viele Biedermänner und -frauen in Schwarz; wir wollen ja nichts beschönigen oder hochstilisieren. Ich bleibe trotzdem dabei, es als eine Art geistige Befreiung empfunden zu haben, meine Sehnsucht nach der Beschäftigung mit den Tabubereichen des Lebens nun nachgehen und die eigenen geistigen Grenzen hinterfragen zu können. Besonders gefordert hat mich bereits von Anfang an die Frage, wie weit es zulässig ist, sich in der Kunst und Musik mit dem Stil und den Inhalten faschistischer Bewegungen auseinanderzusetzen, war ich damals noch ein orthodoxer Gegner von allem, das auch nur den Verdacht erwecken könnte, irgendwie rechts zu sein. Aber auch in diesem Punkt erfuhr ich durch diese Szene eine Art politische Emanzipation, die mir wohl im bürgerlichen Alltag oder in vielen anderen Subkulturen durch die fehlende Verschiedenartigkeit der Positionen und dem faktischen Wissen so nicht möglich gewesen wäre. Aber dazu an anderer Stelle in diesem Beitrag mehr.

Kurzum, ich hatte in dieser Szene eine Art geistiges Zuhause gefunden und lernte alsbald die Chancen zu schätzen, die sie mir bot.

— Von Kunst und Kommerz —

Die Zeit, in der ich in diese Szene hineingeriet, stellte sich im Nachhinein als eine Zeit großer Veränderungen für die Schwarze Szene heraus – was allerdings rein gar nichts mit meinem Eintritt zu tun hatte! Diese Veränderungen waren in erster Linie durch einen starken zahlenmäßigen Zuwachs an Szenegängern bedingt, der wiederum dazu führte, dass es von Jahr zu Jahr immer mehr und größere Musikveranstaltungen gab, immer mehr Bands und Künstler aktiv wurden und immerzu neue Szenemagazine – sowohl als Printausgaben als auch schon im noch recht frischen Internet – das Licht der Welt erblickten. Dies zog wiederum neue Leute in die Szene, und das ganze Phänomen wuchs inflationär an. Über die möglichen Gründe dafür möchte ich gerne in einem der nächsten Abschnitte spekulieren. Hier bleibt in diesem Zusammenhang aber festzustellen, dass fortan das Intime und Spezielle, das ich noch am Rand in dieser Szene kennenlernen durfte, und das ich im vorherigen Abschnitt zu umreißen versucht habe, langsam in den Hintergrund zu treten begann. Woran zeigte sich das konkret?

Es fing für mich persönlich damit an, dass ich feststellen musste, dass viele von den »Neuzugängen« ganz anders mit meiner lokalen Szene umgingen als ich es vorher gewohnt war. Während ich seinerzeit recht schnell Leute kennen lernen konnte und wollte, die schon lange vor mir Szenegänger waren, und ich mich durch diese über Musik, Veranstaltungen und so weiter informierte, schien ein nicht zu vernachlässigender Teil der »Neuen« gar kein Interesse daran zu haben, was vor ihnen in den Clubs oder Veranstaltungen alles los war oder welche Bands man unbedingt mal gehört haben sollte. Sie stellten vor allem aktuelle Künstler in ihren Fokus und schienen auch in ihrem modischen Ausdruck weniger an Individualität interessiert zu sein als vielmehr am aufkommenden Angebot von Szeneläden. Dazu sollte man bedenken, dass es auch Zeiten gab, wo es bis auf Ausnahmen keine »Gothic Mode« von der Stange gab, sondern man aus allen möglichen Quellen geeignete Kleidung zusammensuchte. Mit vielen dieser »neuen« Leute fand letztlich dann auch seltener dieser geistige Austausch statt, von dem ich im ersten Abschnitt so begeistert berichtet habe.

Ein zweites Phänomen in diesem Zusammenhang war die Art der Clubkultur, die sich Ende der Neunziger plötzlich wandelte. Während es zur Zeit meines Einstieges Diskotheken gab, in denen noch so genannte »Runden« praktiziert wurden, sprich immer eine Reihe von bestimmten und mitunter skurril kombinierten unterschiedlichen Stilen abgewechselt wurden, befanden sich die jüngeren Leute nun in der luxuriösen Situation, Themenabende wählen zu können. Was sich anfangs noch als bereichernd andeutete, wandelte sich aber auch zu einer unangenehmen Situation, gab es in den Clubs doch immer wieder Gäste, die sich vom Programm nicht einfach nur inspirieren ließen oder die nicht konstruktiv beim DJ Lieder vorschlugen oder nach gespielten Stücken fragten, sondern sich permanent über das gebotene Programm beschwerten und mehr hiervon und mehr davon wünschten. Manchmal wurde einem sogar Boykott angedroht, würde man nicht den Wünschen entsprechen. Ich habe damals immer mal wieder als DJ aufgelegt und die seltsamsten Dialoge miterlebt. Das Prinzip des DJs als Zeremonienmeister wurde an dieser Stelle untergraben und es gab einige dieser Zunft, die sich widerstandslos dem Diktat des zahlenden Gastes unterwarfen. Das bescherte einigen Veranstaltern zu Recht ein großes Publikum, korrumpierte aber meiner Meinung nach den Geist der ersten Jahre, den ich an der Szene so sehr geschätzt hatte. Denn auch wenn es nun rein quantitativ mehr Möglichkeiten gab, Diskotheken zu besuchen, Konzerte und Festivals zu sehen oder wie in meinem Falle auch selbst Musik zu machen, so schien mir doch auf der qualitativen Seite ein Verlust zu entstehen, der mit einer gewissen Ignoranz und Schubladen-

D Einblick in ein schwarzes Bekleidungsgeschäft in Berlin-Kreuzberg, in dem die Betreiberin (im Bild) selbst hergestellte Kleidungsstücke verkaufte, ca. 1992

E Die Rückseite dieser Einladung nach Esterhofen zeigt das eklektische Spektrum der dort aufgelegten Musik. Das Hintergrundbild stammt aus dem Death In June-Album »The Wörld Thät Sümmer« und ist mit einem Songtext daraus in Runenschrift verziert: »In the blood of winter // you may crush my soul // for we can fall no further // the world is hell« (DIJ, »Blood Of Winter«

F Beispiel für eine Mottoparty, in diesem Fall für 80er-, Batcave- und Death Rock-Musik, Berlin 2004

denken einherging. Vor allem, weil Musikstile, die wenige Jahre zuvor noch gleichberechtigt nebeneinander gehört, geschätzt und »betanzt« wurden, nun in eigene Subkulturen mündeten, deren Klientel sich für Dinge außerhalb ihres Genres nur noch wenig interessierten. Dass dies nicht alleine durch die schiere Zahl der Szenegänger bedingt war, zeigte sich an einigen Leuten aus meinem Bekanntenkreis, die keine Probleme damit hatten, auch weiterhin verschiedene Schwerpunktabende aufzusuchen.

Als weiteren Punkt im Reigen der Veränderungen möchte ich das eben schon beschriebene Aufkommen von weiteren Subkulturen innerhalb der Schwarzen Szene nennen. Dass die musikalischen Vorlieben junger Menschen grundsätzlich verschieden sein können, ist eine banale Einsicht, reicht aber meiner Meinung nach nicht aus, um zu deuten, weswegen nun plötzlich eigene Szenen entstanden, die ein sehr autarkes Eigenleben entwickelten. Die Struktur dieser Szenen war im Stilkatalog der frühen Jahre angelegt. Um gewissen Musikrichtungen eine Begrifflichkeit für den Unwissenden (oder auch nur zur Eigendefinition) zu verleihen, wurden Termini wie Gothic Rock und Batcave für Bands gefunden oder übernommen, die sich sowohl musikalisch als auch modisch an Achtziger-Jahre-Wave-Bands wie *The Cure, Christian Death, Alien Sex Fiend* und anderen orientierten. Man sprach von EBM und Electro, später dann von Future Pop und meinte Bands, die vornehmlich mit Synthesizern mehr oder später weniger harte Tanzmusik im Stile von *Front 242, Nitzer Ebb* usw. produzierten. Es entstand eine mit Neofolk und Industrial bezeichnete Subszene, die sehr verschiedene Stile aus dem Post Punk der späten Siebziger und frühen Achtziger vereinte, wie sie von *Throbbing Gristle, Death In June* und anderen geprägt wurden. Es kam eine Szene auf, in der Mittelaltermusik ins Zwanzigste Jahrhundert transferiert und mit modernen Stilen umgesetzt wurde, für die Gruppen wie *Tanzwut* bzw. *Corvus Corax, Subway to Sally* oder *In Extremo* als typisch gelten können. Daneben gab und gibt es auch viele weitere Schattierungen, auf die ich jetzt nicht weiter eingehen möchte. Ich denke, die genannten Subgenres sind wohl die wichtigsten. Diese entwickelten wie schon angedeutet ein Eigenleben und erfuhren auch Zuwachs von jungen Menschen, die außerhalb des jeweiligen Subgenres wenig bis kaum Interesse an anderen Subgenres zeigten. Auch die Konzertkultur und die Plattenlabels veränderten sich in diesem Zuge von Universalisten zu Spezialisten und es fiel und fällt damit schwer, hier noch von der Schwarzen Szene als solcher zu sprechen. Am ehesten hielten noch die Printmagazine die Fahne der Vielfalt hoch, auch wenn hier zu erkennen war, dass bestimmte, meist auch kommerziell »interessantere« Gruppen einen Vorzug erhielten. Das alles wäre ja noch kein Beinbruch (gewesen), hätte es nicht weiter zum Schubladendenken und zur Förderung der Ignoranz beigetragen. Denn nun waren die fehlenden Berührungspunkte nicht nur mehr in den Köpfen vorhanden, sondern es ergab sich schon rein logistisch nicht mehr, dass hier ein gemeinsamer Geist aufkommen konnte. Vielmehr entwickelten die Subszenen nun ihre ganz eigenen Stereotypen in puncto Musik, Inhalt oder Mode und grenzten sich damit fortan deutlich von den jeweiligen anderen Subszenen ab. Diese dem zu Grunde liegende geistige Haltung wiederum, widersprach nach meinen Begriffen jedoch dem, was ich einst an einer Schwarzen Szene als besonders definiert hätte.

Im Endeffekt wurden eine Zeit lang die Inhalte der Schwarzen Szene aufgrund des Marktpotentials ihrer großen Gefolgschaft nun auch in der populären Musikkultur verwertet und verkamen zu oft nur noch zum marketing-technischen Bürgerschreck zum Anheben der Plattenverkäufe. *Marilyn Manson* und *Rammstein* sind die hierbei bekanntesten und vielleicht noch verzeihbarsten internationalen Künstler, auch wenn sie per se nicht aus der Schwarzen Szene stammen, sondern in frühen Jahren vielmehr Fans aus ihr rekrutieren konnten. In ihrem Fahrwasser schafften es plötzlich auch viele zuvor relativ unbekannte Gruppen wie *Deine Lak-*

eien oder *Oomph!* ins öffentliche Musikbewusstsein zu treten. Das haben vor zwanzig Jahren zwar Bands wie *The Sisters of Mercy, Siouxsie and the Banshees* und *The Cure* auch schon getan, trotzdem dürfte evident sein, dass diese auch ihre erfolgreichste Zeit am Ende der Punkbewegung hatten, aus der sie fast alle einst hervorgegangen sind, und somit auf dem Scheitelpunkt einer Wellenbewegung standen, die die Schwarze Szene nun auch durchlaufen hat.

Als kleine Skurrilität sei noch erwähnt, dass der Höhepunkt der von mir beklagten inhaltlichen Verwässerung wahrscheinlich schon hinter uns liegt und Ende 2004 seinen Ausdruck in der Castingshow-Band *Nu Pagadi* fand, mit der man selbst im seichtesten Fahrwasser musikalischer Betätigung Elemente der Schwarzen Szene – zurecht erfolglos – versucht hat, zu vermarkten.

— Von der Provokation zur Affirmation? —

Bevor ich mich an meine gewagte Analyse der beschriebenen Entwicklung der Schwarzen Szene herantrauen will, möchte ich noch mal ausführlicher auf einen Teilaspekt eingehen, mit dem ich über die vielen Jahre wohl oder übel sehr intensiv befasst war, nämlich dem Genre Neofolk und der Kultur der sogenannten »Industrial«-Musik. Wer sich über diese Genres informiert, wird als Unbedarfter gegebenenfalls angewidert feststellen, dass es hier offenbar Gruppen gibt, die sich aufgrund ihrer musikalischen, textlichen und/oder ästhetischen Ausdrucksweise immer wieder dem Vorwurf ausgesetzt sehen, rechtsradikales Gedankengut zu verharmlosen oder gar zu propagieren. Was hat so etwas in einer Musikkultur zu suchen, und läuft es dann nicht auf demselben Level wie die Musik der rechtsradikalen Szene selbst? Diese Frage ist berechtigt und soll nun zunächst einmal im Kontext der Entstehung der Genres dargestellt werden.

Für das Verständnis und die Bewertung ist zunächst einmal wichtig zu wissen, dass beide Genres Derivate der Musikkultur des Punk und Post-Punk sind, also in ihren Ursprüngen eigentlich politisch links orientierten Bewegungen, was zunächst wohl noch verwirrender erscheint als aufhellend. Das tragende Element, das Neofolk und Industrial aus ihren Ursprüngen weiterkultiviert haben, ist die bewusste Provokation mit Tabuthemen. Schon im Punk wurden bewusst Grenzen hinterfragt oder intuitiv niedergerissen, was sich in der Musik, die teilweise bis an die Grenzen dessen ausgedehnt wurde, was man noch als Musik bezeichnen wollte, bis hin zu Inhalten und Darstellung ausgedrückt hat. Auch das ist nichts wirklich Neues, unterscheidet sich aber von eher laborartigen Experimenten der Ernsten Musik in früheren Jahren in dem Punkt, dass der Punk die Manifestation eines Unwillens, sich mit dem Bestehenden abzufinden, und der Suche nach Freiheit war. Und zwar weniger akademisch als noch in der Flower-Power-Bewegung mit ihrer Utopie eines neuen, besseren Zeitalters. Es wurde nicht nach einem neuen Sinn für die Welt gesucht, sondern die Sinnlosigkeit als solche hingenommen (»No Future!«) und die Zerstörung des Bestehenden als angemessene Reaktion darauf angesehen. Als die Punk-Szene sich schon kurz nach ihrer Entstehung in verschiedene Richtungen aufteilte, gab es Bands, die sich in ihrer eigenen Art Ikonografie und Stereotypie verfingen, andere, die sich dem politisch linken und zum Teil sogar dem rechten Aktionismus verschrieben, und wiederum andere, die das gemeinsame Boot verließen, um das Prinzip der Provokation in neue Bahnen zu lenken. Ein gutes Beispiel aus Deutschland ist die Band *D.A.F.*, die sehr früh damit begann, sich textlich und ästhetisch an totalitäre Symbolik anzunähern, ohne aber damit ein ideologisches Anliegen zu verbinden.

G Death In June-Merchandise: Lederaufnäher mit Totenkopf-6-Logo, von Eichenlaub umkränzt
H Maske und Tarnuniform: Douglas Pearce, Mastermind von Death In June. Promopostkarte, 1995

G

H

Und hier findet sich zumindest anfänglich auch eine Parallele zu *Death In June*, die ich hier stellvertretend für andere Bands aus ihrem Genre anführen möchte. Auch *Death In June* stammen aus der Punkbewegung und bildeten in ihrem Urkern einst die Band *Crisis*, die Ende der 1970er einen sehr stereotypen links-politischen Punk spielten, der sich mit antiimperialistischen und antifaschistischen Themen beschäftigte. Im Gegensatz dazu erscheint wenige Jahre später der Nachfolger *Death In June* in einem ganz anderen Bild: Man verwendet Thematiken aus dem politischen Machtkampf zwischen den linken und rechten Flügeln der NSDAP, und passt auch die Ästhetik der Plattencover und Auftritte dem Thema an. Nach den Beweggründen hierfür befragt, gibt es viele Zitate und Interviews der Musiker, die meist weniger als mehr über das Warum zu diesem Schritt Auskunft geben können. Ein tragendes Element mag die Frustration um den totalitären Charakter und die Instrumentalisierung des Punk durch politisch linksextreme Organisationen sein, zum Teil mag aber auch die Beschäftigung mit dem politischen Gegner ein unheiliges Interesse zufolge gehabt haben, denn die Auseinandersetzung mit dem Tabu infiziert stets auch. Mittlerweile ist bekannt, dass der Bassist Tony Wakeford damals tatsächlich auf der Suche nach einem Sozialismus war, der sich nicht destruktiv mit der eigenen Identität und Kultur auseinandersetzte, und so mit Leuten in Kontakt kam, die im Grund nationalsozialistischen Ideen folgten. Diesen Pfad verließ er aber wenige Jahre später schon wieder, weil er auch hier dieselben Strukturen wiederfand, die ihn schon zum Verlassen der organisierten Linken bewegten. Sein Kollege aus *Crisis*, Douglas Pearce wiederum, führte nach dem Weggang Wakefords 1984 (und dem Ausstieg von Patrick Leagas 1985) *Death In June* mehr oder weniger alleine fort. In dieser Zeit entwickelte sich die an den Faschismus angelehnte Formensprache weiter, auch wenn Pearce immer wieder bestreitet, damit ein politisches Anliegen zu verbinden. Tatsächlich findet man zu dieser Zeit noch sehr viele inhaltliche Widersprüche und Paradoxien, die eine politische Absicht fragwürdig erscheinen lassen. Im Gegensatz zur slowenischen Band *Laibach*, die ebenfalls dem Punk entstammt und zu einer ähnlichen Zeit schon konsequent mit faschistischer Symbolik arbeitet, fehlt *Death In June* aber bald der aufklärerische Charakter in der Provokation völlig. In der Kunst und Musik von Laibach und dem mit ihnen verbündeten Künstlerkollektiv NSK verhält sich die überzeichnete Zurschaustellung totalitärer Ästhetik als Regimekritik am Jugoslawien Titos und ist geschickt mit Widersprüchen, multiplen Bedeutungsebenen und Fallen gespickt, die letztlich durch die Beschäftigung mit ihnen dazu führen, dass man die Mechanismen totalitärer Systeme zu begreifen und gezielt zu hinterfragen beginnt. Somit sind *Laibach* und NSK klar dem Geiste der Aufklärung verpflichtet. Im Gegensatz dazu bleibt bei *Death In June* bis Mitte der 90er immer öfter die Frage offen, was Sinn und Zweck ihrer totalitären Ästhetik sein soll. Hat sie überhaupt eine Intention? Ich denke, dass dies zwei Gründe hat: Zum einen scheint Pearce irgendwann Gefallen daran gefunden zu haben, dass man ihn nicht einschätzen oder einordnen kann. Seine Homosexualität und manch andere Argumente lassen eine rechtsradikale Haltung zweifelhaft erscheinen, zudem man nirgends in seinem Œuvre handfeste rassistische oder menschenverachtende Aussagen oder Parolen finden kann. Trotzdem prangen auf den Covern seiner Alben Totenkopfembleme der SS, es finden sich reichlich einschlägige Samples und Anspielungen auf Themen des Dritten Reichs, und er tritt ausschließlich nur noch in Tarnuniformen der Waffen-SS auf, was ihm von Kritikern immer wieder den Vorwurf der Verharmlosung bzw. Ästhetisierung des Nationalsozialismus einträgt, die er aber nicht weiter kommentiert, sondern betont, dass jede subjektive Interpretation seiner Arbeit die gleiche Existenzberechtigung habe, wie irgendeine andere auch. Als Homosexueller gibt Pearce unmissverständlich zu verstehen, dass er Diskriminierung aus ras-

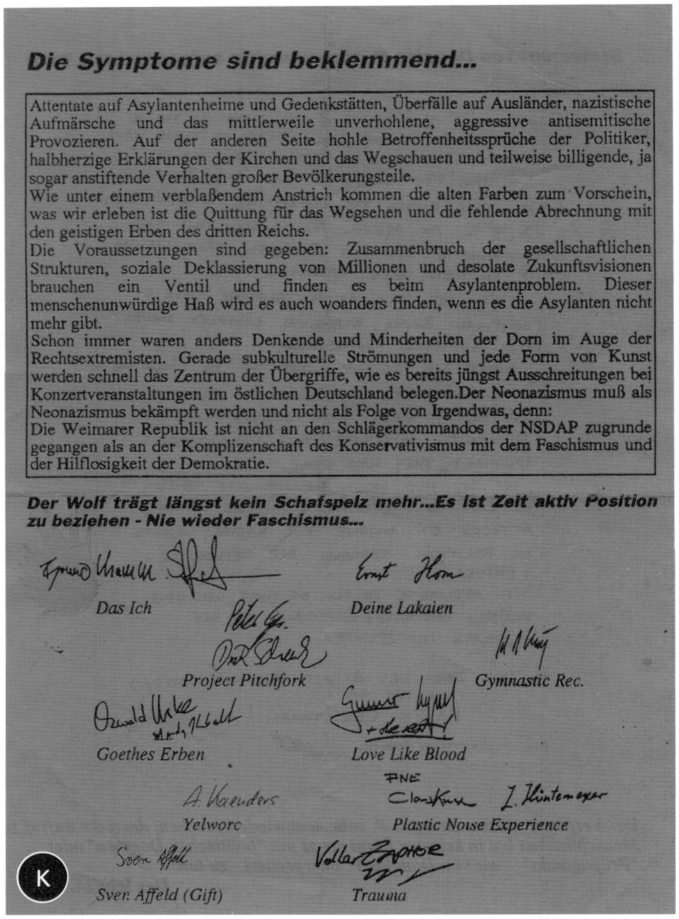

Die Symptome sind beklemmend...

Attentate auf Asylantenheime und Gedenkstätten, Überfälle auf Ausländer, nazistische Aufmärsche und das mittlerweile unverhohlene, aggressive antisemitische Provozieren. Auf der anderen Seite hohle Betroffenheitssprüche der Politiker, halbherzige Erklärungen der Kirchen und das Wegschauen und teilweise billigende, ja sogar anstiftende Verhalten großer Bevölkerungsteile.
Wie unter einem verblaßendem Anstrich kommen die alten Farben zum Vorschein, was wir erleben ist die Quittung für das Wegsehen und die fehlende Abrechnung mit den geistigen Erben des dritten Reichs.
Die Voraussetzungen sind gegeben: Zusammenbruch der gesellschaftlichen Strukturen, soziale Deklassierung von Millionen und desolate Zukunftsvisionen brauchen ein Ventil und finden es beim Asylantenproblem. Dieser menschenunwürdige Haß wird es auch woanders finden, wenn es die Asylanten nicht mehr gibt.
Schon immer waren anders Denkende und Minderheiten der Dorn im Auge der Rechtsextremisten. Gerade subkulturelle Strömungen und jede Form von Kunst werden schnell das Zentrum der Übergriffe, wie es bereits jüngst Ausschreitungen bei Konzertveranstaltungen im östlichen Deutschland belegen.Der Neonazismus muß als Neonazismus bekämpft werden und nicht als Folge von Irgendwas, denn:
Die Weimarer Republik ist nicht an den Schlägerkommandos der NSDAP zugrunde gegangen als an der Komplizenschaft des Konservativismus mit dem Faschismus und der Hilflosigkeit der Demokratie.

Der Wolf trägt längst kein Schafspelz mehr...Es ist Zeit aktiv Position zu beziehen - Nie wieder Faschismus...

Das Ich — *Deine Lakaien*
Project Pitchfork — *Gymnastic Rec.*
Goethes Erben — *Love Like Blood*
Yelworc — *Plastic Noise Experience*
Sven Affeld (Gift) — *Trauma*

K

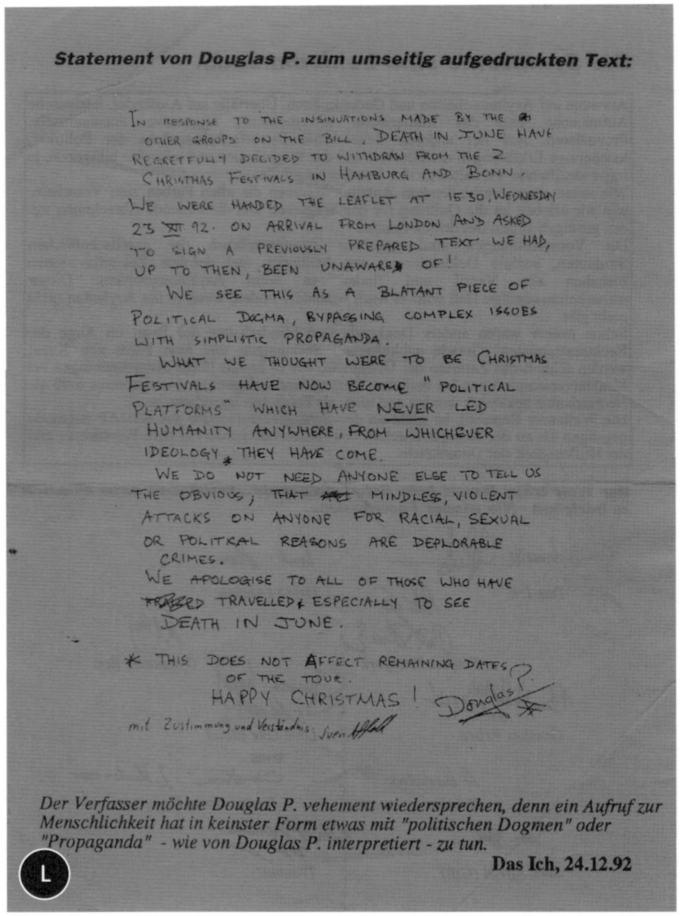

Statement von Douglas P. zum umseitig aufgedruckten Text:

IN RESPONSE TO THE INSINUATIONS MADE BY THE OTHER GROUPS ON THE BILL, DEATH IN JUNE HAVE REGRETFULLY DECIDED TO WITHDRAW FROM THE 2 CHRISTMAS FESTIVALS IN HAMBURG AND BONN.
WE WERE HANDED THE LEAFLET AT 1530, WEDNESDAY 23 XII 92. ON ARRIVAL FROM LONDON AND ASKED TO SIGN A PREVIOUSLY PREPARED TEXT WE HAD, UP TO THEN, BEEN UNAWARE OF!
WE SEE THIS AS A BLATANT PIECE OF POLITICAL DOGMA, BYPASSING COMPLEX ISSUES WITH SIMPLISTIC PROPAGANDA.
WHAT WE THOUGHT WERE TO BE CHRISTMAS FESTIVALS HAVE NOW BECOME "POLITICAL PLATFORMS" WHICH HAVE NEVER LED HUMANITY ANYWHERE, FROM WHICHEVER IDEOLOGY* THEY HAVE COME.
WE DO NOT NEED ANYONE ELSE TO TELL US THE OBVIOUS; THAT MINDLESS, VIOLENT ATTACKS ON ANYONE FOR RACIAL, SEXUAL OR POLITICAL REASONS ARE DEPLORABLE CRIMES.
WE APOLOGISE TO ALL OF THOSE WHO HAVE TRAVELLED, ESPECIALLY TO SEE DEATH IN JUNE.

* THIS DOES NOT AFFECT REMAINING DATES OF THE TOUR.
HAPPY CHRISTMAS! Douglas P.
mit Zustimmung und Verständnis Sven Affeld

Der Verfasser möchte Douglas P. vehement wiedersprechen, denn ein Aufruf zur Menschlichkeit hat in keinster Form etwas mit "politischen Dogmen" oder "Propaganda" - wie von Douglas P. interpretiert - zu tun.

Das Ich, 24.12.92

L

sischen, religiösen oder sexuellen Gründen rundweg ablehnt, versteht es aber stets, sich in der Tradition seiner Vorbilder (u. a. Jean Genet und Yukio Mishima) als misanthropischer und kämpferischer Kriegerpoet zu geben, was wiederum Wasser auf die Mühlen seiner Kritiker ist, die ihm Kryptofaschismus und Hundepfeifenpolitik vorwerfen. Weshalb Pearce sich daran so ergötzt, nicht konkret zu werden, bleibt unklar. Er bestreitet einerseits konsequent, politisch rechts zu denken, verwehrt sich aber antifaschistischen Aktionen, wie der Unterzeichnung eines Statements, das die deutsche Band *Das Ich* 1992 anlässlich brennender Asylbewerberheime in Deutschland initiiert hatte, und bringt weiterhin Alben heraus, die neue Fragezeichen aufwerfen. Es gibt Stimmen, die ihm unterstellen, sich in einem Fetisch verfangen zu haben, der in homosexuellen Kreisen gar nicht so selten ist. Laut eigenen Angaben gilt für ihn die Devise »We aim to please with constant unease«, soll heißen, seine Kunst soll stets unangenehm wehtun. Dies steht in krassem Gegensatz zu seiner Musik, die wiederum oft sehr gefällig ist und Künstlern wie Leonard Cohen nahesteht. Auch wenn Pearce in den Folgejahren aufgrund seiner Kunst immer wieder mit stärksten Anfeindungen durch die AntiFa, Organisationen wie Gruftis gegen Rechts oder anderen konfrontiert ist, Konzerte wegen Drohungen seitens linker Aktivisten abgesagt werden mussten, und sogar gegen zwei Alben Indizierungsanträge bei der Bundesprüfstelle für jugendgefährdende Medien (BPjM) gestellt wurden, weigert sich Pearce beständig, für Klarheit zu sorgen. Gleichsam tritt *Death In June* aber auch erfolgreich in Israel auf, wo man ihn seltsamerweise anders einordnet.

Ihm scheint aber nicht ganz bewusst (gewesen) zu sein, oder es war ihm vielleicht einfach nur gleichgültig, dass sich zwischenzeitlich in der Szene viel getan hatte, und er nicht mehr nur ein fragwürdiger Künstler in einem bunten Kreis skurriler Musikanten war. Während ich auf meinem ersten *Death In June* Konzert noch fast ausschließlich »Gruftis« begegnete, fanden sich wenige Jahre später auf einschlägigen Konzerten vorwiegend uniformierte Anhänger der Neofolk-Bewegung, die sich in ihrem modischen Ausdruck und ihrer Interessenslage stark an Künstler wie *Death In June* anlehnen. In der Zwischenzeit war, wie bereits dargestellt, nämlich ein neues Subgenre entstanden, in dem sich viele neue Musikgruppen gegründet hatten, die sich musikalisch und ästhetisch ähnlich ausdrückten, und man – wie die Vorbilder – schnell demselben Verdacht ausgesetzt war, politisch rechtsradikal ausgerichtet zu sein. Dies war und ist auch insofern eine ganz andere Qualität, weil viele dieser Musiker eben nicht den wirren Weg von *Death In June* oder anderen beschritten hatten, sondern von Anfang an in einer separaten Musikwelt aufwuchsen und sich Elementen bedienten, deren Entwicklung nicht mehr ihren eigenen Wurzeln und Wegen entsprach. Natürlich gab es auch neue Impulse, wie zum Beispiel die nicht gerade wenigen Bands, die im Gebiet der ehemaligen DDR aufkamen, und die eine ganz eigene Art von Folk entwickelten, der viel mit Naturromantik und Volksmystik dem Charakter der bündischen Jugendbewegung ähnelte.

Ich muss einschränkend sagen, dass ich dadurch, dass ich selbst oft Konzerte dieser Art besuchte, Freunde habe, die sich in diesen Kreisen bewegen und als Redakteur im BLACK ebenso häufig mit Künstlern sprach und mir eine differenzierte Meinung dazu bilden konnte. Auf der einen Seite habe ich selbst nie erleben müssen, dort auf Rechtsradikale im Sinne rassistischer Schläger zu treffen. Ich habe Freunde mit sogenanntem »Migrationshintergrund«, den man ihnen auch deutlich ansieht. Auch sie wurden niemals angefeindet, sind gern gesehene Gäste und besuchen seit Jahren immer wieder Veranstaltungen des Genres. Ich kenne »Neofolker«, die regelmäßig noch gerne Punk-Konzerte besuchen oder ganz anderen Interessen nachgehen. Ich habe vor zehn Jahren persönlich Tony Wakeford kennenlernen können, der mittlerweile seit vielen Jahren mit einer Halbjüdin verheiratet ist, und könnte noch viele weitere Beispiele aufzählen, die der These, dass die Neofolk-Szene eine rechtsradikale Musikkultur sei, eindeutig widersprechen. Natürlich ist die Frage nach der Zulässigkeit der Verwendung totalitärer Elemente ein anderes Thema, das ebenso diskutiert gehört, das aber auch den Rahmen dieses Textes sprengen würde und mit Sicherheit von anderen noch wesentlich sachkundiger besprochen werden kann.

Ich möchte keinesfalls einfach so eine Lanze für dieses Subgenre brechen, denn ich sehe neben vielem Entlastenden auch Fakten, die man kritisch betrachten sollte. Wie im vorherigen Abschnitt schon beklagt, habe ich feststellen müssen, dass im Genre des Neofolk genauso Ignoranz und Schubladendenken Einzug gehalten haben, wie in anderen Subgenres, die sich aus dem einstigen Sammelbecken der Schwarzen Szene abgelöst haben. Durch die Fokussierung auf politische Inhalte in diesem Genre schlägt sich diese Ignoranz vor allem eben auf solche Themen und den Umgang mit ihnen nieder. Und so ist es eine unabstreitbare Tatsache, dass es in dieser Szene auch einen Anteil an Menschen gibt, die im harmlosesten Falle vielleicht arglos die Grenzen des guten Geschmacks oder des Anstands überschreiten, vielleicht eine harmlosere – weil immerhin noch kulturell tolerante – Form von Konservatismus leben, oder eben gar tatsächlich die Ideologie vertreten, die von den meisten Künstlern nur zur Diskussion in den Raum gestellt wird. Und hier scheidet sich die Spreu vom Weizen, denn dass die Ästhetik natürlich auch auf die Vertreter realer rechtsradikaler Standpunkte wirkt, lässt sich nicht verhindern. Beruhigend wirkt in diesem Zusammenhang aber, dass in den letzten Jahren viele Organisatoren und Künstler tatsächlich erkannt haben, dass sie ihrer Verantwortung, sich selbst dann doch mal definieren zu müssen, um sich von anderen abzu-

Schwarz statt Braun

M

N

K, L Der Stein des Anstoßes: Douglas Pearce weigerte sich 1992, diese ad hoc verfasste Erklärung gegen Rechtsextremismus zu unterzeichnen, weil er diese als politische Agitation betrachtete. Links das Statement, von den anderen Bands auf dem Spielplan der Dark Xmas-Festivals in Bonn und Hamburg unterzeichnet; auf der Rückseite (rechts) Pearces Stellungnahme dazu

M Logo der Gruftis gegen Rechts

N Konzertbesucherin im militärischen Neofolk-Look, Hildesheim 2008

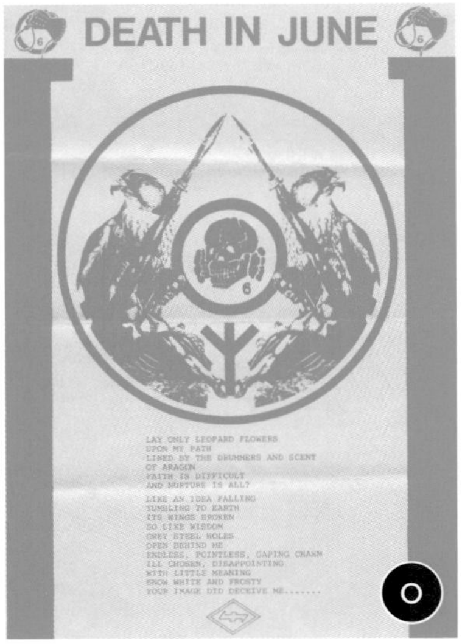

O, R Zweifelhafte Symbole: Algiz-Runen und Wolfsangeln auf Mailorderlisten von Death In June, 1995

P Titel des Magazins English Alternative, das den Nationalen Anarchismus propagiert. Links Christian Bouchet von der französichen »Resistance«, rechts Herausgeber und Ex-National-Front-Mann Troy Southgate, der auch in verschiedenen Neofolk-Projekten aktiv ist, London o. J.

Q Stahlhelm, Runenschrift und Fasces (Ährenbündel): Die Ikonographie dieses Konzertflyers für einen Auftritt der »üblichen Verdächtigen« spielt mit Assoziationen an Militarismus, Faschismus und Germanentümelei, München 1998

grenzen, nachkommen müssen. So gab es viele Statements, und gewisse Kleidungsstile und zweifelhafte Symbolen führten bei Konzerten in jüngerer Zeit oft zu einer Verweigerung der Zulassung zur Veranstaltung.

So weit so gut. Trotzdem empfinde ich es als nach wie vor störend, dass ich immer wieder auf einen Menschenschlag treffe, dem meiner Meinung nach die Fähigkeit abhanden gekommen zu sein scheint, sein eigenes Verhalten in Relation zu allgemeinen ethischen Konventionen zu setzen. Denn für eine valide Eigendefinition bedarf es eines kritischen Blicks auf sich selbst und einer bewussten Aufstellung in der Gesellschaft, in der man nun mal existiert. Und während die einen durchaus in der Lage sind, nachvollziehbar zu definieren, weshalb sie nun eine Erbsentarnjacke tragen, gibt es auch Szenegänger, denen es einfach genügt, dass sie das bei einer Band auf der Bühne gesehen haben und »cool« finden. Den Magen hat es mir regelrecht umgedreht, als ich einmal eine Verkaufsberatung an einem Bücherstand während eines Konzertes erleben durfte, wo ein junges Pärchen ein Buch des revisionistischen Autors und ehemaligen SS-Mitglieds Wilhelm Landig empfohlen bekam, und wo Verkaufsargumente ins Feld geführt wurden wie »der schreibt so interessant« und das Buch biete »Nachdenkenswertes« und »sieht schön aus«. Ich habe Landig selbst gelesen und kann nicht nachvollziehen, wie sich derartige Propagandaliteratur mit einem halbwegs gebildeten Intellekt in Einklang bringen lässt. Ich finde es ebenso grauenhaft, dass ein paar Künstler sich offen als Anhänger eines angeblich harmlosen »Nationalen Anarchismus« definieren, der trotz weniger »linker« Aspekte genauso völkisch und rassistisch durchsetzt ist, wie andere rechtsradikale Standpunkte, und keineswegs mit einem freien Geist vereinbar ist, wie ich ihn verstehe.

Letztendlich kann ich nicht erwarten, dass andere sich meinem Verständnis von Ethik und Gesellschaft anschließen. Und selbst ein selbstreflektierter und aufgeklärter Charakter kann genauso gut in eine totalitäre Weltsicht münden. Das ist zwar ärgerlich, gehört aber zu den Erscheinungen einer freiheitlichen Demokratie, wie ich sie nach wie vor sehr schätze, und die man zulassen muss, will man nicht an ihren Grundfesten sägen. Jedoch resultieren meines Erachtens die Gottseidank zahlenmäßig wenigen »braunen« Schafe in der Neofolk-Szene aus einem eklatanten Mangel, ihre Identität und Integrität bewusst formen zu können. Vielmehr unterliegen sie einem unreflektierten Herdentrieb und befinden sich damit in Gesellschaft mit vielen anderen jungen Menschen des heutigen Europa, die alle auf ihre Art und Weise den Pfad eines aufgeklärten Menschenbilds verlassen und drohen, ihre gesellschaftlichen und ethischen Kompetenzen aufzugeben.

Bevor ich darauf weiter analytisch eingehen möchte, will ich als abschließende Randnotiz noch auf eine Begebenheit hinweisen, die im Zusammenhang mit *DIJ* bezeichnend ist: Wie schon erläutert, verweigerte Douglas P stets ein eindeutiges Statement über seine politische Position und weigerte sich, sich klar von den Kreisen abzugrenzen, die seine Musik ideologisch interpretieren. Ob aus verkaufstechnischen Erwägungen heraus oder weil es ihm wirklich gleichgültig ist, sprach er immer wieder jedem das Recht zu, seine Musik zu hören und fühlte sich nicht verpflichtet, bestimmte Kreise auszuschließen. Dass diese Verweigerungshaltung aber auch heißen kann, selbst Opfer der Kräfte zu werden, mit denen er passiv kokettiert, bzw. die er zu seiner Musik zulässt, zeigte sich bei seinem letzten offiziellen Konzert im französischen Brest im Mai 2005, als nämlich ein mutmaßlicher rechtsradikaler Konzertbesucher (die Berichte dazu sind sehr unterschiedlicher Ansicht) auf die Bühne kam und die Regenbogenflagge der Schwulen- und Lesbenbewegung, die Pearce in den letzten Jahren immer wieder bei Auftritten auf der Bühne aufstellte, zur Bestürzung von Pearce wegriss. Pearce brach das Konzert anschließend sichtlich verärgert ab und trat seitdem nicht mehr auf.[1]

1 Siehe auch im Interview auf http://www.heathenharvest.com/article.php?story=20080314180451125 und www.deathinjune.net; Eintrag unter News: »Last Farewell« am 09. Oktober 2005

2 George Orwell: »Collected Essays«, London 1961

— Ein Paradigmenwechsel? —

Hier bringe ich große Worte ins Spiel, ich weiß. Aber letztlich hat sich der altgediente Kreis an Szeneleuten, Musikern und anderen Aktiven, mit denen ich nach wie vor Kontakt pflege, schon seit Längerem die Frage gestellt, was uns die im vorherigen Kapitel beschriebene Entwicklung sagen will. Vor allem wenn man sie mal, wie ich das nun vorhabe, auf eine Metaebene hebt. Und an dieser Stelle wird es interessant. Denn wie schon in den vorherigen Kapiteln gesagt, finden sich bei einem distanzierten Blick auf das Werden der Schwarzen Szene in den letzten fünfzehn Jahren Veränderungen, die bestens ins gesamtgesellschaftliche Bild Deutschlands und auch Europas passen. Man sollte sich nicht durch die jeweiligen Auftrittsformen dieser Mechanismen täuschen lassen, denn das Prinzip bleibt überall dasselbe: Es scheint einen gewissen Mangel an Orientierung und Identitätsbewusstsein zu geben, der von jungen Menschen nicht mehr souverän mit neuen Idealen gefüllt werden kann. In ihrer Orientierungslosigkeit tendieren diese Menschen längst nicht mehr zu einem aufgeklärten Individuum, das mit dem Wissen um die Dinge um sich herum ausgestattet ist, sondern das einen unheilvollen Hang zu einer eher tumben Bürgerlichkeit, gepaart mit einem falsch verstandenen Gutmenschentum zu haben scheint. Es gibt auch hedonistische Ansätze, die ihr Glück in Karriere und finanziellem Wohlstand sehen. Oder es wird gar kollektiven Bewegungen Folge geleistet, auch wenn dies nicht durch Massenbewegungen klassischer Art als viel mehr durch kleinere Strömungen ihren Niederschlag findet. Soll heißen, dass beispielsweise radikale Standpunkte mit klar definierten Regeln für attraktiver angesehen werden, als die so empfundene Orientierungslosigkeit der Freiheit. Und ob das nun strenge christliche Sekten sind, die Scientologen oder radikal islamische Zirkel, die Gang aus dem Vorstadtviertel einer deutschen Metropole, Anti-Globalisierungsaktivisten oder die Kameradschaft rechtsradikaler Saufkumpanen. Überall registriert man die Tendenz, dass junge Menschen nach Orientierung suchen und glauben, sie in Wertesystemen zu finden, in denen der Mensch einen zunehmend geringeren Stellenwert hinter den jeweiligen Ideologien hat.

Auch wenn in der Soziologie oft festgestellt wurde, dass soziale Missstände weniger der Nährboden für Protestbewegungen sind, als vielmehr eine materiell günstige Ausgangsbasis (»Menschen mit leeren Bäuchen verzweifeln nie am Universum, ja sie denken nicht einmal dran.«[2]), liegen die Gründe für diese Strömungen mit Sicherheit auch an einer scheinbar unsicherer gewordenen globalisierten Welt, in der das Internet die stärkste Triebkraft für die immer schneller werdenden Veränderungen sein dürfte. Langfristige Perspektiven brechen weg, Zukunftsängste treten auf. Und da der Mensch, vor die Wahl zwischen Sicherheit und Freiheit gestellt, stets die Sicherheit wählt, scheint mir hier ein Grundübel für die Entwicklungen der letzten Jahre zu liegen. Auf die zahlreichen Gesetzesänderungen zur »inneren Sicherheit«, wie sie in Deutschland in den Jahren nach dem 11. September durch die Parlamente gewunken wurden, während man in den 60ern noch gegen Notstandsgesetze auf die Straße ging, mag ich erst gar nicht eingehen. Nur insofern, als ich just die nachdenkenswerten Worte gelesen habe, dass es ein unausweichliches Phänomen zu sein scheint, dass das radikale Ergreifen von Maßnahmen zur Eindämmung oder Bekämpfung eines Missstandes immer auch eine Förderung desselbigen zur Folge hat. Sprich: die Einführung neuer Regularien zu Ungunsten freier Kräfte erzeugt automatisch neue Widerstände dagegen – auf beiden Seiten gegenseitig befruchtend. Als Beispiel wurde der bewaffnete Kampf der RAF gegen den »Polizeistaat« aufgeführt, der letztlich überhaupt erst den »Polizeistaat« stark gemacht hat, was wiederum der Unterstützung der RAF neue Nahrung gegeben hat. Was ich damit sagen will ist, dass der

S Totenköpfe, Tarnuniformen und Schwulenbewegung: Death In June (links John Murphy, rechts Douglas Pearce) kombinieren gerne Widersprüchliches

neuerliche Ruf nach der »starken Hand« in einem kollektiven Verständnis trügerisch ist. Aus diesem Grund sehe ich diese Tendenzen mit einiger Besorgnis. Bis zu einem gewissen Maße sehe ich diese ideologische Verwirrung in der Tatsache begründet, dass die jungen Menschen von heute in eine Welt hineingeboren wurden, in der die großen Werte meiner und vorausgegangener Generationen nicht mehr gegeben waren. Zu meiner Jugend und denen davor gab es starke Ideologien und politisch eindeutig linke und rechte Parteien, es wurde gegen die Altnazis protestiert, die Grünen wurden stark, da gab es das Christentum, das noch viele in ihren jungen Jahren geprägt hat, in der DDR gab es die SED und einen ideologisch starken Staatsapparat, der trotz aller Inhumanität Orientierung gegeben hat. Und zur persönlichen Entwicklung eines jeden war eine Auseinandersetzung mit all diesen ideologischen Konzepten unumgänglich. Man hat sich angeschlossen oder distanziert, in jedem Falle aber positioniert.

Und hier findet sich m. E. der von mir verspürte Unterschied zwischen zwei Generationen, der sich für mich in erster Linie im Wandel in der Schwarzen Szene und da besonders im Subgenre des Neofolk bemerkbar gemacht hat. Es sind nicht die Szenen selbst, die durch ihr Wachstum oder ihre Eigendefinition eine gewisse Oberflächlichkeit generieren, sie sind lediglich die Prismen, an denen sich die veränderten gesellschaftlichen Strahlen brechen und somit messbar werden. Genauso gut lassen sich ähnliche Tendenzen in vielen anderen Subkulturen oder auch in der gesellschaftlichen Mitte finden. Und ich heiße sie nirgends für gut, denn ich denke, dass es grundsätzlich verkehrt wäre, an den Grundfesten unserer freiheitlichen Gesellschaft zu rütteln, wie es viele schon längst praktizieren und wie es auch in der Politik immer salonfähiger wird. Denn damit spräche man den Menschen ihre Mündigkeit und Souveränität ab. Es käme der Bankrotterklärung der Aufklärung gleich und spielt letztlich nur totalitären Standpunkten in die Arme, die das heutige Maß an Individualität abschaffen möchten.

Dazu müssten Menschen wieder vermehrt lernen, bewusst zu positionieren. Das Bewusstsein um die eigene Freiheit darf nicht so verstanden werden, dass man sich lediglich der Wahlmöglichkeiten im Bonbonladen klar wird. Das ist sonst der Zeitgeist, der zu vielen Attributen des heutigen Europas führt, nämlich der »Ellenbogengesellschaft«, der »Mitnehmermentalität« und der vielen anderen Selbstdiagnosen, zu denen wir immerhin in der Lage sind. Es muss auch das Element der Verantwortung da sein, denn Freiheit ohne eine Verantwortung gegenüber seinem eigenen Handeln führt in die Irre. Ich glaube daran, dass man mit mündigen und souveränen Gesellschaftsmitgliedern den freien Kräften wieder mehr Spiel geben kann, ohne dass man Angst vor Auswüchsen haben muss, und dass jegliches Bestreben durch Regeln und Verbote diese Defizite zu kompensieren, die Unmündigkeit des Einzelnen nur verschlimmert. Junge Menschen sollten starke Persönlichkeiten mit Perspektiven sein, die dann von selbst klar zwischen Gut und Böse unterscheiden können und die sich nicht über zwielichtige Ideologien und Konzepte definieren oder von Modetrends und materiellen Werten locken lassen. Nur so lässt sich eine willen- und ahnungslose Gesellschaft verhindern, die jedem Deppen nachläuft, der ihr bunte Luftballons verspricht. Und gerade die Szene, von der hier die Rede ist, ist eine Jugendkultur, die für eine solche Entwicklung eine Menge Möglichkeiten bietet, vielleicht mehr als andere Szenen. Wir brauchen die Vielfalt, die Tabubrüche und Grenzüberschreitungen, wir brauchen die Kontroversen und Diskussionen. Sie sind für den Emanzipationsprozess des Individuums essentiell. Und sie sollten in ein Maß an Selbsterkenntnis münden, das neben der Freiheit genauso die damit verbundene Verantwortung umfasst. An diese Stelle gibt es für mich in der Szene einen gewissen Verbesserungsbedarf, der aber ebenso an allen anderen Stellen der Gesellschaft notwendig ist.

…er Tage Spaß und … Dabei ist alles so friedlich hier

…ühlholz kämpfen Echsen- und …enmensch mit Schwertern um …eben. „Alles nur Show“, sagt Ru… Huber aus Regensburg, der mit …stvoll geschminktem Gesicht, ge…nzertem Hemd, Schwert und …hild die Echse mimt. Mit Gleichge…nnten Spaß und schöne Tage ha…en, das zählt bei Live-Rollenspielen. Erstmals fanden sie beim Wave-Go…tik-Treffen statt. Von Fantasyfans zu Schwarzromantikern ist es ohnehin nur ein kleiner Schritt: Beide Grup…pen haben sich ihre eigene, surreale Welt erschaffen. Für beide zählt der schöne Schein mehr als die triste Wirklichkeit. Vor allem: Beide sind äußerst tolerant. Beim Treffen kam…pierten auf der agra Sado-Maso-La…tex-Freaks neben romantischen Mä…dels in Brautkleidern, Death-Metal-Fans neben Punks mit Irokesen…schnitt. Wer als „Bunter“ diese Welt betritt, schaltet auf Dauer-Staunen.

Die Geschmacksgrenzen der „Nor…malos“ sind rasch überschritten. Beim „rituellen Bad in Jungfernblut“ etwa. Im Zelt der Mittelaltertruppe „Spielwut“ war das genauso möglich wie Kräuterbäder mit Auspeitschen oder Massage. Schock-Ästhetik fand sich auch in agra-Halle 1, dem ande…ren Schwarzmarkt. Zur Schau stan…den dort Särge und Leichenwagen; Aphrodisiaka, Peitschen, Handschel…len, Lack und Leder, geheimnisvol… Symbole, satanische Literatur, … mit düsteren, aggressiven, me…cholischen Klängen. Eine Halle … ter kreischt Diamanda Galas, k… melodramatischen Songs üb… Todestrafe in den USA, leih… waltiges Organ allen Mißh… ten und Ausgestoßenen.

Auch wenn hier und da … ons- oder Verkehrschao… Leipzig bedeuteten die … Events vier schwarze … ven Sinn. Denn zw… schlachtdenkmal … (zwei von 24 Ve… zeigten sich die … gewohnt freund… Sie, die so meh… furchteinflößen… Mond- und S… herzlich in d… beim Styler… haft Met. … zuvor: 4…

…das Treffen. Die plötzliche Medien…amkeit hatte ihren Grund: Der …rechtsradikaler Umtriebe … „Blödsinnig“ nennt …nn, Mitorganisa…gene ist apo…ke wie…

Hefte futsch, Mozart versc…

Vergriffen: 7000 Programmhefte kamen mit der ersten Lieferung, fast genau so viele bei der zwei…ten. Gereicht hat's trotzdem nicht, denn das Heft ist inzwischen ein beliebtes Sammlerobjekt gewor…den.

*

Versteigert: Joachim Witt bat zur Versteigerung. Drei mal drei Meter groß und feuerrot ist der Stern, den der Sänger loswerden wollte. Samstag abend hing er noch auf der Bühne, doch für den Trans…port ist er einfach zu groß. Das Anfangsgebot lag bei schlappen fünf Mark. Offizieller Auktionsschluß war am späten gestrigen Abend. Ei…ne goldene Nase dürfte jener Stern dem einstigen „Goldenen Rei…ter“ Witt aber nicht eingebracht … ben …

*

Verwirrt: Umbra et Imago-Sänger Mozart wußte nicht mehr, wo ihm der Kopf stand. Interviews, Auto…grammstunden, Konzertauftritt. Da war ihm der Ort für die Pressekonfe…renz glatt entfallen. Doch ein Anruf genügte, und mit einer Stunde Verspätung stand er auf der Matte.

*

Verwandelt: Der dunkelhaarige HIM-Sänger Ville Valo war zum Tref…fen mal ungeschminkt zu bestaunen. Vor allem weibliche Fans konnten es nicht fassen: „Der sieht ja gar nicht so gut aus wie im Video“, murmelten sie enttäuscht. *ama*

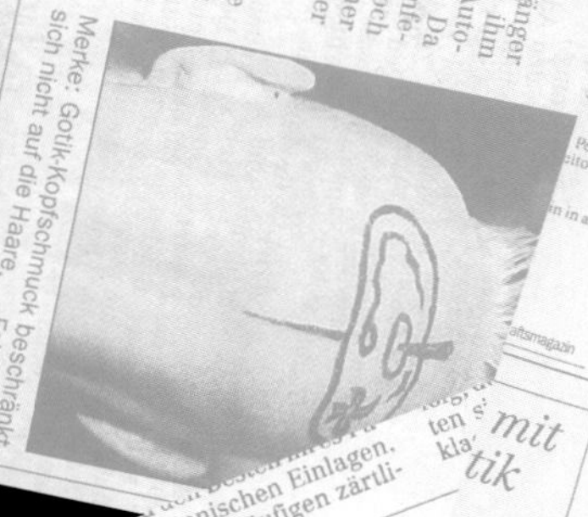

Merke: Gotik-Kopfschmuck beschränkt sich nicht auf die Haare. Foto: Giese

…satoren im Dauerstreß und ohne Konzerterlebnis

Mittendrin, aber nicht da…

Sie taten alles, um den Besuchern des Festivals vier unvergeßliche Tage zu bereiten: Sie organisierten, koordi…nierten, empfingen die Künstler, ver…kauften CDs. Doch die Leute im Hin…tergrund bekamen vom 8. Wave Go…tik-Treffen kaum etwas mit.

Zum Beispiel Nancy Schuhmann, die Pressefrau des Spektakels. Für die Dauer des Treffens hatte sie ihr Lager in einem Gebäude des agra-Messegeländes aufgeschlagen. Die wenigen Nachtstunden zum Schlafen verbrachte sie in einem Hotel in der Nähe. Täglich 14 bis 16 Stunden Pressearbeit waren keine Seltenheit – …ließlich mußten 450 Journalisten …en. Bei Problemen und …d ihre Kolle…Bänd-…

… und Platten an den Mann … Frau. „Ich hätte mir gern eini… zerte angesehen, doch das w… fach nicht drin“, bedauerte er.

Nigel Springer, der das Wave… Treffen am Stand der Mu… schrift Zillo verbrachte, sah da… ganz so eng. „Ich habe mir d… letzten Jahre angesehen, und … Mal interessieren mich die m… Bands ohnehin nicht“, erklärte …

Ann Jeanette Rupp und … Gärtner saßen die vier Tage üb… Künstlerbüro im Hotel Intercont…tal. Ein Job, um den viele Fan… beiden beneideten. Immerhin du… sie Stars wie Joachim Witt, HIM, …ject Pitchfork oder Goethes Erben … Hand schütteln. Doch aus ihrem … kamen die beiden nicht raus. Wa… …sierte, erfuhren sie nur übers … …nchmal von den Kü… … das die Fr…

Micra Nebula verballhornte sich und die ganze dun…

Sie musterten, sie mäkelten, sie kom…mentierten die schwarze „Konkur…renz“: dies war die Lieblingsbe…schäftigung der 3000 Grufts am Pfingstwochenende in Connewitz. Sehen und gesehen werden – wie beim Empfang nach Stockhausens lichter Opernpremiere könnte dies das Motto beim zweiten Leipziger Wave- und Gothic-Treffen gewesen sein.

Erst abends während der Konzerte hatte die Lästerei – glücklicherweise – ein Ende. Erstens war in der Dun…kelheit sowieso nichts mehr zu er…kennen und zweitens galt das Inter…esse dann den musikalischen Helden auf der Bühne. Aber nicht jede Band war gleichermaßen angesagt. „La…crimosa“ mußten sich zum Beispiel mit einem eher kleinen Häufchen Nachwuchs-Grufties begnügen, während sie von den meis… …tieren nur verspottet wurden. „Collection D'Arnell-Andrea“ hatten da schon mehr Erfolg. Allerdings wirkt ihre himmlische Musik im stillen Käm…merlein sicher besser als bei einem Livekonzert. Bei „James Rays Gang…way“ ist das genau umgedreht, sie munterten die Massen erstmal so richtig auf. Dem Sänger der „Cure“-Nachwuchs-Band“ „The Essence“ nahmen manche die nicht toupierten Haare übel. „Love Like Blood“ kann…te sowieso schon jeder, es mag sie auch fast jeder – nur die plötzlich hochgedrehte Lautstärke schreckte viele ab. Das war der erste Abend.

Am zweiten schien es, als würde die Halle A im Werk II leer bleiben. Einer der Hauptfeinde der Grufts war gekommen – der Regen. Stun…denlange Arbeit an vogelwilder Schminke und Turmfrisur zerstörte er in Minuten. Einige Besuchern bra…chen ihre Zelte ab und flohen vorfri…stig. Aber das war nicht der wahre Grund, warum „Moonday“ am Sonn…tag in einem nur halb gefülltem Saal spielen mußten. In Wirklichkeit hat…te nämlich niemand damit gerech…net, daß das Konzert pünktlich an…fängt, nachdem es am Vortag bei…nahe drei Stunden später als ange…kündigt begann.

„Micra Nebula“, die als Ersatz für „Xymox“ spielten, verballhornten gnadenlos die Stücke bekannter Sze…ne-Bands. Das Gejohle des Publi…kums auf diese satirischen Einlagen beweist, daß die Waves und Gothics sich selbst gar nicht so ernst nehmen, wie es immer scheint. Für die Indu…strial-Gruppen „Morthound“ und „In Slaughter Natives“ gilt das gleiche wie für „Collection D'Arnell-An…drea“. Dem monumentalen Klanger…lebnis fehlte einfach die pasende …

Bühnens… „Sleeping … dafür beka… Schwitzen … lich bewegt… den Herren … enttäuschte … gerin diesmal … mer – oben-oh…

Trotz der ge… letzten Abend … dieses Treffens … herzlich wie im v… Masse als Klas… Grünhaariger aus … hat er wohl recht. M… Platz, mehr Progran… ger Kontakt. Auf Con… sich die Besucher dan… ße vor Enge. Nichtsdes… die meisten: Auf ein … child!

…onchild lud zum größten Gruft-Treffen in Deutschland rund um das Connewitzer Kreuz

Schwarzes Festival der Eitelke…

…nen, den Abend zu übertra… das Orchester, das sich jeder … forderungen anpassen kann, denn es unterstützte die Solisten Melanie … ches zählt. Mit szenischen Einlagen, wie einem Tanz und häufigen zärtli…

Kosmetik macht es möglich. Schön… schöner… besonders schön… Fotos: Harald Laundry

Vor … das … folgt … Toni … In … Stück … „Alle … mei… Bon… Mit … bast… Grin… Fre… prof… Ban… terle… tiger…

Ansturm der Schwa… … sich in Leipzig

…mmen. Nichts ging mehr … der per Auto den We… agra-Gelände … …opawert …

Das Wave-Gotik-Treffen

Geschichte, Anekdoten, Fakten

Cornelius Brach

A Pressestimmen von hämisch bis wohlwollend
B Die Moritzbastei ist einer der beliebten Spielorte beim WGT. Leipzig 1998
C Eintrittskarten

Als Pressesprecher des Wave-Gotik-Treffens ist es mir vergönnt, ein kleines Stück zum Gelingen einer Veranstaltung beizutragen, die in Ihrer Art und Größe weltweit einmalig ist. Ich vermeide hier bewusst die Bezeichnung Festival, denn mit einem Festival im herkömmlichen Sinne hat das WGT wenig zu tun. Der Name Wave-Gotik-Treffen umschreibt das Wesen des Ganzen schon recht gut. Es ist ein Zusammenfinden von Gothic-Anhängern aus aller Welt, die jährlich zu Pfingsten nach Leipzig strömen um vier Tage lang gemeinsam zu feiern, dem Alltag zu entfliehen und eine ganze Stadt zum Mekka der Schwarzen Szene zu erheben. Musik ist dabei natürlich ein zentraler Teil: Auf großen und kleinen Bühnen, die über die ganze Stadt verteilt sind, treten rund 180 Bands auf. Die Auswahl der Künstler ist übrigens kein leichtes Unterfangen. So gilt es jedes Jahr, aus mehreren Hundert Bewerbungen zu selektieren. Natürlich gibt es auch Anfragen, die von uns ausgehen, um bestimmte Bands zu bekommen. Absagen sind dabei recht selten, denn auch unter Musikern hat das WGT einen guten Ruf, ist eine begehrte Möglichkeit, sich vor internationalem Publikum an stimmungsvollen Veranstaltungsorten zu präsentieren. Und viele der auftretenden Protagonisten mischen sich an den Tagen vor oder nach ihrem Auftritt dann auch gern unter die Besucher, tauchen ein in die gesellige Treffen-Atmosphäre.

Bei der Auswahl der Bands versuchen wir, insgesamt eine möglichst ausgewogene Mischung zu finden, die alle Subgenres der Szenemusik berücksichtigt. Dabei werden auch Stile integriert, die bei normalen Szenemusikfestivals meist gänzlich ausgespart werden, etwa Dark Ambient, Apocalyptic Folk oder Neoklassik. Neben einigen bekannten Szenegrößen laden wir bewusst viele weniger bekannte, aber talentierte Bands ein, ein Umstand der auch dazu beiträgt, das unkommerzielle Flair des WGT aufrecht zu erhalten. Außerdem wollen wir den Gästen nicht nur die üblichen Verdächtigen anbieten, die man auf den normalen Szenefestivals sonst auch sieht. Und viele Besucher schätzen gerade diese musikalischen Neuentdeckungen abseits der aus den Szene-Hochglanzmagazinen bekannten Formationen. Irgendwie sehen wir es auch geradezu als eine gewisse Verantwortung der Szene gegenüber, wenig bekannte Bands ins Spiel zu bringen, die »was drauf haben« und damit einen Teil dazu beizutragen, dass sich der musikalische Gothic-Kosmos nicht nur im Kreise dreht, sondern sich auch weiterentwickelt. Ein Auftritt beim WGT hat schon einigen einst wenig beachteten Musikgruppen einen spürbaren Popularitätsschub gegeben.

Rückgriffe auf die musikalischen Wurzeln sind auch immer fester Bestandteil des Programmkonzepts. Schon einige honorige 80er-Jahre-Veteranen gaben sich in den letzten Jah-

D

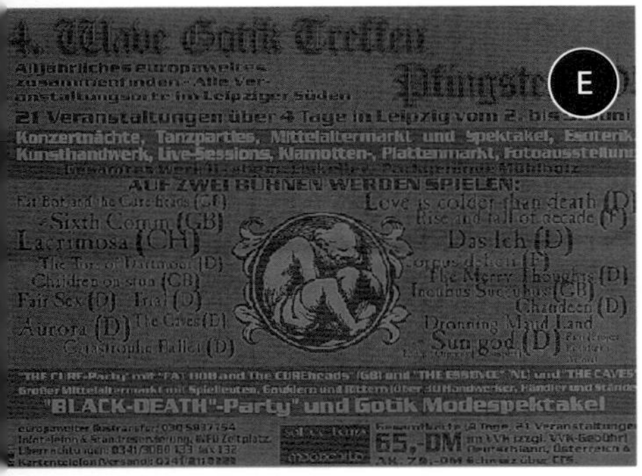

E

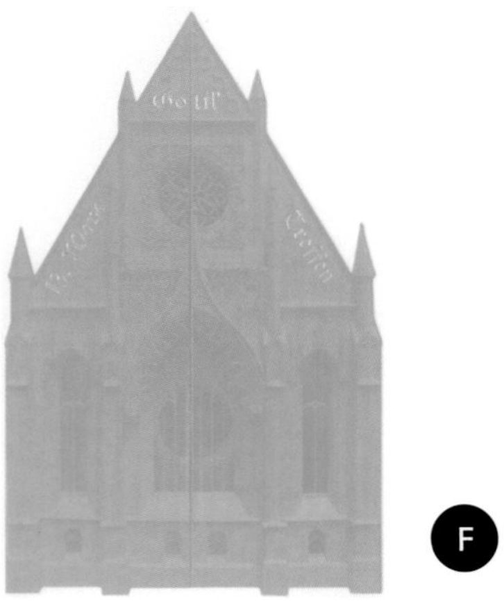

F

ren beim WGT die Ehre, so etwa *Specimen, Nitzer Ebb, Absolute Body Control, Soft Cell, DAF, 6Comm, Section 25* oder *Psychic TV.* Doch worin liegt nun die besondere Magie des Treffens, die seit 1992 jedes Jahr Tausende Schwarze nach Leipzig zieht? Ich glaube, sie geht aus von den Besuchern selbst und von der Vielfalt der Veranstaltungen, die sämtliche Facetten der Szene vereint und eine ganze Stadt mit einer eigenwillig weihevollen Atmosphäre überzieht. Wo auf der Welt treffen sich schon der Electro-Bürstenkopf aus Israel, der Batcave-Hahnenkamm aus London, das Industrial-Girl aus den USA, der Neofolk-Uniformfreund aus Italien, die Mittelalter-Nymphe aus Polen und der Synthie-Popper aus dem Ruhrpott? Es ist schon eine recht heterogene Schar illustrer Gäste, die da zu Pfingsten durch Leipzig flaniert, und dennoch eint sie alle der so schwer definierbare Szenekonsens, einer einzigartigen subkulturellen Strömung anzugehören, die immer noch weit mehr zu bieten hat als schräge Musik und krasses Aussehen.

Der Vielfalt der Interessen der Szenegänger trägt das Programm des WGT in gebührender Weise Rechnung: Man lauscht Lesungen, verweilt in Ausstellungen, wird Teil eines großes Rollenspiels, übt sich im Schwerterkampf im »Heidnischen Dorf«, dem stimmungsvollen Mittelaltermarkt des Treffens, man schlüpft in historische Gewänder und trifft sich zu einem Viktorianischen Picknick, trägt Knappes aus Lack und Leder bei der Fetischparty auf, bummelt über den großen Szenemarkt, und einige finden sich gar zur inneren Einkehr beim Schwarzen Gottesdienst in der Peterskirche ein. Auch klassische Musik gehört seit Langem zum Programm des WGT, woran man sehen kann, dass die Grenzen zwischen Subkultur und Hochkultur durchaus fließend sind.

Es ist schon erstaunlich, welche Entwicklung das WGT über die Jahre genommen hat; eine Entwicklung, die die Initiatoren wohl nie für möglich gehalten hätten, als sie Anfang der Neunziger die Pläne fürs erste WGT schmiedeten. Entstanden war das Treffen aus der idealistischen Idee zweier Leipziger, Michael Brunner und Sandro Standhaft, nicht etwa ein weiteres schwarzes Musikfestival zu schaffen, sondern eine Zusammenkunft von Gleichgesinnten zum Kennenlernen, Plaudern und Feiern. Die Bands sollten nur Mittel zum Zweck sein, die Leute auch von weiter her zum Kommen zu bewegen. Schon das erste WGT 1992 übertraf die Erwartungen der Veranstalter deutlich: In und um den Klub Eiskeller am Rande von Leipzig trafen sich etwa 2.000 Leute, gerechnet hatte man mit weniger als der Hälfte. Es spielte nur eine Handvoll Bands, unter anderem *The Eternal Afflict, Age of Heaven, Ghosting, Goethes Erben, Moonday* und *Sweet Willam.* Zum zweiten WGT kamen schon etwa 4.000 Leute, und ab dem dritten Treffen wurden mehrere Veranstaltungsorte bespielt. Schon beim siebten WGT waren mehr als 10.000 Gäste und 70 Bands anwesend, der Rekord aber wurde beim neunten Treffen im Jahre 2000 erreicht, als über 25.000 Leute kamen und rund 350 Künstler gebucht worden waren. Das Jahr 2000 wurde aber auch in anderer Hinsicht ein denkwürdiges in der Geschichte des WGT: Schlechte Koordination und Uneinigkeit im Organisationsteam hatten zu groben wirtschaftlichen Fehlplanungen geführt, sodass das WGT im Laufe des Pfingstwochenendes pleite ging. Bis heute gibt es die abenteuerlichsten Geschichten über das, was sich in diesen Tagen genau ereignete. Fest steht, entgegen anderslautenden Legenden hat sich damals niemand mit Geld aus dem Staub gemacht, denn Geld war einfach keins mehr da. Doch schon im Jahr nach dem Zusammenbruch erstand das WGT wieder auf unter einem weitgehend neuen Organisationsstab, der seither für einen geordneten Ablauf des Treffens sorgt. Sicher gibt es hier und da noch kleine Unzulänglichkeiten, aber diese machen ja vielleicht auch ein Stückchen vom Charme des WGT aus und lassen sich wohl verschmerzen, betrachtet man den unglaublichen organisatorischen

Aufwand, den eine Veranstaltung erfordert, die über vier Tage an fast 40 Veranstaltungsorten stattfindet. Mehrere Hundert Helfer, Techniker und Sicherheitsleute leisten Jahr für Jahr an allen Ecken und Enden der Stadt gute Arbeit, ohne die das WGT nicht möglich wäre. Und wenn das Anstehen zum Abholen der Eintrittsbändchen vielleicht auch mal etwas länger dauert, so ist es doch schon gleich die erste Gelegenheit, nette Leute kennen zu lernen. Mit der Zeit und wachsenden Größe hat sich auch die Wahrnehmung des WGT in Leipzig selbst gewandelt. Die Stadt hat erkannt, dass da etwas Einzigartiges stattfindet, etwas, mit dem Leipzig überregional und selbst international von sich reden macht. Und auch wirtschaftlich profitiert man ordentlich von den 20.000 Besuchern: Schätzungen gehen von mehreren Millionen Euro aus, die das WGT in die Stadt bringt, durch die Veranstaltung selbst und natürlich durch die Besucher, denn auch Gruftis essen, schlafen in Hotels und Pensionen, kaufen ein und fahren Taxi. Daher erscheint das WGT auch der Stadt als etwas, das es zu bewahren gilt. Dies war denn auch einer der Hauptgründe, als 2009 Bebauungspläne für das agra-Gelände gekippt wurden. Dieses Messeareal am südlichen Stadtrand von Leipzig ist das wichtigste Veranstaltungszentrum des WGT mit einer großen Konzerthalle, dem nahegelegenen Mittelaltermarkt im idyllischen Torhaus Dölitz und den weiten Wiesen, die als Treffenzeltplatz rund 10.000 Besuchern Platz bieten.

In der lokalen Presse kam das Treffen in den Anfangsjahren kaum vor, wurde allenfalls als »Schwarzes Festival der Eitelkeiten« belächelt. Mittlerweile füllen die Berichte ganze Seiten und erschöpfen sich nicht mehr in den üblichen Klischees. Auch wollten zu Beginn etliche Leipziger Veranstaltungsorte durchaus nichts mit den Gruftis zu tun haben. Inzwischen aber sind wir Stammgast in den schönsten Lokalitäten der Stadt, etwa im Centraltheater, im Volkspalast (einer ehemaligen Messehalle, die dem Pantheon nachempfunden ist) oder im Völkerschlachtdenkmal, Europas größtem Monument. Besagtes Denkmal war beim WGT 2006 nicht nur Konzerthalle, sondern auch Schauplatz eines besonderen Spektakels, zu dem nicht nur WGT-Besucher, sondern auch Tausende Leipziger strömten: »Monumentum II« setzte das imposante Bauwerk mit einem komplexen, vielfarbigen Lichtarrangement in Szene, untermalt von einer live dargebotenen, eigens angefertigten Komposition von *In The Nursery*.

Seit 2007 gibt es nun gar eine Zusammenarbeit mit dem Bildermuseum, WGT-Gäste bekommen dort freien Eintritt. Auch mit der Leipziger Oper hat sich seit 2007 eine feste Kooperation ergeben, eine Bereicherung fürs WGT-Programm, die erstaunliche Resonanz beim schwarzen Publikum findet. So erinnere ich mich noch gut, wie im ersten Jahr dieser Zusammenarbeit eine breite Schlange quer über den Augustusplatz verlief, weil so viele WGT-Besucher Verdis »Requiem« erleben wollten. Das reservierte Platzkontingent reichte bei Weitem nicht, und so kamen viele der Wartenden nicht in den Genuss des Konzertes. Doch ließ es sich der damalige Opernintendant Henri Maier nicht nehmen, den vergeblich Anstehenden persönlich sein Bedauern über den Platzmangel kund zu tun. Im folgenden Jahr berichteten uns die Mitarbeiter der Oper von einer Leipziger Seniorin, die sich bereits zeitig ihre Karte für »La Traviata« gesichert hatte. Sie wurde im Nachhinein informiert, dass sie nun aber just inmitten jenes Bereiches säße, der für die Besucher des Wave-Gotik-Treffens reserviert sei. Man bot Ihr eine Änderung des Sitzplatzes an, aber die Dame lehnte energisch ab, sie bestehe geradezu darauf, den Platz zu behalten und freue sich sehr, inmitten der netten jungen Leute zu sitzen. Ein Beispiel, das man durchaus als exemplarisch bezeichnen kann für die Entspanntheit und Aufgeschlossenheit, mit der die Leipziger inzwischen mit den schwarzen Gästen umgehen. Vorurteile wurden mit den Jahren abgebaut, man freut sich regelrecht

D Programmheft zum 4. Wave-Gotik-Treffen
E Programmzettel des vierten Treffens
F Eintrittskarte 13. Wave-Gotik-Treffen Leipzig (Innenansicht)
G Impression vom zum Zeltplatz umfunktionierten Sportplatz, 1993
H Auf dem Zeltplatz 1993 diente eine mit Pentagramm versehen Bayernfahne den süddeutschen Grufts als Sammelpunkt – und sorgte für eine ununterbrochene viertägige Diskussion (mit stets wechselnden Teilnehmern), ob es sich dabei um Zweckmäßigkeit, einen dekonstruktivistischen Scherz oder das Symbol staatlicher Repression handeln solle

K In den frühen Tagen wurden die Schwarzkittel von der Bevölkerung noch misstrauisch beäugt. Leipzig 1994
L Besucher auf einem frühen Wave-Gotik-Treffen

auf den Kontakt mit den extravagant gestylten, friedlichen Leuten und geht sogar gern gezielt dort spazieren, wo besonders viel WGT-Publikum unterwegs ist, man schaut interessiert, knipst Fotos oder kommt gar ins Gespräch.

Ins Gespräch komme auch ich gern immer wieder mit vielen der aus aller Welt anreisenden Gästen, viele haben seit Jahren kein einziges WGT ausgelassen, so etwa der sympathische Japaner Kenji aus Osaka, Hochschuldozent für elektronische Musik, selbst Electro-Musiker mit seinem Projekt *4-D Mode1* oder Mic, der schräge Filmkünstler aus Florida. Und auch der stets fröhliche Vitalyi ist immer dabei, einer der Anführer der ukrainischen Gothic-Bewegung und Veranstalter von CHILDREN OF THE NIGHT, einem der größten osteuropäischen Szenefestivals. Ansonsten besteht für mich das WGT aber überwiegend aus Arbeit: 500 Presseleute wollen betreut sein, bekommen im Pressebüro auf dem agra-Gelände ihre WGT-Journalistenpässe, Interviews sind zu geben, Kontakte zu Künstlern zu vermitteln. Ein paar Konzerte und Veranstaltungen, die mir besonders am Herzen liegen, besuche ich dann aber doch, so viel Zeit muss sein. Im Pressebüro sitzen ja noch ein paar tüchtige Helfer, die bis zum späten Abend die Stellung halten.

Und dann sind die vier wunderbaren Tage auch schon wieder viel zu schnell vorbei, und Leipzig kehrt allmählich zurück vom schwarzen Ausnahmezustand in die brave Normalität. Doch nach dem Treffen ist vor dem Treffen, schon im Sommer tut sich wieder was im WGT-Organisationsbüro. Denn auch das nächste WAVE-GOTIK-TREFFEN soll wieder zu außergewöhnlichen schwarzromantischen Festspielen werden, die Leipzig für ein paar Tage zur Welthauptstadt der Schwarzen Szene werden lassen.

A

Verbindungen der Dreiheit

Wave / Gothic – Mittelalter – Live Rollenspiel

Philipp Kollmar

Das Mittelalter ist eine einzige große Projektionsfläche für Träume, Wünsche und alternative Lebensentwürfe.[1]

Die Grundregel, wenn nicht sogar der Sinn des Spieles ist: Tu so als ob, und zwar so gut du kannst.[2]

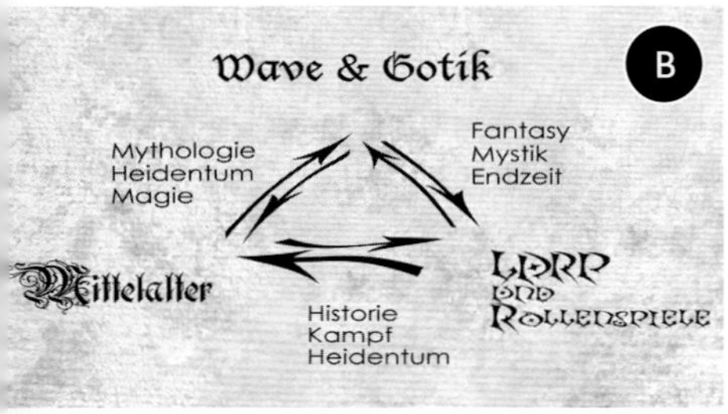

A,C Die fantasievollen Kostüme der LARPer stoßen bei vielen authentizitätsbesessenen Mittelalterfans nicht immer auf enthusiastische Gegenliebe
B Schema der Einflusslinien zwischen den Mittelalter-, Gothic- und LARP-/Rollenspielszenen
D Auf Mittelaltermärkten lösen sich die Grenzen zwischen Händlern, Darstellern und Zuschauern auf
E Gruftis beim Mittelaltermarkt/Heidnisches Dorf, Wave-Gotik-Treffen 1998
F Runen als Ornamente auf Waffen und Rüstzeug
1 Gaby Herchert in: »Gehabt Euch wohl, ich suche mich im Mittelalter!«
2 Enno Behrendt; helmwacht.de
3 Herchert, G.: »Gehabt euch wohl, ich suche mich im Mittelalter!« – Living History und die Welt des Mittelalters neben uns. In: Hartwich, D., Schwertz, C., Witsch, M. (Hrsg.): Mit Spieler. Überlegungen zu nachmodernen Sprachspielen in der Pädagogik. Würzburg 2007, Seite 105 ff.

Sagen, Heldengeschichten, Epen, Überlieferungen und historische Quellen spielen eine große Rolle, wenn es darum geht Archetypen, Rollen und auch Identifikationsfiguren für unsere Aktivitäten zu finden. In der Wave / Gothic- und auch in der Mittelalter- und Rollenspiel-Szene gibt es eine große Vielfalt an Figuren, derer man sich hierfür bedient. Hexen, Ritter und auch fantastische himmlische, höllische oder untote Wesen sollen hier nur beispielhaft aufgezählt werden um aufzuzeigen, dass es Figuren gibt, die in mehr als einer Szene verkörpert werden.

Ebenso gibt es Personen, die sich in mehr als einer Szene bewegen oder an mehreren teilnehmen. Die Grenzen sind fließend und werden, wenn überhaupt, dann von kleineren Gruppen oder Vereinen innerhalb der Bereiche abgesteckt. In dem abgebildeten Schema werden einige der Verbindungslinien aufgezeigt, die sich zwischen den Szenen aufspannen. Entlang dieser Linien werden vor allem theoretisches Wissen sowie verschiedene Stile und Trends ausgetauscht.

Die soziologischen Hintergründe und Interpretationen der Mittelalter- und Liverollenspiel-Szene werden von Gaby Herchert in dem Buch »Mit Spieler« dargestellt. Sie schreibt hier zur Beschreibung der Mittelalterszene:

Der Handel ist jedoch nur ein Aspekt des Treibens. Die Marktbesteller leben während ihres Aufenthaltes meist mit Kind und Kegel in Zeltstädten. Stabile Holzkonstruktionen, mit gewachstem Leinen bespannt, beherbergen Schaffelle und Truhen. Gekocht wird in Eisentöpfen über offenen Feuerstellen, die vor dem Zelt ausgehoben werden. Hier hat die Neuzeit keinen Zutritt, wohl aber der Marktbesucher, der bestaunen kann, wie das Privatleben vor 1000 oder 500 Jahren aussah.

Auch öffentliches Leben wird vorgeführt. Die Händler verstehen sich zugleich als Schausteller und bieten Szenen aus dem Mittelalter. Der Büttel verlässt seinen Schießstand, jagt die Hexe von ihrem Rocken weg über den Markt und wirft ihr in perfektem Neo-Mittelhochdeutsch vor, den Sohn des Schmieds verzaubert zu haben. Sie versucht, Hilfe suchend unter das Volk von × zu flüchten, wird aber dennoch gefasst. Der Büttel kündigt ihre Hinrichtung zur fünften Stunde auf der großen Bühne an und lädt das Volk zur Zeugenschaft. Ein Pfaffe redet auf zwei Ritter ein, die sich im Schaukampf üben, und weist sie, ebenfalls in Neo-Mittelhochdeutsch, auf die Vergäng-

lichkeit der Welt hin. Sie und das ganze Volk mögen doch zur großen Wiese kommen, auf der jetzt gleich ein original mittelalterlicher Totentanz aufgeführt werde.

Vor den Bühnen sammelt sich allerlei Volk, das in die Szene, aber nicht zu den Marktbestellern gehört: Ritter in Turnierrüstungen, Burgfräulein in zarten Blütenkränzen auf dem wehenden Haar, Bauern, Mönche und schwarz gekleidete Gothic-Anhänger. [...] Die Grenzen zwischen Händlern, Darstellern und Zuschauern lösen sich auf. Mittelalter ist auf solchen Events offenkundig mehr als nur Profession, die dem Broterwerb einerseits und der Belustigung andererseits dient. Das Mittelalter wird hier in einer spezifischen Form vergegenwärtigt, es ist eine spezielle Lebensform, eine Inszenierung von living history, lebendiger und zugleich gelebter Geschichte.[3]

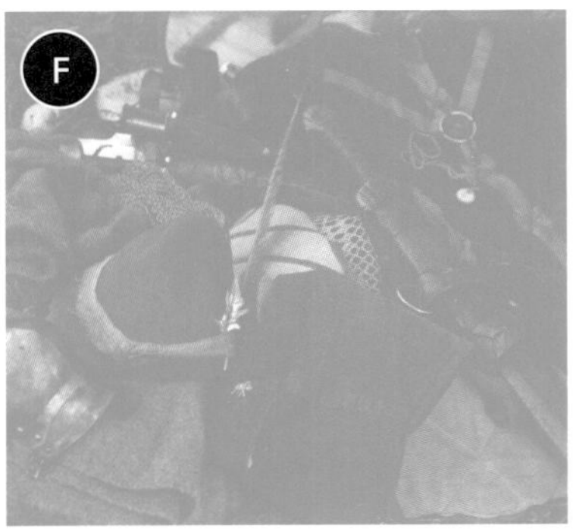

Als Beispiel aus der Schwarzen Szene kann das WAVE-GOTIK-TREFFEN in Leipzig gelten, welches verschiedene mittelalterliche Attraktionen bietet. Den Markt an der MORITZBASTEI oder das heidnische Dorf und Bands aus der Mittelalter-Szene hat es von Beginn an im Programm. Die Personenkreise beider Szenen vermischen sich hier. Die »Schwarzen« sind gern gesehene Kunden an den Mittelalterständen. Zauberutensilien, Kräuter, Räucherwerk, Getränke, Schmuck und Handwerkskunst werden besonders gerne begutachtet und gekauft. Dabei findet der Händler – als Darsteller einer anderen Zeit und Kundiger seiner ungewöhnlichen Ware – Abnehmer, die an dem alten Wissen über Herkunft und Verwendung, Geschichten und Sagen interessiert sind. Die Leute der Mittelalter-Szene genießen im Gegenzug das große Angebot der verschiedenen Musikströmungen, welche die Wave/Gotik-Szene zu bieten hat. Gerade auf den Gebieten der Neofolk- und Metal-Musik werden Einflüsse historischer Klänge immer wieder genutzt.

Wie bei Herchert beschrieben, kommt es hier nicht auf die exakte historische Einordnung, sondern auf das Erleben einer anderen Zeit in der gegenwärtigen an. Der Kampf, die Mystik und das wohlige Schaudern bei dem Gedanken, dass Pranger und Folter nicht mehr in unserem Alltag präsent sind, gehören dazu. Das bedeutet nicht, dass es nicht ernsthafte Versuche gibt, mit möglichst originalgetreuen Nachbildungen und alten Techniken »authentisch« zu leben. Da Quellen allerdings auch immer einen gewissen Rest Unsicherheit offenlassen oder sich widersprechen können, kommt es hier häufig zu langen »Fachsimpeleien«, die von selbsternannten Fachleuten auf den jeweiligen Gebieten geführt werden. Hier setzt auch die oben beschriebene Grenzziehung zwischen den verschiedenen Gruppen an. Wie sehr »A« (in dieser Szene geflügelter Ausdruck für authentisch) etwas ist, kann hier zur Spaltung zwischen Gruppen führen. Hier grenzen sich auch historische Feste, welche einen exakt überlieferten Zeitpunkt genau darstellen, wie zum Beispiel die Landshuter Hochzeit, von den vielen Mittelalter-Spektakeln ab, die alles beherbergen, was »Mittelalter« auf der Fahne stehen hat.

Die großen Reenactment-Treffen in anderen europäischen Ländern, bei denen das Erleben der vergangenen Welt ohne Publikum im Vordergrund steht, haben in Deutschland keine so große Bedeutung. Es gibt jedoch kleinere Gruppen, häufig Wikinger darstellend, die teilweise auch Freikämpfe mit Stahlwaffen ausführen. Bei den Darstellern alter nordischer Kulturen gibt es viele Anknüpfungspunkte und Überschneidungen zur Neo-Pagan-Szene in Bezug auf Symbolik und Mystik.

Werden die dargestellten Handlungen und Kämpfe Teil einer Geschichte, deren Ausgang noch nicht festgelegt ist, die aber von den Darstellern erlebt und aktiv mitgestaltet wird, wird die Grenze zum Rollenspiel überschritten: *»Im Wald sollen Untote des Nachts ihr Unwesen treiben – schicke er die Waldläufer los, um dies zu bestätigen ...«. Man schlüpft in die Rolle einer fiktiven Person und versucht, diese innerhalb der Spielregeln möglichst gut darzustellen. Die*

Spielleitung der Liverollenspielveranstaltung gibt dabei nur einen Handlungsrahmen vor. Die einzelnen Aktionen bestimmen die Spieler selbst. Es ist in etwa vergleichbar mit einem Theaterstück ohne festgelegtes Drehbuch, bei dem die Rollen festgesetzt, die Handlung und das Resultat aber nicht vorhersehbar sind.

Es gibt die verschiedenartigsten Charaktere, die in der Fantasie der Spieler entstehen und sich weiterentwickeln. Das bringt intensive Erlebnisse und vor allem viel Spaß. Wir werden jedem Interessierten zeigen, dass Liverollenspiel weder Kinderkram noch Sektenblödsinn ist. Ihr könnt das Lagerleben, Kämpfe, Rituale und noch viel mehr bestaunen. Ihr könnt Euch auch aktiv beteiligen, und wenn Ihr einfach nur staunen wollt, dann lasst euch verzaubern von den schaurig-schönen, romantischen und mystischen Geschichten, die am Lagerfeuer erzählt werden.[4]

Die LARP-Szene (LARP = Live Action Role Playing) entwickelt sich seit ihrem Entstehen Anfang der 90er Jahre beständig weiter. Sie ist mit Großveranstaltungen, auf denen bis zu 8.000 Teilnehmer mitspielen, darstellen und organisieren auf dem Weg, sich einen festen Platz in der heutigen Event-Kultur zu sichern. Das LARP ging aus dem typischen Tischrollenspiel und der living history hervor. Hierbei war es von Anfang an nicht an reale Gegebenheiten gebunden und bot Rollen für nichtmenschliche Charaktere sowie die Möglichkeit, durch feste Regelsysteme auch Übernatürliches spielbar zu machen.

Ende der 90er Jahre erreichte diese Ausprägung mit den Spielen der »World of Darkness«-Reihe ihren Höhepunkt. Die Reihe erschien zuerst als normales Tischrollenspiel, wurde dann aber auch als LARP adaptiert. Die Spieler spielten hierbei übermächtige Vampirwesen. Ihre Macht wurde nur durch Regeln dargestellt. So wurden zum Beispiel LARP-Kämpfe durch »Stein, Schere, Papier«-Wettstreite entschieden. Gespielt wurde in der Öffentlichkeit, wobei es die Regel gab, sich vor den Nicht-Mitspielern nicht auffällig zu verhalten. Durch das Setting der »World of Darkness« mit Vampiren, Werwölfen und Wechselbalgen gab es eine große Resonanz in der Wave / Gothic-Szene. Durch die eingeschränkten Möglichkeiten, in der Öffentlichkeit Konflikte darzustellen und die ständige Gefahr durch Schleichen, lautes Streiten oder anderweitig auffälliges Verhalten als verdächtig zu gelten oder eine Straftat auszuführen, fand das Vampire-LARP kaum mehr Resonanz. Daran scheiterten auch die ersten Versuche, ein Cyberpunk-LARP zu etablieren. Das typische Fantasy-LARP hat diese Nachteile nicht, da man sich meist auf einem gemieteten Gelände befindet. Konflikte und Kämpfe lassen sich im LARP mit Mittelalter- oder Fantasy-Hintergrund durch Schaumstoffwaffen sehr gut und mit geringem Verletzungsrisiko simulieren. Durch die große Vielfalt der möglichen fantastischen Settings gibt es eine unendliche Darstellungsbreite. Vor allem das martialische »Warhammer«-Universum bietet mit seinen überzeichneten Rassen, Konflikten und der dekadenten, gotisch anmutenden Ästhetik wiederum viele Anknüpfungspunkte für Waver und Gothics. Es liegt an jedem Spieler oder jeder Gruppe, sich den Hintergrund auszusuchen, der ihnen die beste Interaktion mit den anderen Spielern und den Organisatoren bietet. Herchert sieht das so: *Die Grenzüberschreitung in die Welten des LARP verspricht spielerische Selbstfindung in einer idealen Fantasiewelt.* [...] *Unstrittig ist, dass die neue Hochzeit der aktiven Mittelalterrezeption eng mit der postmodernen Erscheinung der Selbstinszenierung verbunden ist.*[5]

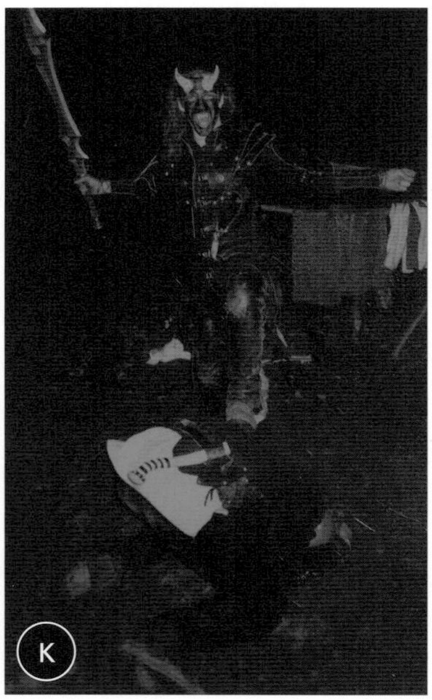

Dem kann ich nicht zustimmen, da inzwischen die Gruppenleistung in Organisation und Durchführung von Projekten immer mehr in den Vordergrund rückt. Die selbstinszenierenden Überhelden und detailverliebten Kostümliebhaber gibt es zwar immer noch, doch die ersteren werden belächelt, während die zweiten den Maßstab für nahezu perfekte Gewandungen setzen, der allerdings von der Masse meist nie erreicht wird. Plattformen gibt es mit Facebook oder auch Larper.ning zwar genügende, um die Selbstinszenierung weiter zu betreiben, doch ist man so meist nur ein Einzelner, der sich von der Masse abheben will. Die Organisation von gemeinsamen Bauprojekten oder Veranstaltungen, welche bei Größen bis zu 150 Teilnehmenden meist nicht kommerziell, sondern in privatem Rahmen stattfinden, erschafft aber ein viel beständigeres Gemeinschaftsgefühl und hohe Motivation.

Findet sich eine motivierte Gruppe, kann mit den durch das Fantasy-LARP etablierten Organisationstrukturen heute fast jeder Hintergrund bespielt werden. Gerade die Endzeit- und Zombie-LARP-Veranstaltungen finden derzeit regen Zulauf.

Mit der zunehmenden Verfügbarkeit von digitalen Filmtechniken steigt auch die Anzahl der Gruppen, die ihre Veranstaltung mit kleinen Filmen bewerben oder diese als Erinnerungsstück für die Teilnehmer produzieren. Hier vermischen sich wiederum die verschiedenen Szenen, wenn kleine Bands die Darsteller für ihre Videos aus der LARP oder Mittelalter-Szene rekrutieren, die LARP-Gruppen kleine Bands mit der Musik für ihre Videos beauftragen, oder Stuntgruppen sich eine Rollenspielertruppe, die sich durch einen guten Kampfstil ausgezeichnet hat, als Verstärkung ihrer Fußtruppen holen.

G LARP (Live-Action Roleplaying) ermöglicht den Spielern, in die Haut fantastischer Gestalten zu schlüpfen
H, K Aufwendige Kostümierung ist nicht nur für Gothics fester Bestandteil des Szenedaseins; auch im LARP werden liebevoll gestaltete Figuren lebendig
L Aus der introvertierten Spielerei mit der Untergangsstimmung wird im Endzeit-LARP frohgemute postapokalyptische Praxis
M Mehr als nur ein Urlaubsfilm: Standbild aus einer LARP-Produktion
4 Verändert, nach dem Text aus dem »Pfingstboten« zum 8. Wave-Gotik-Treffen 1999
5 Herchert a. a. O.

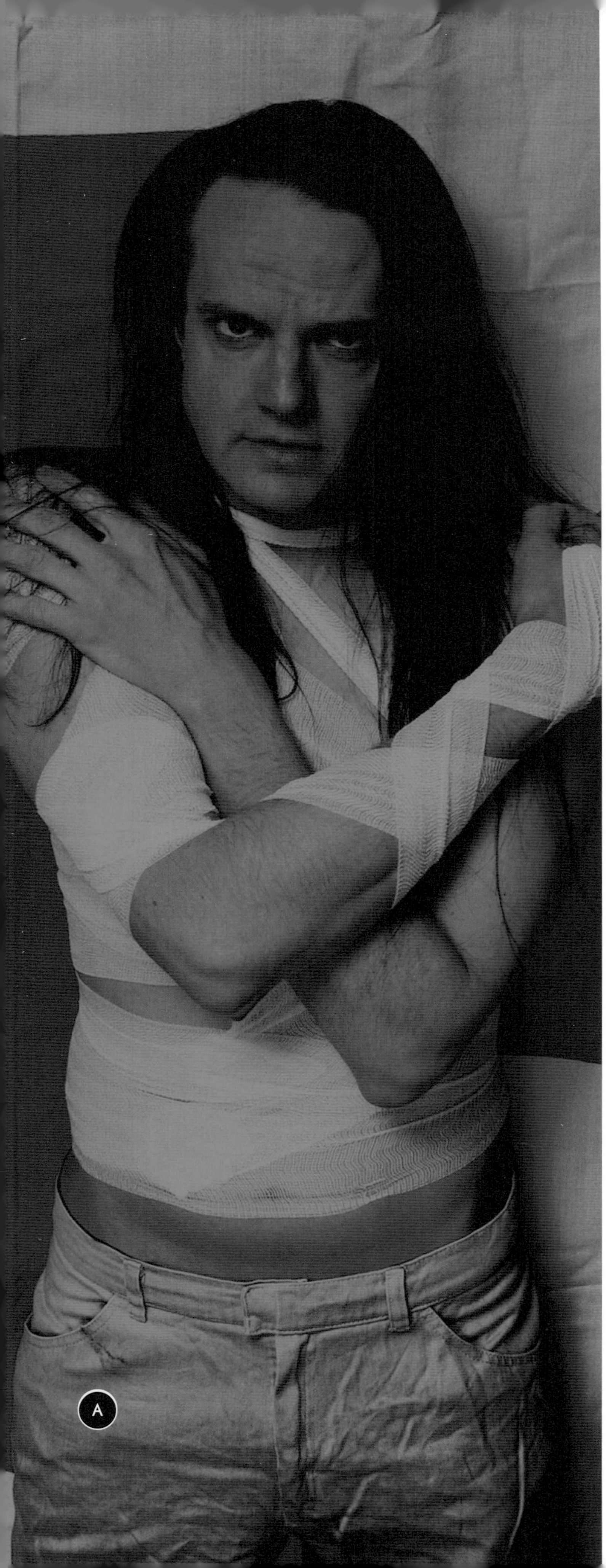

Wie und wann bist Du selbst mit der Düsterszene in Berührung gekommen? Welche Bands hast Du Dir zu Anfang reingezogen?

Die Musik hat mir schon als Kind gefallen, ohne dass ich mir bewusst gewesen wäre, dass *Kraftwerk, The Cure, Soft Cell* oder *The Sisters of Mercy* und ähnliche Musik von einer bestimmten alternativen Kulturbewegung gehört wurde. Das wurde mir erst bewusst, als ich auf der Krankenpflegeschule eine junge Frau kennen lernte, die eben Schwarz trug und mich mit ins Melodrom in Neugablonz nahm. Und ab diesem Tag war es um mich geschehen. Dort fühlte ich mich wohl, da ich hier mit meiner Vorliebe für Schwarz nicht auffiel. Es war sozusagen Liebe auf den ersten Blick, und von da an trug ich meine Haare schwarz gefärbt und lernte meinen musikalischen Horizont mit *Einstürzende Neubauten, Diamanda Galás, Christian Death* und *Skinny Puppy* zu erweitern. Ich saugte alles um mich herum auf und tanzte zu allem was mir gefiel. Ich war nie auf bestimmte Gruppen oder Stilrichtungen fixiert. Es musste nur meinem Lebensgefühl entsprechen.

Wie kamst Du dazu, die Etage mit zu bewirtschaften? Wie seid Ihr an die Räumlichkeiten gekommen, und welche (bürokratischen) Hürden galt es zu überwinden, um den regelmäßigen Clubbetrieb zu gewährleisten?

Die Etage gehörte Jochen Schoberth, ich fungierte dort nur als DJ und diesen Club gab es lange, bevor sich der »Dark Saturday« etablierte. Sie war von Anfang an ein Alternativclub, in dem in unregelmäßigen Zeitabständen auch Konzerte stattfanden.

Warum hat man bei Szene-Veranstaltungen in Süddeutschland außerhalb Bayreuths selten oder nie Leute aus dem Etage-Umfeld angetroffen?

Hier kann ich nur für mich sprechen: Ich war samstags ortsgebunden. Aber Konzerte habe ich auch außerhalb von Bayreuth besucht. Außerdem hat mir die damalige Szene in den

Woher und Wohin?

Ein Gespräch mit Goethes Erben-Mastermind Oswald Henke

Interview: Alexander Nym

neuen Bundesländern besser gefallen, hier war letztlich auch Geschichte Teil des Alltags geworden. Das Publikum dort war deutlich offener als im Süden.

Du hast damals neben Szeneklassikern wie DCD, DIJ, C93, also jeder Menge ätherisch-schöner Musik, auch Angelo Branduardi (»Signore di Baux« u. a.) aufgelegt, also durchaus szene-fremde Künstler mit Stücken, die aber ins Konzept der Etage gepasst haben. Als DJ hab ich auch vieles von außerhalb der Szene assimiliert & gespielt (Ougenweide, Alan Stivell, etc. pp.) – Wie siehst Du die Rolle des DJ als Multiplikator und Medium von Musik? Hat der DJ eine Verantwortung als »musikkulturelles Gedächtnis«? Und siehst Du Unterschiede zur heutigen Party- und Musikkultur?

Als DJ sah ich mich nie als Dienstleister, ich habe das gespielt was mir auch persönlich gefiel und dabei war es mir egal, aus welcher Richtung die Musik kam. Sie musste nur in das Stimmungsbild passen, welches ich in der Etage erzeugen wollte. Die Etage war von 22 Uhr bis max. 2 Uhr geöffnet, in den Anfangstagen auch nur bis 1 Uhr. Im Gegensatz zu heute waren fast alle Gäste vor 23 Uhr anwesend und blieben bis zum Schluss. Damals stand nicht nur abzappeln und sich betrinken im Mittelpunkt der Clubbesucher, sondern es ging darum, einen Abend gemeinsam mit Gleichgesinnten zu erleben. Tanzen und feiern war natürlich auch erlaubt, aber es ging eben nicht nur darum. Die Abende wurden zelebriert und das bevorzugt als Ganzes und nicht nur als Fragment. Was heute anders ist kann sich jeder selbst beantworten. Ich gehe kaum noch in Clubs, da mir die Musik nicht gefällt, die dort gespielt wird, denn 90 % der dort gespielten Musik ist Dienstleistertätigkeit. Ein DJ sollte nicht jeden Wunsch seines Publikums spielen, sondern auch auf die Qualität achten. Ein DJ sollte sich nicht als Jukebox missbrauchen lassen, sondern den Kurs eines Abends vorgeben und wenn er wirklich gut ist, dann sind Wunschlisten von einem Kilometer Länge unnötig. Aber es ist nichts einzuwenden, wenn Gäste ab und zu eine neue CD mitbringen um auch ihrem DJ einmal etwas Neues zu Eröffnen. Fatal ist, dass die Gäste heute oft weder den Liedtitel und oftmals nicht einmal den Künstler nennen können, von dem sie etwas hören möchten. Oder sie sind so »ein-Lied-fixiert«, dass sie sich ein Lied eines Künstlers wünschen, von dem gerade ein Stück gespielt wurde.

Wie kam es zu der damals umstrittenen Entscheidung, Bands wie Death In June, Sol Invictus, Current 93, Blood Axis etc, die Anfang der 90er neben Dead Can Dance, Cocteau Twins, etc. einen Großteil des Musikprogramms eines Etage-Samstagabends ausgemacht hatten, zugunsten elektro- bzw. dance-lastigerer Musik zu boykottieren? Welche Rolle spielte in diesem Zusammenhang der »Live News«-Bericht über »Douglas P. den Runenmagier« (Mai '92) von Stephan Pockrandt?

Es gab keinen generellen Ausschluss dieser Musik, aber ich habe einfach keine Lieder gespielt, in der rechtsradikale Gedanken transportiert wurden. Der Bericht hatte wenig damit zu tun. Dass die Musik elektronischer wurde, lag daran dass mir die Musik eben zu dieser Zeit besser gefiel. Wie gesagt, ich habe die Etage meinem Musikgeschmack unterworfen und mich nicht erpressen lassen Musik zu spielen, die mir absolut nicht gefiel.

Die Etage hatte damals den Ruf, extrem düster, ernst & melancholisch zu sein, z. B. wurden die aus dem Süden angereisten Grufts als »die lustigen Nürnberger« bezeichnet, weil sie's wagten, am Samstagabend sichtlich Spaß zu haben – Wie hast Du das Spannungsfeld aus gelebtem Individualismus und gruppendynamischem Anpassungsdruck empfunden?

Ich kann Gruppenzwang nichts abgewinnen. Er ist heute leider noch massiver als damals. In der Etage herrschte kein Lachverbot, aber die Musik war eben düsterer als in anderen Clubs, und das war konsequent. Die »Nürnberger Szene« war nur kurzfristig Teil der ETAGE-Geschichte, sie kamen irgendwann nicht mehr und überließen den Club anderen Gästen, vorwiegend aus den neuen Bundesländern, aber auch aus dem Ruhrgebiet. Eigentlich kamen die Besucher aus ganz Deutschland, weil eben die Musik anders war.

Erinnerst Du Dich an die (in meiner Wahrnehmung) plötzliche »Invasion der Ostgoten«, also die zunehmenden Besucher aus der Ex-DDR? Parallel dazu fand der o. a. musikalische Stilwechsel statt, hin zu mehr und tanzbarerem Elektro. Welche Veränderungen wurden durch den Besucherwandel noch bewirkt oder ausgelöst?

Wie bereits erwähnt betrachte ich Musik nicht als etwas, was mir jederzeit immer gleich gut gefällt. Sie ist einem Geschmackswandel unterworfen. Der Musikwandel wurde von mir gesteuert, und nicht von den Gästen. Es war eher so, dass durch die sich wandelnde Musik eben auch neue Gäste hinzukamen und alte wegblieben. Gerade die Gäste aus dem Süden mieden irgendwann die ETAGE, da sie der Meinung waren, dass es doch nicht schlimm sei »rechtsradikale« Lieder aus dem Neofolk-Umfeld in der ETAGE zu spielen. Was aber viele vergessen haben, ist der Umstand dass *Sol Invictus* und *Current 93* weiterhin gespielt wurden, nur manche Lieder von *DIJ* verschwanden, aber auch nicht alle. Aber wer nicht anwesend war, kann das auch nicht wissen noch beurteilen.

Dein Musiktheater mit den Erben war zu Beginn von Deinen Zivi-Erfahrungen inspiriert – Woher beziehst Du seitdem Deine Inspirationen (Kunst/Literatur/Musik)?

Ich nehme meine Umwelt bewusst war, sprich: Das Leben inspiriert mich. Alles was mich emotional oder intellektuell berührt oder beschäftigt, versuche ich auf kreative Art und Weise umzusetzen. Selten kommt es vor, dass ich mich direkt von einem Film inspirieren lasse. So direkt ist das eigentlich nur bei Ang Lees »Der Eissturm« geschehen.

Mit dem Bekanntwerden der Bayreuther Bands und Danse Macabre kam der Begriff der »Neuen Deutschen Todeskunst« auf – auch auf die Gefahr hin, Ganzkörperkrämpfe und Hirnzuckungen auszulösen ...: wie hat sich die Rezeption Deiner Kunst unter dem Schubladenbegriff der NDT auf Eure Arbeit & Output ausgewirkt? Wie bist Du mit Kritik wegen des z.T. grellen Expressionismus den Ihr verwendet habt, umgegangen?

Ich finde den Begriff »Neue Deutsche Todeskunst« unglücklich, da diese Schublade schon namentlich einschränkt, was hat z. B. »Rebell« mit Todeskunst zu tun, und überhaupt: Was ist das? Dieser Begriff wurde damals von Sven Freuen vom ZILLO erfunden, und mir hat diese Schublade noch nie gefallen. Ich habe *Goethes Erben* immer als deutschsprachiges Musiktheater mit düsteren Texten bezeichnet. Die Bezeichnung hatte aber keinerlei Auswirkungen auf unsere kreative Arbeit.

Wie war Dein / Euer Verhältnis zu anderen Acts des damaligen Gothic-Revivals (Lacrimosa, Umbra et Imago, aber auch den Kollegen von Danse Macabre)?

Wir sind mit *Goethes Erben* einen relativ einsamen Weg gegangen, direkte Freundschaften unterhielten wir nur zu ganz wenigen Gruppen, z. B. *Catastrophe Ballet* und *Electric Avantgarde,* dem Vorläufer von *Umbra Et Imago.* Zu *Lacrimosa* hatten wir nie engen Kontakt, und von DANSE MACABRE haben wir uns sehr früh getrennt, noch bevor wir unsere erste CD veröffentlicht haben.

Welche gegenwärtigen Entwicklungen in der Szene beobachtest Du, und wohin siehst Du die Szene sich zukünftig entwickeln? Steht ihr ein weiteres Schisma bevor, etwa was den Cyber-Goth-Trend angeht (vergleichbar mit der Abspaltung der Neofolk-Szene in den 90ern)?

Die Szene verliert ihre Identität, sie vermischt sich im Bereich Cyber mit der Techno-Szene und konzentriert sich hier mehr auf schwarzen Ballermann, und an anderer Stelle habe ich das Gefühl, mit schwarzem Schlager konfrontiert zu werden, was die Szene extrem verwässert. Vielleicht ist diese Tendenz nötig, damit die Szene wie eine Blase platzen wird, und, wenn etwas übrig bleibt, dann hoffentlich wieder etwas, das abseits von 6-Floor-Tanztempeln und Hunderten von Gothic-Festivals, die von szeneentfernten oder szenefremden Agenturen organisiert werden, stattfindet. Ich finde es traurig, dass die Clublandschaft stirbt und alle nur noch auf Festivals häppchenweise Musik konsumieren. Fastfood-Musik ist nicht mein Fall; ich erlebe eine Musikgruppe lieber im Rahmen eines Einzelkonzertes, und nicht auf einem Festival. Zwei bis drei Festivals sind o.k., aber nicht hundert, auf denen sich die sogenannten Headliner im Zweijahresmodus abwechseln.

Rock girls

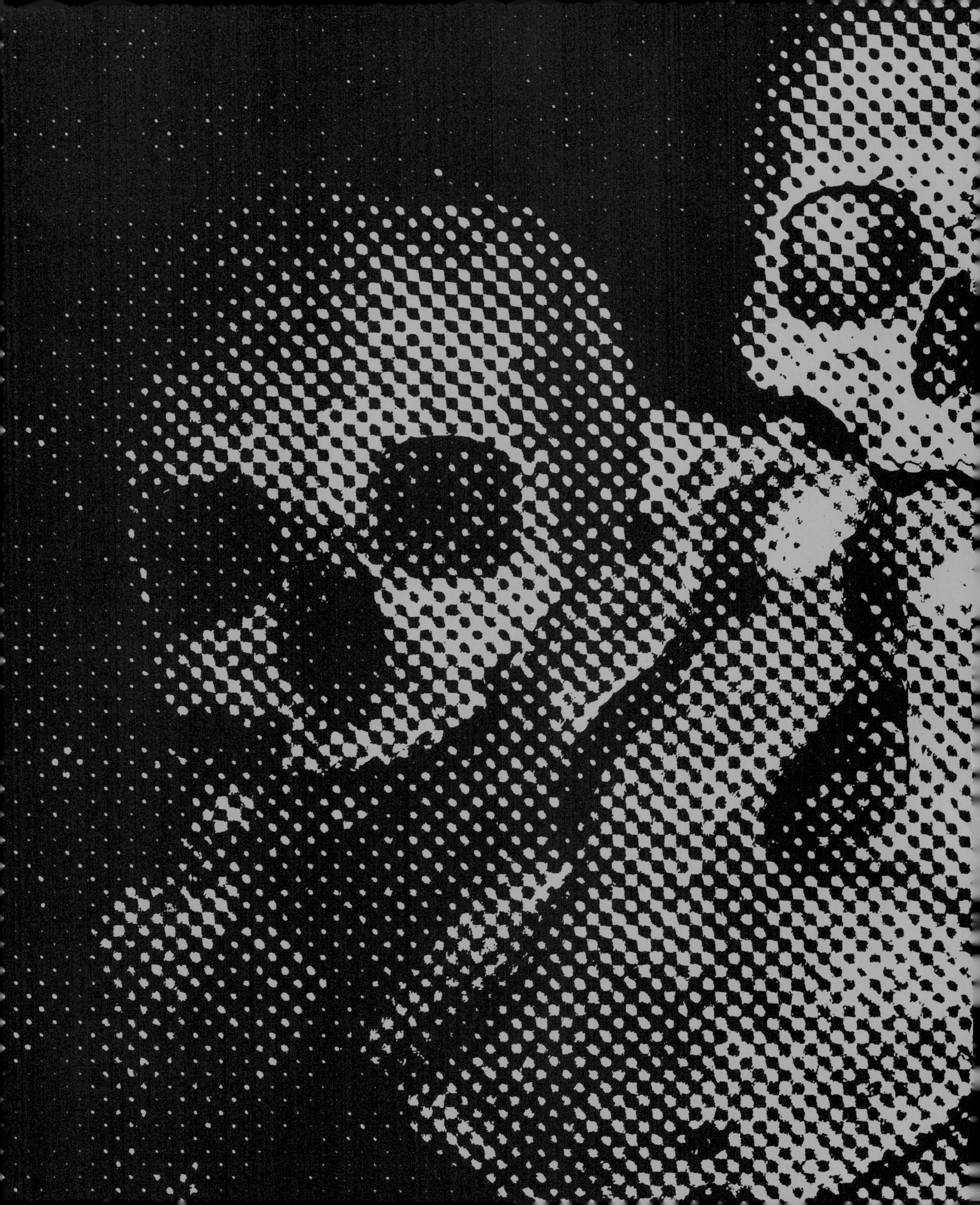

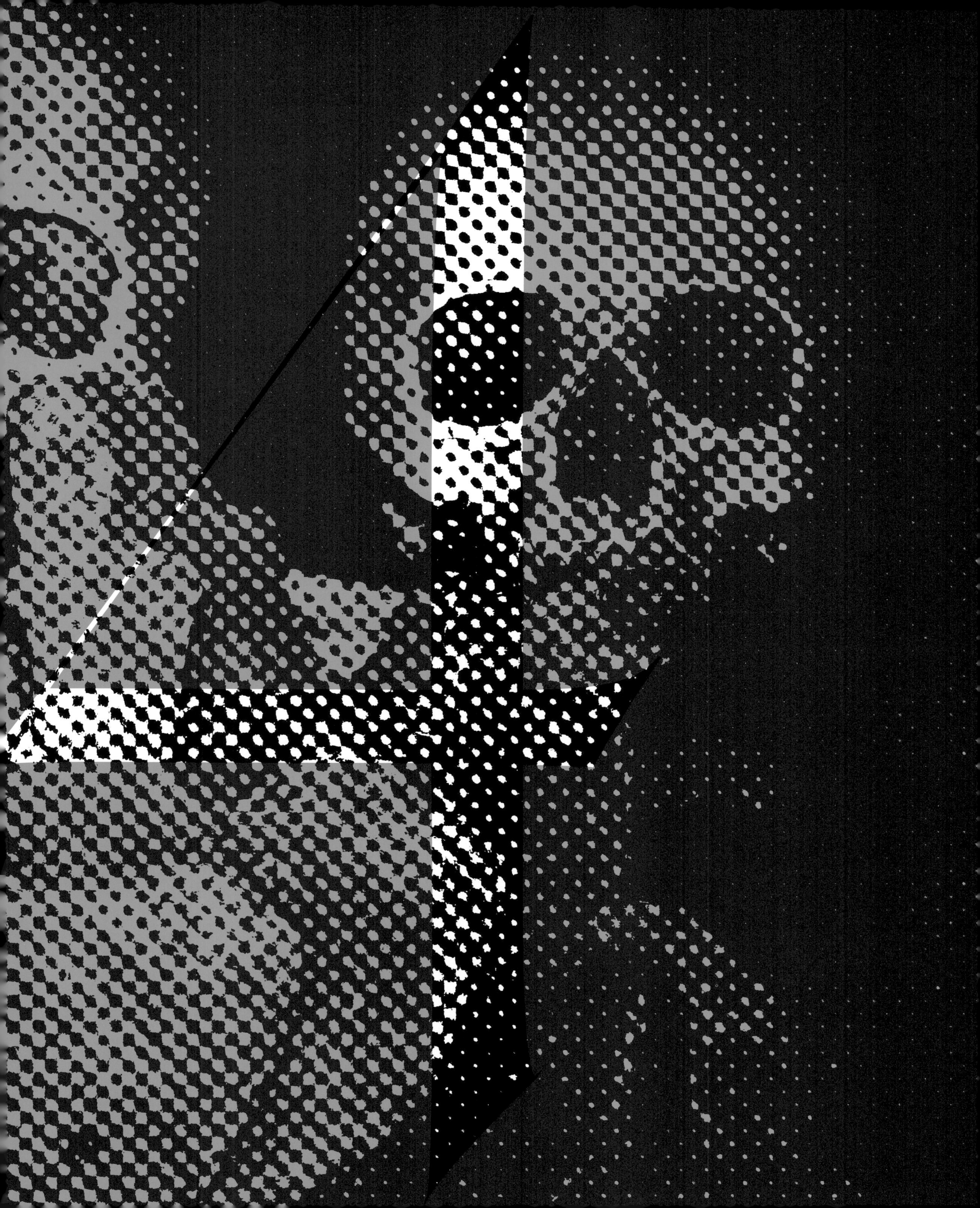
4

Jenseits der Musik

Alexander Nym

Wie die meisten Jugendkulturen formierte sich die Schwarze Szene um Musik. Und wie die meisten Jugendkulturen blieb sie dabei nicht stehen. So wie Graffiti und Street Art mit der Hip-Hop-Kultur assoziiert sind, hat auch die Schwarze Szene andere Kunstformen befruchtet bzw. hervorgebracht. An erster Stelle wären da – neben dem augenfälligen Make-up – Mode und Kleidung, denn in den Anfangsjahren war es üblich (um nicht zu sagen notwendig), sich exklusivere Kleidungsstücke selber herzustellen – ein Dracula-Cape konnte man eben nicht so ohne weiteres bei C&A bekommen, und Szeneläden waren selten. Legendär waren Läden wie das SCARFACE in Dortmund oder der POINT BASAR in Nürnberg, doch wenn man nicht gerade in der Nähe größerer Städte mit Szeneinfrastruktur lebte, musste man beim entsprechenden Versandhandel bestellen (z. B. BOY), in London einkaufen gehen – oder eben selber schneidern. Bei diesem Output blieb es allerdings nicht; für viele Gothics ist das Ausleben der eigenen Kreativität selbstverständlich. Ob sich das in Dichtung, Bildgestaltung, Fotografie oder Musizieren niederschlägt, und welche Qualität dabei herauskommt, ist letztlich der jeweiligen Segnung mit Talent und Können geschuldet. Dabei beschränkt sich die Lebensführung in Schwarz nicht auf die klassischen künstlerischen Disziplinen der Musik, Dichtung und bildnerischen Gestaltung. Gothic als »Lifestyle« umfasst noch viel mehr, denn das spezifisch schwarze Lebensgefühl ist eines von Unabhängigkeit und Selbstbestimmung, das sich am deutlichsten in selbstgeschaffenen Freiräumen, in denen eigene Gesetze gelten, entfalten kann (Hakim Bey hat für solche Gelegenheiten den Begriff der »temporären autonomen Zone« geprägt). Dass diese Räume längst nicht mehr auf die Treffpunkte der Szene beschränkt sind, zeigt der Beitrag von Giulio DiMauro, der der postromantischen Schwärze auf den Laufstegen zwischen Rom, Paris und New York nachgespürt hat, um den Schöpfungen des unlängst in den Freitod gegangenen Modegenies Alexander McQueen faszinierende philosophische, psychologische und ontologische Aspekte abzugewinnen. Die Designerin Tatjana Warnecke berichtet von ihrem Werdegang zur Modeschöpferin im Fetischbereich, und der Mainzer Filmwissenschaftler Marcus Stiglegger analysiert die Rolle des Uniformfetischs in der Schwarzen Szene. Danach geht es mit Christian Walther, Autor des Buches »Gothic – Dark Lyrics« auf einen Streifzug durch die deutschsprachige Liedlyrik anhand von Beispielen der Gruppen *Das Ich, Goethes Erben* und *Rammstein*, gefolgt von englischsprachiger Prosa von *Andréa Nebel* und Lyrik der Poetin und New-Wave-Ikone *Anne Clark*. Noch einen Schritt weiter geht die Künstlerin *Amodali*, die inzwischen seit über zwei Jahrzehnten die Medien Musik, Magie und Sexualität auf kreative Weise kombiniert – und nun auch das Internet zur Manifestation ihrer Vision einer befreiten und befreienden Erotik nutzt. Doch eingangs gewährt Marcus Rietzsch einen Einblick in die Empfindungen, die Friedhofsbesuche auslösen können, die ja – wenn man den weit verbreiteten Gruftiklischees Glauben schenken mag – den Hauptzeitvertreib von Szenegängern darstellen, wenn sie nicht gerade deprimiert auf der Tanzfläche vor und zurück schlurfen oder mit Schminken beschäftigt sind.

Aus dem dargestellten Spektrum erschließt sich der Blick auf die vielschichtigen außermusikalischen Interessen, die in der Szene gepflegt werden, auch wenn die Musik immer wieder im Mittelpunkt steht, Ausgangspunkt, (Neben-)Produkt oder Begleiterscheinung ist. Zusammenfassend könnte man die Behauptung aufstellen, dass der Musikkonsum nur einen Anfangs- und Ausgangspunkt darstellt, der das Potenzial mitbringt, die im Menschen selbst angelegten kreativen Impulse zu katalysieren, bzw. die Intensität des Ausdrucks und die Tiefe beliebter Bands und Interpreten nachzuempfinden und mittels eigenen Ausdrucks zu reproduzieren, getreu der Losung »Was die können, kann ich auch.« Ob durch Kleidung (die immer auch Verkleidung ist), Schriftstellerei oder das Musizieren: letztlich handelt

Elfe der etwas anderen Art: Kopfputz aus Efeu

es sich bei jeder dieser Äußerungen um ein Nach-außen-stülpen dessen, was man im Inneren trägt, mit der typisch introvertierten Zurückhaltung natürlich. Dies nicht zu unterdrücken und einzusperren, sondern sich auswirken und ausdrücken zu lassen, ist vielleicht der subversivste und dabei humanistischste Aspekt des Szenedaseins: Unter dem Mantel der Bannfarbe Schwarz das eigene Selbst zum Vorschein zu bringen, auf Entdeckungsreise ins Ich zu gehen und von diesen Nachtfahrten der Seele etwas Bereicherndes mit zurück zu bringen, sich zu vervollständigen, indem man sich im Prozess der Selbstentdeckung künstlerisch äußert – Kunst als Therapie und Selbstausdruck als alchimistischer Wandlungsprozess der reifenden Persönlichkeit, der über die äußere Erscheinung hinaus auch das Innere und fördert (Fast ist man versucht, das gewichtige Wort »Gesamtkunstwerk« in den Raum zu stellen). Und weil dies ein stets in Wandlung begriffener Prozess ist, überrascht es nicht weiter, dass die schwarze Existenzform so viele so lange begleitet und schließlich mehr wird als einer jugendliche Marotte: eine eigenständige Kultur, geschaffen von Leuten, die sich auf diese Weise autonome Zonen schaffen – und das nicht nur temporär.

Faszination Friedhof

Marcus Rietzsch

Friedhöfe: Orte der Trauer. Morbide, dunkel, kalt. Für viele mag das vielleicht so erscheinen, »Gruftis« hingegen begeben sich gerne auf Erkundungstour, um die anderen Seiten zu entdecken. Eine große Suche ist hierfür gar nicht vonnöten. Tritt man durch eines der Tore ein, bewegt man sich sogleich in einer anderen Welt. Hohe Mauern scheinen jedem Großstadtlärm den Zugang in diese Welt zu verwehren. Lebendige Augenpaare begleiten einen des Wegs und scheinen jede Bewegung zu beobachten. Verwitterte Kreuze zeigen die Zeichen der Zeit. Uralte Grabmale erzählen Geschichten aus vergangenen Zeiten. Versteinerte Gesichter spiegeln Melancholie und Trauer wieder, aber auch Liebe und Geborgenheit. Und die Hektik des Alltags, sie ist vergessen …

Ein Besuch des Leipziger Südfriedhofs – auf dem man nicht nur während des alljährlichen Wave-Gotik-Treffens Gleichgesinnte trifft – ergründet exemplarisch die Faszination von Begräbnisstätten. Wer dieses Reich betritt und sich einer wundervollen Stimmung überlässt, dem schenkt sich dieser Garten der Stille bedingungslos. Breite, geschwungene Alleen gestalten das weite Areal wie ein Raster. Im späten Frühling und Sommer fühlt man sich unter diesen hohen dichten Laubkronen behütet, beschützt oder besser: be-dacht. Beim Gang durch die Quer- und Nebenwege greifen die Zweige nach einem, streicheln Schultern, zerzausen Haare und halten den »Eindringling« an der Kleidung fest. Aber das Verweilen kann nicht von Dauer sein, schließlich ist man nur Gast …

Überhaupt, die Bäume und Sträucher … zum großen Teil Jahrzehnte alt. Fremdländische Gewächse zwischen bodenständigen Eichen und Fichten. Rhododendrenbüsche, so riesengroß, dass sich Grabstätten in ihnen verbergen. Fast undurchdringlich scheinen sie verschollene Geschichten vor der Neugierde der Flaneure schützen zu wollen. Doch ist erst einmal der Weg durch das Dickicht gefunden, ist man in einer anderen Zeit. Eine verwunschene Märchenfigur an einem verwunschenen Ort. Wie in einem Gewölbe aus wirrem Geäst und dichtem Blattwerk.

Und welch wunderbare Verschiedenartigkeit eröffnet sich den Sinnen: Denkmäler wie Gebäude – hier ist der Begriff »Letzte Ruhestätte« zu Stein geworden. Galerien, Tempel, Burgen, Herrenhäuser, Pavillons, Rondelle. Hoch aufgerichtete Engel – sie bewachen, überragen, trauern … wie auch wir Lebenden. Kunstvolle Portraits, bestaunenswerte Skulpturen. Außergewöhnlich und einzigartig das Paar, welches in unnachahmlicher Leichtigkeit dem Oben entgegenstrebt. Schwebend. Kleine Kunstwerke, die aus Steinen herauswachsen. Das Schaffen des Ruhenden darstellend. Eine einzigartige Ansammlung von botanischen Kostbarkeiten, gärtnerischer Kunst, Gesteinen aus der weiten Welt. Doch sind dies nur Äußerlichkeiten. Die Atmosphäre bleibt unbeschreiblich.

Die Lage des Friedhofs ermöglicht überraschende Ausblicke. Sofern man nicht in einem der verzauberten Gebüsche sich versteckt oder unter dem Dach der Alleen wandelt, erkennt man in der Ferne den oberen Abschnitt des Völkerschlachtdenkmals. Ruhig wachend über die Gestern-Welt.

Wenn man über die breite Avenue auf ein feierlich wirkendes Bauwerk zugeht und die erhabene Stille sich verfestigt, empfindet man keine Traurigkeit. Nein, die Schönheit, die gerade Linie, die Weite ist fantastisch. Und dann das Gebäude! Natürlich ein Krematorium. Aber ein wunderschönes. Mit einem endlos langen Säulengang und herrlichen Nischen, Toren, Innenhöfen. Unterschiedlich gestaltete Kapitelle. Das »Schreiten« unter der kreuzgewölbeähnlichen Decke des Ganges hat etwas Märchenhaftes. Der Rückseite gegenüber »verbirgt« sich ein Teich, zwar offensichtlich künstlich, aber mit echtem Bewuchs und Bewohnern. Von hier erstreckt sich eine Lichtung bis hin zum Gebäude. Zwei Treppen – langsam vom Grün eingenommen – rahmen eine Urnenhalle ein. Hinter versperrenden Gittern sieht man im Halbdunkel zerfallene Kammern, zerborstene Gefäße, aber auch verschlossene Türchen. Unter den Treppen, verborgen unter wildem Gerank, einladende Bänke. Scheu vor Spinnen sollte man allerdings nicht kennen, oder vor Fröschen. Sie haben dort Hausrecht.

Die Grabsteine selbst, die Denkmäler und Grabstätten bieten eine beeindruckende Vielfalt, die sicher nicht auf jedem »Gottesacker« entdeckt werden kann. So manches ist spielerisch, witzig. Anderes strahlt Strenge und Ernst aus. Ordentlich Schlichtes neben romantisch Hingebungsvollem – kein Gegensatz, sondern ein harmonisches Ganzes. Die Architektur, die Kultur, der Kult: man mag hier verschiedene Ansichten haben. Aber diese Ästhetik ist ein wundervolles Geschenk für uns – die Nach-Welt.

Insbesondere auf den anderen großen und bekannten Friedhöfen in Hamburg, Köln, Wien oder Mailand vergisst der Besucher auf seiner Exkursion gleichermaßen wie in Leipzig die Zeit. Aber auch kleinere Begräbnisstätten halten die eine oder andere spannende Entdeckung bereit. Wer träumen und genießen kann, wird sich an diesen friedvollen und harmonischen Orten erfreuen können …

Fotografien: A Marcus Rietzsch
B Artur Zab
C JEWagner
D Marcus Rietzsch
E Artur Zab
F Marcus Rietzsch

A

Postromantische Schwärze

Guilio DiMauro

— Im Innern der Schwärze[1] —

Wenn du lange in einen Abgrund blickst, blickt der Abgrund auch in dich hinein[2]
»Wohin steuert die Mode?« – »In den Abgrund.«[3]

1 Platos Atlantis
2 Friedrich Nietzsche (»Jenseits von Gut und Böse«)
3 Alexander McQueen (Im Interview mit Showstudio.com)
4 John Keats, »Ode an eine Nachtigall«
A Alexander McQueen, Herrenkollektion Herbst/Winter 2008/09
B Alexander McQueen Frühling/Sommer 2010
C Alexander McQueen Frühling/Sommer 2007

Der Saal ist riesig – und vollgepackt mit der Crème de la Crème der internationalen Modewelt. Alle reden laut. Wäre es die Verfilmung eines Bret Easton Ellis-Romans, würden alle in ihre Funktelefone brüllen, aber hier kann ich nur ein paar einsame Journalisten entdecken, die in ihre iPhones flüstern. Die Zeremonie ist im Begriff zu beginnen. Plötzlich gehen die Lichter aus und die Lautstärke einer Klangcollage, die eben noch das Geschnatter der Leute dezent untermalte, zieht an: Die Halle verschwindet in sternendurchwirkter Dunkelheit. Die Geräuschkulisse aus Regentropfen und schabendem Kratzen, die an eine tiefdunkle Nacht aus einem Science-Fiction-Film denken lassen, absorbiert den Lärm der Menschen. Auf einem breiten Bildschirm räkeln sich eine Frau und eine dünne Schlange. Die Menschen setzen sich in zwei Gräben seitlich des Bildschirms. Vor ihnen, im dazwischen liegenden Raum, dessen Abgrenzung angedeutet, nur angedeutet wird, befindet sich ein Laufsteg mit zwei langen Führungsstreben, an denen entlang sich zwei enorme ferngesteuerte Strukturen bewegen, auf die Kameras montiert sind. Die futuristischen Kameras mit den hydraulischen Beinen beginnen sich vor und zurück zu bewegen; die Kameras an den Ausläufern rotieren in alle Richtungen, bedrohlich wie Köpfe von Gottesanbeterinnen. Dann wird der Bildschirm übersät mit einem Netz aus Wurzeln oder Venen – die schließlich zerbersten, und das erste Model betritt den Raum. Jedenfalls glaube ich, dass es ein Model ist – vielleicht ist es auch ein Insekt.

B

C

— Erwachen in Schwarz —

Durch das imaginale Imperium

War es Vision? Ein Traum und ich doch wach?[4]

Dieser Essay beabsichtigt, mit der Methode des postromantischen Imperiums (welche sich, ausgehend von der Basis einer Anthropologie der visuellen Kommunikation der sensorischen Wahrnehmung, zu einer spontaneren Anthropologie der Sinneswahrnehmung und einer noch persönlicheren Anthropologie der Empfindsamkeit erstreckt, um die Entwicklungsgeschichte der romantischen Revolution nachzuzeichnen und zu klassifizieren), den Einfluss der Farbe Schwarz auf die gegenwärtigen ästhetischen Vorreiter zu untersuchen. Menschliche Wesen nehmen Farbe mittels ihrer Augen wahr. Aber wenn wir den Blick vom Beobachter zum beobachteten Objekt verlagern, bemerken wir, dass den Farben noch andere Funktionen innewohnen, die sich nicht auf die streng visuelle und sensorische Ebene beschränken lassen. Angenommen sie existieren a priori, bevor sie a posteriori wahrgenommen werden, dann kommen Farben auch moralische Rollen zu. Chromatische Wahrnehmung materialisiert sich nicht nur im Auge, sie findet auch in den mentalen Bereichen der Vorstellung statt. Die Sprache der Farben erscheint als eine besondere Symbolsprache, die aus Suggestionen besteht, die keiner rationalen Beobachtung entspringen. Man kann sich dem zum Beispiel durch jene Art Kontakt annähern, der in der mystischen islamischen Philosophie als »imaginal« bezeichnet wird. Als eine Art unterschwellige, transversale Eigenschaft, die zwischen den Wahrnehmungen der fühlbaren Welt vermittelt (ja, die Welt, die aus sich selbst existiert und von uns wahrgenommen wird), liegt die Imaginalität zwischen diesen Sinneseindrücken und jenen, die aus dem rein spirituellen, unentzifferbaren Universum stammen. Eine Wahrnehmung – eine Geschichte der Wahrnehmung – die immer noch das Studienobjekt derjenigen ist, die beabsichtigen, sie zu beschreiben oder, arroganter, sie zu definieren, aber das ist die angeborene Begabung von Künstlern. Die imaginale Vision manifestiert sich, wenn Menschen die besitzergreifende Perspektive auf ihre Sicht ablegen. Wenn sie schließlich fahrlässig kontemplativ und fähig werden, die Wege im Netzwerk rhizomatischer Anteilnahme zu erkennen. Imaginale Vision durchdringt nach den tiefsten hermetischen Theorien jede Form des Daseins. Der Erstgebrauch des Begriffs »imaginal« wird im »Oxford Dictionary of the English Language« auf etwa 1647 datiert und in den folgenden Kontext gestellt:

> *… dass inneres Leben der imaginale Eindruck der Kunst der Natur ist. Ein eng assoziierter Begriff war »imaginatorisch«, 1618 im Druck erwähnt im Kontext der Träumereien* […] *welche in Euren imaginatorischen Geist eingedrungen und Heimat gefunden haben.*

In den meisten zeitgenössischen Wörterbüchern wird »imaginal« (Adjektiv) als »aus der Vorstellung stammend oder auf sie oder auf Bilder oder Bildhaftigkeit verweisend« definiert. In moderner Zeit kam die Tendenz auf, die Phänomene der »Träumereien« als von denen der »Imagination« getrennt zu betrachten. Die organisierte Forschung im Bereich der imaginatorischen und imaginalen Fähigkeiten begann in den 1920er Jahren und bestätigte, dass Träume und Imagination gleichgeartete und zweckmäßige Komponenten der imaginalen Fähigkeiten des Menschen sind. Die Verbindung mit kognitiver und künstlerischer Kreativität ist offensichtlich, wie die anthropologischen Variationen der symbolischen Bedeutungen von Farben zeigen. Was heute die »Sprache der Farben« ist, war bereits verfasst, als die Verbindungslinien zwischen ihnen und Konzepten, Gefühlen und Zeichen gezogen wurden. Einer der ältesten Beweise im Zusammenhang mit der magischen Macht, die den Farben zugeschrieben wurde, ist die Tatsache, dass unsere Vorfahren bereits in prähistorischer Zeit die Wände ihrer Höhlenbehausungen bemalten. Von den farbbezogenen Nachweisen ausgehend, die uns von alten Kulturen überliefert sind, ist also die Rekonstruktion der Rolle möglich, die die Farbe in der menschlichen Psychologie einnimmt. Demzufolge kann auch die Herkunft der Farbe Schwarz enthüllt werden.

Das Leben der Menschen war zu Beginn von zwei Faktoren beherrscht, die vollkommen außerhalb ihrer Kontrolle standen: von Nacht und Tag, Dunkelheit und Licht. Der Tag brachte mit sich die Möglichkeit zu handeln, brachte Energie und Stimulus, während die

5 Sun, Howard and Dorothy: »Colour Your Life – How to Use the Colour Reflection Reading for Insight and Healing«, London 1993, deutsche Ausgabe: Sun, Howard und Dorothy: »Neuer Schwung durch Farbe - Mit den richtigen Farben das Leben meistern«, Freiburg 1994

6 Rotting Christ (»Full Colour is the Night«) auf »A Dead Poem« (Century Media, 1997)

D Das Gegenteil von schwarz: Lady Gaga beim Dreh des offiziellen »Bad Romance«-Promotion-Videos in weißem Mantel von McQueen

Nacht eine Umgebung erzeugte, in der Handlungen zum Innehalten gebracht wurden. Passivität, Immobilität, Verlangsamung wurden zyklisch aufgezwungen. Die mit diesen zwei Umgebungen assoziierten Farben waren und sind das dunkle Blau des Nachthimmels und das brillante Gelb des Tageslichts. Diese Betrachtungen helfen, den Fokus auf die urtümlichen Ursprünge der Wahrnehmung in einer Welt zu richten, in der die Menschen der Natur total unterworfen waren. Der Schweizer Psychotherapeut Max Lüscher beschreibt die mit Tag und Nacht assoziierten Farben als »heteronom«, was auf Fähigkeit, Kontrolle von Außerhalb auszuüben hinweist. Farben sind »lebendig«. Seine Forschungen über visuelle Wahrnehmung kondensierte er in eine praktische Übung, den Lüscher-Farbtest, ein Werkzeug zur Vermessung des psychophysischen Zustands einer Person auf der Basis ihrer Farbvorlieben. Im Lüscher-Farbtest hat das Blau eine derart dunkle Tönung, dass es fast schwarz wirkt. Und Schwarz ist für Lüscher das »Nein« im Gegensatz zum »Ja« des Weiß, so wie für Menschen das Blau der Nacht in Opposition zum hellen Tageslicht steht.

Farben gestatten uns, etwas zu tun, was uns mit der verbalen Sprache nicht möglich ist: Sie erlauben uns, Empfindungen auszudrücken, denn im Ausdruck des Selbst sind Farben direkte Empfindungen, nicht nur ein Versuch, sie zu beschreiben. Die Interpretation der Farbe Schwarz als Farbe der Nacht, als Abwesenheit von Licht, Aktivität, Hoffnung haftet beispielsweise der Trauerästhetik an: Der Mensch hat Farben benutzt, um seine Umwelt zu interpretieren, aber ebenso das, was sich in seinem Inneren befindet. Nach der Heteronomie der Farbtöne von Tag und Nacht und als Resultat der ersten Interpretationsversuche wurde den Farben Macht zugesprochen, eine »magische« Funktion. Wie der Anthropologe Howard Sun bemerkt,[5] wurden die Farben Rot und Schwarz mit der jeweiligen Assoziation von Leben und Tod erstmals von den Neandertalern benutzt, um die Gräber ihrer Familien zu dekorieren. Nach Carl Gustav Jung (auch er Autor eines Farbtests) werden die intensivsten Ausdrucksweisen menschlichen Lebens mit Symbolen markiert, von denen ein jedes die Manifestation eines Archetyps repräsentiert. Durch die Elemente der Natur inspiriert, hat jedes Symbol immer auch eine farbliche Entsprechung gefunden. Also hat Farbe Symbolfunktion. Farben als Signalleuchten.

Die Universalität von Farben – ihre Fähigkeit, absolut alles zu bedeuten – lässt ihre Symbologie auf jeder ontologischen Ebene und in den weitesten Wissenszusammenhängen wirksam werden. In diesem Sinn lebt jede Farbe unendlich viele Leben. Andererseits ist die Definition von Farben nicht universell. Die mit ihnen und ihren Interpretationen verbundenen Werte und Symbole variieren quer durch die Welt, aber der Zauber ihrer Archetypen ändert sich nicht. Das Leben der Farbe Schwarz ist besonders ruhelos, aber sie verweist stets zurück auf einen Archetypus: die Nacht.

Shall I tell you the legend // About a garden wearing its black // I'll tell you about the whispers // The Dark Eyes of the Night[6]

Die Farben, die in den Mythen und Kulten zum Einsatz kommen, sind gewöhnlich nicht zufällig. Im Gegenteil, ihre Bedeutung neigt dazu, sehr präzise zu sein. In der indischen Kultur korrespondieren die drei Qualitäten der Energie, aus denen das Universum besteht, mit den drei Hauptfarbtönen. Einmal manifestiert, wird die Welt mit einem dreigestreiften Ziegenbock verglichen, dessen Farben den drei fundamentalen Energien entsprechen: Schwarz für die tamas, weiß für sattva, und rot für die rajas; dieselben Farben, auf denen – in jeder Kultur – der Symbolismus der Magie beruht. Kein monovalentes Symbol existiert, alles ist verbunden. Genau diese Schlussfolgerung zog Mircea Eliade,[7] und vor ihm Frederic Portal, der bemerkte wie »die Bedeutung der symbolischen Farben in jeder Kultur und zu jeder Zeit dieselbe, oder zumindest analog ist.«[8]

Bei C. G. Jung wird das Symbol einmal mehr und wieder als Träger weiterer semantischer Bedeutung aufgefasst, das den Mehrwert eines spezifisch distinkten und auf mehreren Ebenen unterscheidbaren Zeichens besitzt. Dementsprechend behauptete Johann Wolfgang Goethe, dass »[die] Symbolik [...] die Erscheinung in Idee [verwandelt], die Idee in ein Bild, und so, dass die Idee im Bild immer unendlich wirksam und unerreichbar bleibt und, selbst in allen Sprachen ausgesprochen, doch unaussprechlich bliebe.«[9] Unaussprechlich wie das Unbeschreibliche. Wie die Gefühlsaufladung, die in der Kunst Ausdruck findet. Das Symbol ist nach Paul Klee auch eine Kategorie des Unsichtbaren. Klee sagt uns, dass uns die Entzifferung von Symbolen zu dem führt, was er »die unergründlichen Tiefen des primordialen Atems« nennt, weil das Symbol an das unsichtbare Bild jenen »Teil des Unsichtbaren, der im Verborgenen wahrgenommen wird«[10] bindet.

Jean Chevalier merkt an, dass das Symbol »eine Ebene des Bewusstseins [anzeigt,] der sich vom rational Evidenten unterscheidet; es ist die Glyphe eines Mysteriums, der einzige Weg auszudrücken, was auf keine andere Weise übertragen werden kann, was nicht für ein und allemal erklärt wird, sondern kontinuierlich interpretiert werden muss.« Verglichen mit dem simplen Zeichen »impliziert das Symbol Homogenität von Bedeutung und dem, das bedeutet, im Sinne einer organisierenden Dynamik«. Daraus schließt er, dass »das Symbol daher viel mehr als ein einfaches Zeichen ist, weil es zusätzlich zur Bedeutung noch mit der Interpretation zu tun hat.«[11] Genau wie die Farben.

— In Schwarz träumen —

Vladimir Nabokov war sich sicher, dass der Buchstabe »M« pink war. Welche Farben haben ihr »M« und ihr »A«?« – »Lila und schwarz.«[12]

Alexander McQueen, der sich als Designer durch Farben ausdrückte, vereinte schwarz mit lila, das auf die Farben des Sonnenuntergangs anspielt, das Hinscheiden des Tages. Die Verdunkelung des Himmels weist auf die Ankunft der Nacht hin, wie die Verdunkelung von Blut, das aus einer Vene sprudelt, den Verlust von Sauerstoff andeutet. Leck und Ausfluss, Verlust, Zersetzung, Verdunkelung. Solch ein unterschwelliger Aspekt des biologischen Vorgangs der Verdunkelung fand auch in der Musik Verwendung: In der Namenswahl der kalifornischen Band *Blood Runs Black,* oder den symbolistischen und metaphorisch verdichteten Texten von David Tibet von *Current 93:*

Gold is the colour she promised me to wear // But Christ's blood turns black // His body she bears // But she dipped him in water, and she blackened the faith.[13]

Auf die Bitte, mir diese Verse zu erklären, sagte Tibet, das Gold verkörpert einen Ring, den er als Teil einer Konzertgage erhalten habe, jenen Ring, den italienische Nonnen tragen, wenn sie dem Konvent beitreten. Dieser Ring war einer kranken Giftlerin geliehen worden, deren Blut wiederum das Blut Christi infizierte, repräsentiert durch das Gold des Ringes. Der Glaube und

7 Eliade, Mircea: »Symbolism – The Sacred & the Arts«, New York 1985
8 Portal, Frederic: »Des couleurs symboliques dans l'Antiquité, le Moyen age et le temps modernes«, Paris 1837
9 Goethe, Johann W.: »Maximen und Reflexionen«, Weimar 1907
10 Klee, Paul: »Schriften zur Form – und Gestaltungslehre«, Basel 1956
11 Alexander McQueen im Interview mit auf Showstudio.com; Chevalier, J. & Gheerbrant, A.: Dictionnaire des Symboles, Paris 1969
12 Martin, Penny: »In Camera: Alexander McQueen«, http://showstudio.com, 14. Dezember 2004
13 Current 93 (»Hooves«), Auf »As The World Disappears« (CD, Durtro 1991)
Auf »Scatology« (Force & Form 1984); Coil (»Solar Lodge«)
14 Martin, Penny: »In Camera: Alexander McQueen«, http://showstudio.com, 14. Dezember 2004
E Mme Virginie Amélie Gautreau, Ölgemälde von John Singer Sargent, 1884
F Greta Garbo als Anna Karenina in schwarzem Kleid, 1935

der Unterpfand selbst wurden so geschwärzt, mutiert, beschmutzt durch den vergifteten Zustand dem er ausgesetzt wurde, genau wie Blut an der Luft. Tibet hat seine Erinnerungen mit und durch die Farben Gold und Schwarz erzählt. Die Einsicht darüber, dass die Symbolsprache der Farben ein notwendiges Werkzeug des postromantischen Strebens ist, wenn man auf der Suche nach den Fußspuren kultureller Archetypen den reinen Gefühlsgehalt betrachtet.

Die symbolische Sprache des Schwarzen ist eine ideale Linse für das postromantische Unterfangen: die Sinnpatina, die zum Symbol der Farbe Schwarz gehört, zusammenzutragen. Die Farbe – als Symbol – hat den Charakter des eidolon (Bild), in dessen Polysemie sich multiple Bedeutungen verbinden. Ihre Wirkkraft liegt in der Fähigkeit, Abstraktes sichtbar zu machen.

See the black sun rise in the solar lodge // See the black sun rise in the solar lodge // See the black sun rise from the solar lodge // See the black sun rise from the solar lodge[14]

Die Symbolsprache der Farben ist ein integraler Bestandteil künstlerischen Wirkens und wird es immer bleiben. Der deutsche Begriff »Sinnbild« drückt diese Fähigkeit des Sichtbarmachens als Vereinigung von Darstellung (»Bild«) und Bedeutung (»Sinn«) aus, nicht nur als »Bild mit Bedeutung«, sondern auch als Empfindsamkeit (Sinnlichkeit). Das *Sinnbild* von schwarz ist eine mögliche Definition des Imaginalen bei vielen Künstlern, die aus und durch schwarz ihre Identität aufbauen. Einer darunter war zu Recht Alexander McQueen.

— Das imaginale Imperium des A. McQueen —

Das postromantische Imperium wählt einen Designer – und betrachtet ihn damit als gleichwertig mit einem Komponisten oder Dichter – als ein Beispiel für die menschliche Fähigkeit, mit Farben zu interagieren und *Sinnbilder* zu stiften. Darüber hinaus entscheiden wir uns für einen Modedesigner, weil die Auseinandersetzung mit Farben nicht nur Bestandteil der menschlichen Kreativität ist, sondern auch, weil sie innerhalb Arjun Appadurais fluktuierender Muster wirksam ist. Nach Appadurai müssen wir berücksichtigen, dass Wirklichkeit nicht nur durch das Humanmuster (ein Konzept des Lebens, das den Menschen zuvorderst berücksichtigt) gegeben wird, sondern dass Produkte – und somit die Kultur selbst – ebenfalls ihr Eigenleben haben, ebenso wie Maschinen (Technomuster). Ein Modeschöpfer lebt sowohl im Humanmuster als auch in anderen, da er Ideen und Visionen erzeugt, die ihren Niederschlag in Form von Kleidung, Accessoires und Werbefotos finden. Er ist ein transversaler Deuter des Kontemporären. Der Bezug des Modeschöpfers zur Realität ist auch produktbezogen und ist dies noch offensichtlicher im Vergleich mit dem Komponisten oder dem Dichter. Insbesondere wegen seiner Fähigkeit, mit (in) Schwarz zu arbeiten, haben wir uns für Alexander McQueen entschieden. Er ist ein transversaler Deuter der postromantischen Gegenwart, weil er schwarz *ist*.

Schwarz war das Kleid, das Mme Virginie Amélie Gautreau in John Singer Sargents Gemälde von 1884 trägt. Schwarz war das Kleid, das Anna Karenina für ihren fatalen Tanz in St. Petersburg trug, schwarz auch das von Gräfin Olenska, als sie gegen Ende des 19. Jahrhunderts dem New Yorker Jet-Set gegenübertrat. Eine große Porträtgalerie in schwarz öffnet der Moderne ihre Pforten wie das Delta eines langen Flusses. Bereits zu Beginn des 20. Jahrhunderts manifestieren sich die verschwärzenden Tendenzen: Schwarz ist nicht nur die

F

Evolution der Trauerästhetik, nicht nur die (politische) Farbe der romantischen Revolution – jetzt, dank ihres Comebacks, wird schwarz populär, weil der selbstregenerative Kostümierungsprozess selbst schwarz wird. Ein repräsentativer Schlüsselmoment ist Coco Chanels »Kleines Schwarzes«, das die französische Designerin 1926 in der Bibel der westlichen Mode vorstellte: in Vogue America. Wegen seiner Modernität verglich das Magazin das Kleid mit dem jüngsten Ford-Kleinwagen und prophezeite: »Es wird eine Art Uniform für alle Frauen mit Geschmack werden.« Aber es war nicht das Kleid, das zur Uniform wurde: es war die Farbe Schwarz, mit ihrem ganzen Rucksack voller Symbole und Empfindungen.

Geboren 1969 in London als Lee Alexander McQueen, verließ der junge Alexander mit 16 die Schule und machte eine Ausbildung zum Schneider in Saville Row. 1994 wurde seine Abschlusskollektion zur Gänze von der einflussreichen Modestylistin Isabella Blow aufgekauft, von der behauptet wird, sie habe McQueen überredet, seinen Namen von Lee zu Alexander (seinem zweiten Vornamen) zu wechseln, als er in der Folge seine eigene Linie startete. Die Abschlusskollektion trug den Namen »Jack The Ripper«, und als Daphne Guinness ihn 1994 fragte, in welche Geschichtsepoche er zurück gehen würde, wenn er sich eine aussuchen könnte, antwortete er: »Das viktorianische London zur Zeit Jack the Rippers. Ich würde ihn gerne finden.«

1996 ersetzte er John Galliano, Designer bei Givenchys Haute Couture, aber er wurde als zu kontrovers und finster betrachtet. Innerhalb von zwei Jahren war McQueen unglücklich bei Givenchy; in einem Interview mit dem Magazin Arena forderte er seine Arbeitgeber heraus, ihn zu feuern. Während der Trennung von Givenchy produzierte McQueen die schönsten Kleidungsstücke seiner kurzen Karriere. Wieder war die Show sehr bewegend (vor dem Hintergrund eines Irrenhauses) und festigte seinen Ruf, Mode mit Anspruch herzustellen. Aber es ging nicht nur ums Geschäft: Bridget Fleys Interpretation war zutreffend, wie McQueen erläutert:

> […] *sind die Shows gewissermaßen autobiographisch. Wir haben dieses Gespräch nach einer schlechten Kollektion schon mal geführt. Ich denke, für alle in der Kunst muss es autobiographisch sein, weil es so persönlich ist. Gewöhnlich kann man aufgrund meiner Shows sagen, ob ich glücklich oder traurig bin.* […] *Also alles, was ich erlebe, verdaue ich und kotze es dann zurück in die Gesellschaft.*[15]

McQueen verinnerlichte Nietzsches Prophezeiung: Durch das lange Hineinstarren in den Abgrund wurde er nicht nur zum Abgrund, sondern zog uns alle mit, weil wir ihn zu lange von zu nah angestarrt haben. Der Grund, weshalb ich beschloss, über McQueen zu schreiben, ist, dass ihm zugeschrieben wird, Gothic zurück in das Modesystem getragen zu haben. Er war der einzige, dem es gelang, so viel Schönheit und Eleganz in das Revival eines Revivals eines Revivals zu packen, sodass wir alle am Ende glaubten, dass das dritte Goth-Revival notwendig und herbeigesehnt war: erlösend.

Wenn die Welt heutzutage fast vollständig romantisiert ist (einer der wenigen Vorzüge der Globalisierung), dann haben wir McQueen dafür zu danken. Als *Björk* 1997 McQueens Arbeit für das Cover ihres Albums »Homogenic« auswählte, berichtete die Journalistin Susan Colon folgende Aussage von Marc Almond: »Ich denke, es [Goth] macht ein Comeback – man kann es in der Luft liegen spüren! Ich habe eine Modenschau von Alexander McQueen in London gesehen, und er machte die Show in einer Kirche, und viele der Klamotten waren sehr religiös und gothic.«[16] Amy M. Spindler beschrieb dasselbe Happening in einer Weise, die sich heute wie eine akkurate kulturanthropologische Beobachtung liest:

London, 2. März [1996] *– Die gotische Kirche, die der Schauplatz der Alexander McQueen-Show am Freitagabend war, dem Abschluss der Londoner Modekollektionen, besitzt ein gewölbtes Foyer* [...] *mit den Kerzen zwischen den Säulen der verwitterten Kirche, in der seine Vorfahren getauft worden waren, und einem in der ersten Reihe sitzenden Skelett ergab sich eine makabere Stimmung, selbst für Mr. McQueen. Seine Mannschaft erzählte dem Publikum Sagen über Christchurch, während es sich setzte: Pestopfer liegen unter ihr begraben, und ihre Geister wandern durch die Katakomben; der Architekt war ein Satansanbeter. Dann fügte Mr. McQueen seine eigene Geschichte hinzu. Chormusik wandelt sich in ein bedrohliches Pulsieren. Die farbigen Glasfenster am hinteren Ende der Kirche schienen hell auf, wurden dann schwarz. Männliche Models, gekleidet als jugendliche Bandenmitglieder, schlichen hervor und standen an dem kreuzförmigen Laufsteg, um die Frauen lüstern anzugrinsen, die aus einem Bogengang aus Rosen hervortraten, manche mit Vogelklauen als Ohrringen und Metalldornen, die aus ihren Gesichtern heraus zu wachsen schienen, andere mit Masken, dekoriert mit Kruzifixen, oder Geweihen oder einzelnen Hörnern als Hüten, das Haar als langen gescheckten Knoten.*[17]

— I see a red door and I want to paint it black[18] —

G Alexander McQueen am Ende seiner Herbst/Winter-Show 2010/11 in Milan

H Björk trägt auf dem Cover des Albums „Homogenic" (Polydor/Universal 1997) ein asiatisch wirkendes McQueen-Kleid

15 Martin, Penny: »In Camera: Alexander McQueen«, http://showstudio.com, 14. Dezember 2004

16 Colon, Susan: »The Beautiful People«, in: Details Magazine, July 1997

17 Spindler, Amy M.: »Fashion/Review; In London, Blueblood Meets Hot Blood«, in: The New York Times (5. März 1996)

18 The Rolling Stones (»Paint It Black«), Auf der gleichnamigen LP, London Records 1966

Und unser Leben wird zu Fiktion, sobald es von McQueens Imaginarium eingerahmt wird. Geblendet und erweckt (zu Beginn von McQueens Pariser Show mit dem Titel »Platos Atlantis«) von Models, die wie Insekten wirkten, versuchten wir die Erfahrung, die wir durchlebten, durch einen genauen Blick auf die Kleider zu verstehen – auf der Suche nach der Hand des Designers hinter jenen seidigen und irisierenden Texturen. Die Insekten sind in der Struktur des Kleides, auf das ich starre, und in den Mustern. Schmetterlinge. Und die Haare arrangiert wie Fliegenschwingen. Dann bemerke ich, dass wir uns nicht in einem Wald befinden: Dies ist ein anderer Planet, und die beiden großen hydraulischen Kamerazüge sind keine Gottesanbeterinnen, sondern Roboter, die eine gefährliche und doch verzauberte Fauna dokumentieren. Die Show ist hypnotisch, und das Ende wird von *Lady Gagas* »Bad Romance« eingeläutet. Eine großartige Apokalypse. Alexander McQueen kommt heraus, um Hallo zu sagen und dem Publikum zu danken. Er wirkt ungepflegt und stolz. Alle klatschen und gehen. Ein Londoner Freund, Assistent eines berühmten Modefotografen, kannte Leute, die dem Designer nahestanden, und die häufigste Beschreibung von McQueen war »böse«. In seiner Gegenwart, sagte mein Freund, konnte man eine negative Aura spüren, so etwas wie eine diffuse Beklemmung. Sicher ist diese Wahrnehmung unseren vorherigen Eindrücken geschuldet, und Lee McQueen – der Mensch, nicht der Designer – war höchstwahrscheinlich ein freundlicher und respektvoller Mensch, der imstande war, mit hunderten von Leuten zu arbeiten und seine übermäßige Mediendarstellung durch Charme zu überleben. Trotzdem ist diese Begebenheit wichtig, um zu verstehen, wie alles, was von Alexander McQueen berührt (und seiner Vision ausgesetzt) wurde, sich in Schwarz verwandelt. Wenn ich eine Show sehe, bei der mich heftiger, kalt-rauchiger Wind umweht, beängstigende Gerüchte und Industrial-Sounds höre, mich in der Dunkelheit verstecke, während zornige Models an mir vorbeilaufen, oder wenn ich blutigen Schönheiten gegenüberstehe (vgl. die 1994-Kollektion) und dann in den Nachrichten über einen Designer lese, der als »erschreckend«, »gestört«, »grotesk«, »gothic« *und* »goth« beschrieben wird, entdecke ich in mir schließlich eine recht präzise Vorstellung davon, wie McQueen sein musste. Und wenn jemand, den ich kenne über einen dunklen, esoterischen

Aspekt des Künstlers redet, glaube ich es sofort. Geister verängstigen Kinder besonders, weil sie nachts kommen – aber Geister müssen nicht notwendig schlimm sein. »In seiner Arbeit steckt viel Symbolismus«, konstatiert Linda Fargo. Und ebenso viel schwarz, besonders wenn man zurück auf 1996 / 97 blickt, die Jahre in denen McQueen die Welt nicht nur mit Kleidung verdunkelte, sondern auch religiöse symbolische Visionen benutzte: ein (weiblicher) Jesus Christus, in weiß gekleidet, der aus der Dunkelheit in die Mitte eines Lichtstrahls schreitet und sein Hemd mit schwarzem Blut befleckt, das von der Dornenkrone tropft.

Schwarz ist die Abwesenheit von Farbe. Bei Bekleidung wirkt schwarz visuell verschlankend: es schmälert, reduziert, versteckt. In der Architektur kann es einen Raum kleiner erscheinen lassen, und selbst ein gut beleuchtetes Zimmer kann dunkler wirken. Diese Betrachtungen klingen offensichtlich, aber für einen Designer, der versucht Raum einzusparen – um mehr Platz für seine Visionen zu haben – kann schwarz ein echtes Bedürfnis sein. Seit Mitte der 90er hat McQueen seine Basisfarben zu einer Strategie im Kampf gegen die Regeln des Raums in der Modegestaltung gemacht: Schwarz als Technik. Des Weiteren: Schwarz als Strategie der Weltverdunkelung und um die Welt näher an die persönliche (alptraumhafte) Vision des Künstlers heran zu rücken. Eigentlich nichts Neues: »Die Welt wird schwarz« hätte 1996 der Titel jedes beliebigen Modemagazins sein können – und wir hätten nur geantwortet: »Mal wieder!«

2006 wandert das Model Inguna Butane in Schwarz zum nervösen Rhythmus von *Siouxsies* »Spellbound« über den Laufsteg bei der Pariser Show. Wenige Monate später in Milan (schlaf)wandeln die wie Zombies gekleideten männlichen Models zu den Riffs von Robert Smiths »A Forest« aus einer dunklen peruanischen Höhle. Das Imaginal ist nun fassbar, der Stil gesetzt: McQueen erbaute so viele Verbindungen zwischen Design, Kunst, Musik und Anthropologie, dass wir seine Vision in den unseren wiedererkennen können. Er ist jetzt ein etablierter Bestandteil der westlichen Kultur, und er brachte die Schwärze hinein. 2009 war seine Winterkollektion die industrielle Beugung von Schwarz: Massiver Müll, Schrottplätze – die stärkste Pop-Interpretation einer postapokalyptischen Vision, die ich je gesehen habe. Schwarz ist überall und beinhaltet jede mögliche Farbe.

»Idiosynkratische Vision meine ich … Es ist großartig zu sehen, wie er etwas Dior aus der Mitte des Jahrhunderts bricht: Eleganz durch sein eigenes besonderes Gefängnis« sagt Hamish Bowles nach der Show, und jemand hinter seiner Schulter ruft: »Ja, genau wie Marilyn Manson!«

Inzwischen war McQueen erwachsen geworden und befähigt, eine breitere Palette von Visionen zum Ausdruck zu bringen und dabei seinen ursprünglichen Eigenheiten treu zu bleiben – den ursprünglichen Eigenschaften von Schwarz in der Modegeschichte.

»Wenn Du in einer beliebigen Ära leben und als Designer arbeiten könntest, welche wäre es?« – »*Zu jeder Zeit? Auch in der Zukunft?*« – »Auch in der Zukunft. Aber besonders in der Vergangenheit.« – »*Bleiben wir dann bei der Vergangenheit. Ich denke an Höhlenmenschen und Leinenstoffe.*« – »Und die Tudors und Stuarts?« – »*Äh … Ich beantworte die Fragen! Höchstwahrscheinlich …*« – »Und wie …« – »*Ich denke nach! Fünfzehntes Jahrhundert, flämisch, Niederlande. Mein Lieblingsbereich in der Kunst. Wegen der Farben, wegen der sympathischen Weise, mit der sie mit dem Leben umgegangen sind.*« [19]

Das interessante an dieser historischen Inspiration ist, dass die flämische Mode des 15. Jahrhunderts, ebenso wie die moderne englische Mode, sehr dunkel und oft völlig schwarz, mit einem Mangel an weiß ist: McQueen konnte Farben sehen, wo wir nur schwarz sehen.

Aber McQueens Imaginal zeigte (und tut es noch), dass Schwarz bleiben wird: Die Modezyklen, die periodisch Stile und Stimmungen wechseln und dabei die Naturgesetze mit den Dynamiken des Marktes kreuzen, müssen nun berücksichtigen, wie transversal schwarz heutzutage ist. Man kann es nicht einfach einsetzen, um Eleganz zu repräsentieren oder um (nach Goethes Farblehre) eine andere Farbe zu definieren. Schwarz ist kein Bruch mehr, so wie die Nacht nicht länger die Abwesenheit und das *passive* Gegenstück des Tages ist: Es ist lebendig, und heute färbt es zahlreiche soziale und künstlerische Subkulturen. McQueens Imaginal hat auch die anderen Farben kontaminiert und sie in ein neues Konzept in der Mode überführt.

K–M Alexander McQueen für Givenchy (Screenshots vom offiziellen Video)

19 McQueen, Joyce: »Meeting the Queen was like falling in love«, in: The Guardian vom 20. April 2004

N Am 10. Febuar 2010 hat Alexander McQueen im Alter von 40 Jahren Selbstmord begangen – demselben Tag, als dieser Beitrag in der Redaktion einging

O Die Entwürfe des Designers Alexander McQueen waren eher der Dunkelheit zugeneigt

A

Flügel für die Seele

Tatjana Warnecke

A Futuristischer Look und schwarze Eleganz jenseits von S/M-Klischees
B Ophelia in königlicher Krinoline
C Drastique trägt ein viktorianisch inspiriertes Korsett mit enger Hose

Ursprünglich hatte ich es nie geplant, Modedesignerin – schon gar nicht Fetisch-Designerin – zu werden und habe nichts von dem, was ich heute mache, auf dem üblichen Weg gelernt. Mein erstes Ziel auf dem Weg in die Selbstständigkeit war ein ganz anderes: ich wollte Tänzerin werden und von meiner Kunst leben. Dass ich mit der Ausdrucksform Show und Performance startete lag nahe, denn seit meinem 4. Lebensjahr trainierte ich Klassischen Tanz, später Modern und Contact Improvisation. Mit Sicherheit wurde mir der Weg dahin auch dadurch bereitet, dass ich in einem Künstlerelternhaus aufgewachsen bin. Besonders mein Vater als freischaffender Künstler prägte mich, denn auch er war Autodidakt. Heute kann man sogar eine gemeinsame Bildsprache von Dynamik und grafischer Form erkennen; die schlanke Silhouette und die Klarheit von Schwarz-weiß beherrschen sowohl seine als auch meine Kunst. Ich konnte ohne größere Investitionen sofort starten, da ich mein »Handwerkszeug«, die Outfits, selbst herstellte. Der Weg zur Mode oder gar zu einer eigenen Kollektion hat sich so ganz natürlich entwickelt, da ich nie aufgegeben habe, an meinem Ziel, nur von meiner Kunst existieren zu können, festzuhalten. Nur die Gestalt dieser Kunst hat sich im Laufe der Zeit geändert. Bei meinem Design richte ich mein Hauptaugenmerk auf die Silhouette, das Gefühl auf der Haut und den Genuss von dem Luxus, der durch hochwertiges Material und gute Verarbeitung entsteht. Die Nichtfarbe Schwarz steht dabei als Stilmittel kompromisslos im Fokus: edel und mystisch, unnahbar, Attribute die mir wichtig sind. Gemacht für die Superhelden der Nacht! Den ersten Kontakt mit der Fetisch-Szene hatte ich bei einer Party, organisiert von Mike Dupré (dem Betreiber des »Sin-A-Matic«) 1992/93 in Nürnberg. Es war aufregend – faszinierend und inspirierend zugleich. Models und Gäste aus London und den USA hatten sich im verträumten Nürnberg eingefunden. Dieser Aufmarsch geballter, schwarzer Ästhetik war neu für mich, und sie hatte mich sofort in ihren Bann gezogen. Selten hatte ich mit so aufgeschlossenen, kreativen und schönen Menschen gefeiert. Doch bis zum endgültigen Schritt in diese Richtung sollte noch etwas Zeit vergehen. 1995 hatte ich mich in Nürnberg erst einmal selbstständig gemacht und stellte für meine Showtruppe futuristische und ausgefallene Outfits her. Das war auch mein erster Kontakt mit dem Ripp-Material, welches heute das Markenzeichen meiner Kollektion ist. Doch das Showleben als Hauptstandbein hatte meinen Körper ausgezehrt und ich wurde sehr krank. Nach dieser Krise wollte ich dann nichts mehr mit dem Show-Glamour-Leben zu tun haben und entschloss mich, es ruhiger angehen zu lassen und in meiner Heimat Nürnberg eine Mini-Boutique zu eröffnen. Ich verkaufte auch Teile der Showoutfits, die von den Kunden erstaunlich gut aufgenommen wurden. Doch durch private Turbulenzen verfolgte ich diesen Weg nicht weiter und gab die Boutique und auch das eigene Atelier auf, um mein Leben wieder neu zu strukturieren.

Als Lösung bot sich förmlich an, aus den besten Designs meiner selbstgeschneiderten Showkostüme im Future-Ripp-Material eine ganze Frauenkollektion zu entwickeln und zu vermarkten. Danach kamen das Logo, die Marke, die erste Homepage, ein Minikatalog und ein Promo-Video. Mit der Professionalisierung und Vergrößerung kamen neue Aufgabenbereiche auf mich zu, wie die Einrichtung einer Produktionsstätte im Ausland und den Vertrieb der Stücke in Boutiquen. Doch brauchte ich erst einmal Kapital, um all das umsetzen zu können und zusätzlich in Stoffe, Schnitte und Prototypen zu investieren. Das hieß für mich wieder zahlreiche Showbuchungen, um Geld zu verdienen. Dieser Schwebezustand der Umstrukturierung hat Jahre gedauert.

2002 war es dann endlich soweit, dass die Produktion in Tschechien ihre Arbeit aufnehmen konnte. Ich hielt zeitgleich meinen ersten, lang ersehnten Katalog in Händen, der sechs Frauenprodukte in unterschiedlichen Materialkombinationen umfasste, und deren Prototypen. Nun ging es ans Verkaufen. Ich blieb hartnäckig, der Plan ging auf und ich holte Aufträge in deutschen Fetisch-Boutiquen. Es folgten die Männerkollektion und weitere Boutiquen in Metropolen in ganz Europa. Zeitgleich kamen die ersten Showbuchungen aus der Fetisch-Szene, und so war ich jahrelang sehr viel unterwegs, entweder durch die Shows oder zum Verkaufen. Doch nach all der Anstrengung gehörte und gehört es immer auch dazu, mit den Kunden auf den Fetisch-Partys zu feiern. Für mich ist es natürlich und archetypisch, wenn sich Menschen zusammenfinden, um mit Gleichgesinnten in eine andere Welt zu tauchen. Das gemeinsame Erlebnis ist energiespendend, entspannend und beflügelnd, somit positiv. Es gehört zu den alten menschlichen Ritualen sich zu verkleiden und zu bemalen, stimulierende – halluzinogene Substanzen zu nehmen und zum Beat der Musik in Trance zu fallen.

Ich hatte also meine Hausaufgaben gemacht – Kollektion und Vertrieb waren soweit organisiert. Die Basis Nürnberg war aber für eine weitere Entwicklung unbefriedigend geworden, und so zog ich an den optimalen Ort für meine Firma und mich privat. Seit 2007 lebe und arbeite ich in Berlin-Kreuzberg und genieße alles, was das Leben mir dort bietet. Berlin ist eine unglaublich energetische Stadt, in der meiner Seele Flügel wachsen. Da Berlin nicht nur die einzige wirkliche Metropole Deutschlands ist, sondern auch einer der Mittelpunkte der Schwarzen Szene, fühle ich mich hier äußerst wohl!

Diese Zeit war alles in allem ziemlich anstrengend, zugleich aber unglaublich spannend und effektiv. Ich habe tolle Menschen kennen gelernt und Freundschaften sind entstanden und die Nähe zu dieser Szene ist mir bis heute wichtig.

Gerade die Schwarze Szene oder die Fetisch-Szene besteht nach meinem Empfinden aus meist äußerst sensiblen, weltoffenen und wunderbaren Menschen. Die Vielfalt der Möglichkeiten sich auszudrücken sollte eine Gesellschaft positiv bewerten und nicht aus Angst vor dem Unbekannten vorschnell verurteilen. Leider wird die Schwarze Szene von der Durchschnittsgesellschaft oft als Bedrohung angesehen, da sie sich mit als negativ wahrgenommenen Themen- und Tabubereichen beschäftigt und sich auch ästhetisch außerhalb der Norm bewegt.Doch egal wie exklusiv und aufregend es erscheinen mag, Fetisch-Mode als Beruf zu haben, die Hürden sind wie in jedem anderen Beruf gegeben: Man braucht Disziplin, Durchhaltevermögen und sollte eine Portion Wahnsinn mitbringen – Sicherheitsdenken ist nicht vorteilhaft – und darf sich nicht von den Widrigkeiten irritieren lassen. Die richtige Geschäftsidee und den richtigen Geschäftspartner zu finden ist genauso anstrengend und riskant, wie den richtigen Lebenspartner zu finden. Ich weiß nun, dass ich meine Kollektion weiter ausbauen will, und mit welchen Menschen sich der Traum von völliger Eigenständigkeit verwirklichen lässt.

D Auch für die Herren der Schöpfung: Bela trägt Oberteil und Rock in schwarzem Ripp
E Ophelias Kleid aus Future-Ripp
F Der Rippstoff als Arbeitsmaterial ist Tatjana Warneckes Markenzeichen
G Drastique in einem Korsagenkleid
H Hose mit Holderneck Korsage und Krinoline mit Ophelia Korsage
K Ophelia in Comtesse Kragen mit Korsage Lucia

Die Sprache meiner Entwürfe ist auch schon lange keine Randerscheinung mehr, sondern scheint die Bildsprache unserer Zeit zu sein. Mittlerweile finden wir diese Ästhetik in vielen anderen Bereichen wieder, die nichts mit der Szene zu tun haben. Ob Plattencover, Videoclip oder bei Autos, die Bildsprache ist schwarz – glänzend mit klarer Linie und betont engen Schnitten. Schon längst sehen wir sie auch auf den Laufstegen von Paris. Heldinnen wie Catwoman oder Trinity aus »Matrix« wirbeln im Lackmantel durch die Lüfte und treiben ihr Spiel im glänzenden Catsuit. Ich habe auch weiterhin neue Ideen und entwerfe immer wieder neue Designs, aber ganz nach meinem Rhythmus. Ich kann nach den Jahren harter Arbeit sagen: ich habe meine Handschrift gefunden. Ein Leben ohne diese schwarze, bunte Welt wäre für mich heute unvorstellbar. Denn: Wie grauenvoll wäre es, wenn sich alle Menschen nur in T-Shirts und Jeans kleiden würden! Der Erhalt der Artenvielfalt in der Natur und die Möglichkeit in einer vielschichtigen Gesellschaft zu leben liegt mir gleichermaßen am Herzen. Denn wie trist wäre ein Leben ohne bunte Schmetterlinge? Auch wenn Sie wie in diesem Fall schwarz glänzen.

A

Fetisch und Tabu

Provokative Kulturtechniken in schwarzromantischen Subkulturen

Marcus Stiglegger

Mama, don't you believe what they say
These things don't mean what they meant yesterday
I don't wear these Iron Cross in spite
It means that Johnny loves me and my world is alright[1]

A Butow Maler: »Das Ich«
B Post-Punk-Ikone Siouxsie Sioux im Latexoutfit mit Hakenkreuzarmbinde
1 Debbie Lori Kaye
2 Clarke 1979, S. 133 ff.

In den letzten Jahren ist es üblich geworden, subkulturelle Bewegungen und Gegenkulturen als Tribalismus, also Stammeskulturen, zu betrachten. Der Bezug zu archaischen, vorindustriellen Stammeskulturen legt die Idee nahe, diese subkulturellen Phänomene einer kulturanthropologischen Betrachtung zu unterziehen. Dieser Ansatz hat sich bereits als äußerst fruchtbar in der Analyse von Hip-Hop-Phänomenen in den USA erwiesen, wie man Richard Shustermans Untersuchung »Kunst leben. Die Ästhetik des Pragmatismus« (1994), in der er Kunst als eine soziale Praxis u. a. in der subkulturellen Selbststilisierung beschreibt, entnehmen kann. Die massive Präsenz und zunehmende Relevanz von Körpertechniken und Kulturtechniken wie Fetischismus, Tabubruch und Totemisierung im Rahmen der schwarz-romantisch basierten Subkulturen von Gothic bis Post-Industrial und Neofolk spricht dafür, dies auch in diesem Umfeld zu versuchen. Die folgende Untersuchung möchte einige Aspekte am Rande der Gothic-Szene beispielhaft analysieren, um deren Bedeutung als provokative postmoderne Kulturtechniken zu eruieren. Im Zentrum steht dabei die Fetischisierung bestimmter kultureller Artefakte, Epochen und Symbole, sowie der gezielte Bruch von Tabus der demokratischen westlichen Industriegesellschaft.

John Clarke definiert den Stil von Sub- und Jugendkulturen als eine »Neuordnung und Re-Kontextualisierung von Objekten, um neue Bedeutungen zu kommunizieren, und zwar innerhalb eines Gesamtsystems von Bedeutungen, das bereits [...] sedimentierte, den gebrauchten Objekten anhaftende, Bedeutungen enthält.«[2] Wichtig ist also, dass sich subkulturelle Kulturtechniken Objekte bedienen, die sowohl Restbestände ihrer ursprünglichen Bedeutung bergen, wie auch eine beabsichtigte Neucodierung von deren Bedeutung anstreben. Die folgenden Beispiele werden zeigen, dass sich bestimmte – oft auf historisch-politische Kontexte bezogene – Symbole in besonderer Weise für diese subkulturelle Vereinnahmung eignen.

Die Gothic-Subkultur, die in den frühen 1980er Jahren zunächst als Abspaltung von der Punk-Szene entstand, schmückte sich von je her mit der Ikonografie der schwarzen Romantik des 19. Jahrhunderts, denn »gothic« bedeutet im Englischen nicht nur »gotisch«, sondern ganz grundsätzlich mittelalterlich, unheimlich und mystisch. Es verwundert also kaum, dass die Stammes-Symbole der Gothic-Szene genau jene Symbole sind, die in der literarischen »gothic fiction« und deren filmischen Erben (den Universal-Horror-Produktionen der 1930er und

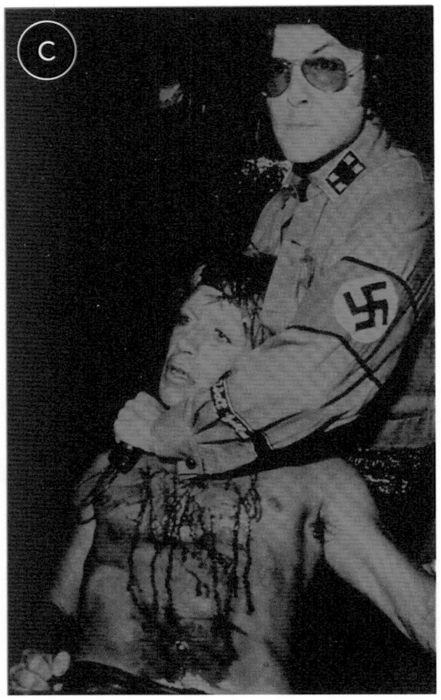

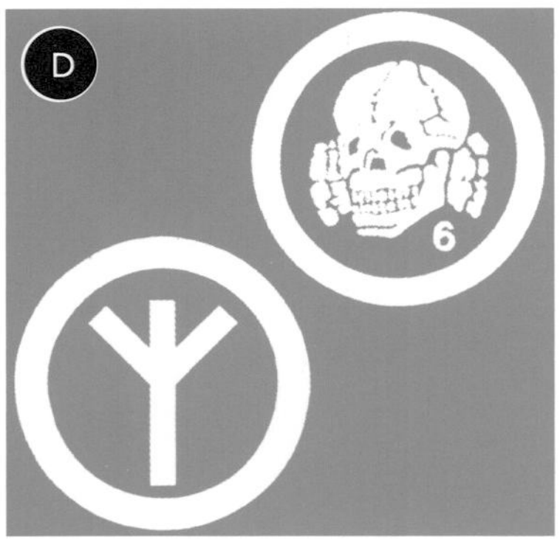

C The Stooges, ca. 1970
D Detail des Albumcovers von »The Wörld Thät Sümmer« (NER 1986) mit Elhaz- bzw. Algiz-Rune und Totenkopf-6-Logo. Neben dem (SM-konnotierten) Peitschenhand-Logo sind dies die prominentesten Symbole, die einerseits die Band repräsentieren, andererseits Assoziationen an das »3. Reich« wecken, das sich bekanntermaßen skrupellos bei der germanischen Mythologie bediente – so wurde die Algiz-Rune im NS u. a. benutzt, um die gesundheitsförderliche Wirkung von Vollkornbrot zu illustrieren.
E Eintrittskarte DIJ, Leipzig Werk2, Silvester 1992
F Erbsentarn und Gitarre: Death In June live im Slimelight anlässlich des 20jährigen Jubiläums der Veröffentlichung des »NADA!«-Albums (im Hintergrund Drummer John Murphy in Wintertarnung), London 2005
G Sexy Militärlook beim M'era Luna Festival, Hildesheim 2008
H »The Iron Cross is a symbol that us kids are really free«: Freiheit bedeutet auch, sich für Symbole der Unfreiheit entscheiden zu können – Uniformlook inclusive Eisernes-Kreuz-Armbinde

1940er Jahre etwa) etabliert wurden: lange, wallende Gewänder, schwarze Gehröcke, Korsetts, Gehstöcke mit silbernem Knauf, Grabkreuze, Rosenkränze, dunkles Augen-Make-up und blasse Haut, Totenköpfe, Fledermäuse, Spinnweben und die Schauplätze des »Memento mori«: Ruinen und Friedhöfe.

Die Industrial-Culture dagegen, die aus den avantgardistischen Strömungen des Post-Punk entstand, ist gegenüber der Gothic-Szene weniger rückwärtsgewandt, als dezidiert modernistisch ausgerichtet. Ihre Reflexion der modernen Lebenswirklichkeit – Entindividualisierung, Entfremdung, Kälte, Mechanisierung, Technokratie, Terrorismus, Zensur – fand eine wesentlich weniger eindeutige Veräußerlichung als die Gothic-Szene und ließ sich deshalb auch jahrzehntelang nicht auf modische Aspekte reduzieren. Dennoch tauchen in der Selbstdarstellung der frühen Industrial-Musiker Genesis P-Orridge (*Throbbing Gristle*), Graeme Revell (*S.P.K.*) und Boyd Rice (*NON*) regelmäßig Versatzstücke totalitärer Ikonografie auf: Reitstiefel, Breeches, Uniformjacken, Runen, SS- und Panzer-Totenköpfe, Feld- und Schirmmützen, Tarnmuster usw. Seit den frühen 1980er Jahren haben immer wieder Fans diesen Gestus nachgeahmt und modische Impulse daraus bezogen. Doch letztlich spiegelte sich darin vor allem ein Post-Punk-Gestus der Auflehnung gegen das Establishment der Gesellschaft, die mit ihrem eigenen Feindbild konfrontiert werden soll. Immerhin hatten bereits Punkmusiker wie Sid Vicious (*Sex Pistols*) und Siouxsie Sioux (*Siouxsie and the Banshees*) faschistische Ikonografie (namentlich das Hakenkreuz) als Modeaccessoire getragen, und Glamrock-inspirierte Musiker wie David Bowie, Brian Ferry (*Roxy Music*) und später Ian Curtis (*Joy Division*) waren in den 1970er Jahren für ihre Faszination für den Nationalsozialismus bekannt. In Jugoslawien entwickelte sich aus dem Protest gegen die linke Diktatur Titos u. a. die Neue Slowenische Kunst (NSK), deren Industrial-Band *Laibach* zunächst nicht nur den Namen, sondern auch die Uniformen der früheren Okkupationsmacht Deutschland trugen. Aus dem Postpunk-Gestus von *Joy Division* generierte sich mit *Death In June* eine düstere Rockband, die in frühen Konzerten (ab 1981) in Flecktarn-Uniformen auftrat und eine stilisierte Variante des SS-Totenkopfes in ihr Bandlogo integrierte. Auch die Fans dieser beiden Gruppen trugen diese Symbole und Objekte als popkulturelle Fetische in die Subkultur, wohl wissend, sich dadurch als Gegner des politisch korrekten, demokratisch signifizierten Status quo der westlichen Industriegesellschaft zu präsentieren.

Die eigentliche Popularisierung dieser zunächst marginalen Subkulturgeste erfolgte erst in den nächsten Generationen, die Gothic-, Post-Punk- und Industrial-Szene gegen Ende der 1980er Jahre in einem Metakontext zusammenführte und den Eindruck einer vielgesichtigen »schwarzen« (im Sinne von düsteren) Subkultur erzeugte. Stücke von Gothic-Rock-, Industrial-, Mittelalter- und Post-Punk-Bands wurden in den selben Clubs gespielt, und die Musiker unterschiedlichster Genres traten zu jener Zeit gemeinsam auf Konzertfestivals auf, z. B. dem Bizarre-Festival an der Loreley (später in Köln) oder den frühen Varianten des Wave-Gotik-Treffens in Leipzig. Diese gegenseitige Durchdringung der schwarzen Subkulturen popularisierte auch die tabuisierten Symbole und Kleidungsstücke, sodass die Musikfans neben Mittelalter-Kleidern und Lederjacken gelegentlich auch Flecktarnjacken und Schirmmützen, neben silbernen Rosenkränzen auch Runen und Totenköpfe trugen. Vor allem im bayrischen Raum etablierte sich diese Mischung, während im Norden Deutschlands eher post-punkiges Schwarz dominierte. Diese Mischung von subkulturellen Splittergruppen, die vor allem der düstermorbide Blick auf die moderne Welt verband, resultierte jedoch bereits Mitte der 1990er Jahre langsam in einer Aufsplitterung in die unterschiedlichsten Subgenres, während für die Öffentlichkeit vor allem die stete Popularisierung eines schwarzen Mainstreams bemerkbar wurde. Bands wie *HIM, Nightwish, Covenant* oder *Rammstein* platzierten sich in den Me-

F

dia Control Charts und etablierten den Gothic-Stil als einen Mainstream der Minderheiten. Kleidungsketten wie H&M und OTTO nahmen Ende der 1990er Jahre hin und wieder Gothic-inspirierte Mode (u. a. Korsetts, Samtkleider, Totenkopfschmuck) in ihr Programm auf.

Die kleineren schwarzen Splittergruppen indes radikalisierten ihren jeweiligen Stil hinsichtlich Musik, Schmuck und Kleidung. Unter dem starken Einfluss der neuen Bundesländer formierten sich (Sub-)Subkulturen wie Neofolk und Post-Industrial. Während die Fans der *Throbbing Gristle*-Erben sich an harschen Noise-Wällen mit autoritärem Schreigesang berauschten und durch Kurzhaarschnitt und militante Streetwear auffielen, die teilweise aus der Mode der Skinheads und Hooligans abgewandelt wurde, schwelgten die Anhänger des melancholischen Neofolk in von Akustikgitarren getragenen sehnsuchtsvollen, sonoren Liedern, zu denen sie im Gefolge von *Death In June* Tarnjacken, Schulterriemen, hohe Stiefel, lederne Kartentaschen, Runenschmuck und Feldmützen in die Clubs trugen. Beide Splittergruppen, die mitunter auf denselben Musik-Veranstaltungen zu finden waren, erregten in ihrer modischen Hochphase auf großen Festivals wie dem WAVE-GOTIK-TREFFEN in Leipzig im Jahr 2000 viel Aufsehen, da sie anders als das punkig-bizarre Gothic-Publikum eher an Besucher eines Nazi-Aufmarsches erinnerten und Nichteingeweihte nachhaltig verstörten. Was als revoltierendes Spiel mit dem tabuisierten Feuer gedacht war, trug vorhersehbare, wenn auch eher unangenehme Früchte: Politisch motivierte Gruppen stuften diesen Teil der schwarzen Subkultur als deren »rechten Rand« ein und riefen zum Boykott von Neofolk- und Martial-Industrial-Konzerten auf. In einigen Fällen konnten die städtischen Verwaltungen von der politischen Bedenklichkeit dieser Sub-Subkulturen überzeugt werden und unterstützten diese Forderungen. In anderen Fällen kam es zu gewalttätigen Übergriffen, wie dem Brandanschlag auf den Tourbus während des *Death In June*-Konzerts in der Frankfurter BATSCHKAPP (12. Mai 1997)[3], dem Angriff auf Besucher des COLD-MEAT-FESTIVALS im UT CONNEWITZ, Leipzig (27. Mai 2007)[4], oder der »gezielten Aktion gegen die Musikinstrumente und die Infrastruktur des Clubs« (Bekennerschreiben) im Freiburger Club ELVIS ET MOI am 11 Oktober 2008[5]. Das Tabu war gebrochen, die »Strafe« folgte auf dem Fuß.

G

— Das Eiserne Kreuz —

All diese Phänomene sind nicht neu, sie lassen sich vielmehr im Kontext früherer Subkulturen nachweisen, wenn auch in anderem politischem Klima. »Gonzo-Journalist« Hunter S. Thompson etwa beschreibt in seiner Geschichte der Hells Angels einen Mechanismus der bewussten Abgrenzung unter den gesellschaftlich entwurzelten Kriegsheimkehrern nach dem 2. Weltkrieg, die sich in den USA männerbündisch formierten, mit ihren Motorrädern durch das Land fuhren und sich mit den Kriegstrophäen aus Nazi-Deutschland schmückten – als Zeichen der Revolte, der Distinktion und der Divergenz. So wurden deutsche Stahlhelme, Eiserne Kreuze, SS-Kragenspiegel, Totenkopfabzeichen, Ehrendolche usw. zu subkulturellen Zeichen des Nonkonformismus, deren eigentliche Bedeutung sich bereits für die nächste Generation von Bikern auf Signifikatoren der Rebellion reduziert hatte. Diese Generation focht einen selbsterklärten Krieg gegen die amerikanische Gesellschaft. So sang Debbie Lori Kaye noch »these things don't mean what they meant yesterday« in Verteidigung ihres Eisernen-Kreuz-Anhängers, während die *Phantom Surfers* konkretisierten: »To us the Iron Cross is not a symbol of hate [...] The Iron Cross is a symbol that us kids are really free.« Für ihre Eltern in den 1960er Jahren

H

3 Klaus Walter, 14.4.2007: http://www.taz.de/1/archiv/archiv/?dig=2007/04/14/a0009
4 Meldung und Diskussion: http://de.indymedia.org/2007/05/178805.shtml
5 Meldung und Diskussion: http://switzerland.indymedia.org/de/2009/02/67328.shtml

musste der Nazi-Schmuck wie eine Verhöhnung ihres erfolgreichen Kampfes gegen die Nazi-Diktatur gewirkt haben. Ihre Kinder wurden zu Tabubrechern, die die Werte der Demokratie symbolisch beschmutzten. Was sie ihrem Selbstverständnis nach taten, war ein militaristisches Symbol aus seinem ursprünglichen historischen Kontext zu lösen, es umzucodieren und damit gegen die Gesellschaft zu stellen, jedoch aus der entgegengesetzten Richtung. Dabei steht das Eiserne Kreuz wie eh und je für Tapferkeit im Kampf, für Todesverachtung und Opfermut, wurde lediglich aus der politischen Konkretion gelöst. Das Eiserne Kreuz ist also nie völlig entleert, sondern auf einen beliebig codierbaren Nenner zurückgebrochen worden.

Die Übertragung des ethnologischen Begriffes Tabu auf die Neurosen der westlichen Gesellschaft geht auf Sigmund Freud zurück, der vier Punkte der Gemeinsamkeit genannt hat: »1. In der Unmotiviertheit der Gebote, 2. in ihrer Befestigung durch eine innere Nötigung, 3. in ihrer Verschiebbarkeit und in der Ansteckungsgefahr durch das Verbotene, 4. in der Verursachung von zeremoniösen Handlungen, Geboten, die von den Verboten ausgehen«.[6] Das Tabu hat oder braucht keine rationale Begründung (»Unmotiviertheit«), es ist somit in gewisser Weise willkürlich. Betrachtet man Tabus der westlichen Industriegesellschaft, so haftet diesen dagegen meist eine bestimmte rationale Erklärung an, die als Begründung für die »innere Nötigung«, das Tabu zu achten, einsteht. Ehebruch ist z. B. vor allem in Kulturen ein Tabu, deren Integrität vordergründig auf der Institution einer funktionierenden Ehe aufbaut. Die Missachtung des Tabus unterläuft die auf dieser Integrität basierende Machtstruktur und stellt sie in Frage. Die spezielle Ausprägung dieser Machtstruktur lässt sich auf eine bestimmte, rational nachvollziehbare Basis zurückführen, ist aber letztlich beliebig. Ebenso könnte die Macht auf einem anderen Modell basieren. Im Bruch des Tabus liegt zugleich der Reiz, die Überschreitung der Tabugrenze zu begehren, um das verbotene »Andere« zu erlangen. Mit der Änderung gesellschaftlicher Wertvorstellungen kann sich die spezielle Ausprägung von Tabus »verschieben«, so wird heute der Ehebruch als weniger harter Tabubruch empfunden als etwa in den 1950er Jahren.

Deutlich wird immer wieder die »Ansteckung« durch das Tabu bzw. den Tabubruch: Wer das Tabu bricht, wird selbst zur tabuisierten Person oder Gruppe. Solche Mechanismen greifen in der westlichen Gesellschaft vor allem an der Schnittstelle von Politik und Moral. Wer also ein zeitgenössisches Tabu bricht, wird umgehend selbst zum Tabu, und es besteht die Gefahr, in der Auseinandersetzung mit der tabuisierten Person selbst »angesteckt« werden. Hier zeigen sich auch Aspekte von Freuds 4. Punkt: Es haben sich gesellschaftliche Rituale und Verhaltensweisen etabliert (»Gebote«), die vorgeben, wie mit einer bestimmten Thematik zu verfahren ist. Der seduktive Aspekt des Tabu-Modells wird in einem späteren Satz von Freud deutlich: »Der Mensch, der ein Tabu übertreten hat, wird selbst tabu, weil er die gefährliche Eignung hat, andere zu versuchen, dass sie seinem Beispiel folgen. Er erweckt Neid; warum sollte ihm gestattet sein, was anderen verboten ist? Er ist also wirklich ansteckend, insofern jedes Beispiel zur Nachahmung ansteckt, und darum muss er selbst gemieden werden.«[7] Dieser Punkt ist für die Kunst an sich sehr wichtig, erklärt er doch, dass ein Kunstwerk bzw. eine Performance in konkreter Weise als »Beispiel«, also Vorbild, empfunden wird und somit als »Versuchung« wirken kann. Interessant bleibt an diesem Aspekt, dass dem tabubrechenden Medium (Musik, Theater, Film) explizit seduktive Qualitäten zugestanden werden: der Tabubruch, die Grenzüberschreitung selbst ist verführerisch.

Neben seiner starken Verführungskraft erweist sich der Tabubruch als problematisch, weil er auf Provokation ausgelegt ist. Durch soziale Vorgänge wie Habitualisierung, Absorption, Domestizierung und Integration kann provokatives Potential zerfallen, sich im Zuge seiner Vereinnahmung gar als uneffektiv erweisen. Das ist der Punkt, an dem Dekonstruktion in

K Die Industrial-Goth-Rocker Shadow Reichenstein kokettieren mit martialischer Präsentation

L »Ein bisschen Krieg«: DAF (Deutsch-Amerikanische Freundschaft), die Vorreiter postmodern-punkiger Wilderei im politischen Symbolkosmos live 2008

M Kriegerische Marschrhythmen und apokalyptische Soundcollagen: Der Blutharsch, das Projekt des Wieners Albin Julius Martinek, darf laut Urteil des Landgerichts Frankenthal als »Neonazi-Band« bezeichnet werden. Martinek hatte gegen eine entsprechende Beschreibung in der Musikzeitschrift Jungle World eine einstweilige Verfügung erwirkt, die zurück gewiesen wurde, als das Gericht urteilte, dass »wer sich so präsentiere, [...] sich eine kritische Würdigung seines öffentlichen Wirkens gefallen lassen« müsse

N SS-Uniformen als Erotik: Filmplakat zu »Der Nachtportier«, Liliana Cavani 1974

6 Freud 1956, S. 10 ff.

7 Freud 1956, S. 27

8 Diesel / Gerten 2005

9 Diesel / Gerten 2005, S. 253-261; Speit 2002, S. 136–140

10 Dieses Auftreten sorgte u. a. dafür, dass Der Blutharsch angesichts eines geplanten Auftritts in Israel als »österreichische Neonazi-Band« bezeichnet wurde: http://jungle-world.com/artikel/2007/13/19360.html

Affirmation umschlägt, der Punkt, an dem Subkultur nicht länger emanzipatorisch wirkt, sondern reaktionär wird. In den frühen 1980er Jahren tritt in der Popkultur eine semantische Entwertung ein. Die Zeichen werden beliebig umcodierbar. Konnte die Subkultur zuvor noch auf das widerständige Potential der Widersprüchlichkeit zwischen Zeichen und Verhalten bauen, wurden die Zeichen in der postmodernen Phase der Popkultur austauschbar. Symbole wie das Eiserne Kreuz hatten ihre subversive Kraft verloren. In einer Welt der Simulation konnte man nicht mehr auf die Stilrevolte bauen. Die deutsche Elektro-Band *DAF* reagierte darauf mit einer Ausweitung der Tabugrenzen und kreierte einen faschistoiden Männerbund, eine »Kriegerkaste«, die sich »ein bißchen Krieg« wünschte, »so dreckig wie noch nie« (Zitat aus dem Stück »Ein bißchen Krieg«). Anhänger der Neuen Slowenischen Kunst (NSK, *Laibach*) reagierten auf diese Tendenz mit der Übercodierung von Zeichen, während der Neo-Rock'n'Roll mit nostalgischem Rekurs auf die Zeit der Unschuld und verklärender Träumerei antwortete. Als erstaunliche Konstante in dieser Genese der Zeichen und Symbole erwies sich das Eiserne Kreuz, das sich seit dem 19. Jahrhundert als ständig transformierender Mythos gehalten hat.

Das Eiserne Kreuz ist ein militärischer Mythos der deutschen Kaiserzeit, erstmals verliehen 1813. Es ist somit eindeutig ein Zeichen des Militarismus, kein genuines Merkmal des Nationalsozialismus des 20. Jahrhunderts, der es jedoch bereits 1939 zum Fetisch erhoben hatte: Tausende von Witwen bekamen diesen kalten Orden stellvertretend verliehen, nachdem ihre Männer zuvor auf »dem Feld der Ehre gefallen« waren. Ein Symbol des »Opfermutes« für ein menschenverachtendes System, behaftet mit dem Ruch des unvermeidlichen Todes. Dieser Ruch blieb, und pflanzte sich fort, von Subkultur zu Subkultur: von den Bikern zu den Surfern, zu den Hippies, zu den Glamrockern, den Rockabillies, den Hardrockern (*Motörhead* erkoren es zu ihrem eigenen Fetisch), den Punks, den Skinheads, den Gothics (hier trugen es in den 1980er Jahren *The Cult* aus London, jüngst wurde es zum Logo der US-Goths *Shadow Reichenstein*) bis hin zu den Neofolkern und Military-Poppern.

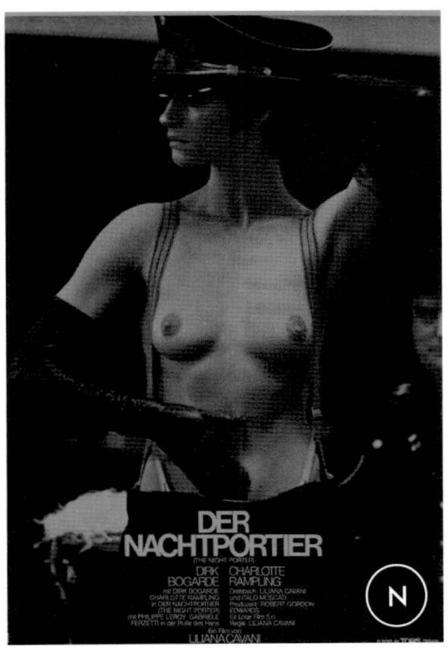

Eine große Rolle spielt martialische Symbolik ganz grundsätzlich in der seit den späten 1990er Jahren populärer werdenden Military-Industrial-, Neofolk- und Military-Pop-Musik.[8] Eine Ikone dieser apokalyptischen Subkultur ist das äußerst umstrittene Musikprojekt *Der Blutharsch* (Wien/Österreich).[9] Die Wahl des Eisernen Kreuzes mit Eichenlaub erschien ebenso programmatisch wie naheliegend, ganz im Sinne des umcodierten Rock'n'Roll-Gestus'der Nachkriegszeit: Wo Marschrhythmen und kriegerische Samples zu Pop wurden, durfte der Hauptfetisch des Rock'n'Roll-Lifestyle nicht fehlen. Dabei sind die auf dem Tourvideo »Gold gab ich für Eisen« (1999) dokumentierten frühen Auftritte von *Der Blutharsch* durchaus beklemmend militaristisch: Vor dem Eisernen Kreuz-Banner ag(it)ierte die zu dieser Zeit durchweg männliche Besetzung in grauen Uniformen, mit Schulterriemen und Feldmützen. Den musikalischen Hintergrund bildeten kriegerische Marschrhythmen und apokalyptische Soundcollagen, der mehrsprachige Sprechgesang kündete von Tod und Untergang.[10] Nach zahlreichen Problemen mit Vertretern der extremen Linken – ausgelöst durch das extrem martialische Auftreten und die modische Kopierwut der Fans – schlug *Der Blutharsch* ab 2006 neue Wege ein und kultivierte statt des Martial-Industrial und Military-Pop eine düstere Form des Psychedelic Rock, die die Band in weniger provokatives Fahrwasser führte und auch das Bandlogo neu zu codieren schien. Insofern ist heute die Nähe von Der *Blutharsch* zu den Hardrockern von *Motörhead* kaum zu bestreiten – und Band-Leader Albin Julius gibt deren Sänger Lemmy Kilmister in Interviews ganz direkt als Inspirationsquelle für sein Schaffen an. Der kriegerische Geist, dem *Der Blutharsch* heute huldigt, ist die Individualrevolte des Rockers im weitesten Sinne: ein symbolisch-semiotischer Aufstand gegen die Anständigen, keine programmatische Verhöhnung der Moderne. Die Fantasiewelt, die Bands wie *Motörhead* oder *Der Blutharsch* simulieren, ist im klassischen Sinne antibourgeois und anarchisch, wenn auch für die radikale Revolution verloren. So bleibt das Eiserne Kreuz in gewissem Sinne tatsächlich ein Zeichen dafür, dass deren »Kinder frei sind«. Auch, wenn sie – wie Lemmy Kilmister – die Sechzig bereits überschritten haben und unter Diabetes leiden.

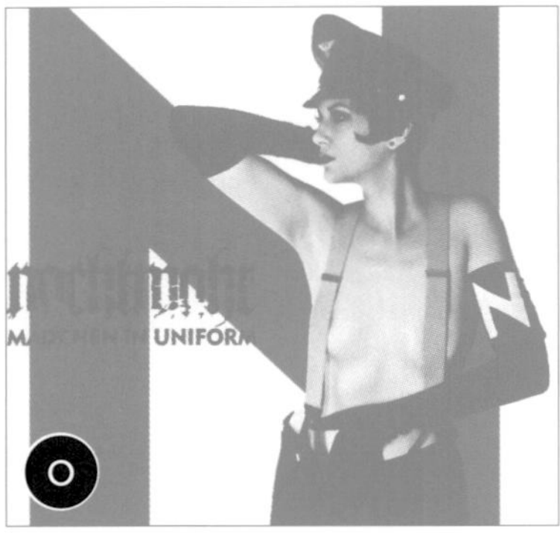

— Die Uniform als Fetisch —

Die Auseinandersetzung mit totalitären Systemen im 20. Jahrhundert ist nicht nur eine Möglichkeit, sondern geradezu eine wesentliche Aufgabe der zeitgenössischen Kunst. Diese Auseinandersetzung kann in Form einer expliziten Anklage bestehen, was eine klare Polarität von Darstellung und Dargestelltem bedingt. Oder das Kunstwerk kann sich einer Ambivalenz bedienen, d. h., es arbeitet mit der scheinbaren Affirmation totalitärer Phänomene durch Aussagen, performative Gesten oder äußerliche Ästhetik, um den Rezipienten zu einer konstruktiven Auseinandersetzung zu provozieren. Solch eine Strategie nutzt etwa das slowenische Künstlerkollektiv NSK. In permanenter Transformation offensichtlich oder nur scheinbar totalitärer Motive, Aussagen und Gesten – v. a. bei Auftritten der NSK-Band *Laibach* – erzeugen sie eine Atmosphäre momentaner Euphorie und Identifikation, die das Publikum am Ende hilflos zurücklässt. Diese Desorientierung zwingt förmlich dazu, sich selbst innerhalb der Positionen zu verorten.

Bereits die Verwendung totalitärer Ästhetik wird als Tabubruch betrachtet, das gilt speziell für jene des Nationalsozialismus. Doch gerade der mit der nationalsozialistischen bzw. stalinistischen Ästhetik verbundene Ruch von Krieg und Völkermord führt zu jenem starken und ungebrochenen Interesse an der Verwendung dieser »Ästhetik der Macht und Souveränität«.

Ein Fetisch bezeichnet ein Objekt, welchem eine besondere Kraft und Aura zugesprochen wird, die nahezu kultisch verehrt wird, wobei die Fetischisten hoffen, selbst Anteil an dieser inneren Kraft zu erhalten. Wie Untersuchungen über Kleidungsfetische belegen (Valerie Steele, Thomas Oláh), setzt im Kult der Verehrung auch die Sexualisierung dieses Äußerlichkeitenkultes der Macht an. Zeitzeugenberichte lassen darauf schließen, dass dieser Effekt bereits im militärischen Originaldesign in einem gewissen Grad angelegt war.[11] Susan Sontag widmet sich in ihrer zweiteiligen Untersuchung zum medialen Bild vom Faschismus in ihrem Aufsatz »Fascinating Fascism« zunächst der ehemaligen Nazi-Filmemacherin Leni Riefenstahl, deren in ihren frühen Propagandafilmen dokumentiertes Körperbild sie in den späteren ethnologischen Untersuchungen bei den Nuba reflektiert sieht, um schließlich im zweiten Teil auf den sexuellen Appeal der Naziuniform zu sprechen zu kommen: »In pornographic literature, films, and gadgetry throughout the world, especially in the United States, England, France, Japan, Scandinavia, Holland, and Germany, the SS has become a referent of sexual adventurism. Much of the imagery of far-out sex has been placed under the sign of Nazism. Boots, leather, chains, Iron Crosses on gleaming torsos, swastikas, along with meat hooks and heavy motorcycles, have become the secret and most lucrative paraphernalia of eroticism. [...] But why? Why has Nazi Germany, which was a sexually repressive society, become erotic?«[12]

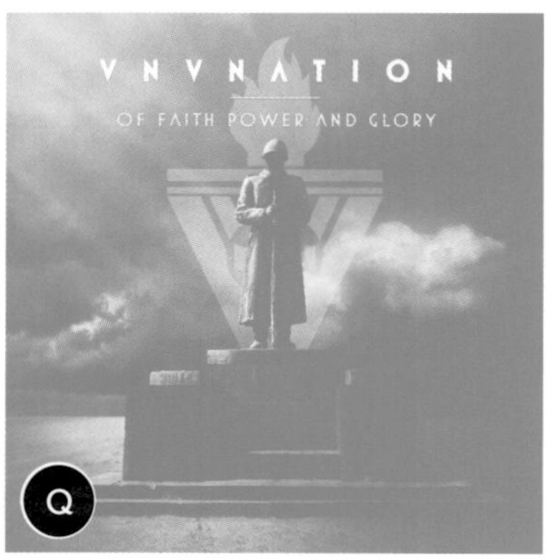

O Frakturschrift und Uniformerotik: Das Cover der Nachtmahr-CD »Mädchen in Uniform«, zitiert das »Nachtportier«-Plakat,Trisol 2010
P Nachtmahr-Promofoto, 2009
Q Faschistoid-bedrohliche Ästhetik auch bei den Future-Poppern VNV Nation: Cover des Albums «Of Faith Power And Glory« des Künstlers Karezoid, dem zufolge Sänger Ronan Harris (von dem bekannt ist, dass er eine Schwäche für Industrial hat) das Motiv als bislang bestes VNV Nation Cover bezeichnete. Bemerkenswerterweise ist das Standbild in der Bildmitte jedoch nicht etwa von jubelnden Massen umgeben, sondern befindet sich sicher nicht zufällig inmitten einer menschenleeren, postapokalyptischen unfruchtbaren Ebene (Anachron Sounds 2009)
R Neue Deutsche Härte: Eisbrecher live, 2008
S Marilyn Manson Foto von Gottfried Helnwein aus dem Booklet der CD »Golden Age of Grotesque« (Nothing Records 2003)

Dass militärische Uniformen bisweilen zu einem sexuellen Fetisch erhoben werden, ist bekannt und des Öfteren in Fachpublikationen aus dem Bereich der sexuellen Phänomenologie knapp behandelt worden (in der Tat wird diesem recht verbreiteten Fetisch stets sehr wenig Raum gegönnt), doch eine eingehende Analyse dieses Phänomens findet nur zögerlich statt.

Einen diskussionswürdigen Ansatz liefert Valerie Steele in ihrem Buch »Fetish«: »Military uniforms are probably the most popular prototype for the fetishist uniform because they signify hierarchy (some command, others obey), as well as membership in what was traditionally an all-male group whose function involves the legitimate use of physical violence.«[13] Auch Thomas Oláh betont in seiner Untersuchung zu militärischen Elementen in der Mode: »Diese Konzeption von Uniformen zu repräsentativen Zwecken setzt bis heute Kompositionselemente ein, die einem erotischen Ideal von Dominanz folgen: die Betonung und Verbreiterung der Schultern mittels Epauletten, Schulterklappen oder v-förmig zulaufenden doppelten Knopfreihen; die Verlängerung der Körperhöhe durch aufragende Kopfbedeckung; die Betonung von Fuß und Wade (Stiefel oder Gamaschen); farblich harte Kontrastierung (Rock- vs. Egalisierungsfarbe, Camouflage-Muster); metallisch glänzender Aufputz (schwere Goldschnüre, Medaillen, derbe Knöpfe).«[14] Was den »Appeal« der Uniform also ausmacht, ist scheinbar die Abstraktion des Martialischen in Form eines Modegegenstandes. Sie symbolisiert die Zugehörigkeit zu einer Elite und konkretisiert Dominanz und kanonisierte Attraktivität – falls es sich nicht um rein funktionalisierte Felduniformen handelt. In Kombination mit der erotisch konnotierten Farbe Schwarz haben sich vor allem folgende Uniformen für eine sexuell motivierte Rezeption angeboten: die Totenkopfhusaren mit ihren bedrohlich geschmückten Pelzmützen, die Panzerfahrer der deutschen Wehrmacht und die Allgemeine SS. Vor allem die schwarze SS-Uniform stellt den ambitionierten Versuch dar, exzentrischen Chic, elitäre Eleganz und Todessymbolik zu vereinen.

Die schwarze SS-Uniform, wie sie in zahlreichen Filmen, Büchern, aber später auch in Bühnenshows (z. B. *Marilyn Manson*) auftaucht, präsentiert sich wie folgt: Schirmmütze mit weißer oder silberner Borte und gelacktem Schirm sowie Lederriemen oder Aluminiumkordel; als Aufputz sind der Reichsadler mit Hakenkreuz und der SS-Totenkopf aus Metall zu sehen; die Jacke ist mit derben silbernen Metallknöpfen, samtenen Kragenspiegeln mit den bekannten Sig-Runen, weißer oder silberner Kragenpaspellierung und einer Schulterklappe versehen; die von geknöpften Hosenträgern gehaltenen Reithosen fallen durch weit geschnittene Oberschenkelpartien auf; der Koppel mit silbernem Schloss wird durch einen schmalen Schulterriemen ergänzt; Reitstiefel mit hohem, engem Schaft; am linken Ärmel ist die schwarz-weiß-rote Hakenkreuzarmbinde befestigt; am Gürtel wird entweder der schwarze Dienstdolch mit der Klingenätzung »Meine Ehre heißt Treue« getragen oder aber die Dienstpistole.[15] Ergänzende Kleidungsstücke sind der Dienstmantel aus schwarzem Filzstoff in vergleichbarer Ausführung sowie seltener der doppelreihig geknöpfte Ledermantel. Diese Uniform wurde von der Allgemeinen SS – nicht der militärischen Waffen-SS – in der Zeit zwischen 1933 und 1938 getragen. Bereits 1935 wurde alternativ die graue Uniform eingeführt, die während des Krieges und von Angehörigen der Waffen-SS getragen wurde und wesentlich verbreiteter war. Alternativ zur Schwarzen Uniform durfte an heißen Tagen auch eine weiße Variante getragen werden, die das Farbschema umkehrt (von Brian Warner/*Marilyn Manson* getragen im Booklet des Albums »The Golden Age of the Grotesque«, 2003). Dazu kommt in Kriegszeiten eine enorme Varianz von Camouflage-Uniformen, deren unterschiedliche Muster (Erbsentarn, Eichenlaubtarn, Palmentarn, Platanentarn) teilweise noch heute Verwendung finden (so wurde das Flecktarnmuster der Bundeswehr daraus entwickelt, ebenso wie der österreichische Flecktarn und das farbenfrohe Schweizer Camouflagemuster auf Vorlagen der Waffen-SS basiert).

Susan Sontag geht in ihrem Essay »Fascinating Fascism II«[16] schließlich auf die Sexualisierung faschistischer Ästhetik – speziell auch die der Uniformen – ein. Dabei gibt sie ein interessantes Phänomen zu bedenken, das noch heute in der Selbstdarstellung einiger Musiker eine

11 Oláh 2008
12 Sontag 1980, S.101-102. »In pornografischer Literatur, Filmen und Gerätschaften in aller Welt, insbesondere den Vereinigten Staaten, England, Frankreich, Japan, Skandinavien, Holland und Deutschland, ist die SS zu einer Referenz sexuellen Abenteurertums geworden. Ein Großteil der Bildsprache des abgehobenen Sex wurde unter das Zeichen des Nazismus gestellt. Stiefel, Leder, Ketten, Eiserne Kreuze auf glänzenden Körpern, Hakenkreuze sowie Fleischerhaken und schwere Motorräder wurden zu den geheimen und höchst lukrativen Utensilien der Erotik [...] Aber warum? Warum ist Nazi-Deutschland, das eine sexuell repressive Gesellschaft war, erotisch geworden?«
13 Steele 1996, S.180. »Militäruniformen sind wahrscheinlich der populärste Prototyp der Fetischistenuniform, weil sie Hierarchie (manche befehlen, andere gehorchen) sowie Mitgliedschaft in einer Gruppe signifizieren, die traditionellerweise eine ausschließlich männliche war, deren Funktion den legitimierten Gebrauch körperlicher Gewalt beinhaltete.«
14 Oláh 2008, S. 153
15 Eine deutliche fetischisierte Darstellung all der hier aufgezählten Elemente findet sich in der videocliparig montierten Titelsequenz der dreiteiligen MDR-Dokumentation »Die Waffen-SS« (1998).
16 Sontag 1980, S. 98–105

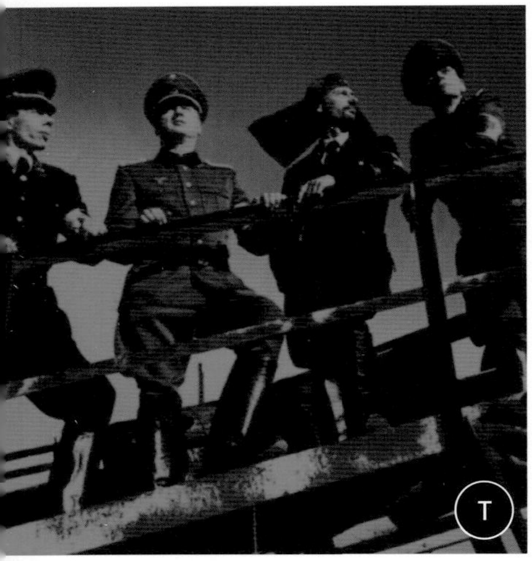

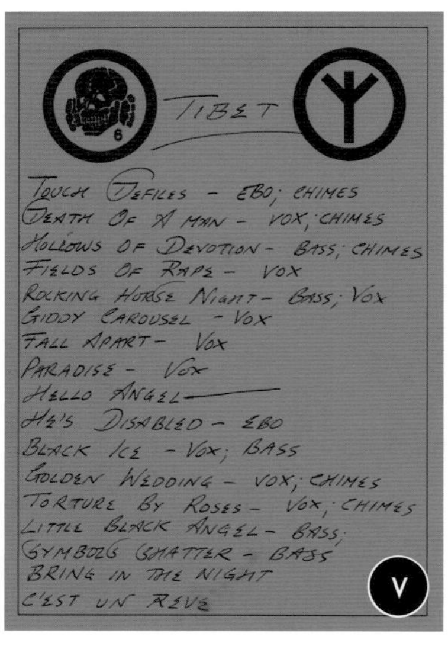

Rolle spielt: »There is a general fantasy about uniforms. They suggest community, order, identity [...], competence, legitimate authority, the legitimate exercise of violence. But uniforms are not the same thing as photographs of uniforms – which are erotic material and photographs of SS uniforms are the units of a particularly powerful and widespread sexual fantasy.«[17] Die Autorin sagt dies bezüglich eines Militaria-Bestimmungsbuches, aber angesichts der spezifischen Verwendung von SS-Uniformen im Spielfilm und bei Bühnenperformances oder Imagefotos von Bands aus dem Gothic-Umfeld (*Marilyn Manson, Shadow Reichenstein, Nachtmahr,* aber auch *Laibach* und *Death In June*) ist eine Übertragung dieses Gedankens sehr aufschlussreich. Tatsächlich wird der Uniformträger im Unterhaltungskontext offenbar anders rezipiert als etwa im Dokumentarfilm. Der Medienwechsel vom Foto zum Spielfilm und schließlich zur Bühnenperformance scheint diese Veränderung zu bedingen: Die solcherart enthistorisierte Uniform wird ihrerseits zur Projektionsfläche sexueller Wünsche und Phantasien. Die sexuelle Konnotation der Uniform rührt von der offensichtlichen sexuellen Erregung her, die einige Leute mit Gewalt und dem damit einhergehenden Verhältnis von Dominanz und Unterwerfung verbinden [18]. In diesem sexuellen Kontext wird es zumindest nachvollziehbar, warum immer wieder auf das Klischee der Uniformierung nach den Vorgaben der faschistischen Ästhetik zurückgegriffen wird, wenn es um die Dämonisierung von Charakteren geht. Susan Sontag vermutet, die SS-Uniform bietet sich vor allen anderen an, da die SS ihren Herrschaftsanspruch ins Dramatische überhöhte, indem sie sich gewissen ästhetischen Regeln unterwarf: »SS uniforms were stylish, well-cut, with a touch (but not too much) of eccentricity.«[19]

Der künstlerischen Kopplung von totalitärer Ästhetik und sexuellem Stimulans bzw. Fetischisierung begegnet man auch in den Bühnenshows von *Death In June*, wo düsterromantische Liebeslieder mit der latenten Präsenz des Todes kollidieren (»Death is the Martyr of Beauty«). Hier werden literarische Motive der legendären homosexuellen Schriftsteller Jean Genet und Yukio Mishima weiterentwickelt, die ihrerseits zur Sexualisierung des Militärkultes neigten.

Auch die populäre Gothic-Musik bedient sich dieser Kombination: Brian Warner von *Marilyn Manson* trat um 2000 vermehrt in nationalsozialistischen Uniformen auf, etwa im Duett mit dem Rapper *Eminem* oder als Interviewpartner in Michael Moores Essayfilm »Bowling for Columbine« (2002). Hier symbolisiert die schwarze SS-Uniform die Hybris des Rockstars und zugleich dessen Dekadenz. Wie *Death In June* mit ihren Performances immer wieder auf Unverständnis und Zensur stießen, geriet Warner in Konflikt mit seiner Band, die seine Sammlerwut bezüglich nationalsozialistischer Relikte eher mit Befremden beobachtete. Affirmiert wurde dieser Uniformkult jedoch von dem Fotografen Gottfried Helnwein, der 2003 entsprechende Imagefotos für *Marilyn Manson* machte und an seine eigenen Werke thematisch anschloss.[20]

2003 ließen sich auch die Slowenen *Laibach* in schwarzen und grauen SS-Uniformen fotografieren – als Werbekampagne für ihr Album »W.A.T.«. Ihr Vorgehen unterscheidet sich jedoch von den Performances von *Death In June* bzw. *Marilyn Manson*. *Laibach* wollen offenbar durch die Verwendung dieser Ikonografie provozieren und zielen auf eine ambivalente politische Auseinandersetzung ab. Man könnte ihre Methode durchaus dekonstruktivistisch begreifen: Indem sie die Symbole und Fetische aus ihren ursprünglichen Kontexten reißen und selbst neu codieren, ermöglichen sie einen freien und neuen Blick auf diese Phänomene. Diese performative Kulturtechnik ist also aufklärerisch zu verstehen.

Death In June dagegen verwenden historische Uniformen in ihren Shows als eine Art »negative Poesie«. Daher kommt es bei ihnen zu einer sehr starken Kopplung von sexueller, militaristischer und lyrischer Symbolik: Tarnkleidung, Masken, Symbole, schwarzromantische (homoerotische) Liebeslieder usw. Die oft kritisierten nationalsozialistischen Motive (Artwork

17 a. a. O., S. 99. »Es gibt eine allgemeine Uniformfantasie. Sie suggerieren Gemeinschaft, Ordnung, Identität [...], Kompetenz, legitimierte Autorität, die legitimierte Ausübung von Gewalt. Aber Uniformen sind nicht dasselbe wie Fotographien von Uniformen – die erotisches Material sind, und Fotographien von SS-Uniformen sind Einheiten einer besonders machtvollen und weit verbreiteten sexuellen Phantasie.«
18 a. a. O., S. 99
19 a. a. O., S.120. »SS-Uniformen waren stilvoll, gut geschnitten, mit einem Hauch (aber nicht zuviel) Exzentrik.«
20 Siehe hierzu z. B. Helnweins Website: http://www.helnwein.de/werke/leinwand/bild_293.html

T Die Meister der angewandten Überidentifikation spielen Herrenmensch: Laibach 2003
U SS-Schirmmütze mit gelacktem Schirm, silberner Borte und Aufputz
V David Tibets Setlist auf Death In June-Briefpapier (von der DIJ-Deutschlandtour 1992) – selbstredend mit braunen Logos auf crèmefarbenem Papier.
W Laibach
X Zahlreiche Gothics mutier(t)en von Schwarzkitteln zu Uniformträgern – Ausdruck der Differenz gegenüber einer Kulturströmung, die den Untergrund verlassen hat und im Mainstream angekommen ist?

auf Albumcovern, authentische Uniformen, SA-Dolche, der SS-Totenkopf im Bandlogo) werden also in den performativen Kontext übertragen und somit weitgehend enthistorisiert und entpolitisiert. Diese Kulturtechnik kann – im Umkehrschluss – sehr leicht als »Romantisierung« oder »Mystifizierung« dieser historischen Elemente interpretiert werden, was den Verdacht der Affirmation nahe legen würde. Die Frage ist jedoch weniger: Was sagen *Death In June* damit über Politik aus?, als vielmehr: Was entsteht aus dieser eigentlich unverträglichen Mischung aus Militarismus, Homosexualität, Mystik, Weltschmerz und Romantik? Während *Laibachs* Agitation eine dezidiert politische ist, die das Bewusstsein des historischen Kontexts mitdenkt, wird *Death In June* vor allem dann missverständlich, wenn man deren monströses schwarzromantisches Kabarett in der Rezeption wieder politisch auflädt. Von einer »affirmativen Mystifizierung« kann jedoch nicht die Rede sein, wenn man nicht lediglich einzelne Textzeilen aus dem Zusammenhang löst. Vielmehr finden sich neben den oft zitierten kontroversen Elementen auch zahlreiche konkrete und unmissverständliche Anklagen gegen Krieg und Völkermord (»Heaven Street«), Kolonialismus (»Little Black Baby«), Sexismus (»In the Nighttime«), christlichen Fanatismus (»Holy Water«) u. a. in den Liedern von *Death In June,* woraus ein komplexes künstlerisches Bild entsteht.

Interessant ist, dass auch *Laibach* 2003 neben besagten Uniformen auch den berüchtigten SS-Totenkopf als Emblem benutzten, jedoch fügten sie jeweils Zahnlücken oder ein Einschussloch bei, während *Death In Junes* Bandlogo unter Beifügung der Zahl 6 (für Juni) analog zur britischen Paranoia-TV-Serie »The Prisoner« (1967-68, für *DIJ* eine beliebte Quelle von Samples und Referenzen) den »Tod der Individualität« beklagt. Den Musikern an dieser Stelle die Verwendung des – zweifellos vorbelasteten – historischen Symbols vorzuwerfen, greift zu kurz, denn aus dem Tabubruch in Verbindung mit der Neucodierung entsteht eine eigene künstlerische Strategie. Es ist zu vermuten, dass der Skandal hier vor allem darin besteht, dass diese Strategien den oft vorausgesetzten linken Status der Popkultur infrage zu stellen scheinen. Im Falle von *Laibach* ist das jedoch offensichtlich unzutreffend.

Während *Laibach* ihre Ikonografie vor allem aus rechter und linker Symbolik konstruieren (Zahnradkranz, Axtkreuz, Adler, Ähren usw.), bezieht sich die Selbstdarstellung von *Death In June* neben dem Militarismus des »Dritten Reiches« primär auf die Runenmagie. Bereits in den 1980er Jahren etablierten sie Symbole, die seither große Verbreitung in der Neofolk-Szene und der Martial-Industrial-Szene gefunden haben: die Algiz- oder Lebensrune, die Odalrune, das Wolfskreuz (auch: Wolfsangel), der Thorshammer. Hier finden sich zahlreiche Überschneidungen zur Ikonografie der neuheidnischen Szene insgesamt, der Neonazi-Szene und der Black-Metal- und Viking-Metal-Subkulturen. Daher sind diese Symbole zweifellos mit der Aura des Machtvollen, Totalitären und Antimodernen behaftet. Selbst wenn sich die Träger dieser Symbole explizit von totalitärem Gedankengut distanzieren, müssen sie damit rechnen, dass ein außenstehender Betrachter diese als Provokation wahrnimmt. In den schwarzromantischen Subkulturen wurden diese Symbole – ungeachtet ihrer okkulten Bedeutungen – bald zu Zeichen des Protests gegen eine konsumorientierte Popkultur. Dieser soll okkultes Geheimwissen, elitäre Gesinnung und weltanschauliche Tiefgründigkeit entgegengehalten werden. Es lässt sich jedoch kaum allgemeingültig ermitteln, inwieweit solche Ideen und Ambitionen ernst zu nehmen sind oder sich ihrerseits in der Anti-Pop-Geste erschöpfen.

Dass die aus martialischer Uniformierung sowie tabubelasteter und okkulter Symbolik konstruierte subkulturelle Stilrevolte gezielt sinnliche Affekte anspricht und somit auf erotische Attraktivität schielt, ist kaum bestreitbar und erklärt, warum gerade ehemalige Gothic-Rocker so empfänglich für den noch unheimlicheren, noch »exklusiveren« Kleidungsstil der

Neofolk- und Martial-Industrial-Szene sind bzw. diesen für ihre eigenen Zwecke adaptiert haben (etwa die Wiener EBM-Band *Nachtmahr*). Es geht darum, durch Tabubruch und Selbststigmatisierung diese Exklusivität immer neu zu behaupten und so eine ultimative Distinktion innerhalb einer ohnehin bereits »exklusiven« schwarzen Subkultur zu erreichen. Dass sich dabei die Grenzen verwischen, dass man schließlich Neofolk-Fan, sexuellen Uniformfetischisten und Neonazi äußerlich kaum noch unterscheiden kann, macht den Umgang für den außenstehenden Betrachter zweifellos schwieriger, sollte aber nicht zu dem bequemen Kurzschluss verführen, formal Ähnliches für inhaltlich Gleiches zu halten.

— Verloren in der Hyperrealität —

Y »Zyklon B Zombies«: Throbbing Gristle (im Magazin Apocalypse A Gogo) ca. 1980. Von links nach rechts: Genesis P-Orridge (mit Feldmütze und SS-Totenkopf), Chris Carter, Cosey Fanny Tutti, Peter »Sleazy« Christopherson

Z Es muss nicht immer Lack & Latex sein: Niki porträtiert von Fairy Vale, 2009

Kevin Sodergren untersucht in seinem Essay »Religion, Rebellion, Erneuerung« die Neofolk-Szene im Kontext der Postmoderne und kommt zu einem Befund, der die oft oberflächliche und inkompetente Kritik an diesem Phänomen auf den Punkt bringt: »Auf dem heutigen Stand ist Neofolk eine andauernde Besessenheit von Hobbyuntersuchungen und historischer Wiederholung, unfähig, mit der postmodernen Welt der Hyperrealität und Zerstückelung, der Globalisierung und dem post-industriellen Kapitalismus klarzukommen.« Sodergren sieht im Neofolk das zyklische Psychodrama der Inneren Emigration, das man u. a. dem deutschen Schriftsteller Ernst Jünger nachsagte, der als kulturelle Ikone folglich und instinktiv selbst zum Fetisch jener Subkultur erhoben wurde. Dieser Umstand führt zu der Erkenntnis, dass die Neofolk-Szene selbstbewusst antimodern ist, während sie kein wirklich funktionierendes Modell zur Hand hat, das als Alternative zur Moderne ernst zu nehmen wäre. Ihre Symbole und Fetische bleiben der erstarrte Gestus einer Revolte der Unzufriedenen, der nur noch auf sich selbst verweist und den Tabubruch selbst als Erfolg feiert.

Die Post-Industrial-Szene dagegen kann als modern gelten in ihrer schonungslosen Auseinandersetzung mit den Wunden einer industriell-kapitalistischen Gesellschaft, gegen die sie in aggressiven Performances mit erhobener Faust und verzerrtem Kampfschrei aufbegehrt – doch auch sie erstarrt in der Geste der Revolte. Die Zeit hat beide Subkulturen überholt, und es entspricht einer inneren Logik, dass sich Fans von Neofolk und Post-Industrial nun vor allem in der virtuellen Welt begegnen: in ihren Blogs und Internetradios, auf MySpace- und Facebook-Profilen, in Interessengruppen und Fanseiten, die sich »Kriegspace«, »Neoform«, »Nonpop« u. ä. nennen. Dabei haben sie den gewünschten Kulturterrorismus wiederum in der martialischen Geste bestehen lassen und sind zufrieden mit der regelmäßigen Löschung ihrer Web-Accounts, die den Hass auf die Unfreiheit der political correctness noch mehr schürt. Und wo *Throbbing Gristle* einst ihr Publikum unvorbereitet trafen und mit Stücken wie »Zyklon-B-Zombie« vor den Kopf stießen (1979), wo *Death In June* nach ihrer Zeit des Linksextremismus die Identifikation mit dem ehemaligen Feind auf der Bühne beschworen (1981), wo *Laibach* den Totalitarismus der linken Diktatur in Slowenien entlarvten, indem sie dessen Symbole gegen die Ikonografie der Nazis eintauschten (1982), da lachen dem Betrachter heute (2010) in Internet-Bildergalerien Neofolk-Fans in Flecktarn und Stiefeln entgegen, die ihren selbstgebauten Questenbaum mit dem kollektiven Besäufnis aus Methörnern ehren. Auf den Schmerz des kalkulierten Tabubruchs folgte die Feier der eigenen Konservativität und das Lamentieren über das Unverständnis und die Intoleranz einer Gesellschaft, die zumindest manchmal noch reagiert: auf den Tabubruch.

Songtexte und Lyrik in der Gothic-Szene

Eine Annäherung

Christian Walther

Deutsche Songtexte sind in der Pop- und Rockmusik, die zum großen Teil in der anglo- und afroamerikanischen Musiktradition steht, eher selten. Natürlich gab es, beispielsweise zur Zeit der »Neuen Deutschen Welle«, immer auch schon erfolgreiche Bands mit deutschen Texten, doch häufen sich erst seit einigen Jahren dauerhafte Chart-Platzierungen von Bands wie *Silbermond, Juli, Ich & Ich* und *Wir sind Helden*. Einige dieser »jungen« Künstler arbeiten inzwischen sogar mit »Altmeistern« wie Udo Jürgens *(Sportfreunde Stiller),* Karel Gott *(Bushido),* Udo Lindenberg *(Jan Delay)* und Herbert Grönemeyer *(Die Fantastischen Vier)* zusammen. Es scheint, als setze sich nach der kollektiven Identifikation mit der Fußball WM 2006 (*Sportfreunde Stiller,* »54, 74, 90, 2006«; *Xavier Naidoo* »Dieser Weg«) die Anerkennung für deutsche Musik und Texte mehr und mehr durch. Dennoch sind diese Texte – qua Definition der Popmusik – wenn sie mitunter durchaus »lyrisch« sein mögen und von Sehnsucht, enttäuschter Liebe oder Melancholie handeln, stets von einer gewissen Leichtigkeit und Zugänglichkeit, mithin »Radiotauglichkeit« geprägt. Komplexere, kritische und avantgardistische Texte sowie der Verweis auf Dichter und Denker sind dagegen den Subgenres der Musik vorbehalten. Hier wären Gruppen wie *Einstürzende Neubauten, Element of Crime,* die sogenannte »Hamburger Schule« um *Blumfeld, Die Sterne* und *Tocotronic* oder deutschsprachige Künstler der Gothic-Szene zu nennen. Letztere grenzen sich zudem durch die Auseinandersetzung mit »abseitigen« Themen wie Melancholie, Tod, Makabrem sowie dem kritischen Umgang mit Religion deutlich von der übrigen Musikszene ab.

Dass solche Texte, Lyrik und philosophische Literatur in der Gothic-Szene eine bedeutende Rolle spielen, mag damit zu erklären sein, dass diese sich nicht zuletzt selbst durch Intellektualität, Tiefgang und Abwendung vom Mainstream definiert. Man schreckt hier also nicht vor »schwierigen« Stoffen zurück. Deutsche Texte werden in der Gothic-Szene gemeinhin gerne mit der »Neuen Deutschen Todeskunst« assoziiert. Diese Bezeichnung wird Bands wie *Misantrophe, Endraum, Relatives Menschsein* oder *Sanguis et Cinis* aber nur teilweise gerecht. Zu vielfältig sind die – von Außen zumeist nur als Schwarz wahrgenommenen – Texte, die zwar überwiegend Düsteres behandeln, dem genaueren Blick jedoch eine geradezu farbige Themen- und Stilvielfalt offenbaren. Insgesamt weisen diese Texte überwiegend hohes Niveau auf, bewegen sich fernab phrasenhafter Volkstümlichkeit und verzichten auf poppige Eingängigkeit. Oftmals verschwimmt gar die Grenze zwischen Lyrik und Songtext, wird sie durch den expliziten Bezug auf Lyrik bewusst verwischt. Da es unmöglich ist den mannigfaltigen Ausprägungen in der Gesamtheit nachzugehen, soll hier anhand exemplarischer Textbeispiele der charakteristischen Szenegrößen *Das Ich, Rammstein* und *Goethes Erben* eine Annäherung an Strömungen, Stilistiken und Themen in deutschsprachigen Songtexten der Gothic-Szene gewagt werden.

— Das Ich —

Die Nähe zu Literatur und Poesie offenbart sich in vielen Texten von *Das Ich*. Dies liegt nicht zuletzt an den zahlreichen Lyrik-Vertonungen der Band (Baudelaire »Der Blutquell«, Trakl »Verfall« oder das Album »Morgue«, welches den gleichnamigen Gedichtzyklus von Gottfried Benn vertont). Stefan Ackermann befasst sich vornehmlich mit Fragen der Religion, Gott und Teufel (»Satanische Verse«, »Die Propheten«) und richtet in avantgardistischen Texten den Blick auf das Individuum, das »Ich« (»Staub«, »Egodram«). Das optische und thematische Spiel mit den 20er Jahren bietet zudem Anleihen an Bertolt Brecht (»Moritat«, »Cabaret«). Allgemein weisen Ackermanns Texte eine deutliche thematische und stilistische Nähe zur Lyrik des Expressionismus auf. Das zeigt sich in der dunklen Bildhaftigkeit vieler Texte, den düsteren, teilweise hermetischen und kryptischen Darstellungen, die häufig fernab grammatischer Korrektheit verfasst sind. Diese Texte sind angesichts der Komplexität und Abgeschlossenheit nicht leicht zu verstehen. Es sind sperrige Wortgebilde, die nicht zuletzt von der Härte der deutschen Sprache leben und Interpretation erfordern. *halt dich gut so lang du kannst // dein vater war und du sollst sein // wie jeder dem du glaubst nur feindlich sei und dich bekämpft // umsonst ist angestrengt um lernen lernen nicht verschlafen*[1] [...] *kund deinen äther aus // wer kann ihn drehn // brustwand herz steht // halt du das kind* [2]

Der subjektive Charakter der Texte, der hohe Gebrauch von Metaphern, die Brechung grammatischer Normen und die Auseinandersetzung mit »hässlichen« oder grotesken Momenten, dem Tod, Zerfall und Angst legen den Bezug zu expressionistischen Dichtern wie Else Lasker-Schüler, Alfred Lichtenstein oder Gottfried Benn nahe.

Ackermanns Songtexte sind dem hermetischen Gedicht vergleichbar, das in sich geschlossen ist, eine verschlüsselte Bildsprache enthält, deren Aussage nur dem Dichter selbst bekannt ist. Der Leser muss dieses Gedicht nun gleich einem Schloss, das immer wieder zuschnappt, versuchen zu öffnen, in der Interpretation ent-schlüsseln.[3] In einem Auszug aus »Aura« werden die oben beschriebenen Merkmale deutlich: *geistig narbenlabyrinthe // ärzte züchten wunderblumen // rot bemalte augenhöhlen // das gehirn in stumpfsinn treibt // käfig voll betroffenheit // spalte ich mein' summend schädel // schlüssel heisst verstand // sag wer hat mich eingesperrt* [...] *// könnt ich nur einmal ... // schall sein – licht sein // über uns und allem schweben // rauch sein – keim sein // meine schläfe bricht entzwei // mein kopf ist die sonne // meine sonne ist aus wut*[4]

Ackermann erzeugt hier eine beklemmende Stimmung, das Individuum, das »Ich«, scheint verloren, befindet sich am Rand des Wahnsinns, der Kopf droht zu zerbrechen, wird gar selbst gespalten, durch den Verstand als Schlüssel und Mittel gegen die Betroffenheit. Der Wunsch nach Befreiung (»über allem schweben«) aus der Bedrängnis einer Welt, die von Massenwahn, Stumpfsinn und verlorenen Träumen geprägt ist, wird laut. Der Kopf und somit der Verstand, wird bildlich mit der Sonne gleichgesetzt, wird so zum Zentrum des Universums. Dieses Zentrum wiederum besteht aus Wut. Die Beschäftigung mit Aggression, Kampf und Krieg ist in vielen weiteren Texten Ackermanns zu finden. (»Es ist ja Krieg, Krieger«). *in blutigen schlachten // spenden kinder trost // an allen mauern stehen // die erschossenen wieder auf [...] // kriege werden nie gewalt vernichten // und ehrlichkeit von kot und stroh //wie faulend gelbe maden [...] // schuld, recht // kein guter wille hilft uns mehr // uns retten nur noch wunder // volk, sucht // unsere mutter erde hängt // am letzten zuckend nerv*[5]

Interessant ist bei diesem Text ferner, dass Ackermann zahlreiche leicht veränderte Versatzstücke aus expressionistischen Gedichten in seinen Text montiert (u. a. »Nicht Kriege werden die Gewalt vernichten«, Hasenclever, »Der politische Dichter«, »Sie [die Welt] hing

1 »Jericho«, auf dem Album »Satanische Verse« 1991
2 »Chroma«, auf dem Album »Egodram« (1998)
3 vgl. Peter Szondi: Schriften I, Frankfurt/M. 1978, S. 266
4 »Aura«, auf dem Album »Staub« (1994)
5 »Von der Armut«, auf dem Album »Staub« (1994)
6 dieser Aspekt verdankt sich einem persönlichen Hinweis von Andreas Linsner, der viele weitere solcher Versatzstücke in den Texten von Ackermann zusammengetragen hat
7 Friedrich Nietzsche: »Die fröhliche Wissenschaft«, München 1990, S. 466
8 »Gottes Tod«, auf dem Album »Die Propheten«
10 »Keimzeit«, auf dem Album »Anti'christ« (2002)
11 vgl. Martin Heidegger: Sein und Zeit, Tübingen 1967, S. 135
12 »Du hast«, auf dem Album »Sehnsucht« (1997)

an einem letzten zuckenden Nerv«, »Denn hier rettet kein Wille mehr, hier rettet nur Wunder«, Werfel, »Aus meiner Tiefe«).[6] Auch dies also eine eindeutige Reminiszenz an den Expressionismus, dessen Lyrik sich mit einer aus den Fugen geratenen Welt vor, zwischen und nach zwei Weltkriegen konfrontiert sah und diese »Verlorenheit« immer wieder thematisiert. (Heym, »Der Krieg«, Trakl »Grodek«, Benn, »Verlorenes Ich«). Diese Verlorenheit und Isolation ist auch ein Aspekt, den Ackermann mit Blick auf die Auseinandersetzung mit Gott und Religion anführt. Besonders klar wird die Nähe zu Nietzsche in »Gottes Tod« – spricht doch der Philosoph auch vom Tod Gottes: »Gott ist tot! Gott bleibt tot! Und wir haben ihn getötet!«[7] *ingesperrt im wald des wahns // dunkles sein gesäht in meiner hand // verstaubtes denken in meinem schädel // und doch es wird … // mein geist zerfleischt das tageslicht // die feuersglut in meinem hals erlischt // ganz ohne halt mein fleisch zerfällt // und doch es wird … // es wird schon wieder weiter gehen // gott ist tot* […] [8]

Der Tod Gottes wird hier als absolut gesetzt, die Diskussion oder Annahme einer Alternative entfällt. Daraus resultiert, dass von einem toten Gott bzw. der Religion (»dem schlund der blinden worte«[9]) keine Hilfe erwartet werden kann. Die Hilflosigkeit angesichts der nichtexistenten Gottheit bzw. deren Machtlosigkeit bestärkt das Individuum in der radikalen Abwendung: *Es macht mich traurig, daß ich allein bin // daß ich nicht finden kann die Gottheit die mir beisteht // Laß mich in Ruhe Gott // Laß mich doch frei sein // Laß mich in Ruhe Gott // Laß mich ich selbst sein // Ich muss sterben, ich werde tot sein // Ich werde Asche in der Hölle und im Himmel sein* [10]

Das lyrische »Ich« verbleibt hier wie so oft in Ackermanns Texten alleine, zieht aber gerade aus dieser Isolation immer auch die (aggressive) Kraft zur vehementen Ablehnung seiner »Geworfenheit in die Welt«[11], überwindet dadurch die Traurigkeit und erlangt die so häufig ersehnte Freiheit und Unabhängigkeit von einer höheren Instanz. Interessant ist dabei auch die Widersprüchlichkeit, die diese Thematik aus sich heraus fordert. Das ungläubige Individuum steht trotz allem immer noch zwischen den beiden Glaubensoptionen Himmel und Hölle. Denn letztlich kann die permanente Ablehnung der Gottheit nur dann erfolgen und bestehen, wenn deren Existenz als Annahme zugrunde liegt.

— Rammstein —

Ungleich direkter als bei Ackermann geht es in den Texten von *Rammstein*-Sänger Till Lindemann zu. Bei ihm lässt sich vor allem eine Trennung zwischen provokanten – oftmals eindeutig sexuell konnotierten – Texten (»Pussy«, »Bück dich«, »Tier«, »Rein raus«) und poetischen, verklärten, romantisch-altertümlichen Texten (»Ohne Dich«, »Nebel«, »Seemann«, »Alter Mann«, »Rosenrot«) erkennen. Inhaltlich bewegen sich die Texte somit einerseits in tabuisierten und schambehafteten Bereichen wie Inzest, Missbrauch, Sadomasochismus oder Nekrophilie, behandeln andererseits aber immer wieder auch das »klassische« Feld der Liebe, Sehnsucht, Traum und Fantasie. Als besondere Stilmittel Lindemanns sind das hohe Maß an Ironie und Witz, sowie das Spiel mit Doppeldeutigkeiten und Redenwendungen zu nennen. So arbeitet beispielsweise »Du hast« mit dem Gleichklang der Worte »haben« und »hassen« (»Du, du hast, du hast mich, du hast mich gefragt«) sowie der Doppeldeutigkeit von »scheide« und »Scheide« (»Willst du bis der Tod euch scheide« […], »Willst du bis zum Tod der (S)scheide«.[12] Ähnlich wie in »Du hast« wird in »Wo bist du« mit dem Abzählvers »Sie liebt

»Sie liebt mich, sie liebt mich nicht« gespielt. Die letzte Zeile offenbart dabei ebenfalls eine überraschende Wendung, enttäuscht die Erwartung: *Ich liebe dich // Ich liebe dich nicht // Ich liebe dich nicht mehr* [13]

Ferner wirft Lindemann in seinen Texten nicht selten einen Blick auf brisante gesellschaftliche Vorkommnisse. So befasst sich »Mein Teil« mit dem »Kannibalen von Rotenburg« Armin Meiwes: *Heute treff' ich einen Herrn, // Der hat mich zum Fressen gern. // Weiche Teile und auch harte // Stehen auf der Speisekarte // Denn du bist, was du ißt // Und ihr wißt, was es ist // Mein Teil* [14]

Hier zeigt sich, wie die Doppeldeutigkeiten der Redewendung »zum Fressen gern« sowie des Begriffs »Teil« als »An-Teil« oder konkretes »Ding« ausgenutzt werden. In »Wiener Blut« wird der Fall um »Josef Fritzl aus Amstetten« behandelt. Hier ist das Reimschema des Paarreims (aa, bb, cc usw.) erkennbar, das neben dem Kreuzreim (ab, ab usw.) (»Mein Herz brennt«, »Heirate mich«) sehr häufig in Lindemanns Texten verwendet wird. *Komm mit mir komm auf mein Schloss // Da wartet Spaß im Tiefgeschoss //* [...] *// Und bist du manchmal auch allein // Ich pflanze dir ein Schwesterlein // Die Haut so jung das Fleisch so fest // Unter dem Haus ein Liebesnest* [15]

Eigentümlich ist, dass *Rammstein* einen Text wie »Mein Teil« durch entsprechende Aussagen in Interviews sehr konkret an das tatsächliche Ereignis binden und somit die textliche Fiktion real verortet wird.[16] Bemerkenswert dabei sind jedoch die ironischen Wendungen (»Du bist, was du ißt« oder »Spaß im Tiefgeschoss«), die den Texten immer wieder die Schärfe nehmen, trotz aller Düsternis ein Augenzwinkern bereithalten. Möglicherweise dient dieser Effekt dazu, der eigenen Ratlosigkeit angesichts der unbegreiflichen Tat zu begegnen, das Normwidrige zu verlachen und damit das Geschehen letztlich zu verarbeiten.[17] Neben diesen provokanten und direkten Texten müssen aber auch die romantisch-poetischen, »altertümlichen« Texte Lindemanns angeführt werden. Es geht darin vorwiegend um Gefühle, die verletzte Seele des Individuums, verlorene Liebe und Sehnsucht spielen eine große Rolle. Hier zeigt sich eine große Nähe zur Lyrik der (schwarzen) Romantik (Novalis, Hoffmann, Tieck oder Schlegel).[18] Lindemann bedient sich dabei des Öfteren Metaphern. Häufig werden Naturbilder gebraucht (»wirft ein Tuch aufs Land«, »das Abendlicht verjagt die Schatten«), um atmosphärische und romantische Szenerien zu erschaffen. I*ch werde in die Tannen gehn, // Dahin wo ich sie zuletzt gesehen, // Doch der Abend wirft ein Tuch aufs Land, // Und auf die Wege hinterm Waldesrand, // Und der Wald er steht so Schwarz und leer, // Weh mir, oh Weh, // Und die Vögel singen nicht mehr* [19] // [...] *Jetzt stehst Du da an der Laterne // Hast Tränen im Gesicht // Das Abendlicht verjagt die Schatten // Die Zeit steht still und es wird Herbst* [20]

Darüber hinaus finden sich bei Lindemann immer wieder auch Anspielungen auf Literatur und Lyrik. So nimmt »Rosenrot« bereits im Titel Bezug zu Grimms Märchen »Schneeweißchen und Rosenrot«. Inhaltlich spielt dieser Text mit Verweisen auf das Gedicht »Heideröslein« von Johann Wolfgang Goethe: *Sah ein Mädchen ein Röslein stehen // Blühte dort in lichten Höhen // so sprach sie ihren Liebsten an // ob er es ihr steigen kann* [21]

Aus dem »Knaben« im Original wird hier ein Mädchen, das einen Mann bittet, ihr das »Röslein« zu pflücken. Im Unterschied zum Original stirbt aber der »Jüngling« dabei durch den Sturz vom Berg und nicht das Röslein, das bei Goethe durch das Pflücken leiden muss. Ein anderer literarischer Verweis findet sich in »Dalai Lama«. Hier spielt Lindemann auf Goethes Ballade »Erlkönig« an: *Wer reitet so spät durch Nacht und Wind? // Es ist der Vater mit seinem Kind; // Er hat den Knaben wohl in dem Arm, // Er faßt ihn sicher, er hält ihn warm.*[22] *// Ein Flugzeug liegt im Abendwind – // An Bord ist auch ein Mann mit Kind – // Sie sitzen sicher, sitzen warm – // Und gehen so dem Schlaf ins Garn.*[23]

13 »Wo bist du«, auf dem Album »Rosenrot« (2005)
14 »Mein Teil«, auf dem Album »Reise, Reise« (2004)
15 »Wiener Blut«, auf dem Album »Liebe ist für alle da« (2009)
16 vgl. Legacy Magazin Nr. 63 (2009), S. 32
17 vgl. András Horn: Das Komische im Spiegel der Literatur, Würzburg 1988, S. 188
18 vgl. Salzer, Anselm und Eduard von Tunk u. a.: Illustrierte Geschichte der Deutschen Literatur, Band III, o. J. (ca. 1990), S. 237 ff.
19 »Ohne dich«, auf dem Album »Reise, Reise« (2004)
20 »Seemann«, auf dem Album »Herzeleid« (1995)
21 »Rosenrot«, auf dem Album »Rosenrot« (2005)
22 J. W. Goethe: »Der Erlkönig«. aus: Goethe. Das Leben, es ist gut, Frankfurt/M. 1997, S. 59
23 »Dalai Lama«, auf dem Album »Reise, Reise« (2004)
24 Bertolt Brecht: »Moritat von Mackie Messer« in ders.: Die Dreigroschenoper, Frankfurt/M. 1968, S. 7
25 »Haifisch«, auf dem Album »Liebe ist für alle da« (2009)
26 vgl. Thomas Manegold, Chronik im Booklet der Box
27 »Goethes Erben – 10 Jahre« (1999)
»Trauma«, auf dem Album »Tote Augen sehen Leben« (1994)

Darüber hinaus legt der Text zu »Haifisch« den Bezug zur »Dreigroschenoper« von Bertolt Brecht nahe: *Und der Haifisch, der hat Zähne // und die trägt er im Gesicht // und Macheath, der hat ein Messer // doch das Messer sieht man nicht.*[24] *//Und der Haifisch der hat Tränen // und die laufen vom Gesicht // doch der Haifisch lebt im Wasser // so die Tränen sieht man nicht* [25]

Lindemann hebt hier auf einen Gefühlszustand ab. Der Haifisch steht dabei für ein Individuum, das, obwohl bzw. gerade weil es sich in seinem Element befindet, isoliert ist. Der Hai ist umgeben von Wasser, das für ihn einerseits lebenswichtig ist, andererseits aber seine Tränen unsichtbar macht. Ebenso wenig wie Macheaths unsichtbares Messer seine geplante Tat erahnen lässt, bleibt hier die Traurigkeit des Hais unkenntlich. Dies unterstreicht noch einmal Lindemanns eigentümlichen Stil, der vom Wechselspiel aus direkter Benennung und Provokation einerseits und romantischen Naturbildern und lyrischen Bezügen andererseits lebt.

— Goethes Erben —

Bei *Goethes Erben* stehen von Anfang an die deutsche Sprache und der Wunsch ein »deutschsprachiges Musiktheater« zu erschaffen im Mittelpunkt.[26] Anders als bei Ackermann und Lindemann lassen sich in Oswald Henkes Texten nur wenige Anleihen an herkömmliche Songtexte oder Lyrik finden. Meist wird auf eine bestimmte Metrik oder Reimschemata verzichtet. Zwar weisen einzelne Titel Bezüge zur Literatur auf (»Zinnsoldaten« – »Der standhafte Zinnsoldat« von H. C. Andersen; »Iphigenie« – »Iphigenie auf Tauris« von J. W. Goethe), der größte Verweis bleibt jedoch der Bandname selbst. Gerade wegen ihrer Eigenständigkeit und Bandbreite ist es an dieser Stelle wichtig, auf diese Texte einzugehen.

Inhaltlich lassen sich Henkes Texte nicht leicht eingrenzen, wenn auch auf frühen Alben eine deutliche Tendenz zu morbiden Themen wie Sterben (»Der Weg«, »Koma«), Wahnsinn oder Einsamkeit (»5 Jahre«, »Das Flüstern«) erkennbar ist. *Mitnichten beginnt die Tat nicht allein mit der Handlung. // Vielmehr reißt das Vorfeld den Umriß der Tat. // Noch weißt (sic!) die Skizze verschobene Perspektiven auf, // doch entwickeln sich die Linien weiter bis hin zur Vollendung. // Die Tat an sich ist nur die Summe der Überlegungen, // die uns die Handlungsweise als logisch erscheinen läßt. // In diesem Augenblick, der keiner ist, verlassen wir die Wurzeln, // um in die Peripherie des Absoluten zu gleiten, // ohne in lachenden Gefühlen ertrinken zu müssen. // Die kurze Suche ist beendet, ohne bemerkt zu haben, / wieviele (sic!) Zeit benötigt wurde, um den Vorgang gültig abzuschließen. // Jetzt beginnt und endet der Zeitpunkt der Tat. // Zur gleichen Zeit beginnt das Trauma …*[27]

In »Trauma« werden die komplexen Arrangements von Henkes Texten erkennbar. Es ist ein abstrakter Stil, der Gebrauch von Fremdwörtern (»Die Peripherie des Absoluten«) erschwert den Zugang, es werden undeutliche Bilder, (»weißt die Skizze verschobene Perspektiven auf«) und Widersprüche (»In diesem Augenblick, der keiner ist«) gezeichnet. Neben solchen abstrakten Texten entwirft Henke häufig in sich geschlossene Szenerien (»Abseits des Lichtes«, »Zimmer 34«). Generell ist eine Entwicklung vom Einzelnen hin zum Gesamten erkennbar. Es geht zunehmend darum, eine Geschichte (»Schach ist nicht das Leben«) zu erzählen, deren Handlung sich die einzelnen Texte und Musikstücke unterordnen müssen.

Ich liebte abgöttisch das Gefühl, allein durch den Pulverschnee zu toben. // Meine Schritte entfachten durch das hohe Lauftempo einen kleinen Schneesturm, // in weiße Kristalle gehüllte Luft, in der sich das schwache Sonnenlicht verirrte, // um gemeinsam zu Boden zu sinken. // Ein schillernder Regenbogen begleitete jeden meiner Schritte, // doch allmählich verschwand Ring für Ring // und das kalte Licht des Mondes tauchte die Szene in sein blaues Licht.[28]

Dieser Auszug aus »Blau« zeigt die Nähe Henkes zur Prosa einerseits, andererseits auch die Nähe zur Poesie innerhalb des erzählten Szenarios. In den Texten läuft ein Wechselspiel ab zwischen Verstandenwerden und auflösen in nicht-Sprache (Prosa) und Nicht-Nacherzählbarkeit, Verhaftung in ihrer speziellen Form (Poesie).[29] In Henkes Texten finden sich zwei zentrale thematische Aspekte. Dies ist zum einen der »Rebell«, der mit »Blau« auftritt und nahezu alle Folgealben durchzieht. Der Rebell sträubt sich gegen gesellschaftliche Konventionen, verweigert sich: »Meide weiß Rebell, denn nur der Punkt auf weißer Fläche, spricht von deiner Gegenwart.«[30] Er setzt sich zur Wehr, stellt die Mächtigen infrage (»Himmelgrau«) und thematisiert Überwachung, Macht und deren Missbrauch (»am Faden zieht die Macht«[31]).

Auch ich war ein Mensch // Als Rebell strebte ich zur Macht // jetzt habe ich die // »Kondition:Macht!« erreicht. // Der Spiegel reflektiert das was ist, // nicht das was muß [...] *Manipuliert Macht? Ist Macht manipuliert?* [...] *Ist Macht böse? Ist das Böse Macht? // Ist Macht Glaube? Ist Glaube Macht? // Ist Macht Wissen? Ist Wissen Macht? // Ist Macht Alles? Ist Alles Macht?*[32]

Der Rebell wird zum »König für eine Nacht«, steht am Ende der »Kondition:Macht!« aber machtlos gegenüber und sieht sich bald erneut einer gefühlskalten Welt, Enttäuschung (»Warum nicht letztlich auch die Träume töten«[33]) und Manipulation (»Kopfstimme«) ausgesetzt.

Zum anderen thematisiert Henke häufig die Fantasie oder die Erinnerung, die oft in Gestalt einer (idealisierten) Kindheit auftritt. So ist viel die Rede vom »Spielen« (»König sein für eine Nacht«, »Zwischenzeit«, »Lebend lohnt es«) finden sich Bezüge auf die Kinderwelt (»Zinnsoldaten«, »Märchenprinzen«). Der oftmals romantisch verklärte Blick auf die Unbeschwertheit der Jugend, spielt mit der Sehnsucht ewig Kind bleiben zu können: *Bleibt ein Mann auch Kind? // Sag Ja – Nicht Nein*[34] [...] *Das Kind mit Flügeln // ließ sich Zeit zu wachsen // Kostete die Jugend // in vollen Zügen aus // blieb noch länger einfach Kind*[35]

Somit findet sich trotz aller Düsternis und Enttäuschung vor allem in späteren Texten immer auch ein Funken Hoffnung, der mal als Fantasie, mal als Ausblick auf ein immer existentes »Übermorgen«[36] auftaucht. So ist der schmerzliche Verlust des »Jetzt« letztlich ein »Gewinn für die Vergangenheit«. Der Mensch hat gelebt, etwas er-lebt, vielleicht sogar geliebt, und ist nun im Stande sich der Vergangenheit zu erinnern. Das ist positiv, und auch wenn diese Erinnerung nicht an das Vergangene heranreichen kann (»Der Geschmack des ersten Kusses bleibt jedoch verwährt«[37], »Die Erinnerung als bittersüßer Alternativkuss schmeckt eben niemals wirklich nach Leben.« [38]) trägt der Mensch immer den »Traum an die Erinnerung« im Herzen, der ihn weiterleben lässt. *In Erwartung wunderschöner Bildfragmente wage ich so den Schritt in einen neuen Tag // Meine Phantasie begleitet mich // läßt mich täglich altern aber nur im Rahmen der Zeit // Was war ist ein Gewinn für die Vergangenheit*[39]

Dies und die Tatsache, dass auch die Liebe vielfach in den Texten anzutreffen ist (»Ein Moment der Ruhe«, »Alles was schön ist«[40], »Lass mich«[41]) offenbart eine Durchbrechung der düsteren Thematiken. Immer werden der Schwärze somit auch schöne Momente abgewonnen, bilden Traum und Fantasie eine immerwährende Fluchtmöglichkeit aus der (schmerzvollen) realen Welt.

Diese begrenzte Auswahl und Erläuterung der Texte muss angesichts ihres Gegenstandes immer subjektiv bleiben, kann keine allgemeingültige Aussage über deutsche Songtexte in der Gothic-Szene ermöglichen. Was aber in dieser Annäherung festgehalten werden kann, ist,

28 »Blau«, vom Album »Goethes Erben« (1995)
29 vgl. Paul Valéry: Theorie der Dichtkunst, Frankfurt/M. 1962, S. 25
30 »Blau«, auf dem Album »Goethes Erben« (1995)
31 »Marionetten«, auf dem Album »Kondition:Macht!« (1999)
32 »Kondition:Macht!«, ebd.
33 »Schattendenken«, auf dem Album »Dazwischen« (2005)

wie komplex und gehaltvoll diese Songtexte sind und wie eng sie mit Literatur und Lyrik verknüpft sind. In der Szene herrscht eine hohe Affinität zu deutschsprachigen Songtexten und Lyrik – die Bereitschaft, sich mit solchen Werken auseinanderzusetzen ist groß.

Deutsche Texte stellen für Autoren wie auch für Hörer gleichermaßen eine Herausforderung dar. Man kann sich nicht hinter der Maske einer fremden Sprache verstecken, sondern muss das, was man sagen möchte kritisch prüfen, hinterfragen und genau formulieren. Bloße Phrasendrescherei fällt in der Muttersprache direkt und ohne Umwege auf. Durch verschlüsselte Bilder oder abstrakte Formulierungen ist es den Textern jedoch möglich, die Aussage der Texte »dunkel« zu halten. Der Hörer muss somit meist den Umweg über die Deutung, die Interpretation gehen. Interessant ist zu sehen, mit welcher Vielfalt an Stilmitteln es den Textern von *Das Ich, Rammstein* und *Goethes Erben* gelingt, ihre Themen zu präsentieren, ihre »Welten« zu erschaffen. Dies reicht von expressionistischen und verschlüsselten Texten über provokante, ironische und romantische Sprache bis zu deutlicher Nähe zu Prosa in komplexen Musiktheaterstücken.

Thematisch taucht dabei immer wieder ein Individuum auf, das verlassen scheint, mit der Welt »draußen« kämpft, sich sperrt, verweigert. Ferner handelt die Songlyrik von Tod, Trauer, Melancholie, Sehnsucht und Erinnerungen, letztlich Außenseitern und Randbereichen. Ein Kennzeichen für die Themenwelt vieler weiterer Bands und der Schwarzen Szene als Ganze. Somit bieten diese Texte eine Integrations- und Identifikationsebene für die Anhänger der Szene.

Viele Texte der drei Bands befassen sich aber immer auch mit romantischen Szenerien, bringen (verlorene) Liebe und Hoffnung ins Spiel. Dies, sowie die große Stilvielfalt der Texte und ihre Auslegbarkeit, hält somit in aller Düsternis und Schwärze der Themenwahl eine gewisse farbige Vielfalt bereit. Inhalt und Form der Songtexte sind eng miteinander verknüpft, bedingen sich gegenseitig und wollen stets in ihrer besonderen Gestalt wahrgenommen werden. Die Aussage der Texte kann daher nicht in einer allgemeinen Interpretation erfasst werden, es kann keine Erklärung an ihre Stelle treten. Vielmehr bleibt dies dem jeweiligen Hörer überlassen. Nur in der fortwährenden Konfrontation des Einzelnen mit den Texten wird deren individuelle Form erfahrbar, öffnet sich ihre Sinnlichkeit, wird ihr Ausdruck verstanden. Somit ist es geradezu zwingend, dass diese Songtexte ein letztes Geheimnis bewahren, die Blüte der Bedeutung sich nach dem Hören und der Lektüre wieder schließt, denn nur so bleibt die Neugier erhalten, ist ein immer neues Öffnen möglich.

A Dream

Anne Clark

I'm in a house
a room
dimly lit
monotone
ashen
and thick with dust

Against the far wall is a fireplace
the tall marble mantelpiece is whitish grey and cold
and merging with the thick grey dust

On the shelf is a small dense mass
I am drawn towards the small and lifeless shape of a tiny bird

Moving even closer
I see that it is the robin that has shared my garden for so long!
grey
and dead
and small
and still

I give out a cry:
»Oh no!« –

Then my father says:
»No – it's alright – look....«

And gently, picking up the lifeless, drooping bird in his cupped hands
before my eyes
its breast infuses
and fills with blood

The scarlet life
plump
and red
it now stands
shielded
in the cupped palms of my father's hands
chirping
filling the room with its colour, its warmth, its song

Gothic

Andréa Nebel

Young girl in summertime…
End of term, so exciting… she wants a sparkle of my world.
Ordinary girl going a little crazy, dressing up, a little fancy, a little freaky
She dared and she feels cool, trying to be this little sparkle of my world…
It has become fashionable.
And the music starts, a heavy sound and she feels like she's in scene…
She wants to be cool.
But how far would you go to be one of the cool, girl?
Why don't you go down that road? Go ahead!
Would you follow, young girl? You who tried to be a little sparkle of my world?
Would you follow the saturnine road to the abyss?
Sinking deeper and deeper, descending from the ordinary world?
This is where the real cool people go.
Do you want to be so cool? You would be horrified.
Deeper the road goes, and you leave the ordinary world behind
In a memory that would be too unbearable to remember.
Leaving behind your friends, who did not want to follow
The boyfriend who could not see you hurt yourself anymore the way you do.
And deeper goes the road of extreme, hurt, destruction, decay…
Spaced out narcotic minds dwelling in decadent places
Making money the extreme way too,
Dominating the clubs, from night-clubs to strip clubs,
Ending the night with private pleasures, each of us the actors in this dark, dark play…
Not once because we needed to, but because we wanted it.
Loved digging our way through the graves of extremities,
Seeing where it would end, we wanted to see the end, the edge of our sanity.
See young girl, if you could look down this hole and see how far you could go,
You would comb down you hair again and wipe that black lipstick from your mouth…

Liber Incarnadine

Amodali

Das »Liber Incarnadine«-Projekt ist eine experimentelle Online-Installation, geschaffen von *Amodali* (früher Teil von *Sixth Comm / Mother Destruction*, heute Solo-Künstlerin). Diese Installation führt zahlreiche Facetten ihres künstlerischen Schaffens und ihrer Untersuchungen der Beziehung von Klang / Sprache / Sexualitiät und Magie zusammen. Im Kern ist »Liber Incarnadine« eine Verherrlichung des menschlichen Drangs zur Liebe und eine erneute Beschwörung erotischer Reize aus der Perspektive des 21. Jahrhunderts. Es erkundet Ideen hinsichtlich des Verhältnisses zwischen unserem Selbst und den Anderen, dem Liebenden und Geliebten, der »alchymischen Hochzeit«, Pansexualität, und erlaubt deren dynamische Untersuchung im Inneren eines nie enden wollenden Liebesbriefes, der der atemberaubenden Innovation unserer erotischen Vorstellungswelten und unserem Drang nach ekstatischem Bewusstsein huldigt, ungeachtet des Geschlechts, der sexuellen Orientierung oder der spezifischen Matrix individueller Sehnsüchte. Alles ist rechtens, alles wird gefeiert, um ein berauschendes linguistisches Elixier zu brauen. Im Rahmen der Online-Manifestation von »Liber Incarnadine« ergeht Einladung an alle, andere an erotischen Gedanken/Wahrnehmungen im Bezug zum eigenen »Geliebten« teilhaben zu lassen. Dabei kann es sich um das Verlangen nach etwas oder jemandem handeln, mit dem man nie zu tun hatte, nach Gott, der Natur oder um das Teilen von besonders intimen, geheimen Gedanken, die eigentlich für einen Liebhaber gedacht waren, die man ihm oder ihr jedoch nie mitteilen konnte. Es strebt danach, ein Zufluchtsort für die erhabensten, laszivsten, schmerzlichsten, ekstatischsten, tiefgründigsten und nicht selten einsamsten Dränge zu sein, die womöglich nie zuvor in Erscheinung treten konnten, und erhöht diese auf die Stufe spiritueller Verbindung. Ein beliebig erweiterbares Dokument, ein Zeugnis unserer sakralen und heiligen Triebe hin zur Vereinigung.

Es erscheint von Bedeutung das wieder zu verbinden, was als bruchstückhafte Aspekte unseres Bewusstseins begriffen werden kann. Ein magisches Modell der Verflechtung und Verstärkung ist die bewusste Kohäsion von Wort und Gedanke durch alle Ebenen der Manifestation. Dies formt das Fundament der Integrität von Bewusstsein und Verstand. Man könnte sagen, dass der erotische Trieb und sein Ausdruck im Wort durch kulturelle Repression und Konditionierung eingeschränkt worden sind, was ihn davon abgehalten hat, wirkliche künstlerische und spirituelle Erhöhung zu erreichen. Vielleicht ist es jetzt an der Zeit, eine neue Form von mystischer »Pornografie« zu schaffen, die den erotischen Trieb wieder in das Zentrum im Kern unserer Kreativität zurückführt und diese zu neuen Höhen künstlerischen Schaffens erhebt. Bei der Wiederzusammenführung von Wort und Fleisch ist, wie Platon Sokrates einst in diesem Zusammenhang herausgefordert hat, der Körper nicht »die Behin-

incarnadine adj & v.t (poet.) (Färbung) fleisch-farben, crimson

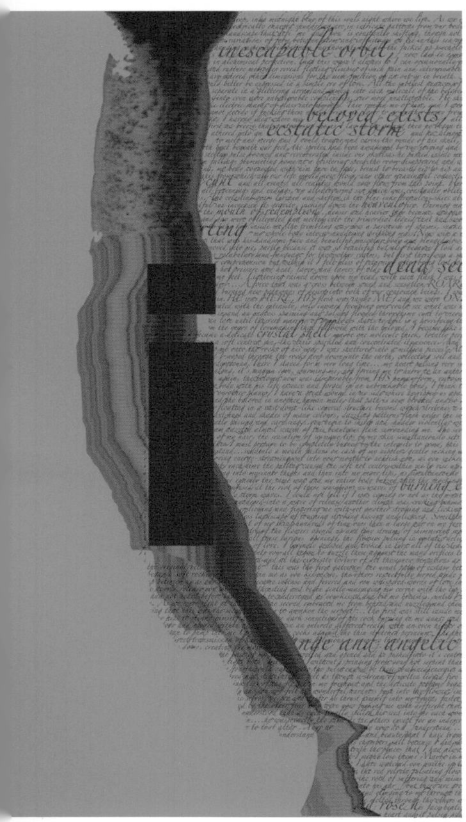

1 Beitrag von Amodali für das »Liber Incarnadine«

derung, die den Gedanken von sich selbst trennt«, die es, um zum Denken zu gelangen, zu überwinden gilt. Im Gegenteil ist er das, in das es eintaucht oder eintauchen muss, um das Nicht-Gedachte zu erreichen, welches das Leben ist. Es existieren viele unverbriefte Mysterien des Fleisches, die nicht durch die berauschende Geschwindigkeit unserer Entwicklung durch technischen Fortschritt vernachlässigt werden dürfen. Im »Liber Incarnadine« sind wir gefordert, unsere Gedanken mit dem Fleisch auf intimste Weise in einem Meer digitalen Verlangens zu verbinden.

Wir nehmen uns im 21. Jahrhundert als sexuell befreit wahr, doch haben wir oft nur ein Paar Fesseln gegen ein anderes ausgetauscht. Generell wurden hinsichtlich unserer Einstellung gegenüber dem Ausdrucksvermögen von Sexualität viele ungesunde physische Schranken und Tabus entfernt, doch sollte das nicht mit echter sexueller Freiheit verwechselt werden. Die plumpe Kommerzialisierung und Oberflächlichkeit, die dem Großteil der modernen Wahrnehmung von Sexualität zueigen ist, hat eine völlig neue Fülle von Neurosen geschaffen, die den Pfad zum wahrhaftigen, befreienden Potential von Sex versperren. Das ist ein Versagen von Vorstellungskraft, Geist und Fleisch. Die wahren Tiefen und die schillernde Komplexität unserer Sexualität liegen meist verborgen, beeinträchtigt von Profanität und Ignoranz, gefangen in emotionaler Furcht, Feigheit und einem Mangel an Weitblick. Wir wetzen Fleisch an Fleisch, ahnungslos von der magischen Maschine, die wir bewohnen. Wir tragen die Heilmittel in uns, wundertätige Substanzen, die die Welt und die Seelen erhellen können. Man könnte sagen, dass es die wahre Bedeutung von Sünde ist, diese Schönheit zu verstecken, dieses heilige Wissen und seine Wunder zu verschweigen und sich weiterhin in Schalen und Schatten zu verkriechen. Wir können den Balsam für diese fatalen Brüche in unserem Bewusstsein herstellen, oder wir können in den Höllenebenen der Trostlosigkeit und egoistischen Illusionen hausen. Die entwürdigende Dekadenz der banalen westlichen Sexualität ist eine Droge, die uns im Stupor des Nicht-Erkennens gefangen hält, da sie die Idee der sexuellen Freiheit mit dem Reiz des Neuen gleichsetzt, vom Ego getriebenen Obsessionen, die nicht über das Fleischliche hinausgehen und zu Kommodifikation, Trennung und Fragmentierung führen. Dies kann den Effekt haben, dass die disparaten Aspekte unseres Bewusstseins durch die Fixierung auf bloße Fleischeslust und deren Flüchtigkeit betäubt und weiter voneinander gelöst werden.

Ich bin für die Aufgabe ungenügend, Vokabular und Sprache für jene anderen Ebenen zu finden. Doch zuerst war da ein Ansturm stillen Raumes, der mit Ehrfurcht und Glückseligkeit gefüllt war; es war so enorm, dass es jedem Auffassungsvermögen spottete, doch spürte ich darin das Glück der Rückkehr, nachdem ich für eine unbeschreibliche Ewigkeit verloren gewesen war. Als er mich ausfüllte, fühlte ich mich, als ob ich entzwei gerissen würde, weißer scharfer Druck und Hitze, Schicht um Schicht alten, toten Selbsts begann sich abzuschälen und zu lösen, und diese Schuppen scharten sich wie zerrissene Lumpen um meine Füße …«[1]

Menschliche Sexualität muss sich, so glaube ich, aus ihrer weltlichen Hülle heraus wandeln, um uns in den nächsten Schritt menschlicher Evolution zu entlassen. Das erfordert menschliche Wesen von besonderer Abenteuerlichkeit und Mut, die alle Schranken übernommener Parameter dessen von sich weisen, was menschliche Beziehungen sein könnten. »Liber incarnadine« möchte alle in die Erkundung dessen, was Sexualität ist und sein kann, einbeziehen. Die archaische Sprache der Alchemie ist – vielleicht ironischerweise – bei dem Vorhaben, ein Rahmengerüst für erotophilosophische Templates dieses evolutionären Prozesses zu schaffen sehr nützlich, indem man den Begriff des »großen Werks« als Perfektion von Geist und Materie erkundet.

Der Höhepunkt der Arbeit ist der Moment der conjunctio, der Vereinigung des männlichen und weiblichen Prinzips in der Heirat von Himmel und Erde, des feurigen Geistes und der wässrigen Materie. Das unzerstörbare Produkt dieser kosmischen Kopulation ist der Lapis, der rote Sohn der Sonne.[2]

Die Alchemie schafft eine veredelnde Sprache, in der die Sexualität ihre Apotheose finden kann: *Nach der Paarung spricht Sol zu Luna: »Wir werden uns in der Ordnung des Ältesten erheben, dann wird ein brennendes Licht in mich und dich gegossen werden«*[3]

Romantische Poeten und Philosophen wie Swedenborg und Blake hatten aufwieglerische Vorstellungen kosmischer Sexualität, deren Wege zur irdischen Entfachung jenes himmlischen Feuers inspirierend sind. Die Bebilderung von »Incarnadine« wurde von den Schriften Emanuel Swedenborgs über astrale Sexualität beeinflusst.

Die engelsgleiche Liebe des Sex, wie sie im Himmel existiert, ist nichtsdestotrotz voll von innigsten Lüsten: es ist die angenehmste Erweiterungen aller Prinzipien des Verstandes, und folglich aller Teile der Brust ...

Diese Vorstellungen stehen im Kontrast zu den häufig trostlosen Perspektiven auf die Sexualität seitens zeitgenössischer Autoren wie Houellebecq, der sich eine Zukunft ausmalt, in der die menschliche Spezies obsolet ist und durch eine Spezies genetisch veränderter Klone ersetzt wird: Sämtliche genetischen Unterschiede und damit jede mögliche Konfliktquelle zwischen zwei Individuen sind entfernt. Die Klonwesen haben radikal verstärkte physische Möglichkeiten erotischen Genusses und opfern sich selbst für Kunst, Wissenschaft und andere höhere Ziele auf. Der verstorbene Henry Miller beschreibt das Schisma der Geschlechter als »Ficken durch Gitterstangen bei dem verzweifelten Versuch, das Verb ›lieben‹ zu konjugieren.« Innerhalb des »Liber Incarnadine« sind alle Sichtweisen auf diese existenziellen metaphysischen Leiden und Freuden, die scheinbar das Erbe unserer menschlichen Beschaffenheit sind, willkommen. Alle Extreme unserer Erfahrungen von Ekstase und Schmerz lösen sich in diesem sprachlichen Gral auf, um hoffentlich zu Medizin zu werden, einem Balsam für die Seele.

Diese Online-Installation ist ein Experiment der Grenzerweiterung der Art, wie wir Sexualität ausdrücken. Die Vereinigung zweier sakraler Aspekte unserer Intelligenz, unseres »Wortes« und unserer schöpferischen Lebenskraft. Die evolutionäre Wucht des Internet hat auch unseren Umgang miteinander radikal verändert und eröffnet die Chance für neue Ansätze menschlicher Interaktivität. Weibliche Okkultisten, Praktikerinnen der Magick wie Dion Fortune und Maria De Naglowska gehen davon aus, dass die Wurzeln vieler Probleme der Menschheit im Ungleichgewicht der Polarität von Mann und Frau liegen, und es sieht so aus, als müsse das in der Tat berücksichtigt werden, sollten wir uns weiterentwickeln. Es erscheint von vitaler Bedeutung, dass wir uns in dem evolutionären Stillstand, dem wir uns gegenüber sehen, noch wesentlich intimere Techniken zur Verschmelzung unseres Bewusstseins aneignen. Die im »Liber Incarnadine« angeregte linguistische Kopulation erzeugt sowohl einen dynamischen Fokus für die abenteuerliche, ungehemmte Erkundung dieser Polarität und vieler anderer Dynamiken, als auch Ausdrucksmöglichkeiten der rein pansexuellen Libido.

... und dann, nur für ein paar Sekunden, WARST du in mir ... oh Gott, wie schaffen es mein träumender Geist und Körper, das genaue Gefühl deiner Penetration wieder zu erzeugen?! Den Eintrittswinkel, die Reibung, das Auseinandertreiben und Zerfließen, die schreiende, weinende, verzweifelte Membran meiner Möse ... und dann plötzlich wirst du mir nach nur wenigen Sekunden wieder barbarisch entrissen ... und ich falle wieder, Hölle, Hölle, Hölle ... nur um mit der Erinnerung aufzuwachen, dich in mir zu spüren, immer noch brennend in meinem Körper ... ist unbeschreiblich kostbar ... es ist alles, was ich habe ...[4]

2 Roob
3 Aurora Consurgens
4 Liber Incarnadine
5 Beitrag von Amodali für das »Liber Incarnadine«
6 Dies ist das erste öffentliche Ritual der »Incarnadine Loge«, einer gnostisch-illuministischen Körperschaft, die sich der Recherche und Erforschung der 156-Strömung, Sexualmagie und Alchemie widmet.

Die vielseitigen Spielarten befreiender Kunst, die im 20. Jahrhundert aufgekommen sind, scheinen auf eine noch kohärentere Wissenschaft der Freiheit des Bewusstseins hinzudeuten. Die Vermengung von Kunst und Wissenschaft gewährt uns immer mehr Einblicke in die Mechanismen von Leben, Energie und des Bewusstseins an sich. Diese Disziplinen müssen nun mit noch größeren Sprüngen nach vorne in Einklang gebracht werden, während wir kollektiv zunehmend auf evolutionäre Scheidepunkte zukriechen. Konfliktthemen wie ökologische Nachhaltigkeit, undurchführbare politische und ökonomische Modelle, nebst dem Einfluss der Technologie auf unser Dasein drohen uns alle in einen immer komplexeren Zustand des Chaos und der Instabilität zu schubsen. Es scheint, als wären wir an einem entscheidenden Wendepunkt der Geschichte, und es sieht so aus, als müssten wir uns transformieren, um zu überleben. Die weitere Erkundung der spirituellen Dimensionen der Mechanismen der magischen Maschinen, die wir bewohnen, ist lebenswichtig.

Immer noch murmeln und poltern sie unter meinem brennenden Fleisch, brennen sich mit glühenden Zungen in meinen Schoß. All deine geheimen Ichs, derer du dir nicht bewusst warst, haben ihre Geschichte in mein Blut geschrieben, die unsterblichen, uralten und vorzeitlichen, die elementaren, die elektrophysischen. Makellose und wissenschaftliche »Schnappschüsse« von ›Energieprofilen‹ bersten wahllos durch in mein Bewusstsein, in der Zeit eingefroren in dem Moment, als du in mir kamst, komplexe grafische Ströme, die die spezifische erotische Topologie eines Momentes aufzeigen, die, wenn man sie untersucht, es ermöglichen, die genaue Natur des stattgefundenen Energieaustauschs zu bestimmen, und welche der zarten Körper beteiligt waren, Blickkontakt fixiert den Fluss mit besonderem Anliegen …[5]

Es existieren viele Foki und Dimensionen innerhalb dieser Gnosis, und Überlegungen über den evolutionären Fortschritt der Sexualität und dessen Schwierigkeiten müssen weiterhin dringlichst angesprochen und ergründet werden, um die Menschheit davor zu bewahren, in einen kollektiven Abgrund zu stürzen. Die Entwicklung pansexueller Formen des Bewusstseins ist eine Gesamterwägung, in der die Sexualität über dyadische und polygame Beziehungen hinaus auf transhumanere und magisch polymorphe Modelle ausgedehnt wird. Ebenso werden authentische Mechanismen dringend benötigt, um das Schisma zwischen Mann und Frau zu überwinden; ungeachtet der persönlichen sexuellen Orientierung ist dies eine Wunde, die offenbar erst geschlossen werden muss, bevor wir als Spezies kollektiv weitergehen können. »Liber Incarnadine« wird ein ekstatisches Gebet für Heilung sein, ein Hafen virtueller, »engelsgleicher« Sexualität, eine magische Hochzeit von Gedanke, Wort und Fleisch.[6]

In Nomine Babalon

5

Wer lacht, verliert

Was die Szene beschäftigt

Alexander Nym

Schwarzkittel lästern für ihr Leben gern – mit Vorliebe über ihresgleichen, denn die Stinos sind ja nicht der Rede wert. Bei aller demonstrativen Toleranz und Friedfertigkeit, für die die Szene zu Recht bekannt ist (beim WGT etwa gibt es über vier Tage gerade mal so viele Einsätze für die Notarztteams wie bei einem durchschnittlichen Abend im Fußballstadion), muss festgehalten werden, dass die Szene nach innen mitunter gnadenlos hierarchisch funktioniert; dass Statusdenken und Unterordnung genauso häufig sind wie die Außenseitern gegenüber zur Schau gestellte Distanziertheit. Die sozialen Dynamiken wie Grüppchenbildung und »Heldenverehrung« sind nicht minder ausgeprägt als in der bunten Gesellschaft, nur werden sie hier bewusst als Identitätspolitik und Distinktionsstrategie eingesetzt. Im Kleinen rekapituliert bzw. präformiert die Szene so die umfassenderen Diversifikationsprozesse und Schismen, die in den vorhergehenden Kapiteln thematisiert wurden. Im Folgenden werden einige der dominanten Diskurse erläutert, die die Szene beschäftigen. Den Anfang macht dabei eine jüngst von der Universität Basel durchgeführte Stichprobe zur musikalischen Kompetenz von Szenegängern, die zu bedenklichen Ergebnissen kommt und den Generationenkonflikt, der sich bereits im Gespräch der vier Ruhrpott-Veteranen im ersten Teil angedeutet hat (und von Stefan Lederer wie auch Oswald Henke in ihren Beiträgen aufgegriffen wurde) verdeutlicht. Jennifer Hoffert diskutiert in ihrem Beitrag nicht ohne Polemik die Kommerzialisierung, die sowohl Ursache als auch Phänomen für die von den Altgrufts kritisierte Tendenz zu Gleichförmigkeit und Anpassungsdruck in der Szene ist. Andréa Nebel schlägt in die gleiche Kerbe, wenn sie die Machenschaften beschreibt, die im Namen der Absatzmaximierung dazu führen, dass ausgerechnet die »Independent«-Medien das Werbespiel der Musikindustrie mitmachen und für Anzeigenschaltungen vollmundige Rezensionen über belanglose Musik verbreiten, die das Plastik nicht wert sind, in das sie verpackt sind – sofern auf dem heiß umkämpften Tonträgermarkt überhaupt noch physische Datenträger umgesetzt werden. Die optischen und haptischen Rezeptionsebenen und die Kontextualisierung von Musik durch ihre Verpackung (Stichwort Cover-Artwork), die besonders in den liebevoll gestalteten Kleinauflagen des künstlerisch anspruchsvollen Untergrunds ein reges Nischendasein fristet, gehen am Großteil der Konsumenten schlicht vorbei. Wozu Mondpreise für seltene Platten in geprägten Klappcovern bezahlen, wenn man die gleiche Information digital auf dem iPod bei sich tragen kann, nicht selten in zweistelligen Gigabyte-Mengen. Etwas nachsichtiger geht Megan Balanck in ihrer Abhandlung über die Darstellung der Szene bzw. ihrer Typen in den Medien vor: Während in den 80er und 90er Jahren überwiegend dümmliche Klischees und Vorurteile die »Berichterstattung« über die Szene dominierten, ist die Repräsentation in den letzten Jahren freundlicher geworden – woran die heutige Größe der Szene und ihre Bedeutung als Wirtschaftsfaktor sicher nicht ganz unschuldig sind, mit der gewisse Konventionen aus dem Mainstream Einzug in dieselbe gehalten haben, die Myk Jung in seiner spitzzüngigen Glosse kritisiert. Über enttäuschte Erwartungen an die Szene und das, was sie sein kann bzw. könnte, macht sich Andreas Plöger Gedanken, und Martin Lichtmesz macht verständlich, weshalb ein beträchtlicher Teil der alten Garde es vor dem Hintergrund dieser Entwicklungen vorgezogen hat, den schwarzen Fledermausmantel gegen militanten Tarnfleck einzutauschen und sich in den elitären Elfenbeinturm der intellektuellen Distinguiertheit zurückzuziehen, um der allgemeinen Verdummung und Verflachung, die auch in der Schwarzen Szene Einzug gehalten hat, die aufrechte Haltung des Jüngerschen Anarchen entgegenzusetzen. Hat die postmoderne »Umwertung aller Werte« (Nietzsche) tatsächlich dazu geführt, dass aus der ehedem existenzialistisch angehauch-

ten schwarzromantischen Szene ein dunkelbunter Karneval wurde? Dann wäre die bewusste Abkehr wie Lichtmesz sie beschreibt die logische Fortsetzung des dezidierten »Andersseins«, das die Szene zu ihren Hochzeiten in der ersten Hälfte der 90er Jahre ausgezeichnet hat. Peter Matzke diskutiert diese Selbstdistinktion anhand der verschiedenen Bedeutungsebenen des Konservatismusbegriffs und setzt die Schwarze Szene dazu in Bezug. Sein Resümee erzeugt zuletzt doch einen Hoffnungsschimmer am Horizont der Zukunft. Selbst wenn die Szene von konsumgeilen Partygoten mit Schweißerbrillen und Technostuss für Halbwüchsige überrannt würde, fänden sich doch immer noch zahlreiche Aktivisten wie sie in diesem Buch zu Wort kommen, die in ihren Wirkkreisen aktiv sind, Veranstaltungen auf die Beine stellen, Bands einladen und sich für eine lebendige und kreative Szenekultur einsetzen, dem Diktat des totalen Ausverkaufs zum Trotz. Im letzten Teil wird die Kunst der Schwarzen Szene ins Bild gesetzt, ob Fotografien, Skulpturen, Collagen oder Malerei, über jede/n hier vertretene/n Künstler/in könnte man ein eigenes Buch machen. Die Auswahl der Motive fiel entsprechend schwer, und vieles musste leider aussortiert werden. Die meisten Künstler/innen verfügen aber auch über eindrucksvolle Internetauftritte, bei denen man sich über ihre weiteren Arbeiten informieren kann; siehe dazu das Autoren- und Künstlerverzeichnis im Anhang.

A

Schwarze Musik heute

Claudia Grui, Klaus Neumann-Braun, Axel Schmidt

Fragt man junge Gothic-Anhänger, welche Musik sie faszinierend und toll finden, sind Sätze zu hören wie »Weiß ich nicht« oder »Ist mir egal« oder »Lad' mir irgendwas Passendes runter«. Die Äusserungen sind wenig differenziert, fast so, als gäbe es in der Gothic-Szene nur noch eine einzige Musik für alle Geschmäcker. Entdifferenzierung und Einheitsbrei, frei nach dem Motto »one size fits all«? Es stellt sich die Frage, ob sich die überaus bekannte Vielfalt der Musikrichtungen in der Schwarzen Szene inzwischen doch verändert hat, oder ob die frühere Vielfalt sogar auch verloren gegangen ist?

In der Schwarzen Szene gehören ganz unterschiedliche Musikstile zum Kern des Szene-Lebens. Ein genauer Blick in die Goth-Szene heute[1] offenbart, dass die Musikstile in der Schwarzen Szene nach wie vor differenziert sind. Es gibt offensichtlich keine neu hinzugekommenen Stile, aber die Relevanz-Zusammenhänge haben sich in nicht unwichtigen Punkten verändert. Wie die Übersicht auf der nächsten Doppelseite zeigt, gibt es Stilrichtungen, die bei Goth-Partys »viel«, »weniger« oder »fast gar nicht mehr« gespielt werden:

Diese Abstufungen, sprich die jeweilige Attraktivität dieser Stile hängt im Kern deutlich mit der Frage des Alters zusammen: Jüngere Mitglieder der Szene hören andere Musikstile als die Älteren. Hier scheint sich zumindest eine Generationsdifferenz bemerkbar zu machen, wenn nicht gar ein Generationenkonflikt.

Bei den jüngeren Gothics zeigt sich eine auffallend eingeschränkte Stilsicherheit, das heißt eine mangelnde Kompetenz, sicher Musikstile unterscheiden zu können. Es scheint, als fänden sie sich in der Vielfalt der Gothic-Musik nicht mehr zurecht und gingen im »Crossover« unter. Auffällig ist auch, dass sie oft nur den eigenen Musikstil (das »Eigene«) kennen und sich nicht für die vielen anderen schwarzen Musikrichtungen (das »Andere«) interessieren. Die jungen Gothics sind recht eindimensional auf ihre eigene favorisierte Musikfarbe festgelegt und dementsprechend oft intolerant gegenüber anderen Musiken ihrer Szene. So möchte sich kaum ein CyberGoth auf einem Mittelalter-Musik-Konzert wiederfinden. Es macht den Anschein, als wäre die frühere Neugierde auf das Neue, das Andere oder das Erweiternde verloren gegangen. So zeigt sich im Spiegelbild der Musikwahl auch der von uns so genannte neue Goth-Party-Gänger.

Bei den jüngeren Gruftis scheint also der Weg fort von der Szene und hin zur Party zu führen. Diese Entwicklung zeigt sich auch in der Art und Weise der Gestaltung heutiger Partys, bei denen sich manchmal kaum mehr unterscheiden lässt, ob man sich augenblicklich auf einer Gothic-Party befindet oder sich auf eine Motto-Party verirrt hat. Das alles findet eine Entsprechung auf der Marktseite dergestalt, dass sich Partyveranstalter bewusst darauf einstel-

1 Der Text fußt auf einer aktuellen Untersuchung der Musikpräferenzen in der Gothic-Szene. Im November / Dezember 2009 wurden junge und ältere, weibliche und männliche Szenemitglieder sowie langjährige Szene-Experten nach ihrer Einschätzung des Fortbestands bzw. des Wandels der schwarzen Musik gestern und heute gefragt. Die gewonnen Ergebnisse wurden mit denen der Referenzstudie von Axel Schmidt / Klaus Neumann-Braun: »Die Welt der Gothics. Spielräume düster konnotierter Transzendenz« (Wiesbaden 2009) in Beziehung gesetzt.

A Styling und Moden der Szene sind ebenso ausdifferenziert wie die verschiedenen Musiksparten. Doch im Unterschied zu augenfälligen Äußerlichkeiten verlangt die Auseinandersetzung mit über drei Dekaden Musikgeschichte eine intensivere Beschäftigung mit Szene- und Bandgeschichte(n), die oftmals nicht (mehr) stattfindet

B Junge Gothics wie diese aus Süddeutschland (1992) kamen auf Veranstaltungen mit einem wesentlich breiteren musikalischen Spektrum in Berührung, als es heute der Fall ist

B

Musikstile	**Kommentare** der befragten Szene-Anhänger
	Viel gespielt
Gothic Rock	– Immer noch sehr aktuell. Das hört man oft bei Partys.
Gothic Metal	– Gothic Metal ist speziell regional stark vertreten.
Black Metal	– Dachte, das gehört in die Metal-Szene?! – Wird oft gespielt. Ist mir persönlich aber etwas zu hart.
Dark Wave	– Endlich mal etwas, was ich kenne! – Ja, Dark Wave wird fast immer gespielt. Das ist omnipräsent. Für viele junge Menschen ist das »die« Gothic-Musik. Aber die haben ja keine Ahnung!
Electro	– Immer und überall – Ist das nicht das gleiche wie EBM?
Electronic Body Music (EBM) (wird heute zu Electro gerechnet)	Antworten von – keine Ahnung, was das ist! (Jüngere) bis – Total aktuell! (Ältere).
Elektronischer Industrial / Power Electronics	– Das klingt wie beim Aerobic! (»Power Electronics«) – Hört man oft auf Veranstaltungen. Ich mag das Elektronische nicht so.
Future Pop / Cyber	–Viel mehr Cyber-Gothic heute. Aber die haben mit Gothic immer weniger zu tun. Die erinnern an Raver, nicht an Gothics!
Dark Ambient / Ritual	– Das ist unsere Art von Chill-out-Musik – Glaube, das hab ich noch nie gehört, weiss nicht. – Was ist eigentlich der Unterschied zwischen Ambient und Ritual? Gibt's da einen?
Neofolk	– Das ist voll in. – Ja, das ist voll in. Und ich mag die Uniformen! – Neofolk hat extrem zugelegt. Vor ein paar Jahren sah man höchstens einen in Uniform, heute sind es Dutzende!
Mittelalter-Musik	– Ich liebe die Mittelalter-Musik. – Wenn das läuft – geh ich nicht hin! – Ich höre Cyber. Da hat Mittelalter keinen Platz!

Musikstile	**Kommentare** der befragten Szene-Anhänger
	Eher selten gespielt
Industrial Rock	– Ist seltener geworden, liegt wohl daran, dass man dabei konzentriert zuhören muss. – Was genau ist das? Ist das Fabrikmusik?
Neue Deutsche Härte	– Spielt heute eher in der Metal-Szene eine Rolle. – Was sind Bands von dem? Diese Bezeichnung sagt mir gar nichts.
Synthie Pop	– Wenige neue Bands. – Eher nur noch regional relevant.
Neoklassik	– Auf Partys ist es eher selten geworden, aber im Privaten wird's noch viel gehört.
Heavenly Voices	– Was ist das? Ist das wie bei Evanescence? – Oh ja, Privat höre ich das sehr gerne. Es verleitet zum Träumen.
	Sehr selten gespielt
New Wave	sehr selten geworden, spielt nur für »Alte Garde« eine Rolle, bei Jungen meist unbekannt
New Romantic	– Das kennen nur noch wir Alten. – Was ist das?
Avantgarde / Avantgarde Industrial	– Ist anstrengende Musik. Man muss gut zuhören. Das geht bei Partys nicht mehr. Da ist heute alles so laut und durcheinander.
Neue Deutsche Todeskunst	– Ja, Novalis und Co. Heute höre ich das kaum mehr. Die Jungen wüssten damit wohl sowieso nichts anzufangen, da muss man ja mitdenken!
Fetisch S/M	– Das haben früher schon nur wenige gemocht. Die Jungen kennen das heute gar nicht mehr.
Noise (aller Art)	– Rock-Noise ist ja total out! – Electro-Noise ist sehr selten geworden, wenn überhaupt, höre ich es nur zu Hause.

len: So werden heute auf den Flyern grundsätzlich die gespielten Musikstile angegeben, damit jeder potentielle Besucher von Anfang an Bescheid weiß. Zudem werden immer häufiger »Normalos« zur Party zugelassen, was das klassische schwarze Gate-Keeping aufweicht, manches Mal bis hin zu einem vom Veranstalter erlaubten »Special Interest« à la SM/Fetisch, was sie andere Kundenkreise erschließen lässt. Aber was ist aus den »Alten«, den Goths der ersten Stunde, geworden? Wie haben sich diese im tendenziellen Generationenkonflikt geschlagen? Sind sie ihrer alten Musik treu geblieben?

Es hat offenbar eine räumliche Segregation hin zur »Closed Society«-Rahmung stattgefunden. Dieser Trend äußert sich in vermehrten »Underground«-Veranstaltungen, bei welchen entweder die Flyer mit Absicht nur noch an bestimmte meist altbekannte Gothics abgegeben werden, oder gar nur noch über Mund-zu-Mund-Propaganda beworben werden, sodass jüngeren Szenegängern oder gar »Normalos« der Weg zu diesen Partys mit einiger Garantie verschlossen bleibt. Auf der anderen Seite sieht man die älteren Szenegänger entsprechend weniger oder nur noch selten bei »normalen« (schwarzen Party-)Veranstaltungen.

Dadurch entfällt die Begegnung von Jung und Alt bei Großanlässen, nachdem diejenigen Gothics, welche bis zu einem gewissen Grad gleichsam das kulturelle Gedächtnis der Gothic-Szene repräsentieren, nicht mehr auf solche Partys gehen und sich so nicht mehr im Guten austauschen und gegenseitig updaten können. Aber warum kommt es nicht mehr zu einem solchen Austausch zwischen den Generationen? Die Antwort auf diese Frage geben die Szene-Gänger selbst – weil das Klima rauer geworden sei, heißt es. Im O-Ton: »Die Jungen nehmen von uns Alten nichts mehr an!« (gemeint sind z. B. Zurechtweisungen etwa wegen aggressiven (!) Fehlverhaltens auf der Tanzfläche) – Edda (45 Jahre); oder: »Es ist untereinander nicht mehr so freundlich wie früher. Neuerdings gibt es sogar Schlägereien auf Partys! Das gab's früher nicht!« – Heidi (42 Jahre); oder: »Wer will schon (gerade bei den Gothics!), dass ihm auf einer Party eine reingehauen wird? Das wäre ein ganz neuer Ton!« – Gerd (43 Jahre).

»Quo vadis, Goth-Music?« Noch bevor es zu einem »Clash of Cultures« kommen könnte, könnten Absplittungstendenzen obsiegen. Ähnlich wie in den 1980er Jahren beim Punk, als sich bekanntlich die Gruftis separierten, könnte man erwarten, dass sich gewisse Teile der Schwarzen Szene abspalten und neu (zu)ordnen werden. Welche Rolle insbesondere die Musik dabei spielen darf, wird allein die Zukunft weisen.

C–E Zwischen jungen und altgewordenen Szenegängern gibt es geschmackliche Divergenzen nicht nur in Sachen Musik

Gerd Lehmann

Fotogalerie

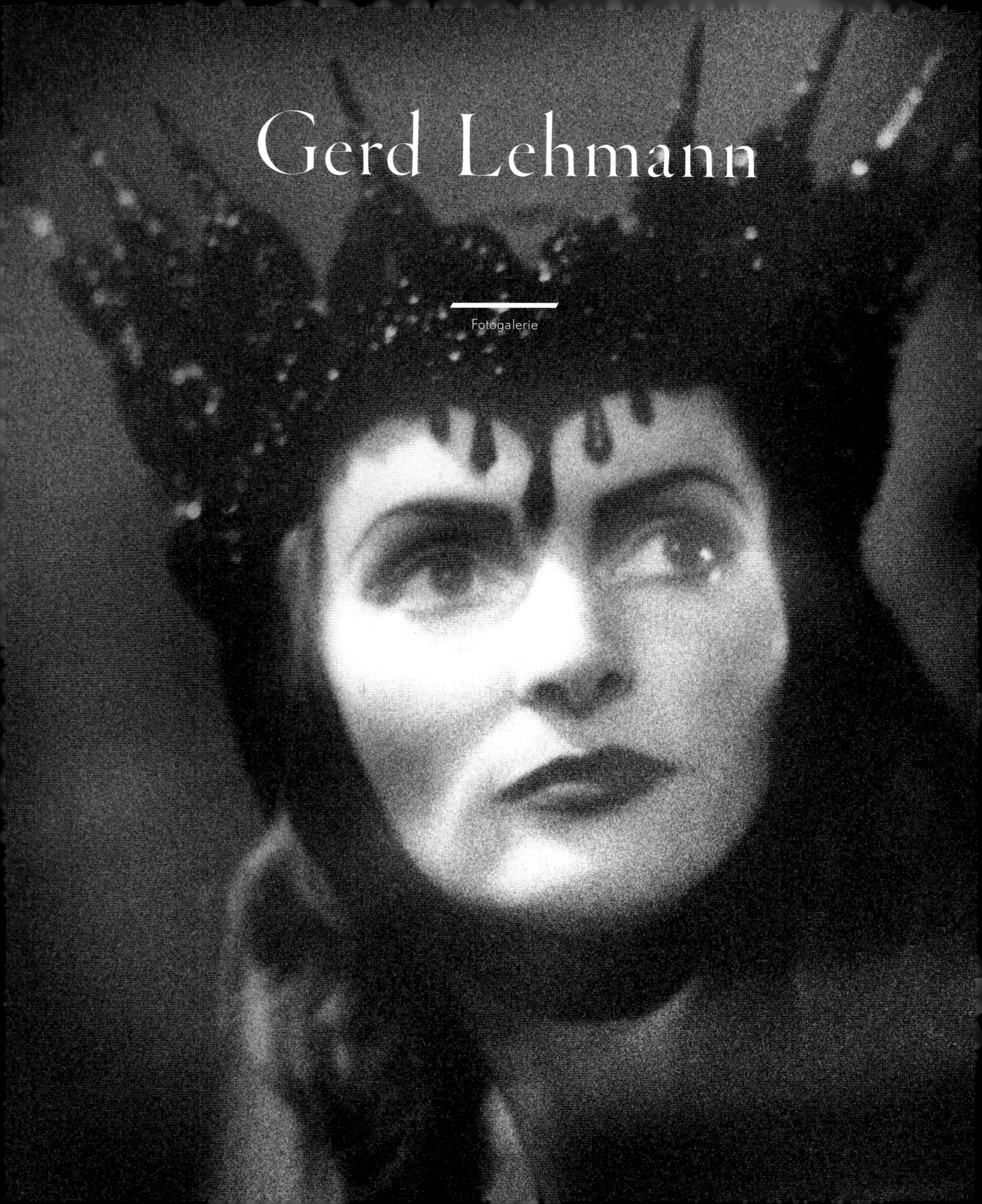

Gothic-Konsum

Jennifer Hoffert

1 »Trainspotting« (dito, Danny Boyle 1996), Verfilmung des gleichnamigen Buches von Irvine Welsh
A Konzerte kosten: Auch CyberGoths benötigen Geld
B Indie-Ikone der 80er Jahre: Winona Ryder als Lydia in Tim Burton's »Beetlejuice« (Geffen Company/Warner Bros. 1988)

Der Ursprung der Gothic-Subkultur als Abspaltung der ohnehin schon grenzwertigen Punk-Szene in den späten 70ern ist in Anbetracht der momentanen Integration in den kulturellen Mainstream nur noch schwer vorstellbar. In amerikanischen Malls bekommt man Gothic-Mode aus Massenanfertigung. *Nine Inch Nails, Rammstein* und *Marilyn Manson* füllen Stadien. Manche der wohl bekanntesten Romane und Filme der letzten Jahre, die auf Jugendliche oder jüngeres Publikum abzielten, waren unter anderem. die thematisch düsteren »Harry Potter«- und »Twilight«-Reihen. Das Wort »Gothic« ist nicht mehr zwingend mit Assoziationen der Kathedralen des 12. und 13. Jahrhunderts oder den britischen Schauerromanen des 18. Jahrhunderts verbunden, stattdessen mit der Vorstellung junger schwarzgewandeter Menschen mit komischen Frisuren und dunklem Make-up.

Jedoch würden viele Menschen, die sich als Goth(ic)s identifizieren, argumentieren, dass diese Ladenketten, Pop-Bands, und die trendigen Vampir- und Zauberromane NICHT Gothic sind, sondern schlichtweg eine zweitrangige Mainstream-Imitation dessen. Ist das ein allein amerikanisches Phänomen? Möglicherweise nicht, wenn man sich die Popularität von Gothic-Musik und -Mode in Europa vor Augen führt, obwohl man sich sicher leicht darüber streiten kann, ob der gesellschaftliche Auftrieb des Konsumismus in den USA die Kommerzialisierung der Szene dort besonders vorangetrieben hat.

— Der amerikanische Konsum-Kult —

»Sag ja zu einem Job. Sag ja zur Karriere. Sag ja zur Familie. Sag ja zu einem pervers großen Fernseher, zu Waschmaschine, Autos, CD-Playern und elektronischen Dosenöffnern. Sag ja zur Gesundheit, zu einem niedrigen Cholesterinspiegel und Zahnzusatzversicherung, zur Bausparkasse, zu Eigentumswohnung und den richtigen Freunden. Sag ja zu Freizeitbekleidung mit passenden Koffern, einem dreiteiligen Anzug auf Ratenzahlung.«[1]

Wenn der Aufstieg der Industrialisierung Mitte bis Ende des 19. Jahrhunderts den Konsumismus in die Mittelschicht getragen hat, dann war es der Nachkriegsboom, der ihn in die Arbeiterklasse brachte. Zum ersten Mal in der Geschichte war beinahe jeder dazu in der Lage, Waren aus der Massenanfertigung zu konsumieren.

In den Köpfen vieler Amerikaner sind Mittelschicht und Arbeiterklasse miteinander verschmolzen. Laut dem Pew Research Center nahmen sich 53 % der Amerikaner 2008 als Angehörige der Mittelschicht wahr, obwohl sich die Jahreseinkommen dieser Gruppe zwischen unter 20.000 Dollar und über 150.000 Dollar bewegten. Was für diese Selbstdefinition am wichtigsten erscheint, ist, inwieweit man sich mit seinen Nachbarn auf gleicher Linie fühlt, oder nicht. Dieses Verlangen nach Gleichheit ist vor allem in einem Land besonders stark, in dem »alle Menschen gleich erschaffen wurden« und »mit gewissen unveräußerlichen Rechten begabt wurden, worunter Leben, Freiheit und das Streben nach Glückseligkeit sind«[2] und wo theoretisch jedermann die Chance hat, sich zu verbessern und seinen eigenen Reichtum aufzubauen. Wir wollen alle glauben (können), dass wir faktisch mit unseren Mitbürgern gleichgestellt sind. Wir möchten die gleichen Besitztümer, und wir wollen an den gleichen Freizeitaktivitäten teilhaben. Wie wir uns behaupten, scheint sich über unseren Erfolg im gelobten Streben nach Glück zu definieren. Aber auf unserer Suche nach Gleichbehandlung und Gerechtigkeit werden wir homogenisiert. Wir sind zu den Vereinigten Staaten von Allgemeinika geworden, einem Land der großen Einkaufszentren, Ladenketten und popkultureller Unterhaltung.

Aus diesem zunehmenden Anpassungsdruck folgt ein gesteigertes Interesse der jungen Leute, sich von der von ihren Eltern aufgebauten Gesellschaft zu lösen: Die Beatniks, Hippies, Punks, New Ager und Goths. Jedoch ist die US-amerikanische Unterhaltungs- und Konsumgüterindustrie extrem effizient geworden, wenn es darum geht, aufstrebende Subkulturen zu identifizieren und zu kooptieren, um sie dann im Mainstream als konsumierbare Trends zu vermarkten.

— Das Dunkel zieht auf —

Hollywoods Interesse an düsteren und makabren Themen ist nichts Neues. Der Vampirfilm »Nosferatu« (1922) führte zu unzähligen anderen Leinwandadaptionen, die im losen Bezug zum Stoker-Klassiker standen. Die TV-Serien »The Munsters« und »The Addams Family« aus den 1960ern gab es lange vor der Herausbildung einer nennenswerten Gothic-Szene. Selbst Filme wie »The Hunger« (dt. »Begierde«, Tony Scott 1983), »Beetlejuice« (dito, Tim Burton 1988), »Tim Burton's Nightmare Before Christmas« (Nightmare Before Christmas, Tim Burton 1993) und »Interview With A Vampire« (dt. »Interview mit einem Vampir«, Neil Jordan 1994), die nach der Entstehung der Gothic-Subkultur entstanden, waren sicherlich nicht einzig und allein auf ein Gothic-Publikum zugeschnitten. Was sich aber über die Jahre verändert hat, ist die Marketingmaschinerie Hollywoods, die Spin-Off-Serien, Modekollektionen, Spielzeuge, Bücher und unzähligen andere Produkte nutzt, um Filme und TV-Serien zu bewerben und deren Popularität zu steigern.

TV-Serien wie »Buffy – Die Vampirjägerin« und »Charmed« benutzten düstere Bildwelten und stereotype Charaktere, und wurden oft als »Gothic« vermarktet, obwohl ihre Handlung meist eher konservativ war und wenig bis gar nichts mit der Gothic-Subkultur zu tun hatte. US-Serien wie »South Park«, »NCIS« und »Venture Brothers« haben regelmäßig auftretende »Goth«-Charaktere. Andere Serien wie »CSI« hatten einzelne Episoden, in denen Gothic-Charaktere auftauchten. Diese TV-Porträtierungen von Goths weisen oft die von den Medien völlig überzogenen Stereotypen auf, die diese in den Köpfen der jungen Leute, die die Szene zum ersten Mal entdecken, noch weiter verfestigen.

2 In Congress 4. July 1776. The unanimous Declaration of the thirteen United States of America, »...We hold these truths to be self-evident, that all men are created equal, that they are endowed by their Creator with certain unalienable Rights, that among these are Life, Liberty and the pursuit of Happiness...«; Die erste deutsche Übersetzung der Unabhängigkeitserklärung veröffentlichte einen Tag nach ihrer Verabschiedung die deutschsprachige Zeitung Pennsylvanischer Staatsbote in Philadelphia: »...Wir halten diese Wahrheiten für ausgemacht, dass alle Menschen gleich erschaffen wurden, dass sie von ihrem Schöpfer mit gewissen unveräußerlichen Rechten begabt wurden, worunter Leben, Freiheit und das Streben nach Glückseligkeit sind...«

C Merry Scary Christmas: Geisterwelt-Flyer aus Griechenland mit einem von »Nightmare Before Christmas« inspirierten Motiv. Dieser Film ist besonders bei europäischen Gruftis sehr beliebt

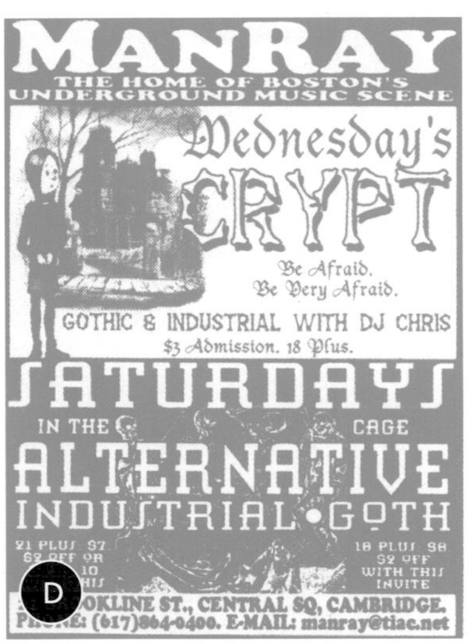

D Wednesday Addams auf einem Flyer für eine Mittwoch abends stattfindende Grufti-Party-Reihe in den frühen 90er Jahren, Boston (USA)

E Alternative zu Klamotten von der Stange: selbst entworfenes und hergestelltes Kleid (Bettina Tita 1999)

F, G »In Goth we trust«: In amerikanischen Halloween-Geschäften und deutschen Allround-Ladenketten bekommt man alles, was das schwarze Herz begehrt

E

F

G

— Gothic oberhalb der Ladentheke —

Grundsätzlich war die erste Welle der Gothic-Subkultur der 1980er in den USA ein kommerzieller Fehlschlag. In einer großen Stadt mit einer lebendigen Underground-Musikszene konnte man mit Glück ein paar Independent-Läden finden, die okkultistischen Bedarf, BDSM-Ausrüstung oder Armeeklamotten feilboten. Goths, die sich durch ihre Kleidung ausdrücken wollten, fanden hier und dort einzelne Kleidungsstücke und griffen dabei oft auf Second-Hand-Läden oder handgemachte Outfits und Accessoires zurück. Selbstproduzierte, per Post vertriebene Fanzines gingen von Hand zu Hand und verbreiteten Reviews und Konzertberichte von Mensch zu Mensch. Da es nur ein paar wenige Nachtclubs gab, die sich einzig und allein düsterer Musik annahmen, organisierten Szeneanhänger Veranstaltungen überall dann und dort, wo sie sich die Raummiete leisten konnten.

Als die Gothic-Subkultur in den 1990er Jahren ein Comeback erlebte, lag es im gemeinsamen Interesse der Mode- und Unterhaltungsindustrie, sich ein Stück des Kuchens zu sichern. Mainstream-Marken von Haute Couture bis zu Discounter-Ketten produzierten Kollektionen größtenteils schwarzer Frauenmode mit Lack- und Samt-Elementen in der Gothic-Tradition. Bands mit düsterem Look wurden als »Goth« beworben, selbst wenn ihr Sound und die Texte nicht wirklich den Geschmack tatsächlicher Goths berührten. Diese Mainstream-Angebote tauchten in der Gothic-Szene auf und beeinflussten Playlisten sowie Kleiderordnung bei Clubs und auf Partys.

Special-Interest-Ketten wie Hot Topic oder Torrid sind feste Bestandteile vieler Malls quer durch Amerika, die typische Gothic-Modeklischees und Produkte an den Mann bringen, und die heute als dem Genre zugehörig wahrgenommen werden. Da können die Vorstadt-Teens einfach reinspazieren und alles was »Goth« ist kriegen: Fake-Korsetts von Morbid Threads, obergeile Superhosen mit baumelnden Bondage-Riemen von TrippNYC, alles und zwar wirklich alles mit »Emily The Strange«-Aufdruck oder Figuren aus »Nightmare Before Christmas«.

— Ist das Goth? —

Umso mehr Hollywood-Figuren und eingetragene Modemarken sich immer tiefer und tiefer in die Gothic-Szene einbetten, wird dem Argument, sie gehörten gar nicht dazu, die Grundlage entzogen. Die Fragen »Was ist Goth?« und »Ist xy Goth?« machen einen Großteil der Diskussionen in Gothic-Foren im Internet aus, die in einem so weitläufigen Land mit einer derartigen Ausbreitung von Vorstädten wichtig sind und bleiben werden, da diese Situation junge Leute davon abhält, sich regelmäßig persönlich zu treffen. Das wohlbekannte Sprichwort »Niemand im Internet weiß, dass du ein Hund bist« aus Peter Steiners Cartoon im New Yorker vom 05. Juni 1993 hat hier volle Gültigkeit, denn es gibt keine ernstzunehmende Qualitätskontrolle auf diesen Webseiten. Jeder kann einen User-Account anlegen und seine vermeintliche Expertise in der Gothic-Subkultur behaupten, was Neuankömmlinge oder die Medien jedoch nicht davon abhält, die dort gefundenen Posts zu zitieren und bei der Berichterstattung über die Gothic-Szene zu verwenden.

Mit der der Kommerzialisierung ging eine Zunahme der medialen Berichterstattung einher, vor allem in den USA, wo die Medien von wirtschaftlichen Interessen besonders beeinflusst

3 Riesman, David (1950): Listening to popular music, in: American Quarterly, Nr. 2, S. 359–71, zitiert nach Middleton, Richard: Studying Popular Music, S.155. Philadelphia: Open University Press 1990/2002

H, K Gothic- und Punk-Mode aus dem japanische Szene-Magazin/Katalog KERA

L, M Werbung für Szenemode von Savage Wear und XtraX, der größten deutschen Ladenkette, gegründet 1991

werden, was von unschuldig klingenden Pressemitteilungen bis zu im Grunde vorgefertigten Artikeln und vorproduzierten Berichten über Produkte oder mit Produkten verwandten Themen reicht. Noch heimtückischer und schwerer nachvollziehbar ist der Einfluss der Besitzverhältnisse zwischen Konzernen und Medienfirmen. Zum Beispiel: Disney gehört das ABC Television Network und hält große Anteile von Lifetime Entertainment und A&E Television; Time Warner kontrolliert neben ihren Film- und TV-Studios auch CNN. Es ist schwer vorstellbar, dass die Interessen von Anteilseignern keinen Einfluss auf die von ihrer Firma kontrollierten Medien ausüben. Ungeachtet der Glaubwürdigkeit ihrer Quellen: Je mehr Berichte über die Popularität der Gothic-Subkultur erscheinen, um so mehr Neulinge tauchen in der Szene auf, die das nachahmen, was ihnen die Medien als »Gothic« verkauft haben und umso mehr beginnt die Szene, sich der keimfreien Mainstream-tauglichen Version ihres früheren Selbst anzugleichen, einer Version, die nicht länger geschaffen werden muss, sondern einfach konsumiert werden kann.

— Wo endet die Subkultur —

– und wo beginnt die Demografie?

Der Soziologe David Riesman unterscheidet zwischen einer Mehrheit, »die passiv kommerziell angebotene Stile und Bedeutungen akzeptiert, und einer ›Subkultur‹, die aktiv einen Minderheitenstil sucht […] und diesen anhand subversiver Werte interpretiert.«[3] Wenn Mainstream-Kultur sich die Erkennungsmerkmale (Musik, Mode, Literatur, etc.) einer Subkultur aneignet, dann wird die Subkultur als solche unkenntlich und kann ihren Status nur durch eine weitere Abkehr vom Mainstream beibehalten, indem sie neuere Stile, die noch mehr abseits des Mainstream liegen, aufgreift.

Die sichtbaren Veränderungen in der Musik, den Clubs und der Mode der Gothic-Szene in den letzten fünfzehn Jahren sind keine Entwicklung hin zum Extremen, sondern vielmehr in Richtung Mainstream, wodurch die Grenze zwischen Subkultur und Szene verschwimmt.

A

Was ist nur aus unserer Szene geworden?

Andréa Nebel

Ich kann mich noch sehr gut an den Beginn unserer alternativen Musikszene erinnern. Auch wenn ich damals noch ziemlich jung war. Am Besten kann ich mich an die starken und energiegeladenen Frauen erinnern, die in der Punk-Rock-Szene auftauchten und mich zutiefst inspiriert haben. Ich kann mich noch entsinnen, wie ich Siouxsie mit »Hong Kong Garden« im Fernsehen gesehen habe. In jenen Tagen wurden viele der Underground-Bands und -künstler zu kommerziellen Musikshows eingeladen und ich konnte sie sogar gelegentlich im Radio hören … Siouxsies Gothic Make-up faszinierte mich natürlich, ich war ja schließlich schon immer ein »Kind der Nacht« … Ich erinnere mich auch daran, Nina Hagen viele Male im deutschen Fernsehen erlebt zu haben. Freaky, schockierend und provozierend wurde sie schnell zum schlimmsten Albtraum deutscher Spießbürger. Und glaubt mir, sie hatte die richtige Einstellung und inspirierte viele deutsche Mädchen, dem patriarchalen und konservativen Establishment den Stinkefinger zu zeigen.

A Starke Frau: Nina Hagen live in Hamburg 1981
B Punk-Fanzines aus den frühen 80er Jahren
C Martha Davis (The Motels), Bette Midler, Wilson Pickett und Lene Lovich (v. l.) hinter den Kulissen der TV-Sendung »Musikladen«, Bremen 1979
D Eintrittskarte eines Lene Lovich-Konzerts in Belgien, 1979
E Streitbare Düsterpunk-Ikone von der amerikanischen Ostküste: Lydia Lunch

B

Wie ich auch schon in vielen Interviews gesagt habe, war Lene Lovich eine Künstlerin, die mich ganz besonders beeindruckt hatte, als ich sie in der deutschen TV-Sendung »Disco« erleben durfte. Dort stand sie auf der Bühne in weißem Kleid, Gothic-Make-up, wilden schwarzen Haaren, einem Umhang um den Hals und sang den gespenstischen »Bird Song« (den ich übrigens auf meinem Album »Laguz – Within The Lake« gecovered habe). Das Publikum hielt sich mit übermäßigem Applaus zurück und ein nervöser Ilja Richter, Moderator von »Disco«, dankte Lene. Aber hey, immerhin wurde sie mit ihrer makabren Darbietung ins öffentliche Fernsehen eingeladen. Eine Sache, die heute leider nicht mehr wirklich vorkommt. Der Song und ihr Auftreten hatte eine hypnotische Wirkung auf mich und wenige Nächte später hörte ich den »Bird Song« tatsächlich in einem Traum, in dem ich in einem Kreis aus Bäumen stand, von denen tote Männer hingen … hm … ja, ich war schon immer ein merkwürdiges Mädchen …

Ich habe Lene ein weiteres Mal im Fernsehen gesehen, diesmal sang sie zusammen mit Nina Hagen »Don't kill the animals, the animals are free«. Nachdem ich eingefleischter Tierfreund war, nahm ich den Song mit offenen Armen auf und holte mir sofort die Single.

Also ja, damals gab es in der Szene viele weibliche Künstler, die tatsächlich etwas zu sagen hatten. Wir erinnern uns an Anne Clark und ihren großartigen Song »Metropolis«, den Ambient Eco Punk von *Toyah* oder Hazel O'Connor, die in im Film »Breaking Glass« großen Eindruck auf mich gemacht hat. Ich liebe diese Szene, in der sie auf der Bühne steht und plötzlich der Strom ausfällt. Alles ist schwarz und das Publikum beginnt sich zu zerstreuen. Ihre Band auch, doch sie gibt nicht so leicht auf. So singt sie ganz allein im Dunkeln mit gewaltiger Energie einen völlig neuen Song – das Publikum ist beeindruckt. Und genau über so etwas schreibe ich hier: Kampfgeist, Energie … Ich fühle die gleiche Energie auf der Bühne … man gibt einfach nicht auf, es ist ja schließlich die eigene Show.

Allgemein waren die 80er Blütezeit abgefahrener und farbenfroher Wave- und Synth-Pop-Künstler mit eigenem Stil und eigener Persönlichkeit. Und warst du so drauf, wurdest du auch im Radio gespielt. Strange war cool. Ich denke da an ein Interview mit Marc Almond zurück, in dem er gefragt wurde, was er denn als Kind gerne unternahm. Marc sagte darauf, dass er es mochte, tote Tiere zu finden, sie zu begraben und anschließend wieder auszubuddeln, nur um den Verwesungsprozess beobachten zu können. Interessant.

In der Zeit, in der ich selber vom Musikmachen träumte, hatte ich viele charismatische, abgefahrene oder extreme Künstlerinnen, zu denen ich aufschauen konnte: Gitane Demone, Eva O., Diamanda Galás, Lydia Lunch und last but not least Lisa Gerrard, deren Stimme ein konstanter Begleiter auf den Friedhöfen war, die ich und meine Freunde des Nachts besuchten … Und als ich in London gelebt habe hatte ich sogar das Glück, mit meinen »Gothic Helden« dieser Tage zusammen Häuser zu besetzen (Weiß man heute überhaupt noch, was das ist?)

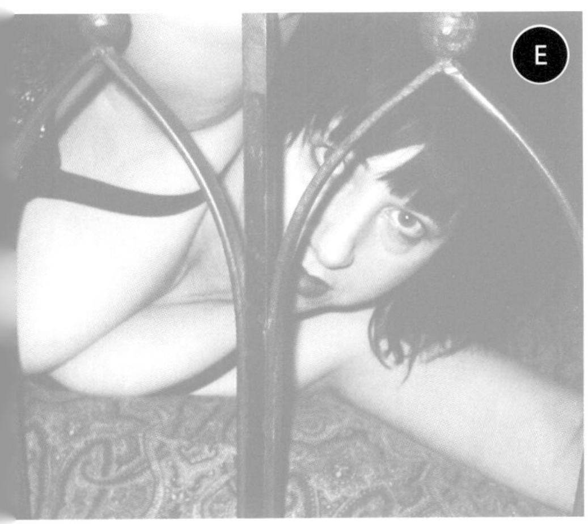

Die Subkultur hatte die unterschiedlichsten kontroversen Strömungen und als ich mich zu einer bekannten Künstlerin gemausert hatte, hatten wir diese coole Szene mit allem aus Punk Rock, Gothic, Ambient, Industrial, Mittelalter, okkulter / magischer / heidnischer Musik, Neofolk und sogar Metal-Bands. Die Magazine unterstützen uns alle und wir kannten oft die Herausgeber und Schreiber persönlich. Wir waren mit den Leuten befreundet, die Labels aufgebaut haben … was im Übrigen der Grund ist, warum ich auf einem Metal-Label untergekommen bin. Jawoll, das war eine Szene voller Energie, krasser Meinungen und wir konnten uns auf die Art ausdrücken, wie sie uns am Besten gefiel.

Was ist also aus dieser Szene geworden? Denn die alternative Musik ist traurigerweise nicht mehr so, wie sie einst war. Tatsächlich muss ich gestehen, dass ich in den letzten Jahren

F Strange war cool: Alien Sex Fiend auf dem Titel der SPEX, 1986

beobachten musste, wie coole Leute, Journalisten und Labels verschwunden sind und sich der Verflachungs-Trend des kommerziellen Musikmarkts auch langsam in unserer Szene breit gemacht hat.

Die Musikindustrie, ach du …! Ich bin erstaunt wenn ich dieses ganze »shake it, booty, arse, tittis, sugarmamma, do your thing« (mal im Ernst, was für ein »thing« ist es denn jetzt, über dass die ständig reden?) … und es beschämt mich mitansehen zu müssen, wie Sängerinnen verzweifelt alles schütteln was sie haben, glatt als ob sie einen »Porn Babe«-Wettbewerb gewinnen wollten. Mich überrascht es, dass sie in ihren Videos nicht wirklich gefickt werden oder echte Blowjobs geben. Andererseits würde es mich nicht wundern, wenn das bald auch noch kommen würde. Und ah, dieser Paris-Hilton-Trend … Ich kriege einfach nicht in meinen Kopf, warum jemand derart Talentloses derart bekannt werden kann. Sich erbärmlich aufführen kann einen heutzutage offensichtlich weit bringen … schaut einfach mal diese lächerlichen Reality-Serien.

Wie auch immer, vor ein paar Jahren haben mir mehrere angepisste Journalisten sowohl von Gothic-als auch Metal-Magazinen erzählt, dass sie sich mit ihren Herausgebern stritten, nachdem man ihnen urplötzlich nicht mehr erlaubt hatte über die Künstler zu schreiben, über die sie wollten. Sie haben außerdem erzählt, dass die Herausgeber begonnen hätten, Aussagen verschiedener Künstler zu verändern. Etwas, was den Autoren natürlich kein bisschen gefallen hat. Viele der mir bekannten Journalisten haben ihre Magazine verlassen. Neue Leute haben die Redaktionsbüros geentert und plötzlich erlebte ich Journalisten, die mir im Laufe unseres Interviews klar machen wollten, dass deren Redakteure sich Gedanken über meine Antworten machten. Und das, weil ich immer Dinge sagen würde, die »bei weitem zu kompliziert und folglich zu schwer erfassbar für den Leser« wären. Sie sagten, die Leser wollten »easy reading«!

Bitte was? Easy reading??? In jener Szene, in der sich alles um das Extreme, Obskure und Dunkle drehte??? Wie soll das bitte Sinn ergeben?! Ja, viele der größeren Magazine (nicht alle!) sind auf den kommerziellen Trend aufgesprungen und wir konnten sehr bald immer mehr und immer wieder substanzlose und dumme Artikel über die immer gleichen unspektakulären Bands und ziemlich langweilige Goth-Metal-Chicks lesen … Dinge wie »Oh wie lauschig, hast du eine gute Zeit?«, »Oh, was für ein bezauberndes Kleid«, »Was für ein nettes Outfit«, »Singt sie nicht super?«, »Ist sie noch zu haben?« Ja, offensichtlich hat sich Nina Hagens sexuelle Revolution genau ins Gegenteil entwickelt. Und während die Blätter ordentlich Geld für diese oberflächliche Werbung für die immergleichen Bands kassierten, hat man den Künstlern, die man jahrelang in der Szene für ihre Musik, Kunst, Leidenschaft und obskuren Ansichten verehrt hat immer weniger Aufmerksamkeit geschenkt, hin zu dem Punkt, an dem man sie ganz bewusst »vergessen« werden.

Wie konnte es passieren, dass die Leute das einfach hinnehmen?? Wieso konnten wir es zulassen, dass alles langsam ausgeblendet wird? Wo sind die Rebellen, Anarchisten und Außenseiter, aus denen diese Szene hervorgegangen ist??!

Kommt schon Leute, wacht endlich auf! Es ist Zeit, auf den Tisch zu hauen. Es ist wirklich an der Zeit, etwas von dem alten Geist zurückzubringen. Etwas von einer Subkultur mit Einstellung, mit authentischen und kontroversen Ideen, mit Künstlerinnen, die tatsächlich Musik machen und mit markigen Aussagen ein Publikum inspirieren, dass einmal mehr zu der oberflächlichen Journaille laut »Fuck Off!« sagt.

EPORT

aubt, sie seien längst in der Versenkung verschwunden, irrt sich

GRUFTIS

sie leben doch . . . Münchner „Alkatraz" voch Grufti- sagt ist, treibt hwarzen" von in Scharen

Man kennt ihren Anblick, er Trend ist nicht neu. och lange Zeit hörte und ah man wenig von ih- hatten lange keinen öf- Anlaufpunkt, trafen uns sten oder Konzerten," er- ti Petra (20). Sie kleiden rabenschwarz, vom Haar- s zu den spitz zulaufenden . Die Gesichter sind weiß nkt, die Augen schwarz et. Manchmal durchziehen Linien wie Spinnennetze die Wangen. Sie nennen sich oder Gothics und ziehen die heit der Nacht dem Sonnen- r. „Ich habe Schwarz schon gemocht," sagt Elysia (16). wurde ich erst durch die " Wenn im Münchner „Alca- Grufti-Night ist, dann ist auch sik eine andere als sonst. Mir besonders die kirchlichen ente darin auf – Orgelklänge Choräle. Don (21): „Wir hören die Musik von ‚Christian ', ‚Current', ‚Diamanda Ga- ‚Death in June' usw." Dazu en sie langsam, mit gesenktem und lassen ihre langen warzen Umhänge oder Kleider wingen.

AUM JEMAND ACHT

Überh s mit euten hand la edämp ach nu „Mir n anzuzi Don, „Ich drauf allem dürfe müs tota

Don: „Was man so in der Presse liest, von wegen Teufelskult und Satanismus, ist doch Klischee. Ich glaube an mich, das ist das Wichtigste. Wenn ich die Nase voll von allem hab' setze ich mich auf den Friedhof zum Nachdenken"

Tanja genannt Lillith: „Es gibt die Geschichte, daß vor Adam und Eva noch eine Frau war, die Lillith hieß. Sie war die Gründerin aller Religionen. Weil sie eine Frau war, wird sie verleugnet. Ich nenne mich so, weil mich der Name fasziniert"

licher Mensch und lache echt viel."

Für Lillith (18) bedeutet Gothic-sein nicht nur schwarze Kleidung, Kreuze, Schleier und die Musik. Sie macht sich viele Gedanken über den Tod und was danach kommt. Oft ist sie deprimiert, und schwarz ist dann Ausdruck ihrer Traurigkeit: „Manchmal bin ich richtig verzweifelt über alles," erzählt sie. „Zum Beispiel, wenn ich die Abneigung der Leute gegen mich und mein Outfit spüre, obwohl sie mich gar nicht kennen. Diese Ignoranz und die Vorurteile finde ich schlimm." Auch Crescedia (18) hat Intoleranz kennengelernt. „Manche schreien einem ‚Satan' hinterher, wenn man durch die Stadt geht." Dabei glaubt sie weder an einen Teufel noch an einen Gott. Die christlichen Symbole gefallen ihr nur, das Mystische zieht sie an. „In meinem Zimmer ist alles ganz dunkel. Ich habe lila Samt an den Wänden, darüber hängen kleine silberne Kirchenbildchen, die ich von meiner Oma bekommen habe. Und natürlich stehen überall Grabkerzen und Räucherstäbchen." Die Faszination für Kerzen, Rosenkränze, Kreuze und sonstige kirchliche Symbole teilen fast alle Gothics.

Auch gehen sie gerne auf Friedhöfe. „Allerdings nicht, um schwarze Messen oder sonst etwas Gruseliges abzuhalten," sagt Aleta (20). „Uns gefällt die Ruhe dort, man ist ungestört – solche Orte gibt es sonst in der Stadt nicht viel." Es is aber auch die Faszination des To des, die die Gruftis auf die Friedhöf zieht. Elysia beschreibt es so:

KONTAKTE MIT DEM JENSEITS

„Ich versuche, alles zu akzep ren, auch meinen Tod. Ich habe ne Angst davor. Sterben ist ni Schlimmes, es gehört zum Lebe Wir sprechen viel darüber." manchen Gothics geht das Inte se für das „Leben danach" weiter. Petra (20) und Aleta zum Beispiel beschwören m eines magischen Bretts die G der Toten. „Wir sprechen seit e Jahr mit einem jungen Man dem Jenseits," behauptet Sie befragen ihn zu seinem L zu ihrer Zukunft und Verga heit. Aleta: „Anfangs war e beängstigend, aber nun hat Vertrauen gefaßt." Laut müsse man keine Angst „Wir legen immer einen Rosenkranz dazu, damit kein böser Geist kommen kann."

Grufti in Rot

seltener als Schw

Jacqueline aus Deggendorf

Daniela aus Berlin

GIRL! REPORT

AM EINGANG STAND EIN SARG

GRUFTI OPEN-AIR

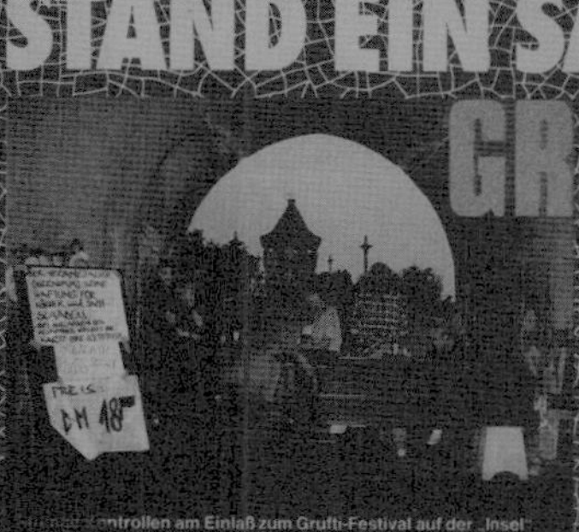

ntrollen am Einlaß zum Grufti-Festival auf der „Insel" Als Schranke dient ein leerer Sarg

Die Band „Calva Y Nada" fasziniert die Gxx „Schwarzen"

Das große Treffen der Gothics und New Romantics lockte die schrägen Vögel nach Berlin . . .

Jan aus Ost-Berlin mit Freundin geht ganz neue Wege in Sachen Gothic-Outfit

Sexy-Grufti aus Berlin

Sonja mit „Schachbrett-Frisur" hat als Talisman einen Mini-Grufti

Open-Air-Festivals für Gruftis: Schriller kann man sich's kaum vorstellen.

Am heißesten Wochenende des Jahres – rund 40 Grad Celsius wurden in Berlin gemessen – traf sich eine schwarz-rot-lila-vermummte Gemeinde von Gothics, New Romantics und wie immer sie sich nennen auf der „Insel der Jugend" in Treptow, ehemals DDR. Und alle, alle kamen: Aus Leipzig und Nürnberg, aus Rostock und Berchtesgaden . . .

Am Eingang zum Festival steht ein Sarg, wie sich das gehört: Absperrung. Strengste Leibesvisitation, denn die Veranstalter fürchten Tumulte. Im Hexenkessel Berlin würde eine Gruppe Skins die „Schwarzen" locker aufmischen. Da ist Vorsicht angesagt . . . Also wird jeder abgetastet, Taschen untersucht, Bierflaschen untersagt – denn auch mit Scherben kann man viel Unheil anrichten.

Aber die Gruftis wollen bestimmt keinen Zoff. Friedlich campen sie auf einer kleinen Insel, und die weiße Clown-Schminke zerläuft bei der Affenhitze. Kein Wunder, denn die Klamotten sind schwarz und lang, kein Lüftchen weht.

„Puhh", stöhnt Jacqueline aus Deggendorf. „Ich hätte auch bessere Klamotten dabei, aber sie sind mir einfach zu heiß. Das ist ja abartig. Unsereins braucht schattige Plätzchen . . ."

Mit spitzen Lippen auf den Mund

Das stimmt. Trotzdem genießen alle den Auftritt. Wenn die einzelnen Gruppen oder Leute den Eingangsweg herunterschreiten, gesäumt von den andern, die total heiß sind auf die Neuankömmlinge, dann geht ein Raunen durch die Reihen. „Ich werd verrückt, die Jeanie!!" kreischt einer. Und schon küsst man sich mit spitzen Lippen auf den Mund, das Begrüssungsritual in schwarzen Kreisen.

Ganz großer Auftritt für Tani aus Berlin: Sie ist seit über zehn Jahren in der Szene, kennt jeden, der dort Rang und Namen hat. Man ist natürlich international, kennt Gruftis aus London, aus Strassburg, aus München. An der Neuköllner Oper arbeitet sie als Maskenbildnerin, hat natürlich Zutritt zum Kostümfundus und kann für ein paar Mark die irrsten Klamotten erstehen, die gerade ausgemustert werden. Heute: Ein Kleopatra-Kleid, nilgrün, aus Samt mit viel Stoff um die üppigen Formen. Und das peppt Tani dann voll Phantasie auf: Mit einem grün-weißen Make-up, mit Ohrringen, die sie aus kleinen Vogelkrallen gebastelt hat (igitt!! Gruftis wollen immer schokken, der Tod ist überall), mit einem Stock, vollgehängt mit kleinen Narren-Schellen, wie man sie aus dem Mittelalter kennt – und gekrönt von einem Schimpansen-Totenschädel. Wo ist denn der her?? Tani lächelt spöttisch: „Tja..." Seine Quellen verrät natürlich keiner, auch nicht Tani.

Sie genießen es alle, zu sehen und gesehen zu werden. Viele sind allerdings nicht sonderlich gut gestylt – schwarze Hosen, schwarze Shirts, die Gesichter weiß, dazu die unvermeidlichen Schnallenschuhe – das war's schon . . .

Die „Alt-Gruftis" stöhnen: „Früher war's viel besser". Und wie Großmutter erzählen sie von den irren Zeiten, als jeder noch stundenlang vorm Spiegel stand und sich stylte, als alle Klamotten selbstgenäht waren, als jeder Grufti über mindestens zehn Outfits verfügte und niemals auf einem Treffen so war wie auf dem letzten. Ach ja, waren das noch Zeiten . . ."

Dafür tauchen jetzt ganz neue Varianten auf: Jan (19) aus Ost-Berlin sieht aus wie die Wiedergeburt eines Höflings: weißes Hemd mit Jabot, Samt-Knickerbocker, Samtjacke. Ganz untypisch!! „Ich will bloß nicht so asslig aussehen wie die meisten hier. Schau doch mal, die sind doch alle nicht gestylt. Ein T-Shirt von irgend 'ner Szene-Gruppe, mit Aufdruck, also echt!!" Er ist entrüstet. Er ist Azubi im Vermessungsamt und strebt eine Verbeamtung an. Da muß man auf sich halten!! „Ins Büro geh ich mit Zopf und glatten Haaren. Schwarze Klamotten natürlich, aber dezent. Und immer sauber. Diese mottengelöchterten Dinger vom Flohmarkt, die hier so manche anziehen, nee, danke für die Blumen!"

Aber nicht alle finden den schnieken „Höfling" so gut wie er sich selbst: „Warze" aus Nürnberg lästert schon schwer mit ihrer Freundin über ihn: „Das ist ja wirklich voll daneben! So kannste ja höchstens zum Fasching gehen!! Was hat denn das mit uns zu tun?? Aber die Ossis, die haben das manchmal noch nicht so geschnallt. Die wissen ja nicht, wie's früher war und basteln sich so ein komisches Styling zusammen . . . also da kann man getrennter Ansicht sein."

Inzwischen spielt die erste Band, und die Fans versinken in Verzückung. „Calva Y Nada" heißen sie und werden als heißer, neuer Musik-Tip gehandelt. „Placebo Effect", derentwegen viele den weiten Weg ans Spree-Ufer auf sich genommen haben, haben wegen Krankheit abgesagt. „So ein Mist" murrt einer. „Hier ist ja total tote Hose. Da hättet ihr mal nach Köln kommen sollen, daaa war was los!!"

Die Gruftis, deren Bewegung es nun seit gut zehn Jahren gibt (wenn man von London ausgeht, sogar noch länger), delektieren sich fast alle an früheren Zeiten. Trotzdem gibt es so viele wie nie zuvor. Und viele sind ganz jung, so wie Daniela (15), die auf Endzeit-Romantik geschminkt ist. Verästelungen ins weiße Gesicht gemalt, dunkle Lippen, Schatten um die Augen – sie ist seit einem Jahr ein heißer Anhänger der schwarzen Bewegung. „Mein Bruder hat mich dazu gebracht. Die Musik ist einfach sensationell, und das ganze Outfit entspricht meinem Gefühl: Es geht dem Ende zu. Diese Welt ist irgendwie kaputt, und der Tod steht wohl schon neben uns allen."

Pech beim Bewerbungs-Gespräch

Die neuen Gruftis machen begeistert mit, die „alten" tragen aber oft an der Last ihres Outfits. So wie Sonja, die seit Jahren dazugehört. Sie hat gerade die Schule fertig, will Chemie-Laborantin werden. Aber das Grufti-Girl aus Heidelberg mit dem irren Schachbrett-Muster auf der einen Seite des kahlen Schädels kriegt keinen Job: „Beim Bewerbungsgespräch hab ich mich total spießig angezogen. Aber die sehen nur die Haare und sagen schon nach ein paar Sätzen: ‚Sie hören dann von uns . . .' Alles klar. Was du im Kopf hast, zählt gar nicht, nur w i e dieser Kopf aussieht!! Da ist es kein Wunder, daß viele diese Gesellschaft ablehnen."

Das Fest dauert gerade drei Stunden, da ballt sich über der Spree-Insel ein Gewitter zusammen. Donner, Blitz und Regen prasseln über die gestylten Gruftis – und das ist das Ende des Jobs für unseren Fotografen. Denn nun hängen die mit viel Haarspray hochtoupierten Mähnen nass und schlapp ins Gesicht, die Schminke zerläuft, die verschwitzten schwarzen Talare kleben klatschnass am Körper, und die Schnabelschuhe versinken im Morast.

Bähhhh! Man rubbelt sich ab, wer Ersatz-

Begrüßungsbussi mit spitzen Lippen

Warten auf die Band bei 40 Grad

Lars und Isa aus Hannover

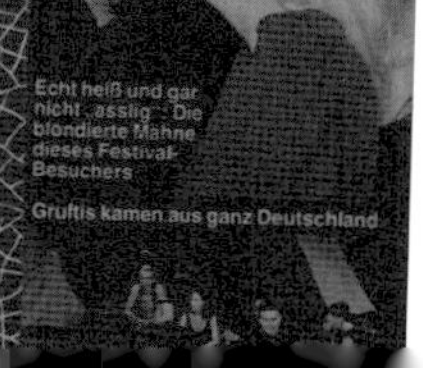

Echt heiß und gar nicht „asslig": Die blondierte Mähne dieses Festival-Besuchers

Gruftis kamen aus ganz Deutschland

A

Schatten im Spiegel: Goth und die Medien

Megan Balanck

Was verbindet einen Grufti mit einem Firmen-CEO, einem Buschmann aus der Kalahari-Wüste oder einem Mitglied der königlichen Familie? Dem amerikanischen Anthropologen Leslie White zufolge lautet die überraschende Antwort: Symbole. Er behauptet, die menschliche Fähigkeit Symbole zu benutzen und durch diese miteinander zu kommunizieren, sei der Schlüssel zu dem, was wir »Kultur« nennen. Der Begriff Symbol beschränkt sich hierbei nicht auf die alltägliche Bedeutung von Bildern oder Schriftsprache. Zu den Symbolen gehören auch Rituale, Musik, Gesetze, Kleidung und Moral; kurz: Dinge, deren Beadeutung von jenen definiert werden, die sie benutzen. Als Mitglied einer bestimmten Kultur nutzen sowohl der Konzernvorstand und der Buschmann als auch der Hochadelige und der Grufti Symbole. Die Symbolverwendung insbesondere in der Goth-Kultur ist in der Tat umfangreich. Anders als Mitglieder anderer Kulturen kann ein »Goth« nicht allein durch Nationalität, Sprache, Ethnie, Geschlecht, Alter, Beschäftigung, sozialen Status oder Religionszugehörigkeit daefiniert werden. Die Mitgliedschaft in der Gothic-Bewegung ist folglich durch visuelle und klangliche Symbole bestimmt – vorrangig durch die Ästhetik von Mode und Musik.

Ein anderes konstituierendes Merkmal von Kultur ist, dass sie auf andere Individuen übertragen werden muss. »Kultur ohne Kontinuität ist […] unmöglich«, so White. Ähnlich dem Weißen Hai kann Kultur Stillstand nicht überleben, sie kann nur überleben, wenn sie sich bewegt. Jede Kultur ist zum Aussterben verurteilt, wenn sie nicht von Individuum zu Individuum weitergegeben wird.

In den knapp dreißig Jahren seines Bestehens hat »Goth« diese dynamische Beständigkeit demonstriert, die für eine Definition als Kultur notwendig ist. Es hält sich nicht nur eine beachtliche Anzahl von Gruftis der ersten Generation in den frühen 80er Jahren (die Alt-Grufts) auch weiterhin an die Musik und Dresscodes der Bewegung, vielmehr ist Goth eine der von heutigen Jugendlichen favorisierten Subkulturen geblieben. Im dichten Dschungel konkurrierender Veränderungen und Auswucherungen in Bereichen wie Musik und Mode hat sich Goth als ein unverwüstlicher Überlebenskünstler behauptet, der nicht nur erfolgreich von Generation an Generation weitergegeben wurde, sondern auch Grenzen überschritten und sich über ganz Europa ausgebreitet hat, doch ebenso auch in Amerika, Australien und Japan zur Blüte gekommen ist. Bei einer Szene, die sich Tod und Verfall zu eigen gemacht hat, ist eine gewisse Ironie nicht zu übersehen, bedenkt man, wie aktiv, dynamisch und lebendig Goth ist. Dies schreit geradezu nach der Frage: Warum ist Goth immer noch da? Goth greift nicht auf das traditionelle, verlässliche Vehikel der Familie zurück, um neue Anhänger zu rekrutieren – die überwältigende Mehrheit der Goths hat weder Grufti-Eltern noch in die Szene eingeheiratet. Die Partizipation an der Schwarzen Szene ist vielmehr eine absolut individuelle Entscheidung.

A Anfang der 90er Jahre wusste die Jugendzeitschrift BRAVO Girl einiges über die Szene zu berichten, wenn auch nicht immer mit den saubersten journalistischen Methoden: Die Berliner Szene-Queen Tani S. (im grünen Samtkleid) etwa wurde ohne ihr Einverständnis abgebildet und im Artikel wörtlich zitiert, obwohl sie jedes Gespräch mit den Reportern verweigert hatte. Für eine Homestory brachten Reporter gar einen Sarg mit, in dem sich der Münchner Gothic Don (mit den violetten Haaren) hätte ablichten lassen sollen – was dieser verweigerte

B In Deutschland gab es Radiosender, die auch Musik für den schwarzen Untergrund spielten. Von der Magazinpresse wurde dieses Segment vor dem Aufkommen spezialisierter Szenemagazine eher stiefmütterlich behandelt.

C Kruzifixe, Schlange, umgedrehtes Kreuz: Gruftis lieben das Spiel mit bedeutungsschwangeren Symbolen

D Tische rücken, Hexensalbe nehmen und auf Friedhöfen The Cure hören: BRAVO wusste schon in den 80ern, was abgeht. Und meldete Zweifel über die Dauer der schwarzen Modeerscheinung an: »Aber wer weiß, was im Sommer ist. Bis dahin ist ‚Gothic' vielleicht schon wieder total out und man befindet sich auf einem anderen Trip, wenn man zur Avantgarde gehören will …«

B

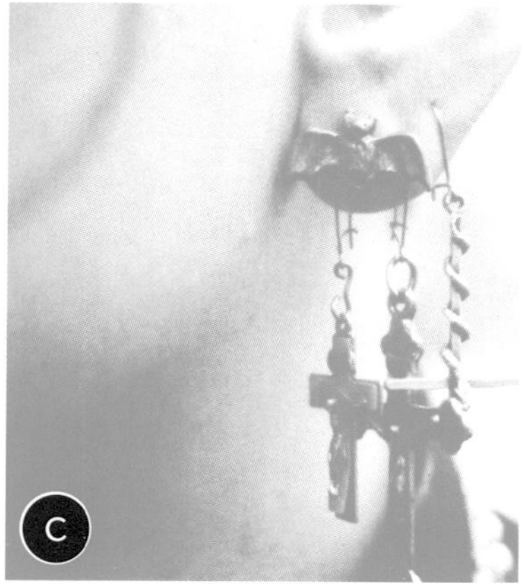
C

Gewiss ist die Langlebigkeit der Bewegung zum Großteil ihren Charakteristika geschuldet. Optisch kombiniert Goth vertraute Symbole, insbesondere solche mit langer Geschichte und signifikanter kultureller und/oder religiöser Bedeutung (Kreuze, Pentagramme, Totenschädel, Korsetts, die Farbe Schwarz) mit modifizierten Formen zeitgenössischer Ästhetik, und kreiert auf diese Weise einen einzigartigen, höchst charakteristischen Stil. Musikalisch fokussieren sich viele Bands, die normalerweise in die Kategorie »gothic« fallen, auf spezifische Themen, die den Kern der Bewegung ausmachen (Melancholie, das Okkulte, Makabre etc.), drücken diese aber in den musikalischen Stilen ihrer Zeit aus (so haben wir verschiedene Wellen des Gothic Rock, Industrial Goth, Electro Goth etc.). Eine derartige Balance zwischen einerseits der Anpassung an die Ästhetik und kulturellen Trends der Mainstream-Kultur und andererseits der Beharrung auf einer gewissen traditionsbehafteten Symbolik und zentralen Werten, ist mit Sicherheit einer der ausschlaggebenden Gründe, weshalb Goth es geschafft hat, erfolgreich bis ins 21. Jahrhundert hinein zu überleben. Doch eine Kultur kann noch so anziehend und ansprechend sein, doch sie kann nicht überleben, wenn sie nicht von einem Mitglied zum nächsten gereicht wird. Nachdem Goth sich nicht auf das Weiterleben durch die Übertragung von Familienmitgliedern verlassen kann, muss sich diese Kultur anderer Mittel bedienen, womit wir bei den Medien angelangt sind.

Neu! Gruselfeten zur Geisterstunde

Die „Gothics" lieben Grüfte

Gespenstisch: Vier junge Leute, ganz in Schwarz, mit weißgeschminkten Gesichtern, hocken bei Kerzenschein in einer Soldaten-Gedenkstätte. Sie nennen sich „Gothics", „gotische Menschen" – die neueste Blüte, die die „Szene" treibt . . .

D

— Die Massenmedien —

Der magische Spiegel

Der allgemeinsten Definition nach sind »Medien« schlicht Werkzeuge, die Information übertragen. Bezüglich der »Massenmedien« spricht man hierbei von Magazinen, vom Radio und Internet, vom Fernsehen und der Filmindustrie. Aus anthropologischer Sicht betrachtet sind Massenmedien Schmelztiegel der Kultur in ihrem dynamischsten Zustand, denn ihre Aufgabe ist, Symbole an das größtmögliche Publikum mit der größtmöglichen Geschwindigkeit zu übertragen.

Ungeachtet der anhaltenden Debatte über die Herkunft des Wortes »Goth« als Bezeichnung für die moderne Subkultur waren es zweifelsfrei die Massenmedien, die den Begriff zu allgemeiner Verbreitung geführt haben. Rezensenten, Kritiker und andere Randfiguren der Musikindustrie suchten nach einem Wort, um die spezielle Mixtur aus Punk, Post-Punk und New Wave Rock zu beschreiben, der in den frühen 1980ern aufgekommen war; »Goth« war das Wort, das hängen blieb.Weit davon entfernt, nur ein handliches Label zu prägen, waren die Medien ein wichtiger Faktor in der Entwicklung und Erhaltung der gotischen Subkultur, und daran hat sich bis heute nichts geändert. Um sich behaupten zu können, ist vor allem die »Elite« der Gruftigemeinschaft, die Musiker von Goth-Bands, auf Radio, Fernsehen und Internet angewiesen. Wären *The Sisters Of Mercy, Siouxsie and the Banshees* oder *Bauhaus* nicht in profilierten Musikmagazinen und Fernsehsendungen aufgetreten, hätte es Goth als solches womöglich nie gegeben. Von der anderen Seite aus betrachtet hätten die Medien auch keine Künstler, ohne Künstler auch kein Publikum und folglich ohne Publikum auch keine Einnahmen, wodurch diese Beziehung also eine gegenseitige Befruchtung ist. Die Massenmedien bieten der Gothic-Kultur zusätzlich eine Plattform, auf der einer ihrer größten Vorzüge zum Tragen kommen kann: Anpassungsfähigkeit. Im Laufe seiner mittlerweile drei Dekaden umfassenden Geschichte hat Goth verschiedene »Subszenen« hervorgebracht, wie etwa die klassisch orientierten »Trad Goths« und die ähnlichen »Death Rocker«, die dank ihrer Kleidung und Mode oft als fehlendes

Bindeglied zwischen Punk und Goth verstanden werden. Als da wären die eher modernen »Industrials« und in der letzten Dekade die »Cyber Goths«, die sich dem Futurismus verschrieben haben und Elemente von Rave, Fetisch und Militärmode in ihrer Mode vereinen. Jüngst gesellte sich der »Steampunk Goth« hinzu, dessen fantastisch anmutende, hochstilisierte viktorianische Ästhetik der frühen Science Fiction und anderen Werken des »Steampunk«-Genres geprägt ist.

Jeder der unterschiedlichen Subtypen des Goth unterstreicht die alte Redensart, derzufolge das Leben die Kunst imitiert. Obwohl sich die Stile in der Goth-Gemeinschaft entwickelt haben, haben die Medien viel der ursprünglichen Inspiration für diesen Stil geliefert, dienten aber genauso als einer der Träger, der diesen unter die Goth-Massen gebracht hat. Die Kleidung der »Romantik Goths« beispielsweise ist für gewöhnlich historisch alles andere als akkurat, beabsichtigt etwas anderes auch gar nicht; sie benutzt adaptierte Formen des viktorianischen, mittelalterlichen und Renaissance-Kostüms, wie man sie aus Horrorfilmen und Filmadaptionen von Schauerliteratur kennt. Industrial- und Cyber-Goth-Fashion als weitere Beispiele verdanken vieles der Science Fiction. Man muss nur in die Londoner Filiale von Cyberdog spazieren, einer führenden Marke in der Cyber Mode, um die Einflüsse von »Star Trek«, dem »Fünften Element« und »The Matrix« wirken zu sehen. Steampunk existierte schon einige Zeit unabhängig von Goth als Genre in Literatur und Kunst, musste allerdings auf eine Verwendung seiner Bildsprache in Filmen wie »Wild Wild West«, »Atlantis: The Lost Empire« und »League of Extraordinary Gentlemen« und mehreren Animationsfilmen von Studio Ghibli warten, um die Fantasie eines breiteren Publikums in Bann zu schlagen. Es sollte nur eine Frage der Zeit sein, bis die ersten Gruftis begannen, Steampunk mit Elementen ihrer viktorianischen, Cyber- oder Industrial-Garderobe zu verbinden.

E Klassische, vergangenen Epochen entlehnte Kleidungsstücke gehören in jeden gut sortierten Gothic-Kleiderschrank

F, G »Teenager in depressive Stimmung zu versetzen ist wie Fische aus einem Fass zu angeln« (Bart Simpson): Der bei vielen Jugendlichen beliebte Emo-Trend ist ein jugendkulturelles Amalgam, das sich Anleihen verschiedener Szenen bedient – sehr zum Leidwesen der Fans von Hardcore (woher der Emo-Begriff ursprünglich stammt) und Schwarzkitteln, die sich mit vielem, was von der Industrie als düster, sehnsuchtsvoll oder romantisch vermarktet wird, nichts anfangen können. Oft sind derartige Gruppen, ungeachtet ihrer musikalischen Qualitäten weniger »independent«, als geschickt inszenierte Geldmaschinen. Evanescence, »Fallen« (Wind Up, eine Tochter von Sony Music, 2003) und My Chemical Romance, »The Black Parade« (Reprise Records, eigentlich Warner, 2006) sind Mogelpackungen mit Gothic-Etikett

Die mediale Bildersprache hatte auf diesem Weg direkten Einfluss auf die Entwicklung der Goth-Ästhetik, stützte damit deren Adaption neuer Moden und sicherte so ihr Überleben über die Generationen. Aber genau so, wie das Leben die Kunst imitiert, imitiert natürlich auch die Kunst das Leben: Die Medien sind vergleichbar mit einem magischen Spiegel, der die beiden Welten des Mainstream und des Underground miteinander verbindet. Die Massenmedien haben sich für neue Ideen zum wiederholten Mal bei Goth und anderen Subkulturen bedient. Während »Matrix« eine ganze Welle junger Gruftis dazu veranlasste, schwarze Mäntel und »Computer Code«-Designs zu verwenden, entsprangen die meisten Mode-Entwürfe für den Film überhaupt erst dem Goth und anderen, eher im Untergrund anzusiedelnden Musikkulturen. Insbesondere der heutige Einfluss von Goth auf die Mainstream-Mode ist erstaunlich: Vor nicht einmal fünf Jahren waren Totenköpfe, schwarzer Nagellack und Korsetts klar auf die Jünger der Alternativkultur beschränkt. Dank so manch einer großen Figur aus der Welt der Haute Couture, die sich der Gothic-Bewegung für Inspiration zugewandt haben, werden heutzutage diese Grufti-Symbole von den Underground-Clubs dank eines Umwegs über den Laufsteg von dort aus auf den großen Markt geworfen.

Viele Gruftis fühlen sich nicht ohne Grund unwohl, wenn die Massen Grufti-Symbolik für ihre eigene Mode übernehmen. Die Übernahme subkultureller Symbole durch eine Massenkultur kann zum Identitätsverlust dieser Subkultur führen und ihre Existenz als solche in Gefahr bringen. Aber auf die gleiche Art und Weise, wie Tiere sich an wechselnde Umgebungen anpassen und verändern, hat die mediale Aufmerksamkeit Goth dazu gezwungen, sich weiterhin zu verändern und neue Ästhetiken um die Kerngebiete zu schaffen, die ihn frisch und ansprechend halten. Gleichzeitig hat die Berichterstattung über den »Goth-Look« im Kontext der Mainstream-Mode das Konzept »Goth« am Leben erhalten und in der Gesellschaft sichtbar gemacht, was essentiell ist, um den Kulturbestand zu sichern und Szenenachwuchs anzuziehen.

— Medienvorstellungen über Goth —

So mancher Grufti hat die Massenmedien dafür kritisiert, Leute, Musik und Mode fälschlicherweise als »Goth« zu bezeichnen, obwohl sie selbst diese nicht als solche anerkennen. Derartige Fehler sind verständlich, wenn man sich die Unklarheit darüber vor Augen führt, was »Goth« eigentlich ist. Mit einer so großen Bandbreite zwischen individuellen Gruftis und ihren Unterarten ist es selbst für Gothics schwer, die Bewegung exakt zu beschreiben.

Die wohl häufigsten Verwechslungen kommen zweifellos zwischen Goths, Metal-Fans und aktueller Emo-Musik vor. Für das ungeschulte Auge mögen diese Gruppen als überaus ähnlich, wenn nicht gar identisch erscheinen – das Primat der Farbe Schwarz, die Nutzung okkulter Motive, gefärbte Haare und Körperschmuck sind Charakteristika aller drei Bewegungen. Dazu kommt, dass die Musik, obgleich sie in allen drei Fällen sehr unterschiedlich klingt, dazu tendiert, sich düstereren Themen zu widmen als Pop. Tatsächlich findet ein beträchtlicher Austausch zwischen allen drei Bewegungen statt. Doch im Allgemeinen ist das, was die Massenmedien unter »Goth« verstehen, weitaus weiter gefasst, als die Eigendefinition der Gothics selbst: Wenn jemand schwarz trägt, schwarze Haare und Make-up hat, mit »Gothic«-Elementen flirtet und ernste oder dunkle Musik spielt, neigt man schnell dazu, diesen Jemand mit dem »Gothic«-Etikett zu versehen. So wurden (sehr zum Missfallen vieler älterer Gothics) Künstler wie *Marilyn Manson, Evanescence, HIM* und *My Chemical Romance* von den Medien verschiedentlich der Goth-Kategorie zugeordnet, obwohl sie wesentlich anders klingen als die ursprünglichen Goth-Bands der 80er. Diese Fehletikettierung hatte auf die Gotengemeinschaft beträchtliche Auswirkungen – nicht notwendigerweise nachteilige. So sehr viele traditionelle Gruftis es vorziehen würden, sich von kontroversen Künstlern wie *Marilyn Manson* zu distanzieren, hat seine Verbindung mit dem Goth-Begriff eine Welle junger Manson-Anhänger dazu verleitet, sich für die Gothic-Subkultur zu interessieren. Während diese Jungspunde ursprünglich in erster Linie den medial vorgegebenen Goth-Künstlern folgen mögen, werden diejenigen, die länger in der Szene verbleiben, mit großer Wahrscheinlichkeit die traditionellen Wurzeln des Goth entdecken, untersuchen und sich ein tieferes Verständnis der Kultur aneignen. Ebenso wie die Faszination eines Kindes für die romantisierenden und historisch inakkuraten Darstellungen in der Artus-Sage es veranlassen können, sich mit der Geschichte des Mittelalters zu befassen, kann ein junger Manson-Fan heranwachsen und schließlich seine Liebe für *Bauhaus* oder *The Cure* entdecken und zu einem voll integrierten Mitglied der gotischen Gesellschaft werden. Ein anderer Effekt dieser medialen Verwirrung ist die Ausweitung der Definition von »Goth«. Schon jetzt akzeptieren viele Fans traditioneller Goth-Bands auch Metal-Bands wie *Nightwish* und *Lacuna Coil* als etwas, das ins Gothic-Musikspektrum passt. Ohne die kontinuierliche Neudefinition von Goth würde die Szene stagnieren, und eine Diversifizierung in verschiedene Stilrichtungen wie EBM und Cyber könnte nicht stattfinden.

F

G

— Mediale Darstellung von Gruftis —

Wie bereits ausgeführt, fungieren Medien als wechselseitiger Spiegel zwischen Goth und der umgebenden Gesellschaft. Additionen und Modifikationen der gotischen Motivik sind inspiriert von dem, was in den Medien zu sehen und zu hören ist, was sich wiederum aus gotischen

H, L Auch die Goth Kids aus »South Park« (oben, aus der Episode »You got fucked in the Ass«) müssen sich gegen Stil-Usurpatoren zur Wehr setzen; genauer: gegen die »Vampire Kids« (mitte und unten; aus der Episode »The Ungroundable«, Comedy Central 2004 und 2008)

Motiven speist. Was passiert aber, wenn dieser Spiegel so eingestellt wird, dass er nicht nur die hör- und sichtbaren Symbole des Goth reflektiert, sondern die Menschen selbst?

Wahrscheinlich gibt es keine mediale Repräsentation einer bestimmten Kultur, die nicht der Kritik ausgesetzt ist, Stereotypen zu zeigen, verzerrend oder sensationsheischend zu sein, und Goth stellt hierbei keine Ausnahme dar. Gothics haben zum Teil berechtigtes Misstrauen gegenüber den Medien, nachdem deren Berichterstattung in der Vergangenheit zur Ausbreitung von Angst vor der Szene – oder gar Hass auf sie – nach sich gezogen hat. Als wohl bekanntestes Beispiel wäre die Berichterstattung über das Massaker an der Columbine High School 1999 zu nennen, bei dem zwei Schüler dreizehn Menschen mit Schusswaffen töteten. Die Mörder, die bekannt dafür waren, in schwarzen Trenchcoats herumzulaufen und Heavy Metal zu hören, wurden von Reportern schnell und unzutreffend als Gothics identifiziert, was zu einer Welle der Negativität gegenüber der amerikanischen Gothic-Gemeinde führte.

Jüngere Darstellungen von Gothics in den britischen Medien waren jedoch größtenteils positiv. Verschwunden sind die müden Klischees von gefährlichen Teufelsanbetern oder mental instabilen Gothics: in unserem ach so politisch korrekten Zeitalter sind die Medien empfindsamer gegenüber Kritik an der Darstellung von gesellschaftlichen Minderheiten. Infolgedessen werden Gothics, obwohl Goth tendenziell immer noch eher als »Teenager-Phase« abgestempelt wird denn als kontinuierliche Entscheidung für einen Lebensstil, weitgehend als liebenswürdige, humorvolle und sympathische Charaktere präsentiert. Figuren wie die von Richmond in »The IT Crowd« oder von Rosie und Craig Harris in »Coronation Street« sind Beispiele für diese momentane Mediensichtweise. Auch außerhalb Großbritanniens sind Gothics in den Genuss positiver Darstellungen gekommen: Die amerikanische Dramaserie »The Amazing Race« zeigte 2007 das kecke Goth-Pärchen Kynt und Vyxsin und zerschmetterte so den Stereotyp des ewig düsteren und unergründlichen Goth. Die »Goth Kid«-Figuren in »South Park« haben, obwohl sie misanthropische, selbstsüchtige Außenseiter sind, Fans unter echten Goths gefunden, was an der Genauigkeit der Darstellung des Musik- und Modegeschmacks der Figuren liegen mag – oder auch einfach ein Beleg dafür sein könnte, dass auch Gothics die Fähigkeit besitzen, hin und wieder über sich selbst zu lachen.

Trotz des häufigen Gebrauchs von Gothics als »comic relief« haben die Medien gezeigt, dass sie Goth ernst nehmen, wenn es angebracht ist. 2006 veröffentlichten die »BBC News« einen Artikel über den Zusammenhang von Gothic und Selbstverletzung – ein selbst unter Gothics emotionaler und kontroverser Gegenstand. Weit davon entfernt, sensationell oder reaktionär auf das Thema einzugehen, nahm der Artikel einen sehr ausgewogenen Standpunkt ein und kam zu dem Schluss, Gothics mögen zwar eher als Nicht-Goten dazu neigen, sich selbst zu verletzen, dennoch aber beziehen junge Leute »wertvollen emotionalen und sozialen Rückhalt« aus der Gothic-Subkultur.

Die wohl größte Unterstützung für Goth seitens der britischen Medien zeigte sich 2007 in der Berichterstattung über den Mord an Sophie Lancaster, einem Goth-Mädchen. Die zuständigen Reporter, die die Morduntersuchung und das Verfahren gegen die Täter verfolgten, brachten all die vielen gefährlichen Vorurteile ans Licht, denen sich Gothics und andere Angehörigen von Subkulturen unnötigerweise ausgesetzt sehen. Hervorgehoben wurden in mehr als einer Publikation vor allem die Worte des Richters, der Gothics als »friedvolle, gesetzestreue Leute, die keinerlei Gefahr für irgendwen darstellen« beschrieb, was bestätigte, dass Gothics weit mehr von der Gesellschaft zu befürchten haben als die Gesellschaft von ihnen. Die Medien förderten außerdem S.O.P.H.I.E., die Anti-Hass-Kampagne, die nach der Tat von Sophies Mutter ins Leben gerufen wurde. Wenn auch nur eine einzige Erkenntnis aus

Fürsten der Finsternis?

Trotz Rave, Dancefloor-Boom und Blues-Renaissance: Die schwarze Szene bleibt lebendig, und damit auch ihr Sound. Schaurig-schöner Düsterrock ist gefragt wie nie. Etablierte Schwarzkittel wie die Sisters Of Mercy oder The Nephilim feiern stolze Erfolge, und vor allem im deutschen Underground blüht die Lust am Leiden. Christian Stolberg stieg für uns in die Gruft.

GRUFTIS '93

Romantik und Darwinismus

Ihre Protagonisten heißen "Das Ich" oder "Relatives Menschsein". Die Enkel von Joy Division haben die deutsche Romantik entdeckt. Mit pathetischen Moll-Klängen und Nietzsche-Vertonungen schottet sich die Szene immer stärker gegen die Neuzeit ab. Thomas Kallweit über die neuen Schwarzen.

Lieblingsplatz Friedhof
Lieblingsfarbe grau – warum?

Die Gothics

Sophies Tragödie gewonnen werden kann, dann ist es die, wie verheerend Vorurteile sein können, und, darüber hinaus, welche Macht und Verantwortung die Medien besitzen, sie zu überwinden.

— Ein Spiegel in die Zukunft —

Was wird die Zukunft für die empfindsame Beziehung zwischen Goth und den Massenmedien bereit halten? Können sich Gothics darauf einstellen, noch positiver und mit größerer Exaktheit in den Medien repräsentiert zu werden? Oder werden die Medien durch einen plötzlichen Haltungswechsel gegenüber Goth die Bewegung den dunklen Pfad des Aussterbens hinab begleiten, oder ihre Identität durch die Überkommerzialisierung ihrer Symbole vernichten?

Entgegen dem gotischen Stereotyp bin ich optimistisch. Die Gothic-Subkultur beruht auf den Medien als Quellen neuer Symbole für Veteranen und als Methode der Übertragung alter Symbole an neue Gotengenerationen. Umgekehrt benötigen die Medien die Gothics und die Anhänger anderer Subkulturen als künstlerische Inspiration und zahlendes Publikum für ihre Produkte. Vorausgesetzt, die Medien bleiben empfänglich für die Nöte aller Subkulturen und Minderheiten, sollte diese gegenseitige Beziehung von Gothic und Medien ungestört weiter Bestand haben; Fernsehen, Film und Internet können dann weiterhin ihre Rollen als Spiegel zwischen den Kulturen der Vielen und der Wenigen ausüben.

M Wechselbeziehung zwischen Musikgeschäft und Fans: Das Magazin der Plattenladenkette WOM konstatierte 1991 die ungebrochene Beliebtheit von Gruftrockern wie The Cure, Sisters Of Mercy und Fields Of The Nephilim – trotz Techno-Hype und Eurodance-Welle

N Verzerrt, verfälscht, verunglimpft: In diesem Artikel werden alle Register von sensationsheischender »Berichterstattung« gezogen, von falschen Zitaten über unwahre Behauptungen bis zu subtilen Verunglimpfungen (Stadtmagazin Marabo, Januar 1993)

O Lieblingsplatz Friedhof, Lieblingsfarbe grau – und »ein Totenkopf ist immer dabei«: Die BILD-Zeitung fragt sich »warum?«

A

Falsche und doch nie gegebene Versprechen?

Lieben, Hassen und Versöhnen mit unserer Subkultur

Andreas Plöger

Nicht schon wieder ein böse dreinschauender, schlecht geschminkter Kunstledermantelträger! Das hatte mir gerade noch gefehlt. Ich, ganz froh mit eben solchen Individuen nicht mehr viel zu tun zu haben, drehte mich weg und sah beschämt zu Boden. Die Devise war, möglichst nicht mit diesem Kerl in einen Topf geworfen zu werden. Nervös zupfte ich am Hemd, sah in meine zerknitterte Ausgabe der Süddeutschen. Die Streiflicht-Kolumne war mein einziger Ausweg, ein ziemlich uninteressanter an diesem Tag. Verkrampft starrte ich auf die Buchstaben, deren Aneinanderreihung für mich in diesem Moment keinen Sinn ergeben wollte. Die Hände zitterten, lesen konnte ich nicht. Verdammt. Halb aus dem Augenwinkel verfolgte ich die Reaktion meiner Mitwartenden. Diese fiel unspektakulär aus. Der schwarze Modeunfall zog unbehelligt an uns vorbei, die alte Dame zu meiner Rechten sah ihm für kurze Zeit nach, nur um sich wieder der Monotonie des Wartens hinzugeben. Mitten im Nirgendwo harrte ich der Ankunft des Zuges und dachte nach.

Vor allem eine Frage quälte mich zu diesem Zeitpunkt: War mein Verhalten gerechtfertigt? Nicht einmal zehn Jahre zuvor hätte meine Reaktion wohl ganz anders – im Wesentlichen wohlwollender – ausgesehen. In eben diesen zehn Jahren hat sich viel verändert. Meine Umwelt, ich mich und wir uns gegenseitig. Bewegung. Man merkt es nur nicht so akut, wie man einen gezielten Schlag gegen den Kopf merken würde. Meine Einstellung zur Szene, oder wie auch immer man diese soziale Ballung schwarzgekleideter Gestalten bezeichnen möchte, war ehedem einer ständigen Veränderung unterworfen. Schuld daran waren ganz unterschiedliche Dinge. Wenn mich heute jemand fragt, ob ich ein Grufti sei, dann tendiere ich nach längerem Lamentieren zu einem Nein. Das war nicht immer so.

Denke ich zurück an die Zeit, in der ich anfing, mich mit schwarzer Musik und in logischer Folge mit der Szene selbst zu beschäftigen, versprach das sich mir bietende Bild einiges. Das war im Jahr 2000. Damals war ich 13 und am Anfang jener spannenden Selbstentdeckungsreise, die man landläufig Pubertät nennt. Britney Spears war zusammen mit dem aus Amerika herüberschwappenden Gangster-Rap gerade Mode. Altersgemäß waren die Gespräche oberflächlich und vor allem von klassischen Themen geprägt: Sex, Sex, Popstars, Sex, Coolness und – ja – Sex. Das war nett, wurde aber schnell langweilig. Zu dieser Zeit stieß ich auf den im Jahr 2000 schon lange voll ausgeprägten, institutionalisierten Moloch »Schwarze Szene«. Für mich damals aufgrund der in einschlägigen Magazinen geführten Debatten ein Hort interessanter Positionen und Persönlichkeiten. Auch beim näheren Kennenlernen vieler Gruftis versprach diese undefinierbare Masse schwarzer Gestalten ungemein viel, zumindest im Vergleich zu meinen Schulfreunden. Um zu klären, warum diese Versprechen (oder besser:

A Batcaver im fortgeschrittenen Alter in freier Wildbahn (Heidnisches Dorf beim WGT 2008)

B Katzenjammer Kabarett live bei Ghost Dance 2004
C Publikum bei einer Ghost-Dance-Party

Verheißungen?) über die Zeit jedoch nicht eingehalten wurden, versuche ich, sie an wenigen Schlagworten festzumachen. Dazu wildere ich der Einfachheit halber bei der französischen Revolution: Gleichheit, Freiheit, Brüderlichkeit. Die drei Schlagwörter von 1789 bedürfen einer kurzen Erläuterung, um im Kontext »Gothic-Szene« verwendet werden zu können. Vergessen wir also die Französische Revolution, den Sturm auf die Bastille und analog Robespierres Terrorregime. Wichtiger ist die Perspektive eines 13-Jährigen. Was meine ich mit Gleichheit? Gleichheit beschreibt einen gewissen Wertekonsens, auf dessen Basis das Miteinander in der Szene beruht. Also das, was man auch gerne mit »schwarzem Lebensgefühl« oder »gemeinsamer Wellenlänge« umschreibt. Die große heile Welt der wildkuschelnden Grufti-Kelly Family. Brüderlichkeit folgt zum einen aus der (angenommenen) Gleichheit aller Szenegänger, zum anderen aus der gemeinsam erfahrenen »Ablehnung« durch Außenstehende, zum Beispiel aufgrund provokativer Symbolik oder bisweilen skurriler bis abstruser Outfits. Wohl am kompliziertesten ist der Freiheitsbegriff, da dieser vor allem in der Schwarzen Szene im Kontrast zum eigenen Umfeld steht und somit anders als im Punk nicht gegen Staat, Herrschaft und Autorität als solches. Das macht eine generalisierende Betrachtung nahezu unmöglich. Ich spreche von positiver Freiheit, eingeschränkt nur durch die ungeschriebenen Szene-Dogmen in Sachen Optik, Verhalten und Musikgeschmack, die die Szene für mich problematisch machen und die einem immer wieder unangenehm von hinten auflauern:

Dogma 1: Schwarz ist großartig. Rot, Lila und Blau in Kombination auch. Vielleicht noch Weiß. Alles anderes ist kritisch. (Na gut, die Cyber-Welle hat das Ganze etwas relativiert, nur wofür?)

Dogma 2: Egal wie tief du suchst, egal wie lange und egal wo, letztendlich wirst du immer jemanden finden, der gother ist als du selbst.

Dogma 3: Finde nur das gut, was man innerhalb deiner Szenesparte gut findet. Alles, was nicht völlig fremd, sondern auch andernorts gemocht wird, ist grundsätzlich suspekt. Das trifft auf alle Subszenen zu.

Sehr individualistisch? Bestimmt nicht. Allerdings ist das die Essenz dessen, was man in der Szene als anonyme Masse von Individuen mit bestimmten Vorstellungen eben dieser Gemeinschaft implizit vermittelt bekommt. Diese Dogmen aber hatten für mich im Jahr 2000 noch wenig Relevanz. Die Szene bot genug Entdeckungen, ohne dass man überhaupt an ihre dogmatischen Grenzen stoßen konnte.

— Gleichheit? —

Manche sind eben gleicher als der Rest.

2004 gaben Katzenjammer Kabarett ihr zweites Konzert überhaupt im Rahmen unserer Party-Reihe Ghost Dance. »Batcaver« gab es dank des Goth-Rock-Mini-Comebacks zu Beginn des Millenniums plötzlich wie Sand am Meer. Optisch übrigens genauso homogen wie ein Strand. Der Vergleich passt also. Mein Iro war zwischenzeitlich in irgendeinem Friseursalons-Mülleimer verschwunden und ich war froh, konzeptionell mit Katzenjammer Kabarett von diesem Tim-Burton-fanatischen Strumpfhosen-Zerfetzer-Fetisch-Club Abstand gewinnen zu können. Der Eintritt lag bei kommunistischen fünf Euro. Ein fairer Preis, möchte man meinen. Bis sich ein durch Plateaus und meterhohe Frisur in die länge gezerrter Schatten auf mich warf: »Was willst du Poser denn eigentlich hier?«. Etwas irritiert sah ich mich um, wer denn gemeint sei, bis mir langsam dämmerte, dass ich wohl der Adressat dieser wenig charmanten Frage war. Umgeben von vornehmlich weiblichen Nachvollziehern der nie erlebten 80er, sah er, der Batcave-König, mich streng prüfend an. Die Blicke seiner Verehrerinnen warteten auf eine Reaktion. Die kam auch, als ich betrunken vom Stuhl fiel. Während ich mich kopfschüttelnd wieder aufrichtete, warf er mir noch an den Kopf, wozu man denn Konzerte bräuchte, Partys wären ja schließlich das, worum es ginge. Aber fünf Euro Eintritt seien schon fair.

Ist die Szene nun wirklich dem Gleichheitsgrundsatz verschrieben? Nach außen gibt sie sich elitär, nach innen auf den ersten Blick egalitär. Zumindest war das meine Erfahrung zu Beginn meines Daseins als böses, gar düsterliches Kind der Nacht. Alle (na gut, die meisten) waren freundlich zu einem, man wurde offen aufgenommen und entscheidend war mehr wie man ist, und nicht wie andere einen gerne hätten. Dachte ich, doch dieser Eindruck verflog binnen weniger Jahre, in manchen Bereichen binnen weniger Monate. Tatsächlich teilt sich die Szene in unserer Gegend und natürlich auch andernorts quasi-hierarchisch auf. Die Kriterien bleiben dabei im Bezugsrahmen der Szene, der Status eines jeden leitet sich aus heimlichen Konventionen ab, deren Existenz natürlich immer wieder bestritten wird. Die schwarze Area 51 sozusagen. Typisch waren und sind: Verbindungen oder neudeutsch Connections (»Ich kenn den, also bin ich!«), Coolness (Wie krass die Uniform, wie hoch der Iro, wie dick das Make-up? Ist man vielleicht sogar »Model«?) und Musik (Ist man DJ, möglichst sachkundiger Musiksammler, Veranstalter oder Musiker?). Zusätzlich teilt sich die Szene dann auch noch in mehrere Subszenen auf, also Personenkreise mit ähnlichem Musikgeschmack bzw. ästhetischem Empfinden, die sich vor allem in den Ausgehgewohnheiten unterscheiden. Unter diesen Gruppen gab es in den letzten Jahren einen harten Abgrenzungskampf: Hier die punkigen und elitären Batcaver, da die hochapokalyptischen bis bedrängend-dekadenten Neofolker, dort die Patschuli-umwobenen Wedelgoten. Auf der anderen Seite Blutengel-Fans, Cyber-Menschen, Düster-Metaller und was nicht sonst noch alles unter der Sonne des Herrn sein Unwesen treibt. Zwischen den Klientelen dieser Subszenen ist die Ungleichheit teilweise größer als die nach außen.

Die Szene – ein Raum der Gleichheit? Nein. Zum Glück, will man meinen. Denn das Antlitz der Szene verändert sich mit jedem neuen Mitglied und erweitert (oder verengt an manchen Stellen) ihr kulturelles Spektrum. Zum Guten und zum Schlechten. Obgleich man als »Einsteiger« in den jeweiligen Szeneteilen anfangs eine gewisse Gleichheit feststellt, ist man

nach einer Eingewöhnungsphase umso erfreuter, dass es so viele verschiedene Facetten mit verschiedenen Schwerpunkten gibt. Gerade für musikalisches Nischenpublikum wie mich etwas durchaus Vorteilhaftes: Auf Partys mit Erzeugnissen von *ASP, Unheilig, Blutengel, Samsas (Alp)Traum* & Co. findet man nur selten Künstler wie *Coil, Alien Sex Fiend, Christian Death, SPK, Rosa Crux* oder *Le Syndicat Electronique.* Da ist man um jede sich bietende Alternative froh – und da gibt es ja einige. Das Versprechen wurde also mit der Zeit gebrochen, aber nicht zum Negativen.

— Freiheit? —

Der Mensch ist zur Freiheit verurteilt

2002. Die Welt ist ein Arschloch. Noch knapp 600 Meter bis zum Ziel meines Spießrutenlaufs quer durch die Innenstadt. Eingehüllt in ein Konglomerat aus alten Mullbinden, zerfetzten Strumpfhosen, Lackpikes und Teilen meines ersten Anzugs, versuchte ich nicht nur möglichst rasch der Kälte zu entkommen (es war schließlich Winter), nein, ich wollte so schnell es nur ging den Kerlen entkommen, die wild auf Schwuchteln, Satanisten und Ähnliches schimpfend hinter mir herrannten. Sie waren fünf (Personenzahl und geistiges Alter) und offensichtlich mit meiner Erscheinung etwas überfordert. Ein gekonnter Haken in die nächste Seitenstraße gab mir noch ein paar weitere Meter Vorsprung. Mit einem letzten Satz konnte ich gerade noch ihrem Zugriff entgehen – ich war im Club angekommen. Ich kaufte mir ein Bier, stellte mich zu meinen Kumpels und war froh, angekommen zu sein. Nur noch zwei Stunden bis zum Beginn des Welle:Erdball-Konzerts. Bis heute ist mir schleierhaft, warum ich bei meiner Flucht auf der glatten Straße nicht ausgerutscht bin. Zum Glück, sonst wäre der Abend wohl wesentlich unvergnüglicher ausgegangen.

D Death Rockerin

Es heißt im Schwarzkitteltum nicht »Freiheit von«, sondern »Freiheit zu« – so nahm ich es jedenfalls damals wahr. Allerdings fiel ich dem Irrtum anheim, das eine würde das andere ausschließen. Worin lag das implizite Freiheitsversprechen der Schwarzen Szene? Um meine damalige Lage unter Gleichaltrigen zu veranschaulichen, lassen sich diverse Schlagwörter nennen: Konsum- und Anpassungszwang, Konkurrenzdenken, Profilneurose. Platzhirschverhalten und affektiertes Auftreten, um sich wichtig zu machen, ohne jedoch irgendetwas zur persönlichen Entwicklung beizutragen. Das alles war mir ein Graus (und bleibt es auch). Meine Altersgenossen zeigten kein großes Interesse an einer kritischen Auseinandersetzung mit sich und ihrer Umgebung. Ganz anders waren da die Schwarzkittel, die ich seinerzeit kennen lernte. Man war schließlich anders und ungemein alternativ, zumindest auf den ersten Blick. Da bot die Szene an sich und vor allem die Musik im Vergleich zu meinem Alltagsleben als Vorstadt-Gymnasiast einiges mehr an Tiefe: Philosophie, Spiritualität und Religion, aber auch Politik wurden differenzierter und vor allem ergebnisoffener behandelt. Gleichzeitig hatte ich das Gefühl, nicht von vorgefertigten Meinungsspielräumen abhängig zu sein. Zwischen 13 und 15 war ich also frei. Frei zu sagen was ich wollte, frei zum gedanklichen Austausch, frei mich zu artikulieren. Dass all dies im von der Szene vorgegebenen Handlungsrahmen geschah, war mir zu dieser Zeit nicht bewusst. Im Kontrast zu den »Anderen« war das Gefühl der relativen Freiheit noch lange Jahre präsent.

Die Grenzen dieser Freiheit entdeckte ich erst im Laufe der Zeit. Es sind keine harten Grenzen, die über Zugehörigkeit oder Nichtzugehörigkeit zur Szene entscheiden, sondern über den eigenen Standpunkt zu dieser. Ich habe nahezu meine gesamte Jugend in der Szene verbracht und mich in dieser Zeit weiterentwickelt. Der Weg vom »Anders-Sein« zum schlichten, aber sehr angenehmen »Sein« ist keine Entscheidung, sondern ein Prozess. Was das nun mit Freiheit zu tun hat? »Anders-Sein« in unserer Szene heißt, zusammen mit anderen anders als der Rest der Gesellschaft sein. Dabei ist man jedoch ein Stück weit auf die Szene angewiesen, um seine eigene Position rechtfertigen zu können. Innerhalb einer Subkultur, die sich schon immer mit den Extremen der menschlichen Existenz beschäftigt hat, ist es leichter, extreme Positionen zu diskutieren, ohne vom Gegenüber bereits zu Diskussionsbeginn verurteilt zu werden.

Irgendwann wird man sich dann darüber bewusst, dass man die Szene nicht braucht, um zu sein, wie man ist. Man hat aber weiterhin die Freiheit, ein Teil von ihr zu bleiben und muss sich nicht (automatisch) dafür rechtfertigen. Mein Freiheitsbegriff hat sich zusammen mit mir selbst innerhalb der Szene gewandelt. Das Versprechen von Freiheit also wurde nicht wirklich gebrochen, sondern hat sich verschoben.

— Brüderlichkeit? Tss! —

WGT 2008: Nach einem grandiosen Psychic TV-Konzert hatte ich mich mit Freunden zur alljährlichen Abschlussveranstaltung in der Moritzbastei aufgemacht. Mir stand der Sinn nach Wave und Goth Rock. Keine gute Voraussetzung, um das alljährliche Treffen ausklingen zu lassen. Ein Großteil meiner Freunde war arbeitsbedingt bereits auf dem Heimweg und so stand ich dort, positiv erschöpft. Die hauptsächlich stampfende Musik dröhnte auf mich ein, ich sah mich um: Schwarzkittel so weit das Auge reichte. Ich fühlte mich auf einmal fehl am Platz. Nachdem ich mein Bier geleert hatte, machte ich mich auf den Heimweg. Am Straßenbahnknotenpunkt am Leipziger Hauptbahnhof kam es zu einem meiner schönsten WGT-Momente: Bei einem eher auf Smalltalk ausgelegten Gespräch hatten wir uns in einer kleinen Gruppe auf dem Boden niedergelassen und Bier getrunken. Frustriert über die Unmöglichkeit, in einer greifbar-nahen Location Goth Rock und Artverwandtes hören zu können, fingen wir nach kurzer Zeit an, uns über Gott und die Welt zu unterhalten. Weitere, ähnlich frustrierte Gestalten kamen hinzu. Schon kurze Zeit später waren wir knapp zwanzig Leute und saßen bis früh in den Morgen beieinander. Das gemeinsame Band war dabei nicht unser Musikgeschmack sondern unser Gefühlshaushalt, der immer wieder neue Themen ans Licht zerrte und ins Gespräch brachte. Irgendwann verabschiedeten wir uns voneinander und gingen mit einem Lächeln auf den Lippen auseinander.

Ich habe Freunde gefunden, mit denen mich etwas sehr Spezielles verbindet, das aus den ersten beiden Punkten Gleichheit und Freiheit folgt. Die Rolle der Szene war hierbei allerdings auf das Zusammenführen beschränkt. Doch genau das ist diskussionswürdig, denn nirgendwo sonst habe ich ähnlich tiefe Verbindungen mit Menschen aufbauen und entdecken können wie in dieser Szene. Das gilt auch heute noch (an dieser Stelle ein freundlicher Gruß an den Herausgeber!). Für mich ist »Brüderlichkeit« der wichtigste Punkt, wohl auch der, der mich nach wie vor dazu bewegt, mich mit dieser, mit unserer Szene zu beschäftigen. Brüderlichkeit darf hier durchaus wörtlich genommen werden, so man von Brüdern (und natürlich Schwestern) im Geiste spricht. Es finden Individuen zusammen, die die Szene als besonderen Kommunikationsraum entdeckt haben. Allgemein ist das Versprechen der Brüderlichkeit also wie in jedem Sozialverband illusorisch. Im Besonderen aber ist es ein Alleinstellungsmerkmal für mich selbst, das allerdings mit den momentanen Entwicklungen immer mehr verblasst.

— So, was jetzt? —

Mir ist bewusst, dass ich seinerzeit im Jahr 2000 eine humanistische Idealvorstellung auf die Szene projiziert habe, die sich im Gesamtbild als völlig fehl am Platz erweist, sind die beteiligten Individuen doch glücklicherweise in ihren vielfältigen Ansichten zu verschieden. Gerade in bestimmten Kreisen, ich meine hier unter anderem den reaktionären, vergangenheitspositiven Teil der Neofolk-Szene, dürfte mein Standpunkt gar auf wenig Gegenliebe stoßen. Für meinen Freundes- und Bekanntenkreis als eigene Entität in der Szene ist die Idealvorstellung jedoch Wirklichkeit, denn zumindest im Miteinander hat dieses Ideal volle Gültigkeit.

Nie gegebene Versprechen tauchen immer auf, sie sind ein Produkt des Sich-in-Bezug-Setzens zu einer Gruppe bzw. dem Bild, das man von dieser hat. Eine Projektion auf eine Projektion (der Szene), eine Idealvorstellung des Ich, für die man einen Raum zur Verwirklichung mit größtmöglicher Freiheit sucht. Die Art dieser nicht gegebenen Versprechen hängt ganz von unserer eigenen Wahrnehmung ab. Aber jeder trägt sie in sich herum.

Im Großen und auch im Detail ist die Szene heute nicht mehr die, auf die ich mich damals projiziert habe. Umso mehr Facetten dieser Szene ich entdeckt habe, umso mehr wurden diese Versprechen gebrochen. Das überrascht nicht. Was ich der heutigen Schwarzkittel-Generation jedoch zum Vorwurf mache, ist ein unglaublicher Strukturkonservatismus, eine dogmatische Verfestigung, die Abkehr von der Selbstverwirklichung und die Neuausrichtung als reine Konsum- und Erlebniswelt. Es wäre Augenwischerei zu behaupten, dass Letzteres nicht schon immer präsent war, doch zerstören die sich immer weiter verfestigenden Dogmen die Möglichkeit, sich ungeachtet der Strukturen weiterzuentwickeln. Tut man das trotzdem, fällt man aus dem Raster. Solche Entwicklungen kommen und gehen, allerdings hat die Ökonomisierung einen Grad erreicht, in der ich die Schwarze Szene mehr als Marktsegment denn als Subkultur empfinde.

Am Ende steht man außen vor, schüttelt verwundert den Kopf und fragt sich, ob es eigentlich nur jene Vielzahl nie gegebener, in die Szene hineininterpretierter Versprechen war, die einen zum Bleiben animierten. Erkennt man diese Illusion, verliert sie als Personenverband viel ihrer ursprünglichen Attraktivität. Übrig bleibt die nüchterne Feststellung, dass man in der Szene nach einer Begründung für das sowieso schon vorhandene Selbst sucht, sie einem bis zu einem bestimmten Grad bei dieser Suche hilft und einen dann, so man fündig geworden ist, wieder ausspuckt.

F Ghost Dance feiert Geburtstag, 2006

EUROPA
A

Vom Rüschenhemd zur Uniform

Rückblick auf eine Kontroverse

Martin Lichtmesz

All festivals end, as festivals must. Was ist aus dem Neofolk geworden im Jahr 2010, dreißig Jahre nach der Gründung von *Death In June,* mehr als zwanzig Jahre nach dem Erscheinen von Genreklassikern wie »Swastikas for Noddy«, »Brown Book«, »Against the Modern World« und »Music, Martinis & Misanthropy«, fünfzehn Jahre nach »The Gospel of Inhumanity«, »Gotos=Kalanda« und *Campo di Marte,* zehn Jahre nach *Jenzig, Flammende Welt* und *Orplid?* Die Ernte scheint eingeholt, die Kristallhöhle geplündert, das Fieber abgeheilt. Die Verbliebenen, wie etwa *Der Bluthарsch, Allerseelen, Darkwood, Blood Axis* und *Changes* wandeln weiter auf ihren Traumpfaden, ob auf alten oder neuen, in jedem Fall: ruhigeren und abgelegeneren, teils als Neuerfindung, teils als Traditionskompanie, teils als Selbstparodie, gelassener, angepasster und zugleich auf verquere Art eigenwilliger als je zuvor, begleitet von einer kleinen, aber treuen Fangemeinde, die allerdings schon lange nicht mehr die spezifische Glut spürt, die ihre Lieblingskünstler einst anzufachen wussten. Hardliner und Sparten-Nachzügler wie *Von Thronstahl* haben sich in stacheldrahtumzäunte Bunker zurückgezogen, aus denen sturköpfig und blindlings das Feuer gegen alles, was sich bewegt, eröffnet wird. Nur sehr selten tauchen talentierte Newcomer wie *Ianva* auf, die das Genre neu zu erfinden wissen. Die Epigonen der ersten Welle wie *Rome, Die Weisse Rose* oder *Triarii* trommeln weiterhin fleißig im Gleichtakt mit strengen Mienen, schwarzen Uniformen und sinister aussehenden Symbolen auf den Armbinden, aber selbst der Antifa, die sich einst den Neofolk zum Intimfeind erkoren hatte, ist das heute kaum noch eine Aufregung wert. Das war bekanntlich einmal anders, und manch einer mag heute den Seufzer des Surrealistenpapstes André Breton nachvollziehen, der eines Tages enttäuscht feststellte, dass es »keine Skandale mehr gibt«.

B

A, G Vereindeutigung nach rechts: Infolge der z. T. hysterisch geführten Debatten über die politischen Ausrichtungen mancher Neofolkkünstler wurden tatsächliche rechte Aktivisten und völkische Neuheiden auf die Szene aufmerksam: »New Dawn Rising« (London o. J.) bot neben den Tonträgern der »üblichen Verdächtigen« auch Veröffentlichungen wie »Vor Trù« und Kadmons »Aorta«-Hefte an, aber auch Runenabzeichen (interessanterweise aber nur von Runen, die auch bei den Nazis Verwendung gefunden hatten) und reproduzierte SS-Ehrenringe, und die neurechte Zeitschrift »Europakreuz« feierte den Schulterschluss von Neofolk und rechtem Kulturkampf. Thiel, Marco (Hg.): »Europakreuz« Nr. 20, Berlin 1997

B Eintrittskarte zum »Nebelung«-Festival im Ballroom Esterhofen, 1998

C Sol Invictus: »Looking for Europe«-Single, World Serpent 1992. Auf der einseitig bespielten 7" (auf der Rückseite befinden sich Runenritzungen) singt Ian Read. Bei oberflächlicher Betrachtung wirken Text und Titel eurozentrisch, doch verbanden die World Serpent-Künstler mit ihren Betrachtungen zu Europa stets auch Besorgnis bzw. Skepsis mit diesem Thema angesichts der von Kriegen und Imperialismus gezeichneten europäischen Geschichte. Ausschließlich positive Bezugnahmen beschränken sich weitgehend auf vorchristliche bzw. neuheidnische Topoi

Wenn der Krieg der Vater aller Dinge ist, auch der Kunst und der Politik, dann können Feinde, die Profil geben, durchaus produktiv wirken, wenn auch nicht immer mit dem gewünschten Ergebnis. Was sich zwischen 1990 und 2005, mit dem Gipfelpunkt ungefähr in der Mitte, innerhalb des Neofolk-Zweigs der Schwarzen Szene in Deutschland hochgeschaukelt hat, kam der Aufheizung und ideologischen Aufrüstung beider verfeindeter Lager zugute, nahm schließlich die Züge einer »self-fulfilling prophecy« an, was durchaus der raison d'être der Antifa und der an ihr hängenden politischen Kreise entgegenkam. Auf der einen Seite brauchte man dringend den Feind, um die eigene »causa sui« zu befördern, auf der anderen Seite steigerte so viel provozierende Aufmerksamkeit natürlich das trotzige Gefallen an der eigenen, neu entdeckten Identität, gespeist aus einem Kraftfeld der verworfenen und verleumdeten Ästhetiken und Weltanschauungen, die aus dem Bannkreis des Tabus gehoben werden wollten.

Dies geschah zu einer Zeit, als solche Entdeckungsreisen noch erheblichen Aufwand, Leidenschaftlichkeit und Beharrlichkeit abverlangten. Dinge, die sich heute blitzschnell via Internet recherchieren und herunterladen lassen, mussten damals noch mühsam gesucht, geliehen und erworben werden, was dem Reiz natürlich immens förderlich war. Schlüssel und Wegbeschreibungen zu den Schatzkammern boten obskure, am Fotokopierer hergestellte Heftchen wie Sigill, Aorta und Ahnstern an, deren Aura sich um ein Vielfaches steigerte, als die ersten Gegenangriffe durch Antifa-Autoren erfolgten. Der semi-klassische Aufsatz »The dark side of the music« von Volkmar Wölk und Jean Cremet, mit dem Untertitel »Jenseits von ›Böhse Onkelz‹ und ›Skrewdriver‹: Über (neo-)faschistische Tendenzen in der Independent-Musik«, erschienen 1996 in Analyse & Kritik, hat vermutlich um einiges mehr zur Politisierung der Neofolk-Rezeption beigetragen als irgendein »Vereinnahmungs«versuch seitens früher JF-Autoren und Gothic-Szenegänger wie Roland Bubik, Heino Bosselmann und Gerlinde Gronow.

Dergleichen kenntnisreich vorgetragene Angriffe wirkten abschreckend auf die Ängstlicheren, während sie bei den anderen, gewiss nicht den Schlechteren, den Trotz und die »Faschistophilie«, wie Gronow zu sagen pflegte, noch verstärkten. Es dürfte indessen nur ein kleiner Bruchteil gewesen sein, der den ausgelegten Fährten tatsächlich folgte und sich in das vertiefte, was Jünger, Evola oder Pound nun wirklich geschrieben hatten. Insofern war ein spätes antifaschistisches Kompendium mit dem unwiderstehlichen Titel »Ästhetische Mobilmachung« (2002), herausgegeben von Andreas Speit und Jan Raabe, eine unerschöpfliche Fundgrube an aufregendem und im Gegensinne der Verfasser verwertbarem Material, das der Neofolk-Durchschnitts-Fan sonst nie in die Hände bekommen hätte. So predigt man eben doch immer nur zu den Bekehrten und erzeugt durch Druck unfreiwillig das, was man bekämpfen möchte.

Das größte Eigentor waren allerdings die nicht nur in diesem Buch so häufigen inhaltlichen Verdrehungen, böswilligen Fehlinterpretationen und »guilty-by-association«-Unterstellungen. Aus der Lektüre der Traktate der Schoberts, Cremets, Speits und Dornbuschs ging man wohlig erzürnt über die Ungerechtigkeit des Angriffs und eher gestärkt im Glauben an die eigene Herzenssache hervor: Wenn der Gegner es offenbar nötig hat, die Sachverhalte zu entstellen, um sie in das gewünschte Licht zu rücken, dann waren sie wohl doch komplexer, wahrer, schöner und besser als es die feindbildsüchtigen Autoren haben wollten. So wurde in der Regel etwa die verblüffende Spannweite der »Apocalyptic Folks«, der »apokalyptischen Leutchen« der World Serpent-Family« ausgeblendet. Zu der Tatsache, dass Gruppen wie *Psychic TV, Nurse With Wound* und *Coil* in diesen Umkreis gehörten, fiel den Antifa-Kopfjägern nichts mehr ein. Vermutlich haben viele von ihnen diesen Umstand nicht einmal wahr-

D Death In June-Album »Nada!« (Erstauflage in blauem Cover, hier die Rückseite mit Signatur von Douglas Pearce, New European Recordings, 1985) Der Albumtitel ist höchstwahrscheinlich eine Referenz an das »Nichts« der spanischen Mystikersekte der »Alumbrados«

E Ein Stein des Anstoßes: Infolge dieses Artikels von Stephan Pockrandt über Douglas Pearces Interesse an Spiritualität, Runenmagie und dem Dritten Reich in der Hauspostille der Bayreuther Disco Etage im Mai 1992 entzündete sich ein Diskurs, der im Laufe der 90er weit über die Szene hinaus für Verwirrung und Missverständnisse sorgen sollte, bis hin zu Indikationen von Tonträgern, Angriffe auf Künstler wie Fans und Veranstaltungsorte, Gerichtsprozessen und Zensurmaßnahmen

genommen, und wenn, dann wussten sie ihn nicht einzuordnen. Ein Fan der »Familie« hatte stets einen stereoskopischen Blick: Während Boyd Rice *(NON)* in SS-Uniform unter martialischem Gedöns den »Total War« (»Throw out Christ/And bring back Thor!«) beschwor, nahmen die befreundeten *Current 93* zarte Weltschmerz-Lieder mit zunehmend christlicher Färbung auf.

Aber die Fans selbst wurden eben selten befragt, wie sie denn nun die Musik und die dazugehörige Ikonografie rezipierten, wie sie denn nun tatsächlich darüber dachten, fühlten, mitnahmen. Die Schoberts begnügten sich »diskursanalytisch« mit den (oft aus dem Kontext gerissenen) Aussagen und Texten der Musiker, gingen implizit von der Annahme aus, dass jeder Neofolk-Hörer heimlich alles das auch weiß, was die strammen Aufdecker zusammenrecherchiert hatten, und dass er das alles selbstverständlich auch gut findet. Es hat sich kaum einer der Berufsmahner und Jäger näher angeguckt, was für Menschen es tatsächlich waren, die in den Gothic-Clubs zu »Lord of Ages« im Gruftschritt tanzten und die sich à la Douglas P. Tarnjacken über die Latexklamotten oder Band-Shirts zogen. Als langjähriger Szenegänger kann ich bekräftigen, dass es sich überwiegend um unpolitische Menschen handelte, die von der Attacke durch den ideologischen Jargon im Stile des »Duisburger Instituts für Sprach- und Sozialforschung« und anderer einschlägiger Institutionen komplett überfordert waren. Weder hatten sie die auf Reflexe bauende Schlagworttaktik der Linken durchschaut, noch die intellektuellen Waffen in der Hand, die keulenartige Begriffsbildung im Kern zu durchschauen. Wenn etwa von Seiten der Antifa eingeklagt wurde, dass der Neofolk »antiemanzipatorische Tendenzen« habe, dann reichte das schon, viele zu verunsichern, denn wer wollte schon so etwas verwerflich-repressives wie »anti-emanzipatorisch« sein (was immer das auch heißen mochte)? Andererseits entlarvten sich auch hier die Heuchelei und das doppelte Spiel der Ankläger: Linksextreme »werfen« anderen »Rechtsextremismus« vor, die »Emanzipatorischen« schreien plötzlich nach Zensur und Verboten, die Schleusenwärter und Mitschwimmer des Mainstreams warnen vor »Unterwanderung«. Wer nicht tiefer zu blicken vermochte, wehrte sich auf der Sprachebene aufrichtig empört dagegen, mit dem Femewort »rechts« schubladisiert zu werden, nur um sich von einem Jean Cremet eines Besseren belehren zu lassen, dass »rechts« eine ganze Menge Dinge bedeuten könne, die natürlich allesamt ethisch verwerflich und grundfalsch seien. Da ich mich selbst als Publizist ins Gebüsch rechts von der Mitte geschlagen habe und diese Entscheidung maßgeblich mit meinen Prägungen in der Schwarzen Szene und durch den Neofolk zusammenhängt, bin ich heute der Ansicht, dass die »Vorwürfe« seitens der Linken insofern einen wahren Kern hatten, als hier zurecht zwar nicht der »faschistische« Buhmann, aber zumindest ein potentieller Feind und Dissident des linksreglementierten Diskurses gewittert wurde, vielleicht annähernd jener Typus, den Ernst Jünger den »Waldgänger« nannte. Neofolk als Ganzes war vielleicht »rechts« im Sinne von Botho Strauß' Essay »Anschwellender Bocksgesang«, verstanden als »Akt der Auflehnung: gegen die Totalherrschaft der Gegenwart, die dem Individuum jede Anwesenheit von unaufgeklärter Vergangenheit, von geschichtlichem Gewordensein, von mythischer Zeit rauben und ausmerzen will«. Wer sich zur Gothic-Szene, nicht nur zum Neofolk, hingezogen fühlte, hatte darüber hinaus oft eine tiefe Sehnsucht nach dem Geheimnis, dem Überrationalen, Mystischen, Anti-Materialistischen, selbst zum Religiösen und »Heiligen« im Sinne von Rudolf Ottos »mysterium fascinosum et tremendum«.

Eine ähnliche Spur wie Strauß hatte 1995 (also beinah zeitgleich) Michael Moynihan gelegt, als er von Gerhard Hallstatt (damals noch »Kadmon«) in einem Interview gefragt wurde: »Glaubst Du, daß es eine Verbindung gibt zwischen rechten Vorstellungen und der rechten, intuitiven, mythischen Gehirnhälfte und linken Vorstellungen und der linken Gehirnhälfte, die für rationale, analytische Vorgänge verantwortlich ist?« Antwort: »Die Linke interessiert sich nur für die politische Ebene – in meinen Augen die niedrigste Ebene von allen. [...] Sie hat eine rein materialistische Anschauung, das Emotionelle wird vollkommen geleugnet. [...] Anstatt Zusammenhänge zu sehen, halten sie Spiritualität und Mythologie für völlig unwichtig.« Eine damit verwandte Deutung des Schaffens von *Death In June* präsentierte Robert Forbes in dem ebenfalls 1995 erschienenen, einflussreichen Buch »Misery and Purity«, das anhand der Exegese von *DIJ*-Texten und -Interviews eine Art – ich nenne es einmal so – »rechten Anarchismus« und »poetischen Individualfaschismus« skizzierte, mit besonderem Augenmerk auf den Einfluss Yukio Mishimas: »Dignity and solitude, the gain of my fortitude.« Diese Mentalität, oder zumindest die erhöhte Empfänglichkeit dafür, war durchaus szenetypisch, selbst unter Leuten, die weder Strauß noch Forbes noch das Moynihan-Interview gelesen hatten, und die auch mit dem Begriff »rechts« wenig bis nichts anzufangen gewusst hätten

Zusätzlich trafen die Flirts mit »faschistischer« Ikonografie natürlich auch einen spezifisch völkerpsychologischen Nerv. In deutschsprachigen Ländern wächst man nun einmal mit allerlei pawlowschen Konditionierungen auf, die sich aus den Debatten und Ritualen um die vermeintliche oder tatsächliche »Schuld« der Deutschen und ihrer »Sonderwege« ableiten. Diese haben schon längst das Niveau von irrationalen Schlagwortgefechten erreicht, und wer heute in Deutschland klar denken will, tut gut daran, erst einmal seine Affekte zu exorzieren. Die Schocks, die etwa Michael Moynihan oder Boyd Rice mit ihren drastisch überspitzten und nicht immer ganz ernst gemeinten Aussagen auslösten, wirkten für manches von liberalen »All-Gemeinheiten« (Heimito von Doderer) verkleisterte Gehirn wie eine reinigende Rosskur. Auf die Bewältigungs-Konditionierung, der man durch Schule und Medien hilflos ausgesetzt war, übten die Rätsel, die *Death In June* aufgaben, eine verstörend subversive Wirkung aus. Man wurde »kritischer« und tatsächlich »emanzipatorischer«, aber leider auf eine Weise, die der Linken unerwünscht war und ist. Das ging natürlich über die Infragestellung der Bewältigungsfloskeln weit hinaus. Der ungeniert eklektizistische Zugriff der schillernden Protagonisten des Apocalyptic Folk schockte, faszinierte und begeisterte Tausende, die an der Schonkost des politisch korrekten Konsens und eines einseitigen Kulturverständnisses würgten. Der Anstoß, den sie gaben, entsprach den elektrisierenden Worten, mit denen Botho Strauß den »89ern« empfahl, »Einzelgänger« zu werden: »Man muss nur wählen können; das einzige, was man braucht, ist der Mut zur Sezession, zur Abkehr vom Mainstream.« Wir müssen die Geschichte und ihre verwickelten Kontroversen hier nicht noch einmal im Detail rekapitulieren. Man kann sie nachlesen bei Dieter Gerten und Andreas Diesel, deren Buch »Looking for Europe« eine »Vergangenheitsbewältigung« und politische Neutralisierung von innen her zu leisten versuchte, und, überholt vom Lauf der Zeit, in einem gewissen Sinn zum Schwanengesang des Neofolk-Phänomens wurde. Dessen Blütezeit ist ohne Zweifel abgelaufen, und der Thrill stellt sich nur noch gelegentlich ein. Ab und zu flackern immer noch die Affekte auf, dann wird unterstellt, verdächtigt und denunziert, wird von ebenso unterbeschäftigten wie ahnungslosen »Politikwissenschaftlern« aufgewärmt, wiedergekäut und abgeschrieben, werden Konzerte abgesagt, ihre Besucher verdroschen und Instrumente zerstört oder Leute gefeuert, weil jemand ihre dubiose Vergangenheit »ergooglet« hat. Aber im Großen und Ganzen haben sowohl die Linken als auch die Rechten weitgehend das Interesse am Neofolk verloren. Wenn etwa ein neues *Darkwood*-Album in der Jungen Freiheit rezensiert wird, dann hat das heute nicht mehr »metapolitische« Bedeutung als die Besprechung einer Bruce Springsteen-CD, und die Dornbuschs und Speits haben inzwischen Besseres zu tun, als zwecks

Death In June

... to love is to lose and to lose is to die...

In folgendem Artikel möchte ich ein Projekt näher vorstellen, welches dem samstäglichen Discopublikum der ETAGE wohl vom Hören her bestens bekannt sein dürfte. Es handelt sich um DEATH IN JUNE. Sehr wenig wissen die meisten über Douglas P. alias DEATH IN JUNE, und fast alle denken bei diesem Namen an die braunen LP Cover, die Soldaten, diverse Nazirunen, der SS-Totenkopf... und wohl auch an die wundervolle Musik. Ein Nationalist soll er sein und fast alle Leute vergessen, daß es Runen z.B. schon 4000 Jahre vor Hitler und dem Dritten Reich gab.

Begonnen hatte alles 1981, als sich die Gruppe in der Besetzung: Tony Wakefort, Patrick O'Kill und Douglas P. formierte, um wenig später die erste Maxi "Heaven Street" aufzunehmen, die aus Kostengründen nur in zwei kleinen Auflagen erschien. Im Studio hatte man noch keinen Gruppennamen.

Einmal verstand Douglas Patrick falsch und hörte DEATH IN JUNE heraus. Es stand für die drei sofort fest, daß dies der Name sein würde. "Tod im Juni" kann vieles bedeuten, der deutlichste Bezug jedoch ist auf den Tod vieler SA-Männer, wie Ernst Röhm zurückzuführen, die alle am 30.06.34 umgebracht wurden. In der Anfangszeit klang man mehr nach JOY DIVISION und schrieb vor allem Texte, über den Krieg und das Soldatenleben.

1983 verließ Tony Wakefort die Band, um später SOL INVICTUS zu gründen. Es war eine schwerwiegende Entscheidung für die Band, da er viele Songs komponiert und gesungen hatte. Patrick und Douglas verkrafteten diesen Schritt jedoch gut, und sie begannen sich in eine neue Richtung zu entwickeln. David Tibet von CURRENT 93 sprach wenig später Douglas an, um ihm eine Zusammenarbeit anzubieten. Durch Tibet lernte er auch andere Musiker kennen, die für sein späteres Wirken extrem wichtig sein sollten.(John Balance COIL, Rose Mc Dowell...)

Die Zusammenarbeit wurde ein bis heute andauernde Freundschaft, die wundervolle "Früchte" trug. Das erste Ergebnis war die LP "Nada", auf der sich DEATH IN JUNE auf einen elektronischen, experimentellen und folkigen Weg begabe. Die anschließende Tournee verkraftete Patrick geistig und körperlich nicht mehr. Er entfloh dem Projekt mit dem Ziel, nie wieder Musik zu machen. Etwas später gründete er SIXTH COMM um seine eigenen musikalischen Ideen zu verwirklichen. Auf seinem eigenen Label veröffentlichte er auch einige DEATH IN JUNE Aufnahmen, wie "Born again" und "Oh how we laughed". Seit 1985 ist somit Douglas P. das einzige Mitglied der Gruppe, und in dieser Zeitspanne sind auch die interessantesten Werke entstanden. Er begann die Werke von Joan Genet zu lesen , welche die Texte sehr

beeinflußten. Bei Genet geht es um die Natur, die sich, selbst überlassen, auf Zerstörung zielt. 1989 veröffentlichte er mit "The Wall of Sacrifice" das vorerst letzte DEATH IN JUNE Album, auf der neben Tibet und Rose auch Boyd Rice und Nikolas Schreck mitwirkten. Bislang ist es Douglas nicht gelungen seine, bereits seit längerem angekündigte LP "But what Ends when the Symbols shalter?", fertigzustellen. Seine Kraft hat er seit jener Zeit anderen Musikern zur Verfügung gestellt. (z.B. BOYD RICE - "Music, Martinis & Misantrophy) Die Fans von DEATH IN JUNE hingegen werden seitdem mit Bootlegs ("Night and Fog" etc) und diversen Compilation CD's ("Corn Years"etc) befriedigt.

Das einzige wirklich bemerkenswerte in letzter Zeit war die gemeinsame Tournee mit CURRENT 93 und SOL INVICTUS durch Europa. Drei der seltenen Konzerte konnte man in Deutschland genießen. Douglas hatte jedoch bei diesen Konzerten das Gefühl, daß die meisten Leute nur desshalb gekommen waren, um den Naziokkultisten zu sehen. Wenn Zeitschriften wie SPEX zu DEATH IN JUNE behaupten: "...es ist die Melodie des untergehenden Faschismus, die einen streift,..." ist dies wahrlich kein Wunder. Douglas P. hat den Vorwurf "rechts" zu sein weder akzeptiert, noch ementiert. Er hüllt sich in Schweigen.

Jeder sollt für sich selbst überlegen, ob einem reinen Nazi die Musik und die Texte von DEATH IN JUNE zusagen würden. Die wenigsten Menschen wissen, das Douglas P. in erster Linie ein Runenmagier ist, der sein eigenes individuelles Leben führt und ein total freundlicher Mensch ist, der auch lachen kann. Er hat eine Stufe des Lebens erklommen , die wohl die wenigsten Menschen erreichen.

Douglas P.

Stefan P.

E

Indiziensammlung jeden Schnipsel auf seinen »metapolitischen« Gehalt zu analysieren. Auf dem Leipziger Wave-Gotik-Treffen ist Neofolk weiterhin ein fixer Programmpunkt und kein Mensch regt sich auf, wenn ein Rolf Schilling vereint mit *Orplid* in der wagnerianischen Kulisse des Völkerschlachtdenkmals einen Quasi-Brückenschlag zwischen Dracula und dem »Geheimen Deutschland« Georges und Stauffenbergs vollzieht. Wenn man so will, ist damit doch einiger Freiraum jenseits des kulturell Gängigen gewonnen, ohne dass irgendeine antifantische Befürchtung in Erfüllung gegangen wäre (schade eigentlich!). Die »Neue Rechte« selbst hat sich schon lange verändert, ist moderater und »konservativer« geworden, ebenso wie der Zeitgeist der Neunziger lange verflogen ist. Die politische Adventsstimmung dieser Zeit, Hoffnungsschimmer den einen, Schreckensbild den anderen, ist lange vorbei, und die ad nauseam zitierte »kulturelle Hegemonie« liegt immer noch fest in linksliberalen Händen.

Der Abstieg des Neofolk war allerdings nicht unbedingt die notwendige Folge einer Spengler'schen Entropie. Der massive Gegendruck hat vieles erstickt, was an Ansätzen zu einer nicht-linken, meinetwegen »rechten« (aber eben auch nicht neonazistischen) Subkultur möglich gewesen wäre. Künstler wurden eingeschüchtert und vom Weg abgedrängt, Poseure und Großmäuler ermutigt, (vorwiegend) ostdeutsche Träumer von bündischen Revivals hinausgeekelt, Schwarmseelen enttäuscht und abgeschreckt. Auf so einen schalen Sieg kann man wohl nur stolz sein, wenn man Antifant ist, denn die Welt ist dadurch auch nicht besser, schöner, vielfältiger, aufregender oder klüger geworden. Und die Szenegänger selbst? Neofolk findet immer noch sein Nachwuchs-Publikum und bleibt fester Bestandteil der Schwarzen Szene, aber die Entdeckerfreude und die Lust am Tabubruch der frühen Jahre sind lange vorbei. Wer die Hoch-Zeit der Neunziger miterlebt hat, ist für eine Jugendszene naturgemäß in die Jahre gekommen. Die etwas simpler gestrickteren unter den Veteranen tragen immer noch ihren Ösi-Tarnfleck mit Runenaufnähern und erzählen sich die immer gleichen Schwänke aus den halkyonischen Tagen, da einem noch das Spiel mit dem Feuer das tägliche Vergnügen verschafft hat, böse und interessant zu schillern, während sich einem die roten Knöpfe der *bien-pensants* entblößt und druckbereit entgegenreckten. Die Klügeren sind längst im Zustand des Post-Neofolktums angelangt und interessieren sich für andere Dinge, ohne ihre Gestimmtheiten von gestern zu vergessen, ganz im Sinne Schillers:

Sagen Sie / Ihm, daß er für die Träume seiner Jugend / Soll Achtung tragen, wenn er Mann sein wird, / Nicht öffnen soll dem tötenden Insekte/Gerühmter besserer Vernunft das Herz/Der zarten Götterblume – daß er nicht/Soll irre werden, wenn des Staubes Weisheit / Begeisterung, die Himmelstochter, lästert.[1]

Besonders diejenigen, die unter der World-Serpent-Ära ihre entscheidenden Prägungen erfahren haben, und heute noch feuchte Augen kriegen, wenn sie an die glücklichen Zeiten der intakten Ur-»Family« zurückdenken, verbindet ein geradezu verschwörerisches Einverständnis. Frei nach George: »Und ihr kennt die mitgeburten / An den augen wahrer glut.«

»Mitgeburten« oder »Missgeburten«? Cioran bemerkte einmal, dass er todsicher einen Knacks bei allen entdecke, die sich für dieselben Dinge interessieren wie er. Ich maße mir nicht an, die recht komplex gemischte Schwarze Szene auf einen soziologischen Nenner zu bringen, aber es ist sicherlich kein Zufall, dass mit Vorliebe Menschen mit psychisch problematischen Dispositionen von ihr angezogen werden, darunter auch gerne die Übersensiblen, Begabten, Komplizierten, Unangepassten und Unanpassbaren, die sich partout nicht davon überzeugen lassen wollen, in der »besten aller Welten« zu leben. Freilich ist das der klassische

Europakreuz

Europas Kunst, Kultur und Kraft

Ausgabe 20 - 6. Jahrgang - Juni MCMXCVII e.v. - 2.-DM

Inhalt

Turbund Sturmwerk

Kommunistischer Genoz 1945 e.v. - Erinnerungen an Bleiburg

Oswald Spenglers „De Untergang des Abendlandes" aus energetischer und volkstreuer Sicht

Napoleon

NSB - die nationalsozialistische Bewegung der Niederlande

Debil, senil, unsagbar krank

Forschungsreisen im Internet

The Moon lay hidden beneath a Cloud

Death in June / Boyd Rice / Strength through Joy / Scorpion Wind / Kapo !

G

F Death In June: »The Wall of Sacrifice« (CD-Cover der Wiederveröffentlichung NER 2003, Original-LP und CD NER 1989)

G Das neurechte Magazin »Europakreuz« (herausgegeben von Marco Thiel) propagierte Neofolk und Post-Industrial. Im Rahmen eines Wiedererwachens spezifisch europäischen Kulturbewußtseins und praktizierte so den Schulterschluß zwischen Rechtsextremismus und Neofolk-Szene, etwa wenn Rezensionen von DIJ-Platten neben denen von Platten des NPD »Barden« Frank Rennicke gesetzt wurden. Europakreuz Nr. 20, Berlin 1997

1 Schiller, Friedrich: »Don Carlos, Infant von Spanien«, 21. Auftritt (in ders.: »Schillers Werke, Nationalausgabe, Band 7, Weimar 1974)

2 Death In June, auf FN 2: »Fall Appart«, »Wall of Sacrifice«

3 Death In June, »Truly Be« von »The Rule of Thirds«, NER 2008

Affekt von Jugendkulturen schlechthin, die im Kern fast immer recht damit haben, »gegen die Gesellschaft« zu sein. Man mag das alles psychologisieren, den spätpubertären Sumpf von adoleszenter Lebensangst und Entfremdung in Betracht ziehen, von juveniler Rebellion und Identitätskrise sprechen, die gelegentliche Neigung zum Perversen und sexuell Ambivalenten, den individuell verankerten Hang zum Abgründigen, Schwarzromantischen, Morbiden, sogar Nihilistischen ins Feld führen, aber es ist nicht ausgemacht, dass alle diese Dinge nicht zugleich ein Reflex auf die umgebende Welt sind, und ernste Symptome der Suche nach einer in der Wohlstandsgesellschaft verlorengegangenen Tiefendimension des Lebens. Negation, Trauer und »Unbehagen in der Kultur«, die Todessehnsucht selbst, verweisen auf einen Hunger nach einem intensiveren, bedeutungsvolleren Leben. Es braucht harter Stimulanzien, um es zurückzugewinnen, um hinter die Fassade der Ikea-Welt zu dringen.

In unserem Fall waren es eben vor allem die obskuren, tabuisierten Abwege, die den größten Sog ausübten: »These dreams I worship/And nightmares I love.« Stephan Pockrandt, Inhaber des Plattenlabels Eis & Licht und Herausgeber der Szenemagazine Sigill, Zinnober und Zwielicht, skizzierte in einem Interview für »Looking for Europe« eine typische Verfassung: »Die Musik, die alle hörten, wollte ich nicht hören, und was andere für extrem und abartig hielten, war für mich das Größte und Tollste. Verbotene Horrorfilme, Pornographie, schwarze und heidnische Magie, extreme Musik, Drogen, Bejahung alles Verneinenden und geschichtliche Extreme wie totalitäre Diktaturen interessierten mich brennend.« Ein Eintauchen in nihilistische Stahlbäder, aus denen schon so mancher als »konservativer Revolutionär« im Sinne Armin Mohlers (oder auch QRTs »Drachensaat«) wieder aufgetaucht ist.

And if I wake from dreams, shall I fall in pastures
Will I wake the darkness, shall we torch the earth?
And if I wake from dreams, shall we find the emptiness
And break the silence that will stop our hearts? [2]

Erst wer alles in Frage gestellt hat, seine eigenen Abgründe erlebt hat, weiß, dass mit dem Chaos nicht zu spaßen ist, dass die guten Absichten allein aber nicht ausreichen. Aus gutem Grund gehören der Begriff der Dekadenz, die Wahrnehmung des Verfalls, der »Todesmale des Engels« (Mishima), die Ahnung des Untergangs zu den zentralen Motiven des Konservatismus. Nach Gómez Davila bedeutet »Reaktionär« zu sein vor allem, »eine tödliche Krankheit in sich zu bekämpfen«. Wenn die Schwarze Szene in mancher Hinsicht eine Art moderne, popkulturell verflachte Neuauflage der »Schwarzen Romantik« des 19. Jahrhunderts ist, dann ist es nicht verwunderlich, wenn sich die Entwicklungen in Miniaturausgaben wiederholen: »Kälte ist zu empfehlen, wo es anrüchig wird. Es geht sich leichter über gefrorenen Schlamm«, schrieb Jünger.

Von Huysmans' »Des Esseintes« zu Drieu la Rochelles »Gilles« war der Weg nicht weit. Vom Rüschenhemd zur Uniform, vom schwülstigen Lamento einer Zillo-Kontaktanzeige bis zum »Meekness is weakness« von *Blood Axis,* und darüber hinaus – auch das wäre Stoff für einen Entwicklungsroman, mit all seiner Komik, Absurdität und Tragik. Dass sich gerade in der Gothic-Szene »rechte« Tendenzen entwickelt haben, war zwar nicht zwangsläufig, aber auch kein Betriebsunfall. Ich überlasse es jedem selbst, daraus Rückschlüsse zu ziehen auf die Schwarze Szene, die »rechte Szene«, und auf die Gesellschaft, die beide hervorgebracht hat. Was die Zukunft des Neofolk betrifft, so war es am Ende des Zyklus wieder der alte Mann mit der Gitarre aus dem Fort Nada, der die sybillinische Runenlosung ausgab: »Hermit, pregnant, or menopause? / Carry the Lantern, a stick and a cause.«[3]

Nik Fiend

Selected Artworks

1983 – 2009

A »Burn« 2004 Computerkunst aus Originalzeichnung
B »Halloween Moon« 1989 Gauche und Wasserfarben

B

C

D

E

F

G »Skull #4« (Skull Series) 2009
Öl auf Leinwand12,5 cm × 18 cm
H »Yawn« 2007 Tusche 34 cm × width 56 cm

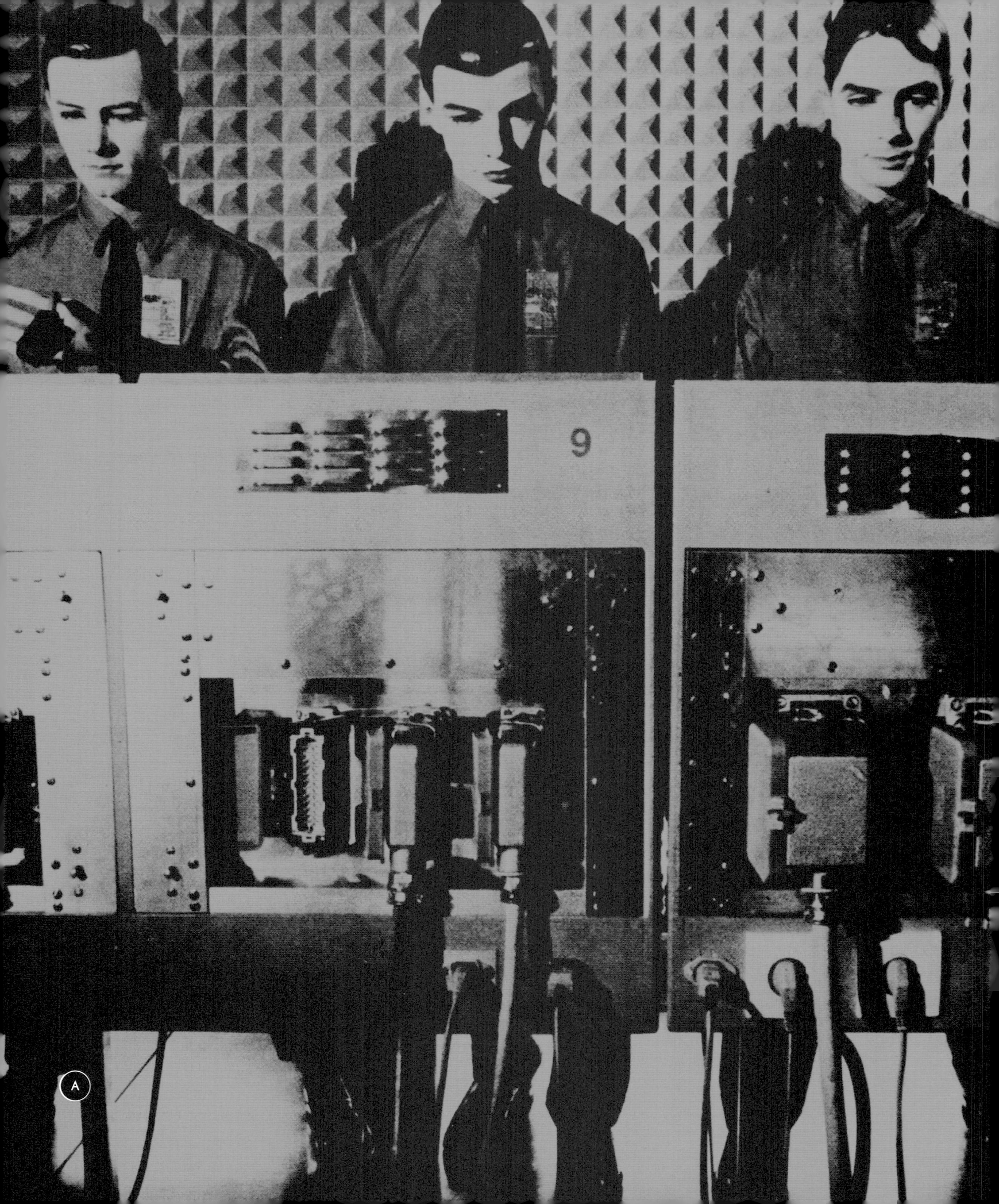
9
A

Das Diktat der Langeweile

Die standardisierte Welt der Dunklen Unterhaltungsmusik

Myk Jung

We're drowning in clichés[1]: Im Frühjahr 2010, also zum jetzigen Zeitpunkt vor Kurzem, besuchte ich ein EBM-Konzert. Dass das Publikum vor allem aus kurzhaarigen männlichen Zuschauern in schwarzen Knobelbecher-Stiefeln bestand, registrierte ich zunächst überhaupt nicht. War ja auch nichts Besonderes – wie sonst wohl sollte ein EBM-Publikum aussehen? So steht es ja sozusagen schon in den uralten EBM-Statuten: sei Ledernacken, kurzgeschoren und soldatengleich, wenn du ein Electro-Konzert zu besuchen planst! So und nicht anders ist es gewesen, seit EBM erfunden wurde. Zwar waren, wie ich festzustellen glaubte, weniger Brillenträger zugegen als in den EBM-Urzeiten – was schon mal ganz gut war, denn die Kombination Kurzhaar-EBMler *und* dicke Brille ist irgendwie suspekt – doch abgesehen von der geringeren Anzahl an Hornbrillen schien mir die Zusammensetzung des Publikums, rein prozentual gesehen, ungefähr dieselbe zu sein wie bei *Kraftwerk* oder *Front 242* vor ungezählten Jahren (Diese beiden Bands in einen Topf zu werfen ist natürlich unzulässig, schon klar: bei *Kraftwerk* waren stets die Brillenträger in der Überzahl, bei Front hingegen die Muscle-Shirt-Träger).

Doch je länger ich über diese ungemein interessanten Phänomene nachdachte, desto deutlicher schälte sich eine brennende Frage heraus: Wieso ist dem so? Wieso gibt es eigentlich diese auf den ersten Blick unwirklich scheinende Verbindung zwischen scharf konturierten Synth-Riff-Klängen und scharf konturierten, knapp gehaltenen Frisuren? Dabei ist es doch so einfach: Gradlinig und kantig muss der Electro-Sound sein, also auch gradlinig die Haarkante. Es gibt da wohl einen unsichtbaren Energiestrahl zwischen Auralem und Visuellem. Absolut nachvollziehbar. Wieso wunderte ich mich überhaupt?

Doch der Gedanke stand nun im Raum. Ich musste ihm folgen. Kantiges also ist unabdingbar in Bezug auf elektronisches Power-Zeugs (moderner Ableger: Power Noise) – das wissen wir jetzt. Doch wie sieht's in anderen Genres aus? Zum Beispiel … im Metal? Dessen Macht reicht doch ebenfalls bis in die duster schillernden Gefilde der Dunklen Subkultur herüber, zum Beispiel durch den guten alten Black Metal. Im Metal gibt's langatmige Sologitarrenparts – daher rühren womöglich die langen Haare, die zu dieser Spielart der Unterhaltungsmusik gehören. Sowohl die langen Soli wie auch die langen Haare wurden übrigens nahezu zeitgleich eingeführt: so knapp vor 1969 herum. Die ersten New Waver von 1979 indessen rauften sich wahrscheinlich vor Abscheu die Haare, wenn sie das langatmige Sologitarrrengedudel der inzwischen arg selbstgefällig gewordenen Rock-Dinosaurier erhorchen mussten, oder den damals angesagten Discosound – da ließen sie die Haare direkt strubbelig. Auch hier gilt: die Optik der Genresubgruppen ist offenbar problemlos und direkt von deren musikalischen Vorlieben abzuleiten.
Und wie steht es mit dem Heute? Der klinische, jedoch nichtsdestoweniger die Nerven belastende Sound manch neumodischer Industrial-Techno-Varianten verströmt wohl derartige Sterilität,

1 The Birthday Massacre, »Violet« (RepoRecords 2004)
A Das kühl-distanzierte Technokraten-Image pflegten Kraftwerk dadurch, dass sie Roboter auftreten ließen, anstatt sich selbst auf die Bühne zu begeben – Publikumsinteraktion gleich Null, trotzdem (oder auch deshalb?) Kultstatus

dass die Kids sich durchaus passend Tücher vor den Mund binden – oder direkt eine Gasmaske. Passt also auch. Der Schnörkellosigkeit des harten Electro wird auf der anderen Seite in diesen neuen Zeitaltern gern die Schnörkelhaftigkeit des Neofolk entgegengesetzt, und – fopp! – tänzeln entrückte langgewandige Galadriel-Kopien mit verschnörkelter Haartracht in elfentanzgleicher Grazie verschnörkelt anmutende Reigen. Und wieso würde es uns unpassend vorkommen, wenn sie dies vor den Bühnen der harten Hell-Elektroniker machen würden?

Weil wir standardisiert sind. Wir haben uns selber konditioniert. Genauso wie alle anderen Genres vor oder neben dem Dunklen Untergrund. Die Bühnenshows, um mal ein Beispiel zu nennen, sind seit jeher und immer noch: schlichtweg standardisiert. Beim Bluesrock der Siebziger standen langbärtige Männer langweilig und scheinbar gelangweilt herum und wagten als Show-Höhepunkt mal einen Schritt nach links. Und sahen bescheuert aus, wenn sie beim elfminütigen Solo mit geschlossenen Augen Grimassen schnitten. Die Leute waren begeistert. So wollten sie das! Denn der Zeitgeist flüsterte es ihnen ein. Beim Hellectro werden heutzutage Orgien verblüffender Überzogenheit zelebriert, deren unfreiwillige Komik offenbar niemanden so recht stört. Erstaunlich. Tja, der Zeitgeist eben. Wenigstens wagen die Jungs mehr als nur einen Schritt zur Seite. Das ist ja schon mal was.

In den frühen Achtzigern, der Geburtsstunde der Schwarzen Szene, wurde die lässige Marotte ersonnen, dass die Musiker zwischen ihren Songdarbietungen nicht mehr mit dem Publikum kommunizierten, also selbst die Ansagen wegließen. Fand man cool. Wieso? Weil's so angesagt war: die Ansagen wegzulassen. Heute animieren nicht nur die Future-Popper (die gleichwohl damit anfingen), sondern *alle* Sänger der Dunklen Subkultur das Publikum zum »Clap your hands, people!«, und, um vorzumachen, wie's denn richtig geht, patschen sie ihre Hände, echt hypnotisierend, hoch überm Kopf zusammen – haargenau so, als wären sie überdrehte Animateure auf Ibiza. Und was passiert? Das Publikum klatscht fromm und bereitwillig mit! Und ist sich nicht zu blöde, auf törichte Ansagen wie »Get ready! Get fresh! Come on, show me your hands!« frenetisch begeistert zu reagieren – indem sie brav der Anweisung Folge leisten. Und also wirkt es, als wäre man auf einem Bryan Adams-Konzert oder bei Rihanna. Unfassbar. Dabei war die oft heraufbeschworene Indie-Szene der frühen Achtziger damals angetreten, um mit dem »Clap your hands, folks! Do you feel alright?«-Stuss souverän abzuschließen, diese hirnlose Bereitschaft eines anhimmelnden, unselbstständigen, reflektionslosen Publikums hinwegzufegen – und eine Emanzipation der Zuhörerschaft herbeizuführen. Die Bands damals wollten schlichtweg nicht vor Idioten spielen, die auf jedes »Jetzt zeigt mir eure Hände!«-Kommando reagierten. Ein solcher Tinnef mochte ja womöglich für *Deep Purple* oder Schlager-Playback-Shows oder Ilja Richters »Disco«-Kram funktionieren – aber derartigen Jämmerlichkeiten wollte man etwas entgegensetzen: ein neues Zeitalter des abgeklärten, eigenständigen Musikhörers.

Kein Wunder, dass genau in jenen Tagen des Aufbruchs die überzeugendste und gleichwohl kontroverseste Hymne über den Fan-Fanatismus entworfen wurde, die je erschienen ist, ein Spottlied über die tumbe Bereitschaft der mitgröhlenden Masse: »Der Mussolini« von *DAF.* Sänger und Texter Gabi Delgado plante, schalkhaft, wie er nun mal ist, die sklavisch anmutende Unterwerfung jeglicher Fanscharen dieser Welt ad absurdum zu führen – und wie könnte man ein solches Anliegen direkter und überzeugender auf den Punkt bringen? Denn der Song ist ja eine zynische Parodie: »Jetzt klatscht mal alle schön in die Hände! Ach, ihr macht den Quatsch sogar mit, ihr Kretins? Na gut, wie weit kann ich euch denn noch treiben? Macht ihr für mich auch noch den Mussolini? Sogar den Jesus Christus? Und jetzt sogar ... den Adolf Hitler? Jause, seid ihr dusselig!« Die Leute auf der Tanzfläche – die diesen Song hätten gut finden müssen, aber mitnichten auf ihn hätten tanzen dürfen – tanzten

B »Und jetzt alle!« Future-Popper Apoptygma Berzerk machen Stimmung
C DAF live 1979. Postkarte aus der »Guter Abzug« Box, die über 100 Bilder aus dem Ratinger Hof, dem Treffpunkt der Düsseldorfer Punkszene, enthielt.
D Die Tanzfläche im Ballroom Esterhofen bei einer der Partys von Tom Talionis, ca. 1994

C

D

damals und sie tanzen noch heute, sie machten und machen also das ihnen in diabolischer Freude zugedachte Opfer-Spielchen bereitwillig mit! Der Hammer. Sie werden auch noch in zehn Jahren für Gabi den Adolf Hitler tanzen – und ich habe keinen Zweifel: er rollt sich seit nun fast dreißig Jahren darüber ab, lacht sich klammheimlich ins Fäustchen und wundert sich, wie blöde die Musikkonsumenten sind. Sie lassen sich standardisieren, kommandieren, konditionieren. Selbst die sich einstmals als »independent« bezeichnenden Mitglieder der Dunklen Szene, wie Gabi womöglich schon damals gemutmaßt hat, sind vor solchen Schwächeanfällen und Plattitüden nicht gefeit. Im Gegenteil: sie lieben die Klischees, das einfältige Schema, sie ringen um ihre Ergebenheit! Sie finden vor allem das gut, was den angesagten Stereotyp in seiner reinsten Form erfüllt. Sie verkrümeln sich in Sub-Genres, deren Musikvorlieben und Images klar vorgegeben sind, und sie versuchen krampfhaft, dem jeweiligen Idealbild, dem sie sich verschrieben haben, formvollendet gerecht zu werden, ihm geradezu gefällig zu sein.

An dieser Stelle meines kleinen, ein bisschen bissig-bösen Textes müsste es eigentlich einen Aufschrei geben. Den wird's aber nicht geben. Der Leser wird höchstens feixen und sich selber nicht angesprochen fühlen. Alle Musikfans und Musiker schwafeln stets davon, frei zu sein vom Schubladendenken – und erfüllen doch zumeist das jeweilige Schubladendenken ihres favorisierten Genres ganz grandios! In sound and outfit. Die einen rufen: »Clap your hands!« – und die anderen, passend gekleidet, klatschen. Alle Konsumierenden meinen, unglaublich individuell zu sein, suchen sich dann aber die ihnen genehme Nische, stylen sich, wie's der Schemen-Katalog befiehlt – und applaudieren brav. Am erfolgreichsten ist derjenige Act, der die Erwartungen seines in Genre-Plattitüden geschulten Publikums am trefflichsten erfüllt. Am coolsten ist derjenige, der die Outfit-Vorgaben am extremsten erfüllt. Wie arm ist das denn? Wie weit entfernt von dem, was wir eigentlich sein wollen?

Wow. Jetzt könnt' ich genauso gut fragen: Wie moralinsauer kling' ich denn heute mal wieder? Da bin ich doch selber entsetzt. Ein Wort ergab das nächste – ich kann gar nix dafür! Obendrein bin ich auch nicht besser, fällt mir gerade ein. Aber was soll's – es ist was dran, und eigentlich wissen wir es alle: Wir sind standardisiert, schematisiert. Sogar die an sich selbst hohe Anforderungen stellende, sich stete Selbstbeweihräucherung spendende Schwarze Szene macht da keine Ausnahme, genauso wenig wie jede andere Szene, ob Metal, Soul, Pop oder Schlager: Man beugt sich dem Bild, das man selber miterschaffen hat. Man dient einer Welt, die nicht einmal bemerkt, dass sie in Klischees und Langeweile versinkt.

Vor kurzem sagte jemand, ich glaube, in Bezug auf das niedliche Genre »Hell-Electro«: »Demnächst wird's nicht mehr ausreichen, wenn die Musiker nicht wirklich Selbstmord auf der Bühne begehen – bei all dem Blut, was die Leute sehen wollen!« Das halte ich für Unfug. Die aus zehrendem Seelenbrennen geborenen Selbstzerstörungsorgien eines Alan Vega, Tommi Stumpff oder eines Nivek Ogre sind doch längst out – heutzutage stylt man sich in Windeseile gruftkatalogkonform, fährt dann mit dem Kleinwagen der seit einer halben Stunde Strapse tragenden Freundin los und schaut sich auf hart getrimmte Karaoke-Bands an, deren Arrangements komplett aus der Konserve kommen, deren Shows an Wochenend-Karneval erinnern: strotzend vor Parodie, ohne dass es parodistisch wirken soll, ohne, dass es als Parodie verstanden wird. Was nicht verwunderlich ist. Es ist keine Parodie. Es ist hohle Unterhaltung. Für im Schnitt 78,2 Minuten. Offenbar gibt es eine geheime Übereinkunft zwischen Musikern und Publikum: Hey Leute, lasst uns mal wieder einen Abend das Spielchen von Schein, Schema und Standard abspulen! Dann trinken wir ein Bier und reden uns ein, wir wären cool. »Clap your hands, people!« – Und schon clappen sie, die people.

A

Gothic – konservative Kulturbewegung?

Leben aus dem, was immer gilt

Peter Matzke

Der Begriff des Konservatismus darf als einer der vieldeutigsten und missverstandensten der Politik- und Geistesgeschichte gelten. Im Lauf der Geschichte wurde er mit immer neuen Inhalten besetzt, alte verloren an Bedeutung, erfuhren zwischenzeitlich Renaissancen. In der Umgangssprache ist der Begriff wie ein dicker Kessel mit allen möglichen, zum Teil widersprüchlichen Bedeutungen gefüllt, nahezu durchgehend ist er pejorativ konnotiert.

Dem eher jugendlichen Normalverbraucher, wenn er über Assoziationen aus dem Links-Rechts-Schema der Tagespolitik hinausblickt, steht der Konservative für Engstirnigkeit, Traditionalismus und Ignoranz gegenüber allem Neuen. Konservative gelten gern als religiös eifernd bis bigott, verklemmt und fremdenunfreundlich, ihnen wird ein starr tradiertes Bild vom Zusammenleben der Geschlechter nachgesagt. Als Verkörperung des Alten sind sie a priori Feind der Jugend. Sie verachten deren Schwärmerei und Ungestüm: »Wer mit 19 kein Revolutionär ist, hat kein Herz. Wer mit 40 immer noch ein Revolutionär ist, hat keinen Verstand!«, soll Theodor Fontane gesagt haben (nach ihm ist dieses Zitat vielen anderen zugesprochen worden). Das landläufige Bild eines Konservativen schwankt zwischen stocksteifem englischen Lord, preußischem Offizier mit Pickelhaube sowie Kneifer und stiernackigem Tiroler Bauern mit Gamsbart.

Jahrhundertelang wurde folgerichtig der sich ständig neu reproduzierende Generationskonflikt als Auseinandersetzung zwischen frischem, vitalem, offenem, zeitgemäßem, kurz: progressivem Neuen und fahl-kränkelndem, intolerantem, rückwärtsgewandtem, kurz: konservativem Alten interpretiert. Unter diesen Voraussetzungen ist es logisch, dass im Kontext von Jugendbewegungen der Terminus »konservativ« für gewöhnlich als Schimpfwort benutzt wird, das als Gegenstück geltende »progressiv« als Lob.

— Konservatismus —

Geschichte des Begriffs

Die Geschichte bestätigt zunächst, dass der Begriff Konservatismus seit seinem Aufkommen sehr unterschiedlich besetzt war. Unbestritten: Im Wortstamm steckt die lateinische Vokabel conservare, was bewahren, erhalten bedeutet.

Aus der historischen Genese heraus lassen sich drei voneinander teilweise erhebliche verschiedene Herleitungen aufzeigen. Deren Wurzeln liegen in unterschiedlichen Zeiten, in der allgemeinen Begrifflichkeit der Gegenwart existieren die Begriffsinhalte mehr oder minder gleichzeitig und in ihren Unterbedeutungen vermischt:

A–G In der Schwarzen Szene findet sich eine verwirrende Vielfalt unterschiedlicher Stile, von denen einige klassische Moden vergangener Epochen zitieren, die mit zeitgenössischen Elementen kombiniert werden, was mal altmodisch, mal progressiv wirkende Ergebnisse zeitigt – ein Indiz für die Neu- und Umbewertung klassischer kultureller Attribute

Der klassische europäische Konservatismus entsteht als Gegenbewegung zur Aufklärung im Vorfeld der französischen Revolution von 1789, seine Grundprämissen bleiben etwa bis zur großen europäischen Revolution von 1848/49 stabil. Er verteidigt die Werte der adelsgestützten Monarchien gegen die republikanischen Umsturzversuche des Bürgertums. Seine wesentlichen Elemente sind die Vorstellung von der Notwendigkeit einer Elite, die die Gesellschaft führen müsse (der Adel), die Rechtfertigung von der absoluten Monarchie als Verkörperung von Gottes Willen – und damit zwangsläufig auch die unbedingte Verteidigung der christlichen Religion und der klerikalen Hierarchie gegen die Aufklärung.

Das hat weniger mit religiösem Fundamentalismus zu tun als mit machtpolitischem Pragmatismus. Dem technischen Fortschritt wird mit größter Skepsis begegnet, denn er ist der eigentliche Totengräber der guten alten Zeit.

Der zweite Typ des Konservatismus entsteht in der Ausformung der bürgerlichen Umwälzung in Europa. Der Begriff, ursprünglich der Zeitschrift Le Conservateur des Comte de Chateaubriand entstammend (sie erscheint von 1818 bis 1820), findet nun Eingang in die sich entwickelnde Parteienlandschaft. Das Bürgertum, gerade noch als progressiv von den ersten Konservativen bekämpft, fasst nun selbst immer fester die Zügel der Macht. Wo am Ruder, muss es nun seinerseits erhalten und bewahren. Zum Teil im Widerstreit mit dem durchaus noch starken Konservatismus alter Prägung.Der allgemeine Konservatismus am Ende des 19. Jahrhunderts kann durchaus (auch) mit technischem Fortschritt, dem modernen Kapitalismus und der Freiheit des bürgerlichen Unternehmertums zusammengehen. Einer der einigenden Kernpunkte ist nunmehr bedingungsloser nationalstaatlicher Patriotismus. Er ist die große Idee, hinter der, so eine Kernauffassung des Konservatismus jener Zeit, die individuelle Freiheit zurückzutreten habe. Die Pflichterfüllung im Dienste einer höheren Wesenheit (je nach Ausrichtung: König, Gott oder Vaterland – gelegentlich auch alles zusammen) hat immer das Primat gegenüber den Interessen des Einzelnen. Unter dieser Flagge marschiert Europa begeistert in den Weltkrieg.

Nach dessen Ende und dem Zusammenbruch der Welt, wie sie war, entstehen ganz neue Ansätze des Konservatismus. Natürlich gibt es gerade in Deutschland eine starke Fraktion, die ihren Kaiser wiederhaben will. Es gibt jedoch auch modernistische Ansätze konservativen Denkens, im Mittelpunkt stehen Zivilisationspessimismus und Elitetheorien. Armin Mohler wird später dafür den Begriff der »Konservativen Revolution« prägen. Jener vom »Dritten Reich« fällt schon Anfang der 20er – bald wird er von den Nationalsozialisten okkupiert, so wie überhaupt die Geschichte des Konservatismus in Deutschland in der Rückschau immer vor dem Hintergrund der Jahre 1933 ff. gesehen wird (die »Steigbügelhalter«-These), was seine Protagonisten bis heute nachhaltig diskreditiert.

— Konservatismus in der Industriegesellschaft —

Nach dem Zweiten Weltkrieg begibt sich das, was sich jetzt des Begriffes Konservatismus bedient, fügsam auf den Boden von Demokratie und Grundgesetz. Elitetheorien sind hochgradig kontaminiert, die Monarchie sowieso verpönt, Religion wird wieder zum wichtigen Eckpfeiler des politischen Konservatismus. Bayern gerät zum Musterbeispiel für politisch konservative Machtausübung im unregelmäßigen Dreieck von demonstrativem Katholizismus, ländlicher Tradition und industriellem Fortschrittsglauben. Letzterer führt den Freistaat zur unangefochtenen Spitze in der Hochtechnologiedichte (es wird heute, vor dem Hintergrund der Debatte um die Aufbauhilfe für den Osten, gerne verschwiegen, dass das nur unter jahrzehntelanger massiver Subventionierung durch die anderen Bundesländer möglich war).

Der »offizielle« Konservatismus des modernen Sozialstaates ist, obwohl dies in den einschlägigen pseudoradikalen Wortgefechten anders klingt, Teil des gegenwärtigen politischen Grundkonsenses, der die Mehrheit der Gesellschaft um eine imaginäre Mitte gruppiert. Einzelne Meinungsgruppen innerhalb der politikausübenden Kaste übernehmen in einem unregelmäßigen Rotationssystem die Regierung, grundsätzliche Unterschiede im Denken bestehen nicht. Die sich innerhalb dieses Systems auf Konservatismus berufen, stehen nicht auf der Basis zeitloser, immaterieller Werte, sondern auf den säkularen und materiellen der Industriegesellschaft.

— Neo-Cons —

Ein weiterer Konservatismus-Begriff gewann in den vergangenen zwei Jahrzehnten an Bedeutung: Das vor allem in den USA verortete »neoconservative movement« entstand bereits in den 60ern (als Reaktion auf Hippie-, Antivietnam- und Antirassismus-Bewegung) und gewann während der Bush (Senior)-Ära massiv an Bedeutung. Die Welt der Neo-Cons ist aus Bausteinen verschiedener ideengeschichtlicher Herkunft zusammengesetzt: Während sie einerseits einem kalten technischen Modernismus zu huldigen scheinen, gehen sie bei den Prämissen des menschlichen Zusammenlebens, also Familie, Autorität, (christliche) Religion usw. fundamental auf die Zeit vor der Aufklärung zurück. Dem gegenüber propagieren sie das Recht des eigenen Landes auf Verteidigung seiner ökonomischen Interessen überall auf der Welt, das bedingungslose »Right or wrong – my country!« im »Clash of Civilisations«. Hier finden wir Carl Schmitts Freund-Feind-Theorie in schönster Ausformung und politischer Umsetzung.

Den nach außen starken Staat möchte sie im Inneren wiederum weitgehend entmachtet sehen, hier verabsolutieren die Neo-Cons das System der individuellen Freiheit, in die der Staat möglichst nicht regulierend eingreifen dürfe. Niedrige Steuern und reduzierte Sozial-Transfers – jeder ist für sich selbst verantwortlich. In diesem Zusammenhang postulieren im politischen System involvierte Konservative gerne die »Freiheit des Menschen« als ursächliches Ziel und wesentlicher Inhalt des Konservatismus. Durch die Begriffsgenese wird das nicht gestützt: Die so genannten bürgerlichen Freiheiten standen 1789 auf der Fahne der Liberalen (deren Ideen freilich mit der gegenwärtigen deutschen FDP soviel gemein haben wie Diamanten mit Küchenkohle). Liberté-Egalité-Fraternité ist liberale Tradition, Konservative standen, wie beschrieben, traditionell für einen starken, autoritären Staat, dem die individuelle Freiheit streng nachgeordnet ist: Unter der Vorsilbe Neo- verliert der Konservatismus sein eigentliches Gesicht und wird zu einem pseudochristlich untersetzten Ökonomismus bzw. einem globalisierten Kapitalismus.

Die wohl geordnete Welt der Begrifflichkeiten gerät im neokonservativen Kontext ohnehin in Unordnung: Gerade die religiös fundamentierten Neo-Cons, die sich als entschiedenste Verteidiger des Abendlandes gerieren, würden mit der von ihnen geforderten bedingungslosen Unterordnung des Einzelnen unter eine religiöse Idee als Wert an sich auch prima Al-Qaida-Kämpfer abgeben …

— Wertkonservatismus —

Gewinnbringender ist die Auseinandersetzung mit dem Begriff des »Wertkonservatismus«. Dessen Schöpfung nimmt der deutsche Politiker Erhardt Eppler für sich in Anspruch. Eppler, heute hoch in seinen 80ern, gehört pikanterweise der SPD an und, zumindest in den 70ern, sogar deren linkem Flügel.

Im Zusammenhang mit dem allmählich beginnenden ökologischen Denken begann in jener Zeit auch den unermüdlichsten Umwälzern zu dämmern, dass es auch Bewahrenswertes geben könnte. Die Natur zum Beispiel. Was heute normal erscheint, war damals für viele verstörend: Fortschrittliche Grün-Revoluzzer fanden sich plötzlich neben vermeintlich rückständigen Bauern oder Fischern wieder, deren Broterwerb Zerstörung drohte. Sanft gewann die These Raum, dass der Universalbegriff »Fortschritt«, unter dem man in West und Ost gleichermaßen fröhlich und blind der Zukunft entgegen marschiert war, vorsichtig hinterfragt werden sollte.

Eppler unterschied den Wertkonservatismus vom Strukturkonservatismus. Letzterem ordnete er als Kampf um den Erhalt überkommener Strukturen um ihrer selbst willen im Wesentlichen die landläufig verbreiteten Negativurteile zum Begriff zu und gewann so erstere, nunmehr unbelastete Kategorie zu einigen bemerkenswerten Denkansätzen. Der Begriff des Wertkonservatismus wurde mehr und mehr zur rettenden Insel für viele, die zu bestimmten Prinzipien durchaus eine feste Meinung haben, sich aber ungern in die historische Tradition des Konservatismus und noch weniger einer gegenwärtigen politischen Partei zuordnen lassen wollen, sogar die Grünen bezeichneten sich 2005 als »wertkonservativ«. Und wenn es Bewahrenswertes wie die Natur geben sollte, dann vielleicht auch etwas im menschlichen Miteinander? Gerechtigkeit, Solidarität, Aufrichtigkeit, Heimatverbundenheit, Familie usw. usf. – es gibt eine Reihe von tradierten und gerade deshalb bewahrenswerten Normvorstellungen, die eher einem humanistischen Grundkonsens entspringen und nicht einer Denktradition des Konservatismus zugeordnet werden können. Erst recht keiner politischen Partei.

Philosophisch tut sich hier das Reich der Wertphilosophie (Axiologie) auf, die nietzscheanische Forderung nach der Umwertung aller Werte lugt um die Ecke, die etwas hilflose Konstatierung des Wertewandels in der Industriegesellschaft liegt in der Luft bzw. (je nach Standpunkt) die Klage über den Werteverlust.

Das Primat im Wertkonservatismus haben die höchsten menschlichen, die altruistischen Werte, jene Normative, die dem Gemeinwohl dienen, dem Fortbestand der Gattung Mensch. Gesellschaftliche, politische oder religiöse Systeme werden danach beurteilt, inwieweit sie in der Lange sind, diese höheren Werte im gesellschaftlichen Leben zu befördern und niedere (egoistische) zu kanalisieren. An dieser Stelle, so scheint es, sind wir dem Ethos der Schwarzen Szene deutlich näher gerückt.

— Gothic —

die postkonservative Alternative?

Zu den tragenden Säulen des Gedankengebäudes der Schwarzen Szene sind schon viele kluge Sätze geschrieben worden. Generell ist so etwas schwierig zu erfassen, zumal für eine amorphe Gruppierung, deren einzige Konstante der ständige Wandel ist. Selbst die Positionierung zum »Rest der Gesellschaft« ist laufenden Veränderungen unterworfen, abhängig davon, wie stark

die Bewegung in absoluten Zahlen gerade ist, wie sie sich in der öffentlichen Aufmerksamkeit wiederfindet. Als gesichert darf gelten: Die Szene ist in der Gesellschaft angekommen. Gothics werden längst, wenn auch mehr oder weniger widerwillig, akzeptiert, der popkulturelle Mainstream hat etliche Attribute aufgegriffen und mehrheitskompatibel geknetet. Aussteiger aus der Gesellschaftsnormalität sind in der Szene durchaus noch anzutreffen, aber längst nicht mehr in der Mehrheit (so sie das je waren); sie bestimmen weder den Ton im Inneren noch das Bild nach außen. Szenezugehörigkeit bedeutet für eine immer größere Zahl Grufts ein partielles Anderssein, das nur einen Teil der Persönlichkeit und der Freizeitgestaltung erfasst und so lange währt, wie es aufregend erscheint. Schwarzromantische Grundüberzeugungen sind für eine immer größere Gruppe der Szenegänger nicht mehr essentiell.

Das ist kein neuer Nach-Ruf in der alten Klage um die wahre Szene in den großen Zeiten, sondern das Konstatieren einer schlichten soziologischen Tatsache. Und es gehörte immer zu den Grundeigenschaften der Szene, dass ein (wie auch immer geartetes) Bekenntnis nicht abverlangt wird. Gothic ist, wer meint, dass er es ist, egal, was er denkt, anhat, liest oder hört.

Wer also über die gedanklichen Inhalte der Schwarzen Kultur redet, meint damit das Denken eines inneren Kreises – es darf jedoch wenigstens davon ausgegangen werden, dass diese Auffassungen von einer breiten Schicht Freizeit-Gothics passiv mitgetragen werden.

— Gibt es Schwarze Grundwerte? —

Zunächst ist festzuhalten, dass die Gothic-Bewegung im Unterschied zu nahezu allen anderen subkulturellen Strömungen nicht an eine Stilrichtung der Popularmusik und die damit im Zusammenhang stehenden Denk-, Verhaltens- und Dresscodes gebunden ist. Die Schwarze Szene zeichnet sich, wenn schon nicht im direkten Sinne durch farbliche, so doch durch inhaltliche Vielfalt auf der einen und eine bestimmte, grundsätzliche Sicht auf die Gesellschaft auf der anderen Seite aus. Als übergreifend darf die tiefe Skepsis gegenüber den Fassaden der modernen Konsumgesellschaft gelten, hatte ich seinerzeit für das Gothic- und Dark-Wave-Lexikon formuliert. Das gilt auch heute: Wer beginnt, nach einer wie auch immer gearteten Tiefe in der eigenen Existenz zu suchen, muss die vorgefertigten Antworten einer bunten Spaßgesellschaft hinterfragen – und wird sie im Resultat dessen meist ablehnen. Die Rückschau in die Geschichte, vor allem (aber nicht nur) die europäische, scheint dem Suchenden mehr Orientierungspunkte zu bieten: Die Romantiker fühlen sich zur Natur hingezogen und idealisieren mystisch das Mittelalter. Die Schwarze Szene wiederum verehrt die Romantiker. Sie ist dabei »... nicht der Aufhalter oder unverbesserliche Rückschrittler«, sondern »... schreitet im Gegenteil voran, wenn es darum geht, etwas Vergessenes wieder in die Erinnerung zu bringen.« Warum dieses Zitat? Mit diesen Worten verteidigt Botho Strauß den konservativen »Reaktionär«. Dagegen begegnet Gothic dem modernen, durch stereotype Vorbetung nahezu religiös anmutenden Kultus um die Götzen-Triade Fortschritt, Konsum und Wachstum mit allerhöchstem Misstrauen. Gegen Vermassungstendenzen wird das sinnsuchende Individuum gesetzt.

Damit im Zusammenhang steht die Skepsis gegenüber der Technik- und Wissenschaftsgläubigkeit unseres Zeitalters. Wer hinter die Grenzen dessen schauen will, was moderne Naturwissenschaft als »wissbar« postuliert hat, wird in der Szene nicht belächelt, ihm wird mit Interesse oder zumindest freundlicher Toleranz begegnet: Innerhalb der Gruppe ist die Vielfalt der religiösen Anschauungen von enormer Breite. Herkömmliches Christentum koexistiert neben Agnostizismus und Atheismus, es werden heidnische Kulte gepflegt aber auch moderner Satanismus (letzterer freilich in weit geringerem Maße, als manche glauben). Konsens ist die Bereitschaft zur Anerkennung anderer Glaubensinhalte. Ungeklärten Phänomenen wird nicht ausschließlich mit den derzeit anerkannten Naturwissenschaften begegnet, sondern eher mit der Hamlet'schen Weisheit: »Es gibt mehr Ding' im Himmel und auf Erden, als Eure Schulweisheit sich träumt ...«

In ihrer Affinität zum Tod steht die Schwarze Szene in der Gegenwartskultur weitgehend alleine da. Spätestens mit der Industriegesellschaft wird der Tod weitestgehend verdrängt,

der modernen Spaßsozietät mit ihrer schillernden Realität aus Werbespotfassaden ist schon der alternde Mensch ein Gräuel, erst seit Kurzem wird er wieder, die Demografie lässt es nicht anders zu, als Zielgruppe interessant. Schlimmer ist noch der Tod als Totalverweigerung des Verbrauchers zu verbrauchen. Anders als die lärmenden Politextremismen, die mit ihrem Druck von den Flanken die Positionen der so genannten Mitte faktisch stärken, heißt die nach außen dokumentierte Beschäftigung mit dem Tod, den Wertekanon der Konsumgesellschaft tatsächlich radikal in Frage zu stellen. Die Revolte gegen die Moderne Welt? Ist die Schwarze Bewegung also revolutionär, wenigstens progressiv? Stimmt so auch nicht, denn Gothic hat nie die Veränderung der Gesellschaft eingefordert. Grufts wollten von Beginn an eher in Ruhe gelassen werden, sind viel eher Aussteiger als Revoluzzer. Zu fundamental sind die Zweifel an der grundsätzlichen Reformierbarkeit der Industriegesellschaft.Die Absage an die großen Entwürfe von der glücklichen Zukunft der Menschheit, die auf der These von der Planbarkeit gesellschaftlicher Prozesse basieren, ist auch ein Wesenszug konservativen Denkens, ebenso wie die grundsätzlichen Bedenken bezüglich der Erziehbarkeit des Menschengeschlechts.

Aus allgemeiner Skepsis gegenüber dem infernalischen Dauermarktgeschrei der Konsumgesellschaft wird Neues von der Schwarzen Szene zunächst nach seiner Sinnhaftigkeit hinterfragt und nicht vorbehaltlos, allein um der Tatsache willen, dass es neu ist, akzeptiert. Gegebene Position zu wahren, solange das Neue nicht überwiegend als besser erkannt worden ist, zählt auch zum Grundduktus konservativen Denkens.

Konservativismus, so hat Gert Klaus Kaltenbrunner definiert, sei die Haltung jener, die durch allen Wandel hindurch bestimmte Dinge bewahren wollen, aber auch darum wissen, dass es darauf ankommt, Dinge zu vollbringen, die es wert sind, bewahrt zu werden. Im ästhetischen Kosmos der Bewegung hat die Besinnung auf Bewährtes ebenso ihren Platz wie die Akzeptanz des Neuen – nicht auf den Zeitgeist, sondern auf die Substanz kommt es an.

In der Musik stehen (Neo)Klassik und (Neo)Folk neben Gitarren-Rock und Elektro-Pop und diese wieder neben harschem Industrial und allerlei Neutönerei. Neben der Tatsache, dass die Szene auf eine bestimmte Sparte der Popularmusik als einigendes Band und Ersatzreligion verzichten kann, darf sie, ebenfalls zum Unterschied zu den anderen Strömungen, für sich in Anspruch nehmen, eine eigene, überaus vitale Literatur-, Film- und Kunstszene hervorgebracht zu haben. Hier verbindet sich die Verehrung der großen Werteträger der Vergangenheit, etwa der Romantik, mit einer sehr diesseitigen Kunstproduktion.Mit einer Einbindung in traditionelle, als konservativ geltende Werte in der (Sexual-)Moral kann die Szene freilich nicht dienen, da reicht es, auf den teilweise sehr freizügigen Dresscode und die reibungslose Integration eines Teils der S/M-Szene zu verweisen.

Es scheint also, als koexistierten in der Schwarzen Szene konservative und progressive Denkmodelle in friedvollem Nebeneinander, die inzwischen fast schon sprichwörtliche gotische Toleranz zeigt, dass das sehr gut möglich ist. Diese Toleranz beruht nicht auf gegenseitiger Gleichgültigkeit hinter einem schwammigen Freiheitsbegriff, sondern auf Aufgeschlossenheit im Denken, gelebter Empathie, sowie körperlicher, verbaler und seelischer Gewaltlosigkeit. Dort, wo es um die Pflege bestimmter Wertvorstellungen geht, ganz unabhängig davon, ob sie in die Mehrheitsvorstellungen der Spaßgesellschaft passen oder nicht, scheinen sich dunkelromantisches und kulturell (wert)konservatives Denken oft zu überlagern.

Albert Erich Günther hat mal geschrieben: »Konservatismus ist nicht ein Hängen an dem, was gestern war, sondern ein Leben aus dem, was immer gilt.« Ist es nicht auch das, wonach Gothics suchen?

Nachwort

But, What Ends When The Symbols Shatter?

Alexander Nym

Über dreißig Jahre nach ihren ersten experimentellen Schritten stellt sich die Schwarze Kultur so vielseitig und komplex dar wie nie zuvor. In ihrer Heterogenität versammelt sie Kontraste und Widersprüche nebeneinander, aber zeigt auch, dass diese kein Hindernisgrund sein müssen, die Szene in der gleichen offenen Weise als formbare soziale Skulptur zu betrachten, deren Bedeutung vom Auge bzw. dem Bewusstsein des Betrachters mitgestaltet wird. Ohne dieses Partizipationsprinzip würde sie tatsächlich zu einer reinen Konsumentengruppe, die brav alles frisst, was sie vorgesetzt bekommt. Dass sie ihre Natur als »offener Text« aller Wahrscheinlichkeit nach behalten wird, liegt nicht zuletzt auch an den jugendlichen Neueinsteigern und deren Potenzial zur Mitgestaltung, egal wie skeptisch die alte Garde angesichts neonbunter Cyberkids im Rave-Fieber in die Zukunft blicken mag: Ein paar überzeugte Idealisten finden sich immer, und selbst wenn die Szene derartig mutieren sollte, dass die Revolution ihre Väter frisst (und nicht wenige haben ihr schon desillusioniert den Rücken gekehrt), dann werden die sich wiederum etwas anderes einfallen lassen. Das Auf und Ab von Kulturen ist ein organischer Prozess, der von seinen Konstituenten mitgestaltet wird. Zwar handelt es sich in diesem Fall schon längst nicht mehr um eine Jugendkultur, und die Divergenzen zwischen Jung und Alt wie auch zwischen den verschiedenen Subszenen und Genres bedingen zusätzliche Scherkräfte, aufgrund derer sie aller Wahrscheinlichkeit nach auch in Zukunft imstande sein wird, zeitgeistigen Strömungen zu widerstehen, indem sie sie assimiliert, sich zu eigen macht und umdefiniert, so wie sie es mit den zahlreichen Symbolen macht, mit denen sie sich schmückt. Dass sie völlig vom Mainstream geschluckt wird, ist angesichts des breiten künstlerischen Spektrums, das innerhalb des Untergrunds wiederum Untergrundkunst hervorbringt, wenig wahrscheinlich. Eher wird sie sich weiterhin diversifizieren, so wie sie es seit Anbeginn getan hat, und den Spagat zwischen hypermoderner elektronischer Musik auf der einen Seite und archaisch-experimentellen Klängen auf der anderen Seite vollbringen. Wenn als Resultat dieser Entwicklung neue, junge Generationen die Fackeln in unterschiedliche Richtungen weitertragen, werden sowohl Neueinsteiger Gefallen an den Dingen finden, die es in den dunklen Tiefen zu entdecken gibt, und auch die gestandenen Veteranen stolpern vielleicht noch gelegentlich über interessante Projekte, die sämtliche Genregrenzen transzendieren und als Künstler über die popkulturellen Faltlinien hinweg Anerkennung finden. Einige Beispiele dafür sind in diesem Band versammelt; andere wie *Dead Can Dance,* die *Einstürzenden Neubauten, Depeche Mode* oder *Nick Cave* haben das düstere Ghetto schon lange hinter sich gelassen.

Angesichts der Expansion der Szene und der hier diskutierten Entwicklungen muss aber auch die Möglichkeit in Betracht gezogen werden, dass die postmoderne Umdefinition und Rekontextualisierung von Symbolen, Stilen und ästhetischen Positionen in eine undifferenzierte Beliebigkeit münden könnte. Das, was ihre Vertreter mit religiös und/oder historisch aufgeladenen Symbolen anstellen, hat an sich Symbolfunktion und reflektiert die Diskurse und Entwicklungen der westlichen Gesellschaften in einem dunklen Zerrspiegel. An die in diesem Buch beschriebenen Auseinandersetzungen schließen sich direkt Diskurse von gesamtgesellschaftlicher Bedeutung an: Abseits banaler Unterhaltungs- und Ablenkungsangebote repräsentiert die Szene die Auseinandersetzung mit psychischen, sozialen und politischen Tabuzonen, die wiederum Fragen nach den Grenzen der künstlerischen Freiheit und der Gesellschaft, die solche Tabuzonen erzeugt, aufwirft. Unterschiedliche Sozialisationsgeschichten, abhängig von Alter und in der Szene verbrachter Lebenszeit, bedingen die hier vorgestellten unterschiedlichen kulturellen Ausformungen. Die aufgezeigten Diskurse über Kommerzialisierung, political correctness und die Auseinandersetzung des Individuums mit Fragen der Vanitas sind symptomatisch für die Sinnsuche des Westens im Spätkapitalismus. Angesichts des Versagens kollektivistischer Ideologien im 20. Jahrhundert bleibt nur mehr der Aufbruch nach innen, zur Sinnsuche im eigenen Selbst mittels Konfrontation mit allem, was es dabei zu entdecken gibt, seien es philosophische, mystische oder politische Fragen – und den nicht immer leichten Antworten. Die bloße Existenz und Langlebigkeit der Szene demonstriert die zeitlose Relevanz der Fragen, die sie stellt. Sie ist ein schwarzes Fragezeichen, das impliziert, dass es keine allgemeingültigen, verbindlichen Antworten geben kann und jede Frage stets neu verhandelt werden muss. Meines Erachtens ist das der (wenn auch meist unbewusste) Grund für die friedliche Toleranz der Szene, selbst und insbesondere extremen und abseitigen Positionen gegenüber. Sie kreiert einen Raum, in dem die üblichen Machtspiele und Hackordnungen wenn schon nicht beseitigt, so doch durch andere ersetzt werden, und dass es eine derartig vielschichtige soziale Gruppe schafft, das Gemeinsame zu leben, ohne an der Zerreißprobe interner Differenzen zu zerbrechen, gibt – ironischerweise – Hoffnung für die Menschheit als Ganzes. Wenn es Menschen mit derart unterschiedlichen Vorlieben, Lebensweisen und kulturellen Hintergründen in Leipzig jedes Jahr zum friedlichsten Musikfestival der Welt zusammen zu kommen, demonstriert das eindrucksvoll, wie zivilisiertes Verhalten und höflicher Umgang, also der schlichte zwischenmenschliche Respekt, trotz aller Differenzen Brücken schlagen kann zwischen jung und alt, links und rechts, christlich und heidnisch. Die Generationenproblematik ist dabei in der Praxis eher zweitrangig. Das größere Problem stellt der schleichende Verlust des subkulturellen Zeichenvorrates dar: Wenn ich als alter Sack eine Gruselparty besuche oder in der Fußgängerzone einem Goten begegne, stelle ich einen nicht nur altersbedingten, sondern vor allem kulturellen Unterschied fest, der die wenigen verbliebenen Gemeinsamkeiten zu überdecken droht. Dass die Szene alle paar Jahre einen Generationenwechsel, oder besser: einen Generationenzuwachs verzeichnet, ist normal und dem Nachwachsen junger Aspiranten geschuldet. Dass diese aber den Bezug zu den geistigen und ästhetischen Wurzeln der Szene oft vermissen lassen, dürfte ein Symptom des veränderten Medienrezeptionsverhaltens der jungen, im Cyberspace sozialisierten Generationen und dem Mangel an Abwechslung durch die Spezialisierung auf Mottopartys sein. Die einstige Vielfalt ist der Spezialisierung und Trennung gewichen. Außerdem sind die gemeinsamen Referenzrahmen andere geworden, und es ist die Natur der Jugend, die Definitionen der Älteren anzugreifen und mit eigenen Inhalten aufzuladen. Wenn die Inhalte aber zu weit divergieren entstehen Schismen, und die Dissidenten mit den radikalen und neuen Ideen spalten sich von der Muttercommunity ab, um ihr eigenes Ding zu machen – das war schon bei der Besiedlung Nordamerikas durch europäische Einwanderer so: Der Nachwuchs wird flügge und verlässt den heimischen Herd, um sich woanders zu bedienen. Und dass die Eltern mit einer Mischung aus Verärgerung und Besorgnis den Weg ihrer Nachkommen misstrauisch beäugen, dürfte ebenso eine anthropologische Konstante sein. Trotz alledem sind die Kids von heute mit einer durch und durch kommerzialisierten Szene konfrontiert; der Eigenaufwand, der in den frühen Jahren nötig war, um an Platten, Magazine und Kleidung überhaupt ranzukommen, ist dem Diktum der ständigen und totalen Verfügbarkeit gewichen. Es müssen keine seltenen Platten mehr über Monate gesucht, keinen Magazinschnipseln über obskure Bands hinterhergejagt und keine Eigenkreativität ins Styling mehr gesteckt werden – alles ist (im Bedarfsfall auf Knopfdruck) verfügbar, erhältlich und willig, runtergeladen, bestellt oder gekauft zu werden. Paradoxerweise führt die permanente Verfügbarkeit von einschlägiger Massenware zu dem bizarren Ergebnis, das man in einem Gothic-Shop heutzutage zwar meterweise Stiefel in unterschiedlichsten Ausführungen findet – aber den klassischen Schnabelschuh mit Schnallenbesatz gibt es nicht mehr. Ich hab's ausprobiert, ist mir wirklich passiert!

Angesichts dieses Überangebots, das Vielfalt nur simuliert, sich real aber auf Massenware von der Stange beschränkt und den juvenilen Individuationsprozess direkt an den Geldbeutel koppelt, hat der Anbieter die Nase vorn, der die aggressivste Produktwerbung betreibt, um die flüchtige Aufmerksamkeit der Konsumenten auf seine Palette zu lenken, wodurch sich eine fatale Dynamik ergibt: Denn dadurch zählen weniger die Inhalte als knallige Präsentation und schmissige Selbstinszenierung; die etablierten Formen dominieren die ewig gleichen, auf ein intellektuelles Minimum beschränkten (weil leicht zu kommunizierenden) Inhalte. Das gilt für die Musikindustrie und die jeweiligen, inzwischen reichlich angestaubten Genre-Konventionen ebenso wie für die Modefirmen, die die zum Wirtschaftsfaktor angewachsene Szene als veritable Einnahmequelle entdeckt haben. Statt individueller Stil-, Bewusstseins- und Persönlichkeitsbildung dominiert die Gleichschaltung der auf Kostümierung reduzierten Äußerlichkeit. Der Höhepunkt der postmodernen Vielfalt scheint überschritten; man beschränkt sich auf Bewährtes. Der in der Szene intrinsisch angelegte Konservatismus hat über die Innovation triumphiert. Das Revival eines Revivals wiederholt die einst umstrittenen und streitbaren Posen und Attitüden zu einer Zeit, in der alles möglich und schon mal dagewesen zu sein scheint, sodass das einstmals vorhandene, kritisch-aufklärerische Potenzial streitbarer Klangkunst in leicht verdaulichen Häppchen ans konsumverwöhnte schwarze Volk verfüttert werden kann. Die Proliferation schwarzer Ästhetik in den Mainstream sorgt einerseits für eine Nivellierung ihrer Stilistik zu einer Modeströmung unter vielen, andererseits produziert sie immer extremere Auswüchse seitens derjenigen, die Distanz zum »Normalen« halten wollen und sich deshalb nicht selten mit Ausgrenzung und Diskriminierung konfrontiert sehen. Von daher ist es an der Zeit, die Entstehung und Geschichte dieser Kulturform mit dem vorliegenden Band zu dokumentieren, bevor die Pioniere der prädigitalen Ära heimlich in Nacht und Nebel der Vergessenheit anheimfallen. Die Punks von einst sind heute fast im Rentenalter, und der Nachwuchs wird (musikalisch wie modisch) mit Fließbandware versorgt, die aus Ermangelung besseren Wissens gierig verschlungen wird, ohne einen Gedanken daran zu verschwenden, dass man selbst es mit ein wenig Aufwand – um der Sache willen, die einem am Herzen liegt – auch besser machen könnte. Der »Do it yourself«-Ethos des Punk gehört der Vergangenheit an. Inzwischen müsste es heißen: »Buy it to be yourself.« Wenn dieses Buch einen kleinen Beitrag zur Wiedergewinnung von Anspruch, Diskurs- und Kritikfähigkeit leisten kann, indem es den nachfolgenden Generationen etwas vom Geist und der Atmosphäre ihrer Gründer vermittelt, hat es mehr erreicht, als einen publizistischen Beitrag zur Szeneliteratur zu leisten – und ich hätte doch noch über *DAF* triumphiert, die einst verlangten, ich solle meine Jugend verschwenden.

Kollektion
Kunst der Schwarzen Szene
Werktitel auf Seite
A

B1

B2

B3

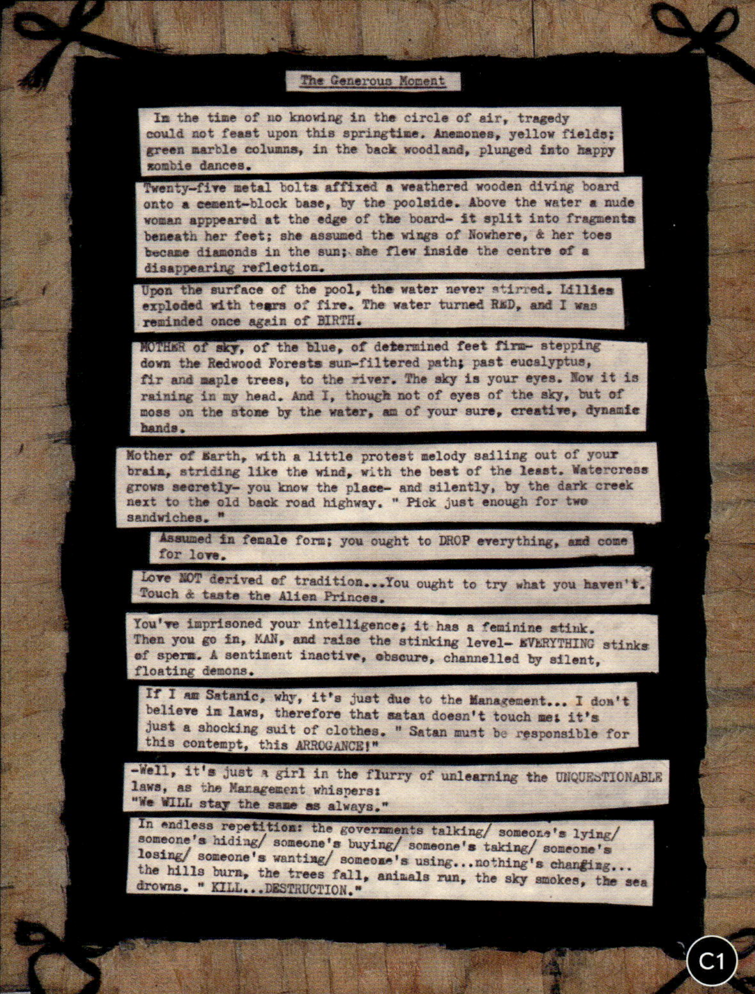

The Generous Moment

In the time of no knowing in the circle of air, tragedy could not feast upon this springtime. Anemones, yellow fields; green marble columns, in the back woodland, plunged into happy zombie dances.

Twenty-five metal bolts affixed a weathered wooden diving board onto a cement-block base, by the poolside. Above the water a nude woman apppeared at the edge of the board- it split into fragments beneath her feet; she assumed the wings of Nowhere, & her toes became diamonds in the sun; she flew inside the centre of a disappearing reflection.

Upon the surface of the pool, the water never stirred. Lillies exploded with tears of fire. The water turned RED, and I was reminded once again of BIRTH.

MOTHER of sky, of the blue, of determined feet firm- stepping down the Redwood Forests sun-filtered path; past eucalyptus, fir and maple trees, to the river. The sky is your eyes. Now it is raining in my head. And I, though not of eyes of the sky, but of moss on the stone by the water, am of your sure, creative, dynamic hands.

Mother of Earth, with a little protest melody sailing out of your brain, striding like the wind, with the best of the least. Watercress grows secretly- you know the place- and silently, by the dark creek next to the old back road highway. " Pick just enough for two sandwiches. "

Assumed in female form; you ought to DROP everything, and come for love.

Love NOT derived of tradition...You ought to try what you haven't. Touch & taste the Alien Princes.

You've imprisoned your intelligence; it has a feminine stink. Then you go in, MAN, and raise the stinking level- EVERYTHING stinks of sperm. A sentiment inactive, obscure, channelled by silent, floating demons.

If I am Satanic, why, it's just due to the Management... I don't believe in laws, therefore that satan doesn't touch me; it's just a shocking suit of clothes. " Satan must be responsible for this contempt, this ARROGANCE!"

-Well, it's just a girl in the flurry of unlearning the UNQUESTIONABLE laws, as the Management whispers:
"We WILL stay the same as always."

In endless repetition: the governments talking/ someone's lying/ someone's hiding/ someone's buying/ someone's taking/ someone's losing/ someone's wanting/ someone's using...nothing's changing... the hills burn, the trees fall, animals run, the sky smokes, the sea drowns. " KILL...DESTRUCTION."

C1

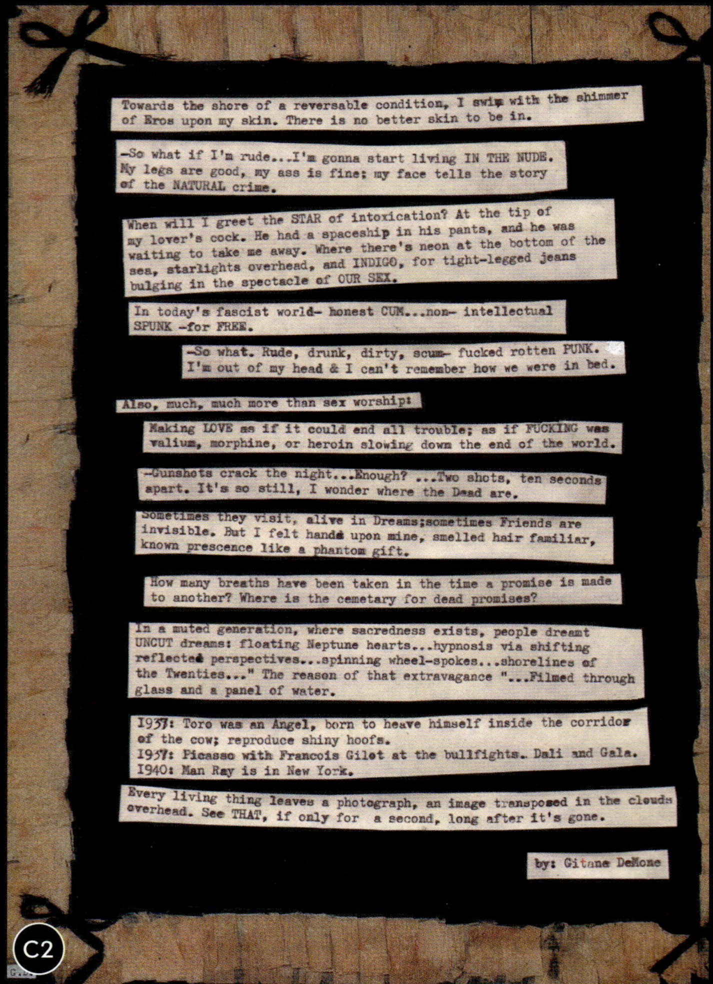

Towards the shore of a reversable condition, I swim with the shimmer of Eros upon my skin. There is no better skin to be in.

-So what if I'm rude...I'm gonna start living IN THE NUDE. My legs are good, my ass is fine; my face tells the story of the NATURAL crime.

When will I greet the STAR of intoxication? At the tip of my lover's cock. He had a spaceship in his pants, and he was waiting to take me away. Where there's neon at the bottom of the sea, starlights overhead, and INDIGO, for tight-legged jeans bulging in the spectacle of OUR SEX.

In today's fascist world- honest CUM...non- intellectual SPUNK -for FREE.

-So what. Rude, drunk, dirty, scum- fucked rotten FUNK. I'm out of my head & I can't remember how we were in bed.

Also, much, much more than sex worship:

Making LOVE as if it could end all trouble; as if FUCKING was valium, morphine, or heroin slowing down the end of the world.

-Gunshots crack the night...Enough? ...Two shots, ten seconds apart. It's so still, I wonder where the Dead are.

Sometimes they visit, alive in Dreams;sometimes Friends are invisible. But I felt hands upon mine, smelled hair familiar, known prescence like a phantom gift.

How many breaths have been taken in the time a promise is made to another? Where is the cemetary for dead promises?

In a muted generation, where sacredness exists, people dreamt UNCUT dreams: floating Neptune hearts...hypnosis via shifting reflected perspectives...spinning wheel-spokes...shorelines of the Twenties..." The reason of that extravagance "...Filmed through glass and a panel of water.

1937: Toro was an Angel, born to heave himself inside the corridor of the cow; reproduce shiny hoofs.
1937: Picasso with Francois Gilot at the bullfights. Dali and Gala.
1940: Man Ray is in New York.

Every living thing leaves a photograph, an image transposed in the clouds overhead. See THAT, if only for a second, long after it's gone.

by: Gitane DeMone

C2

D

B4

E

F

To Love is
& To Lose

L1

L3

L2

L4

L5

M1

M2

M3

$2,50
CHILD
CINZANO

Index

Für die jeweiligen Bands und Künstler sind nur die Alben und Titel angegeben, die auch in dieser Publikation genannt werden.

Bibliografie

Alberto M. K (Hg): Ricerchi Studi Babalon, T.O.P.Y. Italy – Access Point Files, Booklet, lim. 99, o. O. 2007
Almond, Marc: Tainted Life, London 2000
Anger, Kenneth: Hollywood Babylon, Hamburg 2006
Anonymous: Italian Crowleyan Industrial Music Memoirs, in: Dimonia. Encyclopaedia of Anomalous Culture and Apocalyptic Pop, Treviso 2002
Aquino, Michael A.: The Church Of Satan, San Francisco 2009 (6. Auflage)
Arns, Inke: Neue Slowenische Kunst NSK. Eine Analyse ihrer künstlerischen Strategien im Kontext der 1980er Jahre in Jugoslawien, Regensburg 2002
Aswynn, Freya: Die Blätter von Yggdrasil, Wien 1994
Atkins, Susan: Ich sollte sterben, Schorndorf 1979

Baddeley, Gavin: Goth Chic. A connoisseur's guide to dark culture, London 2002
Baddeley, Gavin: Lucifer Rising. Sin, Devil Worship & Rock'n' Roll, London 1999
Baerenreiter, Harald, Fuchs, Werner u.a: Null Bock auf eurer Leben. Braunschweig 1983
Bailey, William: Microbionics. Radical Electronic Music and Sound Art in the 21st Century, London 2009
Bainbride, William S.: Satan´s Power. A Deviant Psychotherapy Cult, Berkeley 1978
Baroni, Vittore: Psychic TV, Genesis P-Orridge. A comprehensive Collection ov Lyrics 1981–90, Viterbo Italy 1990
Barton, Blanche: The Secret Life Of a Satanist. The Authorized Biography of Anton Szandor LaVey, Los Angeles 1990
Bax, Daniel: Gelobt sei, was provoziert. In: taz vom 03.06.2000
Berger, Fred: Pulp Fiction. Photographs, Frankfurt/M. 2007
Booth, Stanley: Dance with the Devil. The Rolling Stones and Their Times, New York 1984
Borchardt, Kirsten: Einstürzende Neubauten, Höfen 2003
Breyer P-Orridge, Genesis: Thee Psychick Bible, Port Townsend 2009
Brecht, Bertolt: Die Dreigroschenoper, Frankfurt /M 1968
Brinkman, Lars: Sound Of Chaos. SPEX Ausgabe 12/1998
Bucher, Willi und Pohl, Klaus (Hg.): Schock und Schöpfung, Jugendästhetik im 20. Jahrhundert, Darmstadt und Neuwied 1986
Buckley, Joshua/Moynihan, Michael (Hg): Tyr #3 Myth Cult Tradition, Atlanta 2008
Bulwer-Lytton, Edward: The Coming Race. 1871; dt: Vril oder Eine Menschheit der Zukunft von Guenther Wachsmuth, Stuttgart 1922
Büsser, Martin; Kleinhenz, Jochen; Schütze, Frank; Ullmaier, Johannes (Hg.): Testcard: Beiträge zur Popgeschichte, Nummer 1 / September 1995, Themenschwerpunkt: Pop und Destruktion, Mainz 1995 **Büsser, Martin; Kleinhenz, Jochen; Schütze, Frank; Ullmaier, Johannes (Hg.):** Testcard. Beiträge zur Popgeschichte, Nummer 3/ November 1996, Themenschwerpunkt: Sound, Mainz 1996
Büsser, Martin; Kleinhenz, Jochen; Schütze, Frank; Ullmaier, **Johannes (Hg.):** Testcard: Beiträge zur Popgeschichte, Nummer 4/ Juli 1997, Themenschwerpunkt: Retrophänomene in den 90ern, Mainz 1997
Büsser, Martin: Wie klingt die neue Mitte? Rechte und reaktionäre Tendenzen in der Popmusik, Mainz 2001
Bussy, Pascal: Kraftwerk. Synthesizer, Sounds und Samples – die ungewöhnliche Karriere einer deutschen Band, München 1995

Chevalier, J. / Gheerbrant, A.: Dictionnaire des Symboles, Paris 1969
Clark, Brian M. (Hg): Standing In Two Circles, the Collected Works of Boyd Rice, o.O. 2008
Clarke, John: Stil. In: Honneth, A. / Lindner, R. / Paris, R. (Hg.): Jugendkultur als Widerstand. Milieus, Rituale, Provokationen. Frankfurt /M 1979
Colon, Susan: The Beautiful People. In: Details Magazine, July 1997
Cremet, Jean (Wölk, Volkmar): Jenseits von Böhse Onkelz und Skrewdriver: Darkwave. Über (neo)-faschistische Tendenzen in der Independent-Musik. In: analyse & kritik, Nr. 389, 04.04.1996

Diedrichsen, Diedrich: 1.500 Schallplatten 1979–1989, Köln 1989
Diesel, Andreas / Gerten, Dieter: Looking for Europe: Neofolk und Hintergründe. Zeltingen-Rachtig 2005, 2. Auflage 2007.
Drieu la Rochelle, Pierre: Gilles. Paris 1939. Dt.: Die Unzulänglichen, Berlin 1966 **Dwyer, Simon (Hg.):** Rapid Eye (2 Bde), London 1992

Ebert, Vince: Denken Sie selbst! Sonst tun es andere für Sie, Hamburg 2008
Eisenhofer, Stefan (Hg.): Painted People. Die Faszination des zweiten Gesichts, München 2005
Eliade, Mircea: Symbolism. The Sacred & the Arts, New York 1985
El-Nawab, Susanne: Skinheads, Gothics, Rockabillies. Gewalt, Tod & Rock'n'Roll, Berlin 2007
Erlendsdóttir, Maria: Pagan Beliefs in Modern Iceland, Edinburgh 2001

Farin, Klaus (Hg.): Journal der Jugendkulturen Nummer 7, November 2002, Berlin / Bad Tölz 2002
Felton, David: Mindfuckers. A Source Book on the Rise of Acid Fascism in America, San Francisco 1972
Foley, Bridget: Hail McQueen. In: W Magazine (Juni 2008)
Forbes, Robert: Misery & Purity. A History And Personal Interpretation of Death In June, Amersham 1995
Ford, Simon: Wreckers of Civilisation. The Story of Coum Transmissions & Throbbing Gristle, London 1999
Frater Megalith (IOT): Symphony For The Devil – Magick Musick, in ZS: ANUBIS. Zeitschrift für praktische Magie und Psychonautik H. 9, 6/1988
Freud, Sigmund: Totem und Tabu, Frankfurt am Main 1956

Gächter, Holger: Laibach. In: Büsser, Martin (Hg.): Testcard 1 – 1995 (September 1995): Pop & Destruktion, Mainz 1995
Gehlen, Arnold: Über kulturelle Kristallisation (1961), in ders: Studien zur Anthropologie, Neuwied 1963
Goad, Jim (Hg): Answer Me! The First Three, Baltimore 2006
Godoy, Tiffany & Wartanian, Ivan (Hg.): Japanese Goth, New York 2009
Godwin, Joscelyn: Musik und Spiritualität. Quellen der Inspiration in der Musik von der Frühzeit bis in die Moderne, Bern 1989
Goethe, Johann W.: Maximen und Reflexionen, Weimar 1907
Goethe, Johann W.: Der Erlkönig. Aus: Das Leben, es ist gut, Frankfurt /M 1997
Goodrick-Clarke, Nicholas: Black Sun. Aryan Cults, Esoteric Nazism and the Politics of Identity, New York 2002
Grant, Kenneth: Die Nachtseite von Eden, Rudolstadt 2008
Greer, John Michael: Enzyklopädie der Geheimlehren. Für den deutschen Sprachraum bearbeitet und ergänzt von Frater V. D., München 2005
Greil, Marcus: Lipstick Traces. Von Dada bis Punk. Kulturelle Avantgarden und ihre Wege aus dem 20. Jahrhundert, Hamburg 1992 (Originalausgabe unter dem Titel Lipstick Traces. A Secret History of the Twentieth Century, Cambridge MA 1989)
Groß, Oliver / Weiland, Claus: Wir sind hier. In: StudentInnenzeitschrift »Diskus«, 3.00 XII, Frankfurt /M 2000

Hamel, Peter Michael: Durch Musik zum Selbst. Wie man Musik neu erleben und erfahren kann, München 1984
Hartmann, Walter/ Pott, Gregor (Hg.): Rock Session 6. Magazin der populären Musik, Reinbek bei Hamburg 1982
Hartmann, Walter: TG: Show me thee bunker darling…, in: Ders. / Pott, Gregor (Hg.): Rock Session #6 Magazin der populären Musik, Reinbek, 1982
Harrington, Walt: The Devil in Anton LaVey, in: Washington Post Magazine, 23. Februar 1986
Hawkins, Jaq D.: Chaosmagie. Grundlagen und Hintergründe, Siegburg 2009
Hegarty, Paul: Noise/Music. A History, New York / London 2007
Heidegger, Martin: Sein und Zeit, Tübingen 1967
Herchert, Gaby: Gehabt euch wohl, ich suche mich im Mittelalter! Living History und die Welt des Mittelalters neben uns. In: Hartwich, D., Schwertz, C., Witsch, M. (Hg.): Mitspieler. Überlegungen zu nachmodernen Sprachspielen in der Pädagogik, Würzburg 2007
Herte, Robert de /Nigra, Hans Jürgen: USA. Europas mißratenes Kind, München 1979
Heylin, Clinton: Babylon's Burning. From Punk to Grunge, London 2007
Hiesserer, Boris (Hg.): Rave New World. Nummer 6, Heidelberg 1997
Hopp, Michael: Im Tempel der teuflischen Triebe. In: Tempo, November 1986
Horn, András: Das Komische im Spiegel der Literatur, Würzburg 1988
Huysman, Joris-Karl: À rebours. Paris 1884. Dt.: Gegen den Strich, Potsdam 1921

Irwin, Robert: Satan Wants Me, Sawtry 1999

Keats, John: Ode to a Nightingale. In: Annals of Fine Arts, London 1819
Keenan, David: England's Hidden Reserve. A Secret History of the Esoteric Underground, London 2003
Kern, Richard: New York Girls, Köln 1997
Kilpatrick, Nancy: The Goth Bible. A Compendium for the Darkly Inclined, London 2005
Kinney, Jay: Music, Magic & Media Mischief: The Gnosis Interview with Genesis P-Orridge, in Gnosis #32 – Pop Culture & The Esoteric
Klee, Paul: Schriften zur Form- und Gestaltungslehre, Basel 1956
Klumb, Josef: Leicht entflammbares Material. Die Forthcoming-Fire-Biographie, Bingen 2000

Liessmann, Konrad Paul: Philosophie des verbotenen Wissens. Friedrich Nietzsche und die schwarzen Seiten des Denkens, Wien 2000
Linse, Ulrich/ Schulze, Hagen: Barfüßige Propheten. Erlöser der Zwanziger Jahre, Berlin 1983
Luhrmann, T.M.: Persuasions of The Witch's Craft. Ritual Magic in Contemporary England, London 1994
Lurker, Manfred: Wörterbuch biblischer Bilder und Symbole, München 1987
Lyons, Arthur: The Second Coming. Satanism in America, New York 1970

Martin, Penny: In Camera. Alexander McQueen, http://showstudio.com, 14. Dezember 2004
Mathews, Chris: Modern Satanism. Anatomy of a Radical Subculture, London 2009
Matzke, Peter / Seeliger, Tobias (Hg.): Gothic! Die Szene in Deutschland aus der Sicht ihrer Macher, Berlin 2000
Matzke, Peter / Seeliger, Tobias (Hg.): Gothic II – Die internationale Szene aus der Sicht ihrer Macher, Berlin 2002
Matzke, Peter (Hg.): Gothic 3, Berlin 2006
Matzke, Peter/Seeliger, Tobias (Hg.): Das Gothic- und Dark Wave-Lexikon. Die schwarze Szene von A–Z, Berlin 2003

McQueen, Joyce: Meeting the Queen was like falling in love, in: The Guardian 20. April 2004
Middleton, Richard: Studying Popular Music, Philadelphia 1990/2002
Mishima, Yukio: Die Todesmale des Engels, München, 1988
Mohler, Armin: Die Konservative Revolution in Deutschland 1918–1932, Basel 1949
Monroe, Alexei: Interrogation Machine. Laibach and NSK, Massachusetts 2005
Monroe, Alexei: Unsere Geschichte, in Laibach: Anthems, London 2004 (CD-Booklet)
Moynihan, Michael: Aurora. Where Light Becomes Darkness and Evil is Good. An Esoteric Inquiry into Hermann Hesse's Demian, Gnosticism, Fascism and the Indo-European Worldview, in: Ohm Clock #4
Moynihan, Michael / Söderlind, Didrik: Lords Of Chaos. Satanischer Metal. Der blutige Aufstieg aus dem Untergrund, Zeltingen-Rachtig 1998
Moynihan, Michael (Hg.): The Secret King. Karl Maria Willigut. Himmler's Lord of the Runes, Smithville 2001
Mühlmann, W.-R.: Letzte Ausfahrt Germania. Ein Phänomen namens Neue Deutsche Härte, Berlin 1999
Musch, Gernot: Interview mit Laibach, in: Black Nr. 34, Darmstadt 2003

Neumann-Braun, Klaus / Schmidt, Axel (Hg.): Die Welt der Gothics. Spielräume düster konnotierter Transzendenz, Wiesbaden, 2004
Nietzsche, Friedrich: Die fröhliche Wissenschaft, München 1990
Nietzsche, Friedrich: Jenseits von Gut und Böse, Leipzig 1886

Oláh, Thomas: Ares und das Band der Charis. Militärische Elemente in der Mode, Wien 2008
Orwell, George: The Collected Essays, London 1961
o.V.: The Happy Hypocrite, Linguistic Hardcore, Issue 1, Spring 2008, London 2008
o.V.: Pfingstbote zum 8.Wave-Gotik-Treffen, Leipzig 1999
o.V.: Sex, Speed and Rock'n'Roll, München, 1992
Oxford Dictionary of the English Language, 2. Ed., Oxford 1989

Parfrey, Adam: Apocalypse Culture, New York 1987
Partridge, Christopher: The Re-Enchantment Of The West. Alternative Spiritualities, Sacralization, Popular Culture and Occulture. Vol. I, London 2004; Vol. II, London 2005
Petros, George: Art That Kills. A Panoramic Portrait of Aesthetic Terrorism 1984–2001, o.O. 2007
Petros, George (Hg): Exit. The Exit Collection; Art & Writing from Exit Magazine, Chicago 1998
PHJ: Battlenoise! The blows of martial industrial, Bialogard 2007
Portal, Frederic: Des couleurs symboliques dans l'Antiquité, le Moyen age et le temps moderns, Paris 1837
Poschardt, Ulf: Stripped Pop and Affirmation in Kraftwerk, Laibach and Rammstein. In: Umlec, Volume 8, 1/2004, Prag 2004
Puschmann, Horst:
Joy Division Inside Out. Eine biographische Skizze, Augsburg 1992

Qrt: Drachensaat, Berlin 2000

Reck, H. U.: Nacht Im Feuer. Zur Alchemie des Todes in der Rockmusik, Adiliswil (CH) 1981
Reichel, Peter: Der schöne Schein des Dritten Reiches, Frankfurt am Main 1993
Remath. C./Schneider, R.: Haare auf Krawall. Jugendsubkultur in Leipzig 1980–1991, Leipzig 1999
Reynolds, Simon: Rip it up and start again. Schmeiss alles hin und fang neu an. Postpunk 1978–1984, München 2007, Totally Wired. Post-Punk Interviews and Overviews, London 2009
Richard, Birgit:
Die Industrial Culture-Szene, Aufsatz, Frankfurt am Main 2000
Ritzer, Ivo / Stiglegger, Marcus: Where the Iron Crosses Grow. Das Eiserne Kreuz in der Popularkultur, in :Ikonen: Nr.11, Frühjahr 2008
Rimmer, Dave: New Romantics. The Look, London 2003
Robinson, Eugene: Anton LaVey, in:
The Birth Of Tragedy:
The God Issue, Nr. 4, November 1986 / Januar **1987**
Rochels, Tim C.: Schwarze Szene. Live Fotografie 2003–2005, Berlin 2005

Salzer, Anselm / von Tunk, Eduard: Illustrierte Geschichte der Deutschen Literatur, Band III, o. J. (ca. 1990)
Sanders, Maxine: Firechild. The Life and Magic of Maxine Sanders Witch Queen, Oxford 2007
Savage, Jon: England's Dreaming. Sex Pistols and Punk Rock, London 1991
Schiller, Friedrich: Don Carlos, Leipzig 1787/88
Schütte, Uwe: Die Poetik des Extremen. Ausschreitungen einer Sprache des Radikalen, Göttingen 2006
Schütte, Uwe: RE-MIND YOUR SELF:
Genesis P-Orridge, Brian Jones und das Album Godstar von Psychic TV, in: Wespennest #139, 2005
Schreck, Nikolas: The Manson Files, New York 1988
Schreck, Nicholas: The Satanic Screen. An illustrated guide to the Devil in cinema, o.O. 2001
Sennitt, Stephen (Hg): The Infernal Texts. Nox and Liber Koth, Tempe 2004
Shapiro, Harry: Graham Bond. The Mighty Shadow, London 1992
Shea, Robert: Illuminatus-Trilogie:
Das Auge in der Pyramide, Basel 1977; Der goldene Apfel, Basel 1978; Leviathan, Basel 1978
Shekhovtsov, Anton: Apoliteic Music: Neo-Folk, Martial Industrial and Metapolitical Fascism. In: Patterns of Prejudice, Vol. 43, No. 5 2009
Shustermann, Karl: Kunst leben. Die Ästhetik des Pragmatismus, Frankfurt 1994
Sodergren, Kevin: Religion, Rebellion, Erneuerung. Neofolk im Kontext der postmodernen Philosophie. in :Ikonen: Nr. 11, Frühjahr 2008, S. 28–31
Sontag, Susan: Faszinierender Faschismus, indies.: Im Zeichen des Saturn, Frankfurt am Main 1975
Speit, Andreas (Hg.): Ästhetische Mobilmachung. Dark Wave, Neofolk und Industrial im Spannungsfeld rechter Ideologien, Münster 2002
Spindler, Amy M.: Fashion / Review; In London, Blueblood Meets Hot Blood. In: The New York Times (5. März 1996)
Stenshoel, Peter/Kinney, Jay: Audio Magicians, in: Gnosis #32 – Pop Culture & The Esoteric
Sterneck, Wolfgang (Hg.): Cybertribe-Visionen. Rhythmus und Widerstand, Liebe und Bewusstsein, Hanau 1996
Sterneck, Wolfgang: Der Kampf um die Träume. Musik, Gesellschaft und Veränderung, Hanau 1995
Stiglegger, Marcus:
Sadiconazista. Faschismus und Sexualität im Film, St. Augustin / Remscheid 1999 (2. Aufl.)
Stoeckl, Peter: Kommune und Ritual. Das Scheitern einer utopischen Gemeinschaft, Frankfurt /M 1994
Strauß, Botho: Anschwellender Bocksgesang, in: Der Spiegel 6/1993
Steele, Valerie: Fetish. Fashion, Sex & Power, New York 1996
Sun, Howard und Dorothy:
Neuer Schwung durch Farbe – Mit den richtigen Farben das Leben meistern, Freiburg 1994
Sünner, Rüdiger: Schwarze Sonne. Entfesselung und Mißbrauch der Mythen in Nationalsozialismus und rechter Esoterik, Freiburg 1999; Erweiterte Neuauflage, inkl. DVD des gleichnamigen Films, Berlin 2009
Szondi, Peter: Schriften I, Frankfurt /M 1978

Tandecki, Daniela: Nachtsaiten der Musik, Sankt Augustin 2000
Tegtmeier, Ralph: Musikführer für die Reise nach Innen, Haldenwang 1985
Teipel, Jürgen: Verschwende Deine Jugend. Ein Doku-Roman über den deutschen Punk und New Wave, Frankfurt /M 2001
Terraciano, Carlo: Revolte gegen die moderne Weltordnung. Die revolutionäre Aktualität des Werkes von Julius Evola im Zeitalter der Globalisierung, Straelen 2007
Thompson, Hunter S.: Hell's Angels, New York / London 1966
Thompson, William Irwin: Evil and World Order, New York 1976
Tischleder, Dominik: Anton LaVey und die Church Of Satan, in: Sakrament und Sakrileg Nr. 6, April 1999
Tischleder, Dominik: Interview mit Alex Fergusson, in: Zwielicht #1, Dresden 2006
Tolli, Federico:
Thelema, in Christentum, Logentradition und New Aeon, Leipzig 2004

Valéry, Paul: Theorie der Dichtkunst, Frankfurt/M. 1962
Vale, V./ Juno, Andrea (Hg.): Re/Search, Issue 6/7 Industrial Culture Handbook, San Francisco 1983
Vaxelaire, Jean-Louis: Death in June. Le Livre brun, Nancy 1993
Victor, Jeffrey S.: The Satanic Panic. The Creation of a Contemporary Legend, Chicago 1994

Wagner, Richard: Ring der Nibelungen, Bayreuth 1876
Walther, Christian (Hg.): Gothic. Dark Lyrics, Weinheim 2009
Webb, Peter: Exploring the Networked Worlds of Popular Music. Milieu Cultures, New York 2007
Wilson, Colin: Das Okkulte. Übersetzung, Berlin 1982
Wilson, Colin: Der Outsider. Eine Diagnose des Menschen unserer Zeit, Stuttgart 1960
Wolfe, Burton H.: The Devil's Avenger. Eine Biografie des Anton Szandor LaVey. Siegburg 2007
Wolfe, Burton H.: The Hippies, New York 1968
Wyllie, Timothy / Parfrey, Adam: Love, Sex, Fear, Death. The Inside Story Of The Process Church Of The Final Judgement, Los Angeles 2009

Kurzbiografien

Amodali ist eine Experimental-Vokalistin / Musikerin. Sie benutzt die Stimme als Medium zur Erkundung von Magie, Trance-Zuständen und esoterischer Sexualität. Sie begann ihre musikalische Karriere als Synth-Playerin in mehreren Liverpooler Bands, einschließlich einer Zusammenarbeit mit Royal Family and the Poor auf einem von Factory Records veröffentlichten Album. Am meisten verbindet man ihren Namen mit dem zehn Jahre aktiven Projekt Mother Destruction. Mother Destruction war ein Transportmittel für Amodalis Gesang und Performances, basierend auf der Erforschung von »seidhr« Album (»Seething«), einer Form des nordischen Schamanismus. Eine neue CD namens »Incarnadine« wird 2010 veröffentlicht, begleitet von neuen Live-Auftritten. Außerdem ist Amodali noch als Visual Artist tätig, schafft Graphiken, Illustrationen und experimentelle Multimedia-Stücke. (www.myspace.com/amodali, www.liberincarnadine.com) **(04)**

Megan Balanck. Als Tochter des Besitzers von Spiral, einer alternativen Schmuck- und Musikfirma in Großbritannien wuchs Megan zwischen Künstlern, Heiden, Bikern, Hippies und Schwarzkitteln auf. Für sie war alternative Mode und Lebensart natürlich und heimelig, es war der Mainstream den sie merkwürdig und bedrohlich fand. Während sie für das Familienunternehmen als Marketingdesignerin arbeitete, begann sie sich in die Bilderwelt der Schwarzen Szene, die den Haushalt unterstützte, zu verlieben. Nachdem sie die Webseite der Familie gestaltet hatte, kombinierte Megan ihre Vorliebe für das Schwarze und die digitale Kunst in der Gestaltung von blackwaterfall.com, einem verschmitzten Katalog von Subtypen der Schwarzen Szene. Zurzeit ist Megan Englischlehrerin in Nagasaki / Japan, wo sie viele junge Japaner an The Cure und Emilie Autumn herangeführt hat. (www.spiral.org, www.blackwaterfall.com) **(40)**

Dirk Baumert (15), Neo-Darwinist und Künstler. Hinter diesem Namen verbergen sich die Internetportale www.duesterart.de – www.duestermodels.de und www.duesterevents.de und das zwei mal im Jahr stattfindende Event »Gothmodel-, Fotografen und Künstlertreffen«. Hier bin ich zu finden: Matrix (Bochum), Zwischenfall (Bochum), Zeche Carl (Essen), Club Pavillon (Wuppertal). (www.duesterart.de, www.duestermodels.de, Blog: www.duesterevents.de)

Martin Bowes gründete Attrition als Post-Punk-Trio 1980 in Coventry/England. Die frühen Werke von Attrition nahmen Trends vorweg, die im Gothic-/Industrial-Revival der 90er Jahre zu eigenen Genres wurden. Die als Death House veröffentlichten Drones und Bandmanipulationen waren dem »Isolationismus« des Dark Ambient um fast zehn Jahre voraus, und die ersten beiden Attrition-Alben setzten Maßstäbe für den Stil, der heute als Dark Wave bekannt ist. Attrition fanden den Weg in die College Radios mit dem gruseligen »Monkey in a Bin«, das 1987 auf der Kompilation »Animal Liberation« vertreten war, neben Künstlern wie Nina Hagen, The Smiths und Alan Jourgensen (Ministry). Seitdem haben Attrition über 20 Alben veröffentlicht, von denen jedes eine Balance zwischen dualistischen Kräften eingeht: Düstere Atmosphären gemischt mit treibenden Beats, klassischer Bombast verschmolzen mit Ambient Noise, die die Hörer in einen dichten Nebel aus Klanglandschaften hüllen. Bowes' ernst gesprochener Vortrag steht dabei zunehmend opernhaftem weiblichen Gesang gegenüber. **(37)**

Cornelius Brach: Jahrgang 1977, ist seit 2006 Pressesprecher des Wave-Gotik-Treffens. War einige Jahre als DJ in Dresdner und Leipziger Szeneclubs aktiv. Arbeitet neben seiner Tätigkeit fürs WGT auch für den Hörfunk des MDR sowie als Antiquar. **(14)**

Genesis Breyer P-Orridge: Der 1952 geborene Neil Megson alias Genesis P-Orridge hat wie kaum ein zweiter die Musik der Szene beeinflusst. 1969 Gründung der schockierenden Performancegruppe COUM Transmissions (als »Wreckers of civilisation« gescholten); 1976 erfolgt mit Throbbing Gristle der Angriff auf die Musikindustrie. Nach dem Ende von TG gründete er zusammen mit Peter Christopherson und Alex Fergusson 1981 die Formation Psychic TV. Mit provokanten Liveauftritten, atonaler Musik und einer weitgreifenden Philosophie kann sein Schaffen als Gesamtkunstwerk gesehen werden, das auch vor der systematischen Veränderung des eigenen Körpers nicht halt macht, den er chirurgisch dem seiner 2008 verstorbenen Frau Lady Jaye angepasst hat. Seine experimentellen Ansätze waren Vorbilder für zahlreiche Strömungen inner- und außerhalb der Szene, u. a. Industrial- und Ritualmusik, Acid House und Neo-Psychedelic. Nach der letzten Tournee mit Psychic TV (PTV3) konzentriert er / sie sich auf das Spoken-Word-Projekt Thee Majesty. **(19)**

Mike Browning ist wahrscheinlich am bekanntesten als ehemaliger Schlagzeuger und Vokalist der Death-Metal-Pioniere Morbid Angel (1984–86). Nach Morbid Angel blieb Browning musikalisch als Drummer / Vokalist (eine seltene Kombination in der Musik, weniger noch im Metal) für verschiedene Bands der Death-Metal-Szene Floridas, darunter Nocturnus, Incubus und Acheron aktiv. Brownings aktuelle Band, die sich lyrisch mit dem Okkulten und schwarzer Magie befasst, nennt sich After Death. Ebenso ist er bei Devine Essence und Wolf And Hawk (mit der Metal-Sängerin Lisa Lombardo) aktiv. 2008 veröffentlichte er ein Solo-Album: »Mike Brownings Inner Workings – Trancemissions«. Er lebt gegenwärtig in Tampa, Florida und hütet dort eine umfangreiche Sammlung mittelalterlicher Waffen und altägyptischer Artefakte. Er wird oft angefragt, um an regionalen Colleges und Schulen über das Alte Ägypten und den mittleren Osten zu unterrichten, und ist geprüfter Museumskurator. Außerdem hat er Rieseninteresse an alten Muscle-Cars. **(43)**

Till Brüggemann: Geboren 1964, gründete 1981 in Bremen die Multimedia-Gruppe Gerechtigkeits Liga, die sich innerhalb weniger Jahre in der damaligen internationalen Post-Industrial-Szene einen obskuren Namen verschaffte. 1983 gründete er ein Musiklabel in Bremen, um seine eigenen Sound-, Film-, sowie Video-Experimente in kleinen Auflagen produzieren und veröffentlichen zu können. 1986 zog er nach Berlin und kurz darauf nach London, um dort musikalisch auf produktivere Art und Weise zu arbeiten. 1987 begann er an der St. Martin's School of Art Experimentalfilm zu studieren. Nach zwei Jahren Studienzeit brach er den Filmkurs ab, um sich auf seine eigenen Projekte wie Multimediaauftritte und Studioproduktionen zu konzentrieren. Gegen Ende der 80er war er kurzfristig als Videoregisseur tätig und arbeitete zwischendurch in sehr kleinen Nebenrollen für Derek Jarman und Stanley Kubrick. Brüggemann ist nun seit knapp 30 Jahren als Musiker, Texter und Produzent in der Gerechtigkeits Liga tätig und experimentiert im Bereich Videoproduktion. **(65)**

Anne Clark : geboren 1960 in Croydon, South London ist eine britische Songwriterin, Poetin und Pianistin, die im Zuge der Post-Punk-Ära im Vereinigten Königreich bzw. der europäischen New-Wave / Dark-Wave-Bewegung Popularität erlangte und bis heute als Musikerin mit eigener Band aktiv ist. Musikalisch lassen sich fast alle ihre Werke in den Bereich der Elektronischen Musik mit teils avantgardistischen Klassik-, Folk-, Rock- und Dance-Elementen einordnen. Insgesamt wird ihr Schaffen der Gattung »Spoken Word« zugerechnet, das heißt Anne Clark singt nicht, sondern trägt die meist sehr poetischen Songtexte vielmehr rhythmisch gesprochen vor. Inhaltlich setzen sich diese überwiegend und kritisch mit den Unzulänglichkeiten des Menschseins, des alltäglichen Lebens und der Politik auseinander, was besonders den frühen Arbeiten eine schwermütige und melancholische Substanz verleiht, die sowohl im Deutschen als auch im Englischen als »Weltschmerz« bezeichnet wird. **(08)**

Gitane Demone: Ich knote Worte zusammen, erschaffe visuelle Kunst und fange Melodien seitdem ich drei Jahre alt war, weiter zurück reicht mein Erinnerungsvermögen nicht. Später habe ich mich auf Musik konzentriert, die lyrische Texte, Komposition und Arrangement umfasst sowie Live Auftritte mit meiner Stimme als primäres Instrument. Meine Platten-Produktionen zwischen 1981 und 2010 beinhalten Pompeii 99, Christian Death, die Solo Jahre, Demonix mit Rozz Williams, Ciril und andere und die letzten 5 Jahre bis heute ist meine Band The Crystelles. Ich glaube, ich muss einen langen Weg gehen um die Kunst zu erreichen, die ich suche. **(21)**

Giulio DiMauro: geboren in Rom 1978. Es war ein sonniger Tag: Das erste europäische Sozialprogramm zur Arbeitergesundheit wurde verkündet, Argentinien schlug die Niederlande 3:1 bei der Fußballweltmeisterschaft und Andy Gibb sang sein »Shadow Dancing« in den Discos, während in Italien noch die Roten Brigaden scharf schossen und die Revolution unterstützten. Nach Studien in Humanismus wurde ich in den späten 90ern Fotograf und Art Director. Ich bin völlig besessen vom 20. Jahrhundert, weil das m. E. Die Zeit war, in der der Mensch realisiert hat, dass er im Inneren der Apokalypse lebt: einer sehr langsamen. Mein Leben und meine Arbeit sind ein ästhetischer Versuch, zu überleben. Ich bin ein hingebungsvoller Mensch, und meine Liebe zur Musik machte mich zum Manager meiner Lieblingsband (Current 93). Als Fotograf porträtiere ich am liebsten. Ich hasse Mode, aber ich fotografiere sie gern. Ich liebe Essen, bin aber momentan auf Diät. Alle meine vergangenen und gegenwärtigen Projekte findet man unter www.postromantic.com. **(23)**

Arvid Dittmann: Geboren 1967; Diplom-Sozialpädagoge, freier Journalist und DJ in Berlin Veröffentlichungen (unter anderem) in: Archiv der Jugendkulturen (Hrsg.). Reaktionäre Rebellen. Rechtsextreme Musik in Deutschland. Berlin, Thomas Tilsner Verlag, 2001, Farin, Klaus / Neubauer, Hendrik (Hrsg.): Artificial Tribes. Jugendliche Stammeskulturen in Deutschland. Berlin, Thomas Tilsner Verlag, 2001, Farin, Klaus: Buch der Erinnerungen. Die Fans der Böhsen Onkelz. Berlin, Archiv der Jugendkulturen, 2007. **(10)**

Sven Hauke Ericksen: Geboren 1966 in Hamburg, lebt heute am Tegernsee. 1986 absolvierte er eine Ausbildung als Konditor, gefolgt von einer Kochlehre, die er 1988 abschloss. Bis 1999 arbeitete er als Demichef. Danach war er Mediaberater bei der UFA in Düsseldorf bis 2006 und bis heute arbeitet er als Agenturleiter der CPM im Kinomarketing. Seine Hobbies sind neben seiner Familie mit seinen beiden Söhnen Bücher, Flohmärkte, Filme, Kunst+Kultur, Geschichte, Marketing, und Gothic-Musik aller Art. **(61)**

Nik Fiend: Aufgetaucht aus der verschwitzten Umgebung des notorischen Batcave in Londons Soho der frühen 80er konnte sich der kompromisslose und progressive Organismus Alien Sex Fiend 27 Jahre lang gegen alle Versuche von Schubladendenken erfolgreich zur Wehr setzen. 13 bahnbrechende Studio-, vier fantastische Live-Alben und ein ganzes Aufgebot an Samplerbeiträgen kamen dabei raus, die der Autodidakt Nik mit Zeichnungen, Gemälden und Collagen versah. Gerade eben ist ein neues manisches Meisterwerk mit dem Titel »Death Trip« mit aufregenden neuen Kunstwerken von Nik Fiend auf dem bandeigenen Label 13th Moon Records erschienen. Niks Kommentar: »Für mich gehen Musik und Kunst Hand in Hand«. Die Welt erwartet den nächsten gloriosen Mix aus Mensch und Maschine, Bosheit und Spaß, und wo er die Hörer hinführen wird, wissen nur die Fiends. **(48)**

Front 242: Gegründet im Oktober 1981 in Brüssel (Belgien) waren Front 242 ursprünglich ein Duo, bestehend aus Daniel Bressanutti (alias Daniel B.) und Dirk Bergen. Noch im gleichen Jahr veröffentlichten sie ihre erste Single »Principles / Body To Body«. Ein Jahr später stießen Patrick Codenys und Lead-Sänger Jean-Luc DeMeyer hinzu. Für Live-Auftritte wurde Geoff Bellingham engagiert, der aber kurz darauf durch Richard Jonckheere (alias Richard 23) ersetzt wurde. Dirk Bergen verließ die Band und übernahm das Management. In der Besetzung DeMeyer / Codenys / Daniel B. / Richard 23 wurden sie international bekannt. Ihre Klangphilosophie besteht in der Assimilation und dem Recycling von medialen Botschaften und Field Recordings, die die sie umgebenden Signale und Botschaften von Nachrichtensendungen bis zu verfremdeten Naturgeräuschen recyceln. Sie werden bis heute als Inspiration oder gar als direktes Vorbild für unzählige EBM- und Electro-Combos benannt. **(18)**

Alexander Geppert: 1976 in Chemnitz geboren, lebt seit 1995 in Leipzig. Hier studierte er von 1995 bis 2000 an der HGB Medienkunst. Bereits während seines Studiums arbeitet er als Grafiker für Bands der dunklen Szene. Die ersten Bands, für die er ein CD-Cover entwarf, waren Haujobb, Accessory und Diary of Dreams. Seither blieb er als Mediendesigner der Szene treu und entwirft das Artwork, Merchandise und digitale Projekte vieler Bands. (www. userdx. de, txt@userdx.de) **(01)**

Stefan Gnad: Jahrgang 1971. Journalist. Kriegt fürs Klugscheißen manchmal Kohle. Doch wie Molière schon bemerkte: »Beim Schreiben ist es wie bei der Prostitution. Zuerst macht man es aus Liebe, dann für ein paar Freunde und schließlich für Geld.« Erste Schallplatte: Iron Maidens »Iron Maiden«. Musikgeschmack und Tonträgersammlung sind seither explodiert, trotzdem ist da nach all den Jahren noch immer eine zarte Zuneigung für fein geschmiedeten Edelstahl. Hat auch im gesetzten Alter großen Spaß, sich spät nachts auf gotische Partys zu schleichen und dort übel zu versumpfen ... Ansonsten: Jonas (nur Jonas), Kate Bush, Motörhead, Franz Kafka, Woody Allen, Peter Lundt, The Avengers, Spiderman, Gameboy, South Park, die Neubauten, Kiss, Kurosawa, The Prisoner, Tullamore Dew, Afri Cola, Sonnenbrille, 2+2=4, Doom, Devon, Dürüm, Django Reinhardt. **(58)**

Claudia Grui bekleidet zurzeit eine Hilfsassistenz am Institut für Medienwissenschaft der Universität Basel. Ihre Arbeits- und Interessenschwerpunkte liegen im Bereich der Jugendkulturforschung. Zudem ist sie derzeit mitverantwortlich für die Überarbeitung der Übersicht zur Gothic-Szene auf www.jugendszenen.com. Ihre eigenen Erfahrungen mit der (schweizerischen) Gothic-Szene sowie ihre heute noch bestehende Nähe zur Szene waren Quellen wertvoller Einsichten. **(13)**

Katharina Hahn: Ausbildung zur Fotografin in Schwerin und Potsdam, danach Fotoassistentin in München und Anstellungen als Fotografin. Seit 2006 kulturwissenschaftliches Studium in Leipzig und parallel Tätigkeit als freie Fotografin. Schwerpunkte sind Portrait-, Band- und Konzertfotografie, zusätzlich entstehen auch freie Arbeiten, Videoprojekte, Kollagen und Grafiken. (www.flamisol.de) **(29)**

Oswald Henke fing Ende der 80er Jahre an, mit seinen bizarren Gedanken und dem gerade begonnenen Projekt Goethes Erben eine neue Form des Musiktheaters zu etablieren. Hier integrierte er Elemente wie Tanz und Schauspiel, aber auch Licht in seine Inszenierungen. Weitere musikalische Projekte wie Erblast (weniger textlastig) sowie das deutsche Projekt Artwork folgten. Aus der Zusammenarbeit mit dem Musikwissenschaftler Vladimir Ivanoff erwuchs die Auftragskomposition für die KlangArt 1999, die auf der CD »Zeitgeist« veröffentlicht wurde. 2003 verabschiedeten sich Erblast und Artwork und mit drei Konzerten verabschiedeten sich Goethes Erben im September 2007. Die zahlreichen weiteren Aktivitäten des multitalentierten Künstlers sprengen diese Kurzbiografie und können unter www.Oswald-Henke.de nachgelesen werden. **(50)**

Jennifer Hoffert wurde in New Jersey geboren und ist im tiefen Süden der USA aufgewachsen. Nach ihrer Flucht vor Hitze und Sonnenlicht in diesem Landstrich war sie zehn Jahre in New England Ponytrainerin und Reitlehrerin. Sie ist immer noch unsicher, wie sie am Ende in Leipzig gelandet ist. Vielleicht war es dieses lästige Kaninchenloch. Nach der Meinung eines anderen Mitwirkenden dieses Buches existiert sie sowieso gar nicht, weil sie keine Sozialen-Netzwerk-Sites unterhält. **(26)**

Klive Humberstone ist eine Hälfte der Neoklassik-Band In The Nursery. Die musikalische Geschichte von ITN umfasst mehr als 25 Jahre, von Post-Punk über Neoklassik bis zu Film- und Trailer Soundtracks wie Gran Torino, Beowulf, The Aviator, Interview with the Vampire, Along Came a Spider und The Rainmaker. Die Musik hat stets den Drang nach Fortentwicklung und Experiment ausgedrückt, dem sich Klive und sein Zwillingsbruder Nigel verpflichtet sehen. Ihre erhabene, filmische Musik verwebt Electronica, klassische Arrangements, orchestrales Schlagwerk und Geräuschkulissen miteinander, um eine Qualität von Zeitlosigkeit zu beschwören. Die im Mai 2010 erschienene CD »Aubade« versammelt die Aufnahmen aus der Frühphase der Band (www.inthenursery.com) **(32)**

Mrs. Hyde: Ich bin im Internet unter dem Namen Mrs. Hyde bekannt. Vielleicht beschreibt dieses Synonym meine künstlerische Persönlichkeit, welche von Licht und Schatten geprägt ist, am besten. Mein richtiger Name ist Anja Papenfuss. Ich fotografiere seit August 2006 als Hobbyfotografin und arbeite als Softwareentwicklerin. Immer bin ich auf der Suche nach dem Besonderen, nach einer Schönheit, die manchmal subtil, manchmal schmerzhaft und/oder verborgen ist. Das ist, was einen Menschen individuell ausmacht. Mit Menschen zu arbeiten, die Wirklichkeit zu verändern, neue Dinge entstehen lassen, mit Texturen, Licht und Farben zu spielen ist, was mich fasziniert. Auf die Art der Bearbeitung lege ich mich nicht fest. Warum ich fotografiere: Weil alle Dinge sich irgendwann ändern, weil mir Emotionen wichtiger sind als Schein, weil Kunst nicht nur Schönheit und Schönheit nicht immer Kunst ist, weil jeder seinen eigenen Weg gehen muss. **(44)**

Myk Jung: Essener Sänger und Autor, ist seit 1984 in der Independent-Szene aktiv. Seit 1986 stehen zahlreiche Veröffentlichungen mit diversen musikalischen Projekten zu Buche, vor allem mit dem EBM-Gothic-Urgestein The Fair Sex, darüber hinaus mit der Industrial-Metal-Formation Testify, dem Electro-Rock-Projekt Nice Gods Bleed und zwischen 2003 und 2009 mit den Industrial-Metallern von Schuldt. Seit 2000 ist Myk als freier Schreiber für verschiedene Musikmagazine tätig; 2001 veröffentlichte er seinen ersten Roman »Der Herr der Ohrringe«, 2006 das balladeske Soloalbum »Zenith Is Decline«. In Zusammenarbeit mit dem Bochumer DJ und Autor Klaus Märkert ruft Myk im Jahr 2008 die Lesebühne Schementhemen ins Leben, ein Ort lakonischen Wortwitzes und skurril-humorvoller Darbietungen. »Ich bin dann mal tot«, das erste Schementhemen-Buch, erschien im März 2010. **(45)**

Holger Karas: Geboren 1960 wuchs Holger Karas in der niedersächsischen Stadt Braunschweig in eher ländlicher Umgebung auf. Ersten Kontakt mit der Fotografie hatte er in den 70er Jahren durch seine Schule. Im Jahr 2004 begann er, sich unter dem Pseudonym Seventh Sin intensiver mit der Fotografie auseinanderzusetzen. Insbesondere die der Gothic-Szene nahestehende Fetisch-Szene erregte seine Aufmerksamkeit. Ab 2007 verbrachte er zwei Jahre beruflich in Japan, wo er neben Szene-Portraits unter anderem Shibari-Künstler (Bondage-Artisten) und Clubs fotografierte. (www. seventh-sin-de). **(24)**

Andrew Kings kreativer Start war darstellende Kunst, er studierte an der Caerleon und Lampeter Universität und kann nationale und internationale Ausstellungen aufweisen. Nach vielen Jahren des Experimentierens reifte seine Kunst in symbolhaften Gemälden. 1994 fing er an, Mundart und traditionelle Lieder aufzunehmen und die Lieder, Musik und Gebräuche seiner Heimat zu dokumentieren. 1995 zog er nach London und machte einige illustrative Kompositionen für Post-Industrial und Neofolk-Bands dieser Zeit (L'Orchestre Noir, Current 93, Ernte, Sol Invictus, etc) und brachte seine ersten Versuche mit eigenen verdrehten Versionen traditioneller Lieder heraus. Zur Zeit ist er Bandmitglied von Sol Invictus und The Triple Tree. Durch seine Arbeit an traditionellen Liedern ist er als Sänger Mitglied in Londons Musical Traditions Club und hatte eine Anstellung bei der British Library in den Jahren 2001 bis 2005 als Archivar für traditionelle britische Kultur. **(05)**

Philipp Kollmar alias Le Pi, ist Pi mal Daumen 30 Jahre alt, seit eineinhalb Dutzend Jahren Weltenwanderer zwischen gestern, heute, morgen, hell und dunkel, Phantastik und Hyperrealismus; seit einem Dutzend Jahren kreativer Motor eingeschworener Rollenspielergemeinschaften (Rimmersgarder Keiler, Talsker Wölfe), die es sich zum Ziel gemacht haben, das Kämpfen im Rollenspiel gewalttätig aussehen zu lassen, dabei aber sanft zum Gegner zu sein, sowie dichte Atmosphäre im Rollenspiel durch großen Detailreichtum und wildes Improvisieren zu erzeugen. Derzeitiges Projekt: Der dritte Trailer der Talsker Wölfe – »Ausspielen ist Alles«. (Trailer3.wordpress.com) Leitspruch: »Immer 'n Helm tragen bei der Arbeit.« **(54)**

Matthias Korb: Die Auseinandersetzung mit den Naturmysterien durchzieht das Werk des 1969 in Frankfurt/M. geborenen Künstlers. Schon früh beschäftigten ihn Gedanken um den Menschen und dessen Platz im System der Natur: ein System aus Vergänglichkeit, Wiederauferstehung, Wandlung, Symbiose und Kampf. Aufgrund dieses Interesses schlug er die Laufbahn des Gärtners ein, arbeitete in verschiedenen Betrieben und botanischen Gärten. Parallel widmete er sich Studien der historischen Gartenkunst und fand dabei an italienischen Renaissancegärten besonderen Gefallen. 1997 machte er sich mit einem Gartengestaltungsbetrieb selbständig, den er bis heute betreibt. Von 2000 bis 2004 betrieb er den M. H. Korb Buchverlag, in dem mehrere Anthologien, die existentielle Fragen thematisierten, erschienen sind. Außerdem veröffentlichte er die Literaturzeitschrift »Seelenkrater«. Seit 2005 arbeitet er daran, seine Fragestellungen durch die bildende Kunst zu erforschen, wobei ihm die Erfahrungen als Landschaftsgestalter oft zugute kommen. **(39)**

Laibach: Gegründet 1981 in Trbovlje / Slowenien sind sie die bekanntesten musikalischen Vertreter des Kunstkollektivs Neue Slowenische Kunst, zu dessen Gründungsmitgliedern sie 1984 zählten. Mit dem Namen Laibach, dem alten deutschsprachigen, im titoistischen Jugoslawien unerwünschten Namen der slowenischen Hauptstadt Ljubljana, schufen die Musiker bewusst Reibungspunkte mit der Regierung, deren Ideologie und Präsentationsformen sie ins Monumentale überstiegerten. Nach Tourneen östlich und westlich des Eisernen Vorhangs im »besetzten Europa« waren sie im Westen als Faschisten verunglimpft, während sie in den Ländern des Warschauer Pakts für Ultrastalinisten gehalten wurden. In ihrer 30jährigen Karriere adaptierten sie alle möglichen Stile von klassischer Musik über Industrial, Rock und Techno bis zu Volksmusik. Am berühmtesten (bzw. berüchtigtsten) sind ihre Fassungen von bekannten Rock- und Pop-Hits, die den totalitären Charakter der Musikindustrie zum Vorschein bringen. **(34)**

Stefan Lederer: Jahrgang 1979, geboren in Regensburg, aufgewachsen im Süden Baden-Württembergs. Studierte Politische Wissenschaft und Medienwissenschaften in Erlangen, lebt und arbeitet in Nürnberg. Seit Mitte der 90er Jahre in der Schwarzen Szene unterwegs, weitgehend als Konsument, gelegentlich auch als Plattenaufleger und Mitveranstalter von Konzerten. Die persönlichen musikalischen Präferenzen liegen neben altem und alt klingendem Wave sowie minimalistischer und kalter Elektronik vor allem im Bereich der Industrial Culture und des Apocalyptic Folk. **(59)**

Gerd Lehmann: Der Leipziger Lichtbildner ist fasziniert von der optischen Ausdruckskraft der Gothic-Szene, die er in seinen Bildern nach außen zu tragen versucht. »Es ist für die Suche nach Schönheit.« Seit 1994 fotografiert er in der Schwarzen Szene, seit 1997 veröffentlichte er jährlich seinen Gestus-Mondkalender in limitierter und handnummerierter Auflage. Beim Wave-Gotik-Treffen hat Gerd Lehmann eine Not zur Tugend gemacht: Er fotografiert mit überaus hochempfindlichem Filmmaterial und trägt damit dem wenigen Licht, der Faszination der Dunkelheit innerhalb der Szene Rechnung. Er verzichtet gänzlich auf zusätzliche Beleuchtung. Seine Porträts zeichnen sich durch Grobkörnigkeit aus und damit eröffnen sie einen warmherzigen, fast unberührten Blick auf die Gothics. **(**

Martin Lichtmesz: Geboren 1976 in Wien, lebt in Berlin. Aktiv in der Schwarzen Szene seit 1994. Publikationen unter anderem in Sezession, Junge Freiheit und Zwielicht-Magazin. **(38)**

Butow Maler: Baujahr 1966, wuchs in Ostwestfalen auf, wo er dank BFBS und John Peel schon früh mit andersartiger Musik in Berührung kam und sich in der Schwarzen Szene, also damals im »Wave«, schnell heimisch fand. Die kreativen 80er Jahre brachten ihn dann zum Grafik- & Malerei- und zum Filmwissenschafts-Studium und einer Tätigkeit als Kunst- und Musikkritiker, auch wenn er Stifte und Filmkamera dann bald durch Maus und Fotoapparat ersetzte. Nach Stationen in diversen PR- und Werbeagenturen arbeitet er heute freiberuflich als Gestalter und Fotograf und macht daneben weiterhin Musik, aktuell in den Projekten Seelenlicht und Nemeseis. **(31)**

Dr. Melanie Laetitia Mantis: Nach dem Abschluss der High-School und einer Reihe Jobs, um sich ein paar Jahre persönlicher Freiheit finanzieren zu können begann Laetitia, Geologie zu studieren, inspiriert durch die französischen Vulkanologen Maurice und Katia Krafft. In der Folge machte sie, nachdem sie eine ausreichende Anzahl Vulkane bestiegen hatte, ihren Doktor der Naturwissenschaften in einem völlig anderen Gebiet: Experimentalphysik. Gelangweilt von dem Gedanken an ein vorgeplantes Leben beschloss sie, sich einer weiteren Herausforderung zu stellen, die sie schon immer angeregt hatte: Den Künsten. Nach Jahren des Studiums und Lernen durch Praxis entwickelte sie ihren eigenen beispiellosen Stil der Collage, der die Hirne der Betrachter kitzelt und sie zwischen Neugier und Ekel, Furcht und Faszination schwanken lässt. **(33)**

Klaus Märkert ist am Tage älter, dafür nachts jünger, Autor und DJ; gelernter Beruf: Diplom Sozialarbeiter; Erste DJ-Station: Winter 1979/1980 (Indie-Disco im Pascha-Club), 1985 Mitbegründer und erster DJ vom Zwischenfall, 1992 Mitbegründer der »Lurie«-Party (läuft heute noch monatlich im Stargate / Bochum), letzte Projekte: »U-30-Dark« (DJ-Team), »Retro vs Neo« (mit Stefan Herwig / Dependent), »KommandoWelleNeulich« im Zwischenfall. Gemeinsam mit dem Essener Musiker und Autor Myk Jung fester Bestandteil der Schementhemen-Lesereihe. Hat von 2001–2004 kreative Schreibworkshops in der Erwachsenenbildung geleitet. Romanveröffentlichung: »Pfingsten« (2009) und »Hab Sonne«, Autobiografie, 80er-Ruhrgebiet-Szene-Roman. Weitere Veröffentlichungen in Zeitungen und Anthologien (zuletzt im September 2009 »fett und kursiv« – Anthologie der erfolgreichsten Kölner Lesebühne). Im März 2010, erneut gemeinsam mit Myk Jung: »Ich bin dann mal tot« (Skurrile Schementhemen-Stories) im Kölner Muschelverlag. **(30)**

Peter Matzke: Jahrgang '63, Historiker, Booker und Programmchef des Clubs Moritzbastei in Leipzig, 1998 organisatorischer Leiter des VII. WGT, 2001 und in den folgenden Jahren Pressesprecher des WGT, Arbeit als Stage- und Tourmanager, Musik-Journalist, Autor und Mitautor mehrerer Bücher, 2000 gemeinsam mit Tobias Seeliger: »Gothic! – Die Szene in Deutschland aus der Sicht ihrer Macher«, und später »Gothic II – Die Internationale Szene aus der Sicht ihrer Macher«, »Das Gothic- und Darkwave Lexikon«, und »Gothic 3«. **(51)**

Dr. Alexei Monroe ist unabhängiger Kulturtheoretiker und lebt in London. Seinen Grad erwarb er in Kommunikations- und Bildstudien an der Universität Kent. Er ist Verfasser der Bücher »Pluralni Monolit« (Maska 2003) und »Interrogation Machine« (MIT 2005), die von der Gruppe Laibach und der Neuen Slowenischen Kunst (NSK) handeln. Er hat an der London School of Economics, dem Stedelijk Museum, der Slowenischen Akademie für Kunst und Wissenschaft und vielen anderen Institutionen gelehrt. Ebenso schreibt er über Ästhetik und Politik elektronischer Musik und allgemeine kulturelle Themen, darunter ein fortdauerndes Projekt zur Kulturgeschichte des Hirschs. 2007 co-präsentierte er die Jelenometrija-Ausstellung in Ljubljana, die den Hirsch als Symbol behandelte. Seine Texte wurden in Contemporary Music Review, Central Europe Review, Kinoeye, New Moment und weiteren Publikationen in Großbritannien, Serbien, Slowenien, Deutschland, Brasilien, Belgien und Amerika veröffentlicht. Er ist Mitbegründer des Industrialised Culture Research Network und auch als DJ tätig. **(03)**

Michael Moynihan, geboren 1969 in New England / USA ist Künstler, Musiker, Schriftsteller, Herausgeber, Übersetzer und Verleger. Seit er 15 war, ist er in bildender Kunst und Musik öffentlich tätig. In den 90er Jahren gründete er mit Robert Ferbrache und Annabel Lee das Musikprojekt Blood Axis. Kürzlich veröffentlichte die Gruppe ihr lang erwartetes Studioalbum »Born Again« (Storm / Tesco 2010). Er ist Mitautor zwei Bücher: Lords of Chaos (mit Didrik Søderlind; deutsche Ausgabe bei Prophecy, 2002) und The Secret King (mit Dr. Stephen Flowers; Feral House/Dominion, 2007) und auch Mitherausgeber der intellektuellen Zeitschrift »TYR: Myth – Culture – Tradition«. Im Laufe der Jahre hat er zu verschiedenen Mainstream- und Underground-Anthologien, Zeitschriften und Magazinen beigetragen. Zusammen mit Annabel Lee leitet er den unabhängigen Verlag Dominion Press. **(41)**

John Murphy: Geboren 1959 in Australien, ist Schlagzeuger, Percussionist und Multi-Instrumentalist. Seine erste bedeutende Band war News, eine Punk-Band aus Melbourne, in der er als »John Smith from the Suburbs« spielte. Von den späten 70ern bis Mitte der 80er Jahre arbeitete er mit Sänger Ollie Olsen in den Post-Punk Bands Whirlywirld, Hugo Klang, Orchestra of Skin and Bone, NO und Max Q (bei der INXS-Sänger Michael Hutchence mit von der Partie war) zusammen. Er gründete oder spielte u. a. mit The Associates, Dumb And The Ugly, Sooterkin Flesh, The Slub, SPK, Lustmord, Whitehouse, Death In June, Sword Volcano Complex, Browning Mummery, Current 93, Kraang, Sleeping Pictures, Naevus und NON, und spielte als Sessionmusiker u. a. für Nico, The The, Gene Loves Jezebel und Shriekback. Gegenwärtig spielt er solo unter dem Namen Shining Vril, ist ein Teil des Industrial-Elektronik-Trios Knifeladder und tritt mit der der Folk-Noise Gruppe Foresta Di Ferro mit Marco Deplano und Ostaras Richard Leviathan auf. **(28)**

Gernot Musch: Jahrgang 1975, seit 1990 das erste Mal musikalisch als Gitarrist und Sänger der Death-Metal-Band Desolated aktiv. 1995 trennt sich die Band nach einem Demotape und einem Samplerbeitrag aufgrund musikalischer Differenzen. Fortan Zuwendung zur Gothic-Szene und Gastauftritte als Gitarrist bei Schwartau bis 1999. Zeitgleich entstehen erste Solostücke, inspiriert von Bands wie Dead Can Dance und Death In June, woraufhin er 1996 mit seiner damaligen Lebenspartnerin die Dark Folk Band Pilori gründet. Von Pilori entstehen bis 2009 insgesamt 5 Studioalben, es kommt zu vielen Konzerten in ganz Europa. Seit 2005 ist Musch bis heute festes Mitglied der Ritual/Folk-Band :Golgatha:. Von 1997 bis 2003 diverse DJ-Sets in Szeneclubs in Gießen und Frankfurt. Erste journalistische Arbeiten seit 2000 für das BLACK Magazin, dessen Chefredaktion er dann von 2004 bis zu Einstellung der Printausgabe 2010 übernimmt. Daneben redaktionelle Beiträge in Magazinen wie Orkus und :Ikonen: und Übersetzungen wie z. B. die Textbeilage des Albums »Immaculate Destruction« der australischen Band Ostara. **(20)**

Andréa »Nebel« Haugen. Seit ihrer Kindheit mochte Andréa Haugen Post-Punk und dunkle Musik, insbesondere aus England. In den frühen 90ern fing sie an, selber Musik zum machen, zuerst mit Cradle of Filth und später mit ihrem eigenen Dark-Ambient-Duo Aghast. Hier tauchte auch ihr Künstlername Nebel das erste Mal auf. Auf der Suche nach tieferem Kontakt zur Natur schloss sie sich diversen okkulten und esoterischen Zirkeln an, unter anderem Anton La Veys Kirche, und wurde Fetisch-Model mit einigen berüchtigten Auftritten, u. a. mit Cradle of Filth. Sie war immer sehr mit England verbunden, lebte im südlichen Teil und arbeitete an eigenen dekadent-surrealistischen Filmen. (www.andreanebel.com, www. myspace.com/nebelhexe, www.myspace.com/nebelhexe_personal, www.myspace.com/aghastmanor) **(06)**

Prof. Dr. Klaus Neumann-Braun ist nach Lehr- und Forschungstätigkeiten im Rahmen von Professuren für Soziologie sowie Markt-, Konsum- und Kommunikationsforschung an den Universitäten Trier, Frankfurt / M. und Koblenz-Landau sowie als Gastprofessor an der Universität Wien, zur Zeit Ordinarius für Medienwissenschaft an der Universität Basel. Schwerpunkte in Lehre und Forschung: Medien- und Kommunikationssoziologie, Popularkulturanalysen, Publikums-, Wirkungs- und Rezeptionsforschung, Jugendmedienschutz, Interpretative Methoden. Autor u. a. von: Die Welt der Gothics – Spielräume düster konnotierter Transzendenz. Wiesbaden: VS Verlag, 2004. **(31)**

Nightshadow: Ich fotografiere seit 2002 digital. Anfangs habe ich mich auf düstere Orte wie Friedhöfe und Ruinen beschränkt. Seit einiger Zeit habe ich jedoch den Menschen als Motiv entdeckt. Dabei geht die Richtung meiner Fotos von Portraits über Gothic z. Z. Fetisch bis hin zu Erotik / Akt. Bei den Models kommt es mir weniger auf das perfekte Aussehen an, sondern eher auf die Ausstrahlung und den Hang zum Außergewöhnlichen. Für das Shooting versuche ich eine zum Thema passende Umgebung zu finden. Hierbei bevorzuge ich mystisch angehauchte Orte, wie Burgruinen, Friedhöfe, verlassene Fabrikgebäude, Wälder etc. Wichtig ist mir, dass beim Shooting eine lockere Atmosphäre herrscht. Denn nur wenn sich das Model wohl fühlt, können gute Bilder entstehen. (www.nightshadow-photoart.de) **(47)**

Alexander Nym: Kultur- und Medienwissenschaftler, spezialisiert auf die Geschichte der sogenannten Gegenkultur(en); tätig als Museums- und Medienpädagoge, freier Dozent, Autor & Journalist, Schauspieler, Sprecher, Moderator und Rezitator, Veranstalter und Performancekünstler, Texter und Vokalist der Elektropop-Band ORGONAUTIC, Instrumentalist bei Gerechtigkeits Liga und seit über 20 Jahren als Künstler und Theoretiker in und parallel zur Schwarzen Szene kulturell aktiv. **(02)**

DJ Ørlög: Geboren 1969 in Berlin, begann 1992 seine DJ-Karriere beim »Dark Friday« auf der Insel der Jugend in Berlin Treptow (bis etwa 1997) und organisiert seit 1993 den »Møntagsduncker«, die wöchentliche Gothic-Veranstaltung im legendären Berliner Dunckerklub, wo er auch heute noch auflegt. Er organisierte seit 1993 zahlreiche weitere Parties und Konzerte in verschiedenen Locations u. a. »Die Domnacht« im Französischen Dom, »Blüthenrausch« im Mudd Club, »Trash Rising« im Trash, »Sleepwalk« im K17, »A Strange Night – The Cure-Fanparty« usw. Dazu zahlreiche Gastauftritte im In- und Ausland (z. B. »The Grey Area« in Nürnberg, Wave-Gotik-Treffen in Leipzig, »Monastery« in Wien, »Metropolis« in Kopenhagen, »Lynx Club« in Vicenza etc.) War Mitherausgeber des Berliner Partykalenders »Berlin Independent Dates«, »Berlin Black Book« und später »The Black Book« und wirkte bei szenerelevanten Publikationen wie »Gothic! Die Szene in Deutschland aus der Sicht ihrer Macher« oder dem »Gothic-Lexikon« mit. **(16)**

Nicholas Padellaro: Geboren 1991, lebt Nicholas in Göteborg / Schweden, wo er das Munkebäcks Gymnasium besucht. Sein Traum ist es, Jura oder Psychologie zu studieren, aber gerade für diese beiden Fächer ist es extrem schwer hineinzukommen, insbesondere wenn man wie Nicholas nicht alle Noten gleich erzielt, sondern extra-Semester einlegen muss. Alleine der Gedanke an einen langweiligen Neun-bis-fünf-Job lässt ihn erschaudern, sicherlich auch weil ihm bewusst ist, dass nahezu alle dort enden. Sein Interesse an alternativer Musik und Kultur fing an, als er ungefähr elf Jahre alt war und begann, mittelmaßigen Metal zu hören. Dies war jedoch nur die Einstiegsphase, und bald schon entdeckte er extremere Musikrichtungen. In seinen eigenen Worten: »Es ist immer schwer zu sagen, was man damals attraktiv fand, aber die hypnotische Musik, die philosophischen Texte und die suggestive Bilderwelt kreierten einen Lebensstil, der ehrlicher und realer erschien als der des Mainstream.«**(46)**

Andreas Plöger, studiert Geschichte und Politikwissenschaft an der Universität Erlangen. Im Szene-Kontext war und ist er tätig als DJ und (Konzert-)Veranstalter (FoG valley, 1334:resurrection, Electric Pleasures, bis 2005 Ghost Dance), Musikjournalist, Autor von Kurzgeschichten und Grafiker. Unter dem Pseudonym M. Pervere ist er Kopf des Post-Industrial-Projekts MAO (Melodic Abortion Orchestra). **(07)**

Stephan Pockrandt ist 1973 geboren, hat drei Kinder, lebt und arbeitet freiberuflich in Dresden. Er war Herausgeber der Magazine Sigill (1993–2000) und Zinnober (2000–2003). Heute ist er Herausgeber des Magazins Zwielicht (2007–2010) und Inhaber des Apocalyptic Folk Labels Eis und Licht, das ca. 60 Veröffentlichungen im Programm hat. (www.eislicht.de) **(60)**

Marcus Rietzsch hat Mitte der 1990er Jahre seine große Leidenschaft zur Fotografie entdeckt. Neben Porträt-, Akt- und Landschaftsaufnahmen zählen beispielsweise auch Friedhofsimpressionen zu den Motiven des 1972 geborenen Künstlers. Beeindruckt vom besonderen Flair dieser stillen Orte, versammelte er zahlreiche Schwarz-Weiß-Fotografien in dem Bildband »... wenn wir nie träumten« und ergänzte diese durch abwechslungsreich gestaltete Zitate von Jean Paul, Arthur Schopenhauer und anderen. Ferner ist er neben der Tätigkeit als Herausgeber des »Pfingstgeflüsters« für diesen alljährlich erscheinenden Rückblick auf das Wave-Gotik-Treffen auch als Fotograf und Autor tätig. Seine Bilder zeigte der Fotokünstler u. a. bei Ausstellungen im Rahmen des Dark Eastern Festivals in Berlin, des Wave-Gotik-Treffens in Leipzig oder im Top Act in Zapfendorf. Zunehmend widmet sich der selbständige Mediendesigner fotografischen Inszenierungen mit teilweise kritischen Inhalten. (www.mr-bilderwelten.de) **(35)**

Ilse Ruppert: Seit 1978 freiberufliche Fotografin und Image-Designerin. Lebte von 1982 bis 1997 in Paris und Los Angeles, z. Z. in Berlin. Reportagen, Portraits und Features für Magazine in West-Europa, Amerika und Japan. Fotosessions mit Künstlern aus Film, Musik, Theater, Literatur. Ausstellungen in Paris, Berlin, Cannes, New York und Zagreb. »Ilse Ruppert fotografierte Alan Vega auf dem Billardtisch nachts um vier, trank Whisky mit Keith Richards im Hotel Ritz in Paris, fuhr mit Frank Zappa in einer Limousine durch New York, entlockte Nina Hagen ein Lächeln, prügelte sich mit Dennis Hopper in Westberlin und besuchte Genesis P-Orridge in seinem Folterkeller in Hackney. 1982 spürte sie die ersten Punks in Ostberlin auf und fotografierte sie vor dem Lenin-Denkmal.« »Her photographs have the beauty of dreams and the cruelty of nightmares.« (Hans Peter Cloos, Regisseur, Paris) **(25)**

Oliver St. Lingam: Geboren 1964, verheiratet. Musiker, Produzent und freier Journalist. Während der Ausbildung zum Kaufmann für Unterhaltungselektronik in den frühen 80er Jahren erster Kontakt zu experimenteller Musik. Später Geschäftsführer eines Schallplattenladens, der eine der ersten Anlaufstellen für Independent-Musik im Düsseldorfer Raum war. Ende der 80er Jahre Labelgründung von Unclean Productions mit Veröffentlichungen von Radio Werewolf, Sigillum S und dem legendären Sampler »Ohrenschmalz«. 1988 Gründung von Phallus Dei, 1991 von phd², 2008 von The Stalker Brothers und 2009 von [moss]. **(49)**

Salt aka Stefan Alt: Nach einer glücklichen Kindheit in Bayern mit Nutella essen, Schwimmen und allen anderen richtigen Dingen kam Salt 1984 in Berührung mit der Fotografie. Nach dem Studium folgte 1992 die erste Ausstellung »Nichts als Leben« in Regensburg. 1993 fing er an, für das AntZen Label zu fotografieren, gründete 1997 sein eigenes Label Hymen und machte das im Jahr 2000 mit der Grafik Firma Bomb the Dot zu seinem Beruf. Seitdem arbeitet er international für verschiedene Independent-Labels. Publikationen gibt es viele, CD-Cover-Art und Verpackungs-Design inklusive internationale Nominierungen für Cover Art bei qwartz 4 und 5, sowie den Electronic Music Awards 2008 und 2009. (www.ant-zen.com und www.hymen-records.com) **(56)**

Dr. Axel Schmidt ist nach Lehr- und Forschungstätigkeiten an den Universitäten Frankfurt / M. und Koblenz / Landau zurzeit Assistent am Institut für Medienwissenschaft der Universität Basel. Seine Lehr- und Forschungsschwerpunkte liegen in den Bereichen Populärkultur, Fernsehen, Jugendkultur und -kommunikation sowie den Methoden der qualitativen Sozialforschung. Publikationen u. a.: Die Welt der Gothics – Spielräume düster konnotierter Transzendenz. Wiesbaden: VS Verlag, 2004.

Silent View: Silent-View Photography ist ein Fotokunstprojekt, bestehend aus einem Fotografen (Silent View) und einem Model (Fräulein von Rosenfelde), welches versucht, Eindrücke, die in einer Camera silens entstehen können, in Bildern umzusetzen. Die Flucht ins Innere als einzige Möglichkeit, mit diesem Isolationserlebnis umzugehen. Seit 2005 setzen die beiden vor allem Düsteres und Bizarres, zuweilen Verstörendes in ihren Werken um, erweiterten ihr Repertoire 2008 allerdings auch auf Glamour-, Fashion- und auch Bandfotografie und sind dabei immer auf der Suche nach dem Außergewöhnlichen. Durch spezielle Lichtsituationen, individuelles Styling, extravagante Posen und markante Locations erschaffen sie surreal anmutende Abbilder unserer Welt. Diese gleichen Szenerien aus einem Traum, einer Halluzination, einer Wahnvorstellung mit Freude an der Illusion, geben sich jedoch nie ordinär oder anbiedernd. **(57)**

Remo Sorge: In Rübeland ist es möglich, einem Künstler in tiefschwarzem Kleid zu begegnen. Seine Kunst bezieht sich auf tiefsinnig-Menschliches, als auch auf dekorative, organische Formen. Remo Sorge wurde 1980 in Wernigerode geboren und ist damit im Kontrast zu seinem bisherigen Schaffen sehr jung. Die Kindheit verlebte Remo in einem Häuschen, welches einsam in einem Waldstück an der Rappbodetalsperre lag. Nach erfolgreichem Abschluss des Kunststudiums arbeitete er ein Jahr bei einem Bildhauermeister im Harz. Mehrere persönliche Schicksalsschläge drängten ihn in dieser Zeit in eine von Lyrik und Nachdenklichkeit geprägte Lebensphase hinein. Doch bald wurden auch diese Hürden durch das Schöpfen von Inspiration und dem Aufkommen neuer Schaffenskraft bewältigt. Immer häufiger verbindet er nun Lyrik mit geschaffenen Skulpturen und wird in seiner Darstellung abstrakter, orientiert sich aber dennoch an natürlichen und ästhetischen Proportionen. **(55)**

Marcus Stiglegger, Dr. phil. habil., lehrt Filmwissenschaft an der Universität Siegen. Er studierte Filmwissenschaft, Theaterwissenschaft, Ethnologie und Philosophie und arbeitete an den Universitäten Mainz, Mannheim, der ifs Köln und der Filmakademie Ludwigsburg. Er veröffentlichte zahlreiche Buchpublikationen und -beiträge über Filmästhetik, Filmgeschichte und Filmtheorie. Aktuelle Publikation: »Ritual & Verführung. Schaulust, Spektakel & Sinnlichkeit« (Berlin 2006). Auswahl: »Sadiconzista. Faschismus und Sexualität im Film«, Remscheid 1999, »Splitter im Gewebe. Filmemacher zwischen Autorenfilm und Mainstreamkino«, Mainz 2000, »Filmgenres: Kriegsfilm«, Stuttgart 2006 u. a.; Herausgeber des Print- und

Onlinemagazins :Ikonen:. Schreibt regelmaßig für die Magazine epd Film, Filmdienst, Testcard und Splatting Image, drehte Kurzfilme und Musikvideoclips. (Marcus.Stiglegger@gmx.de, www.ikonen-magazin.de.) **(36)**

Thomas Thyssen: Gebürtiger Niederrheiner, hörte zum ersten Mal einen The Sisters Of Mercy-Song, als sein älterer Bruder eine nicht abgesegnete Wave-Party im Elternhaus schmiss. Danach war es um ihn geschehen. 1992 ermogelte sich Thomas seinen ersten Freelancer-Job, als er sich kurzerhand am Telefon als volljährig ausgab – mit 13. In den letzten 18 Jahren folgten unzählige Arbeiten als freier Autor für nationale und internationale Verlage, Labels, Promotionagenturen, Magazine, Fan- und E-Zines. Zudem gründete Thomas mit seinem Bruder Ralf die bestens bekannte »Pagan Love Songs«-Partyreihe im Bochumer Kult-Club Zwischenfall; veranstaltet(e) Konzerte und exklusive Europadebüts mit einer Vielzahl von Künstlern; ließ weltweit von den USA bis Italien, von England über Holland nach Österreich die Plattenteller rotieren; ist verantwortlich für die Zusammenstellung der »Pagan Love Songs«- und »Darkness Before Dawn«-Compilationserien und verdingte sich als Tourmanager und Promoter für illustre Gothic-, Wave- und Death Rock-Acts. Thomas lebt und arbeitet hauptberuflich als Redaktionsleiter des Gothic Magazine und Gothic Lifestyle in Berlin. **(63)**

Dominik Tischleder: Geboren 1977, lebt und arbeitet in Mannheim. Seit den frühen Neunzigern scheibend in Postindustrial-, aber auch Black-Metal-Fanzines tätig. Verspürt persönlich keinerlei Affinität zu den in seinem Beitrag erwähnten »satanischen« Organisationen. Das Schreiben darüber ist vielmehr zu einer liebgewordenen Angewohnheit verkommen. Ansonsten sind seine Lieblingsbands Necromantia und Whitehouse, und seine Lieblingsthemen sind politische Theologie und Konservatismus. **(17)**

Peter Todtenhaupt: p2 – Fotograf aus Leidenschaft. Ich fotografiere nunmehr seit mehr als 25 Jahren. Dabei versuche ich, Geschichten zu erzählen, Emotionen einzufangen und zu erzeugen und die Schönheit von Mensch und Natur darzustellen. Ich suche den besonderen Moment in der Natur und im Ausdruck des Menschen. Oft in geheimnisvoller und geschichtsträchtiger Umgebung, in alten Gemäuern, verlassenen Geländen, an vergessenen Orten … Für ausgefallene Ideen und verrückte Outfits bin ich immer zu haben. Für mich kommen nur kreative Models in Frage, Models, die auch eigene Ideen einbringen, die mich fordern. Ich bin immer offen für neue Erfahrungen und interessante Persönlichkeiten, Menschen mit Ausstrahlung, die neugierig darauf sind, wie sie in einer Fantasiewelt aussehen könnten, die Lust haben, vor meiner Kamera ein Stück von sich selbst zu zeigen. Momentan arbeite ich mit der Nikon D300, fast ausschließlich mit vorhandenem Licht. (www.peterto.de) **(52)**

Joachim E. Wagner: geboren 1966 in Oberviechtach (Oberpfalz/Bayern): 197x erste »morbide« Bildwerke – 1984 Gründung (mit »Nyarla«) des unabhängigen Industrialprojektes »Fe++«. 1991 –2001 Zirndorf (Franken/Bayern): 1994–1998 »Mors Amandi« – 1995 »High Decadence«; 1996 Gründung von »TodesArt«; Illustrationen für »LAW – Pariahs among Outcasts« (Ant-Zen-Label), dazu limitierte Künstlerlithographie – 1997 Covergestaltung für :WUMPSCUT: »EmbryoDead«; Auftritte in München als Visual-Performer für »Nimoy« – »Fellatio Et Cunnilingus« (mit salt) – 1999–2001 »Necrotic«. 2001 bis heute Taunusstein-Wehen (Hessen): ab 2003 »Innenrinden«, ab 2004 »Platin(n)en« . 2005 Gestaltung für :WUMPSCUT: »Cannibal Anthem«; »Portraits vergangener Herrschaften« – 2010 »Genitale Erinnerungen«. **(27)**

Christian Walther: Geboren 1977, studierte Philosophie und Germanistik an der Johann-Wolfgang-Goethe-Universität in Frankfurt am Main. Nach kurzen Stationen bei Stadtmagazinen und Rundfunk arbeitet er heute als Lektor. Christian Walther ist Herausgeber der Anthologie »Gothic – Dark Lyrics« (Beltz & Gelberg, Gulliver 2009) und lebt mit seiner Familie in Frankfurt am Main. (www.astro-domini.de.tt) **(12)**

Tatjana Warnecke: 1965 wurde sie in Bad Mergentheim geboren. Ihr Vater ist freischaffender bildender Künstler. Ihre Mutter ist die Leiterin des Verlags und der Galerie Ravenstein. Sie hat ihr Abitur am Gymnasium Osterburken gemacht. Seit 1995 ist Tatjana selbstständig. Nach 19 Jahren in Nürnberg ist sie 2007 nach Berlin-Kreuzberg umgezogen. **(62)**

Dr. Peter Webb: Absolvierte seine Zwischenprüfung in Soziologie und Politik an der Universität von Westengland, den Master of Science an der Universität Bristol und dann seine Promotion über die Soziologie der populären Musik zurück an der Universität von Westengland. Bislang lehrte er an den zuvor genannten Hochschulen sowie an der School of Geographic Sciences bei der Uni Bristol und der soziologischen Fakultät der Universität Birmingham. Vor seiner akademischen Laufbahn war er mit dem Plattenlabel Cup of Tea Records an Independent-Musikproduktionen beteiligt; mit der Band Statik Sound System veröffentlichte er drei Alben, mehrere Singles, EPs und zahlreiche Compilation-Stücke. Als Musiker und Darsteller arbeitete er auch mit den Theatercompagnien Blast Theory und Intimate Strangers sowie mit der Filmfirma Parallax Pictures. **(52)**

Artur Zab, (rutra baz): Geboren 1967 in Wroclaw, Polen. Seit 1989 lebt und arbeitet er in München. Studium an der Münchner Akademie der bildenden Künste bei Prof. Gerd Winner und Prof. Sean Scully, 2004 Diplom bei Prof. Sean Scully. Zahlreiche Fotoausstellungen, Konzerte und Multimediaveranstaltungen mit audiovisuellen und Musikprojekten (Leiche Rustikal, Mantis Religiosa und Stupor) in Deutschland und im Ausland (Frankreich, Holland, Italien, Österreich, Polen, Russland, Schweiz, Tschechien und Ungarn). Veröffentlichungen von Lyrik und Prosa, Lesungen in Polen und Deutschland. Seit 2002 Mitveranstalter von Bleisound – Festival für Industrial und Avantgardekunst in München mit bereits 15 Editionen. (www.myspace.com/rutrabaz, www.domagkateliers.de, www.leicherustikal.de, www.mantisreligiosa.de, www.salon-13.de, www.stupor-arts.de) **(09)**

Michael Zöller: Jahrgang '68, kam ungefragt zur Welt, hinterfragte selbige früh und wurde in Erziehungsanstalten geschickt, die Serienkiller, Nerds, Betriebswirte, Pfarrer oder Ur-Gothics hervorbringen: Die Aachener Domsingschule und das Bischöfliche Pius-Gymnasium. In diesen Jahren KISS und die Farbe Schwarz zu verehren passte nicht ins Bild. Ab 1988 sollte das Studium in Bochum ein nützliches Mitglied der Gesellschaft aus ihm machen, nur lernte er den Club Zwischenfall kennen, wurde Stammgast und später DJ. 12 Jahre Resident DJ im Z-Fall, Gastspiele in ganz Deutschland, bei zwei Plattenfirmen gearbeitet, für die er Compilation-CDs herausbrachte. Kein Freund von aufgesetzter Traurigkeit und Theatralik, definiert er »Gothic« mit »sad / minimal / aggressive songs«, die daran erinnern dürfen, dass wir alle igendwie vom Punk abstammen. Und den 70s. Und 80s. Und auch 60s. Ein bisschen Rock'n'Roll?! Und nicht den »schwarzen« Humor verlieren! Heute ist er in Aachen, Köln und Essen unterwegs. **(42)**

Bildnachweise

Amodali: 332, 335; **Anya_** (www.flickr.com): 305 A; Bild von **Apocalypse A Go Go-Zines,** ca. 1981: 103 K, 320 Y; Bilder von **Lucifer Rising Soundtrack,** Arcanum Ent./White Dog Music 2004: 27 B, 28 D, 29 E, 29 F, 33 H; Bilder von **Archiv der Jugendcultur:** 21 F, 80 A, 84 D, 312 D; **Atrocity** (Promo): 198 O; **Attrition:** 63 A, 64 B, 65; **Dirk Baumert / DuesterArt:** 123 M, 289, 406; **Ruth Bayer:** 219 H4; Bild von **BBC:** 179 W1; Bild von **B. BeauSoleil:** 26 A; **Jon Blackmore:** 144 A1; **Annie Bourden:** 47 D, 146 A3; **Frank Buttenbender:** 173 S3; **Philippe Carly** – www.newwavephotos.com: 23 M, 39 B, 41 F, 48 E, 57 L, 74H 79 E; **Ceridena-Art:** 411; **Nicholas Cerveny:** 238; **Comedy Central Deutschland:** 364 H, 364 K, 364 L; **Crematory** (Promo): 197 M; **Das Ich** (Promo): 194 F; **Death In June / NER:** 182 A, 184 C, 185 D, 186 E, 187 F, 188 H, 214 F1, 269 H, 272 O, 273 R; **Gitane Demone:** 404; **Giulio DiMauro:** 296 A, 297 B, 297 C, 302 G, 305 O; **Andreas Dufour:** 192 C, 199 P; **Thomas Ecke:** 193 D; **Emily Autumn** (Promo): 198 N; Bilder von **England's Hidden Reserve** (Keenan, David 2003): 75 K, 211 D4; Bild von **Europakreuz.** Nr. 20, 1997: 379 G; Bild von **The Face** November 1980: 123 L; **Fairy Vale:** 321; **Feral House:** 215 F3; **Nik Fiend:** 37 G, 112 A, 380 – 385; **Fiend Force Records:** 314 K; **Alexander Fitch:** 163 M3; **Dottie Fleckstein:** 9, 341 B, 344 D; Force Mental #7: 66 A, 68 B, 69 C, 69 D, 76 N; Bild von **Jill Furmanovsky, Sniffin' Glue:** 115 D; **The Gathering** (Promo): 196 L; **Geffen Company / Warner Bros.:** 351 B; **Alexander Geppert:** 160 K2, 404; **Gerechtigkeits Liga:** 96 A, 98 C,99 D, 103 H; **Yvonne Germann:** 353 E; Bilder von **Gothic Lolita Bible:** 181 W4, 181 W5; **Gruftis Gegen Rechts:** 271 M; **Archiv Jan Hageman:** 272 P; **Katharina Hahn:** 37 F, 140-141, 213 E4, 220 K3, 333, 344 E, 366 A, 370 D; **Gottfried Helnwein:** 316 S; **J. Hoffert:** 246 H; **Horst:** 188 G; **Houseofsims** (www.flickr.com): 353 G; **Mrs Hyde:** 339, 415; **Jochen Igelhaut:** 36 E, 97 B, 104 L, 167 O4, 178 V2, 376 D; **Daniel Illik:** 286, 330; **Indymedia.org/images/2007/12/202869.jpg:** 25 O; **In the Nursery:** 77A, 78 B, 78 C, 79 C; **www.jamari-lior.de:** 306 A, 307 B, 308 E, 308 F, 309 H, 309 L; **Holger Karas:** 148 B10, 154 F2, 156 G2, 157 G6, 160 K1, 167 O5, 175 T3, 175 T4, 181 W8, 244 C, 246 F, 247 A, 248 B, 271 N, 313 G, 314 L, 317 R, 344 C, 351 A, 388 B, 410, 414; **Roman Kasperski** (www.romankasperski.de): 307 C, 309 G; Bilder von **KERA Magazine:** 354 H, 354 K; **Andrew King:** 409; **Philipp Kolmar:** 281 A, 282 B, 282 C, 283 D, 282 F, 284 G, 284 H, 284 K, 285 L, 285 M; **Matthias Korb:** 412 – 413; **Kreator** (Promo): 194 G; **Lacrimosa** (Promo): 196 K; **Laibach / NSK:** 82 B, 85 E, 85 F, 86 – 91; **Stefan Lederer:** 163 M4, 167 O7, 262 H; **Gerd Lehmann:** 12, 177 U6, 202-203, 244 D, 255 A, 275, 280 H, 280 K, 336-337, 345-350, 390 A, 396 F, 400; LFI: 148 B9, 210 D1, 311 B; **Macabre in Kammuri Magazin:** 181 W7; **Butow Maler:** 310 A, 401; **Laetitia Mantis:** 201 A, 212 E3, 220 K1, 290-291, 402 – 403, 405; **www.massacre–records.com:** 325; **Maveric** (www.flickr.com): 353 F; **Manuela Moik:** 148 B11, 273 Q, 283 E; **Moonspell** (Promo): 195 H; **Mute Records:** 155 F7; Bild von **Peggy Nadramia:** 27 C; Bild von **Nebelhexe:** 167 O6; Bild von **www.neueurform.blogspot.com**/2009/10/death-in-june-special.html: 274 S; Bild von New **Dawn Rising,** London o.J.: 373 A; Bilder von **The New Romantics** (Rimmer, Dave 2003): 34 A, 38 A, 39 C; **Nightshadow:** 408; Bilder von **Null Bock auf Euer Leben** (Kramer, Inge 1983): 356 B; **DJ Ørlög:** 111 L; **Paradise Lost** (Promo): 193 E; **Andy Philips:** 212 E2; **Andreas Plöger / FoG Valley:** 65 C; **Privat:** 72 F, 75 L, 76 M, 100 E,108 D, 108 E, 109 F, 109 G, 110 K, 151 D5, 153 E5, 153 E6, 217 G2, 266 D, 269 G, 269 H, 270 K, 270 L, 277 B, 279 G, 279 H, 368 B, 369 C, 372 F, 392B, 393 C; **The Residents:** 92 A; **Marcus Rietzsch:** 179 W2, 294, 295, 395 E, 397 G; **Ulrike Rimmele** aus »Schock und Schöpfung«: 153 E7; **Alexander Rudnick:** 313 H, 319 X, 360 B; **Ilse Ruppert** (www.ilseruppert.de): 18 C, 19 D, 20 E, 21 G, 40-41 E, 42 A, 50-51 A, 52 B, 106 A, 107 B, 107 C, 115 B, 116 E, 116 F, 164 N1, 165 N3, 165 N6, 355 A, 357 C; Salt: 4-5, 22 H, 23 K, 23 L, 24 N, 124 – 139, 166 O2, 178 V3, 209 C2, 239 B, 252-253, 258 A, 260 D, 264 B, 264 C, 293, 361 C, 389 D; Bilder von **www.satanservice.org**/: 213 E5, 214 F2; **Robert Schalinski:** 416; **Jochen Schmidt:** 417; **Ronnen Schmitz:** 147 B1, 147 B3, 152 E2, 171 R2, 218 H2, 322; **André Schönherr:** 158 H1, 181 W6, 245 E, 257 D, 362 E, 394 D; **Marco Schwarz:** 277 C, 278 E; **Scrabonia:** 243 B; **Che Seibert:** 389 C: **Silent View:** 225 – 237: **Igor Skafar:** 318 T; Sonnentanz Verlag: 45 B, 46 C, 48 F; **SPEX:** 358 F; **Veronika Stief:** 256 B; Bild von **Standing in Two Circles** (Brian Clark, 2008): 73 G; **Marcus Stiglegger:** 163 M4, 313 F, 315 M; **Annie Stubbs:** 101 G, 146 A4; **Test Dept.** / Fotos: **Brian Tarr / Friedermann Simon:** 168 P1, 168 P4; **Peter Todtenhaupt:** 159 H7, 331, 340 A; **Umlek International:** 257 C, 326, 386 A; Bild von **www.unijazz.cz:** 357 E; **Utini:** 179 W3; **Markus Veyhle** www.vampster.com: 170 R1, 171 R4, 189 A, 190 B; **JEWagner:** 143, 251, 295, 407; Bilder von **Peter Webb:** 10-11, 53 C, 53 D, 54 E; **Tim Webber:** 15; **Wikimedia.org/wikipedia/commons/4/42/Neonazis-schwarzer_block.jpg:** 25, P;**Achim Webel:** 308 D, 316 P; **Artur Zab:** 294, 295, 330

Kollektion

Kunst der Schwarzen Szene

A: »Eugenia« **Butow Maler**; **B1:** »Maskenball«, **B2:** »Day Of The Lords«, **B3:** »Submission« **B4:** »Present Past Future« **Laetitia Mantis**; **C1, C2:** »The Generous Moment« **Gitane Demone; D:** »Retraktor « **Gebert**; **E:** »Luxuria« **Duester Art**; **F:** »Rinde IV« **Joachim E. Wagner**; **408 G:** »Heidis Grätchen« **Nightshadow**; **H:** »A Litany of Possessiveness« **Andrew King**; **K:** »K Manon & Heidis Grätchen« **Ceridena-Art** ; **L1:** Wicca« (überlebensgroße Stammarbeit), **L2:** »Der Wächter« (überlebensgroße Stammarbeit) **L3:** »Märchen von der Liebe« **L4:** »Walküren« (Relief in Eiche) **L5:** Die Maske« **Remo Sorge**; **M1, M2, M3:** »o.T« **Matthias Korb**; **N:** »Minerva« **Holger Karas**; **O:** »Seelenvogel« **Mrs.Hyde**; **416 P:** »La Source 2« **Schalinski**; **Q:** »Maya Nadir« **Jochen Schmidt**

01
02
03
04
05
06
07
08
09
10
11
12
13
14
15
16
17
18
19
20
21
23
24
25
26
27
28
29
30
31
32
33
34
35

36

37

38

39

40

41

42

EVIL 1
43

44

45

46

47
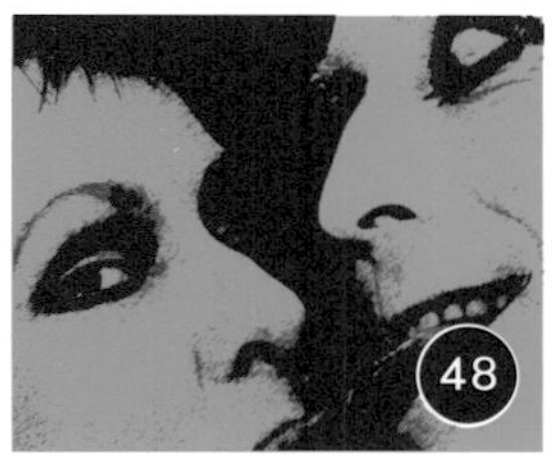
48

49

50

51

52

53

54

55
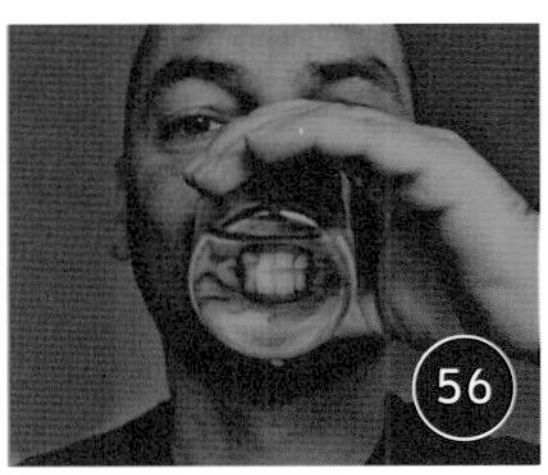
56

57

58

59

60

61

62

63

65

— Widmung —

Dieses Buch ist den Suchenden gewidmet –
und jenen, die sich bereits auf der anderen Seite befinden:

Jim Morrison, Sid Vicious, Ian Curtis, Derek Jarman
Rozz Williams, Geoffrey Rushton, Syd Barrett
Sophie Lancaster, Frank Tovey, Jaye Breyer P-Orridge
Alexander McQueen, Peter Steele, Malcolm McLaren

und ganz besonders Donata (Donna) Klemm,
die mir den entscheidenden Impuls gab, kulturelle
Studien akademisch zu professionalisieren.
A.·. N.·.